INCOME TAX IN COMMON LAW JURISDICTIONS
From The Origins To 1820

Peter Harris

普通法司法管辖区所得税
从起源到1820年

（上册）

［英］彼得·哈里斯　著
任超 等　译

法律出版社 LAW PRESS·CHINA
北京

This is a simplified-Chinese translation of the following title published by Cambridge University Press:

Income Tax in Common Law Jurisdictions: From the Origins to 1820
9780521870832

This simplified-Chinese translation for the People's Republic of China (excluding Hong Kong, Macau and Taiwan) is published by arrangement with the Press Syndicate of the University of Cambridge, Cambridge, United Kingdom.

著作权合同登记号
图字：01-2024-4553

原著作者简介

［英］彼得·哈里斯（Peter Harris）

澳大利亚昆士兰大学法学学士（荣誉学位），英国剑桥大学（达尔文学院）法学硕士、法学博士。专精于税法的律师和学者，现任英国剑桥大学法学院税法教授兼税法中心主任，丘吉尔学院研究主任、院士，剑桥税法丛书学术编辑，曾在澳大利亚悉尼大学法学院担任高级讲师。

译者简介

任超

1977年生，华东政法大学教授、博士生导师。兼任中国法学会经济法学研究会常务理事、中国法学会财税法学研究会理事、上海市消费者权益保护法研究会副会长。主要从事经济法学、财税金融法学研究。在《法学》等期刊发表论文多篇；主持国家社科基金重大项目子课题、上海市政府决策咨询课题等研究课题多项。参与多项法律修改意见的论证，并有多篇智库专报获国家级、省部级批示。

译者分工

上册

序　言：任　超
导　论：任　超
第一章：任　超
第二章：任　超　涂玉玲　虞琪琪
第三章：任　超　闫　晨　陈　佳

下册

第四章：钟若瑄
第五章：任　超
结　论：任　超
附　录：任　超
注　释：任　超
索　引：钟若瑄

普通法司法管辖区所得税

许多普通法国家都受到了英国所得税规则的影响。无论影响是直接的还是间接的,有关所得税核心规则的基本原理和起源似乎在历史上消失了。通常,所得税被简单地认为起源于英国,而没有进一步的解释,但即使在英国,其中一些规则的起源人们也不太清楚。本书作为第一卷追溯了 1820 年以前英国及其前殖民地所得税及其前身的根源。彼得·哈里斯(Peter Harris)重点研究了四个对普通法所得税至关重要的、与当前特别相关的问题:资本—收益的区别、公司税收、按来源地和居住地征税、附表征收的方法。他用历史的眼光来观察现代世界所得税的未来发展方向。第二卷将涵盖 1820 年至 2000 年期间所得税的发展。

彼得·哈里斯不仅是一名律师,他的主要研究方向是税法,而且还是剑桥大学法学院教授、税法中心的副主任,以及丘吉尔学院的导师、研究主任和研究员。

税法越来越受关注,因为它是许多研究领域的一个细分领域,并且是全世界商业需求的关键考虑因素。本系列丛书将揭示法律背后的理论基础，以阐明税收制度，从而使解决问题的思路变得清晰。这些由顶尖学者撰写的学术书籍将成为税法信息的中心港。本系列丛书的内容将通过判例法和法规进行说明，但可能不涉及从业人员手册（practitioner book）中提及的细节。

那些在英国学习法律、商业、经济学、会计和金融课程的人，以及在欧洲大陆、美国和具有与英国相似的税收制度的国家或地区的人，这些书籍都将对他们有所帮助。

丛书主编

约翰·泰利（JohnTiley）教授，皇后学院（Queens' College）税法中心主任。

泰利教授在英国和国际学术界及实务界都享有盛誉，他将其在税务界的研究、实践和写作方面的丰富经验带到了本系列丛书。他在 2003 年因服务于税法而被授予 CBE(英国高级勋爵位)。

序　言

和我的上一本书一样,本书源于我无法快速找到准确的答案来回答我想到的有关所得税的一些基本问题而产生的挫败感。面对将以剑桥作为余生工作固定基地的前景,我决定深入研究所得税的历史,以确保我的问题能够得到答案。从学术上讲,我认为自己主要是一个在比较所得税法方面有一定专长的人,并且由于我的学术背景和经验,我特别关注普通法系司法管辖区,即英国及其前殖民地。这些司法管辖区面临的一个共同问题是,我们对其所得税法的起源,特别是最终渊源存在理解上的不足或空白。由于所得税法源于英国,剑桥似乎是进行此类研究的合适之地。

本书的主要研究目的是为我的问题寻找答案,并在一定程度上填补普通法所得税起源的空白。通过这种方式,我希望这项研究对所有关注普通法司法管辖区所得税的学生都有意义。我的目的一直是将这项研究进行到2000年的结束,涵盖所有可以说其所得税属于英国法体系或受其影响的国家或地区。因此,有必要将这项研究分为两卷。本书是第一卷,涵盖1820年之前的时期。这是因为所得税在许多普通法管辖区的引入时间晚于1820年。因此，本研究并没有直接涉及所有普通法司法管辖区，但是本书中讨论的事项应与所有这些司法管辖区相关。第二卷出版时，本研究与那些未被直接提及的司法管辖区的联系将变得更加清晰（原著作者有意将该内容做成丛书，但迄今没有第二卷出版——译者注）。

本研究有几个辅助目的。我希望本研究所用的背景资料能为学术讨论提供参考，并为我未来的研究增加深度。我也希望其他人会觉得这部作品很有意思，并且希望这本书可以为当前许多所得税问题的辩论增加某种视角。作为一名学者，我热衷于从事税收研究并鼓励其他人参与其中。在这项研究中所使用的材料是多种多样的。这些材料所涉及的问题范围是巨大的，绝大多数超出了本书的研究范围。我希望本研究的结构、顺序和参考文献能为其他研究人员提供研究思路和一些基础资料，以便开始或推进他们的研究。换言之，我希望本书的研究可以作为一般所得税问题历史考察的参考书。

本研究中所依据的主要是法规类的材料。可获取的英国及其以前殖民地的法律能溯及很早以前。在大多数情况下，即使不是颁布时的同期材料，也是已经出版的法规类材料。19世纪，英国和美国普遍有许多仅以手稿形式存在的历史法律的出版。在其他历史上重要的司法管辖区，特别是在西印度群岛，以及加拿大部分地区，都没有发生这种情况。在这些情况下，法律是从保存在公共档案局的原件的手稿抄本中获取的。由于这些法律很难获取，本研究可能会更加关注西印度群岛和加拿大直接税制的发展。本书在第二章和第三章，标明了某些法律已经丢失或无法公开获得。一些西印度殖民地的法律尤其如此。虽然已经仔细查阅了公众档案局的立法文件,但其中一些法律仍有可能在《殖民地文件》(通用丛书)CO1 中保留下来。我对 CO1[1]的部分内容进行简短的细读后发现,这不太可能,或者说可能性不大。

许多早期殖民地法律的形式与当时的英国法律不一致。毫无疑问,这是一些作为英国著名贵族的私人定居点或特许公司的殖民地的法律结构的起源的影响。许多早期的殖民地法律都没有标题,因此不能以通常的方式引用。通常,早期的殖民地法律只是以有关议会决议的形式保存在议会的议事记录中。直到 17 世纪末,法律的形式还很不统一。在英国王室的进一步干预下,特别是在光荣革命前后的几十年中,统一性有所提高。第一个公布法律的殖民地是 1648 年的马萨诸塞,第二个是 1654 年的巴巴多斯。这些法律都是汇编而非会议法律。马萨诸塞从 1661 年开始制定年度会议法律。其他殖民地的起步时间要晚得多,康涅狄格最早公布的法律可追溯到 1673 年(但直到 1702 年只有一个版本)、纽约则是从 1691 年开始、宾夕法尼亚从 1693 年开始、新罕布什尔从 1699 年开始、马里兰从 1700 年开始、新泽西从 1703 年开始、罗得岛从 1719 年开始、弗吉尼亚从 1730 年开始、南卡罗来纳从 1732 年开始、特拉华从 1741 年开始,以及佐治亚从 1755 年开始。

本研究还将大量依赖二手的资料。这些资料通常用于背景目的或分析特定法律的规定。其中一些资料通常涉及法律或会计历史。其他材料则更为具体,涉及特定时期的特定税种。所获得的二手资料很少是当代的,大部分是以历史语言编写的。现在越来越多的原

[1] CO1:Colonial papers. General series [microform]《殖民地文件》(通用丛书)[微缩胶片]。

始资料可通过缩微胶卷、缩微胶片和电子版的方式获取。特别是，本研究大多参考了“早期美国印记”缩微胶片系列，其中很大一部分再现了早期的美国法律。

许多早期的法律具有歧视性，从现代人角度来看，这些法律看起来令人反感。通常，他们经常把“犹太人”、“奴隶”、“黑人”、“印第安人”或“有色人种”单独列出并歧视对待。考虑到历史的准确性和一致性，这些术语可能在全书中出现，正如它们在原始法律文本中的呈现。本研究无意冒犯他人，也绝不赞同现代使用此类术语或以其作为任何形式歧视的依据。这一问题将在结论中进一步讨论。

本书献给约翰·泰利（JohnTiley）、大卫·奥利弗（David Oliver）和剑桥大学法学院税法中心。约翰和大卫学识渊博，耐心地对这项漫长又冗长研究的进展加以倾听，他们表现出极大耐心，并对我给予了极大鼓励。他们是人们所希望拥有的最好同事，而我不愿他们退休。如果我力所能及，我将鼓励他们在退休后继续工作，来继续享受他们作为同事的陪伴。我还要感谢毕马威会计师事务所的慷慨帮助，如果没有他们，我就无法完成这项工作。

总目录

上册目录

表格清单

法规列表

英　国

《大宪章》(约翰 17 年)(1215 年)(英国);

《大宪章》(亨利三世 2 年)(1217 年)(英国);

《条款》(亨利三世 43 年)(1259 年)(英国);

《马尔伯勒法》(亨利三世 52 年)(1267 年)(英国);

《威斯敏斯特法》(爱德华 3 年)(1275 年)(英国);

《格罗斯特法》(爱德华 6 年)(1278 年)(英国);

《永久保有权法》(De viris religiosis)(爱德华一世 7 年)(1279 年)(英国);

《威斯敏斯特法规二》(爱德华一世 13 年)(1285 年)(英国);

《封地转让法》(爱德华一世 18 年)(1290 年)(英国);

《第二法规》(爱德华三世 14 年)(1340 年)(英国);

《劳役法》(爱德华三世 23 年)(1349 年)(英国);

《在剑桥制定的法规》(理查德二世 12 年)(1388 年)(英国);

《法规》（理查德二世15年）（1391年）（英国）；

《对付欺诈的王室官员法案》（亨利七世4年，第17章）（1489年）（英国）；

《授权国王补助金并免除某些人支付补助金的法案》（亨利七世12年，第13章）（1497年）（英国）；

《执行人的账户法案》（亨利七世19年，第15章）（1504年）（英国）；

《援助金法案》（亨利七世19年，第32章）（1504年）（英国）；

《补助金法案》（亨利八世4年，第19章）（1512年）（英国）；

《补助金法案》（亨利八世5年，第17章）（1514年）（英国）；

《补助金法案》（亨利八世6年，第26章）（1515年）（英国）；

《什一税和什一税的补助金法案》（亨利八世7年，第9章）（1515年）（英国）；

《补助金法案》（亨利八世14年和15年，第16章）（1523年）（英国）；

《关于桥梁和高速公路改造的法案》（亨利八世22年，第5章）（1530年/1531年）（英国）；

《关于王国范围内的监狱应在何处以及以何种方式感化和创造的法案》（亨利八世23年，第2章）（1531年/1532年）（英国）；

《一项关于英格兰圣公会高度重视和让转让人收回和纠正所有错误、异端和虐待行为的法案》（亨利八世26年，第1章）（1534年）（英国）；

《一项关于支付所有尊严、福利和精神提升；以及教会所有隶属精神和世俗财产的十分之一，每年给国王和他的继承人的抚恤金的

法案》(亨利八世26年,第3章)(1534年)(英国);

《授权国王十五一税和什一税补助金的法案》(亨利八世26年,第19章)(1534年)(英国);

《关于用益权和遗嘱的法案》(亨利八世27年,第10章)(1536年)(英国);

《惩罚流浪汉和乞丐的法案》(亨利八世27年,第25章)(1536年)(英国);

《关于在威尔士实施与本国相同形式的法律与司法的法案》(亨利八世27年,第26章)(1536年)(英国);

《土地上的行为可以由遗嘱决定的法案》(亨利八世32年,第1章)(1540年)(英国);

《补助金议案》(亨利八世32年,第50章)(1540年)(英国);

《关于国王陛下和威尔士亲王辖区若干条例的法案》(亨利八世34年和35年,第26章)(1543年)(英国);

《临时性补助金法案》(亨利八世34年和35年,第27章)(1543年)(英国);

《关于临时性授权一整笔补助金和二整笔五分之一税和什一税的法案》(亨利八世37年,第25章)(1545年)(英国);

《授权国王陛下临时性救济的法案》(爱德华六世2年和3年,第36章)(1549年)(英国);

《一项在最后一次发布的法律中支付羊和衣服;以及一年内授权补助金的法案》(爱德华六世3年和4年)(1549年)(英国);

《临时性十五一税和什一税补助金的授权法案》(爱德华六世7年,第12章)(1553年)(英国);

《发放最后一次临时性补助金的法案》(玛丽一世第2会期，第17章)(1553年)(英国)；

《偿还斯卡布罗债务的法案》(玛丽一世第2会期，第32章)(1553年)(英国)；

《济贫法案》(菲力和玛丽2年和3年，第5章)(1555年)(英国)；

《玛丽国王和王后的补助金法案》(菲力和玛丽2年和3年，第23章)(1555年)(英国)；

《上议院和下议院授权补助金和一次十一五税的法案》(菲力和玛丽4年和5年，第11章)(1558年)；

《临时性十五一税和什一税及补助金的法案》(伊丽莎白1年，第21章)(1559年)(英国)；

《救济穷人的法案》(伊丽莎白5年，第3章)(1562年/1563年)(英国)；

《临时性授权两次十五一税和什一税及补助金的法案》(伊丽莎白5年，第31章)(1563年)(英国)；

《临时性授权十五一税和什一税的法案》(伊丽莎白8年，第18章)(1566年)(英国)；

《临时性授权两次十五一税和什一税及补助金的法案》(伊丽莎白13年，第27章)(1571年)(英国)；

《临时性授权两次十五一税和什一税及一次补助金的法案》(伊丽莎白18年，第23章)(1576年)(英国)；

《临时性授权两次十五一税及补助金的法案》(伊丽莎白23年，第15章)(1581年)(英国)；

《接着效仿的法案》(伊丽莎白 27 年,第 13 章)(1584 年/1585 年)(英国);

《临时性授权两次十五一税和什一税及一次完整补助金的法案》(伊丽莎白 27 年,第 29 章)(1585 年)(英国);

《临时性授权两次十五一税和什一税及一次完整补助金的法案》(伊丽莎白 29 年,第 8 章)(1587 年)(英国);

《授权我们最仁慈的土地领主女王四次十五一税和什一税及完整补助金的法案》(伊丽莎白 31 年,第 15 章)(1589 年)(英国);

《临时授权六次十五一税和什一税及三次完整补助金的法案》(伊丽莎白 35 年,第 13 章)(1593 年)(英国);

《救济穷人的法案》(伊丽莎白 39 年,第 3 章)(1597 年/1598 年)(英国);

《授权三次补助金及六次十五一税和什一税的法案》(伊丽莎白 39 年,第 27 章)(1597 年/1598 年)(英国);

《救济穷人的法案》(伊丽莎白 43 年,第 2 章)(1601 年)(英国);

《临时性授权八次十五一税和什一税及四次完整补助金的法案》(伊丽莎白 43 年,第 18 章)(1601 年)(英国);

《修缮萨里郡尤厄尔和朗顿教区内从诺萨企切到塔兹韦尔的公路,通往泰晤士河上的金斯顿的法案》(詹姆斯一世 3 年,第 19 章)(1605 年/1606 年)(英国);

《临时性授权六次十五一税和什一税以及三个完整的补助金的法案》(詹姆斯一世 3 年,第 26 章)(1605 年/1606 年)(英国);

《临时性授权一次十五一税和什一税以及一个完整的补助金的

法案》(詹姆斯一世 7 年,第 23 章)(1610 年)(英国)；

《临时性授权三次十五一税和什一税以及三个补助金的法案》(詹姆斯一世 21 年,第 33 章)(1624 年)(英国)；

《临时性授权两个完整的补助金的法案》(查理一世 1 年,第 6 章)(1625 年)(英国)；

《临时性授权五个完整的补助金的法案》(查理一世 3 年,第 6 章)(1628 年)(英国)；

《救济国王陛下军队和王国北部的法案》(查理一世 16 年,第 2 章)(1640 年)(英国)

《进一步救济国王陛下军队和王国北部的法案》(查理一世 16 年,第 4 章)(1641 年)(英国)；

《为解散军队和解决英格兰和苏格兰两个王国的和平而迅速提供资金的法案》(查理一世 16 年,第 9 章)(1641 年)(英国)；

《为英格兰和爱尔兰王国的必要防御和重大事务筹集和征收资金,以及支付议会承担的债务的法案》(查理一世 16 年,第 32 章)(1642 年)(英国)；

《其中第一项是执行该法案中提到的法令的法案》(查理二世 12 年,第 2 章)(1660 年)(英国)；

《一项迅速提供资金以解散和补偿王国在陆上和海上的军队的法案》(查理二世 12 年,第 9 章)(1660 年)(英国)；

《一项鼓励和增加航运和航海的法案》(查理二世 12 年,第 18 章)(1660 年)(英国)；

《一项取消了由监护者、侍从和骑士等人终身任职组成的法院,并为国王陛下设置了一项税收来代替它的法案》(查理二世 12 年,第

24 章)(1660 年)(英国);

《一项授予国王陛下征收 1230 万英镑,在 18 个月内,每月以 3 万英镑的评估额进行评估和征收的法案》(查理二世 13 年,第 3 章,第 2 节)(1661 年)(英国);

《为更好地救济这个王国的穷人而制定的法案》(查理二世 14 年,第 12 章)(1662 年)(英国);

《一项为国王陛下和他的继承人扩充额外收入,以更好地支持他和他们的王权和尊严的法案》(查理二世 14 年,第 10 章)(1662 年)(英国);

《一项鼓励贸易的法案》(查理二世 15 年,第 7 章)(1663 年)(英国);

《一项临时向国王陛下授予四项全部补助金的法案》(查理二世 15 年,第 9 章)(1663 年)(英国);

《一项授权国王陛下 24,717,500 英镑的王室补助金,将在三年的时间内征收和支付的法案》(查理二世 16 年和 17 年,第 1 章)(1665 年)(英国);

《以人头税筹集资金并且将用于维持目前的战争的法案》(查理二世 18 年和 19 年,第 1 章)(1667 年)(英国);

《授予国王陛下在特殊场合征收补助金的法案》(查理二世 22 年和 23 年,第 3 章)(1671 年)(英国);

《为国王陛下的特殊场合筹款 1,238,750 英镑的法案》(查理二世 25 年,第 1 章)(1673 年)(英国);

《防止可能发生的来自天主教的危险的法案》(查理二世 25 年,第 2 章)(1673 年)(英国);

《一项鼓励格陵兰和英格兰的贸易，及更好地保障种植园贸易的法案》（查理二世 25 年，第 7 章）（1673 年）（英国）；

《筹款 584,978 英镑 2 先令 2.5 便士快速建造三十艘战舰的法案》（查理二世 29 年，第 1 章）（1677 年）（英国）；

《一项按人头或者其他方式筹款使国王陛下能够对法国国王发动实际战争和禁止法国商品的法案》（查理二世 29 年和 30 年，第 1 章）（1678 年）（英国）；

《为国王陛下筹款 619,388 英镑 11 先令 9 便士用于遣散军队和其他用途的法案》（查理二世 30 年，第 1 章）（1678 年）（英国）；

《通过禁止天主教徒在众议院和下议院中任职，从而更有效地保护国王的个人和政府的法案》（查理二世 30 年，第 2 会期，第 1 章）（1678 年）（英国）；

《自 1677 年 9 月 9 日至 9 月 20 日为国王陛下筹款 206,462 英镑 17 先令 3 便士以偿还和解散军队的法案》（查理二世 31 年，第 1 章）（1679 年）（英国）；

《授予国王和王后陛下现时援助的法案》（威廉和玛丽 1 年，第 3 章）（1688 年）（英国）；

《废除灶税的法案》（威廉和玛丽 1 年，第 10 章）（1688 年）（英国）；

《通过人头增加税收和其他方法削减爱尔兰财政收入的法案》（威廉和玛丽 1 年，第 3 章）（1688 年）（英国）；

《一项向国王和王后陛下提供每年每磅 12 便士援助，用于其王国必要的保卫开支的法案》（威廉和玛丽 1 年，第 20 章）（1688 年）（英国）；

《一项向国王和王后陛下提供每磅 2 先令一年的援助的法案》(威廉和玛丽 1 年,第 1 会期,第 1 章)(1688 年)(英国);

《一项通过人头筹集货币,针对爱尔兰产出的减少和发起对法国的战争的法案》(威廉和玛丽 2 年,第 2 章)(1689 年)(英国);

《一项授予国王和王后陛下总计 1,651,702 英镑 18 先令的援助法案》(威廉和玛丽 2 年,第 2 会期,第 1 章)(1690 年)(英国);

《一项给予国王陛下 1,651,702 英镑 18 先令的援助,用以对法国进行一场激烈的战争的法案》(威廉和玛丽 3 年,第 5 章)(1691 年)(英国);

《一年按季度收取人头税来筹集资金用以进行有力的对法战争的法案》(威廉和玛丽 3 年,第 6 章)(1691 年)(英国);

《对国王陛下给予一年 4 先令的援助金用以进行有力的对法战争的法案》(威廉和玛丽 4 年,第 1 章)(1692 年)(英国);

《继续某些法案中提及的事项以及向一些联合股份公司征税的法案》(威廉和玛丽 4 年,第 15 章)(1692 年)(英国);

《对国王授权一年每磅 4 先令的援助金用以进行有力的对法战争的法案》(威廉和玛丽 5 年,第 1 章)(1693 年)(英国);

《一年按季度收取人头税来筹集资金用以与法国进行猛烈战争的法案》(威廉和玛丽 5 年和 6 年,第 14 章)(1693 年)(英国);

《出租马车和公共马车的许可和管理法案》(威廉和玛丽 5 年和 6 年,第 22 章)(1693 年)(英国);

《一项授权国王陛下一年每磅 4 先令的援助金,并在五年内,每年从运输吨税、磅税和其他应在进出口商品上支付的款项中扣除 30 万英镑以进行有力的对法战争的法案》(威廉和玛丽 6 年和 7 年,第

3章)(1694年)；

《授权国王陛下每镑4先令的援助金用以进行对法战争的法案》(威廉三世7年和8年,第5章)(1695~1696年)(英国)；

《为弥补赤字的钱,授权国王陛下若干财产税或对房屋征税的法案》(威廉三世7年和8年,第18章)(1695~1696年)(英国)；

《一项授权国王陛下一种援助金以及土地税、若干补助金和其他一年内应缴的关税的法案》(威廉三世8年和9年,第6章)(1696~1697年)(英国)；

《一项对国王陛下进口商品进一步给予吨位补贴和磅税,为期两年和四分之三,外加一年的土地税,用于对法国的战争的法案》(威廉三世8年和9年,第24章)(1696~1697年)(英国)；

《一项发给小贩和摊贩执照,为了减少爱尔兰为运输债务支付的利息的法案》(威廉三世8年和9年,第25章)(1696~1697年)(英国)；

《一项授予国王陛下一笔1,484,015英镑1先令11便士3法新的款项,用于遣散部队、支付海员和上面提到的其他用途的法案》(1697~1698年)(英国)；

《一项通过为期一年的人头税授予国王陛下援助金的法案》(威廉三世9年,第38章)(1697~1698年)(英国)；

《一项授予国王陛下1,484,150先令11便士3法新的款项,用于解散陆军,供给海军和其他必要的场合的法案》(威廉三世10年,第9章)(1698年)(英国)；

《一项通过出售爱尔兰境内被没收的财产和其他财产及利益以及为上述目的在英国征收土地税来授权国王陛下援助金的法案》(威

廉三世 11 年,第 2 章)(1698 年/1699 年)(英国);

《一项援助国王陛下,用于支付他一年的海军警卫和驻防费用以及其他必要的场合的法案》(威廉三世 12 年和 13 年,第 10 章)(1700 年/1701 年)(英国);

《通过各种补贴和土地税向女王陛下提供援助金的法案》(安妮 1 年,第 6 章)(1702 年)(英国);

《因对法国和西班牙进行战争而授予女王陛下土地税的法案》(安妮 1 年,第 2 节,第 1 章)(1702 年)(英国);

《因对法国和西班牙进行战争而授予女王陛下数个补助金的法案》(安妮 1 年,第 2 会期,第 17 章)(1702 年)(英国);

《将于 1704 年提高土地税以给予女王陛下援助金的法案》(安妮 2 年和 3 年,第 1 章)(1703 年)(英国);

《在 1706 年通过征收土地税向女王陛下提供援助金的法案》(安妮 4 年和 5 年,第 1 章)(1705 年)(英国);

《一项为了 1708 年的服务,通过英国土地税为女王陛下提供援助金的法案》(安妮 6 年,第 35 章)(1707 年)(英国);

《使两个王国的联合更加全面完整的法案》(安妮 6 年,第 40 章)(1707 年)(英国);

《一项更容易评估、征收县税的法案》(乔治二世 12 年,第 2 会期,第 29 章)(1739 年)(英国);

《一项废除对房屋、窗户和灯具征收的几种税和关税;向国王陛下授权房屋、窗户或灯具的其他税费和关税;以年金形式按照上述税率或关税征收 4,400,000 英镑的法案》(乔治二世 20 年,第 2 会期,第 3 章)(1747 年)(英国);

《一项授权国王陛下对马车和其中提到的其他车厢征收若干税费和关税；并按上述税率和关税以抽签方式募集1,000,000英镑》(乔治二世20年,第10章)(1747年)(英国)；

《一项规范和限制英国的殖民地,罗得岛种植园,普罗维登斯种植园,康涅狄格,马萨诸塞湾和新罕布什尔的纸质信用券；以防止其成为偿还货币的法定货币的法案》(乔治二世24年,第53章)(1751年)(英国)；

《一项规范和限制英国的殖民地,罗得岛种植园,普罗维登斯种植园,康涅狄格,马萨诸塞湾和新罕布什尔的纸质信用券；以防止其成为偿还货币的法定货币的法案》(乔治二世24年,第53章)(1764年)(英国)；

《一项授权国王陛下若干职务和年金的税费和义务；也针对房屋；针对窗户或灯具；并通过年金和彩票筹集500万元的总和,以支付上述税费和义务的法案》(乔治二世31年,第22章)(1758年)(英国)；

《给予英国殖民地和美洲种植园某些义务的法案》(乔治三世4年,第15章)(1764年)(英国)；

《将塞内加尔要塞及其属地授予向非洲贸易的商人公司的法案》(乔治三世4年,第20章)(1764年)(英国)；

《一项防止从此之后在美洲境内任何一个国王陛下的殖民地或种植园发行的纸质信用券被认定为金钱支付中的法定偿付,并防止该票据所不具有的法定身份偿付被延长至超出仅限于收回和回赎的期间的法案》(乔治三世4年,第34章)(1764年)(英国)；

《在英国殖民地和美洲种植园授予和实施某些印花税和其他税

种的法案》(乔治三世 5 年,第 12 章)(1765 年)(英国);

《一项对进口至或从大不列颠出口的美远志树胶和阿拉比卡树胶征收特定关税,以及为了延续从非洲针对大不列颠的美远志树胶出口的法案》(乔治三世 5 年,第 37 章)(1765 年)(英国);

《一项废除上届议会颁布的法案,将塞内加尔要塞及其属地授予向非洲贸易的商人公司;并且同时将上述堡垒及其属地,所有在非洲海岸,位于萨利港和鲁日角之间的英国堡垒和移民地,以及上述堡垒、移民地及其属地上的全部财产、房产和向非洲贸易的商人公司的全部动产授予国王陛下;为了确保、扩大和改善对非洲的贸易的法案》(乔治三世 5 年,第 44 章)(1765 年)(英国);

《一项废除上届议会通过的法案,在英国殖民地和美洲种植园授予和实施某些印花税和其他税种的法案》(乔治三世 6 年,第 11 章)(1766 年)(英国);

《为了更好地保障国王陛下在美洲的统治中对于王室和英国议会的依赖的法案》(乔治三世 6 年,第 12 章)(1766 年)(英国);

《一项给予英国殖民地和美洲种植园某些义务,允许在出口时撤销海关关税的法案》(乔治三世 7 年,第 46 章)(1767 年)(英国);

《一项废除大量于现任陛下统治的第七年制定的法案内容,给予英国殖民地和美洲种植园某些义务;允许在出口时撤销海关关税的法案》(乔治三世 10 年,第 17 章)(1770 年)(英国);

《一项允许对出口至国王陛下在美洲的任何殖民地或种植园的茶叶进行退税;为了增加将在印度公司销售的武夷茶叶的存量;以及授权财政部专员向东印度公司发放免税出口茶叶的执照的法案》(乔治三世 13 年,第 44 章)(1773 年)(英国);

《一项为了更好地管理东印度公司事务，做到在印度也能像在欧洲一样好地管理公司，进而设立某些条例的法案》（乔治三世13年，第63章）（1773年）（英国）；

《一项在上文提到的时间和方式针对位于北美马萨诸塞港所在属地的波士顿以内的城镇和港口，停止对于货物、器具和商品的靠岸、卸货、装载或运输的法案》（乔治三世14年，第19章）（1774年）（英国）；

《为了更好地管理新英格兰马萨诸塞湾所在属地政府的法案》（乔治三世14年，第45章）（1774年）（英国）；

《为北美魁北克属地的政府制定更有效益的条款的法案》（乔治三世14年，第88章）（1774年）（英国）；

《一项旨在建立一项基金，从而进一步支付美洲魁北克属地司法机关的费用，以及对于公民政府的支持的法案》（乔治三世14年，第88章）（1774年）（英国）；

《一项授权国王陛下对上述提到的生产单位所保有或雇佣的全部仆人进行征税……的法案》（乔治三世17年，第39章）（1777年）（英国）；

《一项旨在移除北美和西印度的任何殖民地、属地和种植园关于大不列颠议会制定的税收政策的所有质疑和担忧，以及废除制定于国王陛下统治的第七年的一项法案中从大不列颠向美洲的任何殖民地或种植园出口的茶叶或与之相关内容征收的关税的法案》（乔治三世18年，第12章）（1778年）（英国）；

《一项授权国王陛下对大不列颠王国境内所有已居住房屋进行征税的法案》（乔治三世18年，第26章）（1778年）（英国）；

《一项用来废止一项制定于当前国王陛下统治的第五年的名为"一项用来废止制定于上届议会的法案"的法案》,上届议会的法案名为《一项将塞内加尔的堡垒,及其属地,授予非洲贸易商人公司;以及将上述堡垒及其属地,和所有其他在非洲海岸位于萨利港和鲁日角之间的英国堡垒和殖民地,包括非洲贸易商人公司所有位于上述堡垒、殖民地或其属地财产、地产和财物,授予国王陛下;以及保障、扩张和改善对于非洲的贸易;以及将冈比亚河的詹姆斯堡、其属地和所有其他位于萨利港和鲁日角之间的英国堡垒和殖民地,授予非洲贸易商人公司;以及保障和管理对于非洲的贸易的法案》(乔治三世23 年,第 65 章)(1783 年)(英国);

《一项授权国王陛下对为了骑行而饲养的马匹,以及用来牵引某些马车的马匹,关于其任何货物税的税款均可进行缴纳的法案》(乔治三世 24 年,第 31 章)(1784 年)(英国);

《一项旨在针对上述提到的可征税商品的制造商和交易商颁发的执照,对其征收特定税款的法案》(乔治三世 24 年,第 41 章)(1784 年)(英国);

《为了更好地管理和运营东印度公司事务以及印度的英国财产,并且为了对于在东印度犯下罪行的人进行更快更有效的审判而建立法院的法案》(乔治三世 24 年,第 2 会期,第 25 章)(1784 年)(英国);

《一项授权国王陛下对于执照事务进行特定税务的征收,为了扼杀赌博行为的法案》(乔治三世 24 年,第 2 会期,第 43 章)(1784 年)(英国);

《一项授权国王陛下对英国境内的商店征收特定税款的法案》

(乔治三世25年,第30章)(1785年)(英国);

《一项废除针对男仆的税赋;并且授权对男仆和女仆进行新的征税的法案》(乔治三世25年,第43章)(1785年)(英国);

《一项旨在将上述提到的收据和对于某些税收的管理从消费税专员和邮票专员处分别移交给税收委员会;并且也旨在针对该税收进行的上述转移作出进一步的条文规定的法案》(乔治三世25年,第47章)(1785年)(英国);

《一项授权国王陛下对颁发给利用或运营当铺作为贸易或者生意的人的许可证征收某些印花税的法案》(乔治三世25年,第48章)(1785年)(英国);

《一项授权国王陛下分别对颁发给马车制造商的许可证,以及针对建造后供出售的马车征收某些税收的法案》(乔治三世25年,第49章)(1785年)(英国);

《授予国王陛下对某些钟表征税的法案》(乔治三世37年,第108章)(1797年)(英国);

《一项在英国征收土地税向国王提供补助金,用于支付1798年的服务费的法案》(乔治三世38年,第5章)(1798年)(英国);

《授予国王陛下为继续战争提供补助金和捐款的法案》(乔治三世38年,第16章)(1798年)(英国);

《一项自1798年3月25日起,将目前在英国作为一年土地税征收的几笔款项永久化,并按其中规定的方式进行赎回和购买的法案》(乔治三世38年,第60章)(1798年)(英国);

《一项废除上届议会制定的法案规定的为战争提供补助金和捐助的义务;并为类似目的作出更有效的规定,通过授予某些收入税来

代替上述税的法案》(乔治三世 39 年,第 13 章)(1799 年)(英国);

《本届议会通过的一项延长根据某项法案返回陈述时间并修改上述法案的法案》,其标题为《废除上届议会制定的一项法案所规定的义务,为继续战争提供补助金和贡献;并为类似目的作出更有效的规定,授予某些收入税来代替上述税》(乔治三世 39 年,第 22 章)(1799 年)(英国);

《一项旨在更好地确定和征收上届议会通过的几项法案所规定的收入税,并对上述法案进行解释和修订的法案》(乔治三世 39 年和 40 年,第 49 章)(1800 年)(英国);

《一项废除收入税;为有效征收上述税的欠款,并对其进行核算;并征收英国基金特别征收的年金的法案》(乔治三世 42 年,第 42 章)(1802 年)(英国);

《一项授权国王陛下的,直到批准最终和平条约后的下一个 5 月 6 日,对财产、职业、贸易和职位产生的利润进行征税的法案》(乔治三世 43 年,第 122 章)(1803 年)(英国);

《一项授权英国国王陛下额外征收,就财产、专业、行业和职位产生的利润征收的评估金额的法案》(乔治三世 45 年,第 15 章)(1805 年)(英国);

《一项废除在现任陛下第 43 年制定的法案的某些部分,该法案授予对财产、职业、行业和职位产生的利润的贡献;并巩固和更有效地征收上述税的规定的法案》(乔治三世 45 年,第 49 章)(1805 年)(英国);

《一项授权国王陛下,在当前战争期间,直到批准最终和平条约后的次年 4 月 6 日,在英国进一步增加额外的税费和义务(关于利润的税费和义务）财产、职业、贸易和职位；废除在现任陛下第45年通过的法案，废除在现任陛下第43年制定的法案的某些部分，授权对财产、职业和职位产生的利润的贡献；并巩固和更有效地征收上述税收的规定的法案》（乔治三世46年，第65章）（1806年）（英国）；

《一项将归属于塞拉利昂公司的某些财产和权利转让给国王陛下并缩短该公司存续期；以及防止在塞拉利昂殖民地内买卖奴隶的任何交易或贩运的法案》（乔治三世47年，第2会期，第44章）（1808年）（英国）；

《一项关于在东印度公司继续拥有英国在印度的领土以及某些专属特权；为上述领土的政府制定进一步的条例，并在该领土内更好地进行司法行政；以及在上述公司章程的限制范围内，对进出该地区的贸易进行监管的法案》（乔治三世53年，第155章）（1813年）（英国）；

《一项停止对任何州长或其他有关在新南威尔士实施和征税的人提起诉讼；继续履行某些职责，直至1821年1月1日；并授权上述总督对在上述殖民地制造的烈酒征税的法案》（乔治三世59年，第114章）（1819年）（英国）；

《铁路管理法案》（1868年）（英国）；

《定居土地法案》（1882年）（英国）；

《金融法案》（1963年）（英国）。

过渡期法律，1642～1661年

《一项用于评估所有未对议会两院提案作出贡献的人，以筹集资金、盘子、马匹、骑兵和武器，用于保卫国王、王国和议会，或未按比例按其财产作出贡献的人的法令》（1642年11月26日）（英国）；

《一项委任威廉·沃勒·塞尔爵士(Sir William Waller Serjeant)为格洛斯特和其他邻近县军队少将,并为他的军队筹集资金的法令》(1643年/1644年2月11日)(英国);

《一项旨在通过对伦敦和威斯敏斯特市、英格兰王国的每个郡和城市以及威尔士自治领进行每周评估,迅速筹集和征收资金,以维持议会筹集的军队和英联邦的其他重大事务的法令》(1643年/1644年2月24日)(英国);

《一项在整个英格兰王国和威尔士自治领土迅速筹集和征收资金以救济共和国,对那些根本没有捐献或借钱的人征税,或不根据他们的财产和能力征税的法令》(1643年5月7日)(英国);

《由托马斯·费尔法克斯(Thomas Fairfax)爵士指挥,为保卫王国而组建和维持军队的法令》(1645年/1646年2月17日)(英国);

《一项在托马斯·费尔法克斯爵士的指挥下,在本王国内为了维持军队而筹集资金的,为爱尔兰战争,迅速运输和支付部队费用的法令》(1647年6月23日)(英国);

《一项为了救济爱尔兰而每月筹款两万英镑的法令》(1648年/1649年2月16日)(英国);

《为维持托马斯·费尔法克斯爵士指挥下的军队而筹集资金的条例》(1648年/1649年3月17日)(英国);

《一项自1649年3月25日至1649年9月29日,每个月筹集9万英镑,以维持议会授权的军队,用于为英格兰和爱尔兰服务,为期6个月的法案》(1649年4月7日)(英国);

《一项禁止与巴巴多斯、弗吉尼亚、百慕大和安提瓜开展贸易的法案》(1650年10月3日)(英国);

《一项自1650年12月5日至20日，每个月筹集12万英镑，为期4个月，为了维持在英格兰、爱尔兰和苏格兰的军队，由议会授权为了共和国的利益而筹集的法案》(1650年11月26日)(英国)；

《一项增加航运和鼓励本国航运的法案》(1651年10月9日)(英国)；

《一项自1652年12月5日起至次年6月4日止，为期6个月，每月12万英镑计算的评估，适用于维持英格兰、爱尔兰及苏格兰的陆军；同样也为了海军的法案》(1652年12月10日)(英国)；

《一项以每月6万英镑的税率对英格兰进行评估，为期3个月的法案》(1657年6月9日)(英国)；

《一项在英格兰、苏格兰和爱尔兰，按月评估10万英镑，为期6个月的法案》(1660年/1661年1月26日)(英国)。

美　洲

加拿大

布雷顿角

《授权国王陛下对朗姆酒和其他蒸馏酒征收关税的法令》(1801年12月14日)(布雷顿角)。

新不伦瑞克

《在本属地的数个城镇或教区铺设、维修和修补公路、道路、街道，以及任命公路委员和勘探员的法案》(第32号)(1786年)(新不伦瑞克)；

《促使在外土地所有者对任何公共费用支付一定比例,并维修公路的法案》(第 40 号)(1786 年)(新不伦瑞克);

《为了评估、收集和征收郡县税率的法案》(第 42 号)(1786 年)(新不伦瑞克);

《管理并为该属地穷人募集资金的法案》(第 43 号)(1786 年)(新不伦瑞克);

《任命下水道委员的法案》(第 45 号)(1786 年)(新不伦瑞克);

《为本属地筹措资金的法案》(第 55 号)(1786 年)(新不伦瑞克)。

新斯科舍

《一项对鱼和鱼油给予奖励,并对烈酒商征收关税以支付上述奖励金,并且需要确保支付上述关税的法案》(1751 年 4 月 29 日)(新斯科舍);

《一项对从邻近殖民地进口的烈性酒征收每加仑 3 便士的税,并鼓励在本属地蒸馏酒,并对在本属地建造的所有船只或船只给予每吨 10 先令的奖励的法案》(1751 年 7 月 31 日)(新斯科舍);

《一项确认本属地总督和议会关于朗姆酒和其他蒸馏酒征收关税的若干决议的程序;使已故的收款人或接管人能够收回其手中剩余的任何债券或票券的未付款项;以及为未来制定和规范对葡萄酒、啤酒、朗姆酒和其他蒸馏酒征收的多项征税的法案》(乔治二世 32 年,第 1 章)(1758 年)(新斯科舍);

《一项除了一项名为〈哈利法克斯镇穷人救济法案〉之外:在陛下统治第 33 年制定并通过的法案》(乔治二世 33 年,第 2 会期,第 12 章)(1759 年)(新斯科舍);

《一项使该属地内几个乡镇的居民能够维持济贫的法案》(乔治三世3年,第7章)(1763年)(新斯科舍);

《一项通过本属地多个郡的代表,为上述提到的特定郡的费用付款的法案》(乔治三世5年,第6章)(1765年)(新斯科舍);

《一项对于制定于国王陛下统治的第五年,名为〈通过本属地多个郡的代表,为上述提到的某些郡的费用付款的法案〉进行补充和修正的法案》(第140号)(1768年)(新斯科舍);

《为贯穿属地内的桥梁和道路的建造和修复提供资金的法案》(第201号)(1772年)(新斯科舍);

《为了支付上述属地维持和供给民兵组织,并使其形成防御的费用,进而对该属地居民征收税收的法案》(第247号)(1775年)(新斯科舍);

《在某一限定期间内对属地内的土地租户和可继承财产进行征税的法案》(第306号)(1779年)(新斯科舍);

《一项为了清偿所有目前由该属地的到期债务或将在7月的第一天到期的与预期受资助的债务相接近的债务而筹措资金的法案》(第444号)(1791年)(新斯科舍);

《一项对在现任国王陛下统治的第31年通过的〈筹集资金用于偿还该省现在到期或即将于次年7月1日到期的所有此类债务,融资债务除外的法案〉进行修订,使其更有成效的法案》(第479号)(1793年)(新斯科舍);

《一项对国王在位第31年通过的一项法案进行修正,发起了"一项法案,旨在筹集财政收入,以偿还该省目前到期的或即将于次年7月1日到期的所有债务,融资债务除外",并根据需要暂停上述法案的部分和修正案的实施，与下面将要进行的任何新税收或评估相关的法案》（第533号）（1796年）（新斯科舍）。

爱德华王子岛

《对朗姆酒和其他蒸馏酒零售商进行征税的法案》（第20号）（1774年10月17日）（爱德华王子岛）；

《一项补充和修订了制定并通过于国王陛下统治的第14年的法案，即〈授权总督阁下或其他当下的首席指挥官指导公共道路的修建并指派人员对此加以执行的法案〉的法案》（第29号）（1776年7月11日）（爱德华王子岛）；

《一项旨在促使该岛内地块或城镇土地，或部分地块或部分城镇土地的各个业主，和那些对于该岛的定居或完善没有作出任何贡献的人，以及其土地被浪费没有处于耕种状态的人，对该岛的公路、道路和桥梁的建造和维修支付其份额》（第105号）（1790年4月5日）（爱德华王子岛）；

《任命下水道专员的法案》（第131号）（1796年2月13日）（爱德华王子岛）；

《将本岛名称从圣约翰更改为爱德华王子岛的法案》（第134号）（1798年11月26日）（爱德华王子岛）；

《一项修改和修正在国王陛下统治第30年制定和通过的法案，要求本岛的地块或乡镇或部分地块或乡镇的各自所有者，以及对该岛的定居或改善没有任何贡献且其土地处于荒废和未开垦状态的人，支付他们的费用修建和维修上述岛屿的法案》（第165号）（1808年4月8日）（爱德华王子岛）；

《一项筹集1600英镑，用于在夏洛特镇为大议会、最高法院及其办公室和其他公共办公室建造建筑物，以及在该岛建造两个目标，即一个在王子县，一个在国王县的法案》（第177号）（1809年5月10日）（爱德华王子岛）。

魁北克（下加拿大）

《在本属地范围内以及出于其他目的对公路和桥梁进行维修和改造的法案》（1796年5月7日）（魁北克）。

上加拿大（安大略）

《一项授权和指导本属地每个地区的评估和关税的制定和征收，并规定向众议院议员支付工资的法案》（1793年7月9日）（上加拿大）；

《一项对国王在位第33年通过的一项法案进行修正，发起了"一项法案，授权并指示在该属地的每个地区征收摊派款和关税，并规定向众议院议员支付工资"的法案》（1794年7月7日）（上加拿大）；

《一项提出了〈一项授权和指导本属地每个地区的评估和关税的制定和征收，并规定向众议院议员支付工资的法案〉的修订法案》（推定1795年）（上加拿大）；

《在整个属地内更统一地进行评估的法案》（推定1798年）（上加拿大）；

《在整个属地内更统一地制定评估和税率的法案》（1800年6月30日）（上加拿大）；

《一项具体规定不动产和个人财产，在其持续期间应接受评估和费率，并确定对此类财产的每个细节进行评级和评估的若干估值的法案》（1803年3月5日）（上加拿大）；

《一项废除现行的几项法律，涉及在本属地征收和征收税率和评估,并进一步规定对整个属地的土地和其他应课税财产进行更平等和普遍的评估的法案》(1819 年 7 月 12 日)(上加拿大)。

美　国

联　邦

《一项为美国债务的支付作出规定的法案》(1790 年 8 月 4 日)(美国);

《一项关于土地和住宅估价以及美国境内奴隶计数的法案》(1798 年 7 月 9 日)(美国);

《在美国境内设立和征收直接税的法案》(1798 年 7 月 14 日)(美国)

《一项规定完成对南卡罗来纳州土地和住宅的估价以及为其他目的进行奴隶计数的法案》(1805 年 1 月 30 日)(美国);

《直接税和国内税评估和征收法案》(1813 年 7 月 22 日)(美国);

《在美国境内设立和征收直接税的法案》(1813 年 8 月 2 日)(美国);

《一项通过对美国征收直接税,为支付政府开支和维护公共信贷提供额外收入,并规定对其进行评估和征收的法案》(1815 年 1 月 9 日)(美国);

《废除内部征收的法案》(1817 年 12 月 23 日)(美国)。

康涅狄格

《新英格兰康涅狄格殖民地国王陛下的法案和法律》(1702 年)(康涅狄格);

《一项要求每年评估合格律师的能力的法案》(1725 年)(康涅

狄格）；

《一项在美洲新英格兰康涅狄格国王陛下殖民地的法令和法律中，列名者在其公职和职责的指令的法案》（1750 年）（康涅狄格）；

《一项为其制表人的职位与职责提供方向指引，为国王陛下在美洲新英格兰康涅狄格的殖民地境内法律和法案中规定的税收的法案》（1769 年）（康涅狄格）；

《一项作为对该殖民地法律的添附，为制表人就其职位与职责提供方向指引的法案》（1771 年）（康涅狄格）；

美洲康涅狄格州的法案和法律（1784 年）（康涅狄格）；

美洲康涅狄格州的法案和法律（1796 年）（康涅狄格）；

《税收评估的法案》（1819 年）（康涅狄格）。

特拉华

《一项募集 1000 英镑，用于支付在该政府内募集的军队的伙食费和运输费，以准备对西班牙西印度群岛部分地区的远征的法案》（1741 年）（特拉华）；

《确定特拉华的纽卡斯特、肯特和苏塞克斯几个郡支付政府税收的比例的法案》（1742 年）（特拉华）；

《提高县税费和征收的法案》（1743 年）（特拉华）；

《一项重新印制、交换和发行 20, 000 英镑政府信用券，以贷款方式发放；并在此类票券中追加 7000 英镑，并将其提供给国王陛下使用，并在特拉华州纽卡斯特、肯特和苏塞克斯政府的法律（1763 年，第 2 卷，第 22 页）中提供一笔资金，用于支付上述款项的法案》（1759 年 5 月 7 日）（特拉华）；

《一项旨在印刷并发行该州 15, 000 英镑的信用券，以贷款的形式发出;以及为了开始进一步发行总额 10,000 英镑的这种信用券,供本州使用,并且为该信用券的回赎提供资金的法案》(1777 年 2 月 22 日)(特拉华);

《一项在特拉华州征收 198,000 美元,通过一项一般税为 1779 年服务的法案》(1797 年 2 月 2 日)(特拉华);

《一项于 1780 年 2 月 1 日至 10 月 1 日之间在特拉华州筹措 1,360,000 美元;以及为了上述提到的其他目的的法案》(1779 年 12 月 25 日)(特拉华);

《一项号召发行流通并取消本州份额,根据前一年 3 月 18 日国会所作出的决议,以及为了其他的目的的法案》(1781 年 2 月 12 日)(特拉华);

《一项本州不动产和动产估价的法案》(1796 年 2 月 9 日)(特拉华);

《一项为我们的陛下的政府提供 1797 年资金的法案》(1797 年 1 月 21 日)(特拉华);

《一项支持 1816 年政府的法案》(1816 年 2 月)(特拉华)。

佐治亚

《一项筹集和授予国王陛下一笔款项以支付奥耶和特米纳法院费用以及政府其他意外费用的法案》(1755 年 2 月 21 日)(佐治亚);

《一项为国王陛下筹集并授予 1000 英镑和 100 英镑,用于使萨凡纳镇和该属地数个教区的外围堡垒处于更好的防御状态的法案》(1760 年 4 月 24 日)(佐治亚);

《一项为了授予国王陛下总计 3375 英镑 4 先令 1 便士的款项,供佐治亚政府使用并对其加以支持……的法案》(1768 年 4 月 11

日)(佐治亚)；

《一项授予国王陛下总计5171英镑15先令半便士的款项,供佐治亚政府使用并对其加以支持……的法案》(1773年9月29日)(佐治亚)；

《一项为了在1778年支持佐治亚州政府并供其使用,通过一定的比率按照上述提到的方法筹措12,000英镑资金的法案》(1778年5月4日)(佐治亚)；

《为了支持上述提到的政府并供其使用,对佐治亚州居民征税……的法案》(1783年7月31日)(佐治亚)；

《一项为了支持上述提到的政府并供其使用,对佐治亚州居民和其他在该处持有不动产或个人财产的个人征税……的法案》(1785年2月21日)(佐治亚)；

《为了在1793年支持该州政府并供其使用,向该州居民征税的法案》(1792年12月20日)(佐治亚)；

《一项为支持1805年政府而征税的法案》(1804年12月)(佐治亚)；

《一项为支持政府而在政治年份征税的法案》(1817年12月9日)(佐治亚)。

马里兰

《用于共同支付某些公共费用的法案》(1638年/1639年3月)(马里兰)；

《一项关于授权补助金的法案》(1641年/1642年3月)(马里兰)；

《一项关于评估本年度征收的命令》(1650年4月)(马里兰)；

《关于在该领域内进行战争征收的法案》(1650年4月)(马

里兰)；

《一项关于提高征收量的命令》(1650 年/1651 年 3 月)(马里兰)；

《公共征收》(1654 年 10 月)(马里兰)；

《关于公共收费》(1657 年)(马里兰)；

《一项迫使总督和国会停止对雷塞部队和梅恩塔因的战争，停止对普罗旺斯人和萨斯奎汉努印第安人的战争的法案》(1661 年 4 月/5 月)(马里兰)；

《支付该地区领域公共费用的法案》(1669 年 4 月/5 月)(马里兰)；

《废除迄今为止在本属地制定的所有法律，并确认本议会制定的所有法规的法案》(1692 年 5 月/6 月)(马里兰)；

《一项剥夺县法院的专员的权力，使其无法获得并筹集资金，以支付其国家的必要费用的法案》(1692 年 5 月/6 月)(马里兰)；

《治安官应税物品清单的法案》(1692 年 5 月/6 月)(马里兰)；

《本属地公共费用支付和评估的法案》(1694 年)(马里兰)；

《本属地公共费用的支付和评估法案》(1710 年 10 月/11 月)(马里兰)；

《本属地公共费用的评估和支付法案》(1742 年 9 月/10 月)(马里兰)；

《为国王陛下服务的法案》(1754 年 7 月 24 日)(马里兰)；

《一项为国王陛下的服务提供 40,000 英镑，并以信用券形式支付其中的 3415 英镑 6 先令，并筹集资金用于赎回该券的法案》(1756 年 2 月/5 月)(马里兰)；

《对州内所有财产进行评估并且平等地征收税款的法案》(1777年,第21章)(马里兰);

《用来评估州内财产的法案》(1779年,第35章)(马里兰);

《一项确定本州内数个郡县土地价值,旨在决定公共税收估价的法案》(1785年3月)(马里兰);

《一项对州内个人财产进行估价的法案》(1785年3月)(马里兰);

《为1786年筹措供给的法案》(1785年11月)(马里兰);

《在该州(马里兰)的几个县对真实财产和个人财产的估值法案》(1812年11月)(马里兰)。

马萨诸塞

《一项允许国王陛下根据人头和财产进行评估的法案》(1692年6月8日)(马萨诸塞);

《对先前的评估进行规范以援助和额外供给金钱的法案》(1692年6月8日,第2会期)(马萨诸塞);

《一项授予国王陛下征收每人12便士的税和每英镑财产1便士的税的法案》(1694年5月30日)(马萨诸塞);

《一项授权征收人头税和动产税的法案》(1695年5月29日)(马萨诸塞);

《一项授权国王征收人头税和动产税的法案》(1696年5月27日)(马萨诸塞);

《授权国王陛下根据人头和财产征税的法案》(1696年5月26日,第3会期)(马萨诸塞);

《授权国王陛下根据人头和财产征税的法案》(1698年5月25

日)(马萨诸塞);

《一项指导如何评估和征收由大会授权的税收及其税率的法案》(1699 年 5 月 31 日)(马萨诸塞);

《授权国王陛下根据人头和财产征税的法案》(1700 年/1701 年 3 月 13 日)(马萨诸塞);

《就有关市镇的可评估的财产作出更好的调查的法案》(1702 年/1703 年 3 月 10 日)(马萨诸塞);

《根据 1704 年、1705 年和 1706 年大会向女王陛下提供的资金和拨款,对四种人头税和财产税进行分摊和评估的法案》(1706 年 5 月 29 日)(马萨诸塞);

《一项分摊和评估 6000 英镑税款的法案》(1727 年 5 月)(马萨诸塞);

《一项分配和评估 4493 英镑税款……的法案》(1737 年 5 月 25 日)(马萨诸塞);

《一项分摊和评估 13,000 英镑税款的法案》(1738 年 5 月 31 日)(马萨诸塞);

《一项分配和评估 81,386 英镑 13 先令 4 便士……的法案》(1757 年 5 月 25 日)(马萨诸塞);

《用来分配和评估一项 10,312 英镑 10 先令税费的法案》(1774 年 6 月 7 日)(马萨诸塞);

《对税收进行分配和评估……的法案》(1777 年 10 月 24 日)(马萨诸塞);

《对税收进行分配和评估……的法案》(1793 年,第 10 号税)(马萨诸塞);

《一项分摊和评估 1,033,000,302 美元税款……的法案》(1819年2月18日)(马萨诸塞)。

新英格兰

《一项制定和延续几种税率关税和进口的法案》(1686年/1687年3月3日)(新英格兰);

《宣布总督和议会制定的几项法律在现已并入本政府的前康涅狄格殖民地生效,并确定在那里设立法院的时间和地点的法案》(1687年12月29日)(新英格兰)。

新罕布什尔

《一般法律》(1680年)(新罕布什尔);

《一项支持政府修造防御工事加强边境保卫的法案》(1692年10月)(新罕布什尔);

《为支持政府筹集资金,用于修复防御工事和重新注入国库的法案》(1693年8月)(新罕布什尔);

《一项为支持政府而筹集资金,用于修复防御工事和为士兵提供物资的法案》(1694年)(新罕布什尔);

《一项筹集650英镑以支付属地的公共费用的法案》(1697年6月8日)(新罕布什尔);

《一项筹集550英镑用于支付本属地公共费用的法案》(1701年7月13日)(新罕布什尔);

《一项500英镑的税收或评估单的法案》(1702年/1703年1月19日)(新罕布什尔);

《对本属地内的波兰人和财产征收1000英镑的税的法案》(1723年6月1日)(新罕布什尔);

《为清偿本属地的公共债务和本法下文所述的其他目的，向国库提供总额为 6500 英镑的信用权券的法案》(1736 年/1737 年 3 月)(新罕布什尔)；

《一项授予最伟大的陛下一笔金额为 4720 英镑的信用券，这笔金额相当于同等额度的公告货币供国库清偿公债及本法前项规定的其他用途，同时将上述券重新拨入国库的法案》(1742 年 4 月)(新罕布什尔)；

《一项向本属地发放总额为 25,000 英镑的信用券，金额等于同等额度的公告货币，并授予国王陛下由上述法案所述目的所产生的利息的法案》(1742 年 4 月)(新罕布什尔)；

《一项使城镇分配比例更加平等的法案》(1742 年 6 月 23 日)(新罕布什尔)；

《一项授予国王陛下 10,000 英镑，用于招募、置装和支付 534 名士兵的军饷，以确保国王陛下在美洲的征服，并征募 143 名士兵，在美洲招募国王陛下的正规军的法案》(1762 年 3 月 22 日)(新罕布什尔)；

《国王陛下在新英格兰的新罕布什尔省的法案和法律以及议会的各种法案》(1771 年)(新罕布什尔)；

《建立一套平等的方法，用来决定税率和税费，并决定哪些人对于城镇事项拥有合法投票表决权的法案》(1772 年 1 月 2 日)(新罕布什尔)；

《一项旨在建立一套平等的方法，用来决定税率和税费，并决定哪些人对于城镇事项拥有合法投票表决权的法案》(1776 年)(新罕布什尔)；

《一项旨在建立征收差饷和税款的合理方式，以及决定哪些人对于城镇事务拥有法定投票权；并且废除此后提及的某些法案》（1784年6月11日）（新罕布什尔）；

《一项旨在建立征收差饷和税款的合理方式，以及决定哪些人对于城镇事务拥有法定投票权；并且废除此后提及的某些法案》（1789年2月7日）（新罕布什尔）；

《一项旨在建立征收差饷和税款的合理方式，以及确认行政委员的权力的法案》（1791年2月8日）（新罕布什尔）；

《一项制定并确立本州内几个城镇和地方公共税评估新比例，并授权财政部长签发征收该等公共税的许可证的法案》（1816年12月21日）（新罕布什尔）。

新泽西

《为国王陛下的服务筹集资金的法案》（1692年）（东新泽西）；

《一项支持政府补助金的法案》（1693年）（西新泽西）；

《一项筹集税收的法案》（1696年）（西新泽西）；

《一项为支持新泽西境内为支持女王陛下政府而筹集税收，为期两年的法案》（1704年12月）（新泽西）；

《一项支持在新泽西的女王陛下政府，为期一年的法案》（1709年/1710年3月）（新泽西）；

《为女王陛下目前的服务筹集3000英镑的法案》（1709年6月30日）（新泽西）；

《一项通过属地税在不同时期征收基金，用于支付总额为15,322英镑4便士的款项，该款项现为未偿付的信用券，用于国王陛下在最近的战争中服役的法案》（1753年）（新泽西）；

《一项为该殖民地的几个县城设定了征税的限额的法案》(1769年12月6日)(新泽西);

《通过征税筹措资金,进而偿还债务并支付新泽西州的必要费用的法案》(1778年3月26日)(新泽西);

《在新泽西州筹措100万英镑的法案》(1779年6月8日)(新泽西);

《在新泽西州筹措3,375,000英镑的法案》(1779年12月18日)(新泽西);

《一项旨在每年筹措31,259英镑5先令的税收,为期25年,旨在偿还应付美国的债款本金和利息,达成一致向4月的第18天国会的推荐支付1783英镑,并拨出同样的数额的法案》(1783年12月20日)(新泽西);

《1794年一项筹集资金总额15,000英镑的法案》(1794年2月17日)(新泽西);

《一项筹集1819年政府费用30,000美元的法案》(1819年2月10日)(新泽西)。

纽 约

《约克公爵法》(1665~1675年)(纽约);

《继续支付政府所需费用的法案》(1683年10月30日)(纽约);

《废除原先法律规定的国家税费和对治安法官的津贴的法案》(1683年11月1日)(纽约);

《一项向全地域各市、城镇、区县收取必要的费用扶贫济困、防止产生流浪汉的法案》(1683年11月1日)(纽约);

《向总督免费和自愿赠送礼物的法案》(1683年11月2日)

（纽约）；

《为了筹集为英国的利益而支付的费用，对每人每英镑价值的财产征收0.5便士的法案》（1687年6月14日）（纽约）；

《对列治文郡、奥兰治郡、威彻斯特郡和萨福克郡国王、皇后、公爵及公爵夫人的自由人和居民的每英镑财产征收1便士的法案》（1687年8月20日）（纽约）；

《对纽约各市县和阿尔斯特县的所有人的每英镑不动产征收0.5便士的法案》（1687年9月2日）（纽约）；

《在次年11月1日之前筹集2555英镑6先令的法案》（1688年5月17日）（纽约）；

《一项将本属地所有居民的不动产和个人有形财产每镑提高3便士，其中一半应于次年1月21日或之前付清，另一半于3月25日或之前付清，以及执行这一法案的评估员和征税员由本属地内每个城镇的持有不动产的人选择的法案》（1690年9月15日）（纽约）；

《一项在全属地范围内支付公共必要费用，以维持穷人生活和防止流浪的法案》（1691年5月13日）（纽约）；

《一项筹集和征收2000英镑，以支付附带费用的法案》（1691年5月13日）（纽约）；

《一项筹集150名士兵及其军饷，用于对奥尔巴尼（Albany）的防卫和增援，为期6个月的法案》（1691年9月29日）（纽约）；

《一项授予国王陛下对纽约属地内所有不动产和个人财产每磅1便士的税费的法案》（1692年11月12日）（纽约）；

《一项授予他夫人，金额是2000英镑和1500英镑的综合，给他杰出的贝勒蒙特伯爵理查德，以及500英镑，给到约翰·南凡莱夫总

督上尉的法案》(1699 年 5 月 16 日)(纽约);

《为保卫边疆及其他用途而筹集资金的法案》(1706 年 10 月 21 日)(纽约);

《征收 6000 英镑的法案》(1709 年)(纽约);

《征税 10,000 英镑的法案》(1711 年)(纽约);

《一项用于偿还英国法院该殖民地已故代理人的债务,用于完成国王陛下乔治堡的建筑;为上述目的,从上述资金中借入若干金额,并对其中用于特定用途的资金进行征税的法案》(1726 年 6 月)(纽约);

《一项通过对不动产和个人财产征税,筹措 40,000 英镑作为在加拿大对法国人进行远征的经费……的法案》(1746 年 6 月)(纽约);

《一项通过对不动产和个人财产征税筹集 45,000 英镑供应,以使该殖民地处于适当的防御状态,以促进国王陛下针对其在美洲的敌人的计划以及其中提到的其他目的;发出类似金额的信用券以及在短期内撤销和取消所述票券的法案》(1755 年 2 月 19 日)(纽约);

《一项筹集 100,000 英镑,用于支出、支付和结算 2680 名现役男军官,其中包括与邻近殖民地的部队组成一支两万人的军队,与国王陛下的正规部队一起进攻加拿大的法国属地;发行类似金额的信用券;以及在短期内撤销和取消上述票券的法案》(1759 年 3 月 7 日)(纽约);

《一项发行总额为 150,000 英镑的信用券,以使国王陛下能够支付合同规定的债务,并在美洲继续为陛下服务,并在 12 个月内赎回的法案》(1759 年 7 月 3 日)(纽约);

《一项为了筹措和收集纽约城镇对该殖民地税收欠款的法案》(1771年2月16日)(纽约)；

《一项发行总计12万英镑的信用券用作贷款,并将拨出由此产生的利息来偿还该殖民地的债务,以及该殖民地的情况不时导致必要的公共紧急事件的法案》(1771年2月16日)(纽约)；

《为该州公共紧急事件筹措资金的法案》(1778年3月28日)(纽约)；

《税收评估和征收法案》(1799年4月1日)(纽约)；

《通过税收筹集一笔资金以供本州使用和进一步支持政府的法案》(1799年4月3日)(纽约)；

《一项评估和征收税收的法案》(1813年4月5日)(纽约)；

《一项旨在改善资金状况并规定赎回该州资金债务的法案》(1818年4月21日)(纽约)。

北卡罗来纳

《关于对总督和议会征税的法案》(1669年)(北卡罗来纳)；

《建立教会和任命特定的教堂执事的法案》(1711年)(北卡罗来纳)；

《一项每年筹集2000英镑,直到公共债务得到偿还和支付,并更好地鼓励公共信用券的流通的法案》(1715年)(北卡罗来纳)；

《一项授予国王陛下14150英镑3先令和2便士,用于为本属地的公众服务,并对其居民征税以支付这些费用；以及10,000英镑的印花税,以便更直接地清偿的法案》(1734年)(北卡罗来纳)；

《一项授予国王陛下发行221,350英镑的公告资金,以及印花税用于支付上述金额的210,350英镑,该属地公共信用券,以公告货币的比率;用于在本属地建造防御工事、支付公共债务、交换现有信用券,以及为支付政府的或有费用作出适当的准备;以及废除以下提到的几项法律的法案》(1748 年)(北卡罗来纳);

《一项以公共信用券的形式授权国王陛下 40,000 英镑的金额,按照公告货币的利率计算,用于支付为国王陛下在本属地服役的部队而筹集和维持部队的费用,并将其送往国王陛下的殖民地弗吉尼亚提供援助,以及用于上述其他目的的法案》(1754 年)(北卡罗来纳);

《一项进一步援助国王陛下,以击退法国及其联盟中的印第安人,以免他们侵犯国王陛下在美洲的领土和其他目的的法案》(1755 年)(北卡罗来纳);

《一项通过大致评估进行征税,以及其他目的的法案》(1777 年,第 2 章)(北卡罗来纳);

《一项用来确定本州内的哪些财产应被视为可征税财产,用来确定对其进行评估的方法,以及收集公共税款的法案》(1782 年 4 月)(北卡罗来纳);

《一项为了支持政府而筹措收入的法案》(1782 年 4 月)(北卡罗来纳);

《一项为支付国内债务提供方案,合理分配上述提及的某些钱款,以及对上届大会通过的〈为支持政府,以及赎回旧纸币、大陆货币、硬币和其他证明而征税的法案〉进行修正的法案》(1789 年 11 月)(北卡罗来纳);

《为支付 1794 年(北卡罗来纳)的内战账单和政府或有费用而增加收入的法案》(1794 年)(北卡罗来纳);

《一项为支付民事债务和 1802 年政府或有费用而筹集收入的法案》(1801 年 11 月)(北卡罗来纳)；

《一项为支付民事债务和 1818 年政府的特遣队费用而筹集收入的法案》(1818 年)(北卡罗来纳)。

宾夕法尼亚

《联合法案》(1682 年)(宾夕法尼亚)；

《关于县征税的法律》(1684 年)(宾夕法尼亚)；

《一项授权威廉国王和玛丽王后每镑 1 便士的税收，根据所有不动产和个人财产的净价值，以及不在本法案征收范围内的人头，每人 6 先令，暂时由宾夕法尼亚属地及其附属领地的总督征收，以支持政府的法案》(1693 年)(宾夕法尼亚)；

《一项提高税率为每镑 1 便士，每人 6 先令，如没有其他的税率规定，将由规定和指定的政府，在本协议规定的时间内实施的法案》(1696 年 10 月)(宾夕法尼亚)；

《关于县税的法律》(1696 年 10 月)(宾夕法尼亚)；

《一项提高每镑 1 便士和每人 6 先令税率，以支持政府并支付债务和支付必要的费用的法案》(1699 年 5 月)(宾夕法尼亚)；

《一项为支持政府，每镑 1 便士以及每人 6 先令的法案》(1700 年 10 月)(宾夕法尼亚)；

《一项为所有权人和政府提供和筹集 2000 英镑的法案》(1700 年 10 月)(宾夕法尼亚)；

《提高县税的法律》(1700 年)(宾夕法尼亚)；

《征收每镑 1 便士以及每人 4 先令，并恢复其中提到的其他法案的法案》(1714 年 10 月)(宾夕法尼亚)；

《每镑中增加1便士和每人增加4先令,并恢复其中提到的其他法案的法案》(1717年8月)(宾夕法尼亚);

《一项发行和兑换15,000英镑信用券的法案》(1722年10月)(宾夕法尼亚);

《一项发行和兑换30,000英镑的信用券的法案》(1723年10月)(宾夕法尼亚);

《提高县税费和征收的法案》(1724年10月)(宾夕法尼亚);

《一项关于在信用券中授权60,000英镑总和并为赎回该信用券提供资金的法案》(1755年10月)(宾夕法尼亚);

《一项在信用券中授权60,000英镑,并为偿付该信用券提供资金,并授予国王陛下额外的100,000英镑的金额的法案》(1757年3月23日)(宾夕法尼亚);

《一项授予国王陛下使用的100,000英镑的数额并在信用券上签字;以及继续执行下面所述的本属地的几项议会法案,以便按照宾夕法尼亚宪章和议会法案(1762年,第2卷,第331页)中指示和指定的方式,按照时间和方式赎回信用券的法案》(1758年8月18日)(宾夕法尼亚);

《一项授予国王陛下总计55,000英镑的钱款,并通过之后就此产生的指引方式,用信用券偿还同一笔钱,并且设立一个通过对本属地内所有不动产和个人财产以及其他应税项目进行征税,用于回赎上述信用券的基金的法案》(1764年5月)(宾夕法尼亚);

《一项旨在为了本州的防御,发行价值20万英镑的信用券,并且为了提供一项资金以回赎该信用券,对所有不动产和个人财产以及该领域内所有可征税财产进行征税的法案》(1777年3月20日)(宾夕法尼亚)；

《一项旨在将该州的份额用于支付美国债务的年利息；并且为了筹措资金支付该州公共债务的利息的法案》(1785年3月16日)(宾夕法尼亚)；

《提高和征收县税费的法案》(1799年4月11日)(宾夕法尼亚)。

罗得岛

《一项确定哪些财产是应课税的，并在价值上按比例分摊的法案》(1744年9月18日)(罗得岛)；

《一项指示如何确定该殖民地的应课税财产的价值以及每个城镇的课税比例的法案》(1747年6月)(罗得岛)；

《一项以该殖民地的名义发行更多票券的法案，为了继续该政府在本次远征中承担的部分，以消除法国人的侵占的法案》(1755年6月12日)(罗得岛)；

《一项对本殖民地内所有应课税财产的价值和所有应课税人头的价值进行真实计算的法案》(1757年2月1日)(罗得岛)；

《一项对这个殖民地的几个城镇按比例分配100,000英镑费率；并下令在下一个10月的最后一天之前或之后对其进行评估、征收和收集的法案》(1757年6月17日)(罗得岛)；

《一项印制10,000英镑合法货币，用于支付军队的费用，并将他们带到奥尔巴尼；以及1000英镑的金额，用于在普罗维登斯建造法院大楼的法案》(1760年5月)(罗得岛)；

《对该殖民地应税财产进行公正估价的法案，从而对居民的税率税额平等地评估》(1767年6月)(罗得岛)；

《对于该州居民评估并分摊 16,000 英镑合法钱款税额的法案》(1777 年 3 月 26 日)(罗得岛);

《一项探寻本州可征税财产,以及对此进行合理估价,进而使得各居民能平等地缴纳差饷和税款的法案》(1778 年 10 月)(罗得岛);

《一项对于该州居民分配并征收 16,000 英镑合法钱款税收的法案》(1791 年 6 月)(罗得岛);

《一项对州内应课税财产进行一般估算的法案》(1795 年 6 月)(罗得岛);

《一项授权和分摊 10,000 美元税的法案》(1818 年 6 月)(罗得岛)。

南卡罗来纳

《一项为支付本地域的公共费用而征收 400 英镑或同等价值的法案》(1682 年 6 月 8 日)(南卡罗来纳);

《一项为支付本地域的公共费用而征收 500 英镑的法案》(1683 年 9 月 25 日)(南卡罗来纳);

《一项为支付估税员特别评估费用以及本地域的公共费用而征收 500 英镑的法案》(1685 年 4 月 11 日)(南卡罗来纳);

《一项为维护统治和筹集 500 英镑等目的而采取征税、强制男人服兵役、征用武器等措施的法案》(1686 年 10 月 15 日)(南卡罗来纳);

《一项为国防筹集 300 英镑,用于建造大帆船以及为其提供储备物资的法案》(1686 年/1687 年 2 月 28 日)(南卡罗来纳);

《为该属地的公共用途和国防筹集资金的法案》(1701 年 8 月 28 日)(南卡罗来纳);

《一项用于从该属地居民的不动产和个人财产以及利润和收入中筹集4000英镑，并建立信用券，来偿还对圣奥古斯丁的远征而产生的到期公共债务的法案》(1703年5月8日)(南卡罗来纳)；

《一项法案的解释性法案，该法案名为〈从不动产和个人财产筹集4000英镑，并从该属地居民的利润和收入中筹集4000英镑，以支付目前未偿付的信用券……的法案〉》(1704年/1705年2月17日)(南卡罗来纳)；

《一项筹集52,000英镑，通过签发和增发新的信用券并将其付息，以赎回以前的信用券，从而进一步鼓励贸易和商业的法案》(1712年6月7日)(南卡罗来纳)；

《一项从本属地居民的不动产和个人财产中筹集30,000英镑，以便将30,000英镑的同样数额计入信用券，以便更迅速地进行和支付对我们的印第安敌人及其同盟国的战争费用，以及筹集30,000英镑以偿还自战争开始以来的公众所承担的债务的法案》(1715年8月27日)(南卡罗来纳)；

《一项继续使用30,000英镑信用券货币……同时继续使用5000英镑的信用券的货币……并从该属地居民的土地和黑人中筹集和征收95,000英镑的金额……的法案》(1716年6月30日)(南卡罗来纳)；

《一项在土地和黑人身上筹集70,000英镑，用于支付公共债务、消除公共订单，以及换回、取消和消除，现在在信用券中很突出，银行券之外的信用券的法案》(1718年/1719年2月20日)(南卡罗来纳)；

《一项为支付政府一年的费用而筹集41,511英镑9先令和10

便士半便士……的法案》(1734 年 4 月 9 日)(南卡罗来纳);

《一项授予国王陛下 35,833 英镑 6 先令 11 便士 3 法新的总和,用于支付政府一年的费用……的法案》(1739 年 12 月 18 日)(南卡罗来纳);

《一项为国王陛下筹集和授予 52,827 英镑……的法案》(1747 年 6 月 13 日)(南卡罗来纳);

《一项为陛下筹集和授权 37,898 英镑……的法案》(1754 年 5 月 11 日)(南卡罗来纳);

《一项用于筹集并授予国王陛下 166,438 英镑 14 先令 7 便士……以支付本政府的费用……的法案》(1758 年 5 月 19 日)(南卡罗来纳);

《一项为国王陛下筹集并授权 246,693 英镑 2 先令和 5 便士……以支付对切罗基印第安人的后期远征费用……的法案》(1760 年 7 月 31 日)(南卡罗来纳);

《一项向陛下筹集和授予 163,710 英镑 6 先令 1 便士的……支付本政府的费用……的法案》(1760 年 7 月 31 日)(南卡罗来纳);

《一项为国王陛下筹集并授予 220,370 英镑 7 先令 3 便士……以支付本政府的费用……的法案》(1764 年 10 月 6 日)(南卡罗来纳);

《一项为了筹措并授予国王陛下总计……的法案》(1765 年 4 月 6 日)(南卡罗来纳);

《一项为了筹措并授予国王陛下总计……的法案》(1767 年 5 月 28 日)(南卡罗来纳);

《一项旨在筹措上述提及的税收并支付该州公共财政,用来供给上述提及的用途和服务的法案》(1777 年 1 月)(南卡罗来纳)；

《一项筹措上述提及的税收并支付该州公共财政,用来供给上述提及的用途和服务的法案》(1783 年 3 月 12 日)(南卡罗来纳)；

《一项旨在为 1790 年度筹措供给的法案》(1790 年 1 月 20 日)(南卡罗来纳)；

《一项旨在为 1790 年度筹措供给的法案》(1790 年 1 月 20 日)(南卡罗来纳)；

《一项为 1818 年筹集物资,以及其中提到的其他目的的法案》(1819 年 12 月 18 日)(南卡罗来纳)。

佛蒙特

《一项制表人的职位与职责的法案》(1779 年 2 月 11 日)(佛蒙特)。

弗吉尼亚

《一项筹集 20,000 英镑,以保护国王陛下的臣民免受法国人的侮辱和侵犯;以及用于其中提到的其他目的的法案》(1754 年)(弗吉尼亚)；

《一项旨在解释一项法案,即筹集 20,000 英镑,以保护国王陛下的臣民免受法国人的侮辱和侵犯;以及用于其中提到的其他目的的法案》(1755 年)(弗吉尼亚)；

《一项筹集 40,000 英镑,以保护在这个殖民地边界上的国王陛下的臣民的法案》(1755 年)(弗吉尼亚)；

《一项筹集 32,000 英镑,用于救济切罗基县劳登堡的驻军的法案》(1760 年 5 月)(弗吉尼亚)；

《用于更好地支持政府所可能发生的费用的法案》(1769 年)(弗

吉尼亚)；

《为了公共紧急事件筹措资金支持的法案》(1777 年 10 月)(弗吉尼亚)；

《一项为了确保某些税收和关税，以及建立一项永久性税收的法案》(1781 年 11 月)(弗吉尼亚)；

《征收新的税赋的法案》(1786 年 10 月)(弗吉尼亚)；

《一项关于 1791 年税收的法案》(1791 年 10 月)(弗吉尼亚)；

《一项规定在联邦共和体内确定应税财产方式的法案，以及用来收集公共收益》(1792 年 12 月 13 日)(弗吉尼亚)；

《一项为支持政府而征税的法案》(1819 年 3 月 4 日)(弗吉尼亚)。

加勒比

安提瓜

《一项关于定居点征收 4.5% 关税的法案》(1668 年 5 月 19 日)(安提瓜)；

《关于筹集公共财政收入的法案》(1668 年 9 月 15 日)(安提瓜)；

《一项征收新税的法案》(1679 年/1680 年 3 月 5 日)(安提瓜)；

《一项继续根据之前的法案征收土地税的法案》(1680 年 4 月 8 日)(安提瓜)；

《一项为在 1688 年本年度以及纳撒尼尔·约翰逊阁下在该岛的私人住所下榻这段时间，支付必要的费用和支持安提瓜岛的政府的法案》(1688年/1689年2月1日)(安提瓜)；

《对进口到该岛的所有酒征收关税的法案》(1697年)(安提瓜)；

《一项提高1,240,000磅糖或糖价值的税收以支付公共债务、费用和支持政府的法案》(1697年4月22日)(安提瓜)；

《一项提高1,100,000磅糖税以支付公共债务、费用和支持政府的法案》(1698年12月22日)(安提瓜)；

《为支付公共债务和费用而筹集9500英镑税款的法案》(1702年6月28日)(安提瓜)；

《为支付公共债务和费用而筹集12,000万英镑税款的法案》(1703年/1704年3月15日)(安提瓜)；

《为支付公共债务和费用而征收21,000英镑税款的法案》(1706年6月1日)(安提瓜)；

《为支付公共债务和费用而征收18,000英镑税款的法案》(1711年6月4日)(安提瓜)；

《为支付公共债务和费用而征收16,000英镑税款的法案》(1713年5月21日)(安提瓜)；

《为支付公共债务和费用而征收12,000英镑税款的法案》(1715年/1716年2月25日)(安提瓜)；

《筹集13,000英镑税款以偿还公共债务和费用的法案》(1716年/1717年2月8日)(安提瓜)；

《一项为支付公共债务和费用而征收税款，特别是适用该税款的法案》以及《永久酒类法案》(1721年4月11日)(安提瓜)；

《一项为支付公共债务和费用而征税的，特别是适用上述税收的

法案》(1726 年/1727 年 2 月 17 日)(安提瓜);

《为支付公共债务和费用而征收税款并特别适用于上述税收的法案》(1740 年 5 月 1 日)(安提瓜);

《一项增加该岛白人居民数量的法案》(1740 年/1741 年 2 月 11 日)(安提瓜);

《为支付公共债务和费用而征收税款并特别适用于上述税收的法案》(1750 年 4 月 26 日)(安提瓜);

《一项为支付公共债务和费用而筹集税收的法案》(1761 年 5 月 5 日)(安提瓜);

《一项为支付公共债务和费用而征税并特别适用该税的法案》(1763 年 5 月 14 日)(安提瓜);

《一项筹集用于支付公共债务和费用的税款,尤其是对上述税务的应用的法案》(1764 年 6 月 15 日)(安提瓜);

《一项在阁下威廉伍德利先生任期内为其提供额外的支持并为其费用的支付指定特定的基金的法案》(1768 年 4 月 17 日)(安提瓜);

《一项筹集用于支付公共债务和费用的税款,尤其是对上述税务的应用的法案》(1768 年 6 月 9 日)(安提瓜);

《一项筹集用于支付公共债务和费用的税款,尤其是对上述税务的应用的法案》(1770 年 6 月 15 日)(安提瓜);

《筹集用于支付公共债务和费用的税款,尤其是对上述税务的应用的法案》(1774 年 8 月 13 日)(安提瓜);

《筹集用于支付公共债务和费用的税款,尤其是对上述税务的应用的法案》(1775 年 9 月 16 日)(安提瓜);

《为了支付公共债务和费用而开始征收一项税赋，并特别利用上述税收的法案》(1777年8月16日)(安提瓜)；

《为了支付公共债务和费用而开始征收一项税赋，并特别利用上述税收的法案》(1778年10月12日)(安提瓜)；

《一项使得在此提到的人能够在不超过20,000英镑英国标准货币的范围内，通过在国王陛下财政部的上议院委员会提取票据，借到的该岛公共信用贷款，以及当前购买的食品供给存放至上述群岛的粮仓，按照一定份额将其分发给该岛范围内的所有的奴隶所有权人或持有奴隶的人，以及对于所有上述奴隶筹措和征收某些人头税，作为支付本金和利息的资金，和支付累积的费用，以及随着对上述数额价款汇票的提取而最终发生的所有损坏、费用和收费提供付款，以及为了在提取上述票据和背书签字时为人们提供保护和保障，以及此后通过按照各自开销和收费的份额对每个个体进行收费，对公众立即进行偿还的法案》(1779年7月3日)(安提瓜)；

《为国王陛下提供黑人劳动的帮助，用来在该岛的道斯山建立工程结构和防御工事的法案》(1790年7月31日)(安提瓜)；

《一项筹集资金来支付当前战争引起的本岛的费用，该战争自1794年6月1日开始的法案》(1795年6月15日)(安提瓜)；

《筹集资金以支付本岛因当前战争而产生的、尚未规定的特别费用的法案》(1797年5月27日)(安提瓜)；

《一项为拉文顿的拉尔夫·洛德·拉文顿·巴隆男爵阁下在其实际居于国王背风查里比群岛政府，实际居住期间的居所提供额外支持和便利居住，并指定特定资金支付这些费用的法案》(1801年2月26日)(安提瓜)；

《一项对支付该岛公共债务和费用征税的法案》(1817 年 11 月 14 日)(安提瓜);

《一项筹集资金用于支付本岛公共债务和费用的法案》(1819 年 2 月 5 日)(安提瓜)。

巴巴多斯

《每英亩一磅棉花或烟草的法案》(1643 年)(巴巴多斯);

《非自由持有者每人支付 20 磅棉花或烟草的法案》(1643 年)(巴巴多斯);

《每英亩支付 0.5 磅棉花的法案》(1643 年)(巴巴多斯);

《一项该法令是由理事会和大会的各位先生们向帕尔纳姆的弗朗西斯勋爵、卡里奥拉属地的中将勋爵和巴巴多斯总督授予的;还有他对这个岛上居民权利的确认,对财产的确认,并在其上设立了租期和租金的法案》(1650 年 10 月 25 日)(巴巴多斯);

《一项为了修补公路,以及附加条款的法案》(1652 年 9 月 17 日)(巴巴多斯);

《一项关于被任命和管理该岛的几位部长的生活规定薪金的法案》(1652 年 12 月 21 日)(巴巴多斯);

《一项在本岛建立训练有素的乐队的法案》(1652 年)(巴巴多斯);

《一项在本岛建立马队的法案》(1653 年 12 月 21 日)(巴巴多斯);

《一项对岛内的所有商人、店主及零售商征税的法案》(1660 年/1661 年 2 月 12 日)(巴巴多斯);

《一项旨在加快征税速度,每英亩征收五磅的糖的法案》(1660

年/1661 年 2 月 12 日）（巴巴多斯）；

《一项关于更好地进行修整、维修和清扫岛上通向教会和市场的普通公路和广为人知的大道，并在必要时铺设新的道路和改造旧的道路的法案》（1661 年/1662 年 1 月 9 日）（巴巴多斯）；

《关于解决本岛发展商品关税的法案》（1663 年 12 月 12 日）（巴巴多斯）；

《一项迅速筹集 50 万磅糖用于支付加强该岛防御工事的费用以应付当前危险的法案》（1665 年/1666 年 2 月 10 日）（巴巴多斯）；

《一项征收糖税，以支付在该岛周围几个登陆点建造矮防护墙的费用，以应对当前的情况的法案》（1666 年 4 月 14 日）（巴巴多斯）；

《一项为该岛的公共需要筹集一笔货物；以及国王陛下在解放背风群岛中的其他事务的法案》（1667 年 5 月 9 日）（巴巴多斯）；

《一项要求执行前几项法案的规定，即每英亩征收 4 磅糖，每人征收 15 磅糖，每英亩征收 6 磅糖，以及每人征收 5 磅糖，每英亩 2 磅糖》（1668 年 8 月 29 日）（巴巴多斯）；

《对黑人征收每英亩 3 磅糖和每人 10 磅糖的法案》（1674 年/1675 年 1 月 14 日）（巴巴多斯）；

《一项要求那些出租该岛的土地获得租金和以黑人为生产要素获得利润的人缴纳一定比例的税收的法案》（1676 年 11 月 29 日）（巴巴多斯）；

《一项征收每英亩 2 磅糖和每名黑人 5 磅糖；用于支付重建和修缮防御工事和堡垒的费用；以及用于偿还该岛的公共债务的法案》（1676 年/1677 年 3 月 20 日）（巴巴多斯）；

《一项对土地和黑人征税；用于清偿债务；以及用于保障该岛的

安全的法案》(1682 年 4 月 29 日)(巴巴多斯);

《一项对黑人征税的法案》(1685 年 9 月 3 日)(巴巴多斯);

《向黑人征税的法案》(1689 年 9 月 17 日)(巴巴多斯);

《向黑人征税的法案》(1689 年 10 月 23 日)(巴巴多斯);

《向黑人征税的法案》(1689 年 11 月 10 日)(巴巴多斯);

《一项对该岛上几个城镇的磨坊、黑人和居民的房屋、贸易和个人财产征税的法案》(1691 年 5 月 13 日)(巴巴多斯);

《征收税款以清偿该岛债务的法案》(1694 年 4 月 17 日)(巴巴多斯);

《征收税款以开船和鼓励私掠船的法案》(1696 年 5 月 14 日)(巴巴多斯);

《一项征税以清偿该岛公共债务的法案》(1699 年/1700 年 2 月 27 日)(巴巴多斯);

《提高征税以支付修理防御工事费用的法案》(1701 年 3 月 29 日)(巴巴多斯);

《一项对输入到该岛的黑人和其他奴隶征税的法案》(1705 年 11 月 28 日)(巴巴多斯);

《向该岛的某些居民征税的法案》(1708 年/1709 年 1 月 6 日)(巴巴多斯);

《一项对这个岛上的一些居民征税的法案》(1713 年 6 月 9 日)(巴巴多斯);

《支持政府荣誉和尊严的法案》(1722 年/1723 年 2 月 26 日)(巴巴多斯);

《一项对该岛居民征收税款,并建立一种方法来解决现金短缺以偿还公共债务的法案》(1723 年 12 月 31 日)(巴巴多斯)；

《一项以更好地支持阁下和该岛政府的尊严的法案》(1733 年 5 月 29 日)(巴巴多斯)；

《一项弥补消费税不足；以及为其他公共用途筹集资金的法案》(1734 年 4 月 16 日)(巴巴多斯)；

《一项对该岛居民征收税款，以弥补消费税的不足，以支付公共债务；以及该岛政府的年度开支的法案》(1737 年 12 月 9 日)(巴巴多斯)；

《一项每年筹集一笔资金以支付政府开支的法案》(1742 年 9 月 28 日)(巴巴多斯)；

《〈每年筹集一笔资金以支付政府开支的法案〉的附加法案》(1747 年 5 月 26 日)(巴巴多斯)；

《一项征收税款以支付政府开支的法案》(1754 年 2 月 19 日)(巴巴多斯)；

《一项每年筹集一笔资金以支付政府开支的法案》(1756 年 8 月 31 日)(巴巴多斯)；

《一项对本岛居民征收额外税款，以应对政府当年的必要开支的法案》(1758 年 4 月 28 日)(巴巴多斯)；

《一项解除暂停支付目前 15 便士税：以及对居民征收额外税，以应对紧急情况以及当年的当前开支的法案》(1761 年 10 月 8 日)(巴巴多斯)；

《一项筹集一笔款项用于支付当年政府的开销的法案》(1767 年 2 月 24 日)(巴巴多斯)；

《一项每年筹集一笔款项用于支付当年政府的开销的法案》

(1768年3月15日)(巴巴多斯);

《一项每年筹集一笔款项用于支付当年政府的开销,并用于改变上述法案指定的归还奴隶、风车场、牛群、磨坊、窑炉以及马车的时间的法案》(1772年1月21日)(巴巴多斯);

《一项每年筹集一笔款项用于支付当年政府的开销的法案》(1774年2月17日)(巴巴多斯);

《一项对〈每年筹集一笔款项用于支付当年政府的开销的法案〉提供了补充的法案》(1775年5月16日)(巴巴多斯);

《对居民进一步征收一项额外的税赋,从而支付岛屿在防御入侵中将会发生的费用的法案》(1778年9月16日)(巴巴多斯);

《一项宣布只有立法机关的三个分支机构在其集体机构中才有权确定费用,以及为了更好地支持阁下及该岛政府尊严的法案》(1783年1月21日)(巴巴多斯);

《一项对于该岛居民进行进一步额外征收,用来清偿公共债务以及支付当年的政府费用的法案》(1786年5月9日)(巴巴多斯);

《一项对于该岛居民进行进一步额外征收,用来清偿公共债务以及支付当年的政府费用的法案》(1788年12月16日)(巴巴多斯);

《一项授予阁下每年300英镑工资,为了更好地支持他和该岛政府的尊严,以及建立一项为其付款的基金的法案》(1791年1月25日)(巴巴多斯);

《对该岛居民进行进一步的额外征收,用来支付当年政府费用的法案》(1792年3月6日)(巴巴多斯);

《一项筹集资金和清偿公共债务,以支持政府今年的费用的法案》(1794年3月11日)(巴巴多斯);

《一项以便在乔治·洛因茨·里基茨·艾斯奎尔(当时的总督——译者注)阁下管理该岛政府期间更好地支持他的法案》(1794 年 6 月 4 日)(巴巴多斯)；

《在本岛政府执政期间更好地支持弗朗西斯勋爵西福斯阁下的法案》(1801 年 4 月 14 日)(巴巴多斯)；

《一项针对本岛居民征收额外税款以应对本年度的法案》(1805 年 6 月 18 日)(巴巴多斯)；

《一项为了更好地支持巴斯骑士团最尊贵的骑士乔治·贝克维斯爵士阁下、陛下的总督和本岛总督,在他管理该岛政府期间的法案》(1810 年 8 月 14 日)(巴巴多斯)；

《一项以更好地支持巴斯最光荣的军事勋章和葡萄牙皇家军事勋章的大十字勋章斯台普顿勋爵康贝米尔阁下和宝剑军事勋章陛下的总督和本岛总督,在他管理本岛政府期间的法案》(1817 年 6 月 17 日)(巴巴多斯)；

《一项针对本岛居民征收额外税款以应对本年度的当前费用的法案》(1818 年 7 月 21 日)(巴巴多斯)。

巴哈马

《向潜水员征收用于支付这些岛屿公共费用的款项的法案》(1729 年 11 月 10 日)(巴哈马)；

《解决索赔和支付免役税法案》(1729 年 11 月 10 日)(巴哈马)；

《一项征收各种款项以支付官员薪金,以支付举行议会的费用和政府的其他或有费用的法案》(1734 年 12 月 17 日)(巴哈马)；

《一项对政府的所有应纳税项目进一步征税,以建造一座方便的住宅并支付一名学校校长的工资的法案》(1746 年)(巴哈马)；

《一项为支付官员工资筹集资金，支付这些岛屿政府举行议会和其他或有费用以及确定上述工资的法案》(1760 年 4 月 30 日)(巴哈马)；

《一项为支付官员工资以支付这些岛屿政府举行议会和其他或有费用的费用以及确定上述工资的法案》(1762 年 5 月 11 日)(巴哈马)；

《一项刺激另一项法案来筹集用来支付官员工资的基金，支付举行集会的费用以及这些岛屿的政府所可能产生的其他费用，以及用来确定上述工资的法案》(1764 年 5 月 22 日)(巴哈马)；

《一项用来设立人头税，以及其他税种和征税估价，以及用来征收前述几年间的欠缴税款，以及对其收集和适用方式进行指引的法案》(1767 年 1 月 14 日)(巴哈马)；

《一项旨在施行一项人头税，以及对上述提及的时期的其他税种和评估，以及对其收集和适用方式进行指引的法案》(1771 年 3 月 12 日)(巴哈马)；

《一项旨在施行一项人头税，以及对上述提及的时期的其他税种和评估，以及对其收集和适用方式进行指引的法案》(1773 年 2 月 12 日)(巴哈马)；

《一项旨在施行一项人头税，以及对上述提及的时期的其他税种和评估，以及对其收集和适用方式进行指引的法案》(1774 年 12 月 24 日)(巴哈马)；

《一项为上述提到的年份征收人头税和其他税收税赋，并对其应如何收集和应用提供指导的法案》(1776 年 12 月 21 日)(巴哈马)；

《一项为上述提到的年份征收人头税和其他税收税赋，并对其应如何收集和应用提供指导的法案》(1780年4月3日)(巴哈马)；

《筹措一笔价款并且授权委员使得该岛屿处于更好的防御状态的法案》(1780年4月3日)(巴哈马)；

《一项为上述提到的年份征收人头税和其他税收税赋,并对其应如何收集和应用提供指导的法案》(1781年2月21日)(巴哈马)；

《为上述年份征收一项人头税以及其他税赋和税收,并对其应如何收集和利用进行指导的法案》(1784年5月20日)(巴哈马)；

《为上述年份征收一项人头税以及其他税赋和税收,并对其应如何收集和利用进行指导的法案》(1789年6月26日)(巴哈马)；

《为上述年份征收一项人头税以及其他税赋和税收,并对其应如何收集和利用进行指导的法案》(1792年8月8日)(巴哈马)；

《一项规定并确定其中所述年度进行某些评估并指导如何征收和应用评估的法案》(1793年9月16日)(巴哈马)；

《一项要求这些岛屿的一些居民和其中的奴隶所有者在各自的种植园中为自己提供足够数量的白人或支付一定金额以防他们缺额的法案》(1797年5月11日)(巴哈马)；

《一项规定并确定其中所述年度征税、评估和税收的法案》(1797年11月18日)(巴哈马)；

《一项对其中提到的年份征收和规定某些税率、评估和税收,并指导如何收集和应用这些法案的法案》(1799年12月2日)(巴哈马)；

《关于征收和规定其中提及的某些税费、评估和税收、改变评估模式以及用于其中提及的其他目的的法案》(1806年12月22日)(巴哈马)；

《一项关于征收和规定其中提及的某些税费、评估和税款以及用于其他目的的法案》(1815 年 12 月 29 日)(巴哈马)。

多米尼加

《一项旨在筹集一项通用基金用来支付该岛的公共债务的法案》(1772 年 6 月 2 日)(多米尼加);

《一项旨在对该岛所有林地进行征税并鼓励对上述林地的快速开发的法案》(1772 年 6 月 2 日)(多米尼加);

《一项旨在通过对该岛内的旅店、小酒馆、台球室等颁发执照和征税,来筹集用来支付该殖民地的现存和将来可能发生的债务的基金的法案》(1773 年 8 月 14 日)(多米尼加);

《一项旨在筹集一项基金用来支付该岛的公共债务的法案》(1774 年 10 月 12 日)(多米尼加);

《一项旨在对该岛所有林地进行征税并鼓励对上述林地的快速开发的法案》(1774 年)(多米尼加);

《一项征收税款用来支付公共债务和费用,尤其是适用上述税收的法案》(1785 年 5 月 2 日)(多米尼加);

《征收税款用来支付公共债务和费用,尤其是适用上述税收的法案》(1786 年 8 月 4 日)(多米尼加);

《一项用于在限定期间内延续该岛的一项名为〈一项筹措资金,用来支付殖民地的公共债务及可能发生的费用的法案〉的法案》(1787 年 11 月 17 日)(多米尼加);

《一项用来恢复并在进一步的限定期间内延续该岛的两个法案,一个名为〈一项通过在特定规则和限制下对旅馆、拳击馆、酒馆和公共台球桌颁发执照和征税,来筹措用来支付殖民地当下及可能发生的债务的资金，以及鼓励人们继续蚕食房屋、伐木并阻止种植者或任何个人或种植园中的人向奴隶出售朗姆酒的法案〉，另一个名为〈一项筹措资金，用来支付殖民地的公共债务及可能发生的费用的法案〉》(1788年2月22日)(多米尼加)；

《一项筹措资金，用来支付殖民地的公共债务及可能发生的费用的法案》(1789年3月12日)(多米尼加)；

《一项筹集基金，用于支付公民政府偿还殖民地债务的费用，并为上述基金拨款和用于其他目的的法案》(1803年4月19日)(多米尼加)；

《一项筹集基金，用于支付公民政府偿还殖民地债务，并为上述基金拨款和用于其他目的的法案》(1806年2月25日)(多米尼加)；

《一项筹集基金，用于支付公民政府偿还殖民地债务，并为上述基金拨款和用于其他目的的法案》(1817年6月2日)(多米尼加)；

《一项筹集基金，用于支付公民政府偿还殖民地债务，并为上述基金拨款和用于其他目的的法案》(1818年4月22日)(多米尼加)；

《一项筹集基金，用于支付公民政府偿还殖民地债务和该基金拨款的费用的法案》(1820年8月19日)(多米尼加)。

格林纳达

《更好地收集和接收人头税的法令》(1766年2月10日)(格林纳达)；

《一项旨在筹集一笔钱款用于清偿这些岛屿的债务，以及对当下的公共紧急事件作出回应的法案》(1767年4月20日)(格林纳达)；

《一项旨在为多米尼加岛建立议会，并对其选举进行管理的法案》(1767年9月12日)(格林纳达)；

《一项在阁下威廉雷柏先生任期内为其提供额外的支持并为其费用的支付指定特定的基金的法案》(1772 年 7 月 4 日)(格林纳达);

《一项针对该岛居民筹措一笔价款,并将这笔钱用来支付当下偶然发生的费用以及付清这些群岛的公共债务的法案》(1776 年 1 月 19 日)(格林纳达);

《一项为巴斯的上尉,国王陛下格林纳达群岛、格林纳丁群岛和多巴哥群岛的主管总督,普通大臣和其副司令,正义的尊敬的乔治马卡特尼骑士阁下,在其统治期间提供额外的支持,并为其款项指派特定的资金的法案》(1776 年 7 月 26 日)(格林纳达);

《一项通过对格林纳达和格林纳丁群岛征税来对国王陛下授予支援,并将其用至清偿公共债务和支付上述岛屿的当前费用的法案》(1778 年 10 月 12 日)(格林纳达);

《一项为身为国王陛下武装力量的中将,作为格林纳达群岛、位于卡里亚库岛南端通常被称为格林纳丁的群岛,包括前者和二者之间的岛屿,以及美洲的格林纳达的上尉和主管总督,司法官和其副司令,爱德华马修先生阁下,在其统治期间提供额外的支持,并为其款项指派特定的资金的法案》(1784 年 2 月 20 日)(格林纳达);

《一项通过对格林纳达岛和其他对其有所依赖的岛屿进行征税对国王陛下提供帮助,以及将其划拨至清偿公共债务和支付上述岛屿的当前费用的法案》(1784 年 7 月 5 日)(格林纳达);

《一项为格林纳达岛以及通常称为格林纳丁的岛屿(位于卡里亚库岛南面,包括该岛,位于该岛和格林纳达之间),及其上面的船长兼总督查尔斯·格林先生阁下提供额外支持的,大会议议长和副海军上将，在格林纳达任职期间，并为此目的拨款的法案》[1997年5月13日（原文为“1997年”，译者认为可能是笔误，应为“1797年”——译者注）]（格林纳达）；

《一项通过对格林纳达居民及其属地居民征收的一般税款向国王陛下提供补助金，该税款将适用于偿还公共债务以及上述岛屿的当前和附带费用的法案》（1800年7月12日）（格林纳达）；

《一项通过对格林纳达居民及其属地居民征收税款，向国王陛下提供补助金，以及对进口马德拉葡萄酒和外国烈酒征收税款，以用于偿还公共债务，以及这些岛屿的当前及附带费用的法案》（1809年6月21日）（格林纳达）；

《一项通过对格林纳达及其属地居民征税，向国王陛下提供补助金和对进口马德拉西西里特内里费岛和西班牙葡萄酒征税，以用于偿还公共债务，以及这些岛屿的当前及附带费用的法案》（1819年8月28日）（格林纳达）。

牙买加

《为了增加公共财政收入，对所有进口或将进口到本岛的烈性白酒征税的法案》（未注明日期，推测为1664年）（牙买加）；

《关于快速募集公共资金的法案》（未注明日期，推测为1664年）（牙买加）；

《一项为支付在英格兰发生的岛上公共事务处理费用而征税的法案》（1682年9月21日）（牙买加）；

《一项为支持本岛政府而筹集公共财政收入的法案》（1683年9月5日）（牙买加）；

《一项为保卫这个岛而筹集资金的法案》（1693年）（牙买加）；

《一项筹集资金，作为对两国陛下的进一步援助，用于保卫他们的牙买加岛的法案》(1693 年)(牙买加)；

《为清偿在法国入侵后期签订的债务而筹集资金的法案》(1695 年)(牙买加)；

《在入侵后期完成债务偿还，并在莫拉特港建立和完成防御工事的法案》(1696 年)(牙买加)；

《一项筹集数笔款项以清偿公共债务和为保护该岛提供资金的法案》(1702 年 8 月 22 日)(牙买加)；

《为女王陛下的军官、士兵提供额外补助金用以为女王陛下的军官和士兵提供额外的生活必需品，以及其他用途的生活费用和其他用途而筹集资金的法案》(1703 年 6 月 16 日)(牙买加)；

《为女王陛下及其继承人和继任者筹集税收以支持该岛的政府以及维护和修复女王陛下的堡垒和防御工事的法案》(1703 年 11 月 2 日)(牙买加)；

《一项要求该岛的若干居民为自己提供足够数量的白人，并在一定时间内维持这些人，或支付一定数额的钱以防他们缺额；并将其应用于多种用途的法案》(1716 年 11 月 10 日)(牙买加)；

《一项向国王陛下提供物资，以使财政部能够偿还其债务，并应对政府的其他紧急情况的法案》(1716 年 11 月 10 日)(牙买加)；

《一项要求本岛的若干居民为自己提供足够数量的白人，并在一定时间内维持这些人，或支付一定数额的钱以防他们缺额；并将其应用于多种用途的法案》(1721 年 11 月 25 日)(牙买加)；

《授予国王陛下多种用途供应的法案》(1723 年 11 月 12 日)(牙买加)；

《授权国王陛下、其继承人和继任者税收以支持该岛政府的法案》；以及《恢复和延续其法案和法律》（1728 年 4 月 10 日）（牙买加）；

《一项筹集资金，并将其应用于派遣各方以驱逐和减少该岛迎风区和其他地区的反叛奴隶的法案》（1730 年 7 月 9 日）（牙买加）；

《一项通过人头税筹集税收，以及对贸易、职位和租金征税并将其应用于多种用途的法案》（1730 年/1731 年 2 月 19 日）（牙买加）；

《一项筹集若干资金并将其应用于维持两个独立公司的官兵生活的数种用途，该法案阻止向法国和西班牙岛出口若干商品，让党羽遵守岛上的最后一次戒严时生效的战争规则和条款的法案》（1733 年 8 月 1 日）（牙买加）；

《一项筹集若干资金并将其应用于若干用途；以及维持六家独立公司的军官和士兵的生活的法案》（1733 年/1734 年 3 月 9 日）（牙买加）；

《一项筹集若干资金，并将其应用于派去镇压反叛黑人的法案》（1733 年/1734 年 3 月 9 日）（牙买加）；

《一项筹集数笔资金并将其用于多种用途；以及维持六家独立公司的官兵的生活的法案》（1734 年 8 月 31 日）（牙买加）；

《一项要求该岛的若干居民为自己提供足够数量的能够携带武器的白人或白人妇女，或支付一定数额的钱以防他们缺额，并将其应用于多种用途，并防止多次虐待……的法案》（1742 年 6 月 4 日）（牙买加）；

《一项通过人头税和对出港的超级货物和船长以及职位和租金征收税款，并将其应用于多种用途的法案》（1757 年 11 月 26 日）（牙买加)；

《一项通过人头和对出港的超级货物和船长以及职位和房屋、贸易以及对适用于多种用途的某些运输征税的法案》(1758 年 11 月 18 日)(牙买加)；

《一项对在本岛内零售的所有葡萄酒、朗姆酒和其他烈性酒征税,并对授予零售葡萄酒和其他酒类的许可证征收进一步税,并对超级货物和公共职位征税,并将其应用于多种用途的法案》(1763 年 12 月 30 日)(牙买加)；

《一项对本岛屿内所有红酒、朗姆酒和其他烈酒的零售征收关税,并对红酒和其他酒精饮料的零售许可证进行进一步征税,对超大型货物和公职人员进行征税,并对几项用途适用同样的方式的法案》(1766 年 8 月 12 日)(牙买加)；

《一项旨在按照人头征税,以及对于出港的贸易、超大型货物和船东进行征税,同时对某些有轮马车征税并对几项用途适用同样的方式的法案》(1766 年 9 月 12 日)(牙买加)；

《一项责成该岛的多个居民为自己提供充足的白人男性、白人女性或白人儿童或者支付一定数量的金额,以防他们存在缺额并对几项用途适用同样的方式,进而在选择教堂管理员和教区委员会成员时保护财产的业主并确定哪些人在这种选举中应被视为具有投票权的法案》(1773 年 12 月 24 日)(牙买加)；

《一项促使该岛的数个居民为足够数量的白人男性、白人女性或白人儿童服务,或者支付一定数额的金钱,以防他们有残疾,并将其投入多种用途中,在选择教堂管理员的日子里保护不动产所有权人和教区委员,以及确定哪些人在这种选举中理应被视为有投票资格

的法案》(1777年12月22日)(牙买加);

《一项通过人头对出港港口的贸易、货物管理员、船东,以及将同样内容应用于多种用途的官职和房屋进行征税的法案》(1777年12月22日)(牙买加);

《一项通过人头对出港港口的贸易、货物管理员、船东,以及将同样内容应用于多种用途的官职和房屋进行征税,并且对某些带轮马车征税并将同样内容应用于多种用途的法案》(1783年3月1日)(牙买加);

《一项促使该岛的数个居民为足够数量的白人男性、白人女性或白人儿童服务,或者支付一定数额的金钱,以防他们有残疾,并将其投入多种用途中,在选择教堂管理员的日子里保护不动产所有权人和教区委员,以及确定哪些人在这种选举中理应被视为有投票资格的法案》(1783年12月23日)(牙买加);

《一项促使该岛的数个居民为足够数量的白人男性、白人女性或白人儿童服务,或者支付一定数额的金钱,以防他们有残疾,并将其投入多种用途中,在选择教堂管理员的日子里保护不动产所有权人和教区委员,以及确定哪些人在这种选举中理应被视为有投票资格的法案》(1789年12月19日)(牙买加);

《一项旨在按照人头征税,以及对于出港的贸易、超大型货物和船东进行征税,同时对某些有轮马车征税并对几项用途适用同样的方式的法案》(1790年3月30日)(牙买加);

《一项通过人头税方式提高税收,对贸易、超级货物和出港船舶的船长,以及职位和房屋征收税款,以及对某些轮式车辆征税,并将其应用于多种用途的法案》(1793年12月14日)(牙买加);

《一项要求该岛的一些居民为自己提供足够数量的白人男性、白人女性或白人儿童，或支付一定金额的款项，以备不时之需，并将其运用于多种用途，以保护完全保有人在选择教会看守和牧师时的利益，并确定谁应被视为有资格在此类选举中投票的法案》(1793 年 12 月 14 日)(牙买加)；

《一项通过人头税征税，对贸易、超级货物和船长、职位和房屋以及某些轮式车辆征税，并将其运用于多种用途的法案》(1796 年 5 月 1 日)(牙买加)；

《一项要求该岛的一些居民为自己提供足够数量的白人男性、白人女性或白人儿童，或支付一定金额的款项，以备不时之需，并将其运用于多种用途，以保护完全保有人在选择教会看守和牧师时的利益，并确定谁应被视为有资格在此类选举中投票的法案》(1796 年 5 月 1 日)(牙买加)；

《对本岛土地征税并将其应用于公共服务的法案》(1796 年 5 月 1 日)(牙买加)；

《对本岛土地征税并将其应用于公共服务的法案》(1796 年 12 月 21 日)(牙买加)；

《一项筹集本岛土地税并将其应用于公共服务的法案》(1806 年 11 月 14 日)(牙买加)；

《一项要求该岛的几个居民为自己提供足够数量的白人，或在他们不足时支付一定数量的钱的法案》(1806 年 12 月 19 日)(牙买加)；

《一项征收人头税，针对贸易、超级货物和船长以及职位和房屋，以及某些轮式运输车征税，并将其应用于多种用途的法案》(1806 年

12 月 19 日)(牙买加)；

《一项要求该岛的几个居民根据他们将拥有的奴隶数量保持一定数量的白人在民兵中服役，并使自由条件下的有色人种和黑人能够弥补他们的缺额，拥有奴隶和为彼此的奴隶或支付一定数额的钱以防他们缺额的法案》(1818 年 12 月 19 日)(牙买加)；

《一项征收本岛土地税并将其应用于公共服务的法案》(1819 年 12 月 18 日)(牙买加)；

《一项用于征收人头税，并对超级货物和船长、职位和房屋以及某些轮式车辆的贸易征收税款，并将其应用于多种用途的法案》(1819 年 12 月 18 日)(牙买加)。

尼维斯

《一项对该岛进口的商品征收税款的法案》(1664 年 4 月 26 日)(尼维斯)；

《一项征收新税的法案》(1687 年/1688 年 3 月 24 日)(尼维斯)；

《一项对该岛各城镇的自由人、户主和商人以及所有属于种植园的奴隶和其他居民征税的法案》(1701 年)(尼维斯)；

《要求所有人在宣誓后上交黑人和其他奴隶名单的法案》(1701 年/1702 年 3 月 10 日)(尼维斯)；

《一项对该岛城镇居民的自由人、户主、商人和工匠以及所有属于种植园主和当地居民的奴隶征税的法案》(1705 年/1706 年 3 月 9 日)(尼维斯)；

《一项以人头税的方式向属于种植园和该岛居民的黑人和其他奴隶以及该岛若干城镇的自由人、户主和商人征税的法案》(1713 年

5月11日)(尼维斯);

《对属于尼维斯种植园和居民的黑人和其他奴隶征收人头税的法案》(1725年5月29日)(尼维斯);

《对属于尼维斯种植园和居民的黑人和其他奴隶征收人头税的法案》(1733年5月16日)(尼维斯);

《对属于该岛的种植园和居民的黑人和其他奴隶征收人头税的法案》(1744年7月10日)(尼维斯);

《在其执政期间为乔治·托马斯·埃斯奎尔阁下提供光荣的支持,并对黑人征收税款的法案》(1753年11月3日)(尼维斯);

《对属于尼维斯岛种植园和居民的黑人和其他奴隶征收人头税的法案》(1755年6月24日)(尼维斯);

《一项通过对属于尼维斯岛庄园居民的黑人或其他奴隶每人征收3先令通用货币的税,来协助国王陛下修缮该岛的堡垒和防御工事,并且支付该岛的其他公共费用的法案》(1777年7月1日)(尼维斯);

《一项通过针对属于尼维斯岛庄园或居民的黑人和其他奴隶每人征收16先令6法新流通货币的税赋,以及对几个城镇中的所有房屋、仓库、商店和租赁房屋……年度价值每100英镑征收15英镑的税赋来对国王陛下提供资助的法案》(1784年5月20日)(尼维斯);

《一项筹集资金用于支付受雇于该岛要塞的女战士的工资和该岛的其他费用的法案》(第五章)(1798年12月17日)(尼维斯);

《一项向国王陛下提供援助金,对尼维斯岛居民和种植园的黑人和其他奴隶,征收每人3先令6便士的税款,以及对若干城镇的所有房屋、仓库、商店和公寓的年价值,每100英镑征收2英镑10先令的税款……的法案》(1802年9月2日)(尼维斯)；

《一项筹集资金以支持托马斯·罗宾先生阁下，以及对黑人和其他奴隶征收税收或人头税的法案》(1816年9月14日)(尼维斯)；

《一项通过对属于尼维斯岛居民和种植园的黑人和其他奴隶的每人征收每年5先令的征税或税款，向陛下的继承人和继任者提供补助金，以及对几个城镇的所有房屋、仓库、商店和公寓的年价值上以百英镑计算现金3英镑的金额……的法案》(1816年9月14日)(尼维斯)；

《一项通过对不属于任何甘蔗种植园的所有房屋和其他物业的年租金、居民所有或拥有的或属于尼维斯岛的甘蔗种植园，或非尼维斯岛居民的黑人和其他奴隶的年收入征收现金或税收，向国王陛下的继承人授予补助金，用于满足对公众的要求的法案》(1821年9月1日)(尼维斯)。

圣基茨

《一项为偿还国家债务而征税的法案》(1672年/1673年1月15日)(圣基茨)；

《一项对该岛英国殖民区内的所有白人征收每人25磅糖和对所有奴隶征收每人55磅糖的法案》(1674年6月13日)(圣基茨)；

《一项对该岛英国殖民区内的所有白人征收每人25磅糖和对所有奴隶征收每人50磅糖的法案》(1676年5月31日)(圣基茨)；

《一项对每个有工作的奴隶征收25磅糖，对所有出租的土地征收25英镑；以及对按照1674年的规定对英国殖民区的法国人所有的土地征税的法案》(1680年/1681年2月15日)(圣基茨)；

《筹集税收以支付该岛的公共费用的法案》(1704年6月5日)

(圣基茨);

《一项对每个奴隶评估征收5先令税款,以弥补以前征税的不足之处的法案》,之前一次征税,依据的法案是《对每个人头征收20先令的税款,以支付该岛的公共税收的法案》(1704年9月23日)(圣基茨);

《一项增加100,000磅优质黑砂糖的数量并且在丹尼尔·帕克先生执政期间为其住所免除房屋租金的法案》(1706年9月4日)(圣基茨);

《征收税款以支付该岛的公共费用的法案》(1711年11月29日)(圣基茨);

《一项征收税款以偿还该岛公共债务的法案》(1714年/1715年2月19日)(圣基茨);

《一项筹集征税以偿还该岛公共债务的法案》(1716年11月27日)(圣基茨);

《一项通过人头对该岛所有奴隶征税,并在同一地区的内陆贸易中征收500英镑的法案》(1720年5月7日)(圣基茨);

《一项对圣克里斯托弗岛的土地以及该岛几个城镇的房屋、仓库、商店和公寓征税的法案;同样,为了继续和完成硫黄山和查尔斯堡的防御工事,也为了筹集应付给公众的所有欠款并为此设立基金;以及上述岛屿的其他防御工事和炮台,以及支付公共债务和支付上述岛屿的其他公共开支的法案》(1722年6月28日)(圣基茨);

《一项对黑人和其他奴隶以及对该岛的内陆贸易征税的法案》(1724年5月19日)(圣基茨);

《一项对本岛内的黑人和其他奴隶征税,以及对同一岛屿内几个城镇的房屋租金价值征税，用以修建查尔斯堡的围墙，并修复同一个堡垒和其他防御工事、堡垒和炮台的法案》（1728年/1729年2月3日）（圣基茨）；

《一项授权国王陛下对该岛内所有黑人和其他奴隶按每个人头征收8先令的税，以及对该岛内若干城镇所有的房屋、仓库、商店和公寓，按租金的5%征税，用于清偿公共债务，并确定和结算其中提到的若干官员的工资的法案》（1732年8月16日）（圣基茨）；

《一项规定向国王陛下提供援助金，对所有黑人和其他奴隶征收每人8先令的税，并进一步对该岛内若干城镇的所有房屋、仓库、商店和公寓征收5%的额外税，用于支付现在到期的公共债务，以及向该岛公众雇用的几名官员和其他人支付本年度的应计费用1739英镑的法案》（1739年8月31日）（圣基茨）；

《一项向国王陛下提供援助金，对所有黑人和其他奴隶的每人征收5先令的税款，并对该岛内若干城镇的所有房屋、仓库、商店和物业的价值，按照3%的比例，额外征收税款，用于支付公共债务，并适用于该法案中规定的其他用途和目的的法案》（1747年10月30日）（圣基茨）；

《一项授权援助国王陛下，对所有黑人和其他奴隶每人征收10先令现款税，以及对所有房屋、仓库、商店的年价值征收10英镑的附加税，以修复堡垒和防御工事，并支付上述岛屿的其他公共开支的法案》（1757年5月30日）（圣基茨）；

《一项通过针对所有黑人和其他奴隶每人3先令6便士流通货币的关税或税款，以及针对在上述岛屿内的几个城镇内所有房屋、仓库、商店和公寓的年度价值，按照每100英镑支付3英镑10先令进行进一步征税,用来修缮堡垒和防御工事以及支付其他该岛屿的公共费用,进而为国王陛下给予辅助的法案》(1766 年 3 月 22 日)(圣基茨);

《一项通过针对所有黑人和其他奴隶每人 5 先令流通货币的关税或税款,以及针对在上述岛屿内的几个城镇内所有房屋、仓库、商店和公寓的年度价值,按照每 100 英镑支付 5 英镑进行进一步征税,用来修缮堡垒和防御工事以及支付其他该岛屿的公共费用,进而为国王陛下给予辅助的法案》(1771 年 7 月 18 日)(圣基茨);

《为了支付其公共费用而在该岛征收和筹集公共税赋的法案》(1776 年 5 月 2 日)(圣基茨);

《一项通过针对所有黑人和其他奴隶每人征收 20 先令流通货币的税赋,以及进一步对上述岛屿的几个城镇中的房屋、仓库、商店和租赁房屋年度价值每 100 英镑征收 20 英镑的税赋来对国王陛下提供资助,以及修缮堡垒和防御工事,以及为国王陛下驻扎在该岛的部队及其防御提供更好的支持,以及为了支付该岛屿的其他公共费用的法案》(1780 年 3 月 18 日)(圣基茨);

《一项对该岛内的全部黑人和其他奴隶每人征收 15 先令,以及对该岛内几个城镇中的所有房屋、仓库、商店和租赁房屋年度价值每 100 英镑征收 6 英镑的税赋,用来购买一定数量的黑人和其他奴隶供该岛的公共事务使用,并用来对这些黑人和其他奴隶应如何被雇佣进行指导和指派的法案》(1789 年 10 月 29 日)(圣基茨);

《一项通过对该岛内所有黑人和其他奴隶每人征收一项 10 先令流通货币的税赋,以及对该岛内每个单匹马车、双轮轻便马车和双轮马车征收 30 先令流通货币的税赋,对每辆费尔顿邮政马车和四轮轻便马车征收60先令流通货币的税赋，对每一个轻便坐骑或费尔顿马匹征收20先令流通货币的税赋，以及进一步对该岛内对几个城镇的所有房屋、仓库、商店和租赁房屋年度价值每100英镑征收6英镑的税赋，来筹措一定数额的资金，用来支付该岛的公共债务，以及用来支付其中声明的其他用途和服务的法案》（1792年5月9日）（圣基茨）；

《旨在以最方便的速度筹集足够资金以满足该国当前和紧迫需要的法案》（1795年9月19日）（圣基茨）；

《一项筹集足以支付该国年度开支的资金的法案》（1801年5月28日）（圣基茨）；

《一项筹集足够资金以满足该国年度开支的法案》（1802年3月26日）（圣基茨）；

《一项针对本岛内生产的所有糖和收入以及本岛内出售和出口的所有盐以及从该岛出口的所有酸橙柠檬汁和橙汁征税，偿还本岛的公共债务的法案》（1808年5月10日）（圣基茨）；

《一项为该岛历代总督筹集足够资金的法案》（1820年2月7日）（圣基茨）。

圣卢西亚

《确定1820年公共服务税收的法案》（1820年1月11日）（圣卢西亚）。

圣文森特

《一项旨在为该岛建立一个国库，从而筹集一项通过针对酿酒商和酒精饮料零售商的税收以及针对进口至该岛的酒精饮料的关税来清偿公共债务和支付未来因同样原因可能发生费用的基金，以及指

派一名财务主管的法案》(1767年7月11日)(圣文森特);

《对该岛的土地和奴隶进行征税的法案》(1767年7月11日)(圣文森特);

《一项强制奴隶的所有权人和拥有者保有合比例数量的白人新教徒仆人的法案》(1767年10月27日)(圣文森特);

《对该岛土地、奴隶和建筑进行征税的法案》(1769年8月21日)(圣文森特);

《征收税款用来支付公共债务和费用,尤其是适用上述税收的法案》(1774年3月16日)(圣文森特);

《征收税款用来支付公共债务和费用,尤其是适用上述税收的法案》(1777年10月28日)(圣文森特);

《征收税款用来支付公共债务和费用,尤其是适用上述税收的法案》(1784年7月15日)(圣文森特);

《征收税款用来支付公共债务和费用,尤其是适用上述税收的法案》(1786年9月9日)(圣文森特);

《征收税款用来支付公共债务和费用,尤其是适用上述税收的法案》(1788年4月11日)(圣文森特);

《征收税款用来支付公共债务和费用,尤其是适用上述税收的法案》(1789年4月20日)(圣文森特);

《征收税款用来支付公共债务和费用,尤其是适用上述税收的法案》(1790年3月9日)(圣文森特);

《征收税款用来支付公共债务和费用,尤其是适用上述税收的法案》(1791年3月16日)(圣文森特);

《一项为支付公共债务和费用而征税,并特别适用该法案的法案》(1793年3月15日)(圣文森特)；

《一项为支付公共债务和费用而征税，并特别适用该法案的法案》(1793年9月11日)(圣文森特)；

《一项为支付公共债务和费用而征税，并特别适用该法案的法案》(1797年2月28日)(圣文森特)；

《一项要求朗姆酒和其他烈性酒的零售商取得许可证，并对公共台球桌征税的法案》(1797年12月8日)(圣文森特)；

《为支付公共债务和费用而征税并特别适用的法案》(1801年12月21日)(圣文森特)；

《为支付公共债务和费用征税并特别适用的法案》(1802年4月15日)(圣文森特)；

《为支付公共债务和费用制定税收，并特别适用于该法案》(1804年3月13日)(圣文森特)；

《为支付公共债务和费用制定税收，并特别适用于该法案》(1811年4月25日)(圣文森特)。

多巴哥

《一项旨在恢复和实施该岛已失效殖民地议会的法案或假冒法案，授权有权确定和固定殖民地到期债务的数额，并筹集支付债务所需的资金的法案》(1794年3月20日)(多巴哥)；

《一项为偿还殖民地公共债务而筹集一笔款项，并为此目的拨出目前在财政大臣手中的某些款项以及他可能掌握的任何其他款项的法案》(1794年12月24日)(多巴哥)；

《一项筹集资金用于支付在努力保护殖民地免受内部敌人侵害中已经发生的费用……的法案》(1795年5月12日)(多巴哥)；

《一项筹集资金以支付已经发生的和可能为保护该岛的安全而发生的费用的法案》(1795 年 6 月 20 日)(多巴哥);

《一项为支付本岛公共债务和为殖民地服务而可能产生的费用以及为此目的拨付以前货币票据到期的某些款项的法案》(1795 年 8 月 17 日)(多巴哥);

《一项鼓励在该岛进一步引入白人居民的法案》(1797 年 8 月 11 日)(多巴哥);

《一项筹集一笔款项用于支付因奴隶后期蓄意暴动而产生的费用,以及可能尚未规定的其他附带费用的法案》(1802 年 3 月 3 日)(多巴哥);

《一项以确定该岛的债务,筹集一笔款项以支付该等款项,以及为殖民地服务所需的所有其他费用,并拨出目前在财政部长手中的任何此类款项,以及其他可能落入他手中的其他款项的法案》(1804 年 3 月 22 日)(多巴哥);

《一项以确定殖民地的债务,筹集一笔款项以支付该债务,并支付所有其他可能为殖民地服务所必需的费用,并为此目的将任何款项拨归财政部长的手中的法案》(1810 年 9 月 8 日)(多巴哥);

《一项确定殖民地债务,并筹集一笔款项以支付该债务,以及支付所有其他为殖民地服务可能需要的费用;并为该目的而拨付在财政部长手中的任何剩余款项,这些款项未以其他方式特别拨付或将拨付给任何本岛的其他法案的法案》(1820 年 1 月 24 日)(多巴哥)。

非　洲

塞拉利昂

《一项修改和解释〈为了建造和维护这个殖民地的公路法案〉的法案》(1812 年 9 月 12 日)(塞拉利昂)。

导　论

大约有 60 个国家的所得税法可以说是其风格或类型源自或与英国所得税法有关。[1] 这些国家大多与英国具有某种形式的殖民联系。毫无疑问,许多其他的所得税法,通常不会被视为来自“英国谱系”,但在不同的阶段也受到英国所得税法的影响,尤其是在其成立之初。[2] 同样毫无疑问的是,英国的所得税,在 1799 年[3]现代起源时,直接或间接地受到了欧洲其他国家或者也许还包括它们的殖民地的税法的影响。此外,可以肯定的是,英国 1799 年所得税法的大部分内容都是源于 700 年前或更早的时期的英国直接税法。 1

〔1〕 Thuronyi,1998,p. 24.

〔2〕 例如, Selgiman(1914 年),关于法国的部分在原著第 273 ~ 328 页(在本书中见边码),尤其是在原著第 325 页;关于意大利的部分在原著第 338 ~ 355 页,尤其在第 340 页。德国的第一个现代所得税,即 1891 年普鲁士的所得税,似乎也在各个方面效仿英国的做法。2002 年 11 月 12 日,曼弗雷德 · 莫斯纳(Manfred Mossner)教授在剑桥大学法学院税法中心的一次演讲中阐明了这一点。

〔3〕 正如本研究将指出的,早在 1799 年之前的英国,有一些早期的例子可能(有时)被称为“所得税”。然而,1799 年通常被认为是现代所得税的开始日期。

在更有限的程度上，前英国殖民地也是如此。最终发展成为所得税或是所得税前身的税种受到多种因素的影响。殖民地早期的税收制度受到每个殖民地自身特殊情况的影响，它们可能受到其所隶属的殖民地的影响，当然还有英国的影响。重要的是，殖民地在成立初期最容易引进税法。因此，在某个特定时期建立的殖民地税收制
2 度，比另一个在其他不同时期建立的殖民地，更容易受到当时的税法，例如英国税法的影响，而在其他不同时期建立的殖民地更容易受到那个时期的英国税收制度的影响。

本研究旨在从起源追溯到1820年英国及其前殖民地的所得税及其前身的根源。之所以选择这个时期，是因为它标志着英国第一个现代所得税（1817年终止）的终结，而且考虑到其在殖民地的影响，多出了几年时间来使上述制度的终结尘埃落定。本研究采用了基本的时间顺序，因为这有助于清楚地了解发生特定变化时英国和殖民地的税收制度状况。通过这种方式，本研究试图追溯税收制度的发展，并将其置于历史背景中。在本研究中确定的税收制度的根源和发展与英国和1820年之前建立的殖民地有关。当英国于1842年重新征收所得税时，它实际上是拿破仑战争时期法律的翻版。该法律的许多基本特征至今仍在延续。因此，那些所得税法属于所得税“英国谱系”的国家和地区最终都可在本研究所讨论的问题中找到根源。1820年以后的时期有待进一步研究。

研究的重点

本研究试图跨越700多年的时间，并涉及30多个司法管辖区的

发展,因此它的焦点必然是集中的,并会受到各种限制。[4] 首先,这是一项法律研究。因此,本研究的重点是法律制度的发展,尤其是所用的措辞和概念。当然,为了使法律能被理解,必须将其置于历史中。因此,本书讨论了经济、政治和社会环境以及历史事件,特别是在它们可能为税法的发展提供动力的地方,如战争与君主制的变革。但是这些情况和事件不是本研究的重点。此外,在许多方面,特别是 3
在本研究所涵盖的早期阶段,适用法律的行政实践可能与法律中所使用的语言有所不同。这可能是由于成文的法律缺乏明确性,但也受到更灵活或不精确的法律解释方法的影响。虽然行政实践将在不同的地方提及,但重点是法律的措辞。在本研究所涵盖的时期内,这一措辞逐渐变得更加精确和规范。

本研究的比较方面仅限于英国与其前殖民地之间或殖民地之间的影响。这种限制必然会产生一些失真。如前所述,很明显,其他欧洲国家,尤其是法国和荷兰的税法,对英国的所得税及其前身的发展产生了影响。[5] 在殖民地也是如此,尤其是在殖民地从一个当时的欧洲强国转手到另一个欧洲强国,如新斯科舍、魁北克、圣卢西亚、多米尼加、圣文森特、特立尼达和多巴哥、圭亚那和开普敦殖民地。当

---

〔4〕 这一时期对于英国直接税发展的更详细考察在其他地方有记录,并在本研究的参考文献中有所提及。对于广泛涵盖这一时期的一般著作,请参阅 Dowell,1965,第 1 ~ 3 卷、Seligman,1895 年,p. 37 – 53 和 Seligman,1914 年,p. 41 – 53 以及其中引用的参考文献。Mitchell(1951 年)(1154 ~ 1272 年)、Schofield(2004 年)(1485 ~ 1547 年)、Jurkowski 等人(1998 年)(1188 ~ 1688 年)和 Soos(1997 年)(1512 ~ 1803 年,关注源头税收)。这个讨论只涉及对俗人(Laity)的直接征税,而不是对神职人员的征税。作为一般规则,议会投票通过的直接税并不适用于神职人员。有关神职人员直接征税历史的介绍,请参阅 Soos,1997,p. 23 – 32,p. 45 – 62 及其中引用的参考文献。

〔5〕 从罗马法和教会法的核心影响、宗教与政府之间的紧密联系、诺曼人征服英格兰以及欧洲王室内部的通婚来看,情况就是如此。

一个殖民地易主时，前殖民地国家的法律不可避免地会继续下去，至少最初是这样的，而且很多时候包括税法的延续。其他欧洲国家的影响，无论是对英国还是对其殖民地的税法的影响，都可以从所查阅的资料中明显看出。但是这种影响不会被深入探讨，也不是本研究的重点。

同样，本研究并未深入考虑地方税，而是侧重于中央税。在某些例外情况下，地方税的某一特定做法被认为产生了重大影响。在殖民地尤其如此，它们在“幼年”时期很可能将自己视为英格兰的地方分支。在这种情况下，与英国中央政府征税相比，英格兰的地方征税对殖民地税制发展的影响可能更大。在某些地方，殖民地的地方税
4 收特别重要。殖民地的政府结构并非统一。在某些殖民地，如新英格兰的那些殖民地，主要的政府机构是乡镇；在另一些殖民地中，地区则是更重要的政府机构，如在一些南美殖民地；而在其他殖民地，中央政府似乎有着举足轻重的地位，西印度群岛的许多殖民地似乎都是如此。

本研究的目的是为那些受到英国所得税影响的国家提供背景资料，以帮助他们更深入地了解所得税的性质。所得税的性质与所得税的起源或根源有关。因此，它涵盖了许多从技术上讲不是所得税的税种，但可能被视为所得税的前身或与所得税来自同一税种家族。这方面也限制了本研究的范围。哪些税种属于该税种家族是一个推测，因此本研究涵盖的税种或类别需要进一步解释。

大多数基础的税收都落在财富的某个阶段，无论是财富的创造、持有、转移还是消费。财富与税收之间存在这种联系的原因是，税收必须从财富中支付。在通常情况下，税收是以货币支付的，特别是在

本研究所涵盖的时期内,税收也可以实物支付[无论是以玉米、糖或烟草等产品的形式,还是以赋役(statute labour)的形式]。所得税本质上是对创造的财富征税。财富是通过提供财富(资本)、劳动或两者兼而有之而创造出来的。发展所得税的一个困难(而且是持续的)是衡量所创造的财富,这一点在不同时期是不同的。但是,正如人们经常认为的那样,持有财富可以被假定为产生所得(通常称为"名义所得"),而且在许多方面,财富比从中获得的收入更易于估价。[6]因此,对持有的财富征税,可以达到或代替对所得征税。

这一点对个人征税来说也是如此。这种税通常被称为"人头税"或"摊派税"。从最简单的形式来看,这些税是每人一个固定的金额。但是,即使以这种形式,税收也将受到各种限制,如排除儿童和妇人等。限制和分类可能会使税收变得更加复杂,以达到按特定个人的"才能"或"获取收入的能力"分类的标准。这个过程类似于资本的过程,它实质上涉及对人的价值的评价,即对人力资本的估价。因 5
此,人头税可以根据不同的等级、专业、行业、职业等对个人进行分类,并对每个类别进行不同的征税。因此,简单地说,人头税将以同样的方式从劳动中获取收入,与财富税从资本中获取收入的方法相同。

因此,本研究中应考虑的税种为财富税、人头税和更明确的财富创造税。现代所得税源自这些税种。事实上,当英国于 1799 年实施现代所得税时,其中一些税种被简单地并入了现代所得税。本研究并未考虑消费税,因此几乎排除了所有间接税,如关税、消费税等。

---

〔6〕 首先,财富可以在特定时间点衡量,而收入是在一段时间内衡量的。

此外，本书不考虑聚焦财富转移的税收，如印花税和遗产税。然而，如果试图涵盖所有财富税、人头税和财富创造税的所有方面，那么将使这项研究难以进行。本研究虽然涵盖了这些税种的总体发展，但着重于这些税种所引起的特殊问题，这些税种所特有的问题，以及在所得税现代运作中特别重要的问题。

英国所得税法的学生们[7]面临的一个问题是，该法的一些核心特征很难从时间意义上加以解释。有些非常令人满意的问题可能会得到令人相当不满意的答案。尽管在此过程中还解决了许多其他有趣的问题。这项研究集中在 4 个问题上：(1) 为什么资本所得和损失不在所得税范围内？(2) 为什么要针对不同的活动分别计算所得，即为什么要采用附表的方法？(3) 为什么公司被视为独立于公司股东的纳税人？(4) 为什么所得税是按来源地和居住地同时征收？

询问者可能会收到这些问题的各种答案，但是大多数答案在不同程度上都是肤浅的。例如，第一个问题的标准答案可能是"因为我
6 们的法院遵循了英国所得税法中的所得概念"，或者"因为我们的法院遵循了所得的流动性概念"[8]，或者"因为我们的法院遵循了所得的信托法概念"[9]。所有这些答案可能都是正确的，但它们都过于简单化，对了解所涉问题没有多大帮助。这位坚定的询问者将提出进一步的问题，诸如"为什么英国所得税法采用这种区别？""为什么信托法在这种情况下如此重要，而不是会计处理？""为什么信托法采用了所得流动的概念？""什么情况意味着流动概念应胜过财富增加

[7] 这里的"学生"是指"研究"税法的人。

[8] 关于所得的流动性概念，见 Fisher(1906, p. 51 - 3101)。

[9] 例如，Parsons, 1985, p. 8。

等其他概念？”

对此类问题的自然反应是将讨论转向理论和概念方法。理解资本—收益的区别，可以通过将所得的流动性概念与所得的收益概念进行对比来实现。[10] 其他问题也是如此。附表的方法可以与全球所得税的方法进行对比。[11] 公司的独立实体理论可以与导管的方法进行对比。[12] 来源地和居住地征税可以通过将支付能力的理论与受益的理论对比，或者对比资本输入中性和资本输出中性的原则，来进行分析。[13] 毫无疑问，这种讨论方式将加深询问者的理解。但是，由于讨论仅限于理论和概念方法，这一问题的重要部分尚未得到探讨，最坏的情况是，有可能扭曲对某一或另一种理论重要性的评估。

问题在于某些理论倾向于“自力更生”。理论的发展往往是为了解释现有的实践（包括上一段中提到的一些理论）。随着时间的推移，这一理论的有效性可以通过参考实践来加以证明。但是这一理论并不是许多国家和地区采用该方法的原因。这个原因经常被埋藏在历史中。该理论可能是一个国家和地区继续采用特定做法的原 7
因，但应谨慎对待此类说法。政府可能会受到来自游说团体（lobby groups）的压力，被要求更改特定政策，但其可能不愿意这样做。当继续执行其现有方法时，政府可能会假装支持该特定方法的特定理论，而继续实施的真正原因可能是收入的影响，或者仅仅是与变革相

〔10〕 关于收益的概念，参见 Simons，1938，p. 50。

〔11〕 Burns and Krever，1998，p. 495 – 499. 这种区别对于损失尤为重要，即在整体方法下，一项活动的损失自动与另一项活动的利润相抵消，但在附表方法下则不然。

〔12〕 Harris，1996，p. 42 – 48.

〔13〕 Harris，1996，p. 13 – 16，p. 318 – 320，p. 452 – 459.

关的负担成本。政治惯性通常是通过遵循特定理论来解释的。

搜索特定方法的历史渊源有助于理解和帮助评估该方法的理论基础。通常,历史背景和环境可以更清楚地解释采用特定方法的原因。如果那些情况已经改变或不再存在,则可能导致对该方法进行适当的重新评估。对社会发展和发展方式更深入的理解,应有助于更深入地探讨税收政策需要调整的方式。这就是历史研究的重要性。上述关于资本—收益差异的所有更深层次的问题,在不同程度上都可以通过研究 1799 年之前的历史来回答。与本研究主要关注的其他三个问题相关的更深层的问题,也是如此。

本研究并不完全集中在这 4 个问题上,但它确实扩展了可能有助于寻求答案的事项。例如,这些事项包括与资本—收益区分有关的法律和社会背景。这一背景尤其涵盖了英格兰财产所有权的封建起源,以及如何发展成为先通过用益再通过信托持有财产的广泛实践。这一背景还包括会计在封建制度中的起源(其中管理十分重要),以及会计起源和信托法起源之间的紧密联系。随着时间的推移,这些领域逐渐发展并与贸易的增长以及公司作为该贸易工具的发展相关。公司形式的起源与国际贸易的扩张有着特殊的联系,而国际贸易则与海外殖民地的发展有着特殊的联系。

结 构

8 本研究分为五章,按照基本的时间顺序排列。第一章是 1642 年英国内战爆发前的时期。该章主要包括对英国税收的讨论,它经历了多个阶段。首先,讨论从税收制度的封建起源及其与王权、土地所有权和宗教的联系。接着,讨论了十五一税和什一税的发展,这是一种名义上对动产征收的税,以及 14 世纪最初征收的人头税。这些税收很可能受到黑死病(腺鼠疫)引起的社会变革的影响,标志着从玫瑰战争到都铎王朝早期补助金发展起来的税收方式发生了变化。这些补助金本质上是具有某些所得税方面特征的更广泛的财富税。都铎王朝末期相对稳定,但是在斯图亚特统治下一种基础更广的财富税,具有某些所得税方面的特征,随着斯图亚特统治下英格兰和苏格兰王室的统一,事态又开始发生进展。斯图亚特王室和议会之间的争端意味着对传统形式的都铎式补助金的依赖减少,而通过地方税和船舶令状筹集资金的重视程度有所提高。这一时期很重要,因为它产生了新大陆中第一个殖民地的基础。

第二章涵盖了从英国内战爆发到英联邦,再到光荣革命的时期。英国内战是一个动荡的时期,在这一时期,税收制度急迫地朝着合理化和简化的方向发展。英国内战也对殖民地产生了影响。政治难民大量涌入新大陆,这增加了英国现存的寻求逃离宗教迫害的人的外流。此外,英国对内战的当务之急促进了殖民地自治的发展。复辟之后,王室在试图收回自治权时发生了争执,后果自然是影响了殖民地的税收制度。复辟也见证了英国税收制度的发展。在复辟之后,为了资助与法国和荷兰共和国的战争,英国引入了新的税种,这些都为光荣革命后税收制度的进一步发展埋下了种子。

第三章涵盖了一个世纪的大部分时间,从光荣革命到七年战争的结束,这场战争的结果是英国开始了在美洲东海岸的统治。光荣革命后的动荡十年导致英国税收制度有了实质性的发展。这一时期

的税法，实际上包含了一个世纪后的所得税的所有要素。但就在18
9 世纪之交之后，英国直接税制再次确立，这次是以土地税的形式出现的，该税于1707年扩展到苏格兰。在这一时期，土地税补充了对持有各种物品的推定税，这些后来被称为评估税。

光荣革命后的10年也是殖民地税收制度动荡的时期。不仅殖民地税法的复杂程度大幅度提高，而且税种也发生了变化。在此期间，“所得”一词也开始在直接税法中得到一致的使用，特别是在英国和马萨诸塞。[14] 正如在英国一样，在17世纪40年代至60年代的战争中，特别是与法国的7年战争期间，殖民地的税收制度有了进一步的发展，在随后的时期，殖民地的直接税制基本上得以确立。此外，这一时期殖民地的发展显示了殖民地税收与其他欧洲强国之间的明确联系。

第四章涵盖了从七年战争结束到英国实行1799年所得税法的前夕这段时期。这一时期的主要部分可以分为三段。首先，英国继续征收土地税，并不断地在评估税中进行了一些调整。其次，本研究继续跟踪美国新独立州的发展情况，以检查与英国和保留殖民地之间的任何交叉影响，直到英国开始征收所得税。最后，这一时期，税收制度最混乱的地方是保留的殖民地。其中一些殖民地在美国战争期间，被其他欧洲强国占领，但随着《凡尔赛条约》的签署而由英国重新收回。其他国家，特别是加拿大殖民地，被来自前美洲殖民地的效忠者所淹没。

在最后一章中，问题将转而集中在离英国本土更近的新动乱上，

---

〔14〕 正如原著第117～119页所指出的，在1646年马萨诸塞税法中有一个早期但简短的“收入”提法。

即拿破仑统治下的法国军队。本章首先简要回顾了战争第一阶段中有限的税收发展。讨论很快转到了战争的第二阶段,并讨论了威廉·皮特(为方便论述,下文简称皮特)首相以三部联合评估的形式资助英国战争而作出的重大努力。这项税是根据评估所得税的倍数征收的,但仅限于收入的1/10。当时,在英国的殖民地,特别是西印度群岛的迎风群岛,还有其他类似风格的税收。本章接着讨论第一 10
个现代英国所得税,该所得税从1799年持续到1817年(1802年有一个短暂间隔)。本章还讨论了19世纪20年代最后3年中的税收结算。

最后一章中的讨论集中在上文确定的中心问题上,并试图从前面的讨论中找出这些特征的起源。在这方面不可能有明确的答案,但可以提供有根据的建议、评论和评估。本章还评估了美国各州在1820年之前所达到的目标,这对评估加拿大的税制发展非常重要。最后一章以对殖民地发展的考量作为结束。所得税式的税收在这一时期继续增长,特别是在西印度群岛,并且在英国的所得税到期后仍在继续发展。实际上,似乎西印度群岛的某些所得税跨越了从英国的所得税终结到1842年重新引入所得税的时期。本研究最后以结论结尾。

在本研究中,共有五张表格,分别在第一章末、第二章末、第三章末和第五章末。这些表格旨在提供在不同时间点征收的各种税收的概况。表1列出了英国1300年至1600年征收的税种。其余的表格包括英国和殖民地在特定日期(大约1650年、1700年、1750年和1795年)的税收。与上面讨论的税种类别一致,表格中的各行区分了税收项目、对财富和财富收益的税收,以及个人税和个人活动税。

根据财富类型或活动类型，表格中也有子类别。

表格中的各列首先处理税基，然后根据税收是按每件财富（如每英亩土地或每牛头）、财富价值还是试图从财富中获得收益（收入或利润）来进行细分。第二列区分了按整个管辖区的特定税率征收的税（通常称为“英镑税费”）和按固定税率在各个子辖区之间分摊的税，以便实际税率可能因次司法管辖权而异，通常被称为“配额”制。最后一栏专门讨论国际管辖权，即征税是基于来源地还是地理位置，是依据居住还是居民，或是同时基于这两种情况。当然，有关税种的
11 设计并没有考虑到这些类别和子类别，并且很难对某些税种进行分类，而且某些税收法律根本没有足够的信息来进行适当的分类。国际管辖权一栏尤其如此。因此，不应过分依赖表格的准确性。其中的一些信息涉及近乎猜测的归因。这些表格只是为了提供一个大致的情况。

第一章　从起源至1641年:从英格兰封建制度中寻找源头

英国所得税的某些主要特征,其最深层根源在于中世纪英格兰的封建制度。本章探讨了臣民、国王和教会之间的三方关系,以期对最终发展为所得税的直接税制有更深的理解。本章涵盖了500多年的时间,大体上从1066年的诺曼征服开始,直到英国内战前结束。许多将在后来塑造现代所得税的特征,其起源都在这一时期有所展现。 12

在这段时期内,英格兰基本上是一个农业社会。土地所有权制度是了解所征税收的关键。在这种土地所有权制度下,权利在各利益相关方之间分配,就必然涉及资本—收益差别明显的特征,如对损耗的法律诉讼。此外,这种差异被纳入基督教教会的教义中,并且在教会所有和享有财产的方式上尤其具有影响力。在这一制度中交织着管理的概念,据此,土地所有者将土地所有权委托给不同的官员(管理者),根据法律规定他们必须向其委托人负责。这个制度为会计制度和最终的信托法埋下了共同的种子。这一时期的另一个特点与政府和土地所有权有关,是直接税的不定时特征。为公平起见,不定时的税收需要区分资本和收益，尤其是当税率假定只对资本的年度回报征税时。[1]

从更直接的角度看，在本章所涵盖的时期内，1799 年所得税所包含的其他主要特征也有所增加。这一时期不仅出现了利用公司来逃避封建罚款（在许多方面类似于税收）的现象，而且首次出现了对
13 公司征收的直接税。此外，至少就这一时期的中期而言，该时期所采用的税收方式可以被视为现代所得税所采用的某些附表的直接先驱，特别是对土地和官员的税收。“住户”（inhabitant）的概念，发展成为“定居居民”（resident）的概念，也源于这一时期的早期。不久之后，来源地的概念也随着对“坐落”在英格兰财产的征税而发展起来。还有明确的证据表明，针对来源地和居住地的征税同时存在。

在结构上，本章主要包含四节，分为多个时期。第一节深植于中世纪的英格兰，时间涵盖至 1332 年。这个时期不仅囊括了传统的封建税收，而且见证了一种财产税的发展，这种财产税会断断续续地征收，直到本章所涉的时期结束为止。

第二节涵盖了 14 世纪的剩余时期，经历了黑死病（腺鼠疫）的破坏和一些人头税的征收，这些人头税显示出对所得税和基于居住征税的第一个明显趋势。该节继续介绍 15 世纪初的所得税，这部税法可以说是 1799 年英国所得税法附表 A 的源起。下一场税制的灾难是玫瑰战争，在战争期间，直接税制度进一步发展，并预示着都铎王朝补助金的到来。

第三节主要讲述了都铎王朝时期的直接税。该部分以 15 世纪

〔1〕 如果资本收入按年价值征税，则接受者的征税比例高于收入或财富相近的人。

30年代为分界线分为两个部分，当时亨利八世在英国法律体系中确立了至高无上的地位，包括他对修道院的镇压，以及其他重大的法律改革，如《用益法》(the statute of uses)和《遗嘱法》的通过。本节的第一部分介绍了都铎王朝直接税制的发展，尤其是建立定期重新评估税基的努力。这一时期在某种程度上标志着直接税制的衰落，尽管征税的频率增加了，但它再次演变为固定的评估标准。在都铎王朝后期，一个特别有趣的发展是《济贫法》(Poor Law)形式的地方税的发展，这是镇压修道院所导致的结果。在新大陆一些殖民地的早期税收制度中，《济贫法》可能具有特别的影响力。

本章的最后一节涵盖斯图亚特王朝内战前夕的统治时期。这一时期最初包括熟知的直接税收形式。然而，议会与王室之间的争执 14
导致16世纪20年代都铎王朝式的资金进入寒冬期，查理一世则在其他地方寻求收入。用来弥补资金短缺的一个主要来源是通过船舶令状征收的收入。这一时期恰逢新大陆的第一批主要定居点产生，而船舶税的征收方式又可能再次影响了早期殖民地的税法。该节以詹姆斯一世重新召集议会以筹集资金镇压苏格兰的叛乱为结尾。就在英国内战爆发前，重要的补助金被发放。本章以总结结尾。

一、至1332年：在十五一税和什一税结束之前

本节涵盖了中世纪最常见的直接税形式，即十五一税和什一税确定之前的时期。这种税收形式是在封建的英格兰发展起来的，尽管它在中世纪以后就开始征收了。为了更深入理解这项税收，有必

要考虑封建英格兰的基本社会和法律结构，以及所征收的直接税的类型。为此，本节分为三个小节。第一个小节旨在通过概述封建英格兰的社会和法律结构的相关方面来设定背景。讨论的重点是封建英格兰的各个方面，这些方面可能被认为是本书后面研究的重要事项的起源。第二小节讨论了封建时期英格兰征收的直接税的类型。这些封建税的背景对于第三小节而言是很重要的，第三小节讨论了这些封建税是如何发展并与 1188 年的萨拉丁什一税起源的财产税形式相互作用的。反过来，这些财产税发展到十五一税和什一税，下一节将讨论这些内容。

（一）封建时代的英格兰

本小节旨在通过讨论封建英格兰的社会和法律结构的相关方面，为研究铺垫背景。这对确定本研究后面重要事项的起源来说是必要的，并有助于理解早期税法中使用的某些术语，本章稍后将对此进行讨论。本小节从英格兰聚居地划分的方式开始，讨论封建英格兰的土地所有权形式，尤其是王室（王室领地）的土地所有权。在中世纪，王室的土地所有权是财政收入的重要来源，这一点是在王室政府部门的结构和从王室领地中筹集财政收入的背景下讨论的。

15

然后，本节讨论了三个领域，这些领域表明了资本—收益区别的早期相关性，其可能构成了实践和法律结构的起源，这些实践和法律结构最终被证明对所得税的发展至关重要。这些领域是基督教会的土地所有权、关于损耗和会计的法律诉讼，以及封建庄园管理者的早期会计实践。

1. 英格兰地区划分

到 10 世纪，英国已经建立了一个单一的王国。在 1066 年诺曼征服之前,英格兰已经被划分为若干地区。这些地区中最大的是郡或郡县,“其名称或形状至今基本上保持不变”。郡被划分为“百户区”作为王国的分区,之所以得此名,是因为郡由一组一百个武士或一百个家庭组成。“百户区”被进一步分为“十户区”,“在十户长的管理之下的十个家庭为一组”。贝克(Baker)接着指出,“将人口分成百户区和十户区,这是维持良好秩序和提高税收以支持国王的一种手段”。进一步的划分是村庄,通常与十户区相吻合,尽管它不一定是其他分区的一部分。这“只是在许多情况下与该教区后来的教会和行政单位相对应的简单住宅群”。[2]

早在诺曼征服之前,这些地区的主要官员就已经确定。郡是国王最为密切控制的,国王任命了一个“郡里夫”或“郡长”,其为首席官员,负责监督郡辖区内对于国王法律的遵守情况。在百户区层级上,首席官员是“城镇长官”或“高级治安官”(constable),其主要职责是保持百户区的和平。同样,“十户长”或“低级治安官”负责维持十户区的和平。有时十户区还有百户区,都在某个领主(国王统治) 16
的控制之下,在这种情况下,领主可能已经被授予了开庭的权利。但是即使在这种情况下,国王也保留了一些监督控制权。

2. 土地所有权和王室领地

后期的盎格鲁-撒克逊国王在英格兰的土地制度是封建性的,这里“佃户‘保有’领主的土地”,这种关系被称为“保有权”。[3] 随着 1066 年的诺曼征服,征服者威廉“完善”了这种保有权制度。征服

〔2〕 Baker,2002,p.6-7.

〔3〕 Baker,2002,p.223.

的结果是“重新谈判土地保有权安排”。[4] 诺曼人取代了英国贵族，所有的土地最终都归国王所有。国王保留了大片土地，其被称为王室领地。其余的则由封建大领主(tenants-in-chief)保有。征服之后，封建大领主集中在几个诺曼家族中。作为对他们土地保有的回报，封建大领主有义务对国王忠诚以及为国王服兵役。在适当的时候，封建大领主通过以“骑士费”衡量的方式，从国王那里得到他们的保有权。[5]

骑士费是一定数量的土地，其足以用丰厚的收入来供养骑士，通常为每年 20 英镑。当需要的时候，国王召集军队，封建大领主被要求必须在军队中服役，并带上足够的骑士，以构成他们所保有的全部骑士费用。骑士费通常使国王可以每年得到 40 天的武装骑士服役。骑士费是军事保有权的主要形式，其他形式是城堡保卫和提供马匹。在封建制度的最上层，其他主要的保有权类型是民事和精神上的。民事保有权通常要求保有人为国王提供个人服务或为国王提供个人给养，分别称为“大侍从”(grand)和“小侍从”(petty serjeanty)。精神保有权涉及对教会机构的赠与，以换取某些宗教职务。[6]

以与国王相类似的方式，封建大领主“以同样的方式划分他们的领地，保留了一部分归自己所有，其余的则分配给佃户，以换取他们对自己的忠诚和服务”。[7] 这些佃户可以进一步把土地分给更多的
17 佃户，这是一种被称为“再分封”的过程，通过这个过程创建了保有权链条。每个佃户都必须向其土地所有权人(领主)提供特定的服务。

---

〔4〕 Baker, 2002, p. 224.

〔5〕 一般来说，见 Simpson, 1986, p. 2 – 4。

〔6〕 一般来说，关于不同类型的保有权，见 Simpson, 1986, p. 7 – 15。

〔7〕 Baker, 2002, p. 225; Simpson, 1986, p. 5.

作为回报，领主提供保护和保有权的保证。佃户和领主之间的这种关系被效忠仪式所确认。领主对佃户的控制被称为“领主权”。与国王的剩余土地一样，佃户没有再分封的土地也称为私人领地。

处于保有链底端的佃户大多保有“庄园”，通常包括一个村庄，该村庄以一座坚固的大房子为中心，并挨着一个教堂。作为分封回报，这些下层佃户提供的服务主要是农业性质的。如果对领主的服务是不固定的，则保有是不自由的，称为“农奴”(villeinage)。如果服务是固定的，保有则称为“农役佃户”(socage)。

用纯粹的封建主义术语来说，领主接受服务的权利和租户的土地保有权终身存在，这种终身地位被称为“自由保有权”。原则上，除非得到领主的同意，否则土地不得通过任何方式被转让给他人，也不得因租户死亡被转让给他人，而任何同意都可能会被处以罚款。但到了 11 世纪 30 年代，在授予状中插入继承权的词语是很常见的，即领主以佃户的继承人继承土地为基础，将土地授予佃户。以这种方式可继承的佃户的利益被称为“可继承权”(fee)。同时，领主和佃户之间的私人纽带也断裂了。佃户所负的服务义务此时“大部分变成了租金，并因通货膨胀而失去了价值……”[8]。因此，土地所有权在很大程度上是可继承的，而且不同地方之间的惯例实质上仅在继承形式上有所不同。这一点得到了王室法院诉讼的支持，这些诉讼可以强制执行自由佃户的这些要求。因此，到了 1200 年，“佃户实际上是土地的所有者。领主在他的领主权中的权利，更像是对佃户财产的收费，而不是曾经有过的统治权”。[9]

---

〔8〕 Baker, 2002, p. 238.

〔9〕 Baker, 2002, p. 237.

就让渡而言，在 12 世纪，这通常是通过再分封来实现的，这也避免了领主对转让的收费。但从服务到租金的转变、租金价值的降低以及再分封造成的领主附属财产权利的潜在损失，再次创造了一个
18 环境，在这种环境中，领主们可能不反对通过取代而实现的让渡。到了 13 世纪，人们已经知道，一种可继承权使保有人有权让渡该权利，从而阻止自己的继承人继承遗产，在这种情况下，佃户拥有"土地绝对保有权"(fee simple)。[10] 该制度由 1290 年通过的"封地转让法"(Quia Emptores Terrarum)设定，该法规要求所有未来的让渡必须通过取代而不是再分封来实现，并且必须让领主在不受罚款的情况下允许取代。[11]

通过土地绝对保有权的授予而产生的强大所有权可能会与土地上其他更短暂的权利形成对比。在授予条款中纳入的继承词语也可能试图限制受赠者让与土地的能力。这种情况在婚姻中尤为常见，授予可能仅限于丈夫和妻子，以及由妻子所生的丈夫的继承人。它也经常用于授予年幼的儿子和兄弟。如果条件不成就，土地就将归还捐赠者，或成为留存土地。这样的保有被称为"限定继承人的保有权"(fee tail)。为了消除早期的混乱，"附条件赠与法"(the statute De donis)澄清了留存土地的有效性。[12] 彩礼和限定继承人的保有权是家庭财产协议的早期表达，更多细节将在后面的用益权和信托内容中进行讨论。(请参阅原著第 39 ~41 页和第 125 ~127 页)

---

〔10〕 Simpson，1986，p. 56.

〔11〕《封地转让法》(爱德华一世 18 年)(1290 年)(英国)；United Kingdom，1810 – 1828，Vol. 1，p. 106。

〔12〕《威斯敏斯特法规二》(Statutes of Westminster Ⅱ)(爱德华一世 13 年)(1285 年)(英国)第 1 条；United Kingdom，1810 – 1828，Vol. 1，p. 71。

因此,自由保有的可继承地产的两种形式是土地绝对保有权和限定继承人的保有权。这两种地产都是根据继承法(通常是第一位男性继承人)转让的,无法根据遗嘱进行设计。领主也可以通过授予的条款来表明,佃户仅拥有终身租赁权,在这种情况下,当佃户去世时,土地将归还给领主。在这种情况下,可继承的费用仍然归领主。土地上的终身权益也可以通过授予妻子"嫁妆"(dower)(在这种情况下,丈夫死亡后,妻子对继承人拥有终身权益),以及通过"英格兰的屈膝礼"(一个女继承人的鳏夫可以终身作为妻子土地的佃户)来确立。所有这些权益都源自自由保有的地产,虽然不可继承。

土地的其他权益不属于自由保有权制度,如固定期限的租约或 19
遗嘱租赁。在《封地转让法》终结再分封之后,固定期限的租赁变得特别受欢迎,因为在许多方面都可以用它来替代再分封。当然,农奴所拥有的保有权是农奴土地保有权(villeinage),后来成为登记保有权(copyhold),而不是自由保有权。辛普森(Simpson)认为,整个中世纪:

> 服务的代偿金自然提高了佃农在乡村社会的地位,同时,随着这种现象的普遍化,我们发现农奴自由保有权的名称逐渐被更现代的登记保有权所取代。〔13〕

3. 国家结构和王室领地的征收

诺曼征服后的第一个世纪内,诺曼人基本上重组了"盎格鲁－撒

---

〔13〕 Simpson,1986,p.160.类似地,Baker,2002,p.307－308指出"该'农奴土地保有权'一词越来越多地被保留为奴隶身份,并且在土地保有权的背景下,它在15世纪让位给了社会中立性的'登记保佑求安'一词……"。

克逊国王的初级法院”。在诺曼人的统治下，王室政府由“两个伟大的国家部门[财政部和衡平法院(chancery)]和一个司法系统组成，据此，国王法庭(王室法院)的成员定期施行国王的正义”[14]。在衡平法院，王室令状和特许状被起草并盖章。因此，有关王室授权的问题就此出现。为了解决属于王室事务的这些问题和其他有关问题，一个非正式法院逐渐成型。衡平法院诉诸良心的起源至少部分源于大法官中教会律师的影响。[15] 相比之下，财政部是管理国王收入的部门。

贝克认为，在这个早期阶段，宪法的两个不同部门，立法机关和司法机关，尚无明确区分。“在中世纪，法律的概念性准则始于1225年《大宪章》的确认。”法规的形式一直不规范，直到《威斯敏斯特法规》(1275年)的出现，其中：

> 宣读上议院和下议院的允诺(“国家的普通民众”)，为
> 20 未来树立了榜样，后者是被召来参加会议的郡骑士、公民和议员……在爱德华三世统治时期，普通民众开始参加单独的议院集会，以发起立法并维护宪法的职责。[16]

中世纪的法规没有“被立法者逐字逐句地考虑”，这“既说明了旧法规解释的自由，又解释了无法理解的现代权威性文本的

[14] Baker, 2002, p. 12.

[15] Baker, 2002, p. 100 - 103.

[16] Baker, 2002, p. 204 - 205.

缺失"[17]。

在诺曼征服之前，盎格鲁－撒克逊国王的大部分收入都是来自王室领地，刚刚征服后这种情况仍然存在。[18] 截至1086年，英国王室领地的范围，已记录在《末日审判书》中（标题为"国王的土地"），很多人认为这在很大程度上符合评估的目的。[19] 郡长负责收取每个郡的王室租金，而财政部则"严格"地监督这一职能。[20] 该制度的例外是那些从国王那里获得特许状的自治市镇和城镇，它们从国王那里得到了特许状，能够征收自己同意的租金，而没有郡长的征收，这就是所谓的"自治市固定收入权"（firma burgi）。[21]

这项财政收入还得到各种罚款和因封建土地事件金而产生的救济的补充，尤其是军事土地保有权。[22] 这些事件金包括补助（在原著第30～34页讨论）、让渡罚款（在1290年废除，见原著第18页）、继承人为确保继承而支付的救济金、没有继承人的佃户去世后土地将收归领主的充公、在领主或佃户去世以及因监护权、婚姻而产生的惯例性的义务。[23] 后两个需要进一步详细说明。

如果佃户去世，且佃户的继承人不满21岁，那么继承人通常无法履行对领主承担的服务义务。在这种情况下，继承人必须接受监

---

〔17〕 Baker, 2002, p. 206.

〔18〕 Frecknall Hughes and Oats, 2004, p. 206－209.

〔19〕 Dowell, 1965, Vol. 1, p. 35; Mitchell, 1951, p. 156－157; Sabine, 1966, p. 11; Glasscock, 1975, p. 14; Jurkowski 等人, 1998, p. 16。

〔20〕 Baker, 2002, p. 23.

〔21〕 Seligman, 1895, p. 44 表明一个城镇同意的金额"总是按照每个城镇居民的财产比例分配给每个城镇居民"。

〔22〕 Dowell, 1965, Vol. 1, p. 13－21; Baker, 2002, p. 28.

〔23〕 Simpson, 1986, p. 15－20 和 Baker, 2002, p. 238－240。Frecknall Hughes and Oats, 2004, p. 209－212.

21 护。在继承人未成年期间，该片土地应归还给领主。在此期间，领主从土地中收取利润，作为对于失去服务，以及在继承人未成年时期，领主通常需要抚养继承人（被监护人）这一事实的补偿。如果是大量占有土地的被监护人，那么领主可能因监护权产生大量的事件金。此外，领主（监护人）有权为被监护人选择合适的婚姻伴侣。如果被监护人拒绝或未经同意结婚，就将受到一定的罚款。[24]

4. 教会的土地所有权

在中世纪，英格兰建立了许多修道院。其中包括奥古斯丁教徒、本笃会教徒、卡特胡斯教徒、西多会教徒、克吕尼亚克人和普莱蒙斯塔人。修道院的住持和僧侣被视为法人的集合，大教堂的主持牧师和牧师会，以及合议会的联合任职者也是如此。[25] 僧侣、修道士和修女在职业上失去了法律人格，因此无法亲自拥有财产。[26] 这是教会法的一项原则，并得到普通法的承认。[27] 财产是由修道院（由修道院院长领导）的组成人员的法人实体所有，它是永久法人，而不是由组成修道院的个人所有。

但是这些教会团体的成员不能为了自己的利益而使用法人财产。教会教义规定：

> 精神上的教会和基督享有教会财产的所有权或支配

---

〔24〕 Baker，2002，p. 240.

〔25〕 一般见 Maitland，1900 年。教区的牧师或教区教堂的地位似乎是不清晰的。

〔26〕 Herman，1998，p. 99 叙述了早期基督教社区如何在罗马法下缺乏法律人格，从而导致教会财产由一个具有信托性质的中间人持有。公元 313 年的米兰法令“在一个被称为基督圣体的机构中拥有合法的教会财产”。其结果是授予了“司法人格，并赋予了围绕主教组成的每一个教会一种占有能力”，Herman，1998，p. 101。

〔27〕 Baker，2002，p. 467.

> 权。主教是他所管理的教堂的管理人。因为一个单独的神职人员只不过拥有教会资产的有限占有或使用，所以他无法出售这些资产或把他们的收入用来建造自己的庄园。从这些委托财产中，神职使用者势必会聚敛收入，并将其用于 22
> 维持其适度的生计、会众的需要以及教会的最终利益。〔28〕

因此，虽然神职人员可以利用从地产中获得的收入，但他们却无法处置地产的本金（corpus）或资本金（capital）。〔29〕为了适用这一规则，教会学说中必定包含了资本—收益的区分。

英国教会的财富源于为宗教组织提供的慷慨礼物，以换取各种服务（例如，该组织的象征性会员资格、祈祷、弥撒和公墓里的安葬），或仅仅为了捐赠者的"永恒的救赎"。〔30〕中世纪的英国教会"将其最大的财富归功于10世纪修道院复兴的赞助者"〔31〕。资本捐赠的回报增长，并产生了盈余收入。"到11世纪，修道院系统地将剩余资源投资于有息贷款。"〔32〕这些贷款通常是永久性的，作为修道院的资本预付款，以换取土地的永久租金。修道院的章程常常规定不可撤销

〔28〕 Herman，1998，p. 96。这遵循了托马斯·阿奎那（1225～1274年）的推理，这反过来又"呼应了（圣彼得）的信息，即教会的世俗副手们不能出售隶属精神的东西，因为它们不是他们可以出售的"（Herman，1998，p. 85）。根据罗马法，使用权（usus）赋予了占有一个财产的权利，"但否认了占有者为了利润而对财产的利用"。使用权只是个人权利，不能转让和继承，Herman，1998，p. 91。

〔29〕 在英国，1222年坎特伯雷属地在牛津颁布的教规进一步强化了这一点，该教规"成为中世纪其余时期英国教会法律的基础……"。教规规定教士不得以任何方式将教会财产转让给亲友或其他任何人，Raban，1982，p. 3。

〔30〕 Herman，1993，p. 105.

〔31〕 Raban，1982，p. 130.

〔32〕 Herman，1993，p. 105.

的租金，“因为赎回租金等于让渡了教堂的资产，这是一项原则上被禁止的活动”[33]。即使是新的捐赠，在没有修道院资本预付的情况下，也是以这种方式安排的。

对修道院的捐赠通常用于特定的修道院目的或职位。中世纪修道院院长的工作是确保所获得的收入被合理地使用。通过这种方式，“修道院院长作为现代受托人，有权自由地重新分配收入。但他没有权力支配本金，因为（资本的）完全所有权归属于教会财产”。[34]
23 到 12 世纪，这种财富的增长已使教会成为英国最大的土地所有者之一，据估计，其占有英格兰 26% ~33% 的土地。[35]

教会团体引发了封建土地所有权制度的问题。因为团体不会死亡，并且教会法禁止团体转让财产，所以与教会团体所有的封建土地相关的事件金陷于瘫痪。所谓的“死神之手”的土地累积成土地死手保有（mortmain），即对于机构而非个人。[36] 这种影响因为早期形式的地产规划而加剧。作为规避事件金的一种方式，佃户可以转让土地：

> 为了修道院的房子转让土地，为了保有房子的土地，并安排免除修道院向大领主提供服务，并提供其他一些对价；在佃户与大领主之间介入一个团体，阻止了因佃户死亡而引发的任何事件金的产生。[37]

---

〔33〕 Herman, 1993, p. 106.

〔34〕 Herman, 1993, p. 107.

〔35〕 Raban, 1982, p. 7.

〔36〕 Raban, 1982, p. 2 – 4.

〔37〕 Baker, 2002, p. 241.

1217 年重新发行的《大宪章》,以有限的方式(通过“特定的反避税规则”)解决了这种滥用。[38] 但是,即使是在向修道院提供真正捐赠的情况下,这些封建事件金也产生了损失,并且 1279 年的《永久保有权法》(财团法人财产永久保有)引入了一个更广泛的条款,禁止所有永久保有权的任何让渡。[39] 言下之意,王室有权授予永久保有权让渡的许可,但需要赔偿事件金的损失。[40] 如以下所讨论的,该法规推动了用益权的发展。

5. 损耗(waste)诉讼

在原著第 22 页,我们注意到某种形式的资本—收益的区别是如何被纳入教会法的。每当涉及人与人之间按时间分配财产权时,这种区别都会产生。从概念上讲,在所得税之下,这种区别用于相同目的,即在不同时间段进行分配。因此,在封建土地所有权的背景下,还需要一种基本形式的资本—收益区分,这并不奇怪。这一点在普通法上的损耗诉讼中是很明显的,每当财产权被按时间分配时,这种 24
诉讼基本上都会发生。该诉讼主要针对的是这样一个人,他使财产贬值而损害了对财产有剩余权益的另一个人的利益。沃克(Walker)认为,“最早提到损耗的惩罚是在亨利二世(大约 1177 年)的羊皮卷册中,监护人被王室处以惩罚”[41]。多年来,针对终身佃户和有期限

〔38〕《大宪章》(亨利三世 2 年)(1217 年)(英国)第 36 条;United Kingdom,1810 – 1828,Vol. 1,p. 17。

〔39〕《永久保有权法》(爱德华一世 7 年)(1279 年)(英国);United Kingdom,1810 – 1828,Vol. 1,p. 51。

〔40〕 Simpson,1986,p. 56 和 Baker,2002,p. 241。关于法规的建立见 Raban,1982,p. 14 – 16。

〔41〕 Walker,1978,p. 185.

佃户的损耗诉讼也是可用的。[42] 似乎该诉讼也可能适用于遗孀和英格兰鳏夫所有的土地。[43]

损耗在早期法律中也经常出现。1215 年的《大宪章》禁止监护人损耗被监护人的土地，并规定了失去监护权和损耗赔偿。[44] 根据 1259 年《威斯敏斯特法》的规定，农民（通常是以实物支付租金的土地持有人）所造成的损耗，某些监护人一样有责任全额赔偿损失。[45] 1267 年《马尔伯勒法》（The Statute of Marlborough）更具体地规定，农民在其协议期内"不得损耗、出售或放弃房屋、森林、人或任何东西……他们在没有特殊许可的情况下就必须进行耕作……提及他们可以这样做……"[46] 1278 年《格罗斯特法》（the Statute of Gloucester）规定，无论是终身保有还是有期限保有，都可能因故意损耗而被没收，而佃户也可被起诉要求 3 倍赔偿。[47]

仔细研究早期损耗诉讼行为的主题，就像阅读一本有关信托法会计制度的标准教科书中的一章。[48] 在 1225 年至 1366 年，沃克发现了与以下方面有关的损耗令状：

---

[42] Baker, 2002, p. 264 – 265.

[43] Walker, 1978, p. 186.

[44] 《大宪章》（约翰 17 年）（1215 年）（英国）第 4 ~ 5 条；United Kingdom, 1810 – 1828, Vol. 1, p. 9. 这些条款有效地规定了继承人资本的维持。

[45] 《条款》（亨利三世 43 年）（1259 年）（英国）第 23、17 条；United Kingdom, 1810 – 1828, Vol. 1, p. 8, at p. 10 – 11。

[46] 《马尔伯勒法》（亨利二世 52 年）（1267 年）（英国）第 23 条；United Kingdom, 1810 – 1828, Vol. 1, p. 19, at p. 24。

[47] 《格罗斯特法》（爱德华 6 年）（1278 年）（英国）第 5 条；United Kingdom, 1810 – 1828, Vol. 1, p. 45, p. 48。

[48] 例如，Strachan, 1937, p. 4, p. 5。

> 犁队、制造盔甲的锻造厂、大门上方有教堂和大厅的设防的住宅、带有“太阳神”的大厅和房间、军事室、厨房、啤酒厂、磨坊、磨坊的一部分以及庄园特权的烤箱。动物的栖息地经常被提到：农庄、羊圈、牛棚、马厩、猎鹰屋和鸽舍。人 25
> 们还可以读到鱼塘和花园，果园和树林里面有橡树、榆树、山楂树、梨树、苹果树和樱桃树，大门和栅栏，石头房子和便携式房屋，它们被搬走并出售……这里有储藏室、窑炉、织造室，以及供陌生人（或可能是麻风病人等不受欢迎的人）使用的“收容所”。[49]

树木提供了一个特别的例证，说明了工作中资本—收益的区别。佃户或土地的其他有限所有权人显然有权获得一年生长的农作物，其将每年更新（因此可以视为收益）。但是，像树木这样的东西可能要花数十年才能生长，问题在于谁有权得到它们的利益，即在什么时候树木才被视为收益或资本。沃克认为，此处的区别在于树木是否被视为“木材”。在资本—收益中，“木材”是资本，而“矮树丛”是收益。“习惯决定什么是财产的合理使用。在森林面积有限的地区，某些树木和灌木丛被视为木材，而在其他地区，它们只是价值不高的矮树丛。”[50] 砍伐木材的佃户或其他有限所有权人将对损耗负责。

早期的损耗案例提供了资本—收益区别的其他经典例子。不修复一座建筑物可能是损耗。拆除一座建筑物或将其与土地分开出售可能是损耗。不自由的维兰（农奴），从他们的领主那里获得维兰保

---

〔49〕 Walker, 1978, p. 193 – 194.

〔50〕 Walker, 1978, p. 195.

有权，也可能被视为领主的资产资本(capital asset)，即固定资产。当那位领主只是一个佃户或其他有限的所有权者时，如果通过对领主的诉讼而失去了维兰的服务，则领主可能会对损耗负责。这可能发生在沉重的佃户税(tallage)(一种征税形式，见原著第143～144页)“驱使维兰们放弃其所有权”时。[51]

针对损耗令状提出的抗辩包括典型的资本—收益区别的其他经典例子。沃克认为，一个“共同的抗辩是，财产在收到时处于毁灭性的状态；这将解释一些破损，并为砍伐树木辩护，即‘修复和改善’财产”[52]。其与所得税判例中的初始修复原则的联系绝非偶然。佃户
26 也有权使用一定数量的木材和灌木来修理和当作柴火，这方面的习俗因地而异。沃克指出，陪审团通常会面临一个问题，即砍伐的树木是否超出了合理的数量。沃克还指出，“在通常情况下，拆除旧的东西，用新的东西取代，这不是损耗，如果产生了诸如新房子或大门之类的‘改进’，砍伐树木也不会被称作损耗”[53]。这种在所得税法中使用的替代和改进概念之间的关系，似乎很清楚。

6. 管理(stewardship)和账目(accounting)

管理的概念是封建制度的一个普遍特征。它涉及为他人管理财产，并且在许多情况下可能会产生管理关系。庄园的里夫(reeve)是一个很常见的例子，庄园每天的运转都委托给这个人。这个概念可能会扩展到管理人、治安官和基督教教会的许多职位。这些管理人

---

〔51〕 Walker，1978，p. 195. 正如Baker，2002，p. 470所指出的，“‘流放的人’是1267年《马尔伯勒法》中列出的损耗种类之一，第23条”。

〔52〕 Walker，1978，p. 197.

〔53〕 Walker，1978，p. 198.

事例的一个共同特征是他们对委托人的账目责任。〔54〕 这种责任在 13 世纪受到立法的约束。

1215 年的《大宪章》至少隐含了对管理人的账目诉讼。〔55〕 1259 年的条款规定了对农役土地保有（Socage）的管理者的账目诉讼，〔56〕并在 1267 年的《马尔伯勒法》中得以重述。〔57〕 在这种情形下，管理人通常是婴儿继承人的近亲，并且“实际上他变成了受托人（在 1267 27
年之后），在继承人年满 14 岁时，就可以强制管理人向继承人提交账目”。〔58〕 当涉及军役领地（military tenure）的管理人时，情况就有所不同。这种情况下，管理人不承担任何账目责任，管理人有权从土地上获得利润，直到被监护人的年龄达到 21 岁。1285 年，针对不履行责任的庄园主管家（财产经理）采取了一项法定的账目诉讼。〔59〕 账目责任要求一个人“进入一个账目，以发现所欠款项……如果有的话”。如果法院命令要求提供账目，该人将被判入狱，并任命审计员来审查该账目。〔60〕

贝克认为，所有早期诉讼都是针对庄园主管家的。到了 14 世纪

---

〔54〕 在早期的教会历史中，有一些涉及账目的管理的例子。Herman，1998，p. 102 描述了教会将财产交给经济人（oeconomes），即“临时管理教会财产并定期报告收支账目”的人。显然，这种形式的“秘密管理”早在 4 世纪就出现在英格兰，但后来逐渐被抛弃。

〔55〕 《大宪章》（约翰 17 年）（1215 年）（英国）第 4 ~ 5 条；United Kingdom，1810 - 1828，Vol. 1，p. 9。

〔56〕 《条款》（亨利三世 43 年）（1259 年）（英国）第 17 条；United Kingdom，1810 - 1828，Vol. 1，p. 8，at p. 10。

〔57〕 《马尔伯勒法》（亨利三世 52 年）（1267 年）（英国）第 17 条；United Kingdom，1810 - 1828，Vol. 1，p. 19，at p. 24。

〔58〕 Baker，2002，p. 240. Simpson，1986，p. 19.

〔59〕 《威斯敏斯特法规二》（爱德华一世 13 年）（1285 年）（英国）第 11 条；United Kingdom，1810 - 1828，Vol. 1，p. 71，at p. 80。

〔60〕 Baker，2002，p. 363.

前10年，开始产生寻求商业合作伙伴的账目的法院诉讼。诺克(Noke)认为，该诉讼可能对“合伙制作为英国商业形式的发展”具有重要意义。[61] 到了1320年，该诉讼的范围扩大到使婴儿受益人能够提出请求收到以供受益人使用的钱款的人提供账目。[62] 然而，该诉讼的早期使用主要集中在财产管理者身上，研究此类管理者的早期会计实践是很有用的。

实际上，管理人账目普遍的早期形式是收和支。这种方法被所有重要的经济实体所采用，如“土地财产、地方当局、宗教和教育组织……”[63]。在此制度下，管理人将其负责管理的金额计为收，并且将其被授权支付的费用和款项计为支。管理者有责任向领主支付(列入)收超过支的金额。百特(Baxter)认为：

> 在文盲社会中，该制度有着巨大的优势，即不需要书面文件。如果需要，它可以改用“财政署(exchequer，有时也称为棋盘署)”来表示——桌子上的线条作为单位、十位数、分数等的列，并用小块物品(如跳棋棋子)代表数字。在英国王室里处理过这些琐事的小官员，及时地成长为财政署长。出席核查管理者的解释性说明的官员并不去看，而是听他们汇报——这就是“审计员”的来由……[64]

---

〔61〕 Noke，2000，p. 118.

〔62〕 Taillour v. Medwe(1320年)104 Seldon Society(年卷，1887～)39；Baker，2002，p. 363.

〔63〕 Edwards，2000，p. 343.

〔64〕 Baker，2002，p. 69.

郡治安官(sheriffs)是首要的城镇长官或是王室在郡的管理者。 28
他们受到财政部的财政监督。贝克认为：

> 早在12世纪20年代，我们就知道有一位郡治安官，他在自己的郡里，可怕而威武，当他到方格表上计算的时候，他的靴子在发抖。[65]

这似乎是适当的推测，即账目的法律责任与书面账目的发展之间存在相互关系。法律责任可能是账目正式化的动力。同样，法律责任可能推定某种状况的发展，因为实际上，13世纪后半叶的法规推定存在书面账目。到13世纪末，书面收支账目已成为"适用于所有类型财产的普遍财产管理技术……"[66]这些账目通常是在1年内完成的，通常是从一个米迦勒节(Michaelmas)(9月29日)(米迦勒节是英国习惯上的四季结账日之一，高等法院的秋季开庭期和四大律师公会的秋季学期也以此命名。——译者注)到下一个米迦勒节。这里有一个现金收支账户。诺克用以下术语描述现金账户，该账户本质上是现金报表：

> 通常，货币账户在适当的情况下从先前账户的欠款开始，通常被描述为"拖欠"(arreragia)或"重新支付"(reragio)……然后，记账列出了所有收入项目，特别是房租(redditus manerii)、农产品和牲畜销售的收入(exitus manerii)

---

〔65〕 Baker，2002，p. 23.

〔66〕 Harvey，1994，p. 92.

> 和庄园法院的罚款和罚金(perquisita)。总收入的总和之后为支出；领主的生活费(liberatio)和各种费用，通常分为开支必需品(expensa necessaria)、与庄园经营相关的费用(我们不区分资本和收益项目)和因安全开支(expensa forinseca)……与庄园的经济运行无关的外部支出，通常涉及领主或其官员的娱乐活动。然后，要么是一个单一的费用和运行费，要么是一个总费用，然后再加上一个总费用和运行费；然后净余额得以确定(et sic debet)。[67]

通常，对于管理人所持有的每种类型的货物，都有另外一个单独的账目，这些账户由"与现金账户相同"的原则维持着。单独账目的
29 货物类型包括玉米、其他农作物和各种牲畜，并且为同一类型的不同商品保留了单独账目。[68]

这些账目的目的是"使管理人能够告知庄园主委托给他的资源(收)是如何使用的(支)"[69]。这些账目的目的不是方便计算利润，但显然，至少对于有些中世纪的财产，人们使用了收支账户中的信息作为计算利润的基础。[70] 尽管利润的概念没有得到很好的发展，但显然，存在资本—收益区别的基本应用，这一点在提及"年度价值"(value，用价格衡量)或"年度价值"(worth，本身的价值)时尤其明显。大约在1286年，《亨利管理的沃尔特法案》(Walter of Henley's

---

〔67〕 Noke, 2000, p. 104.

〔68〕 Harvey, 1994, p. 94.

〔69〕 Edwards, 2000, p. 343.

〔70〕 Yamey, 1977, p. 13 指出，"早在爱德华一世时代，一些财产就利用额外的记录或汇编，对其财务状况或其行为的盈利能力提供方便的摘要意见"。

Husbandry)建议:"根据这一点,你土地的价值取决于年份和估价,足以支持你的生活,而不会有其他更多的收入。"[71]

"估价"通常是一份书面文件,列出了庄园所持有财产的价值。[72] 在大多数情况下,土地按其年租金价值估价,即其年价值。[73] 沃尔特法案建议,木材应按每年可出售的价值(减去费用)进行估价,"没有损耗或破坏……"[74],在损耗概念和原始所得概念之间建立了联系。结果,沃尔特法案发出的明确信息是,一个人的费用支出不应超过所得,否则该人将侵蚀其资本。因此,到12世纪末,资本—收益的区分不仅在教会法和普通法上都有基础,而且在财产管理上也有基础。

(二)封建征收 30

如前所述,在1066年诺曼征服之前,国王大部分的收入都以租金的形式从土地的大量占有(王室领地)中获得。此外,这些也由国王的封建土地事件金进行补充,其中包括协助金(aids)。[75] 协助金是领主对他的佃户的一种勒索,"通过他的佃户协助他解决任何财务

〔71〕《亨利管理的沃尔特法案》(Walter of Henley's Husbandry)第3条;Oschinsky,1971,p.309。在第144页,奥斯辛斯基(Oschinsky)说该文本的日期可能在1276年至1290年之间,最有可能的日期是1286年。

〔72〕 Scorgie,2000,p.13引用贝内特(Bennett)的话,这个"范围"最详细地阐述了对庄园里每个土地所有者的要求。它首先涉及自由保有权人,这是一个相对简单的问题,因为一旦租金支付得很少,但偶尔的服务……是人们期待的。然而,非自由保有权则是另一回事:他们必须提供大量的租金和服务,而且通常要求他们提供的每一个细节都以最细微的方式列出。

〔73〕 Noke,2000,p.111.根据《亨利管理的沃尔特法案》,似乎所有产生收入的财产都是根据其年价值来估价的;《亨利管理的沃尔特法案》第16~19条;Oschinsky,1971,p.313。

〔74〕《亨利管理的沃尔特法案》第18条;Oschinsky,1971,p.313。

〔75〕 Simpson,1986,p.22指出封建事件金可以被视作"本质上是一种税后……"。

困难"[76]。1215年，《大宪章》将领主征收协助金的权力限制为三种情形：将领主从俘虏状态中赎回，授予长子骑士勋章，以及为领主的长女出嫁准备嫁妆。[77]《威斯敏斯特法》对这些情况下可以征收的数额作出了一些限制。[78] 未经王国大议会（the great council of the realm）同意，国王不得征收其他协助金。[79] 这些其他协助金不一定与封建土地保有权制度有关。

关税是一个例外，顾名思义，关税的征收无须征得同意。这种间接税的形式是国王作为领土捍卫者的固有权利。关税对从英国出口或进口到英国的商品征收，并且这些"被视为许可证或特许权，而不是税收，而且，与外交事务有关的王室特权……与此相关"[80]。不合理的数额在一定程度上受到《大宪章》的限制。[81]

当王室领地的租金和关税被证明不足时，仅在需要时才偶尔征收其他直接税形式的协助金。征收直接税的典型情况是应付军事行动的财政负担。在这种情况下"宪政理论……与国王保卫王国的职责相匹配的是，他的臣民也有相应的义务给予他经济上的补助以提

[76] Baker，2002，p. 238.

[77] 《大宪章》（约翰17年）（1215年）（英国）第12、14条；United Kingdom，1810－1828，Vol. 1，p. 9。

[78] 《威斯敏斯特法》（爱德华3年）（1275年）（英国）第36条；United Kingdom，1810－1828，Vol. 1，p. 26，at p. 35。

[79] Baker，2002，p. 238.

[80] Phillips等人，2001，p. 43。

[81] 《大宪章》（约翰17年）（1215年）（英国）第41条；United Kingdom，1810－1828，Vol. 1，p. 9。Dowell，1965，Vol. 1，p. 14－19，p. 75－81.

供这种防卫”[82]。本小节简要地介绍了4种典型的封建直接税，其 31
形式为贡赋(geld)、犁头税(carucage)、免服兵役税(scutage)和佃户税(tallage)。

1. 贡赋

道威尔(Dowell)讨论了诺曼征服之前的零星的税收或具有直接性质的“贡赋”，形式上是航运贡赋或丹麦金(danegeld)。第一种是在“紧急危险的特殊情况下”征收的税，要求各郡为王国保护船只及其设备而作出贡献。各郡之间的贡献与它们所容纳的百户区的数量成正比。[83] 丹麦金也是通过参考土地来征收，但顾名思义，所得收益被用来“贿赂”潜在的丹麦入侵者。它是通过参考海得(hides)征收的。一个“海得”是百户区的一部分，是一年可以用一把犁耕种一次的地块，通常被认为足以养活一个家庭。[84]

贡赋的税基有些粗略。米切尔(Mitchell)认为，丹麦金是：

> 基于对土地、动产和收入的估价；评估似乎已被用来确定每个郡百户区之间的相对支付能力，并以分配给每个百户区的海得或犁头(carucates，旧时英国的土地丈量和估税单位，约合100英亩)或苏伦斯(sulungs)的数量来表示。因此，该数字是百户区可征税财产估价的一种措施，而不是海得和犁头的实际数量，因此——它是财政单位而不是实际

---

〔82〕 Schofield，1988，p. 228. 类似地，Mitchell，1951，p. 234 指出这一原则，“在非常需要的时候，封臣应该向他们的领主提供帮助，首先是服务和实物支付，后来演绎为金钱。这只是在特殊情况下偶尔征收的税收”。

〔83〕 Dowell，1965，Vol. 1，p. 6 – 8.

〔84〕 Dowell，1965，Vol. 1，p. 8 – 10 讨论了991 ~ 1051年之间征收的贡赋。

单位。这个数额是按每单位一定数量的先令计算的。[85]

上一小节指出了“收益”和“每年”或“年度”价值在教会法和封
32 建英格兰财产管理中的重要性。事实上，“收益”一词应被理解为“每个人从其土地和财产中获得的年租金”。[86] 因此，在一个农业社会中，贡赋大致上类似于假定的所得税，假定的是因为它不会基于实际的收益衡量，但充其量只能是预期或潜在的收益。在适当的时候，这种贡赋变成了“在需要特别支出时对土地征收的一般税……”。[87]

2. 犁头税

在诺曼征服后，丹麦金继续征收，直到1162年最后一次收缴。[88] 早在1194年，贡赋就被改造成一种被称为“犁头税”的评估征收。[89] 最初，这种征收是在与贡赋相同的基础上征收的，但也参考了牛耕队的数量或“犁头”（一个季节内一个牛耕队可以耕种的土地量）来征收。[90] 该评估由国王的专员进行，这个时候每个郡都有一个骑士和办事员，他们负责把资金交给郡长。专员是指持有国王的委托书（书面授权或指示）的人，其以特定资格行事，如进行调

---

〔85〕 Mitchell，1951，p. 112.

〔86〕 Saunders，1977，p. 302界定了这一术语。也见牛津英语在线词典的定义；Simpson等人（2004年）（线上），访问日期为2004年10月10日。

〔87〕 Jurkowski等人，1998，p. 16。

〔88〕 Jurkowski等人，1998，p. 17。

〔89〕 Mitchell，1951，p. 234。1194年的征税是作为查理一世赎金的一部分，下面第35页提到，见Jurkowski等人，1998，p. 4。

〔90〕 看起来“犁头税”和“海得”很相似，尽管“海得”在更早的时候就被使用了。这些术语的定义见牛津英语在线词典；Simpson等人（2004年）（线上），访问日期为2004年10月10日。

查。[91] 贝克认为，国王越来越多地使用专员（而不是使用地方官员，包括郡长在内），是一项全面行动的一部分，包括消除地方政府的权力，即国王加强集权和控制的努力。[92] 犁头税作为一种形式的税负在 1224 年后逐渐消失了，很大程度上是由于下文讨论的对动产征税的成功。[93]

3. 免服兵役税 33

正如原著第 119 ~ 120 页所述，军事保有权的主要形式是骑士费，这附随着一项义务，即在一年中的固定天数提供骑士武装服务，通常为 40 天。早在 1100 年，这项军事义务就可以金钱的形式来交换，后来又被称为“免服兵役税”或“盾牌金”。[94] 由于各种军事远征的需要，免服兵役税断断续续地征收。它发展到要求直属封臣（大领主）向财政部返还佃户应支付的骑士费的数额。[95] 直属封臣（大领主）对免服兵役税负责，但可以从保有他们土地的佃户那里收回。由于对其征收的争议不断，免服兵役税越来越难以收集，在 1340 年，当爱德华三世放弃征收未支付的免服兵役税，以换取议会授权征税时，

---

〔91〕 委员会 1334 年的摘要。

〔92〕 例如，Baker，2002，p. 25 – 26，以及关于“治安法官（the justices of the peace）”的讨论。

〔93〕 通常关于“犁头税”，Dowell（1965 年，第 1 卷，第 34 ~ 37 页），以及 Jurkowski 等人，1998，p. 17 – 19。

〔94〕 Mitchell，1951，p. 5 和 Jurkowski 等人，1998，p. 16，注释 27。讨论约翰国王时期的“犁头税”，Frecknall Hughes and Oats，2004，p. 213 – 217。

〔95〕 由约翰国王征收的大量“犁头税”引起的愤怒导致了《大宪章》第 12 条（约翰 17 年）（1215 年）（英国）要求“没有王国大咨询会同意的情况下不能征收犁头税和援助金……”；United Kingdom（1810 ~ 1828 年，第 1 卷，第 9 页）。翻译自 Rothwell，1975，p. 318。为了筹集援助金，《大宪章》第 14 条规定传唤由教士、伯爵、男爵和其他直属封臣组成的大咨询会。《大宪章》第 12 条中的限制在随后重新发行的《大宪章》中没有重复。Mitchell（1951 年，第 179、192 页）。

它几乎消失了。[96]

4. 佃户税

王室领地的佃户也有义务通过提供货物来支持国王。最初，货物被评估为贡赋和犁头税的替代品，而随着这些其他形式的税收逐渐消失，货物被评估为贡赋和犁头税的替代品的情形越来越多。这些评估征收通常被称为“佃户税”，[97]并且可以达到佃户动产的
34 1/10，但很少真正如此。[98]佃户税的百分比通常是通过与城镇和领地的单独谈判来确定的。[99]与其他形式的税收一样，佃户税是零星征收的，但通常与免服兵役税同时征收。通常情况下，佃户税由3名专员组成的小组进行评估，他们受令状的指示，在某些郡内行事，并“根据佃户的能力”进行评估。[100]佃户税的评估和征收与犁头税的评估和征收相似。专员们将创建一份评估卷，并将其密封交给郡长，他负责收集并在财政部对征收负责。[101]这种佃户税很少出现在

---

[96] Jurkowski 等人，1998，p. 21。Dowell，1965，Vol. 1，p. 38－48。Baker，2002，p. 228 指出其他服务如何进行类似的转换，并且这些转换以类似于“免服兵役税”的方式逐渐消失。“到13世纪中叶，几乎没有任何个人服务是用土地来支付的，除了最低水平的服务”。

[97] Mitchell，1951，p. 238 指出这项征税是逐渐地被命名为“佃户税”。“最初在管卷中它被叫作帮助（auxilium）、捐赠（donum）及帮忙（assisa）。”

[98] Mitchell，1951，p. 348 说明“不动产和个人财产都应当评估征收佃户税。我们必须问的问题是，税收和财产价值的比率是多少？……我们从卷轴中无法得到任何信息来明确回答这个问题”。

[99] “佃户税……是根据国王的意愿征收的，但支付的金额是由王室官员、评估员和该地区的常住居民或其领主或保管人之间协商的。”Mitchell，1951，p. 330。

[100] Dowell，1965，Vol. 1，p. 56 指的是1304年的佃户税。

[101] Mitchell，1951，p. 238.

1283年以后，部分原因是王室领地的让渡而导致产出下降。[102]

（三）财产税授权引出十五一税和什一税

在13世纪，丹麦金、犁头税、免服兵役税和佃户税被合并为议会授权征收的更一般性的动产税。这项税收源于1188年的萨拉丁什一税，是欧洲各国为支持第三次十字军东征而征收的教会什一税。[103] 该什一税是在亨利二世统治的倒数第二年以下列方式征收的：

> 这一年，除了武器、马匹和骑士服装，马匹、书籍、衣服和祭服，所有神职人员在神职服务中使用过的东西，以及神职人员在礼拜中使用的物品和牧师及一般信徒的宝石之外，所有人都必须将其房租和可移动物品的十分之一免费捐赠，以帮助解放耶路撒冷的土地。[104]

尽管具体的豁免情况表明可能存在广泛的税基，但该税的重点 35
应该是农业的年产量。该征税本来应该主要以实物支付，通常是农产品。在这种情况下，“租金”应该包括佃农向领主支付的实物款项，

---

[102] 一般涉及佃户税，Dowell，1965，Vol. 1，p. 49－58和Jurkowski等人，1998，p. 23－24。1283年以后，道威尔提到了1288年、1294年、1303年、1312年和1332年的佃户税。Mitchell（1951年，第241～242页）讨论了这些后来的征税如何开始类似于下一步讨论的财产补助金的形式和评估。

[103] Jurkowski等人，1998，p. 13指出1166年和1185年的类似早期征税。Mitchell，1951，p. 114－119.

[104] “萨拉丁什一税”第一段的翻译再现在于Jurkowski等人，1998，p. 1。征收什一税的条例拉丁文再现于Dowell，1965，Vol. 1，附录，p. 227－228。

以及留给佃农的“可移动货物”。[105]

萨拉丁什一税的第二条提供了行政机制。像往常一样，征税是由国王的官员收取的，但是在教区牧师和某些其他教会官员在场的情况下进行的，因此强调了教会与该征税的联系。不支付的制裁是开除教籍。如果官员怀疑某人的给付少于所要求的，则法律规定任命一个由四到六名当地人组成的小组，要求他们宣誓，声明该人应该支付的金额。因此，正如米切尔所说的那样，这涉及“这是第一次明确努力，将征税建立在对财产进行仔细评估的基础上，而不是取决于一个人的良心或诅咒，而是基于在王室代表的指导下邻居们的判断”[106]。

虽然尚无关于通过萨拉丁什一税征收款项的明确记录，但显然这已远远超过了以前使用的其他形式的征税。[107] 亨利二世在他能够进行十字军东征之前就去世了，但他的儿子理查德一世这样做了。理查德在1192年从十字军东征返回途中被俘虏，他的弟弟约翰作为摄政王，筹集了所需的巨额赎金。除其他征税外，按照萨拉丁什一税强加征收了租金1/4的税，更值得怀疑的是，还征收了动产税。[108]

---

〔105〕 Saunders, 1977, p. 279定义“租金”为“补偿或返还，即从土地和保有物中定期产出的利润。它不一定包括金钱的支付”。另一种翻译方式见Douglas and Greenway, 1953, p. 420，尤其是将“reditus”翻译成收益而不是租金。Mitchell, 1951, p. 132推测了“收益(revenues)”的含义。

〔106〕 Mitchell, 1951, p. 122.

〔107〕 Mitchell, 1951, p. 119和Jurkowski等人，1998, p. 2。

〔108〕 Stenton, 1927, p. 21 - 24; Mitchell, 1951, p. 124 - 126; Jurkowski等人，1998, p. 3 - 4。“萨拉丁什一税的巨大收益肯定给官员们留下了深刻的印象，因此当他们被要求筹集巨额赎金时，他们转而征收这一税，但税率却大大提高了……”。Mitchell, 1951, p. 124.

米切尔将这一巨额征税评为“12 世纪最重要的征税”。[109]

作为国王，约翰在 1207 年再次征收了针对租金和动产的税收。[110] 在这种情况下，税率为 1/13。这是最后一次对租金征收这种税，但在 13 世纪初期，动产税仍然在零星地征收。这种征收按照不同的税率（从 1/40 到 1/10）进行，并针对不同类型的动产。[111] 36

> 新制度的一项特点几乎从一开始就被采用，并且从未改变过：任命了一个郡县（county）专员或税务员（通常由中央政府任命）来监督每个郡的征税工作。[112]

有时，这种税收形式仅适用于特定类型的人，通常是宗教团体、神职人员和俗人。例如，在 1227 年，这一年征收了沉重的佃户税，一般税仅针对宗教团体和神职人员征收。同样，在十字军债务和 1277 年的威尔士战役中，俗人和神职人员也被征收了一项一般性的税收（在此期间也征收了免服兵役税）。[113] 评估通常涉及所有应课税人就其动产价值所作出的宣誓声明。与佃户税相同，每个郡都任命专员，并由郡治安官协助。但是，与佃户税不同，这些授权通常是由议

---

〔109〕 Mitchell，1951，p. 123.

〔110〕 Jurkowski 等人，1998，p. 7－8。

〔111〕 Mitchell，1951，p. 113，“收入在 1207 年后被免于征税，但对于应纳税额和免税的个人财产之间的界限存在一些疑问。由于这种疑惑……每项税收都是基于新的评估”。

〔112〕 Mitchell，1951，p. 64，p. 67.

〔113〕 Jurkowski 等人，1998，p. 20－21。

会提供的，特别是在1283年以后，佃户税基本上被废弃了。[114]

到13世纪末，对“居住在城市、自治市或王室领地以外……”的人的动产进行了更轻的评估，这种做法逐渐发展起来。[115] 道威尔指出，评估和征收的做法已得到合理敲定。每个郡都发出了单独的令状，任命了来自郡外的两个骑士担任专员，以评估和征收税款。针对
37 评估的法令以国王咨询会法令的形式出现。专员将任命评估员，他们宣誓要忠实地评估所有“田野、房屋或其他地方”的所有货物的全部价值。有一些例外，包括一些基本财产和穷困者。[116] 专员们被要求制定一份评估表，列出每个人被评估的金额，然后着手征收税款。与往常一样，郡治安官要协助专员们。[117]

对这些一般税的评估，有时很严格，有时则更为宽松。道威尔指出，1332年对税的评估特别严格。在这一年，爱德华三世试图恢复佃户税，但议会为居住在城镇和王室领地内的人们授权了货物价值1/15的动产税，而为居住在它们以外的人授权了1/10税率的动产税。这导致国王召回了评估佃户税的专员们。[118] 然而，十五一税和什一税被严格征收，并引发了许多投诉。

格拉斯考克（Glasscock）指出：“只有1334年以前的本地卷

---

〔114〕 Dowell，1965，Vol. 1，p. 59－60。Mitchell，1951，p. 240－242，认为停止征收佃户税的原因是它开始类似于动产的一般征税。只有后者需要得到议会的同意，因此议会提出，“如果国王废除征收佃户税的命令”，就授权征收动产税。Mitchell，1951，p. 397－399。

〔115〕 Dowell，1965，Vol. 1，p. 70. 关于自治市镇见下文第38～39页。

〔116〕 Jurkowski等人，1998，p. 24－30认为，第一份针对贫困者和生活必需品的豁免清单是在1225年的征收中。Mitchell，1951，p. 139列出了豁免。

〔117〕 Dowell，1965，Vol. 1，p. 70－73，以及Jurkowski等人，1998，p. 26－31。在1322年指令的一个例子是用法语的。Dowell，1965，Vol. 1，附录，p. 237－340。

〔118〕 Dowell，1965，Vol. 1，p. 57.

宗……提供纳税人的动产明细,它们的价值以及由此产生的税费。”通过参考1283年、1297年和1332年的本地卷宗,格拉斯考克指出:

> 农村地区的动产通常是指较大的家畜(马、牛、羊和猪)、谷物(小麦、大麦、燕麦、黑麦和混合玉米),以及其他农作物(豌豆、豆类)、干草和饲料,偶尔还有手推车和商品。个人物品被正式免税,很少提及家庭用品、器皿和农具、家禽或鸡蛋、面包和饮料、奶酪和其他食品……显然,税务人员的习惯做法是忽视一个家庭日常生活所需的必需品。[119]

二、14世纪的玫瑰战争 38

该节的内容追溯了直接税制的发展,从1334年十五一税和什一税的设立到玫瑰战争的结束。这一时期的动荡事件包括黑死病(1348~1349年)、与法国的百年战争(1337~1453年)以及被称为玫瑰战争(1455~1485年)的内部冲突,它们都在所采用的直接税形式上留下了印记。这一时期见证了最终被纳入所得税的特定特征的初期发展。这些特征包括将成为1799年《所得税法》附表A的内容的早期发展,以及所得税的来源地和居住地税基。我们还看到了第

---

[119] Glasscock,1975,p.25,p.13. Dowell,1965,Vol.3,p.69指出,“一般来说,这些税是在城外对土地所有权人的牛和庄稼征收的,在城内则是对贸易和动产的资本价值征收的”。Gray,1934,p.607指出,“动产被解释为主要是谷物和牲畜,而家庭用品和商品被添加到城镇中”。

一次提到对公司和其他人造实体征税。所有这些都与议会在税收事务中重要性的初步上升相吻合。1340年，国王承认了未经民众同意不得征税的原则。[120] 议会权力的增长最终伴随着对立法的更加精确和审慎的态度。14世纪和15世纪的税收立法在细节和精确性方面的差异是非常明显的。这一发展也早于1484年《议会法案》的推出。[121]

14世纪和15世纪的英国仍然主要是一个农业社会，但贸易爆炸的种子已经在此时播下。14世纪中叶，王室特许状首次批准合并"自治市镇"，一个世纪后，这发展为"经典"的合并时代。这些自治市镇是由自治市民控制的设防或有围墙的城镇。实际上，合并意味着摆脱封建领主的束缚。特许自治市镇：

> 完全控制了在城墙内进行的交易（而在近郊则完全没有）。他们有自己的法院，从违法者那里征收的罚款累积到这里，而不是王室。他们拥有大部分土地和建筑物，从中提取租金，并向商人征收通行费。他们是代表市民经营的，其主要目标是控制该镇的制造和贸易。[122]

39 贝克认为，该自治市镇在行政上和司法上都与百户区相似，并且该自治市镇与百户区是"相互排斥"的。[123]

庄园仍然是农业经济的核心。在12世纪下半叶至14世纪初，

---

〔120〕《第二法规》（爱德华三世14年）（1340年）（英国）第1条；United Kingdom, 1810－1828, Vol. 1, p. 289, at p. 290。关于社团法人的发展也见Baker, 2002, p. 205。

〔121〕关于15世纪立法的发展，Baker, 2002, p. 207。

〔122〕Jones, 1994, p. 387－388.

〔123〕Baker, 2002, p. 6－7.

许多领主从事大量的领主自留地耕作。但是从 14 世纪中叶开始，出租庄园就成了“经营庄园的惯常方式……”[124]。庄园账目的形式并没有改变，但即使条目范围缩小了，收支的形式仍然占主导地位。此外，收支制度是用于所有类型的地方政府（包括合并的自治市镇）的制度。[125]

尽管在本节所涉时期内账目形式几乎没有发展，但土地持有的形式确实发生了重大变化。在这一时期，通过用益制度的方式拥有的土地数量增加了，到最后，这种形式的土地所有权占了主导地位。[126] 本节内容从简要讨论用益制度的形式和发展开始。鉴于土地所有权是农业经济的重点，在此期间这对于加深对直接税制发展的认识很重要。然后，本节内容继续讨论将十五一税和什一税固定的一种形式，该形式实际上将在 300 年内保持不变。本节内容还讨论了从 1377 年开始的重要的人头税，从而导致了补助金的发展。本节内容以对地方征税的发展的简要讨论而结束。

（一）通过用益制度持有财产

用益制度的确切来源尚不清楚，但方济各会的修道士（Franciscan friars）提供了在 13 世纪英格兰实施的早期实例。[127] 与其他宗教团 40

---

〔124〕 Harvey，1994，p. 106. 在这一时期之前，Harvey，1994，p. 105 指出，里夫作为地方行政官和其他为领主管理私有财产的官员们，被要求返还最低收益，然后发展成固定收益。从固定收益率以上的财产中获得的任何金额都由管理人保管。出租庄园是贵族们寻求固定回报的又一步。Postles，1994，p. 116.

〔125〕 Jones，1994，p. 397. Jones 接着指出，“收支账目根本不关心从资本中分离出收入状况”。

〔126〕 Baker，2002，p. 251 指出，“到 1502 年，可以确认英格兰绝大多数的土地已经由用益制度持有”。

〔127〕 Simpson，1986，p. 173 认为，“早在《末日审判书》中就有用益制的例子，到了 13 世纪，用益制的实践已经相当普遍了”。

体不同，方济各会不能作为官方团体或共同体来保有财产，但是罗马教皇 1230 年的解释证实，他们可以任命一个“精神朋友”（如受托人）来持有其金钱和财产。通过名义持有人这种方式来持有财产的一个优势是，它似乎“绕开”了 1279 年《永久保有权法》。赫尔曼（Herman）认为，以这种方式持有财产与基督教教会在获得法人资格之前持有财产的方式是一致的。[128]

不论用益制度是否源于教会法的概念，在 14 世纪，它都开始扩展到俗人的土地持有。赫尔姆霍尔兹（Helmholz）用以下术语描述了典型的俗人用益制度：

> 持有永久保有土地的人（在英国普通法中称为“不动产赠与人”）将其转让给受让人（从不动产受让人“feoffees”到用益制度），后者将为动产赠与人或其他受益人的利益而持有该土地。典型地，该不动产赠与人指示不动产受让人为了利益而持有土地，（这里的不动产受让人）不是任何特别的新受益人，而是为了那些后来不动产赠与人在临终遗嘱中指定的人。在此期间，受托人将为了不动产赠与人的利益保有所有权。使用普通法的技术术语，据称不动产受让人为了需要保有土地所有权。[129]

衡平法院严格执行用益制度，到了 15 世纪，有关用益制度的争议已成为大法官事务的重要部分。在那时，衡平法院的判例法已经

---

[128] Herman，1998，p. 93，p. 108 – 109. Baker，2002，p. 249.

[129] Helmholz，1998，p. 155 – 156. Simpson，1986，p. 173，p. 183.

“将受益人的利益转变为一种新的所有权”[130]。因为用益制度涉及“建立在良心上的个人信心”，所以公司不能成为不动产受让人。[131]

用益制度的主要用途可能是规避普通法关于土地继承的严格规定。根据普通法的继承制度，第一顺位男性继承人继承了所有土地。授予财产使用权使一个人能够供养他人，包括妻子、女儿和年幼的儿 41
子。用益制度（和嫁妆）是一种从遗产中撤出财产的机制，因此可以增强人们去世后对土地的控制。此外，头衔不是通过世袭传下来的，因此封建事件金，尤其是监护权被规避了。[132] 14世纪的家庭财产让与通常涉及财产由财产授予人和配偶（共同继承）持有和使用，或成为留存土地由某些指定受益人终身使用，往往还有一些剩余财产，通常被限定授予。[133] 这样，前文提到的以时间段划分土地权所产生的问题（如损耗问题）继续存在用益制度中。

除家庭财产让与外，用益权还因其他目的而授予，如“担保债务或其他义务，避免债权人，逃避诉讼和规避永久保有权法规”[134]。比安卡拉纳（Biancalana）继续指出，在这个不确定的时代背景下，授予用益制度的灵活性具有吸引力。这种不确定性包括黑死病和为到法

---

〔130〕 Baker, 2002, p. 251.

〔131〕 Baker, 2002, p. 310.

〔132〕 Simpson, 1986, p. 174 – 175, p. 182 和 Baker, 2002, p. 249, p. 269。Simpson, 1986, p. 183 指出，事件金的规避是由于封地受领人（feoffee）作为联合承租人的多用益制度造成的。“当一个共有承租人去世时，他的利益归幸存的共有承租人所有，而没有传给他的继承人，因此，合法的财产根本就没有按血统传下去……”

〔133〕 Biancalana, 1998, p. 132. Baker, 2002, p. 284 指出，通常的家庭协议的形式是“以继承权的形式，有时将剩余财产继承给指定的人，这些人不是作为继承人，而是作为指定的活着的人，拥有既得的剩余财产”。

〔134〕 Biancalana, 1998, p. 112.

国进行军事行动筹集资金，并有可能在国外死亡。[135] 除此之外，还有许多早期的动产用益制度的实例。

（二）十五一税和什一税的固定

原著第34～37页讨论了将丹麦金、犁头税、免服兵役税和佃户税合并为更一般的动产税。也有人指出，这种税收形式是如何发展为对居住在城市和自治市镇以及王室领地中的人的征税要比对居住在外面的人征收的更重的。1332年评估的严格性也同样被提及，这引起了许多不满。由于这些不满，在1334年允许征收的十五一税和
42 什一税授权专员们可以与各郡和城镇达成一笔定额税收，作为税款的组成部分。[136] 评估金额记入特定郡和城镇的核定卷册，并且是要求郡和城镇对各种人的缴款（contributions）进行评估和征收。格拉斯科克指出：

> 尚不知道当地社区如何筹集1334年商定的金额。该方法很可能因地而异，但是我们可以肯定地说，一般而言，1334年商定的配额没有考虑到每个城镇和自治市镇中大部分人的动产的情况，他们的动产价值被评估不足10先令。[137]

---

〔135〕 Biancalana，1998，p. 123－124.

〔136〕 1334年一个征税的委员会写道："任命塞恩修道院院长和约翰·毛格里，考虑到据说在什一税和十五一税征收中发生的滥用行为，来对待城市和自治市镇的平民，以及多塞特郡的自治市镇和古地的人，并就他们在最后一届议会中授权国王的什一税和十五一税的款项达成一致……如果平民和人们拒绝与他们达成协议，修道院院长和约翰·毛格里以及他们选定的书记员将评估该郡应支付的金额……" United Kingdom，1891－，p. 38. 该委员会将论述内容扩大到其他领域。

〔137〕 Glasscock，1975，p. 22.

十五一税和什一税筹集的资金总额约为39,000英镑。[138]

从此,惯例就变成了议会按照1334年的方式授权征收十五一税和什一税。实际上,这意味着这种形式授权的具体金额大约是39,000英镑,并且各郡和城镇将支付与1334年所评估的相同的金额。[139] 这种支付固定金额是每个地方的集体责任,并且征收者通常会因任何短缺而进行扣押,"对一般居民而言,不会因村庄没能够缴税而试图为其分配任何特殊责任"[140]。尽管由于城镇的衰败而减少了授权的总金额,但这种授权制度仍持续了将近300年。[141] 有时,十五一税和什一税的零头被授权征收,有时则征收几倍。[142] 43

有人认为,分摊的数额是以与当地税费相同的方式向当地人征

---

〔138〕 Dowell,1965,Vol. 1,p. 85 - 87. Schofield,1988,p. 230指出,"十五一税和什一税是一个简单的固定收益税,对社区而不是个人征收……筹集的款项如何分配给个人,由每个社区决定"。Cannan(1896年,第4页)指出,这是税费与税收的本质区别,即税费是按照特定方式向纳税人征收的特定金额,但不具体说明税率,而税收则规定了征收的方式和税率,但不具体说明筹集的总额。

〔139〕 例如,1336年4月7日对专员的下列指示载于United Kingdom,1911 - 1962,Vol. 4,p. 480:"委托亨利·德特雷维和约翰·比林起诉康沃尔郡的市、自治市镇和镇,并从中征收十五一税和什一税授权的款项……在去年斋月中旬星期日之后的星期一在威斯敏斯特召开的议会上,如同他们在最后一次此类赠款所支付的,没有更多……命令他们亲自从一个地方到另一个地方……又从各镇召两个人和城镇长官,从各城市、自治市镇召市长、行政长官和四个人来,嘱咐他们征收并交付款项,以便按上述条件偿还;又因征税官所委托的人,以及领主和城镇、城市和自治市镇的其他富人,除了从别人那里征收全数以外,也没有付,就吩咐所说的专员们,叫他们知道国王的意思,是要他们各人各付各的份,否则,国王将指定人对他们的货物征税,并从中征收十五一税和什一税……"关于诺森伯兰郡专员的更详细的评估表见后文。该表规定各种货物和贫困者免于评估。

〔140〕 Schofield,2004,p. 50.

〔141〕 Schofield,2004,p. 170 - 172将1488~1547年间的十五一税和什一税的产出量制成表格。

〔142〕 Dowell,1965,Vol. 1,p. 87 - 88;Vol. 3,p. 69和Jurkowski等人,1998,p. 31 - 34。

收的。[143] 斯科菲尔德（Schofield）同意"证据表明，在居民中分配村庄的税费完全是当地习俗的问题"[144]。斯科菲尔德接着指出，随着时间的推移，十五一税和什一税实际上已成为对土地的一项收费。在考虑了有限的证据之后，他认为"在实践中很大程度上，1334年以后的十五一税和什一税仍然是以动产和个人财产的评估为基础的"[145]。如果继续这种做法，那么需要对十五一税和什一税进行单独的评估。但是，在许多地方，土地确实是评估的基础。一些村庄对土地进行了简单的分配，该分配适用于连续的十五一税和什一税，即不用重新评估。在其他情况下，则重新对土地价值进行了评估。[146]

十五一税和什一税的管辖权基础也因地区而异。斯科菲尔德认为："在合理的情况下，一般的法律立场是，对村庄征收的传统税是针
44 对该村的居民征收的。"这与十五一税和什一税原则上是对个人的动产征收的费用相一致。但是，在实践中，该规定也有例外，特别是在基于土地征税的地方，不可避免地要向占用人征收费用。[147] 这种基于属人的征税和基于来源地或位置的征税之间的早期区别，不久将在早期的人头税和补助金之中得到进一步发展。

在十五一税和什一税被征收的几个世纪里，异常和不准确的情况逐渐出现。对评估卷册的不断复制导致了不准确性，并且1334年的财富分配发生了巨大变化，这使基于数百年前评估的制度在地方之间的公平性受到质疑。此外，税收的负担交给了各个社区的官员，

---

〔143〕 Cannan, 1896, p. 13.

〔144〕 Schofield, 2004, p. 36.

〔145〕 Schofield, 2004, p. 38.

〔146〕 Schofield, 2004, p. 36 – 41.

〔147〕 Schofield, 2004, p. 42 – 43.

因此没有对穷人提供救济的监督。地方之间不同的评估模式也被认为是不可取的。[148]

尽管存在这些困难,但十五一税和什一税仍然是 14 世纪和 15 世纪英国直接税的支柱。斯科菲尔德指出:

> 在整个 15 世纪,十五一税和什一税被普遍认为是议会税收的正常形式。其他提高税收的方法也不时尝试。有几次是彻底的失败:没有哪个被重复采用。相比之下,十五一税和什一税被一再授权征收,并且不止一次被要求取代失败的更具实验性的税收。[149]

从 15 世纪后期开始,十五一税和什一税首先得到补充,然后逐渐被一种称为补助金的税收形式所取代。在讨论早期都铎王朝的补助金的发展之前,还需要讨论其中一些"实验性"失败。

(三)根据年度价值的人头税和补助金的有限使用

通过十五一税和什一税,人们做了很多补充直接税的尝试。早
期的尝试并不是特别成功,但这些尝试最终导致都铎王朝的补助金 45
征税。在农民起义之前,臭名昭著的人头税始于 1377 年,当时英格兰在百年战争期间遭到法国的攻击。[150] 这一年理查德二世登基(10

---

〔148〕 Jurkowski 等人,1998,p. 28. Schofield,1988,p. 230,他指出了通货膨胀的影响。Gray,1934,p. 607 指出,"从现代的观点来看,这种税收从来没有公平地落在国民财富的拥有者身上,而且在很大程度上证明了它对经济变化没有反应"。

〔149〕 Schofield,2004,p. 27.

〔150〕 Jurkowski 等人,1998,p. 34 – 35 指出了在 1222 年的早先单独筹集人头税的努力。

岁)，摄政王约翰·冈特有效地统治了英格兰。1377 年的征税对专员的指示相对简单。例如，肯特郡的专员被指示：

> 在肯特郡征税……每个 14 岁以上的世俗的男人和女人，被征收 4 克朗的补助金，除了真正的乞丐，这是授权国王的……在威斯敏斯特召集的持续了两周的希拉里开庭期(希拉里开庭期为普通法法院四个开庭期之一。——译者注)……〔151〕

紧随其后的是 1379 年的分类人头税。根据这项征税，各种类别的人，包括商人、工匠、军士和乡绅(franklins of the country)、农民、律师和马夫，都将“根据他们的财产状况”的一系列金额中的一个进行评估。〔152〕在本书研究的内容中，1379 年的税首次明确按照居住地来征收：

> 每个外国商人……作为其他居民根据他的情况支付。上述这些款项不得向任何人征收，除非是在他居住的地方，而不是其他地方……〔153〕

---

〔151〕 委员会日期为 1377 年 3 月 4 日。United Kingdom，1911 - 1962，Vol. 8，p. 386. “乞丐”是某些基督教教团的成员。

〔152〕 该法的翻译版本出现在 Myers，1969，p. 125 - 126。Jurkowski 等人，1998，p. 58 令人困惑地将其称为“对俗人征收的人头税和分类所得税……”。充其量，这似乎是一种分类人头税。Dowell，1965，Vol. 1，p. 93 - 96。

〔153〕 Myers，1969，p. 126. Dowell，1965，Vol. 1，p. 96，p. 98.

另一项特别沉重的人头税是在 1380 年征收的。[154] 1380 年的征税之所以很有趣，是因为它明确要求每个人根据自己的"能力"缴纳。[155] "能力"是根据"他们财产的价值"为不同类别的个人定 46
义的。[156]

这些税收在 1381 年的农民起义中发挥了重要作用，在这场起义中，10 万余名心怀不满的农民涌入伦敦，造成了严重破坏并杀害了坎特伯雷大主教。[157] 在这次起义之后，土地所有者们在 1382 年的十五一税和什一税中自食其果，这是根据农作物和牲畜或其土地的利润来评估的。[158] 人头税没有延续。

1399 年，冈特的儿子约翰在战役中击败理查德二世后登基。正是在他作为亨利四世的统治期间，一种新的做法逐渐形成，即对各种形式的财产单独征税，早期的征税授权通常涵盖某些形式的收入。第一次征税发生在 1404 年，当时议会授权亨利四世对财产征税 12,000 英镑。[159] 该税基本上按土地"年价值"的 5% 征收。重要的是，税基是"超出年金或年度支出"的年度价值，因此至少允许某些形式的扣除。[160] 拥有"年金或养老金，不从事服务或职位工作，或终身

---

〔154〕 该法的翻译版本出现在 Myers，1969，p. 126－127。

〔155〕 "每个常住居民都要根据自己的能力平均征税，征税方式如下：在每个城镇要核算的总额中，富裕的人要根据自己的能力帮助贫困的人……并且不得向任何人征税，除非在他和他的妻子和孩子居住的地方，或在他继续服务的地方……"Myers，1969，p. 127.

〔156〕 Myers，1969，p. 127.

〔157〕 Dowell，1965，Vol. 1，p. 91－103 和 Jurkowski 等人，1998，p. 34－37。

〔158〕 Dowell，1965，Vol. 1，p. 104－105.

〔159〕 1404 年 3 月 24 日税收的详细任命重现在 United Kingdom，1911－1962，Vol. 7，p. 251－254。该授权是具体和漫长的土地使用权的各种征税。Jurkowski 等人，1998，p. 74－75。

〔160〕 See Schofield（1988，p. 24）关于 1534 年补助金扣除额的讨论。

或按年限或按条件被收取租金，直至提前支付或为其提供更好的准备金”的人，也明确属于征税范围，至少在形式上，这似乎是对总金额征税。[161] 该税也以相同的税率对每年持有的土地价值低于 20 美元但拥有相当于 20 英镑的“货物和动产”的人征收。没有人就其土地和货物同时被征税。像往常一样，专员受到任命并在郡治安官的协助下进行评估。征税员被单独任命来征收税款。[162]

47 与人头税不同，这种税的管辖权基本上是以来源地为基础的。该税收扩大到适用于“在效忠英格兰的地区范围内拥有土地、保有物和财产、货物和动产……的人”。[163] 这一税收与早期在 1207 年对财产和动产征的税及其先例之间似乎有着明显的相似之处。当然，这一税种比早期的征税要复杂得多。[164] 对土地“年价值”的提法与原

---

〔161〕 United Kingdom, 1911 – 1962, Vol. 12, p. 251.

〔162〕 这项任命重现在 United Kingdom, 1911 – 1962, Vol. 12, p. 251 – 254，要求专员们和德比郡治安官“在上述郡进行调查，调查所有有义务缴纳补助金的人的姓名，这些人……在上一届议会中，由王国的下议院、精神和世俗上的上议院批准授权给国王……在形式和方式上遵循，每个人 20 先令，英国境内的男人或女人……拥有领主自留领地或承租权的人……骑士服务费，每人 10 先令……如上所述，骑士服务费的一半，与或多或少于骑士服务费的所有权人，按比例……所有在年金或年费以外拥有价值达到 20 先令的土地和承租人长达一年，并无须支付骑士服务费的人，支付 12 便士……以及拥有年价值达到 40 先令的该等土地或承租人的人，支付 2 先令……没有需要支付骑士服务费的土地或承租人，并且没有年度净价值达到 20 先令的土地或承租人，但在赠与当日拥有价值达到 20 英镑的土地或保有物的人，支付 12 便士，拥有价值达到 40 英镑的土地或保有物的人，支付 2 先令，以此类推按照每 20 英镑 12 先令的费率；前提是任何没有骑士服务持有的土地，也没有年度净价值达到 20 先令的土地，也没有价值达到 20 英镑的货物和动产的人，都不必支付补助金……凡因其土地保有权或土地价值而支付补助金的人，均因其货物和动产而全部被免除支付补助金的义务……”该任命接着要求，所有征税不得“成为先例”，所有征税记录“彻底烧毁、销毁并永远作废”。这或许可以解释为什么道威尔没有讨论税收问题。

〔163〕 United Kingdom, 1911 – 1962, Vol. 12, p. 252.

〔164〕 英国议会授权列举在 United Kingdom, 1911 – 1962, Vol. 12, p. 251 – 254 两页半的紧凑印刷，而萨拉丁什一税的法令只有大约半页。

著第 29 页所述的观点一致，即在大多数情况下，土地是按其年租金价值估价的。此外，这个对土地征税的例子似乎是英国所得税附表 A 最早（也是最明显）的直接初期形式。年金、养老金和租金的税收也很有趣，其中包含最终会发展为英国所得税附表 E 和附表 D 部分的元素。

在随后的 1404 年和 1411 年，类似的税收被征收，1404 年以 5% 的税率征收，但有着较高的免征额，1411 年以 1.7% 的税率征收，但这两次都只对土地的年价值征税。[165] 这是亨利四世统治时期最后一次征收此类税收。在他的孙子亨利六世统治期间，进一步征收了 48
此类税。1428 年，对家庭和骑士费征收有限的税费；[166] 而在 1431 年，对土地更普遍地征收更加沉重的 5% 的税（5 英镑的低免税额），这导致了民众的抱怨，从而被取消。[167]

1435 年，曾尝试对土地的“年价值”征收分类税。该税与 1404 年的早期先例不同，它不寻求对动产本身的价值征税，而只是寻求达到土地“自由保有权”[168] 权益的“年度价值”。征税用语如下：

> 在英格兰被剥夺庄园、土地、保有物、租金、年金、职位或任何其他临时财产的每一个人，作为对他自己的正当使用的自由保有权，或对他使用的任何其他人的自由保有权，

---

〔165〕 Dowell，1965，Vol. 1，p. 106 – 107 和 Jurkowski 等人，1998，p. 76，p. 78 – 79。第二次 1404 年税收的任命重印在 United Kingdom，1911 – 1962，Vol. 12，p. 289。Gray，1934，p. 608 认为，1411 年的努力“应被视为 16 世纪第一个重要的补助金一词的内涵”。正如注释 162 中提到的 Dowell 的情况一样，Gray 可能不知道 1404 年的第一次征税。

〔166〕 这次征税的任命被重印在 United Kingdom，1911 – 1962，Vol. 15，p. 214 – 215。

〔167〕 Dowell，1965，Vol. 1，p. 107 – 110 和 Jurkowski 等人，1998，p. 85 – 86，p. 88 – 89。

〔168〕 “自由保有权”不包含通过租赁和官册登记保有的土地。

年价值100先令，超出年金和支出，应支付2先令6便士，或者超出上述100先令，每20先令支付6便士，直到100镑的年度价值……[169]

每年免税额为5英镑，税率从2.5%增加到10%。从征税字样可以看出，这本质上是按来源地征税。为此，还有通过律师对“海外”人员进行检查和评估的规定。[170] 该税与1404年税收的主要区别在于没有对动产征税。此外，这是本书研究的第一项明确包含对以使用方式持有的土地征税的税收，并且如上文所述，这与这种土地持有形式重要性的上升是一致的。这些核定似乎不太可能旨在得出实际收入，而更有可能是基于应课税项目的某种推定收益。[171]

49 1450年，在两个税目下，类似的分类税在更广泛的基础上被征收。第一类税目对土地按以下规定征税：

每个拥有自由保有权供自己使用的人，或任何一人或多人在任何土地、保有物、租金、役务、年金、职位、费用、利润或商品，暂时拥有此类财产，在您所说的范围内，以年值

---

[169] United Kingdom，1911 – 1962，Vol. 16，p. 257，它复制了这个税的委托，包括授权。当然，授权也在议会卷轴上重现，但用的是古英语；United Kingdom，1832，Vol. 4，p. 486.（这是本研究考虑的第一个税种，以英语出现在议会卷轴上，较早的税种以拉丁语或法语出现。）该授权继续提供其他分类税费。Jurkowski等人，1998，p. 91 – 92。

[170] United Kingdom，1911 – 1962，Vol. 16，p. 258. United Kingdom，1832，Vol. 4，p. 487.

[171] 在将本次评估的收益与其他来源进行比较时，Pugh and Ross，1953，p. 11认为“很明显，贵族中许多国王的近亲的评估……提供最有力的理由怀疑大规模逃避和评估不足”。

20先令,每年征收6便士。[172]

此处使用"利润"一词很有趣,这是本书研究的税法中首次使用该术语。这似乎与1799年所得税中所用的"利润"一词的意思不同(见原著第409~411页)。相反,这似乎是指一种无形的权利,"允许权利的持有人从负担沉重的土地上带走有价的东西——草皮、木头、草、鱼"[173]。

1450年的法律将免税门槛降低到1英镑,分级累进的税率再次上升到10%,但这次是更快累进的税率,并具有差异化的因素。第二类税目征收:

> 每个拥有任何职位、工资、费用或年期或其他自由土地保有权的人,对每年价值为40先令,征收12便士。[174]

除了这一较大的2英镑的豁免额之外,第二类的税费与第一类的税费相同。法律对第二类没有具体的管辖权限制,但郡专员被指示检查"在你的所有郡内的所有人员或事物……"[175]因此,居住或存在可被推定为必要条件。这项税收也是本书研究内容中首次特别提到对公司和监护人征税,具体如下:

---

〔172〕 United Kingdom,1832,Vol. 5,p. 172;作者进行了现代化表述。United Kingdom,1911-1962,Vol. 18,p. 167重现此税的委托。该授权用于涵盖终身保有权。在这里使用"商品"这个词很可能是指一种优势或好处。

〔173〕 Simpson,1986,p. 107比较了利润和地役权。

〔174〕 United Kingdom,1832,Vol. 5,p. 173;作者进行了现代化表述。

〔175〕 United Kingdom,1832,Vol. 5,p. 173.

> 所有庄园、土地、保有物、租金、役务、职位、费用、年金、利润和临时商品，在任何法人持有，用于属于他们的此类财产，或由任何人或多人的手中使用和应得的，被收取和征收
> 50 上述补助金……并且每个年龄在 21 岁以内的人，根据普通法，他的土地和保有物在他的监护人的监护下……被免除上述补助金……并且相同土地和保有物的监护人，须支付补助金……[176]

1450 年的征税被授权以取代十五一税和什一税。道威尔指出，征收这种税很困难，因为这一税种是以纳税人的出勤、检查和评估为基础的。似乎直到 1459 年，这一税款仍在被征收。[177]

另一个不同的尝试是在 1472 年，在玫瑰战争期间，爱德华四世（约克家族的第一位也是在位时间最长的君主）在位期间。这次征税是为了在一年内培养 13,000 名弓箭手。为此，下议院和上议院根据以下条款对土地的所有人进行了征税：

> 我们，您所说的下议院……通过本文件授权，仅支付所有庄园、土地和保有物、租金、费用、年金、职位、赡养费津贴和养老金的产出和利润一年价值的十分之一，无论是临时的、公司的或非公司的，都属于您的领域……已经拥有、持有或占有、共同或单独拥有土地绝对保有权，限定继承土地

---

〔176〕 United Kingdom, 1832, Vol. 5, p. 173；作者进行了现代化表述。因此，举例来说，这似乎涵盖了注册的自治市政的租金。

〔177〕 Dowell, 1965, Vol. 1, p. 116 – 118 和 Jurkowski 等人, 1998, p. 102 – 104。

> 保有权,或继承,或终身……或在病房里……从上一年的割礼节[割礼节是基督教纪念耶稣受割礼的节日,时间为每年圣诞节后第八日。——译者注]开始;截至上述年度,上述土地、保有物及其他处所的租金及服务只会被扣除及退还……[178]

将此处使用的"利润"一词(在"产出和利润"的上下文中)与该术语在 1450 年税收中的使用进行对比。"利润"已从自由保有权财产的总清单中删除,而是用来描述财产的资本利息,以此来取代 1450 年这些财产的"年度价值"。"年度价值"似乎考虑了名义收入,但"产出和利润"可能意味着包含认识标准的更精确评估。考虑到该法律还包含一个特定的核定年度("从上次的割礼节开始"),这一点尤 51
其可能。1450 年和 1472 年的法律在行政或意图上是否有这样的税基上的区别是推测性的,但措辞上的差异是明确的。

1472 年的授权还涵盖了通过"复制或按照同一土地的习惯"持有的土地。上议院进行了一项单独但类似的授权。然而,上议院的授权明确指出,税收仅限于"在英格兰、威尔士和同样的地方"的"所有权"或"使用"。[179]

---

〔178〕 United Kingdom,1832,Vol. 6,p. 4;作者进行了现代化表述。"救济粮"是一种用于维持或保持的供给或津贴,通常来自宗教机构;Simpson,1986,p. 103。

〔179〕 United Kingdom,1832,Vol. 6,p. 6. 关于将英国法律和行政扩展到威尔士,参见 Baker,2002,p. 30 – 31。1283 年,威尔士公国并入英国王室,但直到 1354 年,威尔士边境区领主(marcher lordships)才成为英国王室的"随从"。直到 1536 年,威尔士臣民才"被授予与英国人相同的法律和自由,包括在议会中的代表权"。把补助金扩大到威尔士是有趣的,因为按照惯例,威尔士不受十五一税和什一税的限制;Schofield,2004,p. 63。据推测,这是因为不同地区的结算日期不同,即 1334 年早于 1354 年。

与早期的征税相比，1472 年的法律相当复杂。它包含了明确的搜查和检查权、明确的评估年度以及扣押人员及其土地和货物的权力。[180] 似乎每个郡养活弓箭手的费用是分摊的，并且“专员们所作的评估本应该进行……考虑到全郡的配额”[181]。这项税收的预期收益只有一小部分被征收过，而且还必须以十五一税、什一税和补助金作为补充，这种补助金在郡和市镇之间分配，对拥有大量动产的土地很少的人征收。然而，即使是后者的补助金也被转换为 $1\frac{3}{4}$ 的十五一税和什一税。[182]

（四）地方税

虽然本书内容不直接涉及地方或地区税收，但简要概述英格兰地方税收的发展是有用的。看来，英格兰的地方税收至少是最初影响北美殖民地直接税收形式的因素之一。

52 英格兰地方税的起源见于普通法。[183] 这些采取了治安官（有时是“城镇”）税费、百户区税费和郡或县税费的形式。顾名思义，这些税费是对英格兰的各个地区征收的，特别是治安官税费，它是对十户区或城镇征收的。在本研究所涵盖的期间，治安官的税费是由习惯规定的，不受法规的管制。这些税费的影响范围和税基因地区而异，但很可能与财产或“能力”的评估有关。[184]

---

[180] United Kingdom，1832，Vol. 6，p. 4 – 6“平民”、p. 6 – 8“贵族”。

[181] Jurkowski 等人，1998，p. 112。

[182] Dowell，1965，Vol. 5，p. 121 – 125.

[183] Cannan，1896，p. 10，怀疑“可能在 13 世纪之前发现任何明显和重要的地方税费案例”。

[184] United Kingdom，1843，p. 6.

百户区税费一般由高级治安官或执行官(bailiff)在百户区内的十户区或城镇之间分配。然后,分配给每个十户区或城镇的金额以与治安官税费相同的方式征收,尽管在这种情况下,税收通常被称为十户税或城镇税。郡税在百户区之间分配,并以与百户税费相同的方式收集。通过这种方式,所有这些税收都是分摊的,即由十户区的治安官征收的税纳入了百户区税费,百户区税费纳入了郡税费。进一步:

> 郡税费有时又构成国家的共同负担;国王的协助金、税收和补助金在早期由郡治安官征收,他们将他们的份额分配给各自的百户区,其中必要的比例由几个城镇的官员征收。[185]

十五一税和什一税(在原著第41~44页中讨论过)是以这种方式分摊的税款。

因此,在其起源上,英格兰的整体财政制度涉及对大多数形式的直接税进行评估的责任分配,直到根据当地习俗进行分配的最小地方分区。这或许可以解释为什么十五一税和什一税(以及后来的都铎王朝补助金和土地税)下的直接评估会趋向于配额制度。该制度与各种形式的地方税收的做法是一致的,英国人不喜欢被评估两次,即一次根据当地习惯评估,另一次是中央评估。

如上所述,虽然配额制度在各种法规中都有明确规定,但为地方 53

〔185〕 United Kingdom, 1843, p. 6.

目的进行评估的依据往往不明确。但是，坎南（Cannan）将碎片拼凑起来，在这方面呈现了一个相对清晰的画面。他认为，早在1340年就出现了用于修复教堂而征收的教堂税费，"根据人们在上述教区拥有的财产和收入的数量征收……"[186]。这项征税的依据与1188年的萨拉丁什一税的依据有相似之处。坎南同时认为，早在1378年就出现了王室信件，命令对各个城镇的城墙进行修复，并且要求拥有"土地、保有物，以及收入或者货物"的人，"根据他们的能力和财产"来缴纳维修费用。[187] 坎南推测，关于地方税费，"在14世纪和15世纪，公认的观点是每个居民都应该根据他的能力或物质条件来支付……"[188]。上述讨论已经提及早先在征收佃户税和1380年人头税中提到的"能力"。

对扶助贫困者的方式的简要说明也很重要，因为事实证明，这对都铎王朝统治时期和以后的地方税收的发展很重要。对贫困者的扶助原本是地方教会（教区）的问题。这种扶助针对世俗神职人员的收入征收了一笔不确定数额的费用。[189] 中央政府对贫困者的管制是一种"增加，而不是创造"。[190] 对贫困者的管制不可避免地与对流浪者和乞丐的镇压联系在一起，因此，早期的《济贫法》发展于早期的劳工法规，它们是由于黑死病（1348～1349年）之后的劳动力短缺而颁

[186] Cannan, 1896, p. 15.

[187] Cannan, 1896, p. 17.

[188] Cannan, 1896, p. 29－30.

[189] Leonard, 1965, p. 2－3叙述盎格鲁－撒克逊时代的救济形式。她指出"国家干预贫困者救济的最接近的办法是在埃塞尔里德（Ethelred）的法律中找到的，该法律可能强制执行关于什一税的现行习俗"。"属于教会的什一税"的1/3将被给予"在萨尔多姆贫困的神"。United Kingdom, 1843, p. 11; Pratt, 1827, p. 118; Leonard, 1965, p. 6.

[190] Leonard, 1965, p. 2.

布的。[191] 由于劳动力短缺,有必要区分健全人和老年人及残疾人,对于前者,人们认为他们应该工作而不是乞讨;而对于后者,人们则 54
认为他们无法自救。然而,在 14 世纪,供给贫困者仍然是一个地区性的问题,有时法律将该义务强加给教会。[192]

三、动荡的都铎王朝

在都铎王朝统治期间,特别是在亨利八世统治期间,直接税的发展进一步加快。在兰开斯特家族和约克家族统治期间发展起来的补助金在亨利七世和亨利八世统治的初期继续发展。首先,本节讨论这一时期的税制。此外,正是在此期间,十五一税和什一税失去了其作为独立收入来源的地位。“1512 年之后,议会从来没有在不授权补助金的情况下批准十五一税和什一税。”[193] 其次,本节转向讨论亨利八世统治后期发生的一些实质性法律改革,这些改革在一定程度上与直接税的发展有关。这些改革对王室的筹资方式产生了直接影响。再次,本节讨论了都铎王朝后期补助金的发展。正是在这一时期,补助金从原则上基于直接评估的制度转变为基于推定配额的制度,这与 14 世纪的十五一税和什一税的处理方式相同。最后,本节

---

〔191〕《劳役法》(爱德华三世 23 年)(1349 年)(英国)和《在剑桥制定的法规》(理查德二世 12 年)(1388 年)(英国)第 3 条和第 7 条;United Kingdom, 1810 – 1828, Vol. 5, p. 307; Vol. 2, p. 55. Leonard, 1965, p. 5,认为后者经常被看作“第一部英国济贫法”。

〔192〕例如,《法规》(理查德二世 15 年)(1391 年)(英国)第 6 条;United Kingdom, 1810 – 1828, Vol. 2, p. 80,其中明确规定了贫困者的福利拨款(“恩赐”是一种教会生活)。

〔193〕Soos, 1997, p. 32.

讨论了地方征税的发展。这是亨利八世的一些法律改革产生重大和持久影响的另一个领域。

(一)早期都铎王朝的补助金

1485年,亨利·都铎在博斯沃思战役中击败理查德三世,开始了都铎王朝的统治。1489年,亨利七世获得了他的第一笔补助金,以组建一支由10,000名弓箭手组成的军队。该补助金与1472年的
55 补助金大致相同,但延续了日益复杂化的趋势。[194] 与1404年和1450年的补助金一样,1489年的补助金有两项税目,第一税目包括土地,如下面文字所述:

> 您所说的下议院……经上议院精神上和世俗上的建议和同意……本契约授权你们……仅一年价值的十分之一,各种荣誉、城堡、爵位、庄园、土地、保有物、租金、费用、年金、职位、死亡抚恤金、救济金和费率的产出和利润,任何世俗之人,无论是法人还是非法人,在这个领域……已经在英格兰、威尔士和同一地区的集市中联合或单独拥有、持有或占有完全所有权……[195]

它使用了与1472年相似的评估年度,并且"从上述土地、保有物

---

[194] Schofield,2004,p.74. Baker,2002,p.207,指出这种日益复杂的情况与印刷术的出现相吻合,从1484年起,"议会法案一经通过就印刷……"

[195] United Kingdom,1832,Vol.6,p.421;作者进行了现代化表述。该授权继续涵盖与1472年授权相似的私有财产量。此外,与1472年的授权一样,上议院的单独授权清楚地表明,它涵盖了用益权;United Kingdom,1832,Vol.6,p.423。

和其他房产支付的租金、费用和服务,在该年度之前,只需扣除……”[196]。第二税目征收如下:

> 在这一点上,下议院授权您所说的殿下……每一个人……所有价值为10马克[$6\frac{2}{3}$英镑]的货物和动产,支付……20便士,然后在上述比率之后向上上涨至最高……[197]

纳税人将“仅在他最熟悉、最常居住的每一个地方”就第二种税目被评估。[198] 因此,这是本书研究所涵盖的第一种明确包含来源地和居住地基础的税收,第一项税收关涉来源地,第二项税收关涉居住地(尽管如原著第49页所述,这在1450年的征税中可能被推定,但没有明确表示)。尽管有授权的术语规定,但税收负担似乎在某种程度上是根据十五一税和什一税的配额制度分配的。征税的结果再次 56
低于预期,这归咎于低估税,尤其是对货物的评估。未征收的税款被免除,以换取授权十五一税和什一税。[199]

在亨利七世统治期间,还有两项补助金。1497年的第一个补助金是按照与十五一税和什一税相同的方式在各郡之间分配,但税收

[196] United Kingdom,1832,Vol.6,p.421;作者进行了现代化表述。

[197] United Kingdom,1832,Vol.6,p.421;作者进行了现代化表述。各种个人物品除外。

[198] United Kingdom,1832,Vol.6,p.421;作者进行了现代化表述。“常住居民”指的是定居或居住的人。

[199] Dowell,1965,Vol.1,p.127－129和Jurkowski等人,1998,p.122－125。Schofield,2004,p.79.

只对拥有“年价值为20先令”土地的某些人征收或者对任何拥有价值10马克($6\frac{2}{3}$英镑)货物或动产的人征收。该征税将由“治安法官酌情决定……”[200]。对“治安法官”的明确提及与其作为地方行政人员的崛起是一致的。[201] 因此，正如十五一税和什一税，配额制度被采用，但与十五一税和什一税不同的是，配额仅适用于郡一级，个人缴税由“法定任命的专员”决定。[202] 该项补助金仅对“上述任何一个郡、自治市镇或城镇内的土地”征收。拥有货物或动产的人只在他们“居住”的地方被征税，但也有例外，如在玉米种植地或堆放地以及它
57 们零售的零售商那里。[203] 该补助金分两期支付，但第二期似乎从未被征收。[204] 1504年的补助金形式与之类似。[205]

---

[200] 《授权国王补助金并免除某些人支付补助金的法律》(亨利七世12年，第13章)(1497年)(英国)；United Kingdom, 1810－1828, Vol. 2, p. 644；作者进行了现代化表述。值得注意的是，有关土地的征税一词被限缩，以涵盖“土地或保有物，或其他世袭财产，土地上的财产，或有绝对继承权的保有物，由遗嘱限制继承权的保有物，在决斗或古代领地的习俗之后……”。这次没有提到法人。

[201] Baker, 2002, p. 24－25，指出：“早在1200年，就开始在每个郡任命一些骑士来‘维持治安(peace)’，这一短语引入了民兵或警察职能而不是司法职能……在爱德华三世(1327～1777年)统治时期，通过一系列法令，这些官员的司法职能得到了加强和规范，因此他们成为‘治安法官(The justices of the peace)’。”治安法官只能在国王的委托下行事，但从13世纪中叶起，他们就成为各种直接征税的重要官员。Bake接着指出，“治安法官的崛起与国家的消亡密切相关，而国家则是公共司法和行政事务的管理机构……议会一再无视旧的郡议会的存在，因为它把各种新的职责都交给受委任的地方法官。有人可能会说，实际上，国王从郡长手中夺走了这个郡，并把它交给了委员会。”

[202] Schofield, 2004, p. 80.

[203] 《授权国王补助金并免除某些人支付补助金的法律》(亨利七世12年，第13章)；United Kingdom, 1810－1828, Vol. 2, p. 645。

[204] Jurkowski等人，1998, p. 127－128和Schofield, 2004, p. 83。

[205] 《援助金法案》(亨利七世19年，第32章)(1504年)(英国)；United Kingdom, 1810－1828, Vol. 2, p. 675－682。Jurkowski等人，1998, p. 129和Schofield, 2004, p. 84－85。

16世纪最初的补助金延续了一种随着15世纪的补助金而发展起来的做法,即授权特定数量的补助金,就像对弓箭手的补助金一样。这种做法在1512年征收的分类人头税中得以延续,即授权亨利八世的第一次援助金或补助金。除某些豁免外,它由"每个居住在英格兰王国的人……"支付。[206] 对某些码头(certain piers)征收固定金额的税款,但剩下的税收则按三个税目分类。第一个税目是土地所有。这一类的形式更接近于1489年补助金的形式,而不是后来亨利七世的补助金,但确实指的是通常的"年价值"。[207] 第二个税目涉及货物或动产的价值。第三个税目适用于:

> 凡以工资或其他利润为工资的劳动者、熟练工、工匠、手工艺人和仆人以及15岁以上的男女……[208]

该项税收对非公民适用双倍税率。一个人将在这样的地方被征税,即"他的房子或住所,或在他最熟悉的居住的地方或住所地,或者他将最常去的(resort)并且最广为人知的地方……"[209]。与1404年的征税一致,纳税人只需要在一个税目下被征税,但产生最多税款的 58

---

[206] 《补助金法案》(亨利八世4年,第19章)(1512年)(英国);United Kingdom,1810-1828,Vol. 3,p. 74-89。Jurkowski等人,1998,p. 130-132和Schofield,2004,p. 85-87。然而,关于土地的税目,法令只包括"在英格兰领域内的土地……"。

[207] "土地、保有物和永久租赁或古地、职位、年金、自己使用的侵蚀……"(亨利八世4年,第19章);United Kingdom,1810-1828,Vol. 3,p. 75;作者进行了现代化表述。

[208] (亨利八世4年,第19章);United Kingdom,1810-1828,Vol. 3,p. 75;作者进行了现代化表述。Jurkowski等人,1998,p. 131,指出这是自1450年以来首次向工薪阶层征收。

[209] (亨利八世4年,第19章);United Kingdom,1810-1828,Vol. 3,p. 78;作者进行了现代化表述。

税目除外。索斯(Soos)认为,这部法律还包含了“在英格兰征收的直接税中发现的源头征税或预扣税的第一个实例”,涉及对仆人的征税,该税由他们的主人支付,但可由主人通过从工资中扣除而收回。[210] 这个阶段补助金法规的长度和细节不应被低估。其内容有5页A3纸,字体是10号(不包括指定专员的名单),它已经比400年后实行的大多数殖民地所得税法都要长。

这项税收只产生了预期收益的1/3,并导致了补助金的进一步产生,第一次是在1514年,在其失败后,在1515年又增加了两次。1514年的征税与1512年的征税方式不同,它是按1512年征税中使用的三个税目的2.5%征收,高于1英镑(工资和土地年价值)和2英镑(动产)的门槛,并支持对15岁以上的所有个人征收人头税,不另外征收其他费用。[211] 该项税收对动产的征收是在稍微不同的条件下规定的。它现在明确包括餐具和家庭用品,并且明确地将征收扩展到“在英格兰的这片土地上,就像在大海以外的地方……”的货物。此外,与1512年的补助金一样,该项税收没有使用通常对英格兰“境内”土地的限制。

虽然1515年的两次征税是相似的,但第二次征税的动产税目再次扩大,这一次是为了涵盖少于所欠债务的应收债务。[212] 然而,这次对公民没有征收剩余人头税。1515年的法律还规定了对非居民

---

〔210〕 Soos,1997,p. 37 - 38,p. 62.

〔211〕 《补助金法案》(亨利八世5年,第17章)(1514年)(英国);United Kingdom,1810 - 1828,Vol. 3,p. 105 - 111。Jurkowski等人,1998,p. 132 - 133和Schofield,2004,p. 87 - 88。

〔212〕 《补助金法案》(亨利八世6年,第26章)(1515年)(英国);United Kingdom,1810 - 1828,Vol. 3,p. 156 - 175。Jurkowski等人,1998,p. 133 - 134和Schofield,2004,p. 89 - 90。

征税的管辖权范围，即无论是否为公民都应被征税。长期以来，补助金只规定在某人栖身或居住的地方征税，并规定通过代理人对非居民征税。此外，土地征税通常仅限于英格兰的土地（但是，1512 年、1514 年和 1515 年的征税不包含此限制）。1515 年的法律在某种程度上明确了管辖范围。实际上，非居民应按来源地征税（而居民应在全球范围内被征税，至少在 1514 年征收的动产税种是这样的），规定 59
如下：

> 每个人……在上述评估或征税时……应在本王国之外，在本法重新颁布之前，应将同一王国内的货物和动产、土地或保有物或年金，并应通过该等货物、动产、土地、保有物或其他场所所在地的居民证明书征收，或在该人或其代理商或代理人在该王国内最常去的其他地方……〔213〕

自 1489 年以来，1515 年的补助金包含了对监护人（以及持有他人使用权的人）和公司的征税，表现在以下条款中：

> 由任何人掌管或保管的金属餐具和动产……未成年或成年的任何其他人所使用，或使用任何公司、行会、协会的神秘或共同性的使用，无论是否合并，均应根据本法案进行

〔213〕《补助金法案》（亨利八世 6 年，第 26 章）；United Kingdom，1810 – 1828，Vol. 3，p. 157。Miller，1955，p. 17，提供了一个关于 1523 年补助金（包括一个类似条款）的有趣的账目，补助金征收时生活在加莱为王室服务的同龄人的补助金似乎被豁免了，但 Miller 似乎同意该法案“实际只免除了加莱的土地和王室官员的费用和工资……”

评估和征税……以及其总纳税额……把此类货物保管起来……[214]

该项补助金对“行会”的表述表明了它们在这个时代的重要性的增长。其中最突出的是商人和手工业行会，它们的重要性和影响力都集中在城镇，尤其是在黑死病时期之后贸易增加和城镇人口膨胀的情况下（1348～1349年）。该项补助金对“联谊会”、“神秘”和“合并或不合并”的表述也很有趣。似乎这些短语旨在将合伙企业作为税务主体，而不是其个别成员，即单独实体的方法。[215] 如原著第27
60 页所述，法院会受理合伙人为某个账目提起的诉讼，因此似乎至少有一些合伙企业在此时维持着基本的合伙账目。

1515年法律的内容是1512年的两倍多。尽管税收错综复杂，但它是失败的，必须用十五一税和什一税来补充。[216] 尽管如此，斯科菲尔德认为，自1512年以来，发生了一次重要的转变。“因此，到1515年，补助金法案的形式在整个都铎王朝早期几乎保持不变。”1515年的第二次征税内容与第一次征税“相同”。[217]

---

〔214〕《补助金法案》（亨利八世6年，第26章）；United Kingdom，1810－1828，Vol. 3，p. 157；作者进行了现代化表述。有趣的是，这一规定之后又有了对非居民征税的规定，从而将对代理人征税的规定合并起来。

〔215〕牛津英语在线词典在“神秘”（从这个时间段引用）的定义中包括以下内容：“工艺、艺术；生意、行业、职业”。Simpson等人（2004年）（线上），最后访问日期：2004年10月10日。

〔216〕《什一税和什一税的补助金法案》（亨利八世7年，第9章）（1515年）（英国）；United Kingdom，1810－1828，Vol. 3，p. 195－199。Dowell，1965，Vol. 1，p. 129－130和Jurkowski等人，1998，p. 134。

〔217〕Schofield，2004，p. 89.

下一个补助金是1523年补助金,为期4年。[218] 根据前两年的支付情况,人们被按照土地的年价值(5%)或货物价值和净债务的两个累进税率(2.5%和5%)征税。在这种情况下,第三税目向拥有2英镑商品或1英镑工资的人征收人头税,其他的不征税。[219] 同样,外国人通常支付双倍的税。第三年和第四年的征税针对的是富人,第三年是拥有土地的人(年价值超过50英镑的5%),第四年是动产(年价值超过50英镑的5%)。这项法律的形式与1515年的法律大致相同,并且和以前一样,人们只根据土地或货物中的较高者支付,而不是两者同时支付。[220] 该法律的管辖权几乎与1515年的征税规定相同。[221] 像往常一样,补助金所筹集的金额远远低于预期金额。

(二)用益法、遗嘱法及解散修道院的法律 61

用益制度的兴起剥夺了领主宝贵的封建事件金收入,特别是诸如继承上的监护权。到都铎王朝时代,大部分土地直接为国王持有,

---

〔218〕《补助金法案》(亨利八世14年和15年,第16章)(1523年)(英国);United Kingdom,1810-1828,Vol. 3,p. 230-241。Dowell,1965,Vol. 1,p. 130-132;Jurkowski等人,1998,p. 137-139和Schofield,2004,p. 90。

〔219〕Soos,1997,p. 22,p. 35,指出这是都铎王朝最后一次补助金,涵盖工资和市民人头税。但Schofield,2004,p. 102-103引用证据表明,按年度支付的工资继续在第一税目下被评估征收,作为"其他年度利润"。

〔220〕但是,Miller,1955,p. 16,指出,这种补助金是很重要的,因为贵族的特殊地位得到了承认。"从这一天起,贵族一直被特别专员作为一个等级进行评估,并且评估仅仅根据这种等级的区分而记入一个名册:没有试图将贵族纳入该国其他地区评估补助金的地区体系。"这种方法的一个早期孤立的例子是1435年的补助金。

〔221〕《补助金法案》(亨利八世14年和15年,第16章);United Kingdom,1810-1828,Vol. 3,p. 232。

因此国王在这些事件金上的损失最为惨重。[222] 由于在都铎王朝统治期间解决了对王室权力的争议，王室试图恢复其中一些已减免的封建事件金。亨利七世是一位谨慎的资金管理人，他在解决这一问题上只做了有限的努力，规定如果某一使用权的继承人过世时没有立遗嘱，那么继承人也会受到同样的封建事件金的影响，就像被继承人去世时仍然持有土地一样。[223] 其结果是更加重视遗嘱的设立。亨利八世并没有那么节俭，在他统治的后半期，他通过采取措施大幅增加财政收入。

亨利八世的财政突击在16世纪30年代初露端倪。为了使他与阿拉贡的凯瑟琳的离婚生效（教皇对此拒绝批准），他促使议会通过了1534年的《最高权力法案》。[224] 这项法律确认亨利为"英格兰教会的最高领袖"，并通过了两项重要的法案规定。首先，国王和他的继任者将"拥有所有荣誉、尊严、卓越、司法权、特权、权威、豁免权、利润和商品，以达到同一教会最高领袖所说的属于和附属的尊严……"[225]。其次，国王和他的继任者必须：

---

[222] Simpson，1986，p. 22，指出，到了都铎王朝时期，《封地转让法》的影响以及"没收"（escheat）的理论（将土地归还给上帝），是从国王以外的领主那里得到的土地"已经变得不常见了，与此同时，逃避事件金的技巧已经达到了完美的程度……"

[223] 《对付欺诈的王室官员法案》（企图欺骗他的看守人的国王）（亨利七世4年，第17章）（1489年）（英国）和《执行人的账户法案》（亨利七世19年，第15章）（1504年）（英国）；United Kingdom，1810－1828，Vol. 2，p. 540，p. 660。

[224] 《一项关于英格兰圣公会高度重视和让转让人收回和纠正所有错误、异端和虐待行为的法案》（亨利八世26年，第1章）（1534年）（英国）；United Kingdom，1810－1828，Vol. 3，p. 492。

[225] 在这里使用"利润"一词似乎更符合1450年税法中对不动产的提及，而不是1472年税法及其后使用的土地生产或发行的意义上。

> 拥有完全权力和权限随时访问、镇压、纠正、记录、命令、修改、约束和修订所有错误、异端学说、滥用、冒犯、蔑视和暴行,无论它们是什么,它们应当或者可以通过任何精神权力或管辖权的方式合法地被改革、压制、命令、纠正、修 62
> 改、约束、限制或修订……

这一举措不仅促进了对教会及其财政的控制,[226]而且授权亨利八世有权解散修道院,这一举措于两年后开始施行。

亨利八世还决心夺回王室失去的大部分封建事件金。这种收入形式的好处是不需要议会同意。[227] 1535年,他提出了一个测试案,质疑作为规避封建事件金的一种方式的用益制度。[228] 在该案中,法官接受了(似乎是在亨利八世的哄骗或胁迫下)这样一个观点:"用遗嘱来设计土地是违背土地本质的,因此土地用益权的遗嘱和土地本身的遗嘱一样无效……"[229]由于当时英格兰大部分土地的权利会在某个时候通过用益制度而获得,该决定造成了很大的不确定性,并为1536年《用益法》铺平了道路。[230] 这项法律确认了1536年前过世的人根据遗嘱传递的土地上的权利是有效的,但未来的遗嘱是无效的。它还将用益制度的受益人视为土地的合法所有者。这意味着

---

〔226〕《一项关于支付所有尊严、福利和精神提升;以及教会所有隶属精神和世俗财产的1/10,每年给国王和他的继承人的抚恤金的法案》(亨利八世26年,第3章)(1534年)(英国);United Kingdom,1810－1828,Vol. 3,p. 493。

〔227〕 Simpson,1986,p. 184和Baker,2002,p. 253。

〔228〕 南方的达克雷勋爵(Re Lord Dacre of the South)(1535年)B. &M. 105。

〔229〕 Baker,2002,p. 255.

〔230〕《关于用益权和遗嘱的法案》(亨利八世27年,第10章)(1536年)(英国);United Kingdom,1810－1828,Vol. 3,p. 539。

当用益制度的受益人死亡时，死亡引发的封建事件金将被征收。[231]

亨利八世作为英格兰教会的最高领袖，于1536年开始解散修道院并没收其财产，进一步补充了他的财政收入。大部分土地以优惠的价格卖给了贵族。但是被没收的土地的费用都是以骑士费的形式形成的，即“用于一项没有人执行的过时的诺曼人的服务……”。原因很明确：骑士服务引来了重新兴起的监护权事件金。[232] 最后一个修道院于1540年解散。修道院的解散对地方税收的发展产生了重大影响。

63 1535年戴克尔勋爵案的进一步后果是土地不能由遗嘱设计，继承人将根据遗产制度继承。面对抗议，亨利八世在几年后以1540年《遗嘱法》的形式作出了让步。[233] 该法规“第一次授予了通过遗嘱处置自由保有权的法律权利，但骑士服务的佃户必须至少留下土地的1/3遗产”。即使在1540年后的情况下，亨利八世从封建事件金中重新获得的收入是可观的，他任命了一个监护法院来监督此事。[234]《用益法》的提出引发了许多困难的法律问题，[235]不久法规中的漏洞就变得明显起来，特别是该法规没有执行“积极使用”。

> 如果封地受领人有义务需要履行，如收入的征收和分配、债务的支付、遗产的管理或产权转让的执行，用益权就不能通过法律实施，因此封地受领人必须保留合法的财产。[236]

---

[231] Simpson, 1986, p. 23, p. 184 – 188.

[232] Baker, 2002, p. 241.

[233] 《土地上的行为可以由遗嘱决定的法案》（亨利八世32年，第1章）（1540年）（英国）；United Kingdom, 1810 – 1828, Vol. 3, p. 744。

[234] Simpson, 1986, p. 191 – 192 和 Baker, 2002, p. 256 – 257。

[235] Simpson, 1986, p. 194 – 196 和 Baker, 2002, p. 285 – 286。

[236] Baker, 2002, p. 290 和 Simpson, 1986, p. 201。

此外,法院早在1580年就裁定,该法规不执行按年为期限申报的用益权。[237] 贝克指出,该法规中最重要的空白是双重用途,即"X持有土地,用益权归X和Y,或者X持有土地,用益权归Y和Z"。在后一种情况下,法院不会执行第二个用益权(这与第一个用益权相悖),但由于其诉诸良心的原则,衡平法院在特定的情况下会这样做,这将极大地促进16世纪衡平法院业务的增长。正是在这一时期,衡平法院的司法形式获得了"衡平"的名称。[238] 事实上,"信托"一词"原本是'用益'的同义词,但后来被用来表示没有按照用益法实施的衡平法财产……"。因此,信托的概念源于《用益法》,信托的实施与衡平法院有关。[239]

在法院是可以提起账目诉讼的。琼斯(Jones)认为,在其对用益 64
权的应用中,这起诉讼实际上是针对"违反信托",其起源可以追溯到1320年。[240] 随着衡平法院在《用益法》之后业务的增长,衡平法院的账目诉讼与信托之间发展出了密切的关系,以至于两者之间的"区分"是"困难的"。[241] 贝克写道,普通法的账目诉讼最终是如何"在更有效的衡平法院账目诉讼程序面前崩溃的"。同样,衡平法院对损耗给予公平的救济,而且在许多情况下,这种救济范围比普通法院提供的救济范围更广。简言之,到《用益法》通过时,信托法的发展已经具备了一切必要的要素,并最终形成了信托法所得(income)的概念。

---

〔237〕 Simpson,1986,p. 194.

〔238〕 Baker,2002,p. 106.

〔239〕 Baker,2002,p. 290,注释52,p. 104。Simpson,1986,p. 199 - 207和Jones,1998,p. 173,p. 177,注释33。

〔240〕 Jones,1997,p. 189.

〔241〕 Jones,1997,p. 191.

这些要素中最重要的部分，都起源于封建土地所有和用益的形式。

(三)后期都铎王朝的补助金

亨利八世在动荡的16世纪30年代被授权了一项补助金。1534年，“国王第一次得到一笔并非专门用于资助军事远征的补助金”。[242] 该税收[243]对土地的“年净值”和“货物、动产或债务”的价值，按相同税率征收，免税额为20英镑。[244] 公民个人的税率为5%，其他人的税率为10%，包括“公会、行会、兄弟会和其他法人或非法人的非专业人士公司……”该法律还见证了一个更实质性的管辖权限制的回归，特别是在土地方面，自1504年以来似乎已经消失了的税收：

> 对所有人的土地和自由保有权、惯常保有权的土地，以及
> 65 英格兰和其他领土内的货物和动产评估和征收的税……[245]

---

[242] Jurkowski 等人，1998，p. 140。

[243] 《授权国王十五一税和什一税补助金的法案》(亨利八世26年，第19章)(1534年)(英国)；United Kingdom，1810 - 1828，Vol. 3，p. 516 - 524。Jurkowski 等人，1998，p. 140 - 141 和 Schofield，2004，p. 91。

[244] Schofield，1988，p. 241，将“明确的年度价值”一词解释为“管理费用、应付给他人的年金和需要确定和排除在任代表的工资等费用”。他接着指出，在1540年的补助金之后，“清除”的提法被取消了，但他假定税收仍然是以净额而不是总额为基础征收的。Schofield，2004，p. 103.

[245] 《授权国王十五一税和什一税补助金的法案》(亨利八世26年，第19章)；United Kingdom，1810 - 1828，Vol. 3，p. 517。“版图(dominions)”一词很有意思，尽管还不清楚它究竟涵盖了什么(到目前为止，该法中还没有列入具体领域的专员名单)。前一笔1523年的补助金明确豁免了爱尔兰、威尔士、加莱、根西岛和泽西岛的居民，后一笔1540年的补助金也是如此；《补助金法案》(亨利八世14年和15年，第16章)(英国)；United Kingdom(1810 ~ 1828年，第3卷，分别在第239条和第824页)。由于1534年的法案没有明确的例外，其目的可能是对这些地区的居民征税。

还有一个更笼统的债务扣除规定,该规定并不明确限于动产价值的计算。[246] 像往常一样,该规定对于个人而言只就土地或货物征税,而不是两者兼而有之。该法律还包含一项有趣的规定,免除农民对"他们的农场"拥有的金钱或货物征税。该条款还声称,领主应就土地支付税收,尽管存在任何与此法相悖的协议。[247] 十五一税和什一税也同时被征收。

1540年,亨利八世被授权按土地年价值5%和货物价值和净债务价值2.5%的税率获得补助金,每项补助金均有20英镑的免征额。[248] 与1534年相比,该法的征收规定与1523年的更加相符。其没有将征收对象明确限定为境内的土地(但明确对境外的动产征税),并明确指出,债务的扣除仅限于动产价值的计算。似乎将非居民征税限制在来源地基础上的规定也包含在与1523年一致的表格中。该补助金与四次十五一税和什一税一起授权。

另一项补助金是在1543年授权的,同样是对土地的年价值和动产的价值按累进税率计算,在货物和净债务方面上升到10%,在土地

---

〔246〕"从房屋中扣除他们每个人所欠的、凭良心真正想付的钱……"《授权国王十五一税和什一税补助金的法案》(亨利八世26年,第19章);United Kingdom,1810-1828,Vol.3,p.517。

〔247〕《授权国王十五一税和什一税补助金的法案》(亨利八世26年,第19章);United Kingdom,1810-1828,Vol.3,p.523。这似乎是最初纳入所得税附表A的反滥用规则的最终起源。Soos,1997,p.62在1557~1558年和1575~1576年及以后的神职人员补助金来源的税收中也有类似的规定。

〔248〕《补助金议案》(亨利八世32年,第50章)(1540年)(英国);United Kingdom,1810-1828,Vol.3,p.812-825。Dowell,1965,Vol.1,p.139;Jurkowski等人,1998,p.142和Schofield,2004,p.91。

66 方面上升到15%。[249] 这是第一次明确适用于“在英格兰、威尔士或其他王国领域内出生的人”的补助金，[250] 在威尔士被并入该领土7年后，威尔士立即被划分为郡。[251] 爱尔兰、加莱、泽西岛和根西岛的居民继续被明确豁免。[252]

1545年又授权了一项补助金，按动产和净债务价值的累进税率增加到6.7%，土地年价值提高到10%。[253] 自1514年征税以来，土地税目的征收已将一个人拥有的“根据遗嘱在任何……其他年度的利润……”的年价值包含在内。[254] 斯科菲尔德指出了该规定的潜在广度，认为它包括：

> 任何来源的任何收入，只要是每年收到的。因此，如果工资按年支付，则包括在这一类别中，但如果按日、周或月支付，则不包括在内。必须明确强调这一类别的范围，因为

---

〔249〕《临时性补助金法案》(亨利八世34年和35年，第27章)(1543年)(英国)；United Kingdom, 1810 – 1828, Vol. 3, p. 938 – 951。Jurkowski等人，1998, p. 143 – 144。

〔250〕《临时性补助金法案》(亨利八世34年和35年，第27章)(1543年)(英国)；United Kingdom, 1810 – 1828, Vol. 3, p. 939；作者进行了现代化表述。

〔251〕《关于在威尔士实施与本国相同形式的法律与司法的法案》(亨利八世27年，第26章)(1536年)(英国)和《关于国王陛下领土及威尔士亲王辖区若干条例的法案》(亨利八世34年和35年，第26章)(1543年)(英国)；United Kingdom, 1810 – 1828, Vol. 3, p. 563, p. 926。

〔252〕(亨利八世37年，第25章)；United Kingdom, 1810 – 1828, Vol. 3, p. 1031。

〔253〕《关于临时性授权一整笔补助金和二整笔五分之一税和什一税的法案》(亨利八世37年，第25章)(1545年)(英国)；United Kingdom, 1810 – 1828, Vol. 3, p. 1019 – 1032。Dowell, 1965, Vol. 1, p. 140和Jurkowski等人，1998, p. 146 – 147。似乎动产的累进税率可能只适用于居民(无论是否为公民)。

〔254〕《补助金法案》(亨利八世5年，第17章)(1514年)(英国)；United Kingdom, 1810 – 1828, Vol. 3, p. 106。

有一种误导性倾向,认为它仅限于土地收入。[255]

认为该项税目仅限于不动产也许是可以理解的。"利润"一词对某些土地权利具有特定的法律含义,其持有方式与其他不动产大致相同。但早在1472年,"利润"一词似乎就已在税法中被使用,来表示不动产的产出,而不是不动产的一种形式。斯科菲尔德在这方面 67
所做工作的重要性在于,他提供的证据表明,有人就"利润"而被征税,但不涉及该词的技术法律意义。因此,至少在16世纪上半叶,"利润"一词在税法中被用来表示产出或收益的意思。自从引入"其他年利润"一词以来,1545年的法律首次明确从该税目中免除了"每年应支付给仆人的年薪,总额为四十先令,或低于但不高于……"[256]。该法律也从1543年对在英格兰和威尔士"出生"的人征收,改为对那些在那里"居住"的人征收。[257] 该项目在1545年征收的同时,还授权了两次十五一税和什一税。

爱德华六世的统治始于1547年,并于1549年获得了基于动产和债务的补助金。该法案对英国饲养的绵羊和生产的布料征税,但后来又进行了修订,以便将动产补助金再延长一年。[258] 随后在1553年,授权了两次十五一税和什一税,以及对货物和债务按最高到

---

[255] Schofield,2004,p. 102.

[256] 亨利八世37年,第25章;United Kingdom,1810 - 1828,Vol. 3,p. 1021;作者进行了现代化表述。

[257] 亨利八世37年,第25章;United Kingdom,1810 - 1828,Vol. 3,p. 1020。

[258] 《授权国王临时性救济的法案》(爱德华六世2年和3年,第36章)(1549年)(英国)以及《一项在最后一次发布的法律中支付羊和衣服;以及一年内授权补助金的法案》(爱德华六世3年和4年)(1549年)(英国);United Kingdom,1810 - 1828,Vol. 4,p. 78 - 93,p. 122 - 124。Jurkowski等人,1998,p. 148 - 149。

6.7%的累进税率，就土地按年价值的10%的税率征收的补助金。[259]这种补助金大体上沿用了亨利八世补助金的形式。但是，在这种情况下，仆人的年薪是免税的（除非国王的仆人的年薪为5英镑以上）。这是为了证明未来的补助金的豁免标准。[260] 该法案还对土地征税的限制进一步进行了特殊规定，此时回顾一下补助金的典型管辖范围是有益的。

到这个时候，动产税目项下较低的税率是对以下征税：在英格兰、威尔士或其他王国领域内的每个人，以及在英格兰、威尔士或其
68 他王国领地内的所有互助会、行会、公司、神秘兄弟会和公共团体法人或非法人……公司等的动产将由动产的“管理或保管”者征税。更高的税率是针对“每一个在服从于国王的领地之外出生的外国人和外来者，以及居住在这个王国的其他公民……”在这两种情况下，该项税目的征收扩展到“在这个王国之内和之外”的动产和应收债务减去欠债。土地年价值的征收在公民和公司以及公民和外国人之间也有类似的区别。第一个税目列出了所涵盖的动产类型，然后在全球范围内适用，1553年的补助金以类似的方式列出了第二税目所涵盖的利益类型，并说明“在古代地区和其他享有特权的地方也一样”[261]。其效果似乎是对全世界范围内的税基征税，涉及土地征税也是如此。一个令人困惑的问题是，第二税目仅适用于“外国人”，而没有限制性地提及“居住在王国内”（除非这是暗示在先前第一个税

〔259〕《临时性十五一税和什一税补助金的授权法案》（爱德华六世7年，第12章）（1553年）（英国）；United Kingdom，1810－1828，Vol. 4，p. 176－189。Dowell，1965，Vol. 1，p. 143和Jurkowski等人，1998，p. 151－252。

〔260〕Kennedy，1964，p. 22.

〔261〕爱德华六世7年，第12章；United Kingdom，1810－1828，Vol. 4，p. 178－179。

目下对外国人的提及)。因此,从措辞上看,非居民外国人在英格兰可能拥有的任何土地,是否要征税是不清楚的(但在实践中似乎是要征税的)。

随后的一项条款(接近征税条款)规定,“居住在该王国内”的人(无论是否为外国人),在评估时不在王国内,但在王国内有动产和土地,应当通过当地居民证明被征税,或者由该人的“代理商或代理人”来征税。此外,(在行政规定中)对居住在该地的人进行评估和征税的条款还规定,对在评估时不在该地的应课税的人,应在“他最后居住的地方”进行征税。[262] 从这些规定中很难得出具体的结论,但至少有基于来源地征税的确切证据(种子早在 100 多年前就已经播下),尤其是按住所地(居住地)征税。与往常一样,爱尔兰、加莱、泽西岛和根西岛的居民在那里的土地、财产和职位方面得到明确豁免。[263]

爱德华四世于 1553 年去世,玛丽女王免除了这项补助金。[264] 69
但在 1555 年,玛丽女王通过法案并被授权了类似的补助金。[265] 她和菲利普(她的配偶)在 1558 年又获得了十五一税和什一税。[266] 税

---

〔262〕 爱德华六世 7 年,第 12 章;United Kingdom,1810 – 1828,Vol. 4,p. 179,p. 182 – 183。

〔263〕 爱德华六世 7 年,第 12 章;United Kingdom,1810 – 1828,Vol. 4,p. 188。

〔264〕 《发放最后一次临时性补助金的法案》(玛丽 1 年,第 2 会期,第 17 章)(1553 年)(英国);United Kingdom,1810 – 1828,Vol. 4,p. 218。

〔265〕 《国王和玛丽王后的补助金法案》(菲力和玛丽 2 年和 3 年,第 23 章)(1555 年)(英国);United Kingdom,1810 – 1828,Vol. 4,p. 301 – 302。Dowell,1965,Vol. 1,p. 144 和 Jurkowski 等人,1998,p. 154 – 155。

〔266〕 《上议院和下议院授权补助金和一次十五一税的法案》(菲力和玛丽 3 年和 5 年,第 11 章)(1558 年);United Kingdom,1810 – 1828,Vol. 4,p. 336 – 348。Dowell,1965,Vol. 1,p. 146 和 Jurkowski 等人,1998,p. 155。

率范围上至每个人动产和债务价值的13.3%，以及土地年价值的20%，而外国人通常采用双倍税率。到伊丽莎白登基时，补助金的形式已经相对稳定。她在统治期间，继续征收动产税，以类似的方式对动产的价值和土地的年价值以不同的税率征税，但通常对货物征收较低的税率。伊丽莎白在1559年、〔267〕1563年、〔268〕1566年、〔269〕1571年、〔270〕1576年、〔271〕1581年、〔272〕1585年、〔273〕1587年、〔274〕1589年、〔275〕

---

〔267〕《临时性十五一税和什一税及补助金的法案》（伊丽莎白1年，第21章）（1559年）（英国）；United Kingdom, 1810 - 1828, Vol. 4, p. 384 - 396。Jurkowski等人，1998, p. 156。

〔268〕《临时性授权两次十五一税和什一税及补助金的法案》（伊丽莎白5年，第31章）（1563年）（英国）；United Kingdom, 1810 - 1828, Vol. 4, p. 464 - 478。Jurkowski等人，1998, p. 157。

〔269〕《临时性授权十五一税和什一税的法案》（伊丽莎白8年，第18章）（1566年）（英国）；United Kingdom, 1810 - 1828, Vol. 4, p. 505 - 519。Jurkowski等人，1998, p. 158。

〔270〕《临时性授权两次十五一税和什一税及补助金的法案》（伊丽莎白13年，第27章）（1571年）（英国）；United Kingdom, 1810 - 1828, Vol. 4, p. 505 - 519。Jurkowski等人，1998, p. 159。

〔271〕《临时性授权两次十五一税和什一税及一次补助金的法案》（伊丽莎白18年，第23章）（1576年）（英国）；United Kingdom, 1810 - 1828, Vol. 4, p. 638 - 651。Jurkowski等人，1998, p. 160。

〔272〕《临时性授权两次十五一税及补助金的法案》（伊丽莎白23年，第15章）（1581年）（英国）；United Kingdom, 1810 - 1828, Vol. 4, p. 684 - 698。Jurkowski等人，1998, p. 161。

〔273〕《临时性授权两次十五一税和什一税及一次完整补助金的法案》（伊丽莎白27年，第29章）（1585年）（英国）；United Kingdom, 1810 - 1828, Vol. 4, p. 744 - 757。Jurkowski等人，1998, p. 161 - 162。

〔274〕《临时性授权两次十五一税和什一税及一次完整补助金的法案》（伊丽莎白29年，第8章）（1587年）（英国）；United Kingdom, 1810 - 1828, Vol. 4, p. 778 - 792。Jurkowski等人，1998, p. 162 - 163。

〔275〕《授权我们最仁慈的土地领主女王四次十五一税和什一税及完整补助金的法案》（伊丽莎白31年，第15章）（1589年）（英国）；United Kingdom, 1810 - 1828, Vol. 4, p. 818 - 834。Jurkowski等人，1998, p. 64。

1593年、[276]1597年[277]和1601年[278]被授权补助金。在同一法律中,在同一时间,以一次或多次征收的方式授权十五一税和什一税。通常在授权补助金的同时,授权两个十五一税和什一税。接近伊丽莎白统治末期,众多的补助金被授权,并带着双倍的十五一税和什一税,在1601年,最高可达4次补助金和8次十五一税和什一税。[279] 70

道威尔讨论了都铎王朝补助金的典型形式。纳税人被分为两类:土地所有者和就动产被征税的人。有时,免征额门槛得到了较轻人头税的支持,并且作为一项规则,外国人支付的税率是本国人的2倍。土地年价值和动产价值的税率通常上升至20%和13.3%。动产税按其实际价值征税,而土地税则按年价值征税。[280] 重要的是,动产明确包括餐具、库存商品、各种玉米和谷物、家庭用品、其他动产和应收债务,并减去所欠债务。土地税目仍然包括“其他年度利润”,但法律随后免除了仆人的年薪(除了女王的仆人拿着高于门槛的工资)。补助金通常分两部分征收,第一部分占总数的2/3。像往常一

---

[276] 《临时授权六次十五一税和什一税及三次完整补助金的法案》(伊丽莎白35年,第13章)(1593年)(英国);United Kingdom,1810－1828,Vol. 4,p. 867－883。Jurkowski等人,1998,p. 165－166。

[277] 《临时性授权三次补助金及六次十五一税和什一税的法案》(伊丽莎白39年,第27章)(1597年/1598年)(英国);United Kingdom,1810－1828,Vol. 4,p. 937－952。Jurkowski等人,1998,p. 168。

[278] 《临时性授权八次十五一税和什一税及四次完整补助金的法案》(伊丽莎白43年,第18章)(1601年)(英国);United Kingdom,1810－1828,Vol. 4,p. 991－1009。Jurkowski等人,1998,p. 169。

[279] Dowell,1965,Vol. 1,p. 146－151和Jurkowski等人,1998,p. 156－170。

[280] Dowell,1965,Vol. 3,p. 71.

样，一个人只需要缴纳土地税或动产税，而不同时缴纳这两项税。[281]
71 王室高级官员任命了管理税收的专员。他们被分成几组地区专员和指定的评估员，评估员将评估结果返给专员。[282] 评估员可以向专员提出上诉。专员们还任命了征收员。[283]

斯科菲尔德的报告说，在亨利八世统治期间，"对年收入的补助金评估似乎相当实际……"但是"估计在亨利八世去世后评估质量明显恶化"。[284] 16世纪下半叶补助金的收益下降导致国家征收了多次补助金。道威尔认为，补助金成了十五一税和什一税的实践，因为它成为授权一定数额金钱的同义词，在伊丽莎白一世统治末期大约为80,000英镑。他认为，实际上从一项补助金到另一项补助金，几乎没有重新评估。通过任命地区专员、评估员和征收员而带来的地方化，导致在全国不同地区之间存在很大差异。其结果是严重低估了价值。[285]

---

〔281〕 Schofield,1988,p.236认为，"每个类别的应税所得的税率都是设定的，因此只有那些从土地或费用中获得巨大收入的人才会在该税目下纳税。对于其他人来说，动产应缴纳的税款通常会更高，因此，都铎王朝绝大多数税款实际上都是基于对动产价值的评估，这一点也不奇怪"。

〔282〕 Schofield,1988,p.236认为，实际上，"专员们来自与治安法官相同的社会阶层，他们对郡域进行了细分，因此实施补助金法案的责任在于每个地方的社会领导人"。

〔283〕 Dowell,1965,p.151－154.

〔284〕 Schofield,1988,p.243,p.253. Schofield的工作包括一项有趣的研究，将1524～1572年间的补助金评估与遗嘱认证评估进行了比较。他的结论是，动产价值的评估平均仅为遗嘱认证评估的30%，而年收入（主要来自土地）的评估为63%。他的研究表明，造成这种差异的原因是对商品进行估价的难度更大。Schofield,1988,p.245－249. Schofield在第253页总结道，最贫穷的人"被评估的遗嘱认证评估比例远远高于平均水平，而最富有的人被评估的比例远远低于平均水平"。Schofield,2004,p.206－217.

〔285〕 Dowell,1965,Vol.1,p.154－158. Miller,1955,p.18，其中包含一个有用的表格，说明在这段时间内同行的评估是如何下降的。She,1955,p.19也指出，"在早些时候的补助金中，事实上许多贵族就商品被征税；在后来的补助金中，所有的贵族和女贵族都被征收土地税"。Schofield,2004,p.204认为，到1589年，枢密院"显然已经放弃了这样一种观念，即评估应该是对个人纳税人财富的现实评估……"。

在伊丽莎白一世统治期间，这种低估通过取消誓言而加速。米勒指出：

> 都铎王朝的补助金法案确实从来没有要求英国的普通民众宣誓；他们只有被怀疑提交的数字太低时，才会接受宣誓检查。然而，即使是这种程度的强制也是不被欢迎的，在 72
> 伊丽莎白统治的第一届议会中，旧的模式也被废除了：从今以后，任何被怀疑在评估中被估值过低的人都将被专员们以除宣誓以外的各种方式和方法进行检查。评估员们仍然要发誓对所有征收补助金的人的价值进行真实调查；而在 1563 年，评估员的誓言又被废除了，下议院在关于补助金的辩论中将注意力集中在这一点上，并表示不赞成这一宣誓。此外，宣誓的废除似乎产生了直接的实际后果：同时代的人无论如何都认为这是对后来伊丽莎白时代的补助金普遍评估较低的主要原因之一。[286]

因此，到了 17 世纪早期，补助金更像是十五一税和什一税那样的配额制度，而不是全国范围内的平等评估。法定规则在很大程度上被忽视了。[287]

（四）地方税的发展

正是在 16 世纪 30 年代动荡的十年中，亨利八世开始补充传统

---

〔286〕 Miller，1955，p. 28. Schofield，1988，p. 238 – 240.

〔287〕 Jurkowski 等人，1998，p. 44。Schofield，1988，p. 243，将伊丽莎白一世统治后期的评估描述为“公开承认的闹剧”。

的地方税（治安官税、百户区税和郡税），对用于建造桥梁、监狱和矫正院等目的有更加具体的税率。这种法规例子可追溯到 1530 年。[288] 这种为特定目的而征收的税费会成倍增加，以至于制度变得过于复杂和繁重。[289] 征收税费的某些目的，如修缮公路和堤道，导
73 致了对土地征收税费。正如坎南所认为的那样，这立即引发了一个问题，即如果所有权人没有占用所涉财产，则是否应向佃户或领主征税。发展起来的做法是，对佃户征收"年度维修费"，而对领主征收"特别维修费"。[290] 这是需要区分资本支出和收入支出的另一个早期例子。

然而，亨利八世在 1536 年开始解散修道院，这对地方税收产生了较大的影响。这次解散对那些得到修道院扶助的贫困者产生了不良影响。对贫困者的扶助原本是一个教区范围内的问题，修道院在这方面提供了大量支持。取消这种形式的扶助后，亨利八世于 1536 年通过了一项法律，根据该法律的规定，城市、郡、城镇和教区的首长在法律上有义务供养贫困者，并让某些乞丐继续工作。然而，这项义

---

[288] 《关于桥梁和高速公路改造的法案》（亨利八世 22 年，第 5 章）（1530 年/1531 年）（英国）；以及《关于王国范围内的监狱应在何处以及以何种方式感化和创造的法案》（亨利八世 23 年，第 2 章）（1531 年/1532 年）（英国）；United Kingdom，1810 – 1828，Vol. 3，p. 321，p. 363。根据这些法律，郡治安法官拥有广泛的自由裁量权，可以在相关城镇或教区的居民或住户之间分摊税款，即让他们"根据他们的谨慎惯例，他们必须支付合理的税款和一定数量的金钱……"关于治安法官，见注释 201。

[289] 更多根据"能力"征收税款的法规例子见 Cannan，1896，p. 39 – 40 指出的，《偿还斯卡布罗债务的法案》（玛丽 1 年，第 2 会期，第 32 章，没有印刷）（1553 年）（英国），《接着效仿的法案》（伊丽莎白 27 年，第 13 章）（1584 年/1585 年）（英国）（公路抢劫案受害者的损害赔偿率）以及《修缮萨里郡尤厄尔和朗顿教区内从诺萨企切到塔兹韦尔的公路，通往泰晤士河上的金斯顿的法案》（詹姆斯一世 3 年，第 19 章）（1605 年/1606 年）（英国）；United Kingdom，1810 – 1828，Vol. 4，p. 720，p. 1094。

[290] Cannan，1896，p. 22，在 1622 年的一系列讲座中指出。

务的资金支持只能通过堂会理事和某些其他官员自愿交税或慈善施舍而取得。宗教官员被迫在传道中煽动人们捐款，但捐助在法律形式上仍然是自愿的。[291] 该法律下的大部分规定并不是新的，而是沿用了伦敦等一些城市和城镇已经存在的做法。[292] 尽管有教会的劝说，但人们自愿捐助金额不足，贫困者的困境急剧恶化。[293] 74

1563 年，伊丽莎白一世通过对违规者的法律制裁，支持自愿捐助，将对贫困者的捐助转化为一种税收形式。[294] 该法令规定：

> 如果能够推进这项慈善工作的人，合理地向贫困者提供帮助和救济……然后，他或他居住的教区的牧师或教区主管和教会委员应温和地劝告他或他们去救济贫困者；如果他或他们不能被说服，那么在牧师或教区牧师向主教颁发证书……同一个主教……应召唤他或他们，通过慈善手段和方式诱导和说服他或他们将慈善事业扩展到贫困者……如果因此被召唤的人，由于他或他们的刚愎或任性，

---

〔291〕《惩罚流浪汉和乞丐的法案》（亨利八世 27 年，第 25 章）（1536 年）（英国）；United Kingdom，1810－1828，Vol. 3，p. 558。其第 4 节规定了“这个王国每个教区……教会管理人都应本着善良和仁慈的精神，接受这种个别和便利的秩序，每个星期天在同一个盒子里收集和获取善良的基督信徒的这种慈善和自愿施舍……在这样一个善良和个别的智慧中，如穷人、无行为能力人、跛足、虚弱的病人和患病的人，不能工作，可以被提供帮助和缓解……”

〔292〕例如，Leonard，1965，p. 26，指出 1533 年发给伦敦市议员的命令。关于 1536 年法律草案的一个有趣的描述见 Elton（1974 年）。该草案比通过的法律更为全面，将涉及征收分类所得税，以资助将被安排从事公共项目的失业者的工资。

〔293〕United Kingdom，1843，p. 12 和 Leonard，1965，p. 26。

〔294〕同样，这不是第一个为救济穷人而征收强制性税收的例子。Leonard，1965，p. 29 指出 1547 年伦敦市议会早先征收了税款。

> 顽固地拒绝每周根据他或他们的能力为贫困者提供救济，那么主教……应具有充分权力和权威……以承认的方式约束上述顽固和任性的人向女王提供担保，总共 10 英镑，并附上背书的条件，上述顽固的人如拒绝，须在该郡治安官面前……在下届全体会议上……如果这种顽固的人拒绝接受约束……那么上述主教……应有权根据本法将上述顽固的人送进监狱，不得保释……直到上述顽固的人受到上述约束为止。[295]

这里再次有立法提及“能力”，这一次是顽固的人的能力。[296] 下一节讨论的是一般议会之前的程序。与对“能力”的提及相比，它规定了：

> 对上述大法官来说，应该并且可能是合法的……对每
> 75 一个如此顽固的人，根据他们的良好判断力，对上述顽固的人进行估税和限制，每周应向其居住和住所的教区内的贫困者支付多少救济金……[297]

该法于 1572 年在重要方面进行了调整，这些方面与目前并不相

〔295〕《救济穷人的法案》（伊丽莎白 5 年，第 3 章）（1562 年/1563 年）（英国）第 7 节；United Kingdom, 1810 - 1828, Vol. 4, p. 412。United Kingdom, 1843, p. 12.

〔296〕在一项济贫法案中，也使用了类似于教区居民“能力”的提法（菲力和玛丽 2 年和 3 年，第 5 章）（1555 年）（英国）；United Kingdom, 1810 - 1828, Vol. 4, p. 280。这项法律取代了 1536 年的法律，但不包括 1563 年的强制法。Cannan, 1896, p. 61.

〔297〕（伊丽莎白 5 年，第 3 章，第 8 节）；United Kingdom, 1810 - 1828, Vol. 4, p. 412。

关。坎南指出,直到1572年,“毫无疑问”济贫税费是根据一个人的捐助能力来征收的。[298] 相比之下,伦纳德(Leonard)指出,1569年至1597年间,地方政府使用了各种方法为贫困者筹集资金。在某些情况下,十五一税和什一税是基础。在其他情况下,以前的自愿捐助似乎最初被用作估税的基础。[299]

议会委员会在1597年重新审视了贫困者救济的问题。这次修订的原因是1594年至1597年间玉米收成微薄,导致玉米价格大幅上涨。[300] 结果,1598年通过了一系列法案,包括一项新的济贫法。[301] 该法律有效期有限,但实际上是在1601年“重新颁布”,其形式在两个多世纪以来几乎没有改变。[302] 1601年法律的影响不是立竿见影的,很明显,起初大多数教区没有征收济贫税费,[303]但是1601年的济贫法将为未来的税费设定模式。[304]

1601年的法律按以下条款征税:

> 每个教区的堂会理事(教区管理财务的)……应不时接受命令……每周筹集资金,或通过对每个居民征税……以及对上述教区中的每个土地房屋[等]的占有者,按其认为

---

[298] Cannan,1896,p.67.

[299] Leonard,1965,p.116-117. Leonard,1965,p.118认为,在此期间,“没有人试图强制执行任何理论,即应根据占用土地的价值或根据付款人的财富征收所需金额”。

[300] Leonard,1965,p.73.

[301] 《救济穷人的法案》(伊丽莎白39年,第3章)(1597年/1598年)(英国);United Kingdom,1810-1828,Vol.4,p.896。

[302] Leonard,1965,p.79.

[303] United Kingdom,1843,p.13.

[304] United Kingdom,1843,p.13.

> 适当的一笔或多笔款项[用于让贫困者工作和济贫]，根据同一教区的能力从同一教区筹集……[305]

76 法律的简短措辞在评估方面留下了许多问题，这导致了大量关于税收的诉讼。[306] 坎南似乎觉得1597年法律的意图仍然是根据人们的整体能力来估税。这种税收形式与居民的评估是一致的，如以居住地为基础的税收。然而，针对房地产占用者征税的规定引发了问题。如果土地的占用者占用的土地是不可征税的，那么所有土地所有者都可能迁移到一个富裕的教区，其结果不仅是他们在该教区的税收会很低，而且他们还会消除大部分的其他教区的潜在税基。因此，法律考虑了对占有者征税的"来源地"基础，即一个教区可以对该教区的土地占用者进行估税，即使土地所有权人不是该教区的居民。为了避免双重征税，这意味着所有权人必须就被他人占用的房地产豁免征税。结果，居民无法就其整体能力被估税。[307]

1843年，《济贫法》的专员总结了法院在确定应纳税财产方面的做法。法院区分了明示责任的财产（土地、房屋等），它们由占有者承担责任，以及默示责任的财产，它们由居民承担责任。关于后者：

> 法院一般遵循两个原则：首先，默示责任的财产与明示

---

〔305〕《救济穷人的法案》（伊丽莎白43年，第2章）（1601年）（英国）第1节；United Kingdom，1810－1828，Vol. 4，p. 962。第5节规定，在一般季度会议上，治安法官有权对评估提出上诉。

〔306〕 United Kingdom，1843，p. 12. 相关案例更多被报告在Pratt（1827年），特别是，见第2条第6标题"应按何种比例征收税费"和第7标题"应被征收的人员和财产"（1827年，第109～284页）。

〔307〕 Cannan，1896，p. 76－77，p. 82－85 早在1633年就提到判例法和法官决议。

> 责任的财产不同；因此，居民本身不应因其从土地、房屋和财产中获得的能力而被征税，而应仅对占用者征税；其次，默示责任的财产虽然不完全相同，但应与明示责任的财产相类似；因此，大多数财产的明示的责任……是可见的、位于教区内，并产生利润；法院认为，默示责任的财产也应是本地的、可见的，并产生利润。[308]

作为这一解释的结果，居民只需就个人财产交税。劳动收入和租金收入不向居民征税，家用家具或其他商品也不征税。然而，商业贸易中的有形现货是应纳税的，它是对居民征税的唯一实质性财产形式。[309] 这种对早期"能力"标准的背离有助于解释为什么英国枢密院委员会对1634年的船税（原著第80～81页）的内容是如此的明确，以致根据能力征税。虽然，正如坎南所认为的，能力标准偏离的程度，尤其是在17世纪，可能因教区而异。[310] 77

确定了应纳税的财产后，仍然存在为估税目的对该财产进行评估的问题。济贫税费是根据纳税主体的"能力"明确规定的税费，但评估主要基于客观标准。济贫法专员认为，最早关于济贫税费的做法"在很大程度上取决于每个占用者拥有的英亩数"[311]。

与中央直接税和其他地方税的配额制度一样，济贫税费是按应

---

〔308〕 United Kingdom, 1843, p. 20.

〔309〕 United Kingdom, 1843, p. 21，指出1795年以前，交易中的存货的济贫税费的责任，一直存在争议，而且各个地区的责任也各不相同。有一个有趣的故事，讲述了一个地区坚持对存货进行评级是如何加速羊毛订书机和服装商北移到现货贸易未评级的地区的（1843年，第22～23页）。这是税收竞争效应的早期例子。

〔310〕 Cannan, 1896, p. 87－88.

〔311〕 United Kingdom, 1843, p. 27. 原重点。

纳税财产每镑价值的固定百分比征收的。百分比(或英镑税率)的数值取决于每个教区筹集的总金额。[312] 济贫税费通常是每周一次,在周日礼拜后在教堂门口支付。[313] 济贫税费的引入最终导致治安官税费的终结,因为乡镇逐渐被认同为教区,并且教区成为实现地方税收目的的典型地区。[314]

四、统一王权：早期的斯图亚特王朝

1603 年,苏格兰的詹姆斯六世继承伊丽莎白一世的王位,成为
78 英格兰的詹姆斯一世。苏格兰和英格兰的王位于此时合并,但直到1707 年,英格兰和苏格兰的完全政治联合才实现。[315] 早期斯图亚特王朝的统治标志着英国议会和王室之间关系的冰点到来,最终导致英国内战。在詹姆斯统治期间,直接征税的方式与伊丽莎白统治时期的情况大致相同。然而,当查理一世于 1625 年继承王位时,情况发生了巨大变化,他最初也以都铎王朝补助金的形式获得了标准类型的直接税收(但不是十五一税和什一税)。然而,当查理一世于1629 年解散议会并在没有议会的情况下继续统治了 11 年后,争端达到了顶峰。

争端至少有一部分问题与宗教有关。清教徒在詹姆斯一世统治

[312] United Kingdom, 1843, p. 40.

[313] United Kingdom, 1843, p. 41.

[314] United Kingdom, 1843, p. 6.

[315] Baker, 2002, p. 34.

期间崛起为一股宗教力量。他们是激进的新教徒,他们希望通过减少教会仪式、教育神职人员和限制主教的权力来"净化"教会。清教徒也赞成节俭、教育和个人主动性。因此,他们与在下议院拥有巨大权力的商人中产阶级有着天然的联系。相比之下,查理一世赞助了主教威廉·劳德(William Laud)(1633 年成为坎特伯雷大主教)的事业,他也偏爱仪式和和谐的礼拜仪式。清教徒不喜欢劳德,他们认为劳德的做法接近罗马天主教徒的做法。劳德试图在英格兰的每个教区强制统一礼拜,这遭到了清教徒的反对。劳德不能容忍反对,并利用刑室法庭和高级委员会来惩罚批评他的人。

詹姆斯一世在位期间还见证了新大陆(北美和西印度群岛)定居点的初步建立。议会停摆、劳德大主教对清教徒等激进宗教团体的迫害,以及在没有英格兰问题的新大陆获得土地和财富的可能性,引发了英格兰从 1630 年左右开始的大规模移民。这些移民中的许多人去了新大陆,根据英国的惯例建立了定居点,包括税收。

首先,本节简要讨论 1629 年议会停摆前授权斯图亚特家族的直接税。其次,本节涵盖了查理一世在停摆期间筹集财政收入的方式, 79
特别是以船舶令状形式筹集的财政收入。再次,本节继续讨论新大陆的定居点以及在那里征收的早期税收形式。早期定居点的实践,如税收等,为未来开创了先例,但当地人往往拒绝改变。最后,本节讨论了长期议会期间向查理一世提供的重要授权,查理一世于 1640 年召集议会,以筹集资金镇压苏格兰的叛乱。这些是英国内战爆发前的最后一笔授权,但它们将被证明对在英国内战期间和君主复辟后采用的直接税收形式具有影响力。

(一)继续补助金但终结十五一税和什一税

在詹姆斯一世统治时期和查理一世统治初期,议会授权的补助金和十五一税和什一税数量有所增加。部分原因是未能重新评估，以及通货膨胀。1606 年[316]、1610 年[317]、1613 年[318]及 1624 年[319]，詹姆斯一世按惯例被授权了补助金及十五一税和什一税。查理一世在 1625 年获得王权时也获得了两项补助金。[320] 但没有十五一税和什一税被授权给查理一世，1624 年授权给詹姆斯一世的上述两种税，是这种税收的最后一次授权。1625 年之后，议会以“对贫困者来说负担太重”为由拒绝授予国王此类补助金。[321] 查理一世在 1628
80 年获得了 5 笔补助金，[322] 这是 1629 年议会休会 11 年之前的最后一次补助金。

（二）船舶令状

1629～1640 年，政府开始在没有议会的情况下运行。在此期间，国王通过签发船舶令状来代替补助金筹集资金。[323] 这最初是在战

---

〔316〕《临时性授权六次十五一税和什一税以及三个完整的补助金的法案》（詹姆斯一世 3 年，第 26 章）（1605 年/1606 年）（英国）；United Kingdom，1810 － 1828，Vol. 4，p. 1108 － 1126。Jurkowski 等人，1998，p. 171。

〔317〕《临时性授权一次十五一税和什一税以及一个完整的补助金的法案》（詹姆斯一世 7 年，第 23 章）（1610 年）（英国）；United Kingdom，1810 － 1828，Vol. 4，p. 1187 － 1201。Jurkowski 等人，1998，p. 173 － 174。

〔318〕 Jurkowski 等人，1998，p. 179 － 180 指出这届议会的一卷法令是缺失的，但最近发现了一份补助金的法律。

〔319〕《临时性授权三次十五一税和什一税以及三个补助金的法案》（詹姆斯一世 21 年，第 33 章）（1624 年）（英国）；United Kingdom，1810 － 1828，Vol. 4，p. 1247 － 1261。Jurkowski 等人，1998，p. 180 － 181。

〔320〕《临时性授权两个完整的补助金的法案》（查理一世 1 年，第 6 章）（1625 年）（英国）；United Kingdom，1810 － 1828，Vol. 5，p. 9 － 21。Jurkowski 等人，1998，p. 181 － 182。

〔321〕 Jurkowski 等人，1998，p. 34。

〔322〕《临时性授权五个完整的补助金的法案》（查理一世 3 年，第 6 章）（1628 年）（英国）；United Kingdom，1810 － 1828，Vol. 5，p. 39 － 52。Jurkowski 等人，1998，p. 186 － 187。

〔323〕 Dowell，1965，Vol. 3，p. 160.

争时期通过向伦敦和港口城镇签发令状，来筹集海军资金的一种手段，以便为保卫王国提供和装备船只（参见关于船舶贡赋的内容）。这些城镇通过征收船舶税来筹集资金。从 1634 年开始，国王在相对和平的时期使用了这个制度。[324] 第一份令状于 1634 年 10 月 20 日颁发给伦敦。它明确了要被筹集资金的船只，然后规定该市的少校和市议员要"评估该城市中的所有人……以及同样的土地所有者，没有船……来支付费用……"评估将"根据他们的不动产和物资对他们每个人进行……"[325]。

这些令状扩展到其他地区，后来在 1634 年枢密院上议院提供了评估和征收船税的指示。配额制度被采用，所需的船舶被分配到郡和镇。在地方一级，应支付的金额将被评估：

> 正如其他的常见支付所体现的惯例，结果是由郡、百户区、特区（lathes）、区域（divisions）、教区和城镇来支付……因此，国王的明确命令是……不得对任何人进行同样的评估，除非人们知道他们拥有金钱、货物或其他生计手段，而不仅仅是日常劳动，并且在这些人要被征税时，你将减少他们要承担的负担，并将其转移到那些更能承担负担的人身上。并且，为了让你更好地赦免这些穷困的人，这是陛下的荣幸，只要存在有能力的人，由于有收益的交易、大量的货币或其他常见的财产，他们就可能拥有或很少或不占有土 81

[324] Jurkowski 等人，1998，p. 185 – 186 指出船款的想法早在 1603 年就已经提出，1628 年查理一世甚至发出了命令，但后来放弃了这一计划。

[325] Rushworth，1721，Vol. 2，p. 255 – 259.

地，因此在普通地拥有土地的苏格兰人(landscot)将不支付任何税费，或很少支付；这样的人是根据他们的价值和能力来征税和评估的……[326]

因此，船税的征收为地方税费的征收和中央政府筹集的财政收入之间提供了另一个明确的联系。有关评估的具体说明也很有趣。在许多方面，它们与"济贫税费"的基础是一致的，尤其是对"能力"的表述，并且也至少符合补助金的原始原则(或许还有措辞)。以这种方式详细说明评估基础可能表明王室认为当前的地方税费模式存在缺陷，也可能表明其努力确保不会根据现有的补助金评估征收船税。道威尔指出，"在新的评估中，船税资金的评估肯定比迄今为止征收的任何十五一税和什一税或补助金更公平……"[327]。1635年，该船舶令状扩展到内陆郡和城镇，并一直持续到1639年。[328] 1640年，国王被迫召集议会，以筹集资金资助镇压苏格兰的运动。[329]

(三)早期向新大陆的移民

正如本节的引言中所述，英国人在詹姆斯一世统治初期首次认真地尝试对北美和西印度群岛进行殖民。根据王室特许状成立的弗吉尼亚公司迈出了最初的步伐。然而，直到17世纪20年代，这些定居点的生存状况才稳定下来，税收制度之类的东西才开始出现。本小节讨论了英国内战之前新大陆的早期发展。讨论基本上是按时间

---

〔326〕 Rushworth, 1721, Vol. 2, p. 260 - 261. Cannan, 1896, p. 51 - 52.

〔327〕 Dowell, 1965, Vol. 3, p. 219.

〔328〕 这种增加收入的方法在理查德诉汉普登的案件中被认为是合法的。(船税案)(1637年)3 St. Tr. 825。

〔329〕 关于船舶令状的一般规定见Dowell, 1965, Vol. 3, p. 210 - 223。

顺序进行的，首先涉及弗吉尼亚和马里兰的定居点，其次是西印度群岛的定居点，最后是新英格兰的定居点。虽然新英格兰是这些定居 82
点中的最后一个，但在17世纪30年代，受迫害的清教徒更多的是逃到这个殖民地。

1. 弗吉尼亚和马里兰

1606年，詹姆斯一世根据王室特许状成立了弗吉尼亚公司。该特许状承认了两个团体，一个是在切萨皮克和北卡罗来纳地区产生利益的伦敦集团，另一个是在新英格兰地区产生利益的西部国家集团。第一批派遣船只于1607年4月抵达弗吉尼亚并在詹姆斯敦定居。第二批在1607年后半年派出船只，在缅因建立了一个定居点，但在1609年被放弃。[330] 相比之下，詹姆斯敦殖民者坚持了下来，并于1609年5月被授予了新的王室特许状，将殖民地的控制权授予一家股份公司。[331] 根据这些早期的特许状，殖民地定居者（"种植者"）本质上是公司的雇员，在公共土地上工作。[332]

第三份特许状在1612年被授权，并进一步扩大了边界，将百慕大群岛包括在内。[333] 从1614年开始，定居者逐渐被允许在自己的土地上工作，但每年只能工作1个月，另外11个月由弗吉尼亚公司安排在公共土地上工作。该公司还出售了其股份，最初出售了100英亩森林的使用权。定居者还有每年31天的劳动义务和两桶半的

---

〔330〕 Simmons, 1976, p. 12 – 13.

〔331〕 根据第一份特许状，殖民地政府将由伦敦的一个王室委员会管理。

〔332〕 Ripley, 1893, p. 11 – 12.

〔333〕 1612年，萨默斯群岛或百慕大公司作为弗吉尼亚公司的子公司成立。殖民者在同一年被派遣出去，在随后的几年里，这个殖民地的人口很快超过了弗吉尼亚詹姆斯敦的人口。Simmons, 1976, p. 14 – 15.

小麦要交给殖民地。此外,政府还进行了大量的土地所有权授权,佃户受制于所有权人,而不是公司。所有权人所施加的条款通常比公司所施加的条款更为有利。到1620年,这些所有权授权至少有11项,当时殖民地的人口数量刚刚超过2000。[334] 这些授权导致了公司的财务的破产。[335]

83 其他事情导致了弗吉尼亚公司的殖民地政府的消亡。第一届弗吉尼亚议会于1619年中期在詹姆斯敦召开,并通过了第一部法律(尽管这次会议没有明确的授权)。大约在同一时间,该殖民地被划分为圣公会(英格兰教会)教区。随着议会的成立,第一批税收出现了,对公司提供劳动和货物的义务,以及所有权的授权可能被视为早期的税收等价物。里普利(Ripley)指出,在1619年8月4日征收的一项税,包括每人支付一磅的烟草。筹集的资金用于支持议会任命的一些官员。[336] 在一个几乎每个人都在土地上工作的简单社会中,单一的人头税可能不会被认为是不公平的,而它在一个居民财富差异很大的更复杂的社会中会被认为是不公平的。这里还规定了其他义务,包括提供劳动以协助建立对印第安人的防御工事。与数百年前英格兰的骑士费用一样,这项义务可以转化为用烟草支付。同样,在1623年颁布了一项教区人头税,规定向公共粮仓提供一蒲式耳(约42升)玉米,并规定每人头征收10磅烟草的一般人头税,以支付公共债务。[337]

---

[334] Simmons, 1976, p. 24.

[335] Ripley, 1893, p. 12 – 15.

[336] Ripley, 1893, p. 18.

[337] Virginia, 1809 – 1823, Vol. 1, p. 125, p. 128. Ripley, 1893, p. 15 – 19.

1624年,由于与英国政府就拟议的烟草合同发生争议以及随后遇到的困难,弗吉尼亚公司解散。[338] 结果,公司统治变成在王室任命的总督和议会的统治下的王室政府统治。土地授权继续进行,但要以国王为受益人收取象征性的租金。[339] 弗吉尼亚议会继续开会,但在法律上被剥夺了立法权。该权力在1639年被正式归还给议会。[340]

到1634年,随着八个县和一个基本上沿袭于英国的行政结构的建立,地方行政管理发生了变化。各县通常征收人头税,治安官同时征收普通税和地方税。与英格兰一样,教区会收取教区税。所有这 84
些早期税收实际上都是人头税(对"应纳税者"征收)并以实物支付,该实物通常是烟草。[341] 与其他殖民地一样,17世纪30年代是大量移民进入弗吉尼亚的时期。到英国内战时,弗吉尼亚的人口已超过10,000人,比1630年增加了4倍。[342]

至于后来的南部殖民地,1632年,查理一世授权巴尔的摩(Baltimore)第二男爵(天主教徒)土地,包括现在的马里兰。1634年,以天主教为主的定居点建立。与当时的其他殖民地不同,马里兰的土地所有权基于封建庄园制度建立,但也授予了定居者自由保有权。根据王室特许状,所有者有权在自由人议会的建议下制定法律。所以这个议会的权力比当时其他殖民地要弱。英国内战期间,马里

---

[338] 1622年,印第安人屠杀了347名殖民者,也促成了这一解体。

[339] Ripley,1893,p.46–47.比率为每50英亩1先令,直到它在殖民地时期结束时被废除,都没有实质性变化。

[340] Simmons,1976,p.42–43.

[341] Simmons,1976,p.44;Ripley,1893,p.25–32.

[342] Simmons,1976,p.25.

兰的人口增长缓慢，到1640年，人口数量不超过1000人。[343]

与其他殖民地一样，在马里兰的所有权制度下，土地是需要交租金的。与弗吉尼亚的人头税不同，马里兰最早有记录的税是个人财产税。大会议于1639年征收的税款（首次非正式会议于1635年举行）如下：

> [某些一般费用将]按上述方式向该属地的所有居民按其个人财产征收，该比例由上述大会议或上述议会决定。该法案将持续到下届大会议时结束。[344]

这项征税至少在某些方面与英格兰征收的济贫税费是一致的，特别是在其对“居民”的适用方面。此外，对“个人财产”的征收与枢密院的操作指南相差不大，枢密院的操作指南是，人们只有在拥有“货币或商品财产”时才需要被评估征收船舶税。

2. 西印度群岛

17世纪20年代，西印度群岛的第一批英国殖民定居点在巴巴多
85 斯和背风群岛，之后被称为“加勒比群岛”。圣基茨（克里斯托弗）于1624年首先被开发。随后1627年，巴巴多斯被开发；尼维斯在1628年被开发，蒙特塞拉特和安提瓜在1632年被开发。[345] 这些殖民地是专有的殖民地，但就王室授权拨款的竞争情形产生了争议。尽管

---

〔343〕 Simmons, 1976, p. 25.

〔344〕 《用于共同支付某些公共费用的法案》（1638年/1639年3月）（马里兰）；Maryland Historical Society, 1883 – 1972, Vol. 1, p. 59。

〔345〕 Beckles, 1998, p. 221 和 Simmons, 1976, p. 20 – 21。

如此，殖民地迅速繁荣，主要是由于烟草生产，很快他们的人口就超过了美洲殖民地。[346] “到1629年，圣基茨约有3000名定居者，大量烟草被送回家乡。”[347] 到1640年，圣基茨和尼维斯的定居者人数估计增加到20,000人，而加勒比群岛的总人数约为30,000人。[348]

加勒比群岛殖民地的早期法律历史有些粗略，它们的记录没有像美洲殖民地那样保存下来。巴巴多斯的记录比其他殖民地的记录更完整，可能是因为它仍然在英国的控制之下，并且在随后的几个世纪里没有像其他殖民地一样受到周期性破坏。[349] 从1627年到1631年，该岛多次易手，巴巴多斯的所有权一直存在争议。似乎在这个时候，定居者基本上是任意的佃户。[350] 这场争议基本上是以有利于卡莱尔勋爵的方式解决的，卡莱尔勋爵的授权扩展到了所有加勒比群岛。早在1629年，他就派出了一位总督，“将该岛划分为几个教区，并授权教区担当地方政府……”[351]。地方税很可能同时开始征收。

有利于卡莱尔勋爵的授权条款赋予“制定法律和召集每个殖民地的自由人……议会召开会议的权力……”[352]。然而，似乎直到1639年，巴巴多斯才效仿弗吉尼亚建立了一个民选议会。[353] “巴巴

---

[346] Simmons，1976，p. 20.

[347] Newton，1929，p. 172.

[348] Newton，1929，p. 174.

[349] 尽管如此，巴巴多斯的记录仍遭受火灾和自然灾害毁损。

[350] Harlow，1926，p. 12－13.

[351] Burns，1954，p. 223.

[352] Burns，1954，p. 279.

[353] Harlow，1926，p. 18. 对比Burns，1954，p. 281，他认为，“第一批代表大会的产生时间和方式尚不确定。毫无疑问，在社区规模较小的早期，所有自由人可能都聚集在一起讨论共同关心的问题，并就简单的法律和税收达成一致意见，但很快这就不可能了，代表们可能是通过鼓掌和一致同意的方式选出的”。

多斯模式是在英属加勒比地区的其他地方发展起来的，因此，到该世纪中叶，代议制政府的原则已由种植业精英们所接受。”[354] 相比之
86 下，殖民地的一些杰出人物从最早的时候起就被任命为委员会成员，该委员会就行政和司法事务向总督提供建议。[355]

在卡莱尔勋爵的统治下，土地通常是需要交租金的。巴巴多斯的税收制度（至少）基本上涉及对居民征收人头税，通常以棉花或烟草支付。[356] 巴巴多斯的税收制度对于土地转让也按英亩征收税收。[357] 巴巴多斯在 1635～1639 年的人头税记录已经被发现。[358] 从记录看，其他卡莱尔加勒比岛殖民地的种植园主，似乎也要缴纳类似的税款，这尚未得到证实。

3. 新英格兰

1620 年，一群激进的英国新教徒（其中一些人已经搬到荷兰以避免英国的宗教迫害）从弗吉尼亚公司那里获得了土地所有权。清教徒乘着五月花号出发，于 1620 年 11 月抵达新英格兰的普利茅斯，在那里建立了一个小殖民地。与早期的詹姆斯敦一样，最初的殖民者为殖民地工作。但该殖民地在 1627 年引入了私人土地所有权，当时人口仅为 156 人。[359] 随附在这种私有土地所有权上的，是向公共资本支付费用的义务，或者每年提供规定天数的公共劳动的义

[354] Beckles, 1998, p. 237.

[355] Burns, 1954, p. 279.

[356] Harlow, 1926, p. 16，提及 17 世纪 30 年代和一般情况下签发的租赁契约（1926 年，第 146 页）。

[357] Harlow, 1926, p. 17.

[358] Dunn, 1973, p. 55.

[359] Massachusetts, 1855 – 1861, Vol. 11, p. 4. Douglas, 1892, p. 14 – 15.

务。[360] 这似乎与弗吉尼亚此时的制度一致。

1621年,费迪南多·格尔吉斯获得了包含新英格兰委员会的王室特许状。公司被授权的领土大致相当于先前授权弗吉尼亚公司的领土。它主要充当土地授权机构,其最初的一些授权包括1621年向普利茅斯殖民地的授权。1628年3月,新英格兰公司获得了土地授权,该公司主要由英国清教徒组成。该公司于当年以“新英格兰的马萨诸塞湾总督和公司”的名义注册为股份公司。该公司的成立意味着,该公司的统治及其土地授权是基于其王室特许状,而不是新英格 87
兰委员会的授权。[361] 1630年,王室特许状与公司总督约翰·温斯罗普和近1000名定居者抵达马萨诸塞。[362]

该特许状构成了政府的基础,规定了由总督、副总督和一些助手进行行政管理,每年由股东或自由人选举产生。这些官员和股东每季度召开一次会议,将作为总理事会(州议会)进行这些选举并通过包括征税在内的法律。不久之后,没有持有股本的自由人就有权向总理事会派遣代表,即他们的副手。征税权早在1630年9月28日就开始行使,并对殖民地的各种种植园征税。每个种植园都分配了一部分帕特里克船长和安德希尔船长的维护费用,但殖民地记录中没有具体说明如何将费用分配给具体的自由人。[363] 相比之下,早在1633年3月25日,普利茅斯殖民地的记录中就出现了有关上一年总理事会一项征税的命令。这份长达两页半的记录列出了具体的人,

[360] Simmons,1976,p. 25.

[361] Simmons,1976,p. 26.

[362] 1628~1629年,在塞勒姆有一个早期的小定居点,其根据新英格兰委员会的事先授权设立。

[363] Massachusetts,1853 – 1854,Vol. 1,p. 77. Douglas,1892,p. 16.

以及他们每个人必须支付的金额。[364]

1631 年，马萨诸塞澄清说，"自由人资格应该是聚集在一起的教会的成员……"从而确保了公理主义(主张各地方教会独立行事)的实践。[365] 1630 年夏天，温斯罗普的舰队在抵达马萨诸塞后不久，就建立了许多教会。每个教会的独立组织被普遍接受。教会的成员仅限于"敬虔的"或"有形的圣徒"，男性教徒构成了每个教会的管理机构。[366] 每个教会的管理事务都委托给某些官员、牧师、教师、长老和执事。"教会管理的统一是由民政当局强加的，他们还立法强制要求
88 所有居民参加教会和缴纳城镇的教会税，而不仅仅是教会成员。"教会仍然认为自己是英格兰教会的一部分。[367]

独立的城镇很快被建立起来，到 1630 年底有 7 个城镇，边界十分清晰。镇巡官随后被任命，然后管理城镇的人被选出，即市镇官员。道格拉斯证实，镇巡官征收了殖民地的早期税收。[368] 虽然只有教会成员自由人才能投票选举总理事会的代表，但即使是非自由人也可以参与镇政府工作。[369]

马萨诸塞继续对各种公共开支征收 1630 年式的费用，即在几个种植园之间分配费用，但没有规定税基。1634 年，这一税基的具体形式发展成为典型的美洲殖民地财产和才能税。[370] 法律规定按以

---

[364] Massachusetts, 1855 – 1861, Vol. 1, p. 9 – 11. 两年后，也有类似的征税；Massachusetts, 1855 – 1861, Vol. 1, p. 26 – 29. 这是记录指定个人评估的最后一种方式。

[365] Simmons, 1976, p. 28 – 29. Massachusetts, 1853 – 1854, Vol. 1, p. 87.

[366] Simmons, 1976, p. 29 – 30.

[367] Simmons, 1976, p. 30.

[368] Douglas, 1892, p. 22.

[369] Simmons, 1976, p. 34.

[370] Massachusetts, 1853 – 1854, Vol. 1, p. 120. Seligman, 1914, p. 368 – 369.

下条款进行税收核定：

> 在所有税费和公共征收中，通过他们的评估员，市镇有权按照每个人的财产征税，并考虑到他的所有的其他能力，而不是根据他的人数。[371]

不久之后，普利茅斯殖民地朝着稍微不同的方向发展，其任命了评估员，以“对要出售的货物和雇佣的劳工设定这样的税费，这应该是公平和公正的……”[372] 与早期的弗吉尼亚税法一样，在新英格兰殖民地，税应以实物形式缴纳（并在所述期间继续如此）。[373]

就中央和地方政府的结构而言，很明显，马萨诸塞早期的税法基本上是以英国的税法为基础的。[374] 就英格兰的地方税而言，这种相似性最为明显。济贫税费实际上是针对一个人的财产征收的，并且 89
法律特别提到了“能力”。[375] 正如上文所讨论的，还有其他的英国征税提到了“能力”，而这也被认为是对治安官税费进行评估的广泛基础。“能力”的概念早在佃户税时就已用于英格兰的直接征税中，并用于 1380 年的人头税征收。此外，根据“财产”和“能力”进行评定，

---

〔371〕 很明显，这种形式的评估适用于所有形式的直接税，而不考虑征收直接税的政府级别。

〔372〕 Massachusetts，1855 – 1861，Vol. 1，p. 36.

〔373〕 例如，根据 1636 年 9 月 8 日的马萨诸塞法律，可以用“可销售的玉米”纳税，Massachusetts，1853 – 1854，Vol. 1，p. 180。有关实物支付及其价值的更长列表，见 1640 年 5 月 13 日的法律；Massachusetts，1853 – 1854，Vol. 1，p. 294；Douglas，1892，p. 49。

〔374〕 类似的结论，见 Jones，1896，p. 9。

〔375〕 美洲殖民地也在英国法律的基础上引入了济贫法律，但这些法律通常是从后来开始的，如普利茅斯殖民地（1642 年）、弗吉尼亚（1646 年）、康涅狄格（1673 年）和马萨诸塞（1692 年晚些时候）。至于美洲殖民地的济贫法律，见 Trattner，1974，p. 16 – 18。

与 1634 年马萨诸塞法律同年纳入了枢密院关于船税的指南，甚至连都铎王朝的补助金也大致建立在对不动产和个人财产征税的基础上。这些税收形式深深植根于英国（还有其他欧洲国家），而且早期的马萨诸塞法律似乎只打算模仿（也许是更纯粹的形式）当时英国的地方税收制度。[376]

与英国百户税费、郡税费、十五一税和什一税、都铎王朝补助金、船税以及后来的英联邦月度评估一样，马萨诸塞使用配额制度来分配由总理事会征收的税收。道格拉斯描述了总理事会征收的税款如何在殖民地城镇之间分配：

> 最初的分配是由总理事会自己按照代表之间商定的比例进行的，只要殖民地的城镇数量仍然很少，他们就比其他任何人更了解每个城镇的财产价值。[377]

随着城镇数量的增加，这个制度发生了变化。根据 1636 年 5 月 25 日的法律，一个委员会被任命来确定"每个城镇的真实价值，从而
90 使税费平等……"[378]。道格拉斯认为，在 1636 年之后，直到 1646 年，总理事会分配给城镇的金额，是根据 1634 年的法律，由各镇的选举人组成的分配委员会进一步在纳税人之间分配。[379]

---

[376] Seligman，1914，p. 368 认为，马萨诸塞法律被解释为指土地和个人财产，即作为评估基础的有形财产。在这个时候，"财产"和"能力"在很大程度上是重叠的。Cannan，1896，p. 22 就 14 世纪和 16 世纪的征税提出了这一点。但是，到了 17 世纪，"能力"开始具有更广泛的含义，1643 年船舶税款委员会强调为"有收益的交易"。

[377] Douglas，1892，p. 18.

[378] Massachusetts，1853 – 1854，Vol. 1，p. 175. Douglas，1892，p. 18.

[379] Douglas，1892，p. 18.

根据1635年5月3日的总理事会的命令,另一个与英国制度的相似之处出现了。该命令规定根据1634年的法律,“所有的人都应根据他们的全部能力,对所有税费进行评估,无论其在何处……”[380]。这似乎证实了英国在都铎王朝补助金下的一贯立场,即纳税人应根据其在全球的财产进行评估,无论它位于何处,见原著第68页。[381] 该命令接着规定:

> 居住在本管辖区内的所有人都应在他们居住的地方按照所有公开税费进行统一评估,而居住在该管辖范围之外的人的货物、存货和土地应在他们居住的地方进行评估。[382]

同样,这不仅与都铎王朝补助金下的英国方法一致,即一个人的税费只在他们居住的地方被评估,而且确认税基主要由财产组成,并且非居民将以来源地(地方)为基础被征税。与都铎王朝补助金的另一个相似之处是,早在1634年,马萨诸塞的税收就被分成两期或更多期付款。[383]

到1640年,马萨诸塞的人口已扩大到约8800人。[384] 在这么早

---

〔380〕 Massachusetts,1853 – 1854,Vol. 1,p. 166.

〔381〕 有趣的是,1639年6月6日的法律明确规定,即使是马萨诸塞殖民者的英国财产也要进行评估,但两年后进行了调整,将英格兰的土地排除在外;Massachusetts,1853 – 1854,Vol. 1,p. 262,p. 330。

〔382〕 Massachusetts,1853 – 1854,Vol. 1,p. 168.

〔383〕 1643年9月25日的法律;Massachusetts,1853 – 1854,Vol. 1,p. 129。Douglas,1892,p. 22.

〔384〕 Simmons,1976,p. 25.

的时候,人口扩张的压力已经开始显现,并且在 17 世纪 30 年代后期和 17 世纪 40 年代初期,定居者群体开始超越海湾殖民地的边界。其中一些群体对马萨诸塞的宗教限制感到不满。在 17 世纪 30 年代后期,有人迁移到康涅狄格河谷,在这个地区建立了许多城镇。此
91 外,1632 年,康涅狄格河河口的一个殖民地获得了土地授权。1636 年,马萨诸塞总理事会为一个新的殖民地政府的委员会和宪法章程授权。[385]

与海湾殖民地不同,根据康涅狄格宪法,参与政府的权力与教会的成员资格之间没有联系。另外,这两个殖民地的政府结构是相似的。早在 1637 年,康涅狄格就设立了总理事会。[386] 康涅狄格记录中最早的税费发生在 1637 年或 1638 年 2 月 9 日。[387] 这一税费与马萨诸塞早期征收的税费相似,其筹集的金额在城镇之间分摊,也没有具体的个人评估的依据。然而,似乎很清楚的是,马萨诸塞式的制度是设想的,而且评估主要是根据不动产进行的。[388] 再次,税费可以实物支付。

新普利茅斯政府也感受到了海湾殖民地的影响,并于 1638 年创建了一个新的代表机构(代表)。[389] 然而,像康涅狄格一样,其没有以教会为基础的特许经营权。到 1641 年,各城镇之间的税费分配方式与马萨诸塞相同。[390]

---

〔385〕 Massachusetts, 1853 – 1854, Vol. 1, p. 170 – 171.

〔386〕 Simmons, 1976, p. 37.

〔387〕 Connecticut, 1850 – 1890, Vol. 1, p. 12.

〔388〕 例如, Connecticut, 1850 – 1890, Vol. 1, p. 53。

〔389〕 Simmons, 1976, p. 39.

〔390〕 Massachusetts, 1855 – 1861, Vol. 2, p. 18.

1638年,一位伦敦牧师和他的几个教区居民在纽黑文定居。1639年,定居点的自由民签订了一项契约,根据他们在个人和财产方面的能力来促进定居点的福利。[391] 到1640年,这反映在征收的财产税中,"对庄园财产和土地各征收一半"。[392] 纽黑文政府遵循与其他新英格兰殖民地类似的模式,就像在海湾殖民地一样,使教会成员资格成为获得自由人资格的先决条件。因此,出现一种类似于海湾殖民地征收的税种也就不足为奇了。附近的海岸也建立了类似的定居点,并且在1643年,其中一些定居点联合形成了纽黑文殖民地。[393]

在16世纪末和17世纪初,法国人在圣劳伦斯湾以及佩诺布斯科特以东和圣劳伦斯河以南的地区建立了一系列贸易站。该地区被 92
法国人称为阿卡迪亚,被英国人称为新斯科舍。1610年,法国人试图在新斯科舍的王室港定居。但1614年,一支来自弗吉尼亚的英国军队洗劫了该定居点。[394] 法国在圣劳伦斯湾的贸易站并没有遭受到同样的困境,其在魁北克形成了定居点。第一批法国家庭于1617年抵达该地。[395] 1621年,威廉·亚历山大获得了英国王室特许状,该特许状的范围涵盖了新斯科舍。1629年,英国人根据该特许状在王室港定居,并控制了魁北克的法国人定居点。但在1632年,王室港和魁北克作为圣日耳曼昂莱条约的一部分被归还给了法国人,导

[391] Connecticut, 1857 – 1858, Vol. 1, p. 19.

[392] Connecticut, 1857 – 1858, Vol. 1, p. 40. Seligman, 1914, p. 369.

[393] Simmons, 1976, p. 38.

[394] Simmons, 1976, p. 17.

[395] Simmons, 1976, p. 18.

致了苏格兰定居者的搬迁。[396]

1610年，39名殖民者在同年成立的纽芬兰公司的赞助下登陆纽芬兰。其他人紧随其后，但当时的纽芬兰“仍然是荒凉的渔村”。[397] 乔治·卡尔弗特为规划中的纽芬兰属地获得了王室特许状，前一年就已经派出人员和补给。到17世纪20年代后期，该定居点已经被遗弃。[398] 英国人在纽芬兰第一个永久性定居点设立于1638年。[399]

（四）查理一世的最后授权

如本节的引言所述，英国议会在长期议会开始时授权查理一世多项重要补助金，以镇压苏格兰的叛乱。在1640～1641年间，一共授权了6项（其中3项是双倍）补助金。[400] 同时查理一世还被授权
93 了人头税，根据纳税人的等级累进，在没有等级或职位的情况下，根据纳税人总资产的年度价值征收。[401] 该税主要针对在英格兰、苏格兰或爱尔兰“居住或定居”的人征收。[402] 剩余的类别包括了每一个

---

〔396〕 Bourinot, 1900, p. 7; Simmons, 1976, p. 25; Newton, 1929, p. 154－155.

〔397〕 Simmons, 1976, p. 15－16.

〔398〕 Simmons, 1976, p. 25; Newton, 1929, p. 168.

〔399〕 Newton, 1929, p. 181. 多年来，这一小型定居点拒绝了上议院领主们任命州长的企图。Keith, 1912, p. 6 指出，“长期以来，纽芬兰根本不被视为殖民地，而仅仅是来自英国的渔民的临时度假地，人们试图阻止任何类似永久定居的行为”。

〔400〕 《救济国王军队和王国北部的法案》（查理一世16年，第2章）（1640年）（英国）以及《进一步救济国王军队和王国北部的法案》（查理一世16年，第4章）（1641年）（英国）；United Kingdom, 1810－1828, Vol. 5, p. 58－78, p. 79－101。也参见 Jurkowski 等人，1998, p. 44－45, p. 73, p. 190－192。

〔401〕 《为解散军队和解决英格兰和苏格兰两个王国的和平而迅速提供资金的法案》（查理一世16年，第9章）（1641年）（英国）；United Kingdom, 1810－1828, Vol. 5, p. 105－110。Dowell, 1965, Vol. 1, p. 161，以及 Jurkowski 等人，1998, p. 192－194。

〔402〕 英国人在13世纪开始将其成文法扩展到爱尔兰。爱尔兰有一个独立的议会，直到1800年被《联邦法案》废除。Baker, 2002, p. 32－33.

“每年可以花费自己 100 英镑的人,无论是土地租赁、货币储备或者其他方面……”[403]。该税费逐渐下降到每年 5 英镑的可消耗金额。这里还有剩余的人头税。

最后,在 1642 年,议会授权了 400,000 英镑的特定金额。[404] 这项重要的法律构成了随后联邦每周和每月评估的基础。像十五一税和什一税那样,这笔钱在郡、市和镇之间进行了分摊和分配,有时还进一步细分。每一个委员会都任命了专员。这项税收是在动产和土地这两个熟悉的税目下征收的。如果该领土内的公民和公司等在全球范围内的动产(包括应收债务)价值超过 3 英镑,则将被征收税费。居住在该领土内的外国人将被征收高于公民两倍的税率,以及通常的剩余人头税。同样,公民和公司等如果从土地(在古代地区和其他享有特权的地方)中每年获得 1 英镑或更多的价值,就将被征税,而外国人则需要支付双倍的税费。[405] 土地所有权人被明确要求支付将要征收的款项“他们在这笔税款中所占的比例……就像每个郡规定要征收的那样……”[406]。

尽管分配是固定的,但该法律实质上沿用了早期的补助金。与 94
早期的补助金一个很大的不同是其取消了一项规则,即一个人将对其动产或土地征税,但不能同时对两者征税。这一规定通常出现在

[403] (查理一世 16 年,第 9 章);United Kingdom,1810 - 1828,Vol. 5,p. 105;作者进行了现代化表述。

[404] 《为英格兰和爱尔兰王国的必要防御和重大事务筹集和征收资金,以及支付议会承担的债务的法案》(查理一世 16 年,第 32 章)(1642 年)(英国);United Kingdom,1810 - 1828,Vol. 5,p. 145 - 167。Jurkowski 等人,1998,p. 194 - 196。

[405] 自 1625 年以来,天主教徒就以与外国人类似的方式纳税。

[406] (查理一世 16 年,第 32 章);United Kingdom,1810 - 1828,Vol. 5,p. 147;作者进行了现代化表述。

一项规定后，即仅在一个作为居住地的地方进行评估。早先的这一规定也发生了重大修改，使每个人都：

> 对于他在每一个郡的几个地方所拥有的土地、保有物、继承财产、租金、年金、费用、职位、货物、牛和动产的价值，要在每一个郡征收，然后根据他在几个地方的财产在每个郡的几个地方被评估。[407]

但是，应收债务将在纳税人的"居住地"或"住所地"征收。尤尔科夫斯基（Jurkowski）等人认为"被认定有责任支付补助金的个人将被评估并收取与其财产价值成比例的金额，由专员酌情决定"[408]。然而，从法律的角度看，这种自由裁量权并不明显，其原因可能是纳税人只是依据其动产的价值和土地的年价值按比例支付。

五、总结

本章回顾了 600 多年来英国直接税制度在其社会和法律背景下的发展，同时审查了在新大陆英国殖民地发展直接税制所迈出的最初步伐。从殖民地制度的发展角度来考虑英国的税收制度及其历

---

〔407〕（查理一世 16 年，第 32 章）；United Kingdom，1810－1828，Vol. 5，p. 161；作者进行了现代化表述。

〔408〕 Jurkowski 等人，1998，p. 194. 第二个税目下的职位所收取的款项明确规定"根据专员的自由裁量权征税……"（查理一世 16 年，第 32 章）；United Kingdom，1810－1828，Vol. 5，p. 147。

史,对于促进对殖民地制度及其起源的更深入了解是非常重要的。导言说明了英国所得税的四个特征,本研究将试图追溯其发展:资本—收益的区分;附表的收入分类税制(schedular system);公司的税收;根据来源地和居住地征税。这些特征中的每一项都表明了本章 95
所涵盖的直接税法律的实质性发展。

本章首先讨论了在1334年以十五一税和什一税形式确立的早期直接税的主要形式之前的发展。这种讨论是从考察一些法律、经济和社会特征开始的,它们对形成早期直接税有影响。早期英格兰细分为郡、百户区和十户区,这些细分区首领的重要管理人员为:行政司法长官、高级治安官和低级治安官。这些管理人员在早期的评估和征税中发挥了重要作用。

了解中世纪英格兰的封建土地所有权制度对于了解英格兰直接税的早期发展至关重要。授予土地以换取服务朝向代偿金发展,这导致了早期土地税的形式。封建土地所有权的形式常常导致土地所有权按时间段划分,这也产生了区分资本和收益的早期例子。这就是利益的本质,诸如限定继承人的土地所有权、终身租赁、嫁妆和英国屈膝礼的利益。封建土地所有权的另一个重要特征是,它不能由遗嘱来移交(devolve),只有男性继承人才能继承。

附加于封建土地保有权的服务或租金还附加了其他事件金,这些事件金将附加于特定事件的发生,如佃户让渡土地所有权和佃户的未成年继承人的继承权(监护权)等。王室是主要的土地所有者,所有土地最终都归王室所有。这些事件金是王室的重要财政收入来源。早期的财产规划者试图避免引发封建事件金的事件,同时也规避土地不能按遗嘱移交这一规则的限制。因此,只有在这种规划的背景下，才能充分理解中世纪英格兰的主要土地所有权形式。

许多早期的财产规划都以教会为中心，教会本身就是主要的土地所有者之一。与其他形式的封建土地所有权一样，教会的土地所有权也引发了资本和收益的问题。神职人员只是教会财产的临时保管人，因此被禁止处置教会的资本，但收益回报可以用于各种目的。
96 此外，教会具有法人地位，这使其成为财产规划的有用工具。“永久保有权法规”是一个早期的立法实例，以此来解决通过滥用教会的法人地位对财务义务（封建事件金以及教会财富）的规避问题。这是当前避税立法的一种先驱，毫不奇怪，它也经常针对滥用公司形式。

某些形式的封建土地所有权（将权利划分为若干时期）所固有的对资本—收益区分的需要，得到针对损耗的法律诉讼的支持。针对损耗的诉讼对象是个人，他使财产贬值，损害了另一个人在财产中的剩余利益。只有当不能立即更新的东西从不动产中被拿走时，财产才会贬值。判例法制定了一套非常复杂的规则，用于处理资本—收益区分的经典问题。移除一年生作物是收入而不是损耗，而移除树木或建筑物会使财产贬值，因此构成损耗。早期的案例涉及初始维修、移除矿物，甚至不自由佃户的损耗（所有资本）。

许多在行政管理、土地所有权和宗教制度之外发展起来的关系都涉及管理的概念，这是一种信托式的关系，信托法（以及信托法的所得概念）最终会从中发展而来。管理人是管理委托人财产的人，在最常见的形式中，为领主管理庄园的里夫是管理人。从早期开始，管理人们就保存了记录，以便向领主“说明”收到的金额（收）和支付的金额（支）。账目最初是口头形式的，但后来发展成为账簿的早期形式。账目的必要性得到了账目法律诉讼的支持，这无疑进一步推动了书面账目记录的创建。

然后，本章的讨论从封建英格兰的这些一般特征转移到对可能被认为是直接税前身的封建征税的典型类型。政府所需的大部分财政收入来自与王室拥有的大量土地相关的封建事件金。此外，还有各种形式的零星征税作为补充。国王只能在某些事件金中获得税收，否则需要王国大议会的同意。战争是征收此类税款的典型情形。强调这些税的零星性质很重要。它们不是每年都征收的，每次征收 97
之间可能间隔几十年。

贡赋是一种早期的直接税收形式，当征服者威廉获得王位时，诺曼人继承了这种税收。贡赋的税基有点粗略，但它本质上是对土地、动产和收入征税。到了 12 世纪末，贡赋发展成犁头税，两者之间的差异是在计算税基方面，贡赋更具行政性而非实质性。相比之下，兵役免除税是对军事领地的骑士费用进行征收。它本质上是对依附于这种土地所有权方式的骑士服务的一种转变。通常情况下，佃户税与免服兵役税同时被征收。它被强加给王室直辖领地的佃户，通常作为贡赋或犁头税的替代品，税基是佃户的动产。

在 13 世纪，这些类型的税收合并为一种一般形式的财产税。虽然这是税收的形式，但当时资产的主要形式是土地，土地的价值是通过其年估价或价值来衡量的，即在 1 年的时间内，可以从中产出什么。人们通常只有有限范围的动产，所拥有的通常包含其年度产出(通常来自土地，如粮食储备)或个人家庭用品(通常免税)。13 世纪发展起来的财产税的起源通常被认为是 1188 年的萨拉丁什一税。从形式上看，这种税似乎与贡赋有很多相似之处。它的征收对象是租金和动产。

12世纪末和13世纪初，在萨拉丁什一税之后是其他重要的税收，但在1207年之后，这些财产授权仅适用于动产。到13世纪末，与居住在外面的人相比，对居住在城市、自治市镇和王室直辖区的人的动产征收更重的税的做法越来越多。每项新的征收导致进行新的评估的程度尚不清楚，但很明显，这种情况经常发生。1332年的评估特别严格，在这一年，国王放弃了征收佃户税，转而向居住在王室直辖领地内的人征收动产的十五一税，以及向居住在城外的人征收动产的什一税。这被认为是未来300年对这种税收方式的最后一次中央评估。

98 本章接着讨论了14世纪到玫瑰战争结束的事态发展。这一时期以用益方式持有土地的现象兴起。这种形式的土地所有权很有可能主要是作为一种按遗嘱设计土地的方式而发展起来的，即避免普通法规则对土地不能按遗嘱设计的限制。然而，以用益方式持有土地的副作用之一是，它减少了许多与封建金有关的事件。到15世纪末，英格兰的大部分土地都已被通过用益方式保有。然而，这种用益制度并没有打乱资本—收益区分的发展，其表现为损耗或管理行为和账目责任的诉讼。它只是开创了这些基本原理的新的适用，特别是产生了一种新形式的管理人，即用益受封人（feoffee to uses）。

1332年十五一税和什一税的严格评估引起居民们的抱怨。因此，当在1334年十五一税和什一税再次被授权时，专员们被授权与各个郡和城镇确定评估的金额。在这种情况下，由地方官员在居民之间分配商定的负担。这就使地方税收与以十五一税和什一税的形式授权国王的补助金之间有了直接的联系。1334年征税筹集的金额约为39,000英镑，未来的十五一税和什一税的征收是以1334年商定的同一金额向这些地区一次性征收的。十五一税和什一税已从税费制转向配额制。十五一税和什一税继续以这种方式征收（每次征收大约筹集39,000英镑），直到1625年它的终止。

14世纪见证了英格兰直接税形式的其他重大发展。为了筹集资金在百年战争期间与法国作战，征收了一系列人头税。1377年的第一个税种是人们普遍理解的真正的人头税，它是一种按人头统一税率征收的税，具有这种税种的所有递减的特征。然而，1379年的第二次人头税是根据不同类别的人征收的，其中一些人是根据“他们的财产状况”分级的。这种税是明确根据居住地征收的。1380年的人头税更加寻求公平，该税要求根据个人的“能力”进行评估，而“能力”是指个人“财产”的价值。这种税的征收在1381年的农民起义中起了很大作用，人头税也因此被取消了。

人头税的一些基本特征并未消失，但随着1404年对亨利四世授 99
予补助金，直接税的授权发生了重大变化。这项补助金是第一次明确根据土地的“年价值”征税，其还对年金、养老金和某些租金征税。接着，补助金开始在第二税目下征税，即对动产的价值征税。这是最早形式的收入分类税制的一个例子。然而，该税目是作为替代税目而征收的，而不是累积征收。与人头税不同的是，这种税是根据来源地征收的。随后是类似的征税，包括1435年的重要补助金，其中明确包括对某些对由“任何其他人”持有的土地享有用益权的人征税，因此包括通过用益方式持有土地现象的兴起。

1450年的征税取得了进一步的重要进展。第一个税目扩展到几乎任何形式的财产（包括职位），即其可以通过自由保有权持有的任何形式的财产，并再次以“年度价值”为征税目标。第二个税目范围更广泛,涵盖所有工资、费用或“其他”,它们不构成自由保有权财产,而且税收是按年度价值征收的。第一个税目是根据来源征收的,第二个税目是根据居住地征收的。这项重要的征税也是第一次明确扩大到适用于公司和监护人。很明显,这项税收的目的是作为一种所得税,但与以前的尝试一样,它在某种程度上是失败的。玫瑰战争期间,1472 年的征税仅包括第一税目(因此针对的是土地和某些职位),但范围上确实明确扩展到威尔士。

本章随后盘点了到目前为止征收地方税的情况。地方税的基础是治安官税费,但人们对税基知之甚少,只知道它在某些方面会因财产或“能力”而异。百户区税费分配到百户区内的十户区,以及郡税费税分配到郡内的百户区,就像十五一税和什一税在郡和城镇间分配一样。这样,英国的直接税制度很早就涉及通过自上而下的配额制度进行分配。同样地,它涉及从上到下的责任分配,从郡治安官向财政部承担的责任,到小治安官向高级治安官承担的责任。

本章随后开始讨论都铎王朝统治期间的税收发展。亨利七世早期的税收形式基本上遵循现行的制度,即十五一税和什一税以及发
100 展中的补助金。1489 年的附表分类(schedular)补助金再次涵盖了两个税目,第一个涵盖了某些财产的“产出和利润”,第二个涵盖了“货物和(个人)财产”。第一个税目是明确根据来源征收的,第二个税目是根据居住地征收的。随着亨利八世即位和 1512 年征收补助金,税收再次开始发展。这一次,在分类税制中增加了第三个税目。同样,人们在能产生最多税收的税目下付税。土地税目再次提到“年度价值”,第二个税目涉及“货物和(个人)财产”的价值。第三税目涵盖劳动收入,包括“工资或其他工资利润”。税收基本上是根据居住

地征收的,第三税目从源头扣除,即最早的工资预扣形式。1512 年也见证了十五一税和什一税与补助金的联系。在此之后,十五一税和什一税从未在没有补助金的情况下单独征收。

在随后的几年里,亨利八世获得了进一步的补助金。1515 年的法案纳入了一个参考文件,以单独实体为基础对某些合伙企业征税,征税方式与对公司的征税相同。此时,行会是纳税公司类型的一个很好的例子。1515 年也是首次将归因个人的净债务明确计入税基。此外,1515 年的法案还明确规定,对非居民实际上仅根据来源地征税。1523 年的大规模征税历时 4 年。这是最后一次征收包括工资在内的第三税目的都铎王朝补助金。

本章随后花了一些时间来讨论 16 世纪 30 年代的重要法律和社会动荡。其中包括《最高权力法案》(the Act of Supremacy)和英格兰国教的建立、修道院的解散、《用益法》和《遗嘱法》。这些发展有一个共同的主题或效果,即确保王室有更多的财政收入。英格兰教会的建立有助于促进教区成为核心税收地区。修道院的解散不仅给亨利八世带来了直接的收入(通过出售修道院土地),而且当亨利将以前的修道院土地作为骑士费进行重新授予时,也强化了他未来从土地上可获得的封建事件金。《用益法》使用了某些用益权,以便大幅恢复因用益权的增加而丧失的封建事件金收入。《遗嘱法》在某些方面花费较少,并且第一次允许土地在一定范围内依遗嘱而传承。这些发展与衡平法院业务的兴起和信托的最终发展相吻合。 101

后期都铎王朝的补助金已变成了一种标准形式。为估税目的进行重新评估的尝试已经消失,就像十五一税和什一税变成一笔大约 39,000 英镑的授权,补助金的授权成为大约 80,000 英镑授权的同义词。因此，在通货膨胀的影响下，补助金（以及十五一税和什一税）通常根据需要按倍数授权。根据后来的都铎王朝补助金，税收原则上是在两个通常的税目下征收，人们以产生最多税的税目来支付税款。大多数工资是明确免税的。公司（和合伙企业）的税收是明确的。都铎王朝的补助金的管辖范围并不十分明确，但来源地和居住地的概念已经牢固确立。

由于亨利八世的活动，地方税也出现了巨大发展。为建造监狱和桥梁等目的征收的特定税费有所增加。修道院的解散也产生了一个有关济贫的问题，在这一问题上，修道院提供了大量援助。亨利八世试图将济贫的地区责任强加给堂会理事（管理教会财务）征收自愿捐款；事实证明这是无效的。伊丽莎白一世以教区居民捐助的法律责任来支持这一做法，到 1601 年，这发展成为教区一级管理的济贫税费。它的目的是通过参考教区居民的“能力”来征收济贫税费（以及许多其他具体的征税）。然而，1601 年法律的明确措辞的解释使这一点变得困难，并且该税费主要是根据位于特定教区内的有利可图的有形财产而征收的。

本章之后讨论了从斯图亚特王朝到英国内战期间英格兰和新大陆新生殖民地的直接税制的发展。补助金、十五一税和什一税继续与都铎王朝后期相同，但是当查理一世在 1629 年至 1640 年期间中止召开议会时，这种资助体系停止了。由于急需资金，查理一世的顾问们试图在没有议会支持的情况下，以古代的船舶令状的形式筹集资金。船舶税款是用配额制度在各城镇和郡之间分配。当地官员被
102 要求根据当地习俗筹集所需资金，但特别提到“能力”。这与包括济贫税费在内的地方征税的关系（不是一致），似乎很清楚。

本章接着讨论了在斯图亚特早期建立的新大陆殖民地税收制度的早期发展。除其他因素外,新殖民地的人口数量膨胀,特别是在17世纪30年代,寻求逃避迫害的英格兰宗教激进分子从英国大量流亡。虽然弗吉尼亚早期定居点的许多方面都遵循英国的做法(如英格兰教会、教区和郡的建立),但税收不是其中之一。人头税是弗吉尼亚早期使用的直接税收形式。马里兰的情况有所不同,其以天主教为主要宗教。马里兰早期的直接税制度是建立在对动产征税的基础上的,因此在这个问题上,马里兰更接近英格兰使用的标准。西印度群岛殖民地的早期情况与弗吉尼亚相似。巴巴多斯使用了人头税,圣基茨、尼维斯和安提瓜似乎也采用这种税,因为它们也在卡莱尔勋爵的专属统治之下。

新英格兰的情况有所不同,它的发展方式与其他殖民地有所不同。在马萨诸塞,占主导地位的清教徒建立了公理制度(主张各地方教会独立行事)并作为政府的基础。在这里,早期的直接税制与英格兰的税制有着惊人的相似之处。1634年的税法明确提及对“财产”征税并根据“能力”征税。殖民地的城镇之间有一个配额制度来分配共同负担。在全球范围内的居民都要交税,因为他们的“能力”存在于“任何地方”,而非居民基本上是根据来源地进行评定的。税收也经常分期支付。马萨诸塞的税收制度似乎也影响了早期康涅狄格和普利茅斯的税收制度。新生的纽黑文殖民地也对财产和能力征税。

本章讨论的最后一个问题是查理一世在17世纪40年代初最终召开议会后的最后一笔授权。其中多项补助金被授权,但更令人感兴趣的是随之而来的人头税。人头税根据纳税人的等级征税,但在规定的等级之外,则根据纳税人总资产的年价值征税(附带剩余的人头税)。1642 年,查理一世被授权补助金,补助金的形式将构成联邦时期每周和每月评估的基础。这项补助金基本上沿用了早期的补助
103 金,只是采用了配额制度在郡、市和镇之间分配需要筹集的 400,000 英镑。

表 1 提供了截至 1600 年本书所讨论的英国直接税的摘要。导言解释了表格的结构和局限性。或许表 1 中最显著的特征是这一时期使用的直接税形式的巨大差异。一些其他的一般性观点也被提出。土地几乎总是根据其“年度”或“每年”价值而不是其资本价值征税的。因此,英国所得税附表 A 的起源非常古老,如果不是 1188 年的萨拉丁什一税,那么显然可以追溯到 1404 年。这并不是说税基是土地收入的准确反映,而是一种近似的方式,这似乎是立法机关的一贯意图。对土地征税与从源税征税之间也有着密切的联系。

相比之下,对动产征税与参照资本价值征税和基于居住地征税(全球征税)是同义词。在现代人看来,对动产的资本价值与土地年价值(通常是另一种选择)同时征税似乎很奇怪,因为这有可能导致对持有动产的人征税过高。然而,在征收这些税时,对动产征税与对土地年价值征税可能没什么不同。这一时期的人很可能只有很少的财产,所以他们所拥有的动产可能代表了这一年的利润。尤其是在家庭用品被排除在征税之外的情况下,动产通常比土地更容易被低估。此外,在本章所涵盖的时期即将结束时,动产的税率往往低于土地,免征门槛也高于土地。

表 1 还展示了一种尝试,国家大约每百年征收一次非常广泛的个人税,试图涵盖所有形式的“能力”,因此产生了 1188 年的萨拉丁什一税、1379 年和 1380 年的人头税、1641 年的人头税,以及 1450 年

和 1512 年的补助金。这些努力有许多共同点。它们的征税对象都集中在经常住民或居民,而且是在危机或高税收时期征收的。此外,它们每次的产出都令人失望。根据一个人的“年度价值”征税的理想可能是一个不变的主题,但在这一期间似乎基本上无法实现。

本章针对导言中确定的英国所得税的四个特征都找出了明确的先例。英国在 1404 年就开始实行的不同税目的补助金,显示了英国 108
税收制度的分类特征。资本—收益的区别是以农业社会为中心的英格兰的土地所有权的固有形式。在教会法中还有更多关于这种区别的例子。直接税的零星性质以及作为指导税收理念的“年度价值”和“能力”之间的联系意味着这种区别本质上植根于英国社会,因此也植根于英国的税收制度。早在 1450 年就出现了对公司的明示税收,当时它可能针对的是行会之类的组织。目前没有出现对公司利润进行经济双重征税的问题,因为没有明确规定对这些公司的利益或这些公司的回报征税。到本章所涵盖的时期 1641 年结束时,经典的来源地和居住地管辖权限制已经得到很好的发展。

表 1　1300 ~ 1600 年英格兰王国的直接税

英格兰 1300 ~ 1600 年征税对象	税基			税率		管辖	
	法律中每个项目的固定价值	资本价值（包括按回报估算的价值）	所得/利润/获利	固定税率的征税	固定金额的征税（按配额划分）	来源地征税	居住地征税
一般为土地的财产	1428 年补助金（每个骑士的费用）	1428 年补助金（教堂的价值）	1404 年、1411 年、1431 年、1435 年、1450 年、1472 年、1489 年、1497 年、1504 年补助金；1512 年（分类的）、1514 ~ 1600 年都铎王朝补助金（1549 年除外）	1404 年、1411 年、1428 年、1431 年、1435 年、1450 年、1472 年、1489 年补助金；1512 ~ 1558 年都铎王朝补助金（1549 年除外）	1497 年、1504 年补助金；1559 ~ 1600 年都铎王朝补助金（推测）	1401 年、1411 年、1428 年、1431 年、1435 年、1450 年、1472 年、1489 年、1497 年、1504 年补助金；1512 年（但只有居民）、1515 ~ 1600 年都铎王朝补助金（1549 年除外）	1514 年、1515 年、1523 年、1540 年、1543 年、1545 年（不受限制）、1553 ~ 1600 年都铎王朝补助金

续表

英格兰1300~1600年征税对象	税基			税率		管辖	
	法律中每个项目的固定价值	资本价值（包括按回报估算的价值）	所得/利润/获利	固定税率的征税	固定金额的征税（按配额划分）	来源地征税	居住地征税
动产		1300~1625年十五一税和什一税（推测）；1404年、1489年、1497年、1504年补助金；1512年（分类）、1514~1600年都铎王朝补助金		1404年、1489年补助金；1512~1558年都铎王朝补助金	1334~1625年十五一税和什一税；1497年、1504年补助金；1559~1600年都铎王朝补助金（推测）	1300~1625年十五一税和什一税（推测）；1404年补助金;1515~1699年都铎王朝补助金	1489年、1497年、1504年补助金；1512~1600年都铎王朝补助金
无形资产		1515~1600年（债务）都铎王朝补助金		1515~1558年都铎王朝补助金	1559~1600年都铎王朝补助金（推测）		1515~1600年都铎王朝补助金

续表

英格兰1300～1600年征税对象	税基			税率		管辖	
	法律中每个项目的固定价值	资本价值（包括按回报估算的价值）	所得/利润/获利	固定税率的征税	固定金额的征税（按配额划分）	来源地征税	居住地征税
一般个人	1377年人头税；1514年（剩余人头税）都铎王朝补助金	1379年分类人头税、1380年分类人头税（根据财产）；1512年（骑士和领主分类）都铎王朝补助金		1377年、1379年、1380年人头税；1512年、1514年都铎王朝补助金			1377年、1379年、1380年人头税；1512年、1514年都铎王朝补助金
职位/雇佣	1512年、1523年（剩余人头税）都铎王朝补助金		1450年、1472年、1489年补助金；1514～1600年（主要服务于国王）都铎王朝补助金（1549年除外）	1450年、1472年、1489年补助金；1512～1558年都铎王朝补助金（1549年除外）	1559～1660年都铎王朝补助金（推测）	1489年补助金	1450年、1472年（推测）补助金；1512～1600年都铎王朝补助金（1549年除外）

续表

英格兰1300~1600年征税对象	税基			税率		管辖	
	法律中每个项目的固定价值	资本价值（包括按回报估算的价值）	所得/利润/获利	固定税率的征税	固定金额的征税（按配额划分）	来源地征税	居住地征税
独立服务/职业							
商业/交易							

注：1450年补助金第一次提到公司（“个人公司”）和管理者，向他们而不是股东或受益人征税。后来直到1489年被提及，但后面有个空白时期，直到1515年重新出现。

“土地”包括土地产出或土地担保的问题，如年金、养老金和其他费用。

“分类”指收入、价值或财富范围内的人或特定类型的人，如按职业或收入、价值或财富分类的人。

第二章　1642年至1688年:宗教、叛乱和复辟

109 与第一章涵盖的500年相比,本章涵盖的时间相对较短,从英国内战爆发、复辟再到1688年光荣革命前夕,不到50年。这是一个动荡的时期,国家充斥着宗教冲突、王室与议会之间持续的权力斗争、新大陆殖民地的扩张导致的对新贸易的争夺,以及通常由这些因素综合作用而引发的战争。在此期间,英国的问题继续蔓延,并对殖民地的发展产生重要影响。不可避免地,与其他动荡时期一样,这一时期英国及其殖民地的直接税制度都出现了重大发展。

本章分为四节。[1] 第一节专门介绍共和国时期税收制度的发展。[英格兰共和国(1649年5月19日~1660年5月),全名英格兰、苏格兰与爱尔兰共和国(Commonwealth of England, Scotland and Ireland),是第一个统治全英国的共和政府。——译者注]它主要是英国议会使用的直接税形式,但也考虑了殖民地税制的重要发展,因

〔1〕 为了简洁起见,提及的共和国包括其保护领地。

为其反映了英国内战的问题和影响。第二节盘点了 17 世纪 60 年代以前土地占有和会计方面的发展。从 1536 年的《用益法》(见上文)通过到光荣革命,英国的土地占有方式发生了变化,特别是家庭聚居地的形式。在这一时期,信托的使用愈加频繁,到最后,英国内战使大多数形式的军役领地(military tenure)均被废除。也正是在这一时期,在会计账目中开始零散地出现区分资本和收益条目(entry)的例子。第三节涵盖了英国王室复辟后的动荡时期。直接税制度在此期间发展,以资助与法国和荷兰的战争。这些战争也对殖民地产生了 110
重大影响,包括收入和损失的形式、殖民地的结构以及直接税制度的形式。第四节是关乎光荣革命的前奏。王室和议会之间的宗教冲突和持续的权力斗争也蔓延到了殖民地,并再次对他们的事务产生了重大影响,包括殖民地的直接税制度。

一、英国内战、共和国时期和保护领地

本节讨论了英国内战爆发、共和国时期和复辟时期。上述时期聚焦于议会用于筹措战争资金的直接税形式,这在许多方面是现有议会授权形式的延续,但其为了满足筹集资金的紧迫性而进行了精简。接着,本节讨论了殖民地的发展。英国人因忙于内战创造了一个宽松的监管环境,这促进了殖民地自治的增长,而后来当英国人在复辟后试图重新确立权力时,现实证明这种自治权是很难收回的。英国内战还在其他方面影响了殖民地,比如许多效忠英王者逃到了巴巴多斯。这一时期英国唯一获得的殖民地是牙买加,于 1655 年自

西班牙手中夺取。

(一)每月评估

在英国内战早期,议会主要通过贷款和捐款来筹集资金。1642年,它通过适用于不同地理区域的法律,以评估分摊者。[2] 随后,在
111 1643年,议会对那些没有为其部队捐款的人进行了更广泛的征税。[3] 该等捐款应"按照上述评估人或他们中的任何两人各自认为合适和合理的土地和货物中的财产情况……"支付。征税的上限是土地年产值的20%或动产的5%,分别免征10英镑和100英镑。这种征收方式的效果并不明显,并且持续到1652年仍在征收。[4]

显然,议会必须通过这种每周和每月定期评估的制度来筹集更稳定的现金流。这些评估始于1642年年底。这些定期评估中的一部分是为了保卫该地区而征税,而另一部分则是为了保障国家军队的供给。1644年的法案主要基于1642年授予查理一世的40万英

---

〔2〕 Jurkowski等人,1998,p. 198 – 205。一般来说,人们被要求"根据他们的财产,正如上述评估员……认为适当和合理的……"《一项用于评估所有未对议会两院提案作出贡献的人,以筹集资金、盘子、马匹、骑兵和武器,用于保卫国王、王国和议会,或未按比例按其财产作出贡献的人的法令》(1642年11月26日)(英国);United Kingdom,1911,Vol. 1,p. 39。另一个典型的表述是"按照他们认为合适的费率和比例,对上述所有或任何人、他们的土地、货物和物业进行估价、征税、评估或收费,且根据案件的需要……"。《一项委任威廉·沃勒·塞尔爵士(Sir William Waller Serjeant)为格洛斯特和其他邻近县军队少将,并为他的军队筹集资金的法令》(1643年/1644年2月11日)(英国);United Kingdom,1911,Vol. 1,p. 79。

〔3〕 《一项在整个英格兰王国和威尔士自治领土迅速筹集和征收资金以救济共和国,对那些根本没有捐献或借钱的人征税,或不根据他们的财产和能力征税的法令》(1643年5月7日)(英国);United Kingdom,1911,Vol. 1,p. 145 – 155。

〔4〕 Jurkowski等人,1998,p. 209。

镑,其条款形成了这种税收的标准,一直沿用至1660年复辟。[5] 这时产生了一个配额制度,但这次规定的数额每周增加,为期6个月。[6] 该法案没有根据来源重复评估缺席人员的规定,但同1642年王室补助金一样,规定在其财产所在地的每一个县对这些人进行评估。征税的措辞和管辖权范围采用通常的形式,因此与1642年王室补助金的内容是相同的。[7]

在英国内战和共和国期间的各种评估中,有一项评估是始终一致的,那就是议会军队每月的评估。其最初于1645年实施,目的是为费尔法克斯(Fairfax)领导下的议会新模范军提供资金,该项评估一直持续到复辟。[8] 1645年的法律简化了早先的征收条款。[9] 以下税款将被评估和征收: 112

> 对土地、货物、年金、租金、职位以及其他不动产或动产,按照上述方式和形式,并按最平等和通常的税率征收税款……或根据所述各县、城市、地区、地方的土地、租金、年金、职位、世袭财产的真实年度价值及货物、动产、债务以及

---

〔5〕《一项旨在通过对伦敦和威斯敏斯特市、英格兰王国的每个郡和城市以及威尔士自治领进行每周评估,迅速筹集和征收资金,以维持议会筹集的军队和英联邦的其他重大事务的法令》(1643年/1644年2月24日)(英国);United Kingdom,1911,Vol. 1,p. 85–100。

〔6〕 Dowell,1965,Vol. 2,p. 4建议,税收"在法令中指定的几个县和城镇之间进行划分,根据特定县或城镇补助金的最高回报进行计算……"

〔7〕 Jurkowski等人,1998,p. 51–53,p. 205–206。Dowell,1965,Vol. 2,p. 4–6.

〔8〕 Jurkowski等人,1998,p. 52。

〔9〕 这段时间,议会通过决议,最终导致法令废除军队任期;见Baker,2002,p. 257及以下第124页。

其他不动产或动产的真实价值，按一定的比率计算。〔10〕

其结果似乎是一种以来源为基础征收的税。尤尔科夫斯基等人认为，这种评估在 1648 年之前一直在定期更新。〔11〕 1647 年的进一步征税也使用了类似的措辞〔12〕，但这项征税的附言使用了普通征收的措辞（不包括对缺席者的规定）。〔13〕 然而，1648 年为满足军队需要而征收的一项新的一般税要求根据 1647 年的征收标准进行评估。〔14〕

英国在共和国时期 1649 年的一般评估法中也使用了这种新措辞。〔15〕 该法还列举了对特定县内分区的分配进行的申诉。它规定
113 在各分地区之间重新分配，以每个分地区的土地和动产的评估为基础，规定每 20 英镑的动产与每年土地价值的 1 英镑等值。〔16〕 不久之后，这成为纳税人评估的基础。

---

〔10〕《由托马斯·费尔法克斯（Thomas Fairfax）爵士指挥，为保卫王国而组建和维持军队的法令》（1645 年或 1646 年 2 月 17 日）（英国）；United Kingdom，1911，Vol. 1，p. 614 – 626，p. 616。Jurkowski 等人，1998，p. 226 – 227。

〔11〕 Jurkowski 等人，1998，p. 226。

〔12〕《一项在托马斯·费尔法克斯爵士的指挥下，在本王国内为了维持军队而筹集资金的，为爱尔兰战争，迅速运输和支付部队费用的法令》（1647 年 6 月 23 日）（英国）；United Kingdom，1911，Vol. 1，p. 958 – 984，p. 981。Jurkowski 等人，1998，p. 237。

〔13〕《一项为了救济爱尔兰而每月筹款两万英镑的法令》（1648 年/1649 年 2 月 16 日）（英国）；United Kingdom，1911，Vol. 1，p. 1072 – 1105，p. 1076 – 1077。Jurkowski 等人，1998，p. 240。

〔14〕《为维持托马斯·费尔法克斯爵士指挥下的军队而筹集资金的条例》（1648 年/1649 年 3 月 17 日）（英国）；United Kingdom，1911，Vol. 1，p. 1107 – 1114，p. 1107。Jurkowski 等人，1998，p. 240。

〔15〕《一项自 1649 年 3 月 25 日至 1649 年 9 月 29 日，每个月筹集 9 万英镑，以维持议会授权的军队，用于为英格兰和爱尔兰服务，为期 6 个月的法案》（1649 年 4 月 7 日）（英国）；United Kingdom，1911，Vol. 2，p. 24 – 57，at p. 48 – 49。Jurkowski 等人，1998，p. 244 – 245。

〔16〕 1649 年 4 月 7 日法案；United Kingdom，1911，Vol. 2，p. 54 – 55。

1650年的一部维持军队供给的法案规定了税收和评估标准：

> 在不同县的几个分区……对其所有的土地、出租房屋、遗产、年金、租金、庄园、仓房、货物、动产、货币、存货、商品、办公室以及任何其他不动产或动产，以其价值为基础按照英镑费率课税；（即）每20先令的租金、土地和房地产的年价值及金钱、股票和其他动产适用同等税率；（其中每20英镑的……动产，应与年价值为20先令的土地承担相同的费用）……〔17〕

这部法案似乎不再像以前的法案那样明确地包括"债务"。该法案要求评估人遵守规则，"在各自的划分范围、程序和界限内，平等评估所有不动产和动产……"〔18〕。尽管有这个明确的指示，该法案依旧通过普通会议授予各个城市、县和城镇无视英镑费率的权力。他们可以"按照本地方的最公正、最平等的费率方式对各自应当承担的税费进行分摊、征收和评估……"〔19〕。

1652年〔20〕和1657年〔21〕的评估法案也作了类似的规定。共和

---

〔17〕《一项自1650年12月5日至20日，每个月筹集12万英镑，为期4个月，为了维持在英格兰、爱尔兰和苏格兰的军队，由议会授权为了共和国的利益而筹集的法案》（1650年11月26日）（英国）；United Kingdom，1911，Vol. 2，p. 456－490，at p. 484。

〔18〕1650年11月26日法案；United Kingdom，1911，Vol. 2，p. 486。

〔19〕1650年11月26日法案；United Kingdom，1911，Vol. 2，p. 489。

〔20〕《一项自1652年12月5日起至次年6月4日止，为期6个月，每月12万英镑计算的评估，适用于维持英格兰、爱尔兰及苏格兰的陆军、海军的法案》（1652年12月10日）（英国）；United Kingdom，1911，Vol. 2，p. 653－688。

〔21〕《一项以每月6万英镑的税率对英格兰进行评估，为期3个月的法案》（1657年6月9日）（英国）；United Kingdom，1911，Vol. 2，p. 1058－1097。Dowell，1965，Vol. 3，p. 73.

114 国时期最终的每月评估法简单地规定，评估员应“按照以前的英镑费率，根据其各自教区和地方范围内的所有不动产和动产，平等地进行评估”。[22] 但是，这项法案确实明确包括关于改变英镑费率的规定。[23]

这些每月评估的评估条款也是类似的。一个县或镇的专员被分为不同组，并任命为测量员和评估员。在对该县或该镇的不动产和动产进行评估后，确定税率，以保证最后在该县或镇的评估上所适用的总税率与法案规定一致。然后，对特定人群的评估被交给县或教区的征收人员。承租人需要缴纳土地税，但可以从付给出租人的租金中扣除。[24]

（二）殖民地独立精神的兴起

英国人的内战为殖民地的自治和独立提供了大量的机会。正是在这一时期，殖民地当地的议会被建立和巩固。[25] 在早些年，美洲大陆殖民地和西印度群岛殖民地的发展几乎没有区别。正如原著第85页所指出的，后者首先进步和繁荣，这在人口的相对增长中表现
115 出来。到17世纪60年代，加勒比地区殖民地比美洲大陆殖民地吸

---

〔22〕《一项在英格兰、苏格兰和爱尔兰，按月评估10万英镑，为期6个月的法案》（1660年/1661年1月26日）（英国）；United Kingdom，1911，Vol. 2，p. 1355 - 1403，p. 1396。

〔23〕1660年1月26日法案；United Kingdom，1911，Vol. 2，p. 1403。

〔24〕Dowell，1965，Vol. 3，p. 72 - 81就1657年法案所作的评论。Soos，1997，p. 67 - 92. 肯尼迪（Kennedy）认为，议会关于每月评估的意图是实施一种所得税。“但中央对地方税务机关的控制如此薄弱，它不得不允许在实用性方面作出让步，这使得其关于公平分配的观点只不过是一种意见陈述。”这些让步是固定配额制度和“授予地方当局的许可，以确定其各自地区适用的评估原则”。他认为，结果是一种“刻板的土地税……忽略或严重低估了被评估的人所有的个人财产和职位收入”。Kennedy，1964，p. 41 - 43.

〔25〕Burns，1954，p. 297.

引了更多的殖民者,殖民者们大多选择了巴巴多斯。[26] 本小节讨论了直接税的发展,首先是美洲大陆殖民地,其次是西印度群岛。

1. 美洲殖民地

(1)南部殖民地

正如原著第 83 ~ 84 页所述,弗吉尼亚最早、最典型的直接税形式是人头税。1645 年出现了例外,人头税附加了对"殖民地"的土地(每 100 英亩)、牛、马、绵羊和山羊的征税。[27] 这一明确的基于来源的"有形财产"税(本质上是一种土地税)于 1648 年被废除,而人头税一直持续到光荣革命。[28]

个人动产税是马里兰最早有记录的直接税形式,见原著第 84 页。然而,到 1642 年,马里兰就已追随弗吉尼亚的脚步,对烟草经营者征收人头税。[29] 州议会产生的公共费用是否也通过人头税的方式筹集,目前尚不清楚,但到了 1650 年,这一点得到了证实。[30] 马里兰人口在 17 世纪 40 年代和 17 世纪 50 年代增长得更快,至少部分原因是英国内战。[31]

---

〔26〕 Beckles,1998,p. 222.

〔27〕 Virginia,1809 – 1823,Vol. 1,p. 305.

〔28〕 Virginia,1809 – 1823,Vol. 1,p. 356. Ripley,1893,p. 25 – 32.

〔29〕《一项关于授权补助金的法案》(1641 年/1642 年 3 月)(马里兰);Maryland Historical Society,1883 – 1972,Vol. 1,p. 123。

〔30〕 大会通常任命一个委员会,该委员会有权批准市政和大会的账目。委员会随后将费用分摊,首先在数百个县之间分摊。1642 年,评估只是针对"所有的自由人"。1647 年的指令是"按比例平等的评估"。1648 年,关于圣玛丽县,"自由人们一致同意,并决定对圣玛丽县的居民按人头平等征收……"。1649 年,公共费用被分配给各县,"委员会认为,一切正如我们所设想的那样",而在 1650 年,这个词只是"平等的评估"。Maryland Historical Society,1883 – 1972,Vol. 1,p. 123,p. 230,p. 232,p. 237,p. 282.

〔31〕 Simmons,1976,p. 46.

1650 年和 1651 年，马里兰的一般公共征收是人头税。[32] 但是
116 当为军队筹集资金时，征收是"基于对居民的动产和不动产的平等评估……"[33]。在 1654 年的动荡时期，即使是一般公共征收也变成了这种方式。随着英国议会在英国内战中的成功和查理一世被处决，巴尔的摩勋爵的专属统治结束了，一个纯粹的新教徒议会在 1654 年召开。[34] 该议会在这一年规定：

> 自本年度起，本地区的所有公共费用不仅按应纳税的人头来征收，而且也向本地区的下列有形财产征收……[35]

很难推测之前法案对这条法案的影响，但这与 1645 年弗吉尼亚土地税[36]以及英格兰的共和国时期评估的模式存在一定的共性（见原著第 110 ~ 114 页）。同样，税收的来源基础是明确的。无论如何，这种变化是短暂的。克伦威尔的顾问们在 1657 年恢复了专有统治[37]，导致清教徒的影响消退，1654 年的法案被废除，人头税恢复。[38]

---

〔32〕《一项关于评估本年度征收的命令》(1650 年 4 月)(马里兰)和《一项关于提高征收量的命令》(1650 年/1651 年 3 月)(马里兰)；Maryland Historical Society, 1883 - 1972, Vol. 1, p. 298, p. 313。

〔33〕《关于在该领域内进行战争征收的法案》(1650 年 4 月)(马里兰)；Maryland Historical Society, 1883 - 1972, Vol. 1, p. 302。

〔34〕 Simmons, 1976, p. 48. 一群清教徒从弗吉尼亚移民到马里兰。

〔35〕《公共征收法案》(1654 年 10 月)(马里兰)；Maryland Historical Society, 1883 - 1972, Vol. 1, p. 342。法律进而对人头、每英亩土地和每头牲畜，按不同比例征收。这笔费用仍需在各县之间分摊。

〔36〕 弗吉尼亚的清教徒早在 1649 年就到马里兰定居。

〔37〕 Simmons, 1976, p. 48.

〔38〕《公共征收法案》(1657 年)(马里兰)；Maryland Historical Society, 1883 - 1972, Vol. 1, p. 360。

到 1660 年，马里兰的地方政府制度逐渐与弗吉尼亚类似，他们有相似的直接税制度，即人头税。〔39〕 事实上，到复辟时期，人头税已经根深蒂固，以至于在 1661 年有了"根据本领域通常的习惯对每一项进行评估……"〔40〕的规定。

（2）新英格兰殖民地

从英国内战到复辟时期，马萨诸塞继续并巩固了其在新英格兰殖民地的直接税政策的主导地位。根据 1643 年的一项法律，普利茅 117
斯殖民地效仿了马萨诸塞的早期做法，〔41〕并指示城镇评估员"根据其城镇居民的财产或能力，即货物和土地获得增值的能力和个人能力，进行评估，无论该税费是针对特定城镇的征收还是一般征收"〔42〕。所以这种评估和马萨诸塞是一致的。提到"才能"，有意思的是，新英格兰殖民地早期的直接税法律通常被称为"才能税"，〔43〕这似乎是该术语在新英格兰殖民地法律中的首次使用。〔44〕 1643 年的法律进一步纳入了许多行政管理规则，包括税由警察征收。

从 1644 年开始，马萨诸塞自身也开始了进一步的发展。这一年，普通法院分裂成两院，由非选举产生的助理和选举产生的代表

---

〔39〕 Simmons，1976，p. 46 – 47.

〔40〕 《一项迫使总督和国会停止对雷塞部队和梅恩塔因的战争，停止对普罗旺斯人和萨斯奎汉努印第安人的战争的法案》（1661 年 4 月/5 月）（马里兰）；Maryland Historical Society，1883 – 1972，Vol. 1，p. 406。

〔41〕 参见原著第 87 ~ 90 页关于 17 世纪 30 年代马萨诸塞的法律。

〔42〕 Massachusetts，1855 – 1861，Vol. 11，p. 42. Seligman，1914，p. 368.

〔43〕 例如，Seligman，1914，p. 383 – 384。

〔44〕 牛津英语在线词典；Simpson 等人（2004 年）（在线），访问于 2004 年 10 月 10 日，涵盖了"才能"的定义（引用相关时期的规定），参考"金钱能力、手段、资源；私人物品、财产"。

组成。[45] 到1646年，有人抱怨马萨诸塞的税收不公平。因此，1646
118 年通过了一项新的法律，其旨在明确更多关于评估和管理的细节。这一重要的法律对整个新英格兰（以及更远的区域）的未来发展产生了影响。其征税条款如下：

> 在这个辖区内的每位男性……应按年支付……总金额为20便士的税款（所以将会以某种比例摊派到资产上），即所有人都需要就动产每20先令支付1便士税款。动产，既包括土地也包括货物（每个在夏季通常按日结算的工资超过18便士或者长期结算的工资总数估算后日均工资超过18便士的劳工、技工和手工业者，需要支付每年3先令4便士……在前面提到的20便士不含在内），以及对于本文未特别说明的所有其他人，如各种铁匠、屠夫、面包师、厨师、食品商和公司等，根据其回报和收入，评定与他人财产的产出成比例。[46]

为了对动产进行估价，该法律接着规定了牲畜的具体价值，然后规定：房屋、各种土地、商品……以及所有其他有形的动产，不动产和动产……被评估……根据它们的价值……分摊到上述对牲畜的奖励上……[47]

---

〔45〕 在这种结构中，众议院在很大程度上仍然隶属于总督和上议院，直到17世纪60年代。Simmons，1976，p. 33 – 34.

〔46〕 Massachusetts，1853 – 1854，Vol. 2，p. 173；Vol. 3，p. 88.

〔47〕 Massachusetts，1853 – 1854，Vol. 2，p. 174；Vol. 3，p. 87.

这部法律有许多方面值得进一步讨论。首先，正如道格拉斯（Douglas）所认为的，这是第一部规定年度税收的法律。[48] 土地和货物的税率约为评估价值的 0.42%。显然，这是 1646 年以前的通常税率。[49] 其次，这是马萨诸塞第一部对 1634 年法律进行修改的法律，即改变了"根据人口数量"征税的要求。该法律实施的累进人头税类似于 1641 年英国内战爆发前英国议会授予查理一世的补充人头税；参见原著第 92 ~ 93 页。根据上文的论述，英国税收还根据不同居民的推定收入（就支出能力而言）对他们进行评级，并征收剩余的固定人头税。英国的征税可能与马萨诸塞的政策变化有某种联系。最后，人头税与财产税一起课征值得注意。这与 1641 年查理一世获得的补助金又有相似之处，当时的补助金是由分级人头税来补充的。然而，马萨诸塞的人头税是与财产税一起管理的。[50] 在马萨诸塞，似乎试图将劳动征税和财产征税结合起来。而劳动收入征税的意图似乎是根据工资的资本化价值向个人征税。[51]

1646 年马萨诸塞的法律提到了劳动的"回报和收入"（returnes & incomings）。这是本研究首次在法律中发现提及了"收入"（incoming） 119
及其衍生物。使用"收入"一词本身似乎不太可能是为了彻底改革马萨诸塞的直接税制度。"收入"是当时使用的一个词。这个词的现代定义包括："流入的钱，收入"[52]，英国人自 1188 年萨拉丁什

---

〔48〕 Douglas，1892，p. 17.

〔49〕 Douglas，1892，p. 28.

〔50〕 英国的补助金确实包括人头税，人头税是与基于按动产的价值和土地年产值征收的税一起支付的，但这通常只由居住在英国的外国人支付。

〔51〕 Douglas，1892，p. 31.

〔52〕 牛津英语在线词典；Simpon 等人（2004 年）（在线），于 2004 年 10 月 10 日访问，标记 1596 年的一个引用。另请见 1601 年引用的"收入"的类似定义。

一税以来就在直接税法中陆续地使用“收入”一词；其自1404年以来，经常使用“年价值”一词；参见原著第34～35页和第46～47页。因此，马萨诸塞在1646年的法律中使用“收入”而不是其他先前使用过的词。[53] 无论如何，马萨诸塞法律中对“收入”的提及是很少的。

1646年的法律在第二年基本上得到了保留，但“回报和收入”的提法被“回报和获利”（returnes & gaines）所取代。[54] 此外，1647年的法律阐明了税收的管辖权。每个城镇的专员和选举人都要列出一份统计了“同一城镇的所有男性……以及同一城镇所有动产和不动产的真实估算结果……”的清单。[55] 其意图似乎是向当地人和城镇内所有财产征税。从1651年开始，马萨诸塞的征税程序开始类似于十五一税、什一税以及英国的都铎王朝补助金，即征收“税率”的倍数或分数，税率假设为每20先令评估值征收1便士。[56]

在康涅狄格，直接税制度效仿马萨诸塞的法律。在1650年康涅狄格法典的“税率”一章中，只对“每一个无法自愿按其能力按比例缴纳所有公共费用的居民”征收费用。[57] 这似乎与英国早期的《济贫税》一致。在英国，人们只有在不自愿摊费的情况下才会接受评估；参见原著第74～76页。康涅狄格法典的“税率”章节继续列举税基和税率。毫无疑问，康涅狄格法律的这一部分是基于马萨诸塞的

---

〔53〕“收入”的使用可能表明语言使用开始发生变化；见原著第130页和第185～188页。

〔54〕Massachusetts, 1853 - 1854, Vol. 2, p. 213; Vol. 3, p. 117.

〔55〕Massachusetts, 1853 - 1854, Vol. 2, p. 213; Vol. 3, p. 116.

〔56〕Massachusetts, 1853 - 1854, Vol. 3, p. 221. Douglas, 1892, p. 28.

〔57〕Connecticut, 1850 - 1890, Vol. 1, p. 548.

法律而制定的。[58] 在大多数地方,它逐字逐句地照搬了1647年马萨诸塞的法律,其中包括工人应就“他们的回报与获利缴纳与其他人财产的产出成比例的税款”[59]。其意图似乎是征收推定所得税。[60] 120
在这里,“税率”也变成了固定税的同义词。[61]

纽黑文殖民地也很快效仿马萨诸塞的做法,任命了一个委员会,负责考虑在现有税基(有形财产)之外,采用马萨诸塞对劳动力利润征税的制度的可行性。1649年,纽黑文征收了一项税,该税主要采用了马萨诸塞法律的做法,包括对“劳工、手工业者、海员……和……其他从事商品贸易的人……”征税。这些人应该“在委员会能够判断的范围内得到尽可能公正的评定……”因此该税的税基并不明确。[62] 1656年,纽黑文制定了自己的法典。其“公共征收”的章节很大程度上效仿了马萨诸塞和康涅狄格的法律,在某些地方,还是逐字逐句地照搬马萨诸塞的法律,但不像康涅狄格的法律那样频繁照搬,[63]特别是其仿效了康涅狄格法律对劳工的回报和获利征收的规定。[64] 然而,该项税收管辖范围似乎仅限于城镇的居民,并有一项

---

〔58〕 类似的结论,见Jones,1896,p.9。

〔59〕 Connecticut,1850－1890,Vol.1,p.549. Seligman,1914,p.370.

〔60〕 Seligman,1914,p.389,引用了康涅狄格税收委员会1887年的报告,该报告用以下措辞描述了该制度:康涅狄格从其最早的历史开始就遵循对收入而不是财产征税的计划。那些从事任何贸易或职业的人都是根据他们的年度收益进行评估的。不动产的征收不是根据其价值,而是根据其平均的年收入的比例,它被认为有可能是产出。土地……按每种土地的固定税率被列入清单……不是因为这些金额被认为是土地的价值,而是因为它们被认为代表了即将产出的平均收入。

〔61〕 Jones,1896,p.41.

〔62〕 Connecticut,1857－1858,Vol.1,p.448,p.494. Seligman,1914,p.369－370.

〔63〕 Connecticut,1857－1858,Vol.2,p.581－583.

〔64〕 关于马萨诸塞、康涅狄格和纽黑文法律之间相似性的分析,见Jones,1896,p.10,p.11。

反滥用规则，对那些可能已经离开的人征收土地税。

相比之下，尽管普利茅斯殖民地也在 1658 年出版了一本普通法，但关于税收的章节实际上是其 1643 年法律的翻版。[65]

17 世纪 30 年代末和 17 世纪 40 年代初，一些宗教团体也迁往并定居在罗得岛的一些城镇。1643 年，其中的一些团体依据共和国时
121 期的宪章合并。[66] 就像在康涅狄格殖民地一样，在罗得岛，参与政府的权利和教会的成员资格之间没有联系。罗得岛的人口增长比其他新英格兰殖民地慢一些，到复辟时期不超过 2000 人。[67] 在罗得岛，任何早期税收制度的形式都不清楚，但从后来的发展来看，似乎任何直接税都可能是根据财产征收的；见原著第 142 页。

本节对新罕布什尔和缅因也作一个简短的说明。早在 1632 年，大量的殖民者就迁移到了现在的新罕布什尔的部分地区。[68] 从 1635 年开始，马萨诸塞政府扩展到新罕布什尔，以填补其领土所有者放弃新罕布什尔留下的土地。[69] 1641 年有一个更正式的协议，根据该协议，新罕布什尔的一些城镇同意"在教堂和公益活动中支付的费用与马萨诸塞湾的上述居民一样，而不是其他……"[70]。因此，马萨诸塞政府从一开始就在新罕布什尔的城镇建立了马萨诸塞的税收制度。[71] 马萨诸塞最高法院也允许这些城镇有代表。1639 年，费迪

---

〔65〕 Massachusetts，1855 – 1861，Vol. 11，p. 89. 在 1661 年和 1665 年有一些微小的变化，这些变化当前没有关联性；见原著第 142 页和第 211 页。

〔66〕 Simmons，1976，p. 37.

〔67〕 Simmons，1976，p. 24，p. 111.

〔68〕 Robinson，1902，p. 1.

〔69〕 Simmons，1976，p. 110.

〔70〕 Massachusetts，1853 – 1854，Vol. 1，p. 325. Robinson，1902，p. 2 – 3.

〔71〕 Robinson，1902，p. 3.

南多·戈格斯(Ferdinando Gorges)被授予缅因区域的王室特许状。但随着戈格斯的去世和英国内战造成的混乱,马萨诸塞于 1652 年接管了缅因的小定居点。[72]

英国人在 1654 年占领了法国的阿卡迪亚要塞(位于新斯科舍属地),而 1655 年的《比利牛斯山脉条约》则要求英国将阿卡迪亚要塞归还法国人,但是直到 1667 年阿卡迪亚要塞才被英国真正归还法国。[73]

2. 西印度群岛

如原著第 85 页所述,关于英国加勒比岛殖民地的早期法律和政府记录很少,现有最完整的记录是巴巴多斯的记录。在早期的巴巴多斯(与早期的弗吉尼亚一样),典型的直接税是人头税。17 世纪 40 年代,人头税开始由零星的土地税作为补充。其中提到了 1643 年对棉花和烟草征收的税,这些税是对每英亩土地和那些没有永久保有 122
土地的人征收的。[74] 似乎民兵和当地的宗教部长也同样获得了"比例土地税"的资金支持。[75] 除此之外,卡莱尔(Carlisle)伯爵对该岛的所有出口商品征收 4% 的关税,当时的产业主要是烟草和棉花,但

---

〔72〕 Simmons,1976,p. 39.

〔73〕 Simmons,1976,p. 49,p. 154 和 Williamson,1929,p. 227 – 229。

〔74〕 Hall,1764,p. 237 提到的巴巴多斯最早的直接税法(第 7 号法律),是当年(1643 年)(巴巴多斯)向总督上缴每英亩一磅棉花或烟草的法案。这得到了法案的支持,即《非自由持有者每人支付 20 磅棉花或烟草的法案》(1643 年)(巴巴多斯)和《每英亩支付 0.5 磅棉花的法案》(1643 年)(巴巴多斯);Hall,1764,p. 460(分别为第 8 号和第 14 号法律)。这些都是在 1644 年用类似的征收项支撑起来的;参见 Hall,1764,p. 460(第 20 号和第 25 号法律)。不幸的是,Hall 没有复印这些法律,他查阅的记录似乎已经丢失(英国公共记录办公室中没有巴巴多斯或其他加勒比岛屿殖民地这么早的法)。

〔75〕 Harlow,1926,p. 26.

是糖业发展迅速。[76] 虽然本研究与间接税无关，但这项征税似乎是查理二世在复辟后征收的一项税收的历史源头，在后来引起了西印度群岛近200年的宪法和税收争议。

英国内战造成的不安全因素导致一些英国保皇派移民到巴巴多斯，使巴巴多斯在一定程度上成了英国保皇派的大本营。尽管卡莱尔伯爵与查理一世的交往存在一些所有权方面的混淆，但他对加勒比海（包括巴巴多斯）的权力在1645年得到了议会的确认。[77] 然而，为了防止权力被没收，卡莱尔于1647年将加勒比群岛租给威洛比（Willoughby）勋爵21年，后者于1650年接受委任成为巴巴多斯的王室总督。[78] 似乎在这个时候（虽然当时该岛还是英国保皇派的领地），威洛比被议会授权对所有出口商品征收“4%”的关税，就如
123 同此前同样被授权的卡莱尔伯爵那样。[79] 英国议会决定强迫巴巴多斯人宣誓效忠，并为此派出了一支海军。威洛比说服了众议院进行抵抗，并于1651年“按比例向种植园主”征收了一笔税款，为民兵筹集资金，来抵抗英国议会。[80]

战斗随之而来，1652年年初，英国海军以英国议会的名义控制

---

〔76〕 Dunn，1973，p. 81. 见下文脚注79中提到的1650年法律，该法律似乎征收这种税。

〔77〕 Harlow，1926，p. 30.

〔78〕 威洛比早先曾为议会而战，但后来成为一名英国保皇派，并在查尔斯二世流亡期间得到了任命。

〔79〕 Harlow，1926，p. 68. 这可能指的是《一项由理事会和大会的各位先生们向帕尔纳姆的弗朗西斯勋爵、卡里奥拉属地的中将勋爵和巴巴多斯总督授予的；还有他对这个岛上居民权利的确认，对财产的确认，并在其上设立了租期和租金的法令》（1650年10月25日）（巴巴多斯）；Hall，1764，p. 462（第80号法律）。这部法律在霍尔的文中没有被记载，见本章注释74。

〔80〕 Harlow，1926，p. 67.

了巴巴多斯和英国的加勒比群岛。[81] 该岛的投降条约,通常被称为《巴巴多斯宪章》,条规未经该岛州议会同意,不得征税。[82] 丹尼尔·塞尔(Daniel Searle)被任命为巴巴多斯总督。[83] 共和国统治时期在巴巴多斯制定的一些法律仍然有效。[84] 这些表明,巴巴多斯当时主要是通过定期对进口酒类和出口商品征收间接税(后者显然是按照卡莱尔伯爵和威洛比勋爵的做法)获得资金的。[85] 修补公路和资助宗教部长的地方税收是参照土地税征收的。[86] 土地所有者也有义务按每英亩土地计算后向民兵提供人员和马匹。[87] 如同几个世纪前英国对骑士费所征收的免服兵役税一样(见原著第 33 页),这一义务可以通过每个人上缴固定的糖料作物和马匹来抵免。

人们对这一时期英国加勒比群岛其余地区(包括圣基茨、尼维斯 124
和安提瓜)的直接税知之甚少。这些地区最初在英国内战期间保持中立,后来在巴巴多斯被镇压后与共和国时期的英国保持一致立

〔81〕 在 3 个月之内,安提瓜和弗吉尼亚这两个对共和国唯一的抵抗势力(尽管有些也存在于百慕大和马里兰)也向英国海军投降了;Williamson,1929,p. 219 – 220。

〔82〕 Burns,1954,p. 241.

〔83〕 Harlow,1926,p. 79,p. 82.

〔84〕 Barbados,1654.

〔85〕 例如,见《巴巴多斯宪章》第 33、57、83、85 项(1654 年,分别在第 34、72、137、141 页)。

〔86〕 《一项为了修补公路,以及附加条款的法案》(1652 年 9 月 17 日)(巴巴多斯)和《一项关于被任命和管理该岛的几位部长的生活规定薪金的法案》(1652 年 12 月 21 日)(巴巴多斯);Barbados,1654,p. 103,p. 129,分别为第 68、77 项。Hall,1764,p. 465,第 124 号和第 135 号法律。后一项法律指出,烟草的价值已经下降,因此在未来,部长们的工资应该按照相关教区每英亩土地一磅糖的税率支付。

〔87〕 例如,参见《一项在本岛建立训练有素的乐队的法案》(1652 年)(巴巴多斯)和《一项在本岛建立马队的法案》(1653 年 12 月 21 日)(巴巴多斯);Barbados,1654,p. 116,p. 121,分别为第 73、74 项。Hall,1764,p. 465,第 133 号法律。

场。[88] 在共和国时期，这些殖民地的管理权仍然保留在当地人手中。[89]

1655年英西战争期间，克伦威尔派遣一支英国海军部队去加勒比海，从西班牙手中夺取伊斯帕尼奥拉岛。1655年年底，英国军队轻松占领了牙买加，一个新的英国殖民地形成了。[90] 此后，牙买加一直处于英国的军事统治之下直到复辟时期。

二、土地占有和会计的发展

本节论述了对所得税发展影响特别大的两个领域，即土地占有形式和会计方法。本节从英格兰土地所有制形式的发展开始论述。在这方面的第一个主要发展是，共和国时期英国废除了大多数形式的军役领地（特别是骑士费），这在1660年英国恢复君主制时得到了确认。[91] 此为封建事件金作为王室收入形式的终结。[92] 此后，公共收入通过税收等方式筹集，而不是封建事件金。本章所述期间的第二个具有重大影响的发展是信托作为管理财产权益的法律机制兴起。实际上信托主要是在1536年《用益法》通过后的时期开始发展，

---

〔88〕 Burns, 1954, p. 236 – 243.

〔89〕 Williamson, 1929, p. 233.

〔90〕 西班牙人在1670年的《马德里条约》中承认了这一征服。Simmons, 1976, p. 50, p. 153 和 Williamson, 1929, p. 246。

〔91〕《一项取消了由监护者、侍从和骑士等人终身任职组成的法院，并为国王陛下设置了一项税收来代替它的法令》（查理二世12年，第24章）（1660年）（英国）；United Kingdom, 1810 – 1828, Vol. 5, p. 259。

〔92〕 Simpson, 1986, p. 23, p. 199 和 Baker, 2002, p. 257。

而在本章所涵盖的时期内特别有影响力，主要得益于诺丁汉(Nottingham)勋爵的努力，他在1673～1682年担任了英国衡平法院法官和大法官。[93]

本节所涵盖的时间段内另一个重要的问题便是这一时期会计方 125
法的变更。在16世纪英国就已经开始使用复式记账法，发展到这一时期，尽管收入支出法仍然占主导地位，但复式记账法开始被更广泛地适用。此外，这一时期开始出现类似于东印度公司的年度利润计算中采用的区分资本和收益项目的账户的例子。尽管如此，此时的会计实践中仍存在很大的分歧，特别是在那些后来被证明在计算所得税基数方面很重要和有争议的领域。

(一)信托的兴起与衡平法院

严格法律意义上的信托被认为是1536年《用益法》的副产品。信托是一种非由法令执行的用益。贝克认为：

> 从17世纪到1926年废除《用益法》之前，建立信托的最常见方式是通过一项转让“给A及其继承人，供B(或A)使用，他的受托继承人仍为C”。这就把法定财产归属作为C受托人的第一个使用权人，第一个使用权人的介入是防止第二个使用权人(为区别起见，现在称为信托)执行的必要条件……[94]

---

〔93〕 Simpson，1986，p. 200认为，随着大多数封建事件的废除，法院更愿意执行不直接受《用益法》执行的使用，因为法规的目的，即执行附带条件，已被取消。

〔94〕 Baker，2002，p. 291. 相比之下，Simpson，1986，p. 200认为，它只是“以年为单位创造的用益，可以说，从用益法制定之日起，它有着连续的历史……”

然而，信托的概念可以追溯到更早的时候。赫尔姆霍尔兹(Helmholz)认为，类似信托的手段在教会法庭上得到实施，“与此同时，甚至在此之前，衡平法院对用益权的管辖权已经确立……”他认为，(如上文提到的《用益法》)信托是“教会法理想的表达……他们经常使用来自罗马法的规则”。[95]

信托在 17 世纪流行的原因，在某些方面与几个世纪前用益权制度兴起的原因相似(见原著第 40～41 页)。在其他方面，信托兴起的
126 原因截然不同。与用益权(在《用益法》颁布之前)一样，信托能够在某种程度上控制人死亡后的财产转移，似乎也是信托兴起的主要原因。家庭财产协议试图通过使用信托在家庭成员中创造与 1536 年之前相同类型的用益权。[96] 就如享有使用权的不动产管理人的介入一样，信托中的受托人的设置，是一种保护或有剩余物的方法。[97] 与用益权一样，信托也可以用来担保债务或逃债。然而，按遗嘱转让土地并不必要通过信托(根据 1540 年《遗嘱法》的规定可以使用信托)，而且信托似乎也没有被用来避免封建事件金，这是发展土地用益权的两个主要原因。

衡平法院是承认用益权(信托)的法院，衡平法院的案件直到 1660 年才被定期公布。[98] 因此，《用益法》颁布和斯图亚特王朝复

---

〔95〕 Helmholz，1998，p. 171.

〔96〕 例如，在受益人未成年时，信托被用来看管土地，为已婚妇女提供资金，或者为挥霍无度的受益人的行为获得资本。

〔97〕 Baker，2002，p. 293 指出，这种在 1640 年至 1700 年间得到完善并持续使用了 300 年的家事安排，本质上是普通法的安排，当时只给土地所有人一份终身财产，并按年资顺序给每个孩子一份连续的剩余财产。通过设立受托人来保护或有剩余物，防止其被破坏，受托人还被指定筹集各种资金来维持家庭成员的生活。Simpson，1986，p. 233 – 340.

〔98〕 Baker，2002，p. 110.

辟之间的大约100年被认为是英国法律史上“黑暗的角落”之一。[99] 尽管如此,部分学者的研究还是为我们揭示了这一时期的概况。在1584年,衡平法院的记录中就出现了信托形式的使用,到1623年,特意设立这种形式的信托已经“司空见惯”。[100] 在16世纪和17世纪,土地仍然是财富的主要形式,因此其也是信托的典型载体。然而,信托也被设立于个人动产之上,并且可以追溯到16世纪。[101]

信托所适用的法律在很大程度上是从现有的普通法发展而来的,特别是适用于用益权的法律。这一点从17世纪70年代诺丁汉勋爵的著作中可以很清楚地看到,他因创造了“一套连贯的信托法” 127
而广受赞誉。[102] 关于普通法规则和适用于信托的衡平法规则之间的联系,诺丁汉勋爵在其著作中“衡平法规则是在模仿普通法的规则和理由基础上制定的”这一章节下的“衡平法序言”中便已加以明确。[103] 因此,受益人针对违约受托人可提起的诉讼主要是向衡平法院提起的账目诉讼。诺丁汉勋爵在《马尔伯勒法》(见原著第26页)规定的普通法会计责任和衡平法院的诉讼之间建立了直接联系。[104]

在衡平法院也可以提起对受托人的损耗诉讼,该种损耗之诉的

〔99〕 Jones,1998,p. 173. Baker,2002,p. 291.

〔100〕 Jones,1998,p. 182 和 Baker,2002,p. 291。

〔101〕 Jones,1998,p. 179. Helmholz,1998,p. 161 – 162 表明在“绝大多数情况下……托管的是大量的钱……”

〔102〕 Baker,2002,p. 309.

〔103〕 Finch,1673 – 1682,Ch. 4.

〔104〕 Finch,1673 – 1682,p. 196. 早期关于衡平法上的会计行为的另一个富有成效的来源是在“节略的衡平法案例”下的“会计”和“会计和记账”;English Reports(第21卷和第22卷,分别见第831页和第834页)。

结果是发布禁止令或要求受托人进行账目清点。[105] 至少在故意违约的情况下，受托人甚至有责任说明在没有违约的情况下本应收到的收入或利润。[106] 由于这种灵活性，衡平法诉讼的流行导致了普通法诉讼的消亡。[107] 在其他方面，普通法的限制也被搁置一边。如原著第40页所述，公司原不可能成为不动产受托人，但衡平法院会承认公司为受托人。[108]

（二）资本—收入会计的萌芽

正如原著第27页所指出的，收支法是中世纪以来管理会计的方法。复式记账法在14世纪出现在意大利的城市，但直到16世纪才
128 在英国获得暂时的立足之地，并且意大利复式记账法的知识在17世纪之前是否得到了广泛的传播是令人怀疑的。[109] 收支法与管事人员的会计密切相关，因此着重记录收购和清理以及揭露不诚实和疏忽。[110] 因此“通常会编制现金流量表……”

> 相比之下，复式记账的识别属性使记录更加全面、有序；记录的双重性为检查分类账的准确性和完整性提供了便利；最重要的是……这些记录以方便的形式包含了编制

---

〔105〕 Finch，1673－1682，p. 276. Helmholz，1998，p. 165－166以及其中提及的案例。早期衡平法关于损耗的另一个成果来源是“节略的衡平法案例”下的“损耗”；English Reports（第21卷和第22卷，p. 1131，p. 1134）。

〔106〕 Macnair，1998，p. 224－225.

〔107〕 Yale，1965，p. 24和Baker，2002，p. 367。

〔108〕 “这种人为的信任不同于建立在人类良知上的个人信任，因此公司可以成为受托人。”Baker，2002，p. 310.

〔109〕 Littleton，1966，p. 212在16世纪40年代用英语记录复式记账法的教材。Baxyer，1980，p. 69.

〔110〕 Yamey，1977，p. 11－12.

损益表和资产负债表所需的材料……[111]

虽然在地方政府、城市公司和农业活动中几乎普遍使用了收支法，在非农业活动中却并非如此。在调查 16 世纪到 19 世纪初的账目时，亚梅(Yamey)并没有发现商人通过收支法的形式保存记录的例子。但这并不意味着使用了复式记账法，而是：

> 商人、农民和其他人经常以显然不受收支法模式影响的形式保存他们的会计记录。在没有采用复式记账系统的情况下，商人或他的会计可以自由地设计一个制度以满足他的特殊要求或适应他的记账能力。[112]

显然，在本研究涵盖的时期内，使用复式记账法的商人很少，而且即使是大商人也不常用。复式记账法在英国的广泛采用是 19 世纪(也许是 19 世纪后半期)。[113]

由于土地在 17 世纪仍然是财富和财产的主要形式，而且大多数土地都是以某种形式由管理者持有的，收支法深深植根于信托适用的法律也就不足为奇了。在 16 世纪中期，有报道称衡平法院存在要

---

〔111〕 Edwards, 2000a, p. 343 – 344.

〔112〕 Yamey, 1977, p. 13 – 14. Yamey, 1977, p. 14 – 17，举例说明了所使用的临时账目的类型。其中大多数不包含损益账目，即使包含损益账目，也很少进行平衡。

〔113〕 Yamey, 1977, p. 11.

129 求受托人在收支法的基础上保存书面账目的案例。[114] 在17世纪70年代，诺丁汉勋爵指出了这方面的举证责任：

> 如果账目已保存数年，则允许收支法，除此之外没有任何例外。一般的规则是，支出必须被证明，除非被告支出的金额少于40先令，在这种情况下，法院必须采信被告的宣誓……[115]

原著第27～29页提到了法定的记账义务和记账形式之间的联系。由于法定记账义务中世纪以来几乎没有变化，记账形式几乎没有变化也就不足为奇了。信托会计的收支法一直延续到近代。[116]

正如原著第23页和第29页所论述的，一旦土地的权利被按时间划分，就需要区分资本和收益，这在早期关于损耗的诉讼中是很明显的。由于典型的信托结算方式涉及这种分割，受托人需要在不同受益人的权利之间分配收入和支出。受托人如果没有准确地执行这一任务，就要对遭受损害的受益人负责。然而，尽管分配在事实上已

〔114〕 Belyngham诉Everard(1541年7月6日)；C 78/2/73。尼尔·琼斯(Neil Jones)的案件记录的抄本包括以下对衡平法院的期望的讲述："此外，负责上述农场和牲畜的上述负责人既未制作也未保存任何提及其增长和利润的特定或年度账簿，由于其违约和疏忽，导致其与上述农场和牲畜相关的事项因其违约和疏忽而纠缠不清，其无法对上述农场和牲畜的利润和增长作出任何公正确定和真实的账目，也无法在审计后对上述农场和牲畜的增长和账目中确定对上述农场和牲畜的监管和处置。"

〔115〕 Finch，1673－1682，p. 272.

〔116〕 Baxter，1980，p. 69.

经发生,[117]但是在适用于信托的早期法律中确定一套明确的规则来管理收入和资本之间的分配并不是一件简单的事情,当时还没有这样一套明确的规则。

在18世纪早期的衡平法教科书中,关于区分收益和资本金额的 130
内容通常在"保存或有剩余物"这一节。[118] 适用于信托的法律中的"保存或有剩余物"的某些方面与适用于公司的法律中的"资本保存"相似,这将在下文进一步讨论。法院如果认为存在受托人侵蚀资本的风险,即造成损耗,就可以命令受托人提供担保或将信托财产转让给新的受托人。[119] 在确定收入和资本分配的早期规则时,其他问题源于术语和大多数信托结算的形式。早期的信托案例似乎更多地指向某一年的"利润"或"收益",而不是"收入"。[120] 这些也是本研究第一章涵盖的税法中常用的术语。[121] "收入"一词在英国的普遍

[117] Baxter(1980年,第69页)在他年轻时准备的信托账目的背景下描述了所需的过程。他描述了收支信托账目被分成不同的子类别,包括收入和资本受益人的子类别,以及收到或作出的各种付款的分配过程。如果受托人要对不同的受益人单独负责,那么这种次级分类似乎是不可避免的(这是受托人在衡平法中有义务做的事情)。

[118] 一般见Macnair(1998年)和其中提到的教科书。

[119] 这方面的一个早期例子见Mitchell诉Leighe案(1599年4月25日);C 33/96 f 594v。在这种情况下,法院判决"并为此目的,上述范围和土地可出于上述良好目的予以保护和保存,不得被原告损耗或损害。据此,双方应商定一些无关紧要的朋友,为了上述妻子和子女的利益,可将上述租约和范围转让给这些朋友"。感谢尼尔·琼斯提供的这个案件的文字记录。

[120] 一般见Finch(1673～1682年)。更早的例子见Belyngham诉Everard案(1541年7月6日)、Joyner诉Beauforest案(1562年6月2日)、Godderd诉Swayne案(1591年4月29日)、Mitchell诉Leighe案(1599年4月25日)和South诉Foyle案(1658年6月15日);分别是C 78/2/73,C 78/22/11,C 33/81 f 520v,C 33/96 f 594v,C 78/747 第14号。感谢尼尔·琼斯对这些案件的确认。

[121] "利润"一词从1450年开始就普遍用于补助金;见原著第49页。

使用似乎是之后开始的，最早是 17 世纪晚期，18 世纪中期迅速增多。[122]

大多数信托财产（资本或标的物）不是现金。[123] 除非信托文书中存在明示或默示的权力，否则受托人不得出售信托财产。辛普森
131 认为，家庭财产协议中使用的信托类型具有“延续和巩固富裕家庭的财富和权力”的效果，这些协议实际上受到下述因素影响：

> 国家的很大一部分土地交给一系列终身佃户管理。根据普通法的规定，终身承租人的权力非常有限，他对损耗负有责任；因此，他不能砍伐木材，或开拓新的矿山，或开垦古老的草地；与此同时，他没有义务阻止随意损耗，因此他可以任由土地荒废而不受惩罚。他只能为了自己的生活而转让土地，因此，他无法充分开发一部分转让受限的土地并获得其全部资本价值，即便他打算将这部分资本全部用于开发剩余的土地。[124]

直到 1882 年的《限定土地法案》出台，作为信托财产的土地才可以由终身佃户出售。[125] 因此，资本利得的典型形式（资产处置收益）通常不会出现，即使出现，从信托结算条款中也可以清楚地看出，销

---

〔122〕 见原著第 185 ~ 189 页，本书首次提到英国税法中的“收入”以及关于 1646 年马萨诸塞税法中“incomings”一词的早期用法，见原著第 117 ~ 119 页。

〔123〕 货币结算很常见，但涉及的金额似乎相对较小。赫尔姆霍尔兹在他对教会法庭记录的研究中发现的最大数字是 136 镑，这是一个整洁但不特别重要的数字。见 Helmholz，1998，p. 161。

〔124〕 Simpson，1986，p. 239.

〔125〕 Simpson，1986，p. 285. Baker，2002，p. 293.

售收益代表出售的资本资产，即信托财产。[126]

然而，在斯图亚特王朝复辟之前的文本中，可以找到一些构成资本和收入分配过程的规则碎片。一种情况是，普通法关于损耗的概念（关于这点，见原著第 23 ~ 26 页）似乎是这一时期资本—收益进行区分的主要依据。例如，建筑物等长期资产的可接受折旧度已经处于控制之中。损耗诉讼不仅可以由受托人提起，也可以由信托财产的受益人提起（如针对终身佃户砍伐树木的情况）。诺丁汉勋爵提到一个用庄园的"利润"偿还贷款的案例。而利润是在"每年扣除 500 英镑的维护费"后确定的，即扣除（至少是名义上的）收入金额。[127]

法院规定分配的另一种情况是，一个人死亡时，土地受抵押。"通常"的规则是向终身佃户收取 1/3 的赎回资金，向剩余租户收取 2/3 的赎回资金。[128] 一般来说，许多在衡平法中的规则最终会发展成为我们现在所认为的"分摊"这一节下的资本—收益差别中。[129]《衡平法案例汇编》[130]第二卷中的这一节引用了科克（Coke）对利特 132
尔顿（Littleton）的评论（源于 17 世纪初）。科克评论的相关段落涉及普通法规则，概述了租金或租金费用可能分摊的情况。[131] 从收益和

---

[126] Baxter, 1980, p. 70.

[127] Finch, 1673 – 1682, p. 343.

[128] 见 Flud 诉 Flud 案（1696 年）22 ER 190。在 James 诉 Hailes 案（1692 年）22 ER 518 中，比例是终身租户的本金和利息的 2/5，剩余租户的 3/5。另见 Long 诉 Short（1617 年）22 ER 190。

[129] 见原著第 398 ~ 399 页。

[130] 这些案例通常涉及 17 世纪下半叶和 18 世纪上半叶，并转载于 English Report 第 22 卷。

[131] Coke, 1628, Ch. 12, Sec. 222, Sec. 223.

资本分摊的角度很难解释科克列举的案例，但它们确实表明了普通法法院进行区分的意愿。这似乎是衡平法将普通法规则为己所用的另一领域。

特许贸易公司的兴起对账目的形式产生了重要影响，并最终影响了所得税基础。本研究已经注意到在教会法（如修道院）和地方政府有关文件（如特许区）中使用了“法人（拟制法人）”的概念。在16世纪，国王开始授予商人的公司，特别是那些从事海外贸易的公司王室特许状。爱德华兹（Edwards）认为：

> 彼时，由王权所支持的垄断权力是成功的重要因素，而特许公司的创设的一个重要诱因是为海上贸易提供一种便利的工具。[132]

这些公司大多有附期限的股票。商人将向某一特定的冒险行程（在海外贸易公司的情况下特指某一特定的航程）提供资本支持，当该冒险结束时，收获的资产将被分割。一些未分割的金额可能会从一段冒险转到另一段冒险，但这些金额都是微不足道的。例如，利特尔顿统计后得出，从1600年（公司成立时）到1617年，东印度公司共进行了113次这种性质的航行。[133]

虽然在早期的特许公司中，附期限股票是常态，但早期的公司也有连续股票或资本的例子，而且随着时间的推移，频率越来越高。利
133 特尔顿提到了16世纪中期的例子，并进一步指出早在1613年，东印

〔132〕 Edwards，2000a，p. 345.

〔133〕 Littleton，1966，p. 210. 关于东印度公司，见原著第314页。

度公司就认缴了4年的资本。[134] 他说在1661年，东印度公司在1657年获得新的特许状后不久，公司的管理者表示：

> 未来的分配将包括所赚取的利润（股息），而不是像过去那样的“分割”。换句话说，当时有可能甚至要仔细区分“资本”和“收入”。[135]

一旦股票成为永久性股票，向公司提供的资金就开始类似于股本。公司利用股本的资金进行交易，并将由此产生的利润分配给股东。与终身承租人一样，股东原则上有权获得以时间（他们持有股份的时间）衡量的利润。这就需要确定资本之外的利润，为此需要每年或至少在进行分配前定期平衡损益账户。[136] 东印度公司现存最早的资产负债表是1641年的。向公众筹集资金所带来的财务信息公开的压力（如对记账的要求）也促进了所有权和管理权的分离。[137] 但是到了17世纪，任何的资本维持学说都处于萌芽状态，相比之下，信托法或有剩余物的保存则得到了较好发展。后者是可由法院强制执行的法律义务，而前者尚非法定要求。

当资本—收益的区分对公司越来越重要时，它也开始反映在（个人和公司的）会计实践中。在复辟以前的会计实践中便开始区分资

---

〔134〕 Littleton, 1966, p. 210.

〔135〕 Littleton, 1966, p. 211.

〔136〕 虽然复式记账法有助于利润的计算，但并非所有公司都采用复式记账法，即使采用了复式记账法，许多公司也没有定期平衡账目。见Yamey（1977年，第21页）和本章注释112。

〔137〕 Edwards, 2000a, p. 345.

134 本和收益。[138] 但这一规则不是统一的，而是实践具有多样性。例如，在审查1500年至1800年的账目时，亚梅建议：

> 一个典型的损益账户（1500年至1800年）的余额，衡量的是开业日和关闭日之间各种原因导致的企业资本价值的变化。除了少数例外，所有名义账户余额、所有交易账户（货物、航程等）上记载的利润或亏损、所有者对公司资源的增减的条目，以及资产重估的收益或损失都计入损益表（或通过损益表结算）。换句话说，在会计期间内或会计期间结束时，除资产、负债或资本外的所有账户余额都通过损益账户结算，损益账户的余额又相应地转到资本账户上。[139]

甚至所有者的个人支出也“几乎总是”通过损益账户结算，而不是计入资本账户。然而，某些资本交易，如继承遗产或支付嫁妆，更有可能直接进入资本账户。

资产估值也是区分资本和收益的重要因素。通过参考17世纪和18世纪的会计教科书，亚梅确定了处理资产估值的三种主要方法：

> 第一，资产按原始成本结转，“增益性支出”和收款之间的差额（如房屋修缮和收到的租金）通常计入资产账户，在

---

〔138〕 Yamey，2000，p. 137指的是Thomas Cullen（1616～1664年）的书，其中披露了具有复式记账记录的年度资本和收入账户。

〔139〕 Yamey，1977，p. 22.

> 结算日转入损益账户。第二,包含原始支出和其他支出和收入(包括部分资产的销售收入)的资产账户在结算日关闭,总借项和总贷项之间的差额结转为账户余额。损益账户没有借方或贷方。第三,资产在结算日被向上或向下重估;修改后的价值结转到账户,余额差额(包括重估损益)结转到损益账户。[140]

但从1500年到1800年,这三种方法都未占据会计记录的主导 135
地位。

> 有时,不同的基准被使用于同一分类账中的不同资产以及不同结算日同一资产。与现代实践相比,其没有一致性原则,没有禁止在计算定期利润时将资产重估中未实现的损益包含在内,也不过分关注"资本"和"收益"增量或减量之间的维持或任何区别。[141]

提到实现,它似乎超越了公认的收支法和会计法律制度的基础之一——必须以真实交易为依据。当时,固定资产的折旧成本几乎

---

〔140〕 Yamey,1977,p.23. Edwards and Boyns,1992,p.163 – 164,调查一家炼铁合伙企业的账目,该企业在18世纪上半叶记录了资本和收入,以便计算利润,特别是租赁费和某些建筑费用在若干年内被抵销。在其他方面,这种处理方式是不一致的。例如,将亏损"计入股票收盘价,并结转,而不是注销到资本中"。

〔141〕 Yamey,1977,p.23. 关于煤炭行业的会计,也见Hatcher(1993年,第8章),特别是Hatcher,1993,p.305,指出,"在1700年以前编制的煤矿账目很少(如果有)被设计成产生当今标准可接受的利润计算形式,没有真正的利润和损失或资本会计,几乎没有任何真正的复式记账的迹象……"

是未知的。亚梅总结道：

> 从以前的情况来看，17世纪和18世纪的英格兰商人和会计师很明显没有按照任何严格的定期利润概念来编制其损益表。损益账户可以包括已实现和未实现的损益要素、业务和非业务项目、资本和收入项目……[142]

因此，特许贸易公司的引入似乎没有对会计实务产生直接影响，会计实务继续缓慢地发展。16世纪和17世纪是实践多样化的时期，我们可以看到一些最终会困扰所得税的资本—收益的问题被以非统一的方式解决。在这个阶段，什么是“利润”或“收入”显然没有统一的概念，更不用说在实践中保持计算的一致性了。

136 三、17世纪60年代的荷兰和法国战争

查理二世艰难的统治始于1660年的复辟。他的登基见证了王室和议会之间新的混乱，这种混乱将贯穿他统治的整个时期，并为光荣革命奠定了基础。紧张局势主要源于查理二世对天主教的同情，这自然使他与信仰天主教的法国人结盟，从而反对信仰新教的荷兰人。然而，新教议会的联盟却是向着相反的方向发展。查理二世统治的第一个十年特别动荡，它展示了殖民竞争的激烈程度，以及欧洲

〔142〕 Yamey, 1977, p. 24.

战争如何不可避免地蔓延到殖民地。这一阶段也是王室在殖民扩张中发挥积极作用的时期，卡罗来纳、康涅狄格、罗得岛和纽约的统治者都先后被授予或更新了王室特许状。

在这一时期，荷兰人已经开始了从西非到新大陆的奴隶贸易；1663 年，英国人决定通过两种措施来打破这种贸易格局。第一，一家在当时拥有西非贸易权的特许公司在 1663 年被英国重新授权特许为王室非洲公司，由约克（York）公爵（后来的詹姆斯二世）担任其总督。[143] 这家公司负责向西印度殖民地提供奴隶。第二，英国占领了荷兰在西非的奴隶贸易基地。接下来的 1664 年，英国人占领了位于北美洲东海岸的新荷兰并将其更名为纽约，约克公爵为所有者。这些敌对活动的结果是 1665 ~ 1667 年的第二次英荷战争爆发。1666 年，法国加入了荷兰一方的作战。此外，大瘟疫的暴发（1665 ~ 1666 年）和伦敦大火（1666 年）对英国而言更是雪上加霜。

所有这些事件都影响了英国及其殖民地直接税的发展。本节首先讲述了 17 世纪 60 年代英国直接税的发展，其次转向殖民地的类似发展。对许多西印度群岛殖民地而言，这一时期尤其困难，前述争端致使这些殖民地被法国侵占多年。

（一）直接税在英格兰的发展

本小节首先讨论了 17 世纪 60 年代英格兰中央政府直接税的发展，然后阐述地方征税的发展情况，时间从 1601 年济贫税的设定（参 137
见原著第 75 ~ 77 页）到 17 世纪 60 年代。

〔143〕 Hair and Law, 1998, p. 255.

1. 补助金、评估和壁炉税

英国内战和共和国时期给之后的英国留下了巨额债务。此外,与前君主相比,复辟后的查理二世可获得收入的方式是有限的。王室土地被广泛转让,封建土地保有权被废除。[144] 然而,为增加国王的商定收入而征收的税收形式基本上沿袭了先例。[145] 共和国时期的固定收益评估继续进行,并形成了直接税制度的基础(关于这些评估见原著第110~114页)。[146] 在17世纪60年代,英国会定期进行授权。[147] 除此之外,还有分类人头税。[148] 这项法律是仿照早期的人头税,特别是1641年的人头税制定的,人头税一般采用统一税率,但根据个人的等级增加了累进税率。不在上述等级范围内的人,如果他们每年的收入有100英镑,那么需要缴纳40先令的税,税款随着收入按比例减少至5英镑的起征点,剩余部分为固定人头税。这项

〔144〕 Jurkowski 等人,1998,p.61 说道:"从法律上讲,源于封建习俗的国王未经臣民正式同意而征税的特权已不复存在,从理论上讲,此类税收不再征收。"

〔145〕 Kennedy,1964,p.24 指出,"超常规的供应……是偶然的,在内战之前,由偶尔的直接税提供。但在过渡时期,面对每年增加的开支,直接税变成了每年征收,而以商品消费税形式征收的间接税成为获取战争资金收入的方式……1660年至1689年,政府试图回归传统,偶尔会在特殊场合进行特别税收投票;但是为了保持这种收入,在直接税的同时还征收了临时的关税和消费税"。

〔146〕 Jurkowski 等人,1998,p.56-57。

〔147〕《其中第一项是执行该法案中提到的法令的法案》(查理二世12年,第2章)(1660年)(英国);United Kingdom,1810-1828,Vol.5,p.179。该法案只是执行了1660年6月8日上议院和下议院的一项法令,该法令规定英格兰每月的税收为7万英镑。该法令载于 Thomason Tracts 1640-1661[1981, No. E.1075(6) Reel 160],并按通常的形式进行每月评估。1660年的其他法案引用了较早的法案,并因此直接或间接地引述本条例。参见 Soos,1997,p.96 提到的1660年的条例和法令,比 Jurkowski 等人,1998,p.257-259 更明确。

〔148〕《一项迅速提供资金以解散和补偿王国在陆上和海上的军队的法案》(查理二世12年,第9章)(1660年)(英国);United Kingdom,1810-1828,Vol.5,p.207-226。Jurkowski 等人,1998,p.59,p.255-257。

税基本上是根据居住地征收的。

1661年，议会又进行了一次为期18个月的每月评估。[149] 该评 138
估仍然是按英镑费率进行，以该县主要行政区的每个分区内的不动产和动产为基础，通常的附带条件是地方长官们可以以“最公正和通常的方式”进行征收。1661年的法律表示恢复使用前共和国时期补助金，并声明未来不会进行每月评估。[150]

1662年，议会决定用一种被称为壁炉税的税种来补充查理二世有限的收入，它最终被称为“评估税”（见原著第324页）。[151] 它最初是按每个壁炉2先令的税率征收的，征收对象是年金20英镑或至少有10件可移动物品的房屋居住者。壁炉税不受欢迎，但在查理二世和詹姆斯二世统治期间仍在继续征收。它经常被外包出去，即由私人征收。该税于1689年被废除。[152]

根据1663年每月评估的条款，1663年议会授权查理二世4项补助金，而不是进一步地进行每月评估。[153] 这4项补助金的授权是以传统形式进行的，因此这4项补助金是对“境内外”动产的价值进行

---

〔149〕《一项授予国王陛下征收1230万英镑，在18个月内，每月以3万英镑的评估额进行评估和征收的法案》（查理二世13年，第3章，第2节）（1661年）（英国）；United Kingdom，1810－1828，Vol. 5，p. 325－348。Jurkowski等人，1998，p. 260。

〔150〕查理二世12年，第3章；United Kingdom，1810－1828，Vol. 5，p. 326，p. 348。

〔151〕《一项为国王陛下和他的继承人扩充额外收入，以更好地支持他和他们的王权和尊严的法案》（查理二世14年，第10章）（英国）；United Kingdom，1810－1828，Vol. 5，p. 390。

〔152〕《剥夺财产税的法案》（威廉和玛丽1年，第10章）（1688年）（英国）；United Kingdom，1810－1828，Vol. 6，p. 61－62。Jurkowski等人，1998，p. 62－63，p. 261－265。

〔153〕《一项临时向国王陛下授予4项全部补助金的法案》（查理二世15年，第9章）（1663年）（英国）；United Kingdom，1810－1828，Vol. 5，p. 453－481。Jurkowski等人，1998，p. 265－266。

征收,对债务的价值和“古地及其他享有特权的地方”的土地年价值征收。议会恢复了按来源地征收税款的非本地居民条款,以及要求在居住地进行评估的条款。此外,议会还恢复了要求对动产及土地二者之一进行评估的规定。[154] 本质上,这是 1641 年最后一次出现的补助金形式的回归。

139 补助金的收益是很低的,1665 年为资助对荷兰的战争,议会又恢复了每月评估制度。[155] 英镑费率制度再次被使用,但其明显局限于来源地(“在各自教区和地方的界限内的不动产和动产”)。债务仍未明确被包括在内。在通常情况下,英镑税率可以被高估。[156] 在 1665 年和 1666 年,该补助金由其他根据主要补助金规则征收的摊派款来补充。[157]

除了这些评估外,议会还对动产和某些收入征税,并在 1667 年征收剩余人头税,以继续与荷兰和法国的战争。[158] 该税是根据多个税目征收的,第一项税目是对“王国境内”的个人和公司等征收的。对王国“境内外”的应收债务价值(净负债)征收 1% 的税,国王所欠的某些债务被排除在外。第二项税目是对公职人员的工资征收 5%

---

〔154〕 查理二世 15 年,第 9 章;United Kingdom,1810 - 1828,Vol. 5,p. 453,p. 454,p. 472 - 474。

〔155〕《一项授权国王陛下 24,717,500 英镑的王室补助金,将在三年的时间内征收和支付的法案》(查理二世 16 年和 17 年,第 1 章)(1665 年)(英国);United Kingdom,1810 - 1828,Vol. 5,p. 525 - 552。Jurkowski 等人,1998,p. 266 - 267。

〔156〕 查理二世 16 年和 17 年,第 1 章;United Kingdom,1810 - 1828,Vol. 5,p. 547,p. 550。

〔157〕 Soos,1997,p. 96,及其引用的资料。

〔158〕《以人头税筹集资金并且将用于维持目前的战争的法案》(查理二世 18 年和 19 年,第 1 章)(1667 年)(英国);United Kingdom,1810 - 1828,Vol. 5,p. 584 - 597。Jurkowski 等人,1998,p. 59,p. 267 - 268。

的税(如果不按月计算,则为15%)。第三项税目是对国王所支付的养老金、津贴和年金征收15%的税。下个税目是对法律和医疗从业人员的收入征收10%的税,并按标准扣除1/3的支出。再下一个税目是对职员工资征收5%的税。最后税目是12便士的人头税。按照通常的方式,外国人需要付双倍的钱。法律接着规定了担任特定职位的人的某些固定税额。有职务的人要在其职务执行的地方接受评估,否则,这些人在其居住地接受评估。

2. 地区税收的发展

原著第52~53页讨论了以县税和治安官税费形式收取的古代税款。原著第73~77页讨论了济贫税特别是1601年的法律的发展。在这一点上,人们还注意到,在都铎王朝时期,英国议会开始越 140
来越多地征收特定区域性的税。济贫税的重要性上升缓慢,斯莱克(Slack)研究称,到1660年,可能只有1/3的教区习惯于提高济贫税。[159] 但是,在缓慢地开始之后,济贫税将开始主导地方税收。正如济贫法委员会在1843年指出的:

> 随后创造的所有税费都是根据济贫税塑造的;甚至更古老的税费在实践中已经失去了它们的区别,在与济贫税同样的税基上被征收。[160]

在受济贫税影响的古代税费中,第一个是治安官税费。如第52

---

[159] Slack, 1995, p. 18.

[160] United Kingdom, 1843, p. 13. Seligman, 1895, p. 51,"在英国,整个地方税收制度都是以低税率为基础的……"

页所述，该税费的早期评估基础尚不清楚。

> 对谁征收此税、是否对财产征收以及以何种比例征收均完全依赖于习俗，这在13世纪和14世纪前一直是个问题；在这方面，一般城镇税费从未受到法规的管制，而不像百户区或县那样偶尔受到法规管制。[161]

1843年济贫法委员会的报告书继续指出：

> 渐渐地，城镇变得与教区非常相似。在亨利八世统治时期，开始将教区作为征税区，在将济贫税作为教区税之后，治安官税费迅速失去了旧有的特征，不仅体现在其作为城镇税方面，而且在其对个人的征收模式方面也是如此；而在13世纪和14世纪，与济贫税相比，其在确定对个人和财产的征收方式方面，可能没有大的实际变化。[162]

1662年的法令提及对贫民的进一步监管，并赋予治安官和十户长将“流氓、流浪者和强壮的乞丐移送到教养院或工作场所”的法律
141 义务。为了支付他们的开支，警察和十户长，连同教堂看守和贫民监

---

〔161〕 United Kingdom, 1843, p. 6. 1843年济贫法专员的报告书指出，有关治安官税费的最早法律“通常指现行税种……但显然不存在关于征税方式的任何定义”。所提及的法规可追溯至亨利八世统治时期。United Kingdom, 1843, APP. A, p. 32.

〔162〕 United Kingdom, 1843, p. 6.

工,均有权根据济贫法向居民征收税费。[163]

(二)殖民地的欧洲争端

从很多方面来说,在殖民地早期发展过程中,欧洲各国之间的争端给殖民者造成的苦难比给生活在欧洲的人们带来的苦难更大。殖民者经常面临攻击和洗劫,即使土地没有被占领,也会被切断基本贸易供应,以致在某些情况下使他们濒临饿死。17世纪60年代是一个特别动荡的时期,英国占领了新阿姆斯特丹,而荷兰占领了南美洲北海岸的英国殖民地,法国占领了加勒比群岛的大部分英国殖民地。本节首先论述了这段时间英美殖民地直接税的发展,然后论述了英国西印度殖民地的发展。

1. 美洲殖民地

与同时期的西印度群岛殖民地相比,17世纪60年代美洲殖民地的动乱较少,因此美洲的税制也有一些发展。尤其是在扩张的背景下,在弗吉尼亚和马里兰,人头税继续以固定的方式征收。然而,在1669年,这种固定的制度在马里兰变得有些混乱,因为公共征收建立在"对该领域居民的个人和财产平等的评估……"的基础上。[164]如原著第115~116页所述,这是1650年为军队筹集资金时使用的模式。这一制度在实践中是否不仅仅涉及人头税很难界定,但法律的明文规定似乎要求50%的税款以人头税的形式征收,50%的税款以财产税的形式征收。[165] 人头税和财产税的混合与当时诸多新英

〔163〕《为更好地救济这个王国的贫民而制定的法案》(查理二世14年,第12章)(1662年)(英国)第18节;United Kingdom,1810－1828,Vol. 5,p. 401。

〔164〕《支付该地区领域公共费用的法案》(1669年4月/5月)(马里兰);Maryland Historical Society,1883－1972,Vol. 2,p. 235。

〔165〕正如原著第115~116页所讨论的那样。马里兰在财产税方面有一些经验。

142 格兰殖民地实施的税收政策大致相同，甚至与当时英国使用的人头税和每月评估的混合有相似之处。

卡罗来纳于1663年3月获得特许状，[166]其形式类似于马里兰的专有的特许状。弗吉尼亚人在获得特许状之前定居在卡罗来纳的北部海岸，而巴巴多斯人主要定居在南部海岸，从1670年卡罗来纳的南部海岸的一个小定居点开始。[167] 在北卡罗来纳，阿尔伯马尔县最初任命了一名州长，1665年在那里召开了一次代表大会。[168] 在光荣革命之前，这个殖民地似乎没有征收一般的直接税。阿什（Ashe）指出：

> 政府的开支从一开始就由上议院的贵族承担，至少在很大程度上是如此。官员们的工资从总接管人的租金和费用中支付。[169]

至于南卡罗来纳的定居点，在1669年该定居点建立之前，即已经任命了一个单独的总督。[170]

在17世纪60年代，新英格兰殖民地的直接税制度没有特别的

---

[166] Simmons，1976，p. 56.

[167] Simmons，1976，p. 59.

[168] Ashe，1925，Vol. 1，p. 53，p. 90.

[169] Ashe，1925，Vol. 1，p. 392. 至于费用，早在1669年就有一项法律，规定对法院诉讼收取费用，其收益用于支付大会的一般费用。《关于对总督和议会征税的法案》（1669年）（北卡罗来纳）；North Carolina，1886 – 1905，Vol. 1，p. 185。1715年以前，北卡罗来纳的大部分法律已经丢失。1715年的法典包含了这些法律中的一些，但是进一步试图揭示早期的法律已被证明是徒劳的；North Carolina，1886 – 1905，Vol. 23，"序言注释"。

[170] 威廉·塞尔（William Sayle）总督的委员会提到卡罗来纳的一部分"位于卡特雷特角的南部和西部……"Ashe，1925，Vol. 1，p. 17.

发展，但需要注意的是其还有一些其他的发展。随着查理二世在英格兰的复辟，康涅狄格被授予了一个新的特许状，其中包括以纽黑文作为康涅狄格的一部分。[171] 罗得岛在 1663 年获得了王室公司特许，当时其人口仍不到 2000 人。[172] 很明显，罗得岛在 17 世纪 60 年代根据资产征税。[173]

1663 年，查理二世授予他的兄弟约克公爵（后来的詹姆斯二世）一块巨大的领土，包括现在的纽约。该领土一部分与其他几个被授 143
予的领土的边界重叠。在该片领土一端，还环绕了荷兰人的定居点即新荷兰地区，到 1630 年，该地区已经由毛皮贸易工厂发展成为一个定居点。[174] 而在该片领土的另一边，还环绕了特拉华的前瑞典殖民地，该地在 16 世纪 30 年代末成为瑞典人的定居点，但在 1655 年被荷兰人占领。1664 年，一位副总督及一些官员和一队士兵被派往该地区。他们的首要任务是对付新荷兰（包括特拉华殖民地），而后者很快投降了；第二项任务则是解决与新英格兰殖民地的边界争端。[175]

似乎一开始被征服的荷兰殖民地的法律包括税法还在 17 世纪 60 年代继续适用。授予公爵的权力使他有权在未经议会同意的情况下实施法律和征税。[176] 公爵促成了一套法律的起草并送往殖民

---

〔171〕 Simmons，1976，p. 53.

〔172〕 Simmons，1976，p. 24，p. 111.

〔173〕 比如，参见 Rhode，1856 – 1865，Vol. 2，p. 288。

〔174〕 Simmons，1976，p. 152.

〔175〕 Simmons，1976，p. 60 – 61.

〔176〕 例如，Daugherty，1938，p. 12 – 13。在征服时期，特拉华似乎没有直接税，主要依靠间接税，尽管有土地（退出）租金和税收的早期例子；参见 Daugherty，1938，p. 7 – 12。同样，Schwab，1890，p. 18 指出，1654 年荷兰人开始在纽约征收土地税和某些动物税。

地，尽管这些法律似乎直到17世纪70年代才适用于纽约的英国部分，即约克郡（包括长岛、斯塔滕岛和威彻斯特）。[177]《约克公爵法》（众所周知）包括各种基本事务，如城镇官员的选举和宗教事务。他们还规定提高税收。在法律的“评估”部分，规定：

> 所有评估应由治安官和教区的八名监督员根据镇上或教区居民的财产比例在该地进行……但任何人均不得因其不位于该评估所在的城镇或教区内的不动产或动产而接受评估。[178]

144 在“公开征收”的标题下，《约克公爵法》规定：

> 本政府内的每一个居民都应缴纳教会和殖民地的所有费用；因此，他现在可能获得利益，每一位不自愿按其能力缴纳税款的居民，与同一城镇的其他居民一起承担所有民事和教会的征收，会通过评估和扣押强制执行……所有人的土地及地产，不论其居住在何处，均须缴付所有城镇费用，包括民事及教会费用（如上所述），在他们居住的地方……[179]

---

[177] New York, 1894, Vol. 1, p. 12. 由于特拉华不是约克郡的一部分，这些法律，尤其是税法，似乎不适用于特拉华。这与Daugherty, 1938, p. 13一致，他没有提到17世纪60年代特拉华的任何直接税。

[178] Duke of York's Laws（1665～1675年）（纽约）；New York, 1894, Vol. 1, p. 14.

[179] Duke of York's Laws（1665～1675年）（纽约）；New York, 1894, Vol. 1, p. 59.

根据能力自愿缴费的说法似乎已经在1650年的康涅狄格税法中剔除了(见原著第251～252页)，这使人联想起英国济贫税的早期发展(见原著第197～199页)。纽约税法似乎也根据来源或所在地征税，这与17世纪60年代中期恢复的英国每月评估一致。显然，纽约税也考虑了对个人征税，即人头税。这在后来的法律中得到确认。它规定，1665年6月1日以后的每一年，郡治安官都会要求每个城镇的治安官让监察员列出一份16岁以上的所有男性的名单，“以及所有个人和不动产的真实估算……根据公正的评估……以及所有其他已知财产，以及海上或浅滩上可见的不动产……”法律继而将这些男性评估为18英镑，同样对每头牛和某些其他动物进行了评估。[180]尽管没有根据工人的利润或获利对他们征税的规定，即人头税是一个固定的数额，但这一整套的税收方法与新英格兰基本一致。这些规则适用于殖民地和地方的评估。[181] 像在其他殖民地一样，税款是实物，通常是以玉米支付的。[182]

1664年年中，约克公爵在他的纽约领土以外授予了他的两个追随者部分土地(而不是政府，因为那超出了公爵的权力范围)，这部分土地后来成了新泽西。这个新殖民地的政府是建立在本来为卡罗来纳殖民地起草但尚未实施的“特许权和协议”的基础上的。除此之 145
外，殖民者被许诺通过选举产生的议会实行自治。土地被授予，但要

---

〔180〕 Schwab，1890，p. 38，指出，根据《约克公爵法》，“财产将被评估和征税，针对土地、房屋和牛”。

〔181〕 Duke of York's Laws(1665～1675年)(纽约)；New York，1894，Vol. 1，p. 60－61.

〔182〕 Duke of York's Laws(1665～1675年)(纽约)；New York，1894，Vol. 1，p. 92.

缴纳少量的租金。[183] 新泽西第一届议会于1668年召开，并制定了一项法律，将“税费”分配给新泽西各城镇，但没有明确规定个人税基。[184]

2. 西印度群岛

随着1660年的王权复辟，对加勒比海群岛的所有权争夺再次成为一个问题。不久后，巴巴多斯总督塞尔（Searle，在共和国时期被任命）离开（或去世）了，经过一番争论，巴巴多斯议会主席沃尔隆（Walrond）在总督缺席的情况下接任。他的任期从1660年持续到1663年。在此期间，巴巴多斯在直接税方面取得了一些进展。其中一项重要发展是1660年开始对商人、店主和零售商征税，这为未来开创了先例（见原著第307~309页和第274~275页）。[185] 政府对每英亩土地继续征税。[186] 此外，政府还对土地征收养路税，相关制度基本沿袭了英国的做法（见原著第194~195页）。每个教区要指派调查员估算所需的资金，然后由教会“按照土地所能容纳的比例，对教区居民中有能力的劳动者、仆人、奴隶进行征税，如有必要，对商品，或者同时对劳动者和商品进行征税……”这里提到了奴隶，这表

[183] Simmons, 1976, p. 63-64.

[184] New Jersey, 1758, p. 81, p. 90.

[185] 《一项对岛内的所有商人、店主及零售商征税的法案》（1660年/1661年2月12日）（巴巴多斯）；Hall, 1764, p. 468，第193号法案。这项法案的公开副本似乎没有流传下来，见本章注释74。

[186] 《一项旨在加快征税速度，每英亩征收五磅的糖的法案》（1660年/1661年2月12日）（巴巴多斯）；Hall, 1764, p. 468，第194号法案。这项法案的公开副本似乎没有流传下来，见本章注释74。

明此时奴隶劳工正大量涌入巴巴多斯。[187]

在17世纪60年代初,英国王室着手解决加勒比群岛的所有权争端。在解决这些争端的过程中,各种定居点成为王室殖民地,但这些殖民地必须支付一笔永久性收入(由包括巴巴多斯在内的各定居点议会表决通过,以对出口产品征收4.5%的关税),由他们保证在一定时期内支付给争端的各方,然后再将剩余部分支付给王室。[188] 146
这笔收入将"代替以前应向卡莱尔伯爵支付的土地租金和所有权费用"[189]。结果,卡莱尔的所有权重新确立,这也恢复了威洛比勋爵根据1647年租约所享有的至1668年到期的权利。

因此,1663年,查理二世再次任命威洛比勋爵为巴巴多斯总督,但似乎他的统治还扩展到了其他的加勒比群岛。[190] 这一年,威洛比推动巴巴多斯议会通过4.5%永久关税的决议。[191] 至少从英国内战时期以来,巴巴多斯就已经征收过类似的税费(见原著第122页)。尽管这一授权的条款似乎使所有权人/王室承担了统治的成本(从这笔税中支付),但威洛比和后来的王室都将这笔税收收入划归自己所有。而种植园主"仍有义务支付额外的税费来维持统治权"。[192] 伯恩斯(Burns)认为,1664年,在威洛比勋爵的领导下,其他加勒比岛

---

[187] 《一项关于更好地进行修整、维修和清扫岛上通向教会和市场的普通公路和广为人知的大道,并在必要时铺设新的道路和改造旧的道路的法案》(1661年/1662年1月9日)(巴巴多斯);Hall,1764,p.45,第32号法案。

[188] Williamson,1929,p.241 -242.

[189] Burns,1954,p.302.

[190] Burns,1954,p.299,p.302.

[191] 《关于解决本岛发展商品关税的法案》(1663年12月12日)(巴巴多斯);Hall,1764,p.55,第36号法案。

[192] Harlow,1962,p.147.

殖民地的议会也都通过了类似的法律。[193] 尼维斯的情况当然也是如此。[194]

正如原著第124页所述，牙买加在复辟之前一直处于军政府的统治之下。1661年，复辟政府制定了一部“公民宪法”，授权总督召集议会。[195] 这标志着军政府统治的终结。不久，该议会就开始发布法律，包括税法。从1661年起，议会的会议记录中包含各种形式的间接税，其中包括烈性酒的进口税。[196] 1662年，新的总督上任并发布召集议会的指令。首次会议于1664年召开。这些指令还包括免除关税和授予土地的承诺，以吸引定居者。[197]

147 1664年晚些时候，托马斯·莫迪福德（Thomas Modyford，巴巴多斯反威洛比派别的领导人）被任命为牙买加总督。在从巴巴多斯迁出的过程中，他带走了800名定居者去开拓牙买加殖民地。[198]

与西印度群岛的其他殖民地不同，牙买加对出口的本地商品不征收4.5%的关税。[199] 但在1664年，牙买加决定征收（或重新征收）烈性酒进口关税。[200] 此外，牙买加当年还对“本岛原居民或在本岛

---

〔193〕 Burns, 1954, p. 302.

〔194〕《一项对该岛进口的商品征收税款的法案》（1664年4月26日）（尼维斯）；CO 154/1，第13页和CO 185/1，第150页。

〔195〕 Burns, 1954, p. 315.

〔196〕“议会从1661年6月18日至7月15日的会议记录”；CO 139/1，第12页。

〔197〕 Williamson, 1929, p. 244.

〔198〕 Williamson, 1929, p. 244.

〔199〕 Harlow, 1926, p. 116.

〔200〕《为了增加公共财政收入，对所有进口或将进口到本岛的烈性白酒征税的法案》（未注明日期，推测为1664年）（牙买加）；CO 139/1，第58页。

居住超过12年的任何人……”征收人头税。〔201〕牙买加当时的法律还规定，继续按每英亩3便士征收土地税。显然，这是一种年复一年不断征收的税种。后来，莫迪福德与牙买加议会决裂，并解散了该议会。直到17世纪70年代，在任命了新的总督之后，议会才被重新召集，因此，直到那时才有新的税法通过。〔202〕

英荷战争是在约克公爵占领纽约（新荷兰）之后爆发的，如前所述，这场战争蔓延到了西印度群岛。1665年英荷战争期间，荷兰人在巴巴多斯袭击了英国人。受到攻击的巴巴多斯对每英亩土地征收4磅糖。〔203〕然而，在1666年1月法国参战后，英国失去了部分殖民地。法国于1666年占领了圣基茨〔204〕和安提瓜，1667年占领了蒙特塞拉特和其他岛屿。〔205〕英国在该地区的主要军事基地设在巴巴多斯。巴巴多斯虽然没有被攻占，但一直在提高税收用于加强该岛的防御工事以抵御攻击以及发起一场解放被占领岛屿的运动。〔206〕与 148
以往征收的税种一样，这些税是按土地面积或按人头征收的（人

〔201〕《关于快速募集公共资金的法案》（未注明日期，推测为1664年）（牙买加）；CO 139/1，第56页。这项法案的大部分文本都很难解读。

〔202〕Burns，1954，p. 316－317.

〔203〕《一项迅速筹集50万磅糖用于支付加强该岛防御工事的费用以应付当前危险的法案》（1665年/1666年2月10日）（巴巴多斯）；Hall，1764，p. 472，第218号法案。这项法案的公开版本似乎没有流传下来，见本章注释74。Harlow，1926，p. 164.

〔204〕圣基茨曾经是法国和英国的殖民地。英国在岛中央占领了一半，而法国在岛的尽头占领了两个1/4。

〔205〕Burns，1954，p. 306，p. 308.

〔206〕《一项征收糖税，以支付在该岛周围几个登陆点建造矮防护墙的费用，以应对当前的情况的法案》（1666年4月14日）（巴巴多斯），以及《一项为该岛的公共需要以及国王陛下在解放背风群岛中的其他事务筹集货物的法案》（1667年5月9日）（巴巴多斯）；Hall，1764，p. 472，p. 473，第221号和第228号法案。这项法案的公开版本似乎没有流传下来，见本章注释74。

头税）。

1667 年，英国重新夺回了安提瓜和蒙特塞拉特。[207] 同年 7 月，英法两国签订了《布雷达和约》，根据该和约，法国将归还圣基茨。[208] 然而，法国直到 1671 年才完成移交。[209] 条约签署后，巴巴多斯继续以土地税和人头税的形式为防御工事筹集资金。[210] 安提瓜在收回主权后恢复征税，包括（重新）征收 4.5% 的永久性关税。[211] 1668 年，安提瓜还通过了一部持续的法律，采取与 1664 年牙买加类似的征收方式征收直接税。该法律规定，“凡是在本岛上拥有或将要拥有的土地超过 50 英亩的，每年须缴纳……每英亩 1 磅烟草或糖……”[212] 没有土地的人被要求每人缴纳 50 磅糖或烟草。法律还规定了一些消费税。

在 17 世纪 60 年代后期的战争中牙买加没有被攻占，如前所述，莫迪福德总督在此期间没有召集任何议会。在这段时间，莫迪福德得到了诸如亨利·摩根（Henry Morgan）等海盗的协助，以保障牙买加的安全并对敌人展开反击。西班牙一直对牙买加归英国殖民统治有异议，但为了镇压海盗，其在 1670 年《马德里条约》中确认牙买加

---

[207] Burns，1954，p. 311.

[208] Simmons，1976，p. 154 及 Williamson，1929，p. 242 – 243。

[209] Dunn，1973，p. 124，另见 Burns，1954，p. 340 – 341。

[210] 例如，《一项要求执行前几项法案的规定，即每英亩征收 4 磅糖，每人征收 15 磅糖，每英亩征收 6 磅糖，以及每人征收 5 磅糖，每英亩 2 磅糖的法案》（1668 年 8 月 29 日）（巴巴多斯）；Hall，1765，p. 475，第 268 号法案。这项法案的公开版本似乎没有流传下来，见本章注释 74。

[211] 《一项关于定居点征收 4.5% 关税的法案》（1668 年 5 月 19 日）（安提瓜）；CO 154/1，第 28 页和 CO 8/1，第 4 页。

[212] 《关于筹集公共财政收入的法案》（1668 年 9 月 15 日）（安提瓜）；CO 154/1，第 32 页和 CO 8/1，第 6 页（作者进行了现代化表述）。

是属于英国的殖民地。次年，曾“资助”过海盗的莫迪福德总督被召回。[213] 149

四、天主教的威胁

17 世纪 70 年代发生的事件再次导致了英国王室和英国议会之间的紧张关系。其中包括与法国签订的一项秘密条约，根据该条约，查理二世将获得法国的资金作为其支持法国对抗荷兰的回报，1672 年至 1674 年的第三次英荷战争凸显了这一点。1673 年《宣誓法》要求所有担任文职或军事职务的人，在就职后 3 个月内，按照英国国教会的仪式发表声明反对“化体”（transubstantiation）并接受“圣餐”。[214] 在 1678 年之后，法律对下议院的贵族和议员也提出了类似的要求。[215] 查理二世违反这些法律，任命天主教徒担任公职。他辩称，其作为国王有权免除法律规定的任何处罚，该主张最终得到了王室法院的支持。[216]

英国的直接税制度在 17 世纪 70 年代继续发展，但在 17 世纪 70 年代结束后戛然而止。从 1681 年到 1685 年，查理二世实行无议会

[213] Williamson, 1929, p. 245 – 246.

[214] 《防止可能发生的来自天主教的危险的法案》（查理二世 25 年，第 2 章）（1673 年）（英国）；United Kingdom, 1810 – 1828, Vol. 5, p. 782。“化体”是天主教信仰的一个重要内容，它相信面包和酒在弥撒中通过奉献的方式被转化成基督的身体和血。

[215] 《通过禁止天主教徒在众议院和下议院中任职，从而更有效地保护国王的个人和政府的法案》（查理二世 30 年，第 1 章，第 2 节）（1678 年）（英国）；United Kingdom, 1810 – 1828, Vol. 5, p. 894。

[216] Godden v. Hales (1686) 89 ER 1050.

统治。他的天主教徒兄弟詹姆斯二世也没有更好的表现，在他统治期间，没有获得征收补助金或人头税的授权。詹姆斯二世不能容忍殖民地自治，对新英格兰殖民地进行了一次大规模的重建，旨在加强殖民统治。事情在1688年中期达到了高潮，当时詹姆斯二世的妻子生下了一位男性王位继承人（詹姆斯“伪装者”）。一些人质疑其血统的合法性，还有许多人对天主教徒作为王位继承人的前景表示担
150 忧。在随后的争端中，荷兰共和国执政奥兰治的威廉（William of Orange）受一些著名新教徒的邀请，继承了英国王位。其结果就是光荣革命。

下文包括三部分内容。第一部分是查理二世统治后期英国直接税的发展；第二部分是新英格兰和中部美洲殖民地的类似发展；第三部分是詹姆斯二世登基后镇压新英格兰所产生的税收制度。下文内容将围绕17世纪70年代和17世纪80年代的美洲南部殖民地和西印度殖民地的直接税制度发展而展开。

（一）最后一次补助金和评估

1667年，英国人头税尤其具有影响力。1671年，英国尝试再次恢复征收补助金。[217] 这部法律颠覆了传统的补助金形式，并“为征收土地税埋下伏笔”[218]。它对银行家在王国内外的债务征收费用，并对国王所欠的债务征收费用。这似乎是受了1667年人头税的启发。法律继续对动产按其价值0.3%的比例征税。这部法律中的

---

[217] 《授予国王陛下在特殊场合征收补助金的法案》（查理二世22年和23年，第3章）（1671年）（英国）；United Kingdom，1810－1828，Vol. 5，p. 693－703。Jurkowski等人，1998，p. 269－270。

[218] Soos，1997，p. 97.

“动产”的定义不像传统补助金项下的那样复杂，但明确排除了农民手中的土地存量和生产以及债务。其征税对象是“王国内”的人，但法律没有明确规定是否适用于王国范围外的动产。

另外，该法律规定对公职人员和职员的工资征收 10% 的税，但固定扣除工资中的 1/3 作为费用。该税目似乎又一次受到了 1667 年人头税的启发，规定土地权益也按“净年度价值”的 5% 征税。征税对象是“坐落、处于和存在于王国范围之内……”的土地，但随后扩展到“古代的领地、其他自由和享有特权的地区……”该法律规定，土地的估价应根据“最高年租金以及根据其完全真实准确的年度价值进行评估，而不考虑当前的租金……”。该法律规定，土地保有人可以 151
从租金中扣除一定比例的税款。[219]

该法律的管辖范围通过以下条款加以明确：

> 每个因其职务或工作而被估价或评估的人，应在该职务或工作执行地的县城镇或地方就其职务或工作进行评定并支付税款。每一个为或应为任何动产或就任何动产被评估的人……都应被评估，税款的总和……应当在其居住地被征收。每个因土地而应当被估价或评估的人……应当在该土地所在地而不是其他任何地方被估价与评估。[220]

这一重要规定折中了补助金与每月评估之间的一个根本区别，

---

[219] 本法规定的源泉扣除的其他方面，Soos，1997，p. 98 – 104。

[220] 查理二世 22 年和 23 年，第 3 章（1671 年）（英国）；United Kingdom，1810 – 1828，Vol. 5，p. 699；作者进行了现代化表述。

即前者是根据住所或居住地征收的，后者是根据来源地征收的。除此之外，该法还借鉴了 1667 年人头税中有关职位的规定。

1671 年的法律尽管有这些创新，但似乎其价值仍在很大程度上被低估了，其规定的税款的金额也不尽如人意。[221] 这也许可以解释 1673 年恢复每月评估的原因。[222] 该法律的形式与 1665 年法律的形式一致，后者以前者为渊源。1677 年[223]征收了一项类似的税，相关规定构成了 1678 年和 1679 年评估的基础。[224]

152 1678 年征收的人头税基本上遵循了 1667 年人头税的规定。[225] 它并没有对医生和律师征税，但对东印度公司或圭亚那公司每 100 英镑股票征收 20 先令的税款。该税将由东印度公司和圭亚那公司的管理者和财务主管支付，并在下次分红时扣除。[226] 这一重要规定，为 125 年后的所得税源泉扣缴制度奠定了基础。[227]

---

〔221〕 Jurkowski 等人，1998，p. 60－61，p. 270；Kennedy，1964，p. 43。

〔222〕 《为国王陛下的特殊场合筹款 1,238,750 英镑的法案》（查理二世 25 年，第 1 章）（1673 年）（英国）；United Kingdom，1810－1828，Vol. 5，p. 752－782。Jurkowski 等人，1998，p. 271。

〔223〕 《筹款 584,978 英镑 2 先令 2.5 便士快速建造三十艘战舰的法案》（查理二世 29 年，第 1 章）（1677 年）（英国）；United Kingdom，1810－1828，Vol. 5，p. 802－836。Jurkowski 等人，1998，p. 271。

〔224〕 《为国王陛下筹款 619,388 英镑 11 先令 9 便士用于遣散军队和其他用途的法案》（查理二世 30 年，第 1 章）（1678 年）（英国）以及《自 1677 年 9 月 9 日至 9 月 20 日为国王陛下筹款 206,462 英镑 17 先令 3 便士以偿还和解散军队的法案》（查理二世 31 年，第 1 章）（1679 年）（英国）；United Kingdom，1810－1828，Vol. 5，p. 867－873，p. 897－938。Jurkowski 等人，1998，p. 274－275。

〔225〕 《一项按人头或者其他方式筹款使国王陛下能够对法国国王发动实际战争和禁止法国商品的法案》（查理二世 29 年和 39 年，第 1 章）（1678 年）（英国）；United Kingdom，1810－1828，Vol. 5，p. 852－862。Jurkowski 等人，1998，p. 60，p. 272－273。

〔226〕 查理二世 29 年和 39 年，第 1 章；United Kingdom，1810－1828，Vol. 5，p. 854。

〔227〕 Soos，1997，p. 105－106.

如前所述,1679 年的补助金是查理二世最后一次获得授权征收的补助金或人头税。詹姆斯二世的统治从 1685 年开始至 1688 年光荣革命被推翻,其统治期间没有获得征收补助金、评估税、人头税或所得税的授权。[228]

(二)新英格兰和中部殖民地

本小节讨论了两个时期新英格兰和中部殖民地直接税制度的发展。第一个是 1686 年埃德蒙·安德鲁斯爵士(Sir Edmund Andros)被任命为新英格兰自治领总督的时期。第二个是新英格兰统治时期。

1. 新英格兰镇压前

到 17 世纪 80 年代中期,新英格兰的直接税制度几乎没有发展,特别是,马萨诸塞和康涅狄格两地的税收制度都沿用了原先的形式。直到 1673 年,罗得岛才追随这些殖民地开始征收塞利格曼(Seligman)所称的"才能"税。[229] 本着"财产与力量平等"(Equety in estate and strength)的原则评估纳税人,以用于一般性或者乡镇税款的征收。[230] 然而,当这项法律继续规定有关评估的进一步详细信息时,它只提供了有关财产的细化信息。正如原著第 142 页所指出的,在此之前,罗得岛似乎只对财产征收税费。这部法律也只对财产征税,因此,人们可能会质疑"力量"是否意在征收才能税。1677 年,马 153
萨诸塞正式从戈尔赫斯家族(Gorges family)手中获得了缅因的所有

---

〔228〕 Jurkowski 等人,1998,p. 63。

〔229〕 Seligman,1914,p. 371.

〔230〕 Rhode Island,1856 – 1865,Vol. 2,p. 510.

权，马萨诸塞的税收制度也随之延伸。[231]

新罕布什尔的领土所有人的后裔（见原著第 121 页）于 1679 年恢复了对该地的主权要求。马萨诸塞对此提出异议，主权的争议最终于 1680 年由英国王室通过委员会建立王室政府而得以解决。[232] 同年，新罕布什尔第一届议会召开会议，制定了一个主要以马萨诸塞法律为基础的"普通法"体系。[233] 税法也是如此，尽管它的形式比马萨诸塞的要简单一些。[234] 该法律的"制定税率"条款规定：

> 这可能是一种公正和平等的筹款方式，其用于支付公共费用，包括教会事务和公民事务……纳税人及其应税财产应按以下方式进行征税……[235]

与其他新英格兰殖民地一样，16 岁以上的男性按固定金额评估，某些类型的土地按英亩数评估，某些动物按每头评估。该法律规定"所有其他财产……应按一定比例征税……"但接着列出特定的船只、建筑物和"所有手艺人（并举例说明）应根据评估征税……"有趣的是，新罕布什尔在这方面并不像马萨诸塞或康涅狄格那样参考回报和获利。但跟这两个地方一样，新罕布什尔的这部法律具有一般

---

[231] Simmons，1976，p. 110. 缅因一直是马萨诸塞的一部分，直到 1820 年，缅因分离并成为美国一个独立的州。

[232] Simmons，1976，p. 110.

[233] Robinson，1902，p. 24，以及 Simmons，1976，p. 251。

[234] Robinson，1902，p. 25 – 26.

[235] 普通法第 10 条；New Hampshire，1867 – 1915，Vol. 1，p. 397。

评估法的性质。必要时,议会可以在此基础上提高一定的税率。[236] 17 世纪 80 年代中期出现了一场宪政危机,议会拒绝通过克兰菲尔德(Cranfield)总督和政务委员会提出的税收法案,总督命令治安官征收政务委员会规定的税款,但大多数人拒绝支付。1685 年,伦敦的 154
贸易大臣(见原著第 303 页)罢免了克兰菲尔德。[237]

在第三次英荷战争(1672 ~ 1674 年)中,荷兰人重新夺回了纽约和特拉华,但 1674 年《威斯敏斯特条约》又把它们归还英国。[238] 1674 年是非常重要的一年,对新英格兰殖民地未来产生重要影响的安德鲁斯爵士在这一年成为纽约总督。他一直担任该职务到 1680 年。1674 年,《约克公爵法》(见原著第 143 页)再次实施,但这一次该法适用于整个纽约(除了特拉华直到 1676 年才开始适用)。[239] 这导致了纽约《约克公爵评估法》(the duke's assessment law)的修订。1676 年,根据《约克公爵法》,纽卡斯特(特拉华)的地方法院官员得到安德鲁斯爵士的许可,可以在本地向"每一动产"征税。[240] 法院允许征收"与弗吉尼亚和马里兰一样的人头税……"[241],并像南方殖民地一样,地方官员对"应纳税人"征收了税款。

到了 1680 年,纽约是唯一一个没有议会的殖民地,因为定居者拒绝交税、部分定居者迁往新泽西,一场财政危机正悄然酝酿。面临这一问题及英国王室和议会之间的矛盾,公爵取代安德鲁斯成为总

---

[236] 比如,New Hampshire,1867 - 1915,Vol. 1,p. 424 - 428。在第 448 页有一个关于 1682 年 11 月 14 日决议税率为每磅 4 便士的例子。

[237] Robinson,1902,p. 7 - 8.

[238] Williamson,1929,p. 253.

[239] New York,1894,Vol. 1,p. 12. Daugherty,1938,p. 14.

[240] Colonial Society of Pennsylvania,1904,p. 38.

[241] Colonial Society of Pennsylvania,1904,p. 65.

督，设立了议会，并于1683年第一次召开议会。[242] 首次会议议程繁多，快速通过了一部继续征收间接税的法律。[243] 第二部法律废止了《约克公爵法》中有关“公共征收”的税目。[244] 同时，第三部法律规定了城镇和县的年税率，但没有明确规定税基。[245] 第四部法律是为新
155 任总督征收直接税的法律。[246] 与以前的直接税一致，这部法律要求总督“接受并接收其治理的领域内的每一位财产所有人和居民对其每1英镑价值的不动产和有形动产缴纳的1便士的税款……”按照惯例，每个县都会任命专员来管理税收。在新英格兰自治领出现之前，没有其他征收中央直接税的记录。

荷兰人还于1673年重新夺回了新泽西。在新泽西回归之前，新泽西两个所有者之一的伯克利勋爵(Lord Berkeley)把他在新泽西的权益卖给了两个贵格会教徒，自那时起，权益便转让给了一群贵格会的受托人。[247] 1676年，另一位原所有者乔治·卡特雷爵士(Sir George Carteret)与受托人达成协议，将新泽西划分为东新泽西和西新泽西。贵格会的受托人为他们的那部分土地，即西新泽西，建立了一家股份有限公司，股票被卖给120位买家，这些买家几乎都是贵格

[242] Simmons, 1976, p. 138. New York, 1894, Vol. 1, p. 14 - 15.

[243] 《继续支付政府所需费用的法案》(1683年10月30日)(纽约)；New York, 1894, Vol. 1, p. 116。关于这一法案是否有效曾有过一些争论，但似乎已在某种程度上得到了执行；New York, 1856 - 1861, Vol. 3, p. 676。

[244] 《废除原先法律规定的国家税费和对治安法官的津贴的法案》(1683年11月1日)(纽约)；New York, 1894, Vol. 1, p. 131。

[245] 《一项向全地域各市、城镇、区县收取必要的费用扶贫济困、防止产生流浪汉的法案》(1683年11月1日)(纽约)；New York, 1894, Vol. 1, p. 131。

[246] 《向总督免费和自愿赠送礼物的法案》(1683年11月2日)(纽约)；New York, 1894, Vol. 1, p. 137。

[247] Williamson, 1929, p. 253.

会教徒。[248] 1674 年条约签订后，英国政府向新泽西授予新的权利证书（就像纽约那样），但这些权利证书忽视了贵格会教徒的权利。直到 17 世纪 80 年代初，约克公爵才承认他们的权利。[249]

关于税法，东新泽西 1675 年的一部法律规定，“本领域内所有人都应按其土地比例纳税……”[250] 东新泽西第二年也征收了类似的费用，但为了支付总督的薪水还同时征收了人头税。[251] 类似的税收一直持续到 1682 年乔治·卡特雷爵士的继承人将他们的权利卖给了东新泽西。买家依旧是一群贵格会教徒，这一次的领导者是威廉·佩恩（William Penn）。贵格会再一次设立了一家股份公司作为殖民地的控制者。在这一年，一项新的税收开征。税款摊派给各个城镇，并规定“对改良后的土地和货物进行同等评估……”东新泽西再一次征收了人头税，用于支付副总督的薪水。[252]

由于西新泽西的主权争议得到一定程度的解决，该殖民地开始通过新的税收法案。1684 年，西新泽西对每 100 英亩土地进行征税， 156
并按以下条款进行评估：

> 所有其他……本区域范围内的自由人、技工、工人或从事任何贸易或商品活动的人，以及所有旅店所有人、普通管理人和其他营利场所的人……均有义务按照评估员的自由

[248] Simmons，1976，p. 64.

[249] Williamson，1929，p. 254.

[250] New Jersey，1758，p. 98.

[251] New Jersey，1758，p. 118，p. 120.

[252] New Jersey，1758，p. 274，p. 269.

裁量进行同等的评估。[253]

1680年，一位英国海军上将的儿子威廉·佩恩向查理二世请愿，请求授予他一份美洲特许状；1681年，查理二世最终将宾夕法尼亚的专属特许状赐给了他。[254] 1682年，他从约克公爵手中买下了现在大部分属于特拉华的土地，获得了宾夕法尼亚进入大西洋的通道，并于同年建立了殖民地。[255] 宾夕法尼亚的第一届议会也在1682年召开，其通过法案之一就是统一宾夕法尼亚殖民地。[256] 然而，议会直到第二年才表决通过税法。[257] 1683年，议会征收了许多间接税。[258] 它还通过了一部法律，规定各县的公共费用由各县法院进行评估。评估应当“是公平且按比例的；一半税款对土地征收，另一半按人头征收……”[259]在通常情况下，人头税的征税对象是16岁以上的男性。次年通过的一部法律对征收类似的税款作了规定。[260] 多尔蒂（Daugherty）指出，当时没有在殖民地区域范围征收直接税。[261]

---

[253] New Jersey, 1758, p. 494. Seligman, 1914, p. 371.

[254] Simmons, 1976, p. 70. 这笔赠款是用于偿还欠威廉·佩恩父亲的债务，见Williamson, 1929, p. 254。

[255] Simmons, 1976, p. 73.

[256] 《联合法案》（1682年）（宾夕法尼亚）；Pennsylvania, 1879, p. 104。这项法律把宾夕法尼亚和特拉华的3个县联合起来了。

[257] Daugherty, 1938, p. 23.

[258] 《宾夕法尼亚宪章》第97条至第99条（1683年/1684年3月）在Pennsylvania, 1879, p. 138。

[259] 《宾夕法尼亚宪章》第127条（1683年/1684年3月）在Pennsylvania, 1879, p. 146。

[260] 《关于县征税的法律》（1684年）（宾夕法尼亚）；Pennsylvania, 1879, p. 233。当时有6个县，其中3个在现在的宾夕法尼亚，还有3个特拉华的县。

[261] Daugherty, 1938, p. 24.

宾夕法尼亚尽管以低税率和相当宽松的方式进行征税，但还是按照惯例实行免除制度。[262] 威廉·佩恩于 1684 年回到英国，与巴尔的摩勋爵抗争，捍卫其在殖民地的合法权利。

2. 新英格兰自治领 157

本节需要对新英格兰自治领建立的事件做一些简短的说明。英国议会对海洋贸易和殖民地的干涉始于英国内战期间。1643 年，议会任命了一个委员会来"管理殖民地及其贸易"[263]。1649 年，这一职能由国务委员会（council of state）接管。1650 年，一个独立的贸易委员会成立。不久之后，当巴巴多斯发动反抗共和国的叛乱（见原著第 123 页）时，英国议会通过了第一部《航海法案》。[264] 这项法案禁止外国人与巴巴多斯、百慕大、弗吉尼亚和安提瓜之间的贸易，并且在更广泛的范围内禁止没有许可证的外国船只在英国殖民地从事贸易活动。它还赋予了国务委员会取消公司专有权和特许权的权力。这部法案在王权复辟前一直有效。

另一项 1651 年的法案禁止任何来自欧洲以外的货物（以及某些欧洲货物）进入英格兰、爱尔兰和英国殖民地，除非货物以英国船只装运。[265] 这些法案颁布之后便是复辟后颁布的 1660 年的《航海法案》，就其目的而言具有类似的效果。[266] 它规定英国工业所需的某

[262] Daugherty, 1938, p. 22.

[263] Williamson, 1929, p. 214.

[264] 《一项禁止与巴巴多斯、弗吉尼亚、百慕大和安提瓜开展贸易的法案》（1650 年 10 月 3 日）（英国）；United Kingdom, 1911, Vol. 2, p. 425。

[265] 《一项增加航运和鼓励本国航运的法案》（1651 年 10 月 9 日）（英国）；United Kingdom, 1911, Vol. 2, p. 559。

[266] 《一项鼓励和增加航运和航海的法案》（查理二世 12 年，第 18 章）（1660 年）（英国）；United Kingdom, 1810 – 1828, Vol. 5, p. 246。

些来自殖民地的自然资源可以运到英国，但仅限英格兰。随着时间的推移，资源的清单被扩大了。1660年12月，枢密院成立了一个种植园委员会，从许多方面来看，它是贸易委员会的替代物。1663年的法律进一步规定，欧洲种植、生产和制造的商品在运往殖民地前必须首先在英格兰或威尔士的港口接受检查。[267]

为了打击在出口英国以外的目的地前通过在殖民地转运货物以规避贸易法案的适用的情况，1673年的一项法律规定，从殖民地港
158 口出口的未经担保的规定商品应当直接被运往英格兰。[268] 大部分殖民地之间的贸易都集中在新英格兰的货主和商人身上，他们是规避贸易法案导致1673年法律产生的主要人物。1673年法律还使英国海关的管辖扩展到了殖民地。即使通过了这项法律，新英格兰的货主们还是采取了一种激进的解释。[269] 英国政府在1670年建立了一个独立的种植园委员会，但这一委员会在1674年被废除。接替该委员会的是1675年成立的贸易和种植园委员会，它是枢密院的一个常设委员会。

在17世纪70年代中后期，英国对贸易法案的执行力度有了实质性的强化，事实上，这是因为贸易大臣以国王的名义发布了一份宣言。英国为弗吉尼亚、马里兰、卡罗来纳和西印度群岛任命了海关官员，而英国海军也越来越多地参与到执行关税和贸易法案中。[270] 贸

---

〔267〕《一项鼓励贸易的法案》（查理二世15年，第7章）（1663年）（英国）；United Kingdom，1810－1828，Vol. 5，p. 449。

〔268〕《一项鼓励格陵兰和英格兰的贸易，及更好地保障种植园贸易的法令》（查理二世25年，第7章）（1673年）（英国）；United Kingdom，1810－1828，Vol. 5，p. 792。

〔269〕Andrews，1929，p. 277－278.

〔270〕Simmons，1976，p. 55.

易大臣还对总督执行法案的情况进行调查。[271] 爱德华·伦道夫(Edward Randolph)从英国被派去殖民地进行调查,特别是调查"新英格兰对贸易法的藐视……他报告说,大规模的违法行为正在发生"。1678 年,他在担任马萨诸塞海关官员期间与民众发生了冲突。当地民众对伦道夫的反抗在很大程度上挫败了他执行法案的努力。新英格兰抗议运动的唯一解决办法似乎是废除自治。此外,法国在北部和西部日益激烈的敌对关系表明,如果北方殖民地能被统一在一个领袖之下,安全将会得到加强。[272]

伦道夫 8 年的抱怨终于产生了影响,英国政府采取了行动。1684 年,马萨诸塞被指控违反了特许状,该州的特许状被英国政府没收。1685 年,詹姆斯二世登上了王位。次年,康涅狄格的特许状被撤销。1687 年,罗得岛紧接着也被撤销了特许状。这些殖民地和新英格兰其他地区(新普利茅斯、新罕布什尔和缅因,作为马萨诸塞的一部分)被并入单一的新英格兰自治领,并失去了它们的议会。前 159
纽约总督安德鲁斯爵士成为自治领的总督。[273] 自治领组建了没有议会的王室政府。

新总督安德鲁斯常驻波士顿,其早期签署的法律中包括一部税收法律。这部法律的生效日期是 1686 年 3 月 3 日,实际上其内容是照搬的 1646 年 7 月马萨诸塞的法律(见原著第 117 ~ 119 页)。[274]

---

[271] Andrews, 1929, p. 283 - 284.

[272] Williamson, 1929, p. 259.

[273] Williamson, 1929, p. 260.

[274] 《一项制定和延续几种税率、关税和进口的法案》(1686 年/1687 年 3 月 3 日)(新英格兰);Connecticut, 1850 - 1890, Vol. 3, p. 405。Andros, 1868 - 1874, Vol. 2, p. 210; Jones, 1896, p. 11, 以及 Robinson, 1902, p. 27 - 28。

该法律征收每人1先令8便士的人头税,对不动产和动产的价值每1英镑征收1便士的税。该法使用了熟悉的要件,即将各种技术工人的回报和获利与其他人的庄园农产品产出进行比较,按比例进行评估。和马萨诸塞的法律一样,这种评估一年一次。该法律最初只适用于马萨诸塞(因为只有该州失去了特许状),但随着其他殖民地被纳入新的自治领,该法律逐渐扩展适用到其他殖民地。[275]

起初,纽约和新泽西仍在新英格兰自治领统治范围之外,然而,类似的模式接踵而至,至少纽约是这样的。1686年,詹姆斯二世向纽约总督颁发了一个新的委任状,授予其立法权,即纽约议会的立法权被撤销。[276] 在1687年和1688年,总督会同行政委员会通过了一系列法律,包括直接税法,尽管这些法律的副本似乎并没有保留下来。这些法律的名称清楚地表明,财产税(包括人头税)仍在继续征收。[277]

160 在新泽西,税收制度似乎也像往常一样继续适用。例如,1688年东新泽西征收的税收与1682年的一致。它包括对每100英亩土

---

〔275〕 例如,康涅狄格通过一项法案以扩大该税收法律的适用范围,该法案规定总督和议会制定的一些法律在现已并入康涅狄格政府管辖的殖民地范围内生效,并确定在该州开庭的时间和地点(1687年12月29日)(新英格兰);Connecticut,1850-1890,Vol. 3,p. 402。

〔276〕 New York,1894,Vol. 1,p. 17.

〔277〕 New York,1894,Vol. 1,p. 17-18提及以下法律:《为了筹集为英国的利益而支付的费用,对每人每英镑价值的财产征收0.5便士的法案》(1687年6月14日)(纽约),《对列治文郡、奥兰治郡、威彻斯特郡和萨福克郡国王、皇后、公爵及公爵夫人的自由人和居民的每英镑财产征收1便士的法案》(1687年8月20日)(纽约),《对纽约各市县和阿尔斯特县的所有人的每英镑不动产征收0.5便士的法案》(1687年9月2日)(纽约),以及《在次年11月1日之前筹集2555英镑6先令的法案》(1688年5月17日)(纽约)。

地征税，按头数对牛、马和猪征税，以及征收剩余人头税。[278]

1688 年年末，安德鲁斯总督接受了纽约和新泽西的委任状，这两个地区因此被并入新英格兰自治领。[279] 这次扩张是短暂的。1689 年春天，詹姆斯二世落入威廉三世手中的确切消息传到了新英格兰。同年 4 月，马萨诸塞的民众领袖逮捕并监禁了安德鲁斯。至此，新英格兰殖民地继续以与统一之前大致相同的方式各自为政。英国光荣革命只在纽约引起了短暂的实质性争议。[280]

宾夕法尼亚（包括特拉华）未纳入新英格兰自治领。在此期间，宾夕法尼亚在直接税方面没有任何发展。

（三）其他殖民地

与英格兰和新英格兰相比，美洲南部殖民地和西印度群岛殖民地在 17 世纪七八十年代是相对平静的。[281] 本节内容包含了这两个殖民地直接税收的发展。

1. 美洲南部殖民地

在 17 世纪七八十年代，美洲南部殖民地的直接税几乎没有发展。在弗吉尼亚，人头税一直延续到光荣革命期间。[282] 但似乎大部分税收都以地方税的形式征收。西蒙斯（Simmons）认为，在 17 世纪后期，弗吉尼亚的教区税"可能比城镇税或公共税都要高……"[283] 马里兰也没有什么变化。1669 年法律中的措辞（见原著第 141 页）在 161

[278] New Jersey, 1758, p. 306.
[279] Andrews, 1929, p. 260.
[280] Andrews, 1929, p. 260 – 261.
[281] Andrews, 1929, p. 261.
[282] Ripley, 1893, p. 25 – 32.
[283] Simmons, 1976, p. 86. 关于此期间的地方税，参见 Ripley, 1893, p. 82 – 91。

1688年的公共征收中还在使用。

从1670年开始，卡罗来纳的人口稳步增长，到1690年已接近10,000人。[284] 在此之前，南、北两个独立的定居点有各自的总督和独立的议会。事实上，卡罗来纳的每个县都有各自的总督，但在1689年，上议院为整个北卡罗来纳任命了一位总督。[285] 正如原著第142页所述，在光荣革命之前，北卡罗来纳似乎没有直接税。

南卡罗来纳的情况则不同。有两个主要影响因素：来自巴巴多斯和来自新英格兰的移民。南卡罗来纳17世纪80年代的税法很少有保存下来的，[286]但这些税法的片段足以提供相当清晰的线索。一部保存下来的1686年的法律反映了早期法律可能涉及的内容。[287] 南卡罗来纳的殖民者与西班牙人在南部，特别是佛罗里达地区，进行着持续的战斗。正如1686年法律的标题所暗示的那样，政府被授予了在这场战斗中征兵、征用武器等的权力。此外，该法律还规定征收500英镑的固定税：

> 对居民、商人和其他人（不包括临时和长期的仆人）一视同仁地评估、适用法律以及征收税款……根据他们各自的不动产、存货和能力，以及公职人员所计算的因他们各自的职位或任何其他工作而产生的收入……

---

[284] Simmons, 1976, p. 124.

[285] Ashe, 1925, Vol. 1, p. 141.

[286] South Carolina, 1836 – 1841, Vol. 1, p. 19.

[287] 《一项为维护统治和筹集500英镑等目的而采取征税、强制男人服兵役、征用武器等措施的法案》（1686年10月15日）（南卡罗来纳）；South Carolina, 1836 – 1841, Vol. 1, p. 15。

虽然不是典型的新英格兰风格，但似乎来自新英格兰的定居者产生的影响比较明显，特别是在对能力和利润征税方面。这种征税方式与巴巴多斯当时使用的征税方式几乎没有相似之处(见原著第162～163页)。在 1686 年法律颁布后 6 个月内，南卡罗来纳又颁布了一项税法来征收建造大帆船的资金，并且以与 1686 年法律“同样 162
的方式进行评估和征税……”[288]似乎从 1682 年起，类似名称的法律(已经灭失)都有类似的效果。[289]

2. 西印度群岛

正如原著第 145 页所提到的，早在 1661 年，巴巴多斯的税收就特别提到了奴隶。到了 1674 年，巴巴多斯还专门针对黑人征收人头税，作为对每 1 英亩征收土地税的补充。[290] 这些税都是短期征收的，唯一长期征收的税收是烈酒进口税(王室要求对当地产品征收 4.5% 的消费税)。[291] 巴巴多斯似乎在 1676 年和 1677 年也有类似的土地税和奴隶税。[292]

---

[288] 《一项为国防筹集 300 英镑，用于建造大帆船以及为其提供储备物资的法案》(1686 年/1687 年 2 月 28 日)(南卡罗来纳)；South Carolina, 1836－1841, Vol. 2, p. 23。

[289] 例如，《一项为支付本地域的公共费用而征收 400 英镑或同等价值的法案》(1682 年 6 月 8 日)(南卡罗来纳)；《一项为支付本地域的公共费用而征收 500 英镑的法案》(1683 年 9 月 25 日)(南卡罗来纳)以及《一项为支付估税员特别评估费用以及本地域的公共费用而征收 500 英镑的法案》(1685 年 4 月 11 日)(南卡罗来纳)；South Carolina, 1836－1841, Vol. 2, p. 5。

[290] 《对黑人征收每英亩 3 磅糖和每人 10 磅糖的法案》(1674 年/1675 年 1 月 14 日)(巴巴多斯)；Hall, 1764, p. 479，第 340 号法律。这项法律的公开副本似乎并未流传下来，见本章注释 74。

[291] Harlow, 1976, p. 200－207.

[292] 《一项要求那些出租该岛的土地获得租金和以黑人为生产要素获得利润的人缴纳一定比例的税收的法案》(1676 年 11 月 29 日)(巴巴多斯)，以及《一项征收每英亩 2 磅糖和每名黑人 5 磅糖；用于支付重建和修缮防御工事和堡垒的费用；以及用于偿还该岛的公共债务的法案》(1676 年/1677 年 3 月 20 日)(巴巴多斯)；Hall, 1764, p. 480，第 363 号和第 371 号法律。这些法律的公开副本似乎并未流传下来，见本章注释 74。

1682年，巴巴多斯又一次大规模地对土地和黑人进行征税（这部法律的副本保存下来了）。该法律规定：

> 本岛内任何拥有黑人、奴隶的奴隶主……应支付……15英镑……并且本岛内每一个土地所有人应对其所拥有的每1英亩土地缴纳6英镑税款……[293]

法律随后规定对指定的城镇征收一定金额的税款，即配额制度。各城镇征收其配额的税基并不确定，但有可能是根据教区名单征收

163 的，同年的牙买加法律也是如此（见下文）。到了1685年，这项税收被改为仅对黑人奴隶征税（1682年的措辞，但每名奴隶9英镑）。[294]这项法律既没有规定土地税，也没有规定配额制度。

在王朝复辟后，巴巴多斯和其他英属加勒比群岛统一由一个总督管理。由于法国根据1667年《布雷达和约》归还圣基茨的谈判的拖延，圣基茨的前英国土地所有者向王室请愿，请求任命一位独立于巴巴多斯的总督。1671年，英国王室批准了这一请求，并为包括圣基茨、尼维斯和安提瓜在内的背风群岛任命了一位独立的总督。[295]圣基茨的主权被收回后再次开始制定税法。1672年，圣基茨通过了一部法律，规定：

---

〔293〕《一项对土地和黑人征税；用于清偿债务；以及用于保障该岛的安全的法案》（1682年4月29日）（巴巴多斯）；CO 30/5，第79页。

〔294〕《一项对黑人征税的法案》（1685年9月3日）（巴巴多斯）；CO 30/5，第154页。

〔295〕 Burns, 1954, p. 339 – 340.

> 对整个英国殖民区的所有黑人工人征收每人100磅糖，对住在该区域的法国人征收每人18磅糖……[296]

两年后，圣基茨的征税形式改为对所有白人征收人头税，同时对奴隶单独征收人头税，后者的税率是前者的两倍多。[297] 不居住在圣基茨的英国人和居住在圣基茨岛法国殖民区但是在英国殖民区拥有土地的法国人，都要“按比例”进行评估。这一规定的意图在1676年征税过程中变得更加清晰，非居民在岛上租用土地都要按土地面积纳税。[298] 这一税种一直延续到1681年，直到其演变成对每个奴隶按人头征收和对殖民地内土地按每英亩计算的租金征收的混合 164
税。[299] 与在巴巴多斯一样，圣基茨还对进口酒征收4.5%的间接税。

根据1668年的法律，安提瓜继续征收土地税和剩余人头税。在1679年[300]和1680年[301]，安提瓜又一次征收类似的税以补充土地税。

---

〔296〕《一项为偿还国家债务而征税的法案》(1672年/1673年1月15日)(圣基茨)；CO 154/1，第104页。作者进行了现代化表述。关于圣基茨岛的英国殖民地，见本章注释204。

〔297〕《一项对该岛英国殖民区内的所有白人征收每人25磅糖和对所有奴隶征收每人55磅糖的法案》(1674年6月13日)(圣基茨)；CO 154/2，第4页。

〔298〕《一项对该岛英国殖民区内的所有白人征收每人25磅糖和对所有奴隶征收每人50磅糖的法案》(1676年5月31日)(圣基茨)；CO 154/2，第7页。

〔299〕《一项法案，对每个有工作的奴隶征收25磅糖，对所有出租的土地征收25英镑；以及对按照1674年的规定对英国殖民区的法国人所有的土地征税》(1680年/1681年2月15日)(圣基茨)；CO 154/2，第14页。

〔300〕《一项征收新税的法案》(1679/1680年3月5日)(安提瓜)；CO 154/2，第138页。

〔301〕《一项继续根据之前的法案征收土地税的法案》(1680年4月8日)(安提瓜)；CO 154/2，第144页。

在17世纪80年代下半叶之前，尼维斯的公开法律一直处于空白状态。1688年，尼维斯开征共计190,000磅的糖税，这些糖税按配额分配给了各城镇。这项税收是“根据商人和贸易商的交易和声誉而征收的，也对其他自由农和居民征收……”这笔税收的金额相当于所征收财产价值总额的1/5。这一税收与1682年巴巴多斯和牙买加以及1660年巴巴多斯征收的税之间有一些相似之处，不过这一联系尚未得到证实。这是本研究首次涉及西印度殖民地的法律，其所明确规定的对贸易商征税，在后来变得十分普遍。尼维斯征收的其余税款是向“官方名单上3800名应税黑人和其他奴隶征收的，以每次40磅糖的价格，由其奴隶主或承租人支付……”〔302〕。

1671年，新委任的巴巴多斯总督的管辖范围包括巴巴多斯、圣卢西亚、圣文森特和多米尼加。然而，英国对后面这些岛屿的主权主张是松散和颇具争议的。1672年后不久，有报道称“法国马提尼克（Martinique）总督将一些被派往该岛的英国人驱逐出多米尼加……且圣卢西亚和圣文森特的加勒比人实际上是独立的”〔303〕。

在整个17世纪70年代，牙买加政府似乎都没有征收直接税，但还是就进口烈性酒收取了租金。牙买加虽然在1682年为了向伦敦
165 的代理人提供资金开征了一种税款，但这一情况在17世纪80年代几乎没有什么变化。

这种税在岛上的教区之间分摊，教区委员应当“对上述各教区的税费和估值进行评估和征收，并对所有教区居民进行平等和公正的

〔302〕《一项征收新税的法案》（1687年/1688年3月24日）（尼维斯）；CO 155/1，第95页。

〔303〕 Burns, 1954, p. 351.

征税……"[304]乍看之下，这似乎是一种人头税。然而，后来的1695年法律也使用了"平等和公正的税收"一词，接着规定了各种具体的税目，这些不同的税种都应依据教区登记册的评估进行征收（见原著第215～216页）。1682年法律似乎也是在类似的基础上进行征税的。事实上，有关教区登记册和配额制度的内容，与1662年英格兰根据济贫税评估地方税的举措是一致的（见原著第140页）。牙买加议会在与英国当局发生重大争议后，1683年通过了一部为期21年的税法，但该法只规定了间接税。[305]

直到17世纪中叶，巴哈马群岛上唯一的欧洲居民是海盗和战争掠夺者。大约在1650年，开始有人从百慕大群岛移民到巴哈马群岛定居。据推测，到1672年，岛上有大约500名居民。1670年，查理二世向卡罗来纳的6名领主作出了一项土地特许状（最后一项），授权他们建立殖民地（忽略了之前在1629年和1649年作出的两项特许状）。1671年，领主们任命了一位总督，指示他召集一个由选举产生的议会。[306] 随着牙买加对海盗和海盗活动的打击，巴哈马在某种程度上成了他们的避风港。这激怒了西班牙人（海盗的主要目标）。1684年，西班牙的一次突袭摧毁了位于新普罗维登斯（现在的拿骚）的小殖民地，"这一殖民地在接下来的几年里被遗弃了"[307]。

---

[304] 《一项为支付在英格兰发生的岛上公共事务处理费用而征税的法案》（1682年9月21日）（牙买加）；CO 139/7，第30页。

[305] 《一项为支持本岛政府而筹集公共财政收入的法案》（1683年9月5日）（牙买加）；CO 139/7，第30页。

[306] Burns, 1954, p.358－359.

[307] Burns, 1954, p.362, p.397.

五、小结

本章考察了从英国内战开始到光荣革命爆发，直接税制度在英国及其新大陆殖民地的发展。在这一时期，欧洲发生的大事不仅影响着英国的直接税制度，还将争端不可避免地蔓延到殖民地，影响了
166 殖民地的发展，包括其税收制度的发展。不仅是英国内战，还包括王朝复辟，英国与西班牙、荷兰和法国之间的战争，王室和议会之间糟糕的关系，以及最终导致光荣革命种种因素，所有这些事件都对殖民地产生了重要影响。

本章首先介绍了英国内战、共和国时期。在英国内战初期，议会是如何通过借款和捐税筹集资金的，到1643年，这些资金演变为对那些未捐税的人的强制征税。这些强制征税主要是针对不动产和动产进行评估的。由于议会需要源源不断的资金，这种一次性征收形式很快被每周和每月的评估所取代。1643年规定评估的法律在很大程度上沿袭了1642年最后一次授权查理一世一大笔补助金时的做法。与十五一税、什一税以及都铎王朝（虽然没有明确规定）补助金一样，1643年的法律使用了配额制，但明确规定了每周或每月评估的数额。这本质上是一种来源税。1645年，一种简略的评估方式被用来为议会的新模范军提供资金，并且在王朝复辟前该方式一直有效。同样，这也是一种对不动产和动产征收的来源税。

按照通常的方式，这些征收需要按“年”对土地价值进行估价，而动产则根据其资本价值进行估价。相比土地年价值适用的税率，动

产的资本价值适用的税率更低,这一做法一直延续到英国内战时期。从 1649 年开始,出现了一种做法,即将动产的 20 英镑的价值等同于土地的 1 英镑的年价值,从而推定动产的资本价值的回报率为 5%。这种适用单一"英镑费率"的做法有力地推动了税收的发展,而这些修改也都被采纳到 1650 年的征税中。这项法律还允许特定的城市、县和城镇忽略统一的英镑费率,并使用地方评估税的形式。这种按照英镑费率对不动产和动产进行评估同时辅之以配额制度、地方自治以改变评估适用范围的做法,是王朝复辟前的惯例。

殖民地税收制度的发展更是微乎其微。弗吉尼亚仍在继续征收
人头税,而在 17 世纪 40 年代后期,土地税曾短暂发展。马里兰受英 167
国事态的影响较大,最初在 17 世纪 40 年代,它效仿弗吉尼亚率先征收人头税。然而,当巴尔的摩勋爵的专有统治在 1654 年结束时,税基从个人扩大到"有形财产",这与当时英格兰的税基更为一致。随着 1657 年专有制度的恢复,人头税被重新征收。

马萨诸塞再次引领了新英格兰直接税制度的发展。1646 年,马萨诸塞通过了一项年度评估法案,根据"回报"(Returns)、"收入"(Incomings),并最终根据"获利"(Gains)(才能)对个人和"财产"进行征税。该法案接着规定了一些客观的估值规则,包括按头数估值的牛。有人指出,这种基于"才能"而征收的税并非累进或者分类的人头税,即对能力的评估是客观的,而不是主观的利润计算。康涅狄格、纽黑文和普利茅斯基本都沿用了马萨诸塞的税收制度。新罕布什尔也是如此,该地当时由马萨诸塞管辖。罗得岛则是对动产征税。

巴巴多斯直接税以及其他方面的发展在西印度群岛中均处于领先地位。西印度群岛殖民地到复辟时期的记录严重缺失。然而,有

人指出，巴巴多斯早期的税收似乎是按每英亩土地和人头征收的。在英国内战期间，巴巴多斯一直是保皇派的据点，直到1652年英国议会军战胜了保皇派的军队。在17世纪50年代，巴巴多斯的资金来自间接税和一些对土地征收的地方税。在此期间，人们对其他英国加勒比群岛的直接税知之甚少。英国在1655年与西班牙的一场战争中占领了牙买加，一直到王朝复辟前，牙买加都处于军事统治之下。

本章第二节接着研究了复辟之前英国土地保有制度和会计的发展。信托作为1536年《用益法》中用益权规定的例外兴起。信托的主要用途是控制家庭成员之间的财产转移，但在动荡的16世纪和17世纪，信托也被用来保护财产。衡平法院是执行信托的主要法院。信托适用的法律基本上是从用益制度法律发展而来的，特别是损耗之诉和账目之诉的规定（见原著第23～24页和第26～27页）为适用于信托作了调整。

168 17世纪，复式记账在英国短暂地获得了一席之地，但收支法仍是最主要的会计制度。然而，商人们通常不使用这些会计方法，而是根据个人情况和能力进行记账。土地的持有仍然是17世纪的主要财富形式，因此收支法的使用是不可避免的。此外，这一制度深深植根于信托法，有判例法表明，受托人有义务以这种方式管理账户。然而，到光荣革命时期，还没有明确地适用于信托的法律体系在收入［当时的“收益”（revenue）或“利润”（profits）］和资本之间分摊金额，尽管实际操作中必然涉及这一处理。其中一个原因可能是，信托资本通常是易于识别且受托人不能出售的财产。

在16世纪末和17世纪初，特许设立的商事公司兴起，尤其是那些从事海外贸易的公司。这些公司最终将对会计实务的发展产生重要影响,特别是当它们的股票具备永久性之后。永久性股票很快带来了只从利润中分配股息的想法,该观点早在 1661 年东印度公司便已经提出,即资本的维持。有人指出,信托法中保留或有剩余物的概念与特许公司资本维持的概念相似,但前者是受托人的一项法律义务,而后者在几个世纪之后才成为统一的法律义务。因为这些发展,复辟前出现了资本和收益分开核算的实例,但这与其说是一项统一的规则,不如说是多样性实践的一种。当时,英国会计制度中没有“利润”(profits)或“收入”(income)的统一概念。

本章的第三节接着谈到了英国斯图亚特王朝复辟后的 10 年。17 世纪 60 年代是欧洲政治高度发展的时期,特别是在贸易和殖民方面,包括英国与荷兰和法国的战争。查理二世比以前的国王更依赖议会的财政收入。这一时期所使用的征税方法是以前所使用的方法与一些发展的混合。在这十年之初,国家的固定收益评估继续进行,但补充了一种与英国内战前类似的分级人头税。除特定的等级外, 169
人头税基本上是根据假定的年度价值进行划分的。1662 年,查理二世以壁炉税的形式获得了一笔有限的持续收入。1663 年,英国又恢复了内战前的补助金形式,但征收金额很少。1665 年与荷兰战争期间,英国又恢复了每月评估。1667 年,英国又增加了一项评估税,用于与荷兰和法国的战争。这一重要的税收是对债务、工资、王室支付的各种款项、法律和医疗工作者的收入征收的,另外还有剩余人头税。

17 世纪 60 年代,美洲殖民地遭受的破坏较少,在直接税方面几乎没有什么发展。然而,殖民地在不断扩大。1663 年,卡罗来纳获得设立殖民地的特许状,其北部有弗吉尼亚人定居,南部开始有巴巴多斯人定居。同年,罗得岛也获得了王室特许状。在 1663 年,查理二世将广袤的纽约殖民地授予他的兄弟约克公爵(后来的詹姆斯二世)。1664 年,英国出动的一支军队占领了那里的其他欧洲殖民地,特别是新荷兰(纽约)。同年,约克公爵将纽约的部分土地授予他人,这块殖民地后来成了新泽西。

西印度群岛的情况则更为糟糕。英国王室最终通过将加勒比殖民地转变为王室殖民地解决了殖民地权利主张,但须从永久收入中向主张人支付一定款项,并对从殖民地出口的产品征收 4.5% 的关税。巴巴多斯人不仅搬去卡罗来纳定居,还搬去牙买加,以扩大那里的殖民地。因此,牙买加早期的直接税制度像巴巴多斯那样包含人头税和土地税也就不足为奇了,尽管牙买加更多地依赖于进口酒税。在与荷兰和法国的战争中,法国人占领了圣基茨、安提瓜和蒙特塞拉
170 特。后两个城市在 1667 年被英国夺回,但圣基茨直到 1671 年才被英国收回。1668 年,安提瓜仿效巴巴多斯和牙买加的做法,按土地面积和人头征收直接税。

本章的第四节是关于光荣革命前的 20 年的税制。其间,英国王室和英国议会发生了一次又一次的斗争和对抗,一些殖民地也卷入其中。1671 年采用的税收形式有点像传统的补助金和 1667 年附加税的混合。它根据“净年度价值”对银行家和其他人的债务、动产、公职人员的工资和土地进行征税。管辖权规则是以居住地和收入来源地为依据。

1671 年的税收收益很低,1673 年又恢复了每月评估税的做法,这种做法一直沿用到 17 世纪末。按照 1667 年的征税方式,1678 年再次补充了人头税。重要的是,1678 年的税收包含了对东印度和几内亚公司的股票征收的税,这笔税将从股息中扣除。随后,查理二世

和议会就查理二世违反《宣誓法》的行为发生了争执。其结果是议会被解散。在查理二世和他的哥哥詹姆斯二世在位期间，没有开征新税。

相比之下，在新英格兰殖民地，直接税在 17 世纪 70 年代几乎没有发展，但在 17 世纪 80 年代有了戏剧化的发展。新英格兰的财产税和“才能”税在整个 17 世纪 70 年代一直延续。1680 年，新罕布什尔被准许设立一个独立的王室政府，并开始按照马萨诸塞的模式征税。为了平息当地人的不满，约克公爵最终在 1683 年批准纽约成立议会，由议会继续对不动产和动产征税。新泽西在 17 世纪 70 年代被分裂。新泽西东部地区继续征收土地税和人头税，不过在 1682 年也对一些动产征税。新泽西西部地区也对每英亩土地征收土地税，但这是根据纳税能力征收的。宾夕法尼亚于 1682 年获得特许状，早期的税收包括人头税和土地税。

本章之后讨论了新英格兰自治领建立的事件。这起源于英国议会于 1650 年和 1651 年通过的《航海法》，作为对巴巴多斯叛乱的部分回应。该法对殖民地的贸易施加了限制，这在当地引起了强烈不满，尤其是处于殖民地贸易中心的新英格兰人。贸易大臣派遣了一名官员去调查，这名官员报告了新英格兰存在大规模违反该法的行为。1684 年，也就是调查结果上报几年后，马萨诸塞的特许状被撤销了。次年，也就是詹姆斯二世登基的那年，康涅狄格的特许状也随之被撤销了。詹姆斯二世在这些殖民地建立了新英格兰自治领，并逐渐增加了罗得岛、普利茅斯、新罕布什尔、纽约和新泽西。尽管没有设立议会，但总督仍打算按照马萨诸塞的征税方式在整个自治领 171
地区征税。詹姆斯二世在英国失去王位的消息一传到新英格兰，总督就下台了。

其他殖民地的情况就不那么具有戏剧性了。其他的美洲殖民地几乎没有任何发展，除了南卡罗来纳，该地区的税收制度大体上遵循新英格兰的征收模式，特别是关于“才能”税的内容。巴巴多斯继续对土地征税，但是到了17世纪70年代，人头税变成了奴隶税。到了1685年，奴隶税变成了只对黑人奴隶征税。相比之下，在17世纪70年代，圣基茨对全体居民征收人头税，对非居民征收土地税。到了17世纪80年代，圣基茨对奴隶征收人头税和对土地按面积征收土地税。安提瓜继续按面积征收土地税，同时征收剩余的人头税，但到1688年就变成了人们熟悉的对每英亩土地征收土地税和对奴隶征收人头税。此时，尼维斯也在征收奴隶税，但除此之外，其还根据“贸易和声誉”对商人和贸易商征税。牙买加还提供了一个可以追溯到17世纪80年代的人头税的例子。

表2简要介绍了1650年前后英国和殖民地的直接税制度。该表中没有对英国及英属殖民体系的直接税制度进行详细列举，但可以观察到一些总体情况。在殖民地，似乎更倾向于客观地对物品进行估值，如土地按每英亩计算，牛按头计算，甚至按人头计算人的价值。这与殖民地的欠发达的状态相一致，但就土地而言，与当时英国地方税中使用的估值方法相似，见原著第77页。此外，殖民地似乎更倾向于根据资本而不是年价值来评估财产价值。虽然英国的税收制度明确规定了土地的年价值或年度价值，但殖民地的税收制度对这一点并没有作出明确规定。由于殖民地的土地所有制度并不像英国那样复杂，这推动了财产的出售，也容易对其估值。然而，在实践中也可能根据土地的年价值进行估值，然后进行资本化。

人头税在殖民地似乎是孤立的，但人头税是在英国内战之前和复辟之后才在英国征收的。在殖民地，对“获利”“回报”甚至“收入”征税似乎是殖民地税收制度发展的一种趋势。“才能”或“能力”是英国税收，特别是地方税中的一个概念，而英国人头税通常采取累进 175
的形式。然而，很难在以马萨诸塞为中心的殖民地发展和任何特定的英国中央税之间找出明确的联系。英国一贯对公职人员的收入征税，复辟后的人头税制度中，存在对一些专业人员的工资和收入征税的情况，但这些例子比殖民地使用的才能税的适用范围要窄得多。

至于税率，没有明确的证据可以证明殖民地在这一阶段（1650 年）采用的是英国每月评估中采用的配额制度。据推测，每个殖民地的税基都采用单一税率。英国也采用了税率制度，特别是在英国内战前和复辟后征收的人头税和补助金。税收管辖权下的聚集效应不足为奇。财产税本质上是以税源为基础的税，而人头税本质上是以住所或居住地为基础的税。从这个意义上，英国每月评估制度有点奇怪，因为英国内战之前和复辟之后的补助金通常涉及来源和居住地的混合。据推测，殖民时期的才能税主要是针对贸易和商业的，因此其根据来源征收。

本章所涵盖的时期引出了许多要点。英国的动荡事件导致课税形式的重大发展。十五一税、什一税的既定方式及都铎王朝的补助金让位于直接税制度的发展，其发展速度是 14 世纪末、15 世纪初以来从未有过的。这些发展中令人惊讶的是，它们似乎对导论中提出的本章考虑的四个主要问题没有产生什么影响，特别是资本—收益的区分、附表计税的制度以及同时基于来源和居住地征税。

第一章中讨论的资本—收益区分仅仅适用于信托法，而信托成了英国土地保有的主要形式。收益和资本的会计核算初现雏形，但这还远远不够。收入分类税制一直都很明显，特别是光荣革命后的人头税。在每月评估、人头税、补助金之间存在混乱的交错，每月评估主要按来源征税，人头税根据居住地和住所地征税，而补助金则是前两者税基的混合。唯一的例外是对公司及其股东的征税，这似乎
176 是一个显著的发展。1678年的人头税首次明确了股东应当就其在公司中的股份纳税，尽管事实上公司本身也要纳税。

本章所涵盖的时期在殖民地尤其重要。当时，殖民地大规模扩张，并建立了直接税制度。这一直接税制度体系被两个主要殖民地所采用。从这一时期到光荣革命，马萨诸塞的殖民地一直统治着新英格兰，影响着其他殖民地的统治、法律和文化。正如西蒙斯所指出的：

> 总之，"新英格兰思想"在大多数方面都是马萨诸塞东南部的思想。海湾殖民地的优势在于它的规模和财富，这使它能够资助哈佛大学。在1701年耶鲁大学成立之前，哈佛大学是新英格兰唯一的高等学府，并且在1709年康涅狄格新伦敦的出版社成立之前，哈佛大学的出版社是新英格兰唯一的出版社。[308]

琼斯对新英格兰直接税制度的原则作了如下解释：

> 每个居民都有义务为维持殖民地作出贡献，这一义务是

〔308〕 Simmons, 1976, p. 113.

> 建立在因政府的存在而获得利益的基础之上。税款的金额取决于居民的支付能力以及他所拥有的土地和财产的数量，而每个身体健全的自由民都必须缴纳一定数额的人头税。[309]

另一个主要殖民地是巴巴多斯。正如马萨诸塞的殖民者繁荣发展、对外扩张构成新英格兰殖民地的基础并影响其他新英格兰殖民地一样，巴巴多斯也是一个成功且富饶的殖民地，其人口很快变得稠密起来。它的殖民地定居者不仅影响了其他加勒比殖民地，还扩展到前往牙买加和南卡罗来纳定居。它的直接税收制度，包括土地税和后来变成奴隶税的人头税，被附近大多数殖民地所效仿，甚至很可能早在新泽西早期就在北方产生了影响。

这些占主导地位的殖民地在许多方面反映了这一时期在英国引起动荡的相互竞争的派别。

马萨诸塞殖民地是由一群清教徒创建的，其核心是社群主义和 177
统一的崇拜，这种力量在英国内战及随后的战争余波中拥有不小的发言权。巴巴多斯人代表了种植园的精英，在许多方面反映了英国的精英阶级和当权派的立场，他们对国王忠心耿耿。这些殖民地有一个共同点，他们都是英国统治势力镇压的焦点。巴巴多斯人仅因陶醉于君主制的复辟而被共和国镇压。马萨诸塞殖民地在詹姆斯二世的统治下被镇压，光荣革命结束后詹姆斯二世的统治也随之终结，殖民地为此迎来“狂欢”。从许多方面来看，这些殖民地的影响随着 17 世纪的结束而减弱。

---

〔309〕 Jones, 1896, p. 15.

表 2　1650 年左右英国及其殖民地的直接税制度

1650 年左右	税基			税率		管辖	
征税对象	每件固定价值	资本价值（包括根据回报估算的价值）	收入/利润/收益	固定税率	固定金额（按配额划分）	来源税	居住地税
财产							
一般		马萨诸塞； 康涅狄格； 纽黑文； 新普利茅斯		马萨诸塞； 新普利茅斯； 康涅狄格； 纽黑文		马萨诸塞； 康涅狄格； 纽黑文	新普利茅斯
土地	英国地方税； 弗吉尼亚 1645～1648 年； 马里兰 1654～1657 年； 巴巴多斯		共和国每月评估	弗吉尼亚； 马里兰	共和国每月评估； 英国地方税	共和国每月评估； 英国地方税； 弗吉尼亚； 马里兰	

续表

1650年左右	税基			税率		管辖	
动产	弗吉尼亚 1645~1648年（家畜）； 马里兰 1654~1657年（牛按头数征税）	共和国每月评估； 英国地方税（一般适用于股票交易）		弗吉尼亚； 马里兰	共和国每月评估； 英国地方税	共和国每月评估； 英国地方税（仅限居民）； 弗吉尼亚； 马里兰	
无形资产		共和国每月评估（推定债务）			共和国每月评估	共和国每月评估	
个人							
一般	弗吉尼亚； 马里兰； 马萨诸塞； 康涅狄格； 纽黑文； 巴巴多斯			马萨诸塞； 康涅狄格； 纽黑文； 弗吉尼亚； 马里兰			马萨诸塞； 康涅狄格； 纽黑文； 弗吉尼亚； 马里兰

续表

1650年左右	税基			税率		管辖	
职务/工作			共和国每月评估		共和国每月评估		共和国每月评估
职业							
商业/贸易			马萨诸塞（技术和贸易）；新普利茅斯（才能和能力）；康涅狄格（技术和贸易）；纽黑文（技术和贸易）	马萨诸塞；新普利茅斯；康涅狄格；纽黑文		马萨诸塞；康涅狄格；纽黑文	新普利茅斯

第三章　1688年至1763年：地区关系、殖民竞争和走向独立

本章涵盖了75年的时间，较上一章多了近30年。除此之外，本 178
章与上一章在其他方面也有不同。与前一章涉及的超过40多年的动荡不同，本章涵盖的时间段中，首先是数十年的动荡，其次是一段相对平静的时期，最后是另外20年的动荡。此外，上一章中由于宗教分歧及王室与议会之间的权力斗争，英国内部争端不断；但本章是威廉三世统治下的君主制确立之后的时期，英国内部相对平静。[1]这体现在英国的直接税制度中。该制度在最初的10年中经历了一段发展期，然后相对稳定地持续了一个世纪。

在本章所涵盖的前20年中，殖民地税收制度也有发展。与英国一样，在17世纪90年代尤其如此。这10年在某种程度上是殖民地发展的分水岭。不仅是其使用的税法类型有了实质性的发展，而且

---

〔1〕 虽然1717年和1747年发生了两次著名的雅各宾派起义，但从英国内部整体来看相对平静。

这些法律的通过形式、发布和向英国呈报的形式也日趋成熟。在光荣革命之前，殖民地之间以及殖民地和英国之间的法律形式存在很大差异。法律的发布形式是随机的，甚至以手稿形式向英国呈报，其内容也是不一致的。这种情况在17世纪90年代趋于改变。法律的形式倾向于英文格式，因此法律往往变得更加正式、具备技术性，同时法律条文也更长。殖民地之间，特别是美洲殖民地，在这一点上有了更大的一致性，尤其是法规汇编(session laws)变得更加统一。

在这一走向统一的趋势中，一个重要的影响因素是贸易大臣，如
179 上文所述。他们在贸易监管和《航海法》方面日益增强的权力和影响力，对在光荣革命前新英格兰自治领的建立起到了重要作用。1696年，王室授权成立了贸易委员会取代贸易大臣成为专门负责殖民地事务的英国官方机构，在美国独立之前，其一直是英国负责殖民地事务的中央机构。该委员会是枢密院的一个咨询机构，其主要工作是接收总督的所有信件和殖民地的所有重要官方文件；其中特别包括法律和公告、总督、理事会和议会的日志以及请愿书。[2] 其职权范围包括将殖民地法律传递给英国官方的法律官员，以检查这些法律是否与英国的法律相冲突。

18世纪之交美洲殖民地法律的完善和统一的发展，反映在此时这些殖民地的大规模扩张和发展中。由于扩张，英国与美洲原住民、法国人和西班牙人之间发生了大量的纠纷。在18世纪初期，美洲殖民地的发展对信贷和货币的需求日益增加。一些殖民地开始通过发行纸币或信用证或票据来支付公共开支，特别是战争费用。这不仅

〔2〕 Simmons, 1976, p.164.

引起了人们,尤其是那些被用这种形式的法定货币偿债的债权人的强烈抗议,还导致了严重的货币贬值。为此,贸易委员会竭力控制这个问题。

19 世纪是欧洲,尤其是英国制造业取得重大发展的时期。欧洲对来自殖民地的原材料产品的需求不断增加。其结果是欧洲与殖民地的贸易往来不断增加,在殖民地的利益不断扩大。法国和英国在北美的利益不可避免地发生了冲突。这种争端导致了在殖民土地上进行的第一次重大欧洲战争,即 1756 ~ 1763 年的七年战争。这场战争使法国当局基本上被驱逐出北美,英国取而代之统治了该地区。而这种统治是短暂的,因为随着法国威胁的消失,殖民者们的注意力转移到他们自身与英国的关系上。英法之间巨大的战争代价以及英国人对殖民地事务的干涉所引起的不满为美国独立战争奠定了基础。

本章分为三节,始于光荣革命之后的动荡时期,一直持续到 1712 180
年《乌得勒支条约》解决了欧洲的争端。如前所述,这是英国和殖民地直接税制度实质性发展的时期。第一节提出了这样一个问题:这一时期是否是“所得税的熔炉?”第二节讨论了从 1713 年到七年战争开始之间相对平静的时期。这一时期的直接税发展相对平稳,主要集中在美洲殖民地为发行纸币提供担保而使用的税收方法上。第三节涵盖了七年战争时期。在此期间,英国的直接税形式变化不大,重点是殖民地的发展。本章在最后会进行小结。

一、所得税的熔炉?《乌得勒支条约》——威廉三世的征服之路

1688 年年末,威廉三世成功进军英国。威廉三世和玛丽二世登

上英国王位后，立即使英国与法国陷入冲突。威廉三世是新教事业的捍卫者。他出生在荷兰执政官家庭，[3]他与法国的路易十四（Louis XIV）就荷兰声称拥有的土地展开了激烈的斗争。1677年，威廉三世迎娶了英国约克（York）公爵（后来的詹姆斯二世）的女儿，通过这种方式与英国王室结盟。作为荷兰的执政官，威廉三世在登上英国王位时就已经卷入了"奥格斯堡联盟"（League of Augsburg）对抗法国的战争。1689年，随着英国加入联盟，这场战争演变成了"大同盟战争"（War of the Grand Alliance，"大同盟战争"发生于1688～1697年，又叫奥格斯堡同盟战争、巴拉丁王位继承战争、九年战争，这场战争是因为路易十四欲在欧洲作出大规模的扩张，遭到荷兰和神圣罗马帝国哈布斯堡王朝、瑞典等国家组成同盟联合对抗——译者注）。法国人支持爱尔兰的反革命，试图恢复詹姆斯二世在英国的王位，并牵制威廉三世的军队，阻止威廉三世带领他们前往欧洲大陆。1697年，随着《里斯维克和约》（the Treaty of Ryswick）的签署，战争无果而终。

181 "大同盟战争"波及了殖民地。在新英格兰殖民地和纽约与法属魁北克接壤的北方前线发生了许多战斗。然而，在战争中，西印度群岛却首当其冲，这些殖民地再次丢失，然后又被收复。

1700年，西班牙国王查理二世去世，但是其没有直系继承人，导致欧洲战争再次爆发。拥有王位继承权的人包括法国路易十四的孙

[3] 荷兰的斯达霍德（Stadhouder）曾是荷兰国王的执政官，是16世纪80年代从西班牙独立的80年战争（1568～1648年）开始时荷兰共和国的最高领导人。执政官的职位通过亲戚传给了威廉二世，后者经安排与英国斯图亚特家族联姻。他的妻子玛丽·斯图亚特在威廉二世去世后不久生下了威廉三世。直到第三次英荷战争（1672～1674年），威廉三世才被接受为执政官。't Hart, 1993, p. 20－21.

子，也就是西班牙的菲利普五世。当路易十四承认菲利普五世在法国的继承权，并在1701年英国詹姆斯二世（被光荣革命废黜）去世后，承认詹姆斯二世的儿子（伪装者詹姆斯）为英格兰、苏格兰和爱尔兰的国王时，事态发展到了顶点。欧洲其他国家不希望看到西班牙和法国王室合并。奥地利也宣称拥有西班牙的统治权，并入侵了西班牙在意大利的领土。当法国对西班牙方面进行干预时，局势变得紧张起来。1702年，英国和其他国家站在奥地利的阵营中，加入了西班牙王位继承战争。

威廉三世于1702年去世，王位传给了他妻子的妹妹安妮（英国詹姆斯二世的另一个女儿）。1707年，《联合法案》（Act of Union）将苏格兰并入英格兰议会（就像200年前对威尔士所做的一样，见原著第66页）和王室。议会成为不列颠的议会。[4] 西班牙的王位继承战争在欧洲和殖民地持续直到英国、荷兰和法国之间于1713年达成《乌得勒支条约》（Treaty of Utrecht）才最终结束争端。重要的是，通过这个条约，法国承认了荷兰的独立，并同意停止支持斯图亚特（伪装者詹姆斯）的英国王室。

本节讨论的是在这25年的战争中直接税的发展，首先在英国，然后在美洲和西印度群岛的殖民地。

（一）纷乱的补助金导致固定的土地税

1.“大同盟战争”

威廉三世和玛丽二世统治时期的直接税从一开始就轰轰烈烈，在他们统治的第一年，至少征收了4种直接税。这些税是此前各种

---

〔4〕《使两个王国的联合更加全面完整的法案》（安妮6年，第40章）（1707年）（英国）；United Kingdom, 1810 – 1828, Vol. 8, p. 736。

182 税收混合的产物，一开始延续了查理二世时期的税收类型。1688年的法律采用了每月评估的方法。[5] 通过多方借鉴，该法要求根据1677年《每月评估法》的规定进行评估。[6] 随后，1688年的法律废除了与斯图亚特王朝有关的不受欢迎的壁炉税（见原著第138页）。[7] 同年晚些时候，威廉三世和玛丽二世被授权征收特定收入税和基于1678年税收的人头税。[8] 股票税（包括从源头扣除）扩展到哈德逊湾公司。[9]

这种税收在1688年又得到了补充，同年还有一项补助金，现在称为"协助金"。[10] 虽然1688年的法律很大程度上遵循了1671年的先例，[11]但也有一些重要的差异。银行家的特别征税和王室贷款征税都被省略了。第一项税目是关于个人财产（动产）的，依据下述规定征收税费：

---

〔5〕《授予国王和王后陛下现时援助的法案》（威廉和玛丽1年，第3章）（1688年）（英国）；United Kingdom, 1810 - 1828, Vol. 6, p. 24 - 53。

〔6〕威廉和玛丽1年，第3章（1688年）（英国）；United Kingdom, 1810 - 1828, Vol. 6, p. 52。

〔7〕《废除灶税的法案》（威廉和玛丽1年，第10章）（1688年）（英国）；United Kingdom, 1810 - 1828, Vol. 6, p. 61。

〔8〕《通过人头增加税收和其他方法削减爱尔兰财政收入的法案》（威廉和玛丽1年，第13章）（1688年）（英国）；United Kingdom, 1810 - 1828, Vol. 6, p. 63 - 70。

〔9〕这家公司在1670年获得特许，垄断了加拿大哈德逊湾沿岸的流域内的贸易。在奥格斯堡联盟战争期间，这家公司一直享受着利润丰厚的皮毛贸易。直到法裔加拿大人占领了这家公司贸易站点，根据《乌得勒支条约》，他们是被法国承认的。Williamson, 1929, p. 264.

〔10〕《一项向国王和王后陛下提供每年1镑12便士援助，用于其王国必要的保卫开支的法案》（威廉和玛丽1年，第20章）（1688年）（英国）；United Kingdom, 1810 - 1828, Vol. 6, p. 77 - 85。

〔11〕Kennedy, 1964, p. 44.

> 根据每年的实际利润,就每镑财产需要支付12便士……(也就是说)对于每100英镑价值的……个人财产共计需要支付6先令。

因此,按照每月评估税的传统,商品的资本价值除以一个固定的分数,得出年度价值(这次为6%)。"利润"的提法再次表明英国倾向于使用该术语或"收益",而不是"收入"(见原著第117~119页)。此外,与后来的每月评估一样,没有明确提及需要被征收的债务。

第二项税目是职位和雇员的工资,但这一次并不明确限制在公 183
职。[12] 第三项税目是各种土地利益的年度价值。持有土地的个人和团体或公司每年按土地的全部价值缴纳税款。但是,他们如果负债,就有权从支付的利息中以同样的比率扣除税款。显然,这是一个多世纪后所得税中对收入进行征税和从源头扣除的先驱。[13] 正如在1671年课税中所规定的那样,对职位和雇佣的评估征税在履职地进行,对动产的评估在居住地和土地利益所在地进行。正如索斯所认为的,人头税项下股份的源头扣除机制,适用于商人公司、水务公司[14]和国王印刷厂的公司。[15] 道威尔指出,"评估在很大程度上是按照去年的旧方法进行的",即每月评估。[16]

---

〔12〕 Soos, 1997, p.109认为,这可能是一个疏忽,因为在之后的援助和土地税中,对其范围进行了限制。

〔13〕 威廉和玛丽1年,第20章;United Kingdom, 1810-1828, Vol.6, p.78。

〔14〕 这些公司承担了通过管道向伦敦等城市供水的任务。

〔15〕 Soos, 1997, p.112-114.

〔16〕 Dowell, 1965, Vol.2, p.47.

1688年，英国又进一步出台了援助金。[17] 这种援助金仿效了1688年早期援助金的形式，但就目的而言，有两点值得注意。首先，与1671年以前的补助金一致，第一项税目明确提到“在本领域内或之外”的货币、债务和个人财产。其次，第二项税目对象仅限于“公职或雇佣”。

新的君主们应该对英国的征税方式非常熟悉。同每月评估一样，荷兰（联合地域）也用配额制度将中央费用分配给各地方区域。[18] 这也是威廉三世的家乡荷兰在土地和房屋税（verponding）方
184 面使用的制度。[19] 与英国的配额分配一样，这些配额分配在荷兰也有实质性的时间间隔，主要的分配发生在1585年和1632年，后者一直持续到17世纪末。威廉三世也应该熟悉人头税、壁炉税、债务税和职位税。[20] 荷兰还严重依赖间接税，尤其是消费税。[21] 继1688

---

〔17〕《一项向国王和王后陛下提供每镑2先令一年的援助的法案》（威廉和玛丽1年，第2会期，第1章）（1688年）（英国）；United Kingdom, 1810 - 1828, Vol. 6, p. 104 - 142。Soos, 1997, p. 114. 关于这一援助金的补充，其中交叉引用了税额确定条款。

〔18〕 ‘t Hart, 1993, p. 80.

〔19〕 荷兰一般的直接税是一种财产税：“verponding”是一种对土地和房屋所有者产生影响的税。土地税是在扣除圩田和堤防税后，按租金价值的20%征收的。房屋税是按租金价值的12.5%征收，比土地少，因为建筑物的维修费用事先没有扣除。“verponding”最初是为主权君主提供赋税（beden）而建立的，它是由地方税务官员为单独的税区征收（而不是外包的）。登记册也扩展到其他种类的财产，如债券和债务。这笔金额由中央决定，税收负担按照一定比例分配到各个税区，这在17世纪成为每年固定的费用。‘t Hart, 1993, p. 122.

〔20〕 除了征收“verponding”，还可能征收特别房产税，比如第二或第三次“verponding”、人头税、壁炉税，或者以特别的财产评估的方式……对土地、房屋、债务、庄园、什一税和职位征收特别财产税。‘t Hart, 1993, p. 122.

〔21〕 ‘t Hart, 1993, p. 130 - 131.

年之后,1689 年英国又开始征收人头税。[22] 但是,该人头税并没有明确对仆人的工资征税,对股份的征税(从源头上扣除)扩大到水务公司和国王印刷厂的公司,并根据股份的年价值来征收。随后在 1690 年,英国又恢复了使用常规配额(但不参照 1677 年的法律)征收的每月评估税,其适用的税率是一种基于有权力推翻英镑费率并使用“最公正和通常的税率”的来源的英镑费率。[23]

1691 年又进行了一次类似的每月评估。[24] 这是最后一次每月评估,和往常一样,这次没有明确包括债务。但是,道威尔进一步指出,此时“动产已经从评估中去除……”[25]。因此,每月评估被认为 185
对地主阶级造成了沉重的税收负担。1691 年的评估增加了人头税。[26] 在这种情况下,收入本身是不被征税的,但税收会根据财产和社会等级进行分类。虽然法律本身并没有使用“收入”一词,但在附注中曾一度使用这个词作为法律文本中“清楚的年度价值”一词的对等词。这项法律还明确规定,要根据财富的外在表现(如根据马车的保有量)提高税率。与 1662 年至 1688 年的壁炉税一样,对马车征

---

〔22〕《一项通过人头筹集货币,针对爱尔兰产出的减少和发起对法国的战争的法案》(威廉和玛丽 2 年,第 2 章)(1689 年)(英国);United Kingdom, 1810 – 1828, Vol. 6, p. 156 – 164。

〔23〕《一项授予国王和王后陛下总计 1,651,702 英镑 18 先令的援助法案》(威廉和玛丽 2 年,第 2 会期,第 1 章)(1690 年)(英国);United Kingdom, 1810 – 1828, Vol. 6, p. 180 – 218。

〔24〕《一项给予国王陛下 1,651,702 英镑 18 先令的援助,用以对法国进行一场激烈的战争的法案》(威廉和玛丽 3 年,第 5 章)(1691 年)(英国);United Kingdom, 1810 – 1828, Vol. 6, p. 259 – 301。

〔25〕Dowell, 1965, Vol. 2, p. 47; Vol. 3, p. 81.

〔26〕《一年按季度收取人头税来筹集资金用以进行有力的对法战争的法案》(威廉和玛丽 3 年,第 6 章)(1691 年)(英国);United Kingdom, 1810 – 1828, Vol. 6, p. 302 – 310。

税是1694年法律单独征税的前身。按照一贯的传统，评估在居住地进行。

另一项援助金是在1692年以4先令的价格征收的。[27] 这项法律在很大程度上遵循了1688年的第二次援助金征收制度。然而，1692年的法律明确免除了某些公司的动产股份税（这些公司在同年的后续法案中再次被征税）。此外，某一县居民位于另一个县的动产，如今可以在另一个县被评估。[28] 东印度、王室非洲和哈德逊湾公司的股份被单独征税。[29] 税收是根据股票的金额或价值对公司征收的，但公司将"根据股东的某些股份和比例……在其下一次分配股息时"扣除税款。这一单独的税种后来没有被启用。[30]

英国深陷与法国战争的泥潭带来的是日益沉重的税负。1693
186 年，英国也曾有过类似的援助金评估。[31] 在1691年人头税的基础上，英国出现了1693年的人头税。[32] 马车税被取消，同年的另一项

〔27〕《对国王陛下给予一年4先令的援助金用以进行有力的对法战争的法案》（威廉和玛丽4年，第1章）（1692年）（英国）；United Kingdom, 1810 – 1828, Vol. 6, p. 323 – 372。

〔28〕威廉和玛丽4年，第15章；United Kingdom, 1810 – 1828, Vol. 6, p. 362。

〔29〕《继续某些法案中提及的事项以及向一些联合股份公司征税的法案》（威廉和玛丽4年，第15章）（1692年）（英国）；United Kingdom, 1810 – 1828, Vol. 6, p. 401 – 404。

〔30〕Dowell, 1965, Vol. 2, p. 51.

〔31〕《对国王授权一年每镑4先令的援助金用以进行有力的对法战争的法案》（威廉和玛丽5年，第1章）（1693年）（英国）；United Kingdom, 1810 – 1828, Vol. 6, p. 426 – 442。

〔32〕《一年按季度收取人头税来筹集资金用以与法国进行猛烈战争的法案》（威廉和玛丽5年和6年，第14章）（1693年）（英国）；United Kingdom, 1810 – 1828, Vol. 6, p. 472 – 479。

法律开始对马车夫实行不同的执照许可制度。[33] 在 1694 年[34]和 1695 年[35]，英国又出现了一种与 1693 年援助金类似的援助金。后来的援助金还包括对房屋征收固定的税，对窗户数量超过规定数量的房屋适用更高的税率。[36] 援助金专员或土地税专员就是为此目的而任命的。与壁炉税（1662～1688 年）和马车税一样，房屋税也表现出越来越依赖财富的外在标志进行征税的倾向，最终发展出评估税。

在这一点上，也许有必要来适当关注一下当时法国所使用的税收方式。自 15 世纪中叶以来，法国直接税制度主要依靠封建租税（taille）。这似乎本质上是一种财产税，且主要是土地税，其按一定的配额被分配给地方，并在地方完成评估与征收。这种税只对平民征收；神职人员和贵族可以豁免。这种税和英国的佃户税（tallage）、都铎王朝的十五一税和什一税，甚至都铎王朝时期的补助

[33] 《出租马车和公共马车的许可和管理法案》（威廉和玛丽 5 年和 6 年，第 22 章）（1693 年）（英国）；United Kingdom，1810－1828，Vol. 6，p. 502－505。Dowell，1965，Vol. 2，p. 52.

[34] 《一项授权国王陛下一年每镑 4 先令的援助金，并在五年内，每年从运输吨税、磅税和其他应在进出口商品上支付的款项中扣除 30 万英镑以进行有力的对法战争的法案》（威廉和玛丽 6 年和 7 年，第 3 章）（1694 年）（英国）；United Kingdom，1810－1828，Vol. 6，p. 510－563。

[35] 《授权国王陛下每镑 4 先令的援助金用以进行对法战争的法案》（威廉三世 7 年和 8 年，第 5 章）（1695～1696 年）（英国）；United Kingdom，1810－1828，Vol. 7，p. 8－61。

[36] 《为弥补赤字的钱，授权国王陛下若干财产税或对房屋征税的法案》（威廉三世 7 年和 8 年，第 18 章）（1695～1696 年）（英国）；United Kingdom，1810－1828，Vol. 7，p. 86－94。Dowell，1965，Vol. 2，p. 52.

金有相似之处。[37]

187 1693年至1694年的法国大饥荒破坏了封建租税的征收。1695年，威廉三世的大敌路易十四创立了一种新的征税方式——人头税为“大同盟战争”提供资金。最初征收的这项税只持续到战争结束。这项税收的重要性在于，它“旨在涵盖所有王室臣民，无论他们处于王国的何种社会等级”[38]。然而，神职人员通常仍被豁免。该人头税可以被看作英国1691年和1694年所适用的人头税的一个更复杂的版本。[39]

1696年，英国有两项征税，其中一项尤为重要。它类似于早期的人头税（不过，与早先类似的税收不同，它的标题中并没有使用人头这个词），它还附带对年价值和财产征税。[40] 事实上，正如标题所暗示的，这本质上是一种土地税而且是第一个使用该标题的法案。

---

〔37〕 Kwass, 2000, p. 24 – 26. 在16世纪，财政部长们（法国财政部的官员）根据法国财政部的经济报告确定了租税（taille）的每年总金额，并将该总金额划分为一般数额。在每个一般数额下，根据选区划分金额。在每个选区，由选举的法庭官员将税收分配给各个教区。每一个教区都得到一笔金额后，受租税管辖的教区居民聚集在一个村庄的集会上，选出评税员和收税员，绘制一份登记表。因此，租税是一种集体税，Kwass, 2000, p. 48。Seligman, 1914, p. 49 认为，人头税是“在中世纪早期欧洲普遍存在的一种税收，在英国被称为佃户税（tallage）”。

〔38〕 Kwass, 2000, p. 33. Seligman, 1914, p. 50.

〔39〕 “为了评估个人，王室行政人员使用附在申报单（法律）上的一个标签，其中对超过500种王室臣民进行了分类。标签根据头衔、出身、职位、职业和财富，将这类人划分为22个等级的累进表，其税率从2000利弗到1利弗不等。标签给同时代人留下深刻印象的是，它的等级制度是根据财富而不仅仅是出身来排序的。”Kwass, 2000, p. 68. Kwass, 2000, p. 125 继续解释说，“管理人头评估的规则……是模糊的——人头税是在财富和社会地位模糊结合的基础上征收的……”。Smith, 1776, Vol. 5, Ch. 2, p. 428 的描述。

〔40〕《一项授权国王陛下一种援助金以及土地税、若干补助金和其他一年内应缴的关税的法案》（威廉三世8年和9年，第6章）（1696～1697年）（英国）；United Kingdom, 1810 – 1828, Vol. 7, p. 166 – 189。

人头税是向“这个王国内所有人”征收的。第二项税目是向仆人征收的税(上一次征收该税种是规定在 1688 年的人头税中),如他们的工资超过每年 4 英镑,则按累进比率(5.4% ~21.6%)征税。公职人员没有单独的税目,但是其来自国家财政的养老金等是第三项税目(上一次征收该税是规定在 1689 年人头税中)。

第四项税目非常新奇。它向法官和某些国家官员就他们的“薪酬、费用、津贴、手续费、酬金、奖金、收入或利润……”征收 21.6% 的税。这似乎是“收入”(income)一词最早在此类法律的征收条款中 188
使用,或许还有“薪酬”(emolument)一词。[41] 第五项税目也很独特,与早先的人头税一样,它是向医生和律师征收的,但随后采取了与早先类似的征收方式:

> 所有商人的经纪人,所有受商人和其他人委托行事的代理商和其他人,所有从事医疗或手术艺术的人,所有药剂师和所有从事任何其他职业的人……[42]

同样例外的是,这项税是对专业人员的“年收入或利润”征收的,适用 21.6% 的税率。“收入”与“利润”在第四项和第五项税目中一起使用,强化了这些概念在英国直接税中的相似性。思考英国议会

---

〔41〕“薪酬”在神职人员补助金中使用得更早。例如,一种上帝征收的关于神圣之物、圣僧之俸以及精神提升的宗教什一税,以及关于每年将教会所有财产的 1/10,包括精神和世俗财产,授予国王陛下和他的继承人。(亨利八世 26 年,第 3 章)(1534 年)(英国);United Kingdom, 1810 – 1828, Vol. 3, p. 493 – 499, at p. 495。

〔42〕威廉三世 8 年和 9 年,第 6 章;United Kingdom, 1810 – 1828, Vol. 7, p. 167 – 168。

在这些税目下想要征收的内容是什么也很有意义。对于法官和政府官员来说，在摸清其实际收入方面可能存在一定的准确性和主观性问题。对于商人和专业人士来说，大多数人的收入或利润很可能要接受名义上或客观的评估。然而，很明显，此时一些商人和专业人士会保留足够的记录来更准确地确定他们的收入或利润，见原著第133～135页。然而，由于当时的会计实践缺乏统一性，按照现行的标准来看，其记录的结果很可能是参差不齐的。

我们可以揣摩"年收入或者利润"中"年"这个词在该种语境下的用法。它是指"这一年"的收入或利润，还是指每年重复出现的收入或利润？很明显，这个术语是从典型的土地税中借用过来的，可以追溯到1404年，见原著第46～47页。在当时的语境下，该术语是在土地预期收益，而不是实际收益的意义上使用的，而在现在的语境下，将资本收益包含在内没有什么意义。对于第五项税目，英国似乎也有类似的处理方法。其评估的依据是商人或专业人士的预期回
189 报，而不是实际回报情况。同理，在这种背景下，讨论资本利得也没有什么意义。也就是说，正如原著第467页所提到的，此时的会计实践在计算利润时不会将资本与收益明确分开。从某种意义上来讲，在依赖实际记账的情况下，似乎不太可能从利润中提取资本项目（以后来所得税要求的方式）。

1696年第一次征税中的第六项税目，是人们所熟悉的向现金和应收账款（减去欠款）收取税收。这一次的征收标准是现金或应收账款的资本总额的1.25%（按照以前的法律，假设按照收入的6%进行资本化，那么年价值率就接近21%）。第七项税目也不同寻常，其试图对贸易征税。征税对象如下：

王国内的每一个人;每一个政治团体、协会和兄弟会……使用或行使任何商业秘密职业或商业销售、商店经营或其他批发或零售买卖……拥有或占有的……本王国范围内的任何货物、商品、制造品或可售存货……[43]

这项税目按货物的"全部真实和实际的价值",以 2.5% 的税率征收。与现金和应收账款相比,其税率翻了一番,这清楚地表明,这一尝试不仅仅是对资本征税,而且试图对贸易中包含的劳动力因素征税。第八项税目也很独特,其试图对饲养牲畜的人征税。这项税目向所有拥有土地的人就下述畜牧征税:

任何马、母马、骟马、小马、公牛、牛、母牛、牛犊、绵羊、羊羔、猪或其他大小的牛……[44]

这一次的税率是牲畜资本价值的 0.6%。[45] 第九项税目以年价值的 15% 的税率(根据市场或房屋租金)对土地征税,并采用通常用于援助金或补助金中的形式。

因薪酬、现金和债务被征税的人在其居住地纳税。王室支付的款项在支付地纳税。其他养老金等在受领人的居住地纳税。职位、雇员和其他职业在其执业的地方纳税。贸易商和农民在他们的货物 190

〔43〕 威廉三世 8 年和 9 年,第 6 章;United Kingdom, 1810 - 1828, Vol. 7, p. 168。

〔44〕 United Kingdom, 1810 - 1828, Vol. 7, p. 168.

〔45〕 相比之下,当时的殖民地通常按牲畜的头数来衡量牲畜的价值。

所在的地方纳税，地主在土地所在地纳税。[46] 贸易商须将其货物的详情送交评估员。[47] 对货物征税的范围从自来水厂和国王印刷厂扩大到某些保险公司和路灯公司。[48]

同年，在1696年法律下征收的这项重要的"土地税"之外又补充征收了另一种税，根据早期的补助金在土地年价值的基础上再征收5%的税。[49] 还有另一项补充税是，根据使用的驮兽的数量，每年向沿街小贩和流动小贩颁发许可证，这再次证明了当时开始向外在财富标志征税的发展趋势。[50] 在过去的几年里，补助金的产出一直在下降。尽管在1696年发生了上述这些重大变化，并为将征税范围扩展到全部财富作出了努力，但道威尔认为，1696年的征税收益比前一年少了73,000万英镑，而在此前5年，税收收益下降了13.5%。[51] 1697年，当威廉三世在《里斯维克和约》签订后四处筹集资金解散军队时，为了阻止税收的下跌，英国又恢复了固定的价值评估制度，即

---

〔46〕 威廉三世8年和9年，第6章；United Kingdom, 1810 - 1828, Vol. 7, p. 174 - 175。

〔47〕 威廉三世8年和9年，第6章；United Kingdom, 1810 - 1828, Vol. 7, p. 176 - 177。

〔48〕 威廉三世8年和9年，第6章；United Kingdom, 1810 - 1828, Vol. 7, p. 180。

〔49〕 《一项对国王陛下进口商品进一步给予吨位补贴和磅税，为期两年和四分之三，外加一年的土地税，用于对法国的战争的法案》（威廉三世8年和9年，第24章）（1696～1697年）（英国）；United Kingdom, 1810 - 1828, Vol. 7, p. 259 - 266, at p. 263。

〔50〕 《一项发给小贩和摊贩执照，为了减少爱尔兰为运输债务支付的利息的法案》（威廉三世8年和9年，第25章）（1696～1697年）（英国）；United Kingdom, 1810 - 1828, Vol. 7, p. 266 - 269。

〔51〕 Dowell, 1965, Vol. 3, p. 82 和 Ward, 1953, p. 20。

配额制度。[52]

像之前的每月评估一样,1697年法案规定了征税金额在县和镇之间进行分配。法律随后又恢复了1695年援助金中使用的三个税目(债务和动产,公职人员和土地)。以现在通常的方式,债务和动产按照每年推定的年价值支付,推定每价值100英镑的债务或者动产代表6英镑的年价值。该税将按15%的税率对这些价值以及公职和雇员的薪酬征收。仅就剩余的金额会按照土地年价值征收,以满足配额要求。它对土地征税: 191

> 在尽可能平等和中立的情况下,采用英镑费率……以使本协议指定的按上述方式筹集的全部款项完全和有效地征税、征收和支付……[53]

除了这个重大的变化,该法案的设计逻辑类似于早期的援助金。法案指定了各个县和镇的专员,并要求在县或镇内再细分不同的分区。评估将由分区专员任命的当地评税员进行,税收将由同样方式任命的当地征收员征收。对职位的评估在履职地进行,对动产的评估在居住地进行,对土地的评估在土地所在地进行。

这项援助金还附加了人头税,这是此期间最后一项单独颁布的

---

〔52〕《一项授予国王陛下一笔1,484,015英镑1先令11便士3法新的款项,用于遣散部队、支付海员和上面提到的其他用途的法案》(威廉三世9年,第10章)(1697~1698年)(英国);United Kingdom, 1810-1828, Vol. 7, p. 307-364。Dowell, 1965, Vol. 3, p. 83-85. 近年来,有人试图重新实行配额制度,但没有成功,Ward, 1953, p. 20。

〔53〕威廉三世9年,第10章;United Kingdom, 1810-1828, Vol. 7, p. 311。

人头税。[54] 这部法律在很大程度上效仿了1694年的人头税，因此其对不同身份的人或在特定范围内拥有财产（现在包括马匹和马车）的人征收固定数额的税款。

1698年，类似于1697年法案的评估也被提了出来，但这一次，这项税费的征收范围也扩大到了养老金和来自王室的每年支付。[55] 此外，该法案对县或市内的分配更为具体。在将县或市的费用分配给县或市的百户区或分区时，委员们应考虑按1692年的评估税的比例进行。[56]

192 这是为了证明未来评估中分配的标准基础。次年授权所征的税是这种形式的援助或补助金首次被赋予"土地税"的名称。它和第二年，即威廉三世统治的最后一年，都仿效1698年的形式。[57] 此时，普通税和特别税之间的区别已在很大程度上被打破。[58]

---

〔54〕《一项通过为期一年的人头税授予国王陛下援助金的法案》（威廉三世9年，第38章）（1697～1698年）（英国）；United Kingdom, 1810－1828, Vol. 7, p. 411－420。Soos, 1997, p. 108.

〔55〕《一项授予国王陛下1,484,150先令11便士3法新的款项，用于解散陆军，供给海军和其他必要的场合的法案》（威廉三世10年，第9章）（1698年）（英国）；United Kingdom, 1810－1828, Vol. 7, p. 469－501。

〔56〕威廉三世10年，第9章；United Kingdom, 1810－1828, Vol. 7, p. 484。Dowell, 1965, p. 49－50.

〔57〕《一项通过出售爱尔兰境内被没收的财产和其他财产及利益以及为上述目的在英国征收土地税来授权国王陛下援助金的法案》（威廉三世11年，第2章）（1698年/1699年）（英国），以及《一项援助国王陛下，用于支付他一年的海军警卫和驻防费用以及其他必要的场合的法案》（威廉三世12年和13年，第10章）（1700年/1701年）（英国）；United Kingdom, 1810－1828, Vol. 7, p. 545－581, p. 648－716。如上所述，这个词也曾用于1696年人头税和其他税的标题中。

〔58〕Ward, 1953, p. 16. 另见第二章注释145。

2. 西班牙王位继承战争

在“大同盟战争”结束和西班牙王位继承战争开始之间的这段时期,英国的直接税并没有中断。威廉三世在英国进入后一场战争之前去世。1701 年,他的死敌路易十四重新征收人头税来资助法国的战争。取代威廉三世的是他妻子的妹妹安妮,是詹姆斯二世的女儿,没过多久她被授权可以征收一笔补助金或者说是援助金。

1702 年安妮统治时期的援助金试图扩大固定配额土地税的基础,类似 1696 年的援助金。[59] 它是由一笔“授权”和一笔单独的固定配额补助金组成的。该“授权”征收的税种分为多个税目,基本借鉴了 1696 年的补助金制度。第一项税目按照与 1696 年基本相同的条款和税率,参考股票价值对交易等进行收费。第二项税目和 1696 年一样,对动产中的应收债务的利息征税,但征税范围没有扩展到“现款”。第三项税目对公共收入支出的养老金或其他年费征税。第四项税目向法官和其他高级官员征税,就如 1696 年的援助金一样,依旧涉及“薪酬、收入或利润”。

第五项税目与 1696 年一样,向从事专业职业的人征税。然而,这次王室没有向年收入或利润征税,而是“向他或她或他们应当或者可能因其行为或职业而感知或接受的……”征税。[60] 措辞的变化似 193
乎表明以前的措辞存在一些适用上的困难。在原著第 188 页,人们提出了一个问题,即 1696 年的第一个援助金的税目是否意在获取推定的或实际的利润。措辞上的变化表明,至少就 1702 年援助金而

---

〔59〕《通过各种补贴和土地税向女王陛下提供援助金的法案》(安妮 1 年,第 6 章)(1702 年)(英国);United Kingdom, 1810 – 1828, Vol. 8, p. 9 – 40。

〔60〕 安妮 1 年,第 6 章;United Kingdom, 1810 – 1828, Vol. 8, p. 10。

言，推定（“应当”）或估算的利润都可以作为评估的基础。这可能反映了当时根据实际利润或收入来评估许多专业人士和商人是困难的或不切实际的。该税目试图征税的基础是否有任何变化令人产生怀疑。这一变化更可能反映了原著第103页所述的观点，即虽然政策要求征收所得税，但在许多情况下，实际的执行中是否认缴了足够精确的税。与1696年一样，1702年的援助金包括了剩余的人头税。

相对于1696年的第一次援助金，1702年的援助金有一个例外，那就是没有向牲畜的主人征税，也没有对仆人的工资征收剩余费用。土地税也没有再次征收，但根据这项法案，土地在固定配额援助金下被征税。这种税只对土地、公职人员和雇佣人员征收。后者，即公职人员和雇佣人员被按固定税率征收，由此剩下的配额按照英镑费率向土地征收。从公职人员和雇佣人员处收取的数额可能相当小，因此，这项法律的固定配额援助金部分基本上只会落在土地的年价值上。援助金尽管不包括动产，还是按照1692年的分配方式在各县和各市之间进行分配。[61] 1702年的援助金有关评税地点的规则与1696年第一次援助金的规则相同。其对于各种公司和组织的评估地点也有更详细的规定，这一次还包括邮局、东印度公司和英格兰银行。[62]

1702年，又有两项附加税被批准征收，用以进行西班牙王位继承战争。这些税代表了1702年第一次援助金中“授权”和援助金部分的分离。首先，征收一种固定配额的“土地税”，此税收只向公职人

---

〔61〕 安妮1年，第6章；United Kingdom, 1810 – 1828, Vol. 8, p. 16。

〔62〕 安妮1年，第6章；United Kingdom, 1810 – 1828, Vol. 8, p. 20 – 22。英格兰银行是在1694年中的“大同盟战争”期间特许成立的。它的目的是借钱给英国政府和管理政府的债务。当时有两家东印度公司，见原著第315页。

员和雇佣人员的工资征税，不足部分向每年的土地价值征税。[63] 其 194
次，一项“补助金”被征收，涵盖贸易、养老金和公共收入、法官、高级官员和专业人员的年度付款。[64] 这些征税的条款基本上和 1702 年第一次援助金一样。

1703 年，英国又恢复了威廉三世统治末期使用的税收制度，即采用固定的配额制度，向动产和债务（资本化为 6%）、公职人员或雇佣人员的工资、每年公共收入中支出的养老金收取 20% 的费用。随着尽可能公正平等地将土地的年价值按英镑计算，剩余的配额数量将会增加。配额分配给一个县或市内各区的比例仍然是基于 1692 年的评估。[65] 尽管这部法律规定的税种实质上是此前被称为“援助金”税种的回归，但这部法律简单地将其称为“土地税”。动产在威廉三世统治末期并没有被排除在评估之外，安妮统治第一年的征税和这部法律的标题之间的割裂很可能会导致动产被排除在评估之外。[66]

在这种形式下，土地税基本上得到确定，在 1798 年前每年都要重新颁布。[67] 它按规定的 1 先令、2 先令、3 先令、4 先令的税率征收，分别可以筹集大约 50 万英镑、100 万英镑、150 万英镑或 200 万

---

〔63〕《因对法国和西班牙进行战争而授予女王陛下土地税的法案》（安妮 1 年，第 2 会期，第 2 章）（1702 年）（英国）；United Kingdom, 1810 – 1828, Vol. 8, p. 85 – 150。

〔64〕《因对法国和西班牙进行战争而授予女王陛下数个补助金的法案》（安妮 1 年，第 2 会期，第 17 章）（1702 年）（英国）；United Kingdom, 1810 – 1828, Vol. 8, p. 182 – 202。

〔65〕《将于 1704 年提高土地税以给予女王陛下援助金的法案》（安妮 2 年和 3 年，第 1 章）（1703 年）（英国）；United Kingdom, 1810 – 1828, Vol. 8, p. 226 – 245。

〔66〕 Ward, 1953, p. 39 认为，在 17 世纪 90 年代中期，“无论是官方还是非官方的圈子都认为，贸易库存和个人收入都是按照法案要求征税的”。

〔67〕 Soos, 1997, p. 138.

英镑。这些税率对应个人(包括债务)、公职人员和雇佣人员的收入。每个地区(根据他们的配额)的剩余从每年土地的价值中征收。因
195 此,土地税按不同的税率向个人等征收,并按不同地区征收不同的税率。道威尔指出,十五一税、什一税和补助金重复出现。随着时间的推移,纳税人的死亡或搬迁,动产不再需要进行评估,征收负担越来越多地落在土地上。一般的财产税或所得税逐渐减少为土地税,并根据土地的历史价值在县和城镇之间分摊。[68]

将土地税转变为一种固定数额的年度税,加上不断提升的政府融资和债务管理的灵活性,彻底改变了英国政府的融资方式。政府可以通过在稳定的财政收入的保障下增加借款来资助战争,并在和平时期用财政收入来偿还借款。[69] 公众也因能在更加具有可预测性税收制度下作出财务决策而受益。在西班牙王位继承战争的剩余时间里,土地税为2先令。[70] 这一时期土地税唯一的重大发展发生在1707年,当时土地税在《联合法案》颁布之后扩展到苏格兰。[71] 正如在此一个半世纪前发生在威尔士的情况一样(见原著第66页),苏格兰刚在英国(现在的大不列颠)议会获得代表权,直接税就扩展

---

〔68〕 Dowell, 1965, Vol. 2, p. 49 – 51, p. 97 – 98.

〔69〕 Dowell, 1965, Vol. 2, p. 450 – 456.

〔70〕 Dowell, 1965, Vol. 2, p. 85.

〔71〕《一项为了1708年的服务,通过英国土地税为女王陛下提供援助金的法案》(安妮6年,第35章)(1707年)(英国);United Kingdom, 1810 – 1828, Vol. 8, p. 637 – 726。关于《联合法案》,见本章注释4。Dowell(1965年,第2卷,第71页)指出,对于4先令土地税,苏格兰为英格兰贡献了48,000英镑,而英格兰为2,000,000英镑,并按比例随税率的增加或减少而增加或减少。

到该地区。[72]

英国土地税在政府财政中的重要作用受到了海外的关注。在1709～1710 年另一次歉收和西班牙王位继承战争的一些重大失败面前,路易十四再次修改了他的税收制度,增加了法国什一税(dixieme)。创立该什一税的公告直接援用了敌国的土地税,其中包括英国的土地税。[73] 尽管有这种明显的联系,法国的税收与土地税 196
在重要的细节上还是有所不同。其税收基础要广泛得多,原则上寻求对所有形式的财富的净收入征税。[74] 它也是基于纳税人的个人财富申报;一项单一的申报常常构成多年的评估基础。[75] 与英国的土地税一样,法国的人头税(在西班牙继承战争开始时重新引入)甚至在这场战争结束后仍在继续。相反,法国什一税在 1717 年战争结束后被废除。

(二)殖民地的动乱和平定

"大同盟战争"和西班牙王位继承战争都蔓延到了殖民地,分别

---

〔72〕 在此之前,通常的程序是特别豁免苏格兰居民以及爱尔兰、泽西岛和根西岛的居民。例如,《在 1706 年通过征收土地税向女王陛下提供援助金的法案》(安妮 4 年和 5 年,第 1 章)(1705 年)(英国)第 48 节;United Kingdom, 1810 – 1828, Vol. 8, p. 382, p. 444。

〔73〕 正如设定法国什一税宣言所述,法国的敌人通过征收土地税的方式每年征收的税款比其决心要求的法国什一税还要多。他心中的敌人当然是英国,自 1692 年起,英国就开始对土地租金征收土地税,原则上税率为 20%。根据理查德·邦尼(Richard Bonney)的说法,我们也有理由相信,德斯马雷兹(Desmaretz)在阿提俄斯、佛兰德斯和荷兰的税收上效仿法国什一税。Kwass, 2000, p. 35.

〔74〕 例如,Seligman, 1914, p. 51 –52。

〔75〕 1710 年的"宣言"规定,所有"财产所有人"必须向管理人员提交财产申报,管理人员将对净收入征收 10% 的税(或者在法国什一税变成法国二十一税后征收 5% 的税)。通过申报,管理者应该对各种形式的财产和收入征税;土地、领主费、房屋、职位、职业收入、商业利润、投资利息、养老金、职业费用以及行会和城市征收的税款。Kwass, 2000, p. 70.

被称为威廉国王战争和安妮女王战争。这些战争不仅涉及殖民者和驻扎的军队，而且经常涉及与土著，特别是美洲印第安人的联盟。正如早期的战争一样，这些战争也会导致殖民地的丢失、收复与利益格局的重新分配，特别是 1713 年的《乌得勒支条约》。本小节讨论的是光荣革命至安妮女王战争结束期间，美洲殖民地和西印度群岛殖民地的直接税的发展。

1. 美洲殖民地

(1)新英格兰

英国"光荣革命"的成功，瓦解了新英格兰的统治，肯定了 1689 年波士顿起义(见原著第 160 页)。1691 年，马萨诸塞获得了新的特
197 许状，由王室任命总督。1686 年，投票权和宗教资格之间的联系被打破，根据 1691 年特许状，与其他殖民地类似，宗教资格被财产资格取代。[76] 濒临破产的新普利茅斯，根据 1691 年特许状并入马萨诸塞，就像缅因(1677 年被马萨诸塞收购)和新斯科舍以及其他北部的殖民地的发展轨迹一样。[77] 为了支持新英格兰君主参与的战争，一支来自新英格兰的部队在 1690 年中期占领了新斯科舍的王室港。[78] 这导致新英格兰殖民地负债累累，并导致马萨诸塞在 1690 年首次发行信用券(见原著第 224 页)。新罕布什尔最初也并入了马萨诸塞，但很快在 1691 年重新成为一个独立的王室属地。康涅狄格和罗得岛单独的公司令状也得到了确认。[79] 这意味着，这两个地方

---

〔76〕 Simmons, 1976, p. 106 – 108.

〔77〕 Douglas, 1892, p. 53.

〔78〕 Simmons, 1976, p. 159.

〔79〕 Simmons, 1976, p. 108 – 111.

与其他殖民地不同，他们的总督由选举产生而不是由任命产生。

马萨诸塞的新政府见证了马萨诸塞所通过的法律的风格的重大变化。其形成了一种与英国的立法相一致，但更加正式和详细的风格。1692 年，马萨诸塞议会颁布了一系列法律，其中一项法案是不与英格兰法律相抵触的，延续了前公司和新普利茅斯法的法律，以及一项强制缴纳未缴税款的法律。另一项法案是一种授权行为令，授权国王根据人头和财产进行评估征税。[80] 这项法案与以前的做法相比有了实质性的变化。除了以 10 先令的价值按人头进行评估征税以外，不动产和动产的价值是按一年总价值或一年收入的 1/4 评估。这里没有提到“才能”或“能力”。然而，“收入”一词的使用要早于 1696 年的英国税收，尽管正如原著第 185 页所述，这个词是在 1691 年的英国人头税的附注中使用的。如原著第 117 ~ 119 页所述，马萨诸塞曾在 1646 年的法律中简要地使用“收入”一词。

这一次，“收入”这个词被延续使用。该议会后来制定的一项法 198
律详细阐述了财产的评估。[81] 该法律写道：

> 所有的房屋……和土地……按 7 年的收入估计……所有船舶、货物、日用品、商品和贸易库存及财产，由评估员根据共同评估规则作出酌情决定。每个手工业者的收入都有

---

〔80〕《一项允许国王陛下根据人头和财产进行评估的法案》(1692 年 6 月 8 日)(马萨诸塞)；American Antiquarian Society, 1956, No. 617。

〔81〕《对先前的评估进行规范以援助和额外供给金钱的法案》(1692 年 6 月 8 日，第 2 会期)(马萨诸塞)；American Antiquarian Society, 1956, No. 618。

上述的自由裁量权……[82]

此时的税收方式与当时英格兰的税收方式相似，包括根据每月评估或援助金对房地产征税，但有单独的人头税（见原著第184～186页）。这也与马萨诸塞在新英格兰自治领建立之前的税收方式相一致。但法律的形式在王室总督统治下与在公司统治下大不相同。[83]

在1694年的法律中，一些不动产按"14年的租金或收入……"评估征收，而其他类型的不动产则按20年的租金或收入评估。[84]这一法律明确规定了应纳税的动产的类型，而没有其他剩余类别。然而，手工业者的待遇和1692年是一样的。这一法律构成了此后三项联合评估税的基础，这又回到了为各个城镇合并特定配额的制度，这种做法从这时一直延续下去。[85] 1695年的法律重新制定了评估基础，但与1692年的模式相比几乎没有什么变化，只是重新参照7年租金（不参考收入）对不动产进行评估。[86] 这一法律形成了下一次税收的评估基础。[87]

---

〔82〕 指出到1684年"西新泽西法"中对商人的评估员的自由裁量权也有类似的提及，见原著第156页。

〔83〕 Douglas, 1892, p. 59.

〔84〕《一项授予国王陛下征收每人12便士的税和每英镑财产1便士的税的法案》（1694年5月30日）（马萨诸塞）；American Antiquarian Society, 1956, No. 695。

〔85〕 American Antiquarian Society, 1956, No. 696, No. 697, No. 718.

〔86〕《一项授权征收人头税和动产税的法案》（1695年5月29日）（马萨诸塞）；American Antiquarian Society, 1956, No. 719。

〔87〕 American Antiquarian Society, 1956, No. 747.

在1696年，评估发生了变化。[88] 该年的税法没有规定如何进行估值。相反，法律将配额分配给城镇，并要求评估员对男性公民从以下方面进行评估： 199

> 对这个城镇范围内的所有不动产和个人财产……根据他们的最佳判断和自由裁量权，以尽可能公平的比例……[89]

评估员要制作两份清单，一份用于人头税，另一份用于财产税，每一份清单都要承担一半的城镇配额。接下来的两种税的形式基本相同。[90] 然而，虽然1697年的第二次征税仍是类似的形式，但在“最佳判断和自由裁量”之后，它加上了适当考虑个人的“才能”和“能力”的标准。[91] 评估员被要求制作一份三栏的清单，第一栏是调查，第二栏是财产，第三栏是个人财产和才能。这似乎是马萨诸塞税法中第一次提到“才能”（faculty），而对“能力”（ability）一词的提及让人想起1634年的早期法律。

然而，1698年的下一次评估带来了更多的变化。[92] 除规定了与

---

〔88〕《一项授权国王征收人头税和动产税的法案》(1696年5月27日)（马萨诸塞）；American Antiquarian Society, 1956, No. 748。

〔89〕1650年的《共和国法案》中也使用了“公正和平等”测试来维持英国军队的战斗力，但两者之间似乎不太可能有任何直接联系；见原著第113页。1690年每月评估中的最新表述是“公正和正常的”；见原著第184页。

〔90〕American Antiquarian Society, 1956, No. 750, No. 788.

〔91〕《授权国王陛下根据人头和财产征税的法案》（1697年5月26日，第3会期）（马萨诸塞）；American Antiquarian Society, 1956, No. 789。

〔92〕《授权国王陛下根据人头和财产征税的法案》(1698年5月25日)（马萨诸塞）；American Antiquarian Society, 1956, No. 825。

往常一样的配额制度，还规定了可以按需求“增加或者减少”每人2先令，以对不动产及动产征收特定人头税，以弥补没有通过人头税达到的城镇的配额。这与1697年的英国援助金有一些相似之处，根据该援助金的规定，对某些职位和动产征收特定的税率，剩余的数额将在土地上补充征收（见原著第191页）。在评估不动产和动产时，马萨诸塞的法律要求：

> 房屋和土地按年租金或年收入评估，通常是或可能是合理地将所有的仆人也等同于动产一样评估，根据评估员的最佳判断和自由裁量，并且不排除才能……

200 该法律似乎对不动产特别宽松，因为它不是根据其资本价值，而仅是根据其年租金评估的。如同英国1697年的法律一样，评估员们再次需要列出一份三栏清单。下一部税法基本与此是一样的。[93]

1699年，马萨诸塞将基本税收管理条款改为单独的一般法律（而非临时）。[94] 所以，马萨诸塞已经从将税基和税收管理条款规定在一般法中，而将征收条例规定在公司治理下的临时法中，演变成了将税基、税收管理和征收条例都规定在年度税法体系中，再发展到1699年，将税基和征收条例规定在年度税法中，而仅将税收管理规定在一般法律中。

---

〔93〕 American Antiquarian Society, 1956, No. 826.

〔94〕《一项指导如何评估和征收由大会授权的税收及其税率的法案》（1699年5月31日）（马萨诸塞）；American Antiquarian Society, 1956, No. 917。

1700 年的税收中的税基细节有了进一步的变化。[95] 征收条例适用于所有不动产及动产以及通过任何贸易或凭借才能获得的收入。评估员们再次根据“六年租金收入……”评估不动产。1700 年的税收重新引入了针对特定类型动产的客观估值规则,如按固定税率对每只动物征税。然而,其没有关于贸易和才能收入评估的进一步指示。三栏清单还在继续。接下来的三次税收都遵循了这一做法,分别是 1700 年、1701 年和 1702 年的税收。[96] 1702 年的另一部法案对 1702 年的税收作了更具体的规定。[97] 该法案将“才能”在列表中单独列出来,即与“动产”分开。1703 年的税收是在 1702 年税收的基础上征收的。[98]

1704 年、1705 年和 1706 年,马萨诸塞议会(Massachusetts General Assembly)进一步授权征税以资助与法国作战的士兵,但这些征税授权直到 1706 年才由税收来支持。1706 年的核定的税款按 201
惯例在城镇之间分摊。[99] 对动产和不动产的征税现延伸至以下方面:

> 所有的不动产和个人财产……以及任何人通过贸易或

[95] 《授权国王陛下根据人头和财产征税的法案》(1700 年/1701 年 3 月 13 日)(马萨诸塞);American Antiquarian Society, 1956, No. 919。

[96] American Antiquarian Society, 1956, No. 920, No. 986, No. 1060.

[97] 《就有关市镇的可评估的财产作出更好的调查的法案》(1702 年/1703 年 3 月 10 日)(马萨诸塞);American Antiquarian Society, 1956, No. 1114。

[98] American Antiquarian Society, 1956, No. 1116.

[99] 《根据 1704 年、1705 年和 1706 年大会向女王陛下提供的资金和拨款,对四种人头税和财产税进行分摊和评估的法案》(1706 年 5 月 29 日)(马萨诸塞);American Antiquarian Society, 1956, No. 1253。

> 才能获得的任何收入……无论是金钱的形式还是其他未特别评估的财产形式，或者是根据他们的聪敏与才智获得的利润佣金，以每镑1便士的税率……

该税收制度的税费将以通常的方式减少或增加，以弥补人头税的不足。不动产仍按6年收入估值，评估清单将分为四栏。1706年评估的形式一直沿用到1738年。〔100〕虽然英国的土地税也只是在1735年前才得到确定，但英国和马萨诸塞土地税之间的差异仍是巨大的，特别是在形式上，马萨诸塞土地税的征收范围明显更广泛。

安德罗斯（Andros）倒台后，新罕布什尔在与马萨诸塞短暂合并的时期内，马萨诸塞普通法院要求新罕布什尔居民支付与其他地区同等比例的由这场战争引起的所有费用……由此产生的税收按照以前的习惯在新罕布什尔征收……〔101〕新罕布什尔于1691年重新成为一个独立的王室属地。1692年通过了一项法律，该法律实质上就是对1687年安德罗斯制定的法律的重现，因此，其是以后来修订的1647年马萨诸塞法律为基础的，〔102〕特别是熟练工人应按"他们的回报和获利与其他人的财产产出成比例"征收。第二年，税率进一步提高，但是这一次对"全属地区域所有的人和财产，包括不动产和动

〔100〕 进一步来看这个时期，如 American Antiquarian Society［1956～，第1306号（1707年征税）］。

〔101〕 新罕布什尔，1867－1915，Vol. 2，p. 41再现了1690年的马萨诸塞决议。Robinson，1902，p. 10.

〔102〕《一项支持政府修造防御工事加强边境保卫的法案》（1692年10月）（新罕布什尔）；New Hampshire，1867－1915，Vol. 3，p. 164。Robinson，1902，p. 28－29.

产……”征收特定金额(200 英镑)。[103] 城镇之间有明确的分摊，但 202
税费将根据 1692 年税法中的估值和方法来征收。1694 年，城镇也分配了特定数额，这是根据“上一个属地区域”的税率征收的。[104] 从这一点上说，本节所涉期间，并没有可用的税收立法，但仍然在 1692 年法律仿效的传统基础上征收许多税款。[105]

光荣革命之后，康涅狄格继续实行新的公司特许状，其法律形式也没有发生重大变化。康涅狄格的税收制度在其被新英格兰自治领吸收之前就已经存在，但在新英格兰自治领的统治垮台后又恢复了，直到 18 世纪末几乎保持不变。[106] 当时有一项对“应课税财产”估值的一般法律，然后由普通法院就“殖民地所有应课税财产”应付的税率作出决议，即基于来源的税率制度，而不是配额制度。[107] 在 1702 年普通法律的人头税中，仍然是按照特定的数量进行评估。在某些情况下，所有的财产仍须被评估为特定的价值，如动物。剩余部分仍

---

〔103〕《为支持政府筹集资金，用于修复防御工事和重新注入国库的法案》(1693 年 8 月)(新罕布什尔)；New Hampshire, 1867 – 1915, Vol. 3, p. 12, p. 188。

〔104〕《一项为支持政府而筹集资金，用于修复防御工事和为士兵提供物资的法案》(1694 年)(新罕布什尔)；New Hampshire, 1867 – 1915, Vol. 3, p. 195。

〔105〕例如，《一项筹集 650 英镑以支付属地的公共费用的法案》(1697 年 6 月 8 日)(新罕布什尔)，《一项筹集 550 镑用于支付本属地公共费用的法案》(1701 年 7 月 13 日)(新罕布什尔)，以及《一项 500 镑的税收或评估单的法案》(1702 年/1703 年 1 月 19 日)(新罕布什尔)；New Hampshire, 1867 – 1915, Vol. 3, p. 203, p. 153, p. 244。Fry, 1908, p. 333 – 350，它对 1714 年之前的税收进行了很好的总结，但没有给出征收税收的依据。新罕布什尔特别容易受到印第安人和法国人的攻击，军事开支造成了巨大的财政困难。在安妮女王战争期间，这些财政问题变得如此严重，以致从 1709 年起，新罕布什尔开始发行信用券来支付这些费用(见原著第 231 页)。

〔106〕Seligman, 1914, p. 375.

〔107〕例如，见《1695 年 10 月康涅狄格一般法院决议》，Connecticut, 1850 – 1890, Vol. 4, p. 152。

有要求，即“所有这些人，他们以自己的艺术和贸易为优势，应按其获利和回报的比例列入征税的名单……”[108]

203 1695年，罗得岛（另一个保留公司特许状的殖民地）采用了一种更具体的评估方法。其法律规定：

> 首先，我们建议对这块殖民地上所有的土地、草地、商人和房屋进行估价：每一个城镇每年都要挑选两三个诚实能干的人，观察土地和草地上的每一个居民；并按照他们的智慧和判断力，判断居民每年的利润。商人也是如此，根据年利润计算这一部分税收。评估员更加仔细地检查土地和草地时，他们会发现按英亩划分的原因。[109]

虽然从形式上看，这似乎是另一个早期征收所得税的例子，但毫无疑问，评估是根据外在迹象而不是实际收入进行的。该法律随后规定了每种牲畜的平均价值。[110] 这种评估形式在1698年和1704年得到确认。[111]

威廉国王和安妮女王的战争对北方有重大影响。1690年中期，一支新英格兰领导的军队占领了法国在阿卡迪亚（新斯科舍）的王室港基地，其对魁北克的攻击被证明是灾难性的。在威廉国王战争的

---

〔108〕《新英格兰康涅狄格殖民地国王陛下的法案和法律》（1702年）（康涅狄格），第99页；American Antiquarian Society, 1956, No. 1043。

〔109〕 Rhode Island, 1856 – 1865, Vol. 3, p. 300 – 301.

〔110〕 Rhode Island, 1856 – 1865, Vol. 3, p. 303.

〔111〕 Rhode Island, 1856 – 1865, Vol. 3, p. 344, p. 502.

剩余期间,法国人也多次攻击新英格兰海岸。[112] 1710年,王室港再次被英国人从法国人手中夺取,并更名为安纳波利斯王室港。[113] “自从1710年占领王室港后,新斯科舍属地的大陆就成了英国的领地。”[114] 阿卡迪亚的人口一直不是很多,有人认为在17世纪的时候其人口不超过1500人。也有人认为,法国政府对移民到阿卡迪亚或统治阿卡迪亚不感兴趣。[115] 根据1713年《乌得勒支条约》,英国保留了安纳波利斯王室港和阿卡迪亚,哈德逊湾和纽芬兰的领地的主权也在条约中得到确认。[116] 该条约确认魁北克和布雷顿角岛(新斯科舍属地北部)归法国所有,这两处都将成为未来法国与英国纠纷产生的根源。[117]

(2)中部殖民地 204

随着威廉三世登上英国王位和新英格兰自治领的解体,纽约的殖民地政府被推翻,新的议会仅建立在地方政权的基础上。[118] 在这个没有官方权力的地方,议会开始以通常的方式征收直接税。[119] 1690年,该地被任命了新的王室总督;1691年4月,召开了新的议

[112] Simmons, 1976, p. 159.

[113] Bourinot, 1900, p. 8 和 Simmons, 1976, p. 161。

[114] Murray, 1907, p. 230.

[115] Bourinot, 1900, p. 8.

[116] 哈德逊湾公司的贸易站在安妮女王战争期间被法国人占领,但在1713年之后又被归还;Williamson, 1929, p. 264。

[117] Simmons, 1976, p. 161.

[118] New York, 1894, Vol. 1, p. 18.

[119] 例如,这是《一项将本属地所有居民的不动产和个人有形财产每镑提高3便士,其中一半应于次年1月21日或之前付清,另一半于3月25日或之前付清,以及执行这一法案的评估员和征税员由本属地内每个城镇的持有不动产的人选择的法案》(1690年9月15日)(纽约);在 New York, 1894, Vol. 1, p. 219 中提及。似乎还没有找到这项法律的副本。

会。新的议会迅速筹集资金，以支付为保卫纽约北部边界对抗法国而发生的军事费用。议会首先通过了一项规定年度税费的法律，该法律效仿1683年的法律（见原著第154页），因此没有提供明确的评估依据。[120] 除此之外，该法律还征收了特定数额的税款，与之前的法律一样，这些税款在各县之间分摊，并根据1691年的法律征收。[121] 在以后的几年里，议会采用这种形式支付以奥尔巴尼（Albany）为中心的军事费用。[122]

与光荣革命之前一样，纽约在1692年以一种不同的形式征收了一种税，目的是为新总督提供资金。[123] 这项法律效仿1683年早期的税收制度（关于税收制度，见原著第155页），并规定“对所有自由保有人和居民的每价值1英镑的不动产和动产，都要评估、征收和募集……”1便士的税。税收将在两年内缴纳，但税基没有进一步明确。1699年为总督提供资金的税的结构和措辞略有不同。[124] 这项税是对“属于本属地任何自由保有人、常住民和居民，所属的任何不
205 动产和个人财产……”征税。按照通常的方式，这一固定数额在各县

---

〔120〕《一项在全属地范围内支付公共必要费用，以维持穷人生活和防止流浪的法案》（1691年5月13日）（纽约）；New York, 1894, Vol. 1, p. 237。

〔121〕《一项筹集和征收2000英镑，以支付附带费用的法案》（1691年5月13日）（纽约）；New York, 1894, Vol. 1, p. 239。评估员必须宣誓：“完全、真实、平等，并根据他们最佳理解来评估和评价居民……”

〔122〕例如，《一项筹集150名士兵及其军饷，用于对奥尔巴尼（Albany）的防卫和增援，为期6个月的法案》（1691年9月29日）（纽约）；New York, 1894, Vol. 1, p. 258。

〔123〕《一项授予国王陛下对纽约属地内所有不动产和个人财产每镑1便士的税费的法案》（1692年11月12日）（纽约）；American Antiquarian Society, 1956, No. 665。

〔124〕《一项授予他夫人，金额是2000镑和1500镑的综合，给杰出的贝勒蒙特伯爵理查德，以及500英镑，给到约翰·南凡莱夫总督上尉的法案》（1699年5月16日）（纽约）；New York, 1894, Vol. 1, p. 396。

之间分配。1706 年,这种征税方式被用于为军事目的筹集资金。[125] 到 1709 年,这句话已经变成“征收所有常住民和居民的财产,包括不动产和个人财产……”接下来是各县之间的筹款的分配。[126] 在接下来的 4 年中,由于北方同法国的敌对行动持续不断,纽约对这一财产征收了大量的税,以便支持发行信用券(见原著第 235 页)。鉴于对税基的笼统的描述,毫无疑问,“纽约的所有县都没有以同样的方式适用法律”[127]。

新泽西在短暂成为新英格兰领地的成员后被归还所有权人。它也恢复了以前的税收方式。1692 年的东新泽西的一项法律以与 1688 年的法律相同的方式对土地、股票和人头征税。[128] 这种税收形式在 17 世纪余下的时间里一直持续。[129] 光荣革命后,西新泽西也恢复了以前的税收制度,但 17 世纪 90 年代的发展使这个制度向东新泽西的税收制度靠拢。1693 年的一项法律对土地和各种类型的股票征税,并对那些拥有由估价员评估的无形财产的人征收剩余税 206
和剩余人头税。[130] 1696 年也征收了类似的税。[131] 并且直到 17 世

[125] 《为保卫边疆及其他用途而筹集资金的法案》(1706 年 10 月 21 日)(纽约);New York, 1894, Vol. 1, p. 598。

[126] 《征收 6000 英镑的法案》(1709 年)(纽约);American Antiquarian Society, 1956, No. 1413。到 17 世纪末,纽约的地方政府已经从一种混合体制发展到类似于新英格兰的乡镇体制。纽约也被分为几个县。在新泽西和宾夕法尼亚,乡镇和县也是典型的地方政府形式。Simmons, 1976, p. 130 – 134.

[127] Becker, 1980, p. 43.

[128] 《为国王陛下的服务筹集资金的法案》(1692 年)(东新泽西);New Jersey, 1758, p. 321。

[129] New Jersey, 1758, p. 334; 1693 年, p. 353; 1694 年, p. 376; 1698 年。

[130] 《一项支持政府补助金的法案》(1693 年)(西新泽西);New Jersey, 1758, p. 521。

[131] 《一项筹集税收的法案》(1696 年)(西新泽西);New Jersey, 1758, p. 549。

纪末，这一制度几乎没有改变。[132]

在光荣革命之前的一段时期内，新泽西东部和西部的各个团体之间发生了派系内讧，包括专有团体、反专有团体、清教徒团体和长老教团体。1702年，泽西岛重新统一为王室属地，由王室政府管理，但土地所有人保留了他们对土地的权利。[133] 统一属地的第一部税法是在1704年颁布的。[134] 它并不完全效仿前两个属地的税法形式，但大体上是一致的。土地按照每百英亩征收，牛、马、奴隶和羊按每头征收，还有剩余人头税和各种形式的船舶税。正如西新泽西以前的税收制度一样，评估员享有很大的自由裁量权。

新泽西的税收制度在1709年进一步发展，为评估员提供了一份相当详细的指引清单。[135] 该年的税赋按配额在各县之间分配，评估员被要求对劳动者按照5先令进行评估，住户"由评估员自行决定……"对于贸易商的评估则"根据他们的能力，由评估员自行决定……"各种物品，如船、土地、奴隶、牛、马、猪和羊，则按固定的税率进行评估。其他项目则由评估员自行决定，包括磨坊、商人、店主、印度贸易商、酒吧以及土地和动产上的剩余金额。1709年后期，一项与纽约法律具有类似风格的法律对"该属地内所有居民和自由人的动产和不动产征税……"[136]。然而，它本质上与当年的前一部税法

---

[132] New Jersey, 1758, p. 561; 1697年, p. 574; 1700年。

[133] Simmons, 1976, p. 141 – 142.

[134] 《一项为支持新泽西境内为支持女王陛下政府而筹集税收，为期两年的法案》(1704年12月)(新泽西); American Antiquarian Society, 1956, No. 1184。

[135] 《一项支持在新泽西的女王陛下政府，为期一年的法案》(1709年/1710年3月10日)(新泽西); American Antiquarian Society, 1956, No. 1412。

[136] 《为女王陛下目前的服务筹集3000英镑的法案》(1709年6月30日)(新泽西); American Antiquarian Society, 1956, No. 1412。

是一样的，只是有一个明显的例外，即没有提到“能力”。 207

如上所述，威廉·佩恩在 17 世纪 80 年代回到英格兰，但由于种种原因，他在光荣革命之前没有回到宾夕法尼亚。由于光荣革命的爆发和威廉·佩恩与詹姆斯二世之间的友谊，随着詹姆斯二世的垮台，他也被关进了监狱。1692 年，他的殖民地被纽约总督控制。在 1694 年，也是殖民地被收回的这一年，一项重要的税法被通过。[137] 根据这项法律，针对以下财产，按每镑 1 便士征税：

> 所有人，包括在本政府内拥有任何动产的人，无论是由他们拥有还是由他人信托，除了他们所拥有的物品和使用的工具外，还包括他们真正欠下的钱，或应当支付的钱……

同样的税率也适用于“所有的土地和其他不动产以及个人财产……并以每镑的净价值计算……”对于那些净资产不足 100 镑的人，该法律还征收剩余人头税。这种形式的税收显然与纽约的税收最接近，但法律的措辞有本质上的不同。

县税与属地税是在同一时间和同一基础上被批准授权的。[138] 威廉·佩恩在 1694 年收回了他的殖民地，但是他从来没有能够像在光荣革命之前那样管理它。1696 年又批准了一项类似于 1693 年的

---

〔137〕《一项授权威廉国王和玛丽王后每英镑 1 便士的税收，根据所有不动产和个人财产的净价值，以及不在本法案征收范围内的人头，每人 6 先令，暂时由宾夕法尼亚属地及其附属领地的总督征收，以支持政府的法案》（1693 年）（宾夕法尼亚）；American Antiquarian Society，1956，No. 678 和 Pennsylvania，1879，p. 221。关于纽约总督和宾夕法尼亚议会在通过这项法律前后的争议，见 Daugherty，1938，p. 26－33。

〔138〕《关于县税的法律》（1699 年 10 月）（宾夕法尼亚）；Pennsylvania，1879，p. 233。这项法律要求各县的法官每年都要计算公共费用，并制定一个与属地级税费相同的税费。

税收，随后又在同样的基础上批准了县税。[139] 1699年的属地税也效
208 仿了1693年的法律，只是没有规定以所欠债务的数额减少个人财产。[140]

威廉·佩恩在世纪之交回到他的殖民地处理动荡局势。他改革了政府的结构，并赋予议会许多特权，包括新的政府特许状。作为回报，1700年议会通过了两项税法。[141] 根据第一项法律，“本政府内的所有人，拥有任何不动产或个人财产，除家庭用品和器具外，均应按每镑1便士的税率支付……”像往常一样，还有一项剩余人头税。第二项法律也有类似的效果，但特别寻求在6个县(包括特拉华的3个县)之间筹集按配额分配的2000英镑。[142] 1700年，议会还通过了一项法律规定了县税的征收方式。如1693年和1696年那样，县税实际上效仿了当年的属地税法律。[143] 在18世纪的前10年，宾夕法尼亚(但特拉华除外，见下文)的税法以类似的形式延续了下来。作为1701年通过的新政府特许状的一部分，特拉华的3个县被允许在3年内退出属地立法机构，并建立他们自己的独立的立法机构。这3

〔139〕《一项提高税率为每镑1便士，每人6先令，如没有其他的税率规定，将由规定和指定的政府，在本协议规定的时间内实施的法案》(1696年10月)(宾夕法尼亚)，以及《关于县税的法律》(1696年10月)(宾夕法尼亚)；Pennsylvania, 1879, p. 253, p. 256。Daugherty, 1938, p. 33 –36.

〔140〕《一项提高每镑1便士和每人6先令税率，以支持政府并支付债务和支付必要的费用的法案》(1699年5月)(宾夕法尼亚)；Pennsylvania, 1879, p. 280。

〔141〕《一项为支持政府，每镑1便士以及每人6先令的法案》(1700年10月)(宾夕法尼亚)；以及《一项为所有权人和政府提供和筹集2000英镑的法案》(1700年10月)(宾夕法尼亚)；American Antiquarian Society, 1956, No. 1018。

〔142〕关于在纽约北部(以奥尔巴尼为中心)的威廉国王战争的资金，这个2000英镑的数字是国王和纽约总督持续争论的一部分。Daugherty, 1938, p. 38 –40.

〔143〕《提高县税的法案》(1700年)(宾夕法尼亚)；American Antiquarian Society, 1956, No. 1712。

个县在 1704 年这样做了。特拉华议会在 1704 年第一次单独开会，[144]继续承认宾夕法尼亚的地位，直到宾夕法尼亚独立特拉华才正式从中脱离。由于关于管理宾夕法尼亚这部分地区的权力出现问题，特拉华议会的法律没有被定期汇报给英国。1705 年，特拉华议会似乎是按照与宾夕法尼亚议会联合时的惯例征收财产税。但多尔蒂认为，特拉华议会到 1713 年仍普遍缺乏直接征税。各县保留了征 209
收财产税和人头税的权利。[145]

（3）南部殖民地

从光荣革命到安妮女王战争结束，弗吉尼亚直接税制度几乎没有什么发展。政府的形式和以人头税形式征收的直接税主要在 17 世纪基本确定。烟草税继续征收。然而，人头税制度可能并不像表面上看起来那么不公平。从 1640 年左右开始，黑奴的数量大幅增加。奴隶主要承担这些奴隶和其他劳工的人头税。弗吉尼亚并非由城镇组成，而是由大量的种植园组成。因此，人头税在很多方面都接近于一般的财产税或土地税。

与弗吉尼亚形成对比的是，光荣革命给马里兰政府带来了根本性的变化。1657 年复辟的专制统治只持续到 1689 年的起义。该起义恰逢 1688 年威廉三世入侵英国，也给其带来了不确定性。到 1691 年，英国政府已将马里兰专有政府转变为王室政府，所有人保留其土地所有者的权利。[146] 1692 年，议会在王室政府的领导下召开，立即废除所有在专有政府下制定的法律，并着手制定自己的法律

[144] Daugherty, 1938, p. 41 和 Simmons, 1976, p. 143 – 144。

[145] Daugherty, 1938, p. 41 – 43.

[146] Simmons, 1976, p. 84.

体系。[147] 英国国教(圣公会)建立,包括教区制度和教区征税权。[148] 1692 年,各县被授权"对自由民和所述各县居民的货物和动产进行同等评估……"自行征税。[149]

210 1694 年的马里兰公共征税是,按照所有权规则和类似县税法的规定,"对该属地居民的个人和财产进行的所有平等评估……"征税。[150] 法律接着规定,该税将"对该属地应税居民的个体或动产进行同等的征税和评估……"根据 1692 年的一项法律,治安官被要求列出"应税"人员的名单,但在这项法律中,只有个人被称为应税人员。[151] 因此,似乎很明显,居民的"应税"财产包括奴隶(和家庭成员),但法律并未规定是否涵盖任何其他形式的财产。

这一制度一直持续到 1710 年,直到该税被明确为人头税,其中规定:"根据该法案,每个人头税征收 17 磅烟草,并向应纳税居民的身体和财产征收和评估……"[152] 卡尔弗特家族在 1715 年恢复了完全的所有权,并一直持有到该地区独立。[153] 到 18 世纪 20 年代,马里

[147] 《废除迄今为止在本属地制定的所有法律,并确认本议会制定的所有法规的法案》(1692 年 5 月/6 月)(马里兰);Maryland Historical Society, 1883 - 1972, Vol. 13, p. 560。新主体的法律载于 1883 ~ 1972 年,第 13 卷,第 425 ~ 561 页。

[148] Simmons, 1976, p. 85.

[149] 《一项剥夺县法院的专员的权力,使其无法获得并筹集资金,以支付其国家的必要费用的法案》(1692 年 5 月/6 月)(马里兰);Maryland Historical Society, 1883 - 1972, Vol. 13, p. 470。

[150] 《本属地公共费用支付和评估的法案》(1694 年)(马里兰);Maryland Historical Society, 1883 - 1972, Vol. 38, p. 33。

[151] 《治安官应税物品清单的法案》(1692 年 5 月/6 月)(马里兰);Maryland Historical Society, 1883 - 1972, Vol. 13, p. 538。

[152] 《本属地公共费用的支付和评估法案》(1710 年 10 月/11 月)(马里兰);Maryland Historical Society, 1883 - 1972, Vol. 27, p. 573。

[153] Simmons, 1976, p. 84.

兰和弗吉尼亚的教区都有权征税，并有义务照顾穷人。[154]

1691 年之前，北卡罗来纳和南卡罗来纳有各自独立的总督。但在 1691 年，一名总督被任命统领整个卡罗来纳，同时代表南北两地。[155] 当北卡罗来纳在光荣革命之后开始征收直接税时，它效仿邻近的弗吉尼亚，将人头税作为主要的收入来源。[156] 阿什认为，“征收的对象有限，一般来说，专有的税收就是人头税”[157]。其程序似乎是由议会下令一次性征收一笔款项，然后一旦得出投票结果，该款项就将在每个人头上分摊。[158]

1701 年的南卡罗来纳税法是可行的，因为它的征收条款在很大 211
程度上与 1686 年的法律相同（见原著第 161 页），17 世纪 90 年代的征税似乎也有类似的基础。[159] 根据 1701 年的法律，固定数额的税：

> 向一些居民、商人和现居住在本属地的其他人员或在本属地内拥有财产或者商品的人（非长期仆人）征收，根据他们的财产、股票和能力，或者他们中的任何一个人从该属地这个地区的任何公职或雇佣中赚取的利润……平等地评

[154] Simmons, 1976, p. 208.

[155] Ashe, 1925, Vol. 1, p. 141.

[156] North Carolina, 1886 – 1905, Vol. 2, p. 4 – 5.

[157] Ashe, 1925, Vol. 1, p. 392.

[158] 例如，在 1694 年，高等法院的一份记录提到了议会的一项命令，授权对“每人征收什一税”；Parker, 1968, p. 91。

[159] 《为该属地的公共用途和国防筹集资金的法案》（1701 年 8 月 28 日）（南卡罗来纳）；South Carolina, 1836 – 1841, Vol. 2, p. 182。在 17 世纪 90 年代，至少在一定程度上，南卡罗来纳也使用人头税。《为在沙利文岛维持哨所筹集资金的法案》（1690 年 12 月 22 日）（南卡罗来纳）；South Carolina, 1836 – 1841, Vol. 2, p. 40。该税的征税对象是居住在伯克利县的 16 岁以上的“臣民、自由人和白人仆人……”

估与征收。

与之前的欧洲战争一样，安妮女王战争因与西班牙佛罗里达的争端而重创南卡罗来纳。1703年，南卡罗来纳为了寻找一种方式支付在佛罗里达的远征费用，它开始发行信用券。信用券的发行，特别是对其他殖民地的影响将在下文进一步讨论（见原著第224～228页）。这里主要介绍信用券对于北卡罗来纳和南卡罗来纳的影响，因为在1713年之前，其对于这些殖民地的直接税有直接影响。1703年的南卡罗来纳的信用券的赎回，是由两年内征收4000英镑的税收来担保的。[160] 征收的相关规定与1701年的法律略有不同。[161] 布洛克（Brock）认为，这些税收被挪用到其他用途。[162] 结果是1705年也征收了类似数额的税。南卡罗来纳同时还公布了一项解释性法律，对
212 税基作了更详细的阐述。[163] 该法律向“财产、货物、商品、股票、能力、盈利的职位、所拥有的庄稼，并不论其种类和性质……”征税，并要求列出某些物品的清单，包括某些动物、白人仆人、土地数量、建筑物和改善设施。在接下来的几年里，更多的信用券被发行以用来支

---

〔160〕《一项用于从该属地居民的不动产和个人财产以及利润和收入中筹集4000英镑，并建立信用券，来偿还对圣奥古斯丁的远征而产生的到期公共债务的法案》（1703年5月8日）（南卡罗来纳）；South Carolina，1836－1841，Vol. 2，p. 206。

〔161〕这项税收将“对居住在南卡罗来纳州的所有居民、商人和其他人的财产、存货和其能力进行征税……”

〔162〕Brock，1975，p. 116－117.

〔163〕《一项法案的解释性法案，该法案名为〈从不动产和个人财产筹集4000英镑，并从该属地居民的利润和收入中筹集4000英镑，以支付目前未偿付的信用券……的法案〉》（1704年/1705年2月17日）（南卡罗来纳）；South Carolina，1836－1841，Vol. 2，p. 263。税法的条文似乎已经遗失了。

付战争费用，但似乎这些都是通过间接税来保障的。[164]

1711 年，塔斯卡洛拉印第安人（Tuscarora Indians）袭击了北卡罗来纳。为应对这次袭击，北卡罗来纳任命了一名独立的总督。[165] 南卡罗来纳协助其抵御袭击，并增发了更多的信用券来支付费用。[166] 到 1712 年，南卡罗来纳觉得无法通过正常税收来偿还债务。所以在那一年，它发行了大量的信用券（52,000 英镑），并加上 32,000 英镑贷款（见原著第 238～239 页）。[167] 这是新大陆殖民地第一次出现这样的问题。巴巴多斯早前曾有过类似的尝试，但被英国王室拒绝，而当时的南卡罗来纳是一个专有殖民地，因此不受类似规定的约束。[168]

截至 1712 年，北卡罗来纳只把人头税作为直接税的一种形式。[169] 这一点在 1711 年英国通过立法确立国教时得到了印证。[170] 教区征收的税也以人头税为基础。[171] 随着与塔斯卡洛拉印第安人的战争的持续，北卡罗来纳的债务也在增加。与南卡罗来纳一样，北 213

---

〔164〕 例如，South Carolina, 1836－1841, Vol. 2, p. 302（1707 年），p. 324（1708 年），p. 352（1710 年）和 Brock, 1975, p. 118。

〔165〕 Ashe, 1925, Vol. 1, p. 178.

〔166〕 South Carolina, 1836－1841, Vol. 2, p. 366.

〔167〕《一项筹集 52,000 英镑，通过签发和增发新的信用券并将其付息，以赎回以前的信用券，从而进一步鼓励贸易和商业的法案》（1712 年 6 月 7 日）（南卡罗来纳）；South Carolina, 1836－1841, Vol. 2, p. 389。这项法律的文本似乎已经遗失了。

〔168〕 Brock, 1975, p. 18, p. 118－119.

〔169〕 North Carolina, 1886－1905, Vol. 1, p. 4－5.

〔170〕《建立教会和任命特定的教堂执事的法案》（1711 年）（北卡罗来纳）；North Carolina, 1886－1905, Vol. 2, p. 207。

〔171〕 英国国教于 1701 年成立，并于 1706 年在南卡罗来纳得到立法支持。到 1712 年，南卡罗来纳的教区官员开始监督《济贫法》，但除此之外，当地政府在南卡罗来纳的发展未能达到与其他殖民地类似的程度。北卡罗来纳的县制和弗吉尼亚的县制基本相同，包括由治安官征收的税款，包括殖民地、县和教区的税款。Simmons, 1976, p. 129－130.

卡罗来纳通过发行信用券来支付战争费用，1712年发行了4000英镑，1713年又发行了8000英镑。为了偿还这些债务，北卡罗来纳尝试了一种新的固定来源税，向“由政府持有的土地”按照每100英亩进行征收。[172] 该税每年都要征收，直到公共债务还清为止。这显然是一种单独的税收，除此之外，税收制度仍与本次征税前保持一致。

2. 西印度群岛

(1)威廉国王的战争

威廉三世和玛丽二世登上英国王位后与法国人的纠纷蔓延至西印度群岛。1689年战争开始时，圣基茨岛的法国聚居区的殖民者迅速占领了英国聚居区(爱尔兰殖民者在那里发动了叛乱)，而尼维斯(圣基茨的许多殖民者撤退到尼维斯)受到了威胁。[173] 巴巴多斯是“在背风群岛作为对抗法国的行动基地和招募地……”[174] 1689年下半年，巴巴多斯以与1685年相似的基础征收了3项奴隶税，前2项是每个奴隶9英镑，第3项是18英镑。[175] 1690年年初，一支分遣部队从巴巴多斯被派往背风群岛协助军队。到1690年中期，军队占领了整个圣基茨。

在17世纪90年代上半叶的动荡时期，人们对巴巴多斯和背风群岛的直接税知之甚少，似乎也没有公开的法律副本。然而，在1691

---

[172] 《一项每年筹集2000英镑，直到公共债务得到偿还和支付，并更好地鼓励公共信用券的流通的法案》(1715年)(北卡罗来纳)；North Carolina, 1886 - 1905, Vol. 3, p. 189; Vol. 3, p. 90。

[173] Burns, 1954, p. 374 - 375.

[174] Burns, 1954, p. 394.

[175] 《向黑人征税的法案》(1689年9月17日)(巴巴多斯)；《向黑人征税的法案》(1689年10月23日)(巴巴多斯)；《向黑人征税的法案》(1689年11月20日)(巴巴多斯)；CO 30/5，分别在第225页、第228页和第230页。

年巴巴多斯有一项征税,从其标题来看,似乎是在对房屋、贸易和个人财产征税的同时征收了奴隶税。[176] 这一税似乎与 1688 年在尼维
斯征收的税类似(见原著第 164 页),两者都可能与 1682 年在巴巴多 214
斯和牙买加征收的税以及 1660 年在巴巴多斯征收的税(分别见原著第 162 ~ 165 页和第 145 页)有某种联系。1691 年的这项法律似乎也是 1695 年牙买加和 1701 年巴巴多斯实行征税的先行者,下文将对此进行讨论。在这种情况下,对房屋征税很可能是参照其租金价值,而对贸易和个人财产征税则是参照教区名册上的价值。巴巴多斯在 1694 年和 1696 年进一步征税。这些税的形式鲜为人知,但其标题表明,它们可能是类似于 1689 年所征收之税的简单奴隶税。[177] 很明显,到 1700 年,巴巴多斯已经恢复了对每个奴隶征税的简单方式。[178]

安提瓜直接税制度可能也在这一期间萌芽。1668 年的每英亩 1 磅的糖税(还有剩余的人头税)似乎还在继续。[179] 1688 年,背风群岛总督迁居安提瓜,在 1689 年初,对当地居民征收大量税款。与 1681 年的圣基茨税一样(见原著第 163 页),该税同时向每英亩土地

---

[176] 《一项对该岛上几个城镇的磨坊、黑人和居民的房屋、贸易和个人财产征税的法案》(1691 年 5 月 13 日)(巴巴多斯);Hall, 1764, p. 486(第 489 号法律)。该法律的公开副本似乎已不复存在,参见第二章注释 74。

[177] 《征收税款以清偿该岛债务的法案》(1694 年 4 月 17 日)(巴巴多斯)和《征收税款以开船和鼓励私掠船的法案》(1696 年 5 月 14 日)(巴巴多斯);Hall, 1764, p. 488 – 489(第 527 号和第 548 号法律)。这些法律的公开副本似乎没有保存下来,见第二章注释 74。

[178] 《一项征税以清偿该岛公共债务的法案》(1699 年/1700 年 2 月 27 日)(巴巴多斯);CO 30/6,第 89 页。

[179] 见原著第 148 页和 Dunn, 1973, p. 130。此外,它出现在 CO 8/1,第 6 页和 CO 154/2,第 106 页,没有批注废除,表明该法律至少持续到 1705 年。

和每个奴隶征收。此外，该税对城镇地块和“酒馆”（酒屋）也要征收。[180] 这种征税方式与巴巴多斯、牙买加和尼维斯的征税方式截然不同，至少在 1697 年再次出现，这表明在此期间可能有类似的征税方式。[181] 1698 年，安提瓜又征收了类似的税。[182] 同巴巴多斯和其他西印度殖民地一样，安提瓜也通过对进口酒征收间接税来创收。[183]

215 圣基茨和尼维斯不存在这种直接税制度体系。然而，他们也可能会制定一些相关的零散的规则。提及 1688 年尼维斯征收的税收的形式（如上，见原著第 164 页）记载，是在威廉国王战争期间，尼维斯一方面继续对城镇的自由人、住户和城镇贸易商征税，另一方面按人头税向奴隶征税。至于圣基茨，1689 年，英国殖民者被法国人打败后撤离。但是在 1690 年英国人重新占领圣基茨后，他们并没有试图重新定居。背风群岛总督于 1696 年开始邀请定居者回到圣基茨，并授予他们包括前法国聚居区在内的土地。1697 年的《里斯维克和约》则要求将法国的领地归还法国人，这引起了一些骚乱。心怀不满的殖民者在撤离这些地区时破坏了法国人的许多财产，因此与法国人的纠纷一直持续到 1702 年安妮女王战争爆发。[184]

---

〔180〕《一项为在 1688 年本年度以及纳撒尼尔·约翰逊阁下在该岛的私人住所下榻这段时间，支付必要的费用和支持安提瓜岛的政府的法案》（1688 年/1689 年 2 月 1 日）（安提瓜）；CO 8/2，第 28 页。

〔181〕《一项提高 1,240,000 磅糖或糖价值的税收以支付公共债务、费用和支持政府的法案》（1697 年 4 月 22 日）（安提瓜）；CO 8/3，第 5 页。

〔182〕《一项提高 1,100,000 磅糖税以支付公共债务、费用和支持政府的法案》（1698 年 12 月 22 日）（安提瓜）；CO 8/3，第 83 页。

〔183〕《对进口到该岛的所有酒征收关税的法案》（1697 年）（安提瓜）；CO 8/1，第 41 页。

〔184〕 Burns, 1954, p. 388 – 389.

在威廉国王战争的早期，牙买加经历了多次总督更迭，同时也遭到了法国海盗的袭击。在这一时期，其政府很大程度上依赖于迄1683 年开始征收了 21 年的间接税（见原著第 165 页）。[185] 与其他英属西印度殖民地一样，牙买加在 17 世纪 90 年代早期通过的法律缺乏公开性。就牙买加而言，这很可能是源于 1692 年的一场大地震，地震导致王室港的大部分地区被海水吞噬，许多居民死于这场灾难或者其衍生灾难中。这使牙买加处于衰弱状态，尤其是在英国舰队离开该地区后，很容易受到法国的攻击。[186]

牙买加于 1693 年对该岛的防御措施征税，但其征税方式尚不清楚。[187] 1694 年，法国人从法属伊斯帕尼奥拉岛入侵牙买加，但主要是掠夺该岛，没有攻击英国军队集中的王室港附近地区。[188] 1695 216
年，为了偿还法国入侵时产生的债务，政府征收了一项税。[189] 这项法律要求“通过对居民征收平等和公正的税……”来筹集 11,000 英镑。从这个意义上说，该税与 1682 年征收的税是一致的（见原著第 165 页）。然而，法律开始对每个奴隶以及每个人的马和其他动物征税。然后，王室港教区按每镑所付租金征收 4.5 便士的税：

还有几个居民，因为他们从事多种行业、职业和事业，

[185] 在 1684 年和 1693 年之间，CO 139/8 的法律有一个缺口。

[186] Burns, 1954, p. 381－382.

[187] CO 139/8，第 2 页和第 3 页认为，下列法律副本不存在：《一项为保卫这个岛而筹集资金的法案》（1693 年）（牙买加），以及《一项筹集资金，作为对两国陛下的进一步援助，用于保卫他们的牙买加岛的法案》（1693 年）（牙买加）。

[188] Burns, 1954, p. 382－383.

[189] 《为清偿在法国入侵后期签订的债务而筹集资金的法案》（1695 年）（牙买加）；CO 139/9，第 1 页。

> 根据他们的被评估等级，以及在王室港教区登记册上的征税，征收1/4……1695年。

使用教区评估结果作为中央评估的基础与1682年税收的早期做法是一致的（见原著第165页）。这种税和1688年尼维斯、1691年巴巴多斯征收的税似乎也有联系（至少在方式上），两者都特别涉及贸易税收。很显然，这与后来于1701年在巴巴多斯征收的税有关系。牙买加1695年的征税还包括对犹太人的歧视性的税收。1696年，牙买加又征收了类似的税。[190]

除了牙买加对犹太人的征税，17世纪90年代早期到中期的困难时期似乎使巴巴多斯、安提瓜、尼维斯和牙买加的直接税制度保持了一定程度的一致性。奴隶、动物和土地通常是征税的对象，但也有越来越多的征税对象，与在当时的英国一样，新英格兰和中部美洲殖民地对贸易征税。

（2）安妮女王的战争

随着西班牙国王（查理二世）在1700年去世，局势更加紧张，巴巴多斯开始为与法国间难以避免的冲突做准备。1701年，它为修缮
217 防御工事征收了一项税。[191] 这种征税方式沿用了1695年牙买加的征税方式，很可能也沿用了1691年巴巴多斯的征税方式。与牙买加的征税一样，1701年的巴巴多斯对每个奴隶征税，还对犹太人征收

---

[190] 《在入侵后期完成债务偿还，并在莫拉特港建立和完成防御工事的法案》（1696年）（牙买加）；CO 139/9，第34页。

[191] 《提高征税以支付修理防御工事费用的法案》（1701年3月29日）（巴巴多斯）；CO 30/6，第81页。

歧视性税收。税收也通过配额制度分配给各个城镇,并将对以下城镇征收:

> 所有城镇的业主、商人和居民……除了按上述规定为黑人缴税以外,还应为房屋、贸易和个人财产缴税。征税数额应在本协议公布后20天内由各有关机构指定和规定……

该法还包括对某些特定人员和其他特定职业的征税,包括律师、专利权人、海关官员、种植园经理和首席监督员。这似乎与17世纪90年代英国(和其他欧洲国家)征收的各种人头税有些相似之处。到1701年年底,一支法国舰队抵达,奉命夺取这块殖民地。[192]

1701年的这项重要的税收为安妮女王战争期间巴巴多斯直接税制度奠定了基础。1702年有两项类似的征税,1703年和1704年各有一项,1705年有3项。[193] 1705年的税收还附加了对进口黑奴每镑征收5先令的连续性间接税。[194] 1709年,磨坊税被纳入了现在通常的直接税形式。[195] 在这种形式下,巴巴多斯直接税有5个独立的税目(黑奴、土地和财产等、磨坊、各种职业和个人以及犹太人),大约

---

〔192〕 Burns, 1954, p. 412.

〔193〕 例如,CO 30/6,第145页(1702年)、第184页(1702年)、第209页(1703年)、第233页(1704年)和第248页(1705年)。

〔194〕《一项对输入到该岛的黑人和其他奴隶征税的法案》(1705年11月28日)(巴巴多斯);Hall,1764,p. 163,第106号法律。

〔195〕《向该岛的某些居民征税的法案》(1708年/1709年1月6日)(巴巴多斯);CO 30/6,第368页。

每两年征收一次，直到安妮女王战争结束。[196] 尽管巴巴多斯的税收与英国的土地税有很大的不同，但巴巴多斯正式制定该直接税形式应该与英国（和马萨诸塞）制定的时间大致相同。

218 至于背风群岛，1701年尼维斯征收的税与1688年的税一致（见原著第164页）。[197] 20万磅糖将分两项税目进行征税。第一个征税对象是城镇的自由人、住户和贸易商，对其所征税款占征收总税款的1/6。这一部分税款将由任命的委员会分配给个人。其余的将通过向每个奴隶征税的方式来征收，为此，另一项法律要求特定一部分人每年提供他们的奴隶名单。[198] 同样，考虑到这种税制一直存在，1688年至1701年可能还会有类似的征税。

1702年，当听说英国宣战后，背风群岛的总督就占领了圣基茨岛一半的法国领地，许多法国俘虏被送到伊斯帕尼奥拉岛（Hispaniola）和马提尼克岛（Martinique）。[199] 就像在巴巴多斯一样，从1702年到1706年法国侵略圣基茨和尼维斯，这场战争刺激了背风群岛一系列直接税的产生。安提瓜在1702年中期开始征收直接税，与当时大部分地区一样，征税对象包括土地、奴隶、牲畜、城镇土地和酒类销售。[200] 通过一项重要的附加条款，1702年课税开始"根

---

〔196〕 例如，《一项对这个岛上的一些居民征税的法案》（1713年6月9日）（巴巴多斯）；CO 30/6，第422页。

〔197〕 《一项对该岛各城镇的自由人、户主和商人以及所有属于种植园的奴隶和其他居民征税的法案》（1701年）（尼维斯）；CO 154/5，第61页和CO 185/3，第24页。

〔198〕 《一项要求所有人在宣誓后上交黑人和其他奴隶名单的法案》（1701年/1702年3月10日）（尼维斯）；CO 185/1，第21页。

〔199〕 Burns，1954，p. 414.

〔200〕 《为支付公共债务和费用而筹集9500英镑税款的法案》（1702年6月28日）（安提瓜）；CO 8/3，第125页。

据他们(评估员)能够判断的商业或贸易的盈利能力,对所有居住在这个岛上的贸易商征税……”背风群岛对贸易商征税是按照巴巴多斯、尼维斯和牙买加的当时做法进行,但其形式,特别是关于“盈利能力(profitableness)”的提法是不同的,或至少是更具体的。安提瓜在1703 年也征收了类似的税。[201]

1704 年,背风群岛总督换届,圣基茨的直接税制度得以恢复。每个奴隶,以及“岛上所有的贸易商……”都要被征税。[202] 贸易商对自己的评估是“按交易的比例”进行的,如果自身评估失败,评估员将会对他们进行评估。当时,在英属西印度殖民地对奴隶征税是普遍的做法,但圣基茨对贸易商的征税似乎更接近安提瓜的形式,而不是 219
巴巴多斯、尼维斯和牙买加使用的形式。与安提瓜税不同,1704 年的圣基茨税并没有按每英亩对土地征税。1704 年,圣基茨征收的税在同年晚些时候又加上了奴隶税。[203]

1705 年,尼维斯以通常的形式征收税款,与 1688 年和 1701 年的征收方式一致。[204] 在这种情况下,对每个奴隶征税的数额是固定的,但仍然有一个委员会来分配从每个城镇的自由人、住户和贸易商那里征收的金额。

---

〔201〕《一项为支付公共债务和费用而筹集 12,000 万英镑税款的法案》(1703 年/1704 年 3 月 15 日)(安提瓜);CO 8/3,第 148 页。

〔202〕《一项筹集税收以支付该岛的公共费用的法案》(1704 年 6 月 5 日)(圣基茨);CO 240/1,第 21 页。

〔203〕《一项对每个奴隶评估征收 5 先令税款,以弥补以前征税的不足之处的法案》,之前一次征税,依据的法案是《对每个人头征收 20 先令的税款,以支付该岛的公共税收的法案》(1704 年 9 月 23 日)(圣基茨);CO 240/1,第 23 页。

〔204〕《一项对该岛城镇居民的自由人、户主、商人和工匠以及所有属于种植园主和当地居民的奴隶征税的法案》(1705 年/1706 年 3 月 9 日)(尼维斯);CO 185/3,第 58 页。

1706年年初，圣基茨岛遭到法国舰队的入侵，法国舰队打算洗劫该岛，但在听说有英国舰队的传闻后便很快离开了该岛。不到一个月，又发生了第二次袭击，这次尼维斯很快投降。圣基茨和尼维斯遭受了严重的破坏，1706年中期，背风群岛的新总督丹尼尔·帕克(Daniel Parke)，一位弗吉尼亚人来到了这个饱受战争蹂躏的地方。[205] 在新总督抵达之前，安提瓜通过了另一项与1704年相同形式的直接税。[206] 帕克上任后，在他担任总督期间，圣基茨通过了对奴隶征税的法案。[207] 帕克是一位不受欢迎的总督，此外，研究还发现，在他担任总督期间没有更进一步得到直接税授权。1710年末，帕克解散安提瓜议会后，双方之间的矛盾激化，帕克的不受欢迎程度达到了顶点。最终，两者之间爆发一场武装冲突，帕克在冲突中丧生。[208]

帕克去世后，背风群岛恢复了直接税。1711年，安提瓜以其通
220 常的形式征收了一种税，尽管贸易商可能会根据“从他们的商业或贸易中产生的利润……”[209]进行评估征税。1713年，安提瓜又征收了类似的税。[210] 1711年，圣基茨对每个奴隶征税，但后来也恢复了对

[205] Burns, 1954, p.415－417.

[206] 《一项为支付公共债务和费用而征收21,000英镑税款的法案》(1706年6月1日)(安提瓜)；CO 8/3，第173页。

[207] 《一项增加100,000磅优质黑砂糖的数量并且在丹尼尔·帕克先生执政期间为其住所免除房屋租金的法案》(1706年9月4日)(圣基茨)；CO 240/1，第25页。

[208] Burns, 1954, p.422.

[209] 《一项为支付公共债务和费用而征收18,000英镑税款的法案》(1711年6月4日)(安提瓜)；CO 8/3，第187页。

[210] 《一项为支付公共债务和费用而征收16,000英镑税款的法案》(1713年5月21日)(安提瓜)；CO 8/3，第209页。

贸易商征税。[211] 后一税种是对“岛上所有的商人、酒馆老板、贸易商等征税……”。这部分征收的应收税款按配额被分配给各个城镇。与 1704 年的税收一样,评估应与他们的贸易成比例。尼维斯在 1713 年也开征了一项税收,其形式与早先的征税方式一致,尤其是与 1705 年的征税方式一致。[212] 根据 1713 年的《乌得勒支条约》,1702 年被法国占领的圣基茨岛的一半的领地被归属英国,英国继续在这片前法属殖民地上授权征税。[213]

1702 年,牙买加实行了直接税,部分原因是为了加强防御。[214] 该法律很大程度上沿袭了 1695 年和 1696 年的法律,因此对奴隶、特定动物、特定地租以及贸易、职业和行业征税。这项税收被扩大到对单身汉和马车征收额外的税。后者很可能是受到了 17 世纪 90 年代引入的英国马车税的影响。1702 年牙买加法律还规定某些公职人员必须支付规定的数额。这与 1701 年巴巴多斯法律规定的做法类似,两者都可能受到 17 世纪 90 年代英国人头税和在土地税中对官员征税的影响。

1703 年,又出现了一种不同的制度被用来筹集资金,用以安置驻扎在牙买加的英国军队。[215] 该法律根据持有的奴隶和动物的数

---

〔211〕《一项征收税款以支付该岛的公共费用的法案》(1711 年 11 月 29 日)(圣基茨);CO 240/4,第 13 页。

〔212〕《一项以人头税的方式向属于种植园和该岛居民的黑人和其他奴隶以及该岛若干城镇的自由人、户主和商人征税的法案》(1713 年 5 月 11 日)(尼维斯);CO 185/1,第 42 页。

〔213〕 Burns, 1954, p. 437 – 438.

〔214〕《一项筹集数笔款项以清偿公共债务和为保护该岛提供资金的法案》(1702 年 8 月 22 日)(牙买加);CO 139/9,第 64 页。

〔215〕《一项为女王陛下的军官、士兵提供额外补助金用以为女王陛下的军官和士兵提供额外的生活必需品,以及其他用途的生活费用和为其他用途而筹集资金的法案》(1703 年 6 月 16 日)(牙买加);CO 139/9,第 78 页。

221 量来分配缴款义务。那些没有按照所分配的军官人数缴费的人，需要按照漏缴的军官人数支付相应的罚款。该法律在安妮女王战争期间再次被启用。[216] 后来在1703年，牙买加用持续21年的一系列间接税取代了已经过期的1683年税收法（见原著第165页）。[217] 该法律相应地被确认为牙买加法律。

1696年，巴哈马上议院指示总督建立议会。但到1701年，这里估计只有250个白人，以及类似数量的其他种族。[218] 1703年，法国和西班牙联合部队的袭击几乎摧毁了巴哈马。[219] 到1713年《乌得勒支条约》签订时，巴哈马群岛已经被"分散在岛上的二百户人家占领了，他们从事农业或海盗活动，没有任何形式的政府，每个人都做着他们自己认为应该做的事"[220]。这个时期巴哈马没有任何真正的政府，上议院所有人被指责忽视了殖民地的需要。

二、后乌得勒支：纸币和风暴前的平静

1713年《乌得勒支条约》签署后的几十年里，英国和殖民地都相对平静，至少与之前的一个世纪的动荡以及始于18世纪40年代的70多年的动荡相比是如此。在18世纪20年代和30年代，英国和其

[216] 一般见CO 139/8。

[217] 《一项为女王陛下及其继承人和继任者筹集税收以支持该岛的政府以及维护和修复女王陛下的堡垒和防御工事的法案》（1703年11月2日）（牙买加）；CO 139/9，第92页。

[218] Burns, 1954, p. 400.

[219] Burns, 1954, p. 425.

[220] Burns, 1954, p. 426.

殖民地的直接税制度几乎没有什么发展。1739年，英国和西班牙就西班牙人在西班牙水域登上英国船只的权利（条约授予）发生了一场相对较小的冲突。据说在一次这样的登船事件中，西班牙海岸警卫队割掉了罗伯特·詹金斯（Robert Jenkins）船长的耳朵，因此这场小规模冲突被称为詹金斯耳朵战争。

詹金斯耳朵战争后来并入了奥地利继承战争（1740～1748年），在此期间，英国和荷兰与奥地利形成统一战线，一起对抗宿敌法国和 222
西班牙、普鲁士以及巴伐利亚。在欧洲，主要的争端是奥地利和普鲁士之间关于富裕的西里西亚省的争端。战争像以往一样蔓延到殖民地，在那里它被称为乔治国王战争。这场战争以海盗横行的西印度群岛地区的海战为标志。除此之外，新英格兰在加拿大袭击法国人，在佛罗里达与西班牙人发生各种小规模冲突。1748年的《艾克斯—拉—夏佩尔条约》（Treaty of Aix-la-Chapelle）结束了战争，但其并没有提供一个持久的解决办法，特别是没有解决法国和英国之间关于殖民地的争端。一段短暂的和平一直持续到1755年。

本节首先考察1713年至1755年英国直接税的发展情况。接着，再考察这一时期英国殖民地直接税的发展。

（一）税收在英国平稳运行

1713年至1755年，尽管税率有所变化，但是英国土地税的形式并未改变。和平时期土地税的典型税率是2先令，这是1713年《乌得勒支条约》之后征收的税率。在接下来的20年里，由于各种各样的事件，这一税率反复回弹，从1716年的4先令到1717年和1721年的3先令，1727年的4先令，1728年和1729年的3先令，再到1731年和1732年的1先令。直到1740年詹金斯耳朵战争，它一直保持在2先令，之后在奥地利继承战争期间上升到4先令，并一直持续到1749年。1750年到1752年，税率降低到3先令，直到1755年，该税率进一步降低到和平时期的2先令。[221] 1714年至1755年，英国国债持续增长，几乎翻了一番。这种增长在很大程度上是由于国家债务的应付利率的减少，1717年从6%降至5%、1727年从5%降至4%和从1750年的3.5%降至1757年的3%。[222]

在奥地利继承战争期间，初期评估税的征收也有了进一步拓展。1747年，房屋税（第一次征收于1696年，见原著第186页）被修正为
223 一种针对所有房屋和窗户的固定税。[223] 同年，英国又对乘坐娱乐马车的人征收附加税。[224] 这些税收的征收，是为挫败斯图亚特王朝再次夺回王位的企图所支出的费用。这次是邦尼王子查理（Bonnie Prince Charlie）（年轻伪装者）代表他的父亲，老伪装者詹姆斯（詹姆斯二世的儿子）。[225]

考察自17世纪60年代以来区域税收的发展情况至关重要。如原著第140页所述，到1660年，英格兰大概只有1/3的教区实行济贫税。但是，1662年的一项法律，使治安官税费和济贫税费的税基同化了。无论是因为这个原因还是其他原因，到17世纪末，济

---

〔221〕 Dowell, 1965, Vol. 3, p. 85 – 86.

〔222〕 Dowell, 1965, Vol. 2, p. 453 – 462.

〔223〕《一项废除对房屋、窗户和灯具征收的几种税和关税；向国王陛下授权房屋、窗户或灯具的其他税费和关税；以年金形式按照上述税率或关税征收4,400,000英镑的法案》（乔治二世20年，第3章，第2节）（1747年）（英国）。Dowell, 1965, Vol. 2, p. 117.

〔224〕《一项授权国王陛下对马车和其中提到的其他车厢征收若干税费和关税；并按上述税率和关税以抽签方式募集1,000,000英镑的法案》（乔治二世20年，第10章，第2节）（1747年）（英国）。Dowell, 1965, Vol. 2, p. 117 – 118.

〔225〕 Dowell, 1965, Vol. 2, p. 115 – 118.

贫税在英国已经普遍存在。[226] 由济贫税筹集的资金几乎全部再分配给了穷人。这些资金可以用来提供工作,但向穷人提供支持的通常方式是发放现金救济金。[227] 斯莱克认为,济贫税下用于再分配的资金,相当于 1700 年中央政府直接税和消费税收入的 11%,1750 年的 12%。[228] 随着 18 世纪的发展,这些惊人的数字还会继续上升。

随着济贫税费的重要性增加,其税基的复杂性也随之增加。正如原著第 77 页所指出的,最初的济贫税是根据占有人所占有的土地面积来评估的。但到了 17 世纪末,普遍采用了财产的实际租金这一评估方法,即年租金。然而,法院并不承认这一规则是无可辩驳的。在 1698 年的一个案例中,法院声明:"租金不是常设规则;因为情况可能会有所不同,应该考虑到才能的地位(ad statum et facul tates)……"[229] 这里提到的"才能"与当时新英格兰和其他殖民地直接征税的标准形式相呼应。尽管通常情况下济贫税不允许扣 224
减,但是财产可以按其年价值的百分比进行估值以在这方面弥补一些津贴。[230] 尽管济贫税的估值原则像中央直接税的估值原则一样变得越发复杂,为了征收济贫税所评估的价值总是远低于实际的价值。[231]

正如济贫税在 1662 年扩大成为治安官税的基础一样,1739 年它

[226] Slack, 1995, p. 18.
[227] Slack, 1995, p. 19.
[228] Slack, 1995, p. 26.
[229] Pratt, 1827, Vol. 1, p. 109(案件号:第 119 号)。
[230] United Kingdom, 1843, p. 27.
[231] United Kingdom, 1843, p. 30.

又被纳为普通县税的基础。1739 年法律规定了一种普通的县税，由每个教区或乡镇缴纳，并以与济贫税相同的方式评估。[232] 其结果是，在济贫税费下根据每个教区财产的可评估价值，建立了县税费的配额制度。[233] 这个配额制度有一个常见的缺陷（正如在原著第 44 页讨论的十五一税和什一税以及在原著第 184 页讨论的荷兰补足配额制度"verponding"问题），这个缺陷也出现在很多情况下，即县税在教区之间分摊是基于 100 多年前的估值。[234] 需要通过县税筹集的税款和从特定教区通过济贫税筹集的税款一起，然后按照教区居民的应税财产分配应纳税额。因此，按照通常的方式（见原著第 77 页），同一种英镑费率可能会因教区不同而有所不同，总税款于星期日礼拜后在教堂门口收取。

（二）支持殖民地的信贷

殖民地普遍缺乏货币的情况日益严重，尤其是在光荣革命之后。英国和殖民地之间的贸易平衡始终是对英国有利的，而对殖民地则产生了消极影响。1690 年，马萨诸塞开始发行纸质信用券。[235]

225 第二年，这些信用券可以用来纳税，因此这些信用券持续具有竞

---

[232] 《一项更容易评估、征收县税的法案》（乔治二世 12 年，第 29 章，第 2 节）（1739 年）（英国）。具体参见第 1 ~ 2 节。

[233] United Kingdom, 1843, p. 30.

[234] United Kingdom, 1843, p. 32.

[235] 几十年前，马萨诸塞曾试图解决缺乏货币的问题，从 1652 年开始在波士顿铸造硬币。这种铸造没有得到英格兰的批准是对马萨诸塞的主要指控之一，导致 1684 年詹姆斯二世没收了马萨诸塞的特许状。波士顿造币厂在 1688 年安德罗斯总督统治新英格兰期间关闭，参见原著第 158 ~ 159 页。威廉国王战争期间大量货物的涌入加剧了货币的短缺。参见 McKay, 1944, p. 9 – 10。

争力，而没有贬值。[236] 在这种信贷力量的鼓励下，马萨诸塞继续发行更多的政府信用券，在 1702 年以前，这些券通常由每年的税收来支持。1702 年以后，信用券的到期日被提前设定好，货币的发行是基于对未来几年税收的预期。[237]

发行信用券的做法逐渐扩展到其他美洲殖民地。[238] 第一个是 1703 年的南卡罗来纳，其以此偿还因在西班牙佛罗里达对圣奥古斯丁的远征失败而欠下的债务。[239] 1709 年，康涅狄格、新罕布什尔、新泽西和纽约紧随其后；1710 年和 1712 年，罗得岛和北卡罗来纳也分别开始发行信用券。[240] 1723 年，宾夕法尼亚和特拉华（仍然是宾夕法尼亚的一部分）也开始发行信用券；[241] 到 18 世纪 20 年代，这种做法已经很普遍了。马里兰，尤其是弗吉尼亚，分别在 1733 年和 1755 年晚些时候加入。[242]

在美洲殖民地发行的信用券主要有两种形式。最早的形式是 1690 年在马萨诸塞开始的，以殖民地的名义发行信用券。关于这种类型，布洛克指出：

> 启用信用券已经成为惯例，宣布其为公共和私人交易

---

〔236〕 第一次发行的故事很有趣。正如原著第 197 页提到的，威廉国王战争期间，英国企图从新英格兰进攻魁北克的法国人。这次袭击并没有成功，士兵们返回后发现没有资金支付他们的工资。马萨诸塞政府迅速向这些士兵签发了信用券。参见 Brock，1975，p. 21 – 22。

〔237〕 参见 McKay，1944，p. 16，p. 19。

〔238〕 Headlam，1929 之 a，p. 397 – 398。

〔239〕 Brock，1975，p. 116.

〔240〕 Brock，1975，p. 44，p. 47，p. 84，p. 66，p. 37，p. 108.

〔241〕 Brock，1975，p. 75，p. 95.

〔242〕 Brock，1975，p. 102，p. 469.

中的法定货币,并将其支付给公共债权人。信用券在发行时,通常就会准备回收条款。例如,一项税收将在接下来的五年内征收,每年将有1/5的信用券被收回。如果流通中有金属货币,税款将部分以券和金属货币形式存入财政部门。金属货币将被兑换成等值的未偿付的券,而这样收取的全部的券将在为此目的任命的议会委员会的监督下被注销和烧毁。这是这个机制最好的运作方式。然而,在实践中,立法机关有时未能在发行信用券时,为收回信用券要求
226 征收税款,或者碰巧征收的税款不够。此外,即使征收了足够的税款,也常常会将由此产生的款项转移到其他用途,而当这些券进入财政部门时,就会重新投入使用。在某些殖民地,尤其是在纸币发行初期,这些重新投放的信用券往往伴随着新发行的纸券。正是因为如此,才会有大笔款项没有清偿。其结果是货币纸券贬值。[243]

第二种方法较为激进。信用券再次发行,并被宣布为法定货币。它们以“贷款”的形式发放给各种各样的人,并且通常以贷款价值两倍的土地作为担保。这笔贷款是需要支付利息的,本金是分期偿还的,通常为8年到10年。其结果是,信用券成了面向个人的信贷(在私人银行还不存在的时候)、对政府财政的缴款以及商品交换的媒介。但是,过度发行带来了通货膨胀。[244]

随着纸币发行量的增加,它们的价值就降低了。那些因战争和

---

〔243〕 Brock, 1975, p. 18 – 19.

〔244〕 Brock, 1975, p. 19 – 20.

其他债务而陷入贫困的人把由此产生的通货膨胀视为偿还债务的良方。相反，债权人则强烈反对，这一问题在当时出版物中引起了激烈的辩论。英国贸易委员会普遍抵制这种为政府财政筹集资金的形式，至少是反对为一般的政府开支筹集资金。在发行殖民地信用券时，需要设立一个拨款偿债基金，通常是通过发行信用债的法律征收直接税。委员会也试图拒绝后续的从这类基金中来的拨款。[245] 到18世纪20年代末，马萨诸塞的通货膨胀使信用券兑英镑贬值了3/4，南卡罗来纳的情况也差不多。到本节所述期间结束时，罗得岛的汇率是32∶1。[246]

在18世纪40年代，许多殖民地在发行新的信用券时，把这种通货膨胀正式化了。在新信用券的发行中，旧券仅以其面值的一小部分折抵新券。[247] 1751年，英国议会通过立法限制新英格兰发行纸币。[248] 新英格兰殖民地的立法机构不得批准任何制定新的信用券 227
或延长现有信用券的期限的法律，如果他们这样做，那么这次新信用券的发行将是无效的。当然也有例外，当年度的费用（在2年内由税收收回）和战争等特殊紧急情况（在5年内由税收收回）时，贷款券被禁止，信用券也不能成为私人交易的法定货币。[249]

西印度殖民地的情况似乎有所不同。巴巴多斯在1705年发行

---

[245] Brock, 1975, ch.5.英国为减少国家债务而建立的自己的偿债基金，经常被转移到其他目的；Dowell, 1965, Vol.2, p.88。

[246] Headlam, 1929之a, p.398。

[247] 例如，McKay, 1944, p.21。

[248] 《一项规范和限制英国的殖民地，罗得岛种植园，普罗维登斯种植园，康涅狄格，马萨诸塞湾和新罕布什尔的纸质信用券；以防止其成为偿还货币的法定货币的法案》（乔治二世24年，第53章）（1764年）（英国）。

[249] Brock, 1975, p.237－239.

了信用券，然后在1706年又发行了贷款券（这是新大陆第一次发行这种类型的券）。就像在美洲殖民地一样，这样做的结果是耗尽了该殖民地的黄金、白银和其他货币。1706年年末，英国王室禁止1706年《巴巴多斯法案》规定发行的纸币。总督们也得到了明确的指示，今后不得批准任何同类纸币发行。[250] 在1723年，巴巴多斯又发行了某种形式的信用券。而背风群岛或牙买加没有发行纸币的企图。[251] 后者是“英国在新大陆的金银库”，有大量的金属货币的供应，因为它是“海军和军事部队的总部和海盗的家园……”[252]

1713年《乌得勒支条约》签订后到1755年的几十年间，英属西印度殖民地相对平静。该条约确认了英国对巴巴多斯、背风群岛殖民地（包括安提瓜、尼维斯、圣基茨、蒙特塞拉特、巴布达、安圭拉和维尔京群岛）、牙买加和巴哈马的所有权。[253] 在这一时期，这些殖民地都没有遭到入侵，甚至在1739年至1748年的詹金斯耳朵战争和乔治国王战争期间也没有。但是，该地区与西班牙存在争端，特别是在
228 牙买加、巴哈马和尤卡坦（Yucatan）（墨西哥，各种英国伐木利益的基地）附近，《乌得勒支条约》并没有解决英国与法国关于圣卢西亚、圣文森特、多米尼加、格林纳达和多巴哥的争端。1748年的《艾克斯—拉—夏佩尔条约》同意这些岛屿的中立地位，缔约各方将其国民移走，并将这些岛屿留给加勒比人。尽管如此，法国人还是在圣卢西亚、圣文森特和格林纳达定居下来，这后来成为争议的焦点。[254]

---

[250] Chalmers, 1893, p.51 -53; Brock, 1975, p.169 -172.

[251] Chalmers, 1893, p.60.

[252] Chalmers, 1893, p.97.

[253] Headlam, 1929 之 a, p.377。

[254] Burns, 1954, p.484 -485.

信用券的发行对直接税的形式几乎没有影响，而直接税通常是用来支持信用券的。信用券的影响是增加了直接税的偶发性，当直接税被征收时，特定法律的持续时间增长。本节探讨了从1713年到1755年七年战争前夕，美洲殖民地直接税的发展情况。接着，本节继续考察直接税在西印度殖民地的类似发展情况。

1. 美洲殖民地

(1)新英格兰

如上所述，1702年，马萨诸塞开始签发将赎回日期提前数年的信用券，这样就可以防止将来征税。麦凯指出，"到1714年，该属地区域的税收收入被质押了6年(直到1720年)"[255]。1720年发行的信用券的金额是18世纪初发行的43倍，其中很大一部分是由于安妮女王战争期间支出的增加。战争结束后，由于信用券和税收一起作废了，货币变得稀缺，政府的回应是通过贷款发行新券。[256]

未偿还信贷的增加对马萨诸塞的直接税形式几乎没有影响，这种直接税基本上以每年为基础，基本上与1713年《乌得勒支条约》之前解决的方式相同(见原著第201页)。1706年的评估形式被用于直接税法，包括那些用于赎回资金债券的直接税，直到1738年结束。[257]

1738年，这一评估被修改为一项对以下内容的税收：

---

〔255〕 McKay, 1944, p. 19.

〔256〕 Brock, 1975, p. 247 和 McKay, 1944, p. 20。

〔257〕 例如，《一项分摊和评估6000英镑税款的法案》(1727年5月)(马萨诸塞)和《一项分配和评估4493英镑税款……的法案》(1737年5月25日)(马萨诸塞)；American Antiquarian Society, 1956, No. 39866, No. 40123。Brock, 1975, p. 28.

> 所有财产，包括不动产和个人财产……以及任何人获得的收入或利润……从事或将从任何贸易、才能、商业或雇
229 佣中获得的收入或利润，以及未经特别评估的金钱或其他财产产生或可能产生的所有利润，或者在其改进中的利润佣金，根据他们的理解以及智慧……[258]

一项附加是将雇佣纳入税收费用，但除此之外，税基似乎没有什么变化。税率仍有所降低或增加，以弥补因此产生的人头税未能达到的城镇剩余配额的问题。不动产的税收数额仍需按人均 6 年收入各种动物每头按特定数额计算。

在 18 世纪 40 年代初，马萨诸塞曾努力减少信贷金额。在该尝试小有成效之后，情势戏剧性地逆转了，乔治国王战争的爆发使马萨诸塞再次发行了大量信用券。马萨诸塞通过发行前所未有的新券筹集资金，以资助对法国北部的远征，从 1744 年到 1748 年签署《艾克斯—拉—夏佩尔条约》为止，未偿还贷款增加了 7 倍。根据这一条约，英国归还了法国在布雷顿角岛的要塞路易斯堡，这座要塞在 1745 年被新英格兰人以天价获得。1749 年，英国用西班牙元以及铜铸币偿还了这一笔费用。这种货币被用来偿还未偿还的信用券。[259] 尽管 18 世纪 40 年代发生了这些金融动荡，但马萨诸塞的直接税形式从 1738 年到 1755 年一直保持不变。

康涅狄格的情况也类似，尽管它使用了新英格兰殖民地中“最明

---

[258] 《一项分摊和评估 13,000 英镑税款的法案》(1738 年 5 月 31 日)(马萨诸塞)；American Antiquarian Society, 1956, No. 4268。

[259] McKay, 1944, p. 26 – 30.

智”的信用券。康涅狄格在1709年首次发行信用券,以支付政府的年度费用。在18世纪40年代之前,未偿付的金额一直不多,但在1713年达到了顶峰。殖民地曾两次发行贷款式信用券,第一次是在1733年,第二次是在1740年。[260] 但与马萨诸塞类似,这些事件对直接税的形式几乎没有影响。1725年的一项法律有一个小小的变化,它要求对律师就其才能按照一定的税率征税。[261] 然而,来源税制度 230
继续要求工匠和贸易商“按其获利和回报的比例”来征税。[262]

在18世纪40年代,康涅狄格也发行了大量税收担保下的信用券,但是和马萨诸塞一样,在10年期限结束时,这些债券将由英国提供的资金赎回,作为乔治国王战争费用的补偿。[263] 为了补充这些资金,康涅狄格于1751年、1752年和1753年分别征收人头税和财产税。[264] 按照通常的方式,人头税和财产税会定期在一个列表中进行评估。与此同时,在1750年,在这个清单中有一个关于贸易评估的,详细说明如下:

> 所有的贸易商、手艺人和技工,都应根据他们的获利和回报的比例,在清单上评估;同样地,所有仓库、商店、工场和磨坊,凡是其所有者具有特定改进或优势技能的,根据最

---

[260] Brock, 1975, p.43-45.

[261] 《一项要求每年评估合格律师的能力的法案》(1725年)(康涅狄格);American Antiquarian Society, 1956, No.2621。

[262] 例如,关于1725年的决议,见Connecticut, 1850-1890, Vol.6, p.576。

[263] Brock, 1975, p.445和McKay, 1944, p.425。

[264] Brock, 1975, p.309-310.

佳判断和自由裁量权评估。[265]

后面这句话的增加似乎是为了明晰那些把劳动力和大量资本结合起来的企业的地位。

康涅狄格在发行信用券方面特别保守，而罗得岛则相对开放。从1715年开始，就其规模而言，罗得岛发行了大量贷款式信用券，[266]并在新英格兰的其他殖民地开始流通。[267] 但与其他新英格兰殖民地一样，即使有税收支持，发行票据对殖民地的直接税形式影响
231 也不大，直接税的征收与安妮女王战争结束前的方式大致相同，见原著第203页。直到1744年乔治国王战争开始时，直接税评估的形式才有了变化。根据当年的一项法律，各种形式的动产和"隐藏的其他动产"都应被征税。[268] 不动产也是可评估的而且是"以十年的租金来"评估，人头税也是应评估的：

---

[265] 《一项在美洲新英格兰康涅狄格国王陛下殖民地的法令和法律中，列名者在其公职和职责的指令的法案》(1750年)(康涅狄格)，在第138页；American Antiquarian Society, 1956, No. 6479。

[266] 当时罗得岛的人口可能不超过1万人，见Simmons, 1976, p. 100。

[267] McKay, 1944, p. 31 – 35. Brock, 1975, p. 38指出，到1744年，罗得岛的人均未付信用券的数量是马萨诸塞的6倍。有人认为(Brock, 1975, p. 39)，这些信用券绝大多数都进入了邻近的殖民地，尤其是马萨诸塞，结果是邻近的殖民地为罗得岛的信贷提供了资金，并通过支付这些信用券的利息，为罗得岛政府提供了资金。罗得岛过度行为的原因之一是它保留了公司章程(就像康涅狄格一样)，而马萨诸塞和新罕布什尔在1691年获得了王室特许状(见原著第196~197页)，并服从英国王室的指示。1752年，康涅狄格禁止使用罗得岛的信用券；McKay, 1944, p. 45)。

[268] 《一项确定哪些财产是应课税的，并在价值上按比例分摊的法案》(1744年9月18日)(罗得岛)，根据《国王陛下罗得岛殖民地的法案和法律》(1744年)(罗得岛)第295页；American Antiquarian Society, 1956, No. 5683。

> 且不论上述当局是否颁布,按上述规定征收的所有税种的评税员,均应考虑所有靠其才能获利的人,并对其作出相应的评税。

这显然是从 1695 年的利润评估转向资产价值评估的重大举措,与当时马萨诸塞的评估形式大体一致。塞利格曼指出,这是罗得岛法律中最后一次直接提到"才能"。[269] 下一部关于应征税财产的法律在 1747 年乔治国王战争最激烈的时期颁布,其遵循了 1744 年的法律,但只是简单地提到了这一点:

> 所有应征税财产的价值,以本殖民地现行法律所指定的方式和方法予以认定。并且所有不动产的应征税价值以各镇的评税员所作的估值为准。[270]

这里没有提到"才能"。

像康涅狄格一样,在 1709 年安妮女王战争费用引起的财政危机中,新罕布什尔开始发行信用券。[271] 信用券发行的数量在 18 世纪的第二个 10 年中有所增加,似乎每一次发行都照例由每年的税收支

---

〔269〕 Seligman, 1914, p. 375.

〔270〕《一项指示如何确定该殖民地的应课税财产的价值以及每个城镇的课税比例的法案》(1747 年 6 月)(罗得岛);American Antiquarian Society, 1956, No. 6919。

〔271〕 New Hampshire, 1867 - 1915, Vol. 3, p. 410 - 411 指出,1709 年 12 月 5 日,议会在信贷法案中投票通过了 4000 英镑的信用券,并提及了《本届议会为在未来五年内筹集 5000 英镑,以支持和支付上述信用券而制定的法案》。

232 持。[272] 在许多情况下，由于征税而带来的信用券被重新发行了，而不是按照计划销毁。就像在其他殖民地一样，这是以需要货币的名义进行的。因此，对货币的需求也为 1717 年首次发行 15,000 英镑的贷款券提供了理由。[273] 这些发行似乎对直接税制度的形式影响不大，直接税制度似乎是按照 1692 年法律的办法每年征收的（见原著第 201 页）。

1720 年，英国贸易委员会指示新罕布什尔总督，在没有王室批准的情况下，除非绝对必要，否则不得再签发任何信用券。新罕布什尔与印第安人的战争在 18 世纪 20 年代为增发信用券提供了必要性，以直接税作为担保的信用券被发行。当时几乎没有关于税收形式的法律指引。它们通常向本属地区域的“人和财产”征收，但通常认为，与其他新英格兰殖民地一样，税基几乎没有变化。[274] 1730 年，总督收到指示，进一步限制发行信用券的权力，并被要求按照发行条款收回所有未偿付的券。其结果是，每年都会征收直接税，但这些税只用于偿还未偿付的信用券。这意味着政府在 18 世纪 30 年代早期至中期的一般支出并没有依靠税收支持。[275]

众议院未能限制信用券的进一步发行，而总督和议会也未能确保每年的资金供应，这导致两者之间的紧张关系。1737 年，上述问题最终得到了缓解。该年通过了一项法案，通过发行以税收来赎回

---

〔272〕 例如，关于 1711 年和 1714 年的发行，参见 New Hampshire, 1867 – 1915, Vol. 3, p. 503, p. 564 以及 Fry, 1908, p. 346 – 349。

〔273〕 See New Hampshire, 1867 – 1915, Vol. 3, p. 688. Fry, 1908, p. 349 – 351.

〔274〕 例如，《一项对本属地内的波兰人和财产征收 1000 英镑的税的法案》（1723 年 6 月 1 日）（新罕布什尔）；New Hampshire, 1867 – 1915, Vol. 3, p. 105, p. 139, p. 186; Fry, 1908, p. 353 和 Robinson, 1902, p. 32 – 33。

〔275〕 See Fry, 1908, p. 359 – 360.

的信用券支付公共债务。[276] 在通常情况下，法律对税基没有明确规定，只是规定税收将针对“个人和本属地居民的不动产和财产……”。众议院和总督之间的争端暂时缓解了一段时间，而且在接下来的一段时间里，众议院拒绝每年供应资金，直到乔治国王战争 233
开始。

1742 年，一位新总督的上任使问题得到了解决。1744 年至 1749 年，为支付各类费用新罕布什尔开始有限地发行可以通过税收赎回的信用券。在这期间，为给该属地提供货币，新罕布什尔发行了 25,000 张贷款券。按照惯例，新罕布什尔将提高人头税和财产税。[277] 与此同时，新罕布什尔通过了一项法案，规定要为在各城镇中分配税收而设立新的财产清单。[278] 这与当时其他新英格兰殖民地的情况一致，但没有明确提到“才能”。[279] 当与法国的战争开始时，特别是为了支持对路易斯堡的远征（见下文），更多的信用券被发

---

〔276〕《一项为清偿本属地的公共债务和本法下文所述的其他目的，向国库提供总额为 6500 英镑的信用券的法案》（1736 年/1737 年 3 月）（新罕布什尔）；New Hampshire, 1867 – 1915, Vol. 4, p. 722。

〔277〕《一项授予最伟大的陛下一笔金额为 4720 英镑的信用券，这笔金额相当于同等额度的公告货币供国库清偿公债及本法前项规定的其他用途，同时将上述券重新拨入国库的法案》（1742 年 4 月）（新罕布什尔）；以及《一项向本属地发放总额为 25,000 英镑的信用券，金额等于同等额度的公告货币，并授予国王陛下由上述法案所述目的所产生的利息的法案》（1742 年 4 月）（新罕布什尔）；New Hampshire, 1867 – 1915, Vol. 5, p. 157 – 164, p. 654; Fry, 1908, p. 375 – 376。

〔278〕《一项使城镇分配比例更加平等的法案》（1742 年 6 月 23 日）（新罕布什尔）；New Hampshire, 1867 – 1915, Vol. 5, p. 165; Robinson, 1902, p. 34。

〔279〕 Robinson, 1902, p. 35 指出，法律和实际实践之间无疑会有相当大的分歧，因为后者在某种程度上受当地习俗的控制。他还举了一个城镇的例子，那里有两名男子依据其“才能”进行征税。

行。直到18世纪60年代,这些法案都是由直接税来担保的。[280] 最后,在总督与议会的争议后又过了一段时间,新罕布什尔于1753年制定了一项法案,通过重新发行特定的信用券偿还公共债务,这些信用券将通过在未来5年内征收人头税和财产税予以偿还。[281] 与此同时,新罕布什尔于1753年又有了一项新的法律规定了财产清单,但人们对于这一法律是否在严格意义上通过是存疑的。[282] 同样,这项法律也没有明显提到按照"才能"征税。[283]

234 法国根据1713年的《乌得勒支条约》将阿卡迪亚(新斯科舍)割让给英国后不久,在1717年,其开始在布雷顿角岛北部的路易斯堡建造一座要塞,并一直保留着这个要塞。随着新斯科舍被英国占领,法国的阿卡迪亚人至少在原则上受英国法规制。英国人在安纳波利斯(法国属下的王室港)有驻军,但是仅限于附近地区,并且人数很少。政府完全由驻守在安纳波利斯的总督掌管。1719年,一项委任状即将到达,要求成立一个委员会。法国人在很大程度上是由他们选择的代表进行自治的,但是存在设立总督的呼声。考虑到政府有限的管辖范围,在殖民地的早期没有直接税的记录。然而,似乎法属阿卡迪亚人在他们的土地上需要缴纳代役租金。这原本是总督对法国王室的一项义务,其却主张有利于英国王室。[284] 似乎还有一些直

[280] Fry, 1908, p. 390 – 398.

[281] New Hampshire, 1867 – 1915, Vol. 6, p. 189 – 190(1753年3月13日的诉讼程序,但没有法律权利)。Fry, 1908, p. 401 – 402和Brock, 1975, p. 295。

[282] Robinson, 1902, p. 36.

[283] New Hampshire, 1867 – 1915, Vol. 6, p. 175. 与往常一样,税基包括人头、改良的土地、马匹、牲畜和每年的磨坊的租金。

[284] Nova Scotia, 1908, p. 190 – 191, p. 260 – 261. 似乎至少有一些英国定居者也有类似的义务;Nova Scotia, 1908, p. 227 – 228。

接的义务，以劳动贡献的形式参与共同事业。[285]

法国人的抗议和抵抗，以及与新英格兰人的冲突，使英国人很难在新斯科舍建立政府。法国在路易斯堡建造的要塞引起了特别的争议。1745 年，在乔治国王战争期间，新英格兰人和英国军舰联合进攻占领了要塞。[286] 然而，如上所述，路易斯堡在 1748 年根据《艾克斯—拉—夏佩尔条约》被归还法国。此时，法属阿卡迪亚的人口已经膨胀到大约 1 万人。[287] 1748 年之后，法国继续快速地夯实其在美洲的领地。英国人认为（部分原因是马萨诸塞总督的陈述），控制法国人的唯一方法是在新斯科舍建立一个更大的堡垒和殖民地。1749 年，康沃利斯（Cornwallis）勋爵被派出落实这件事。政府鼓励来自英格兰、德国、苏格兰和新英格兰的移民，让他们在新英格兰殖民地哈利法克斯（Halifax）的新堡垒附近定居，这是新斯科舍的英国政府的新所在地。然而，早期的定居者不超过 2000 到 3000 人。[288] 235

1749 年至 1758 年，新斯科舍属地的政府工作由总督会同行政委员会在没有议会的情况下进行安排。波利诺（Bourinot）认为：

> 在此期间通过了一些法令，其中一些为了增加财政收入而对贸易征收关税。首席大法官贝尔彻（Belcher）对法案的合法性提出了质疑……他得到英国总检察官的支持……这项决定的结果是成立了一个代表大会，它于 1758

[285] 例如，Nova Scotia，1908，p. 308 重述了 1734 年 10 月 29 日总督会同行政会议向安纳波利斯王室河两岸居民发出的要求维修和建造公路的命令。

[286] Simmons，1976，p. 274.

[287] Bourinot，1900，p. 9.

[288] Bourinot，1900，p. 17.

年10月2日在哈利法克斯召开了第一次会议。[289]

(2)中部殖民地

1709年安妮女王战争期间,纽约开始发行信用券。在接下来的四年里征收的税收被用来赎回信用券(见原著第205页)。1711年,纽约又有新的信用券发行,这一次发行的这些信用券,是用1714~1718年的税收来赎回的。[290] 这些税收的税基与1709年法律中的规定相同。在这10年的剩余时间里,纽约又发行了以间接税为担保的信用券。18世纪20年代,纽约又有更多的新券发行,包含一些由直接税担保的信用券。[291] 但直接税的形式并没有改变。[292]
236 1746年乔治国王战争期间大量发行的信用券也是如此,它以直接税作为担保,而直接税的形式还是与以往相同,即对常住居民的不动产和动产征收。[293]

---

〔289〕 Bourinot, 1900, p. 22–23. 例如,《一项对鱼和鱼油给予奖励,并对烈酒商征收关税以支付上述奖励金,并且需要确保支付上述关税的法案》(1751年4月29日)(新斯科舍),以及《一项对从邻近殖民地进口的烈性酒征收每加仑3便士的税,并鼓励在本属地蒸馏酒,并对在本属地建造的所有船只或船只给予每吨10先令的奖励的法案》(1751年7月31日)(新斯科舍);CO 219/3,分别在第41页和第53页。首席大法官贝尔彻(Belcher)是新斯科舍首位首席大法官,起草了议会的早期立法。他毕业于哈佛大学,父亲是马萨诸塞总督,这证明了新英格兰和早期新斯科舍的联系。Bourinot, 1900, p. 25–26。

〔290〕 《一项征税10,000英镑的法案》(1711年)(纽约); American Antiquarian Society, 1956, No. 1636。

〔291〕 Brock, 1975, p. 67–69.

〔292〕 《一项用于偿还英国法院对该殖民地已故代理人的债务,用于完成国王陛下乔治堡的建筑;为上述目的,从上述资金中借入若干金额,并对其中用于特定用途的资金进行征税的法案》(1726年6月)(纽约); American Antiquarian Society, 1956, No. 2786。

〔293〕 《一项通过对不动产和个人财产征税,筹措40,000英镑作为在加拿大对法国人进行远征的经费的法案》(1746年6月)(纽约); American Antiquarian Society, 1956, No. 5824。

新泽西的经历与之相似,它也在安妮女王战争期间开始发行信用券。这对新泽西直接税的形式几乎没有影响,直接税基本上像以前一样继续被征收(见原著第 206 ~ 207 页)。在 18 世纪 20 年代,最初发行的信用券的赎回导致了货币紧缩和贸易的萧条。英国王室在 18 世纪 30 年代早期批准发行新的贷款,这些贷款的利息被用来支付政府的开支直到 18 世纪 40 年代末期,因此这段时间内不再征收直接税。[294] 根据 1753 年的一项法律,未兑付的信用券必须在 10 年的期限内通过税收进行赎回。[295] 虽然对评估员的指示变得更加详细,但该税还是采用了通常的新泽西形式(见原著第 206 ~ 207 页)。应纳税的项目和行为被列出,并附有对每个项目和行为的评估说明,这通常由评税员在一定范围内自行决定。与 1709 年的第二次征税一样,1753 年的法律没有明确提到"才能"或"能力",但对"没有马匹的单身男子"征收了剩余的人头税。

作为北方殖民地的一个特例,宾夕法尼亚在安妮女王战争期间没有发行信用券。此外,它并没有在战后立即发行信用券,而是继续征收直接税。1714 年的重要征税是针对"本属地内……所有财产,包括不动产和动产……"[296] 与 1700 年的法律一样(见原著第 208 页),1714 年征税也存在一种剩余人头税。此时对评估员的指示已经更加详细,人员、土地、仆人、黑人、牛、马和羊都被列入征税名录。

---

〔294〕 Brock, 1975, p. 84 - 95.

〔295〕《一项通过属地税在不同时期征收基金,用于支付总额为 15, 322 英镑 4 便士的款项,该款项现为未偿付的信用券,用于国王陛下在最近的战争中服役的法案》(1753 年)(新泽西),在《新泽西议会法案》(1761 年),第 2 卷,第 1 页中;American Antiquarian Society, 1956, No. 8947。

〔296〕《征收每镑 1 便士以及每人 4 先令,并恢复其中提到的其他法案的法案》(1714 年 10 月)(宾夕法尼亚);American Antiquarian Society, 1956, No. 1775。

1717 年的税法也有类似的效果。[297]

17 世纪 20 年代初，经济萧条，宾夕法尼亚的货币枯竭。于是，宾夕法尼亚在 1723 年发行了贷款式信用券，试图通过提高信贷和货币
237 的供应量来缓解当前的困难局势。其中一些券被借给了各县，在那里，这些票据将以“与县税相同的方式”（可能是 1700 年法律规定的）每年征收一笔税款用以偿付。[298] 此后不久，即 1724 年，1700 年关于县税的法律被取代。[299] 1724 年的规则对治安官提供了更具体的指示，要求他们列出人员、土地、仆人、黑人、牛、马和羊的名单。显然，宾夕法尼亚的财产税并不全面。除此之外，宾夕法尼亚还有剩余的人头税。1729 年，贷款式信用券在宾夕法尼亚进一步发行，并于 1739 年再次发行，但在 1746 年乔治国王战争期间的发行规模较小。地方政府的开支可以用贷款利息和间接税来支付，所以直到 1755 年才有直接税。[300]

安妮女王战争后，特拉华议会继续实施不征收中央税的政策，尽管县税可能已经征收。1723 年，特拉华（作为宾夕法尼亚的一部分）发行了第一批贷款信用券，随后在 1726 年、1729 年和 1734 年又相继发行了多批信用券。这些券的发行形式可能与宾夕法尼亚的券的发行形式相似，而这些券（至少是借给县的那些）将由对人头和财产征

[297] 《每镑中增加 1 便士和每人增加 4 先令，并恢复其中提到的其他法案的法案》（1717 年 8 月）（宾夕法尼亚）；American Antiquarian Society，1956，No. 1994。

[298] 《一项发行和兑换 15,000 英镑信用券的法案》（1722 年 10 月）（宾夕法尼亚），以及《一项发行和兑换 30,000 英镑的信用券的法案》（1723 年 10 月）（宾夕法尼亚），在宾夕法尼亚费城的特许状（1742 年）中；American Antiquarian Society，1956，No. 5033。

[299] 《一项提高县税费和征收的法案》（1724 年 10 月）（宾夕法尼亚），在宾夕法尼亚费城的特许状（1742 年）中；American Antiquarian Society，1956，No. 5033。

[300] Brock，1975，p. 74 – 84.

收的县税兑付。[301] 1740 年，在乔治国王战争期间，特拉华政府（如同新泽西和马里兰政府一样）决定支持在西印度群岛发生的对抗西班牙人的远征。[302] 为支持这次远征而征收的税款仅分配给三个县，以"与县税征收和筹集的方式相同……"的方式进行募集。[303]

县税的税基没有明确界定，但似乎仍涉及"个人和财产"。[304] 人 238
头税和财产税与其他中部殖民地是一致的。[305]

（3）南部殖民地

如上所述，弗吉尼亚直到 1755 年才发行信用券。在几乎所有殖民地的早期，殖民地的商品都以法律规定的费率作为货币流通。此外，税收和其他公共债务通常由商品支付。弗吉尼亚，以及更小范围的马里兰，就是重要的例证，其通过稳定的烟草商品支付税收以及公共债务。这种做法产生的一个问题就是逐渐出现了以劣质商品付款的趋势。在早先的这次尝试失败后，弗吉尼亚在 1730 年解决了这个问题，其要求将用于支付的烟草存放在公共仓库中，并提供一张纸币作为交换。这些烟草币作为法定货币的效力有限。[306] 尽管交换方

---

〔301〕 Daugherty, 1938, p. 49.

〔302〕 Brock, 1975, p. 91, p. 96 – 97.

〔303〕 《一项募集 1000 英镑，用于支付在该政府内募集的军队的伙食费和运输费，以准备对西班牙西印度群岛部分地区的远征的法案》（1741 年）（特拉华），在特拉华的肯特郡和苏塞克斯郡的纽堡镇政府法律（1752 年），第 154 页中；American Antiquarian Society, 1956, No. 4707。《确定特拉华的纽卡斯特、肯特和苏塞克斯几个郡支付政府税收的比例的法案》（1742 年）（特拉华），在特拉华政府法律（1797 年），第 239 页中；American Antiquarian Society, 1956, No. 32030。

〔304〕 《一项提高县税费和征收的法案》（1743 年）（特拉华），在特拉华的纽卡斯特、肯特和苏塞克斯的政府法律（1752 年），第 247 页中；American Antiquarian Society, 1956, No. 6835。

〔305〕 Seligman, 1914, p. 378.

〔306〕 Brock, 1975, p. 9 – 15.

式有了这些发展，但直到1755年，弗吉尼亚的简单人头税仍然是唯一的直接税形式。

与弗吉尼亚一样，马里兰在没有具体货币的情况下，也使用烟草作为货币。[307] 然而，马里兰更深刻地感受到这种方式的缺陷，并于1733年发行了信用券。该种信用券的兑付以烟草出口税为担保。[308] 直到18世纪中叶，尽管发行的金额有所不同，但基本制度保持不变。尽管信用券会由烟草税兑付，但安妮女王战争期间征收的人头税（见原著第209～210页）还是断断续续地持续到18世纪40年代。[309] 与弗吉尼亚一样，这种直接税制并没有改变，直到与法国的战争开始。

如原著第211页所述，南卡罗来纳早在1703年就开始发行信用券，并通过税收担保。1712年，南卡罗来纳是第一个发行贷款式信
239 用券的殖民地。18世纪10年代后期安妮女王战争期间，在西班牙人和印第安人发生冲突之后，南卡罗来纳的财政危机加剧。南卡罗来纳通过在1715年和1716年发行更多信用券来资助雅玛西（Yamasee）印第安人的战争。[310] 1715年的法律将按照类似于1703年法律中使用的条款来征收税款（参见原著第211页）。1716年，该

---

[307] Brock, 1975, p. 15 – 16.

[308] Brock, 1975, p. 99 – 101.

[309] 例如，《本属地公共费用评估和支付法案》（1742年9月/10月）（马里兰）；Maryland Historical Society, 1883 – 1972, Vol. 42, p. 444。

[310] 《一项从本属地居民的不动产和个人财产中筹集30,000英镑，以便将30,000英镑的同样数额记入信用券，以便更迅速地进行和支付对我们的印第安敌人及其同盟国的战争费用，以及筹集30,000英镑以偿还自战争开始以来的公众所承担的债务的法案》（1715年8月27日）（南卡罗来纳）；South Carolina, 1836 – 1841, Vol. 2, p. 627。Brock, 1975, p. 119 – 120.

法案被一项更强大的授权废除,这改变了税收的基础。[311] 根据这项法案,居住在各县内的人将被按其拥有的“土地和黑人”征税,而居住在查尔斯顿(Charlestown)的人,则“根据几项财产,包括不动产和动产,以及股票和能力……”来征收。该法律还开始明确规定应当从查尔斯顿征收部分税费。[312]

尽管这种税收架构的变化会持续下去,但 1716 年的法律则不会。它被 1719 年的一项法律废除,该法律以类似的条款征税,但具有更多的细节。[313] 此时,由于与西班牙人和印第安人的持续交战,南卡罗来纳陷入了财政危机。1720 年,王室接管了殖民地政府,作为一项临时保护措施,理由是所有权人没有向殖民地提供任何援助,但在此阶段,所有权人保留了他们对殖民地的权利。[314] 最终一部沿用了 1716 年征税形式的年度税法诞生。布洛克认为,从 1725 年到 1730 年征收的税款仅用于支付信用券,并且没有为政府的年度开支提供任何的准备金。[315] 这与新罕布什尔有一个明显的类比。

1729 年,所有权人将他们在殖民地(包括北卡罗来纳和南卡罗来纳)的权利卖给了王室。[316] 到 1731 年,有 106,500 英镑的未偿债券,尽管它们在 1731 年和 1748 年被重印,但这些券在殖民时期并未 240

[311] 《一项继续使用 30,000 英镑信用券货币……同时继续使用 5000 英镑的信用券的货币……并从该属地居民的土地和黑人中筹集和征收 95,000 英镑的金额……的法案》(1716 年 6 月 30 日)(南卡罗来纳);South Carolina, 1836 - 1841, Vol. 2, p. 662。

[312] 同本章注释 311,第 11 ~ 13 节。

[313] 《一项在土地和黑人身上筹集 70,000 英镑,用于支付公共债务、消除公共订单,以及换回、取消和消除,现在在信用券中很突出,银行券之外的信用券的法案》(1718 年/1719 年 2 月 20 日)(南卡罗来纳);South Carolina, 1836 - 1841, Vol. 2, p. 69。

[314] Simmons, 1976, p. 136.

[315] Brock, 1975, p. 128.

[316] Simmons, 1976, p. 137.

被赎回。南卡罗来纳一成为王室殖民地，王室总督就确保即使在乔治国王战争期间也不会再发行债券。[317] 但是，从1731年开始，政府又开始向公共债权人签发税收凭证，可以在几年内用于抵税，这些证书获得了一定的流通。在这方面，沿用1716年征税形式的年度直接税和1734年的法律是一个有用的例子。[318] 该法律将大约1/7的金额分配给查尔斯顿。剩余金额将从各县筹集，包含将黑人税扩大为一般人头税和以每100英亩土地为单位的土地税。查尔斯顿仍要对居民的“不动产和动产、股票和才能”征税。[319]

南卡罗来纳在1736年进一步发行了税收凭证，其通过在接下来的5年内征收正常的直接税来获得。[320] 南卡罗来纳年度税法的形式在1739年发生了一些变化。[321] 对查尔斯顿的摊派是以通常的形式进行的。但人头税又恢复为对奴隶和黑人征税。查尔斯顿以外的每100英亩土地的税仍然存在，但现在根据货物和现金的价值对县“零售店主”征税。对查尔斯顿居民的税收是按通常的形式征收的。[322]

随着乔治国王战争的爆发，南卡罗来纳在1740年和1742年分别发行了两次税收凭证，以资助佐治亚与西班牙佛罗里达的斗争。

---

〔317〕 Brock, 1975, p. 123.

〔318〕 《一项为支付政府一年的费用而筹集41,511英镑9先令和10便士半便士……的法案》(1734年4月9日)(南卡罗来纳); South Carolina, 1836 - 1841, Vol. 3, p. 383。

〔319〕 同本章注释318，第16节。

〔320〕 South Carolina, 1836 - 1841, Vol. 3, p. 461 - 464(1735年/1736年3月5日)，以及Brock, 1975, p. 124 - 125。

〔321〕 《一项授予国王陛下35,833英镑6先令11便士3法分的总和，用于支付政府一年的费用的法案》(1739年12月18日)(南卡罗来纳); South Carolina, 1836 - 1841, Vol. 3, p. 527。

〔322〕 同本章注释321，分别在第1节、第2节、第14节和第18节。

1745 年为确保查尔斯顿的防御工事，南卡罗来纳签发了最后一版税 241
收凭证。[323] 颁布 1747 年的税法是南卡罗来纳税法向略有不同形式过渡的一步。[324] 查尔斯顿仍然有一个特殊的配额，但它以与殖民地其他地区相同的方式评估土地、黑人和金钱的利息。然而，任何剩余的查尔斯顿配额都将在不同的基础上筹集。评估员应：

> 根据全部价值估算查尔斯顿广场范围内的几块土地和建筑物，以及每个人在贸易中的存货（也就是说）货物、商品、债券及其他特种产品或不计利息的纸券，以及贸易人员、零售店主和其他人的账簿债务，根据他们所知，并应评估上述款项的剩余部分，并向上述地块和建筑物的所有人，以及拥有上述交易中的存货的人员，平等且成比例地，根据他们对其价值的估计进行征税。[325]

查尔斯顿配额中“能力”一词的删除很有意思，尽管在 18 世纪 50 年代才被“才能”一词取代（见原著第 257 页）。

与南卡罗来纳一样，北卡罗来纳的货币主要以商品交换为基础。塔斯卡罗拉（Tuscarora）战争导致北卡罗来纳在 1712 年发行了第一版信用券。正如原著第 213 页所述，1715 年每 100 英亩土地征收的

---

[323] South Carolina，1836 – 1841，Vol. 3，p. 546（1740 年 5 月 5 日），p. 577（1740 年 9 月 19 日），p. 595（1742 年 7 月 11 日）和 p. 653（1745 年 5 月 25 日），以及 Brock，1975，p. 125 – 126。

[324] 《一项为国王陛下筹集和授予 52，827 英镑……的法案》（1747 年 6 月 13 日）（南卡罗来纳）；American Antiquarian Society，1956，No. 40442。

[325] 同本章注释 324，第 19 节。

税支持了信用券的发行，这是对通常形式的直接税的重大改变，这是一种简单的人头税。[326] 1722 年又发行了另一版信用券，以换取早期的券。从 1723 年开始直到 1729 年，所有者将其权利全部移交王室，其间没有征收过一般税。[327] 那一年，北卡罗来纳首次发行了贷款信用券。此后，王室和属地级官员继续从券的租金、费用和利息中获得报酬。然而，贷款券似乎“管理不善”，公共债务被大量拖欠直到
242 1734 年。[328] 于是，北卡罗来纳在那一年开始征收人头税，以获得资金兑付已发行的信用券。[329] 此后，北卡罗来纳就一直没有再发行信用券，直到 1748 年乔治国王战争期间，来自佛罗里达的西班牙人的威胁促使人们开始建造防御工事，信用券再次发行。[330] 该次发行将通过每年征收的人头税来赎回。[331]

佐治亚，美洲建立的最后一个殖民地，1732 年作为专有殖民地

---

[326] 在形式上，税款每年征收一次，直到账单付讫为止。Brock, 1975, p. 109 似乎暗示这些账单在 1722 年仍然未付清，并且仍在征收税款。

[327] Parker, 1928, p. 108.

[328] Brock, 1975, p. 108 – 111.

[329] 《一项授予国王陛下 14, 150 英镑 3 先令和 2 便士，用于为本属地的公众服务，并对其居民征税以支付这些费用；以及 10, 000 英镑的印花税，以便更直接地清偿的法案》(1734 年)(北卡罗来纳)，在《议会法》中提到的部分信用券：现在生效和使用(1751 年)，第 83 页；American Antiquarian Society, 1956, No. 6742。Ashe, 1925, Vol. 1, p. 392.

[330] Brock, 1975, p. 112 – 113.

[331] 《一项授予国王陛下发行 210, 350 英镑的公告资金，并以上述 210, 350 英镑的价格，按公告资金费率附上印花税票发行本省公共信用证；用于在本属地建造防御工事、支付公共债务、交换现有信用券，以及为支付政府的或有费用作出适当的准备；以及废除以下提到的几项法律的法案》(1748 年)(北卡罗来纳)；North Carolina, 1886 – 1905, Vol. 23, p. 292。该税是对“该属地的每个应纳税人”征收的，并以黄金、白银或信用券支付。在此之前，各种商品都需要缴纳税款，这在很大程度上导致了北卡罗来纳的税收不足，无法收回其信用券。Brock, 1975, p. 112 – 113.

成立。[332] 在某些方面，它在已建立的殖民地和西班牙殖民地，特别是与佛罗里达之间形成了一个军事缓冲区。事实证明，它是攻击佛罗里达西班牙堡垒的重要基地，从 18 世纪 30 年代中期到 18 世纪 40 年代中期，这里发生了许多事件。在成立后的前 18 年里，该殖民地一直处于受托人和没有代表大会的共同委员会的控制之下。正如里斯（Reese）所指出：

> 对金钱的持续需求使受托人永远依赖于议会，没有议会的支持，他们的殖民地就无法维持……佐治亚被投票……不同的年度金额不同……直到特许期结束，到那时已拨款总计 136,000 英镑。在同一时期，受托人从其他来源筹集的资金不到 16,000 英镑。[333]

没有议会意味着没有直接税收。这里存在一个租金制度，但很少被执行。在改革的压力下，所有权人于 1750 年举行了第一次会议，尽管当时它没有立法权。[334] 佐治亚当时人口约为 2000 人。1752 年，这一制度以向王室交出所有权而告终。[335] 直到 1754 年英国才在该地建立了王室政府，授权的议会直到 1755 年才召开会议，届时人口已比 1750 年增加了两倍。 243

---

〔332〕 Simmons, 1976, p. 56.

〔333〕 Reese, 1963, p. 30.

〔334〕 Reese, 1963, p. 20, p. 44 – 45.

〔335〕 Simmons, 1976, p. 241.

2. 西印度群岛

1713年《乌得勒支条约》签订后的20年，巴巴多斯相对平静。经过一段时间的丑闻后，巴巴多斯在1723年迎来了一位新总督，并在他居留期间每年提供6000英镑的补助金以及征收一项税款。[336] 该税是根据安妮女王战争期间发展起来的熟悉的五项税目征收（见原著第217页）。[337] 第二年，巴巴多斯也征收了类似的费用以支持发行信用券。[338] 在1739年敌对行动再次开始之前，巴巴多斯的直接税的方式几乎没有进一步发展。[339] 这是巴巴多斯的繁荣时期，仅巴巴多斯对英国的出口价值就可以与所有美洲殖民地相媲美，因此它没有像那些殖民地那样遭受贸易逆差的影响。[340]

巴巴多斯在乔治国王战争期间按照与之前相同的方式征收直接税。这包含在新总督任职期间向其提供初始授权。[341] 税收形式包
244 括对黑人征收人头税，对风车、窑炉和牛磨坊征税，以及根据配额和资产评估对城镇房屋、动产和贸易商征税，对犹太人的歧视性征税和

---

〔336〕 Burns, 1954, p. 453.

〔337〕 《一项支持政府荣誉和尊严的法案》（1722年/1723年2月26日）（巴巴多斯）；CO 30/8，第137页。

〔338〕 《一项对该岛居民征收税款，并建立一种方法来提供现金短缺以偿还公共债务的法案》（1723年12月31日）（巴巴多斯）；CO 30/8，第207页。由于该法律列于Hall, 1764, p. 509，第818号法律中，因此推定该法律已生效，Chalmers, 1893, p. 52有评论。

〔339〕 见《一项以更好地支持阁下和该岛政府的尊严的法案》（1733年5月29日）（巴巴多斯），《一项弥补消费税不足，以及为其他公共用途筹集资金的法案》（1734年4月16日）（巴巴多斯）和《一项对该岛居民征收税款，以弥补消费税的不足，以支付公共债务，以及该岛政府的年度开支的法案》（1737年12月9日）（巴巴多斯）；Hall, 1764, p. 513, p. 516, No. 866, No. 872, No. 892。

〔340〕 Burns, 1954, p. 454.

〔341〕 例如，《一项每年筹集一笔资金以支付政府开支的法案》（1742年9月28日）（巴巴多斯）；CO 30/10，第35页。

对特定官员的征税。[342] 如果最初的授权所征收的税被证明不足以满足任何一年的费用，那么将按照相同的方式收取“额外”费用。[343] 这种类型的税收持续到 1755 年。[344]

与巴巴多斯一样，背风群岛与英国保持了良好的贸易平衡，在安妮女王战争结束后的几十年非常繁荣。[345] 法国人被驱逐出圣基茨促进了当地的贸易，他们在这些小殖民地定居，同时直接税收制度也落地生根。

尼维斯继续沿用安妮女王战争期间使用的税收形式，即征收一定数额的税款，一部分针对奴隶，一部分针对“自由持有者、住户和贸易商”，由任命的委员会在个人之间分配。[346] 1725 年，后一部分被取消，征收税款的唯一依据是奴隶主所拥有的奴隶，为此目的，要求奴隶主必须准备一份清单。[347] 1755 年之前，同样的税也断断续续地被征收。[348]

---

〔342〕 到了这个阶段，对律师和某些其他职业的税收已经从第五项税目中删除了，但可能是根据城镇配额制度对他们征收。

〔343〕 例如，一项题为《〈每年筹集一笔资金以支付政府开支的法案〉的附加法案》(1747 年 5 月 26 日)(巴巴多斯)；Hall，1764，p. 521，第 948 号法律。

〔344〕 例如，《一项征收税款以支付政府开支的法案》(1754 年 2 月 19 日)(巴巴多斯)；CO 30/10，第 126 页。

〔345〕 Burns，1954，p. 459.

〔346〕 此类征税是在 1714 年、1719 年、1721 年和 1723 年进行的。见 CO 185，第 46、79、83、117 页。

〔347〕 《一项对属于尼维斯种植园和居民的黑人和其他奴隶征收人头税的法案》(1725 年 5 月 29 日)(尼维斯)；CO 185/1，第 121 页。

〔348〕 例如，《一项对属于尼维斯的种植园和居民的黑人和其他奴隶征收人头税的法案》(1733 年 5 月 16 日)(尼维斯)，《对属于该岛的种植园和居民的黑人和其他奴隶征收人头税的法案》(1744 年 7 月 10 日)(尼维斯)，以及《在其执政期间为乔治·托马斯·埃斯奎尔阁下提供光荣的支持，并对黑人征收税款的法案》(1753 年 11 月 3 日)(尼维斯)；CO 185/1，分别在第 163 页、第 185/4 页、第 63 页和第 185/5 页、第 7 页。

相比之下，圣基茨属于英国的部分和属于法国的部分统一后，其直接税制需要一段时间才能稳定下来。在1715年，其按人头征收奴隶税。[349] 随后，1716年，圣基茨继1711年之后又征收人头税，包括
245 对奴隶的人头税和贸易税。[350] 在18世纪20年代初，贸易税的形式开始发展。根据1720年的法律，虽"常住或居住在岛上的商人和贸易商"的征收，必须参加"提供他们的贸易账目……"，但在税基方面没有进一步的发展。[351] 1722年的征税将贸易税转化为有效地对土地和改良设施征收的税：

> 每英亩可耕地……应征收……4先令的流通货币……以及各个城镇的所有房屋、仓库、商店和公寓……应征收……1先令的金额……以英镑为单位，按其真实年价值……[352]

"年价值"的提法似乎受到了英国土地税的影响。根据1720年和1722年的征收规定，奴隶也要按人头征税。

---

〔349〕《一项征收税款以偿还该岛公共债务的法案》(1714年/1715年2月19日)(圣基茨)；CO 240/4，第44页。

〔350〕《一项筹集征税以偿还该岛公共债务的法案》(1716年11月27日)(圣基茨)；CO 240/4，第74页。

〔351〕《一项通过人头对该岛所有奴隶征税，并在同一地区的内陆贸易中征收500英镑的法案》(1720年5月7日)(圣基茨)；CO 240/1，第104页。

〔352〕《一项对圣克里斯托弗岛的土地以及该岛几个城镇的房屋、仓库、商店和公寓征税的法案；同样，为了继续和完成硫磺山和查尔斯堡的防御工事，也为了筹集应付给公众的所有欠款并为此设立基金；以及上述岛屿的其他防御工事和炮台，以及支付公共债务和支付上述岛屿的其他公共开支的法案》(1722年6月28日)(圣基茨)；CO 240/5，第10页。

两年后,圣基茨从土地税恢复到对奴隶和贸易征税。[353] 评估员"根据他们各自的贸易和交易情况,尽可能准确地评估居住在岛上的商人、店主和其他贸易商……"纳税人必须向评估员提供"他们的发票金额或其他贸易和交易的价值说明,以便按上述比例准确评估……"这是一个有趣的例证,说明了对贸易征税所增加的努力。同样有趣的是,尽管其中没有提到"利润",但至少有这样一种期望,即交易者会保留某种形式的账簿或账目。这种形式的税收在此征收后被放弃,但又在1722年土地税的发展中回归。

如原著第220页所述,在1713年《乌得勒支条约》签订之后,英 246
国人开始处置以前在圣基茨属于法国的土地。到1728年,所有这些土地都已售出。[354] 1729年,与奴隶税一起征收的土地税恢复。[355] 与1722年的土地税不同,该税并未对农村土地征收:

> 若干城镇的房屋、商店和公寓……应被……征收……其年租金或其实际价值的1.5%……

奴隶税可能被视为对城镇以外土地的有效征税。这种形式的直接税在圣基茨一直持续到1755年之后,其中包括对每个奴隶的人头

---

〔353〕《一项对黑人和其他奴隶以及对该岛的内陆贸易征税的法案》(1724年5月19日)(圣基茨);CO 240/6,第30页。

〔354〕 Burns, 1954, p. 437.

〔355〕《一项对本岛内的黑人和其他奴隶征税,以及对同一岛屿内几个城镇的房屋租金价值征税,用以修建查尔斯堡的围墙,并修复同一个堡垒和其他防御工事、堡垒和炮台的法案》(1728年/1729年2月3日)(圣基茨);CO 240/5,第23页。

征税，以及对圣基茨城镇中的"房屋、仓库、商店和公寓"的年价值征税。[356] 1729年，适用于背风群岛和巴巴多斯其他地方的出口产品的4.5%的关税（见原著第146页）被扩展到圣基茨以前属于法国的地区。[357]

1716年，安提瓜征收直接税，这与安妮女王战争期间的征税基
247 本一致（见原著第219～220页）。[358] 这次征税很重要，因为它确定了安提瓜的直接税形式，在这个阶段，安提瓜仍然是背风群岛的首府，拥有绝大部分的人口和贸易。[359] 按照通常的方式，1716年的征税对奴隶按人头征收，并纳入了酒类许可。它接着任命了一些专员，这些专员将：

> 公平地评估本岛任何城镇内的每栋房屋的年租金价值，并据此按照5%的税率进行征收……同时，对居住在本

---

〔356〕 例如，《一项授权国王陛下对该岛内所有黑人和其他奴隶按每个人头征收8先令的税，以及对该岛内若干城镇所有的房屋、仓库、商店和公寓，按租金的5%征税，用于清偿公共债务，并确定和结算其中提到的若干官员的工资的法案》（1732年8月16日）（圣基茨）中所提到的；《一项规定向国王陛下提供援助金，对所有黑人和其他奴隶征收每人8先令的税，并进一步对该岛内若干城镇的所有房屋、仓库、商店和公寓征收5%的额外税，用于支付现在到期的公共债务，以及向该岛公众雇用的几名官员和其他人支付本年度的应计费用1739英镑的法案》（1739年8月31日）（圣基茨）；通过《一项向国王陛下提供援助金，对所有黑人和其他奴隶每人征收5先令的税款，并对该岛内若干城镇的所有房屋、仓库、商店和物业的价值，按照3%的比例，额外征收税款，用于支付公共债务，并适用于该法案中规定的其他用途和目的的法案》，（1747年10月30日）（圣基茨）在下文中有更具体的表达和声明；CO 240/5，第47页，第240/247页，第5页和第240/247页，第42页。

〔357〕 Burns, 1954, p. 437, p. 460.

〔358〕 《一项为支付公共债务和费用而征收12,000英镑税款的法案》（1715年/1716年2月25日）（安提瓜）；CO 8/4，第12页。

〔359〕 Burns, 1954, p. 459, p. 461.

> 岛或在本法案生效后一年内来到本岛的所有贸易商，根据他们所获得的最佳信息判断其贸易产生的利润进行征税……

纳税人对专员评估感到“不满”的，可以就其利润宣誓。土地评估向年租金或年价值的转变与英国土地税一致，参见原著第 194 页。采用此种征税方式，拥有奴隶的非居民要支付更多。对于未缴纳其他税款的人，还有一项剩余人头税。第二年的征税亦是如此，但它向“居住”在岛上的贸易商征收，并且取消了剩余人头税。[360]

在同样的基础上，还有更多的税收，[361] 但到 1727 年，安提瓜已不再对贸易商的利润征税，现在有了台球桌的许可。[362] 这种形式的征税一直持续到 1755 年之后。[363] 安提瓜此时面临另一个问题，即白人人口的减少。1724 年至 1740 年，白人人口从 5200 人减少到 3412 人，而黑人人口从 19,800 人增加到 31,428 人。[364] 与其他西印度殖民地一样，特别是牙买加（见下文），安提瓜也对奴隶起义感到担

---

〔360〕《一项筹集 13,000 英镑税款以偿还公共债务和费用的法案》（1716 年/1717 年 2 月 8 日）（安提瓜）；CO 8/4，第 54 页。《一项为支付公共债务和费用而征收税款，特别是适用该税款的法案》以及《永久酒类法案》（1721 年 4 月 11 日）（安提瓜）应征收的税款；CO 8/4，第 124 页。

〔361〕《一项为支付公共债务和费用而征收税款，特别是适用该税款的法案》以及《永久酒类法案》（1721 年 4 月 11 日）（安提瓜）应征收的税款；CO 8/4，第 124 页。

〔362〕《一项为支付公共债务和费用而征税的，特别是适用上述税收的法案》（1726 年/1727 年 2 月 17 日）（安提瓜）；CO 8/5，第 57 页。

〔363〕例如，《为支付公共债务和费用而征收税款并特别适用于上述税收的法案》（1740 年 5 月 1 日）（安提瓜）和《为支付公共债务和费用而征收税款并特别适用于上述税收的法案》（1750 年 4 月 26 日）（安提瓜）；CO 8/8，第 3 页、第 8/10 页、第 97 页。

〔364〕Burns, 1954, p. 461, p. 499.

248 忧。1737 年，安提瓜就发生过一次起义。[365] 1741 年，安提瓜通过了一项旨在增加白人人口的永久性法律。[366] 该法律显然受到牙买加类似法律的启发，要求每拥有 30 名奴隶应雇用一位白人，而那些未能完成白人仆人配额的人，须为每一位白人仆人的缺额支付 20 英镑的罚款。该法律一直持续到 18 世纪末，但罚款金额仍不时增加。在不同的时期，它支付了安提瓜大部分公共开支。

早在安提瓜立法机构决定采取行动之前，牙买加的白人与黑人比例失调就已成问题。在英国人征服牙买加之前，一些黑人奴隶就已从西班牙人手中逃脱。逃亡的奴隶加入了这些被称为“马龙人”(Maroons)的黑人的行列，他们大部分生活在牙买加人迹罕至的腹地。英国当局和马龙人不断发生争执，随着英国种植园向腹地延伸，情况变得更加糟糕。英国人认为，增加白人人口将是遏制马龙人的一种方式。[367] 到 1716 年，牙买加建立了一项配额制度，根据该制度，人们必须按照奴隶的数量、某些动物的数量和保有的船只数量的比例，雇用一定数量的白人。[368] 该法案与 1703 年要求为军官安排住处的法案有相似之处(见原著第 220 ~ 221 页)。与 1703 年法律和后来的安提瓜法律一样，根据 1716 年法律，任何配额的缺额都将被处以罚款。但与安提瓜法律不同的是，1716 年法律不是永久性的，而是间或通过的。例如，1721 年的法律要求每 30 个奴隶配备 1 名白

---

〔365〕 Burns, 1954, p. 469.

〔366〕 《一项增加该岛白人居民数量的法案》(1740 年/1741 年 2 月 11 日)(安提瓜)；CO 8/8，第 32 页。

〔367〕 到 1730 年，黑人与白人的比例超过了 10 : 1；Burns, 1954, p. 446。

〔368〕 《一项要求该岛的若干居民为自己提供足够数量的白人，并在一定时间内维持这些人，或支付一定数额的钱以防他们缺额；并将其应用于多种用途的法案》(1716 年 11 月 10 日)(牙买加)；CO 139/10，第 10 页。

人仆人,每 150 匹马和牛配备 1 名白人仆人。[369] 每项配额的缺额的罚款是每周 5 先令,这同样适用于某些船只和酒馆,它们每家都需要 1 名白人仆人。

虽然《缺额法》(The deficiency law)将成为主要的直接税法律, 249
并且几乎每年颁布一次,但它不时会得到其他直接税的补充。1716 年,牙买加还对每个奴隶和每头牛征收直接税。[370] 这在 1723 年再次出现,但在这种情况下,1702 年法律中对贸易的征税又恢复了。[371] 牙买加对某些公职人员也征税,但对犹太人征收的特别税已移至间接税法。1703 年颁布的为期 21 年的间接税法(见原著第 221 页)于 1724 年到期,牙买加议会在一定期间内拒绝对其进行更新。然而,1728 年新总督的到来证明其是有说服力的,从 1729 年开始,其 8000 英镑的永久收入获得授权。[372]

到 1730 年,对犹太人的特别征税重新回到了直接税法中,该法基本上回到了 1702 年的形式。[373] 然而,在 1731 年年初,牙买加通过

---

〔369〕《一项要求本岛的若干居民为自己提供足够数量的白人,并在一定时间内维持这些人,或支付一定数额的钱以防他们缺额;并将其应用于多种用途的法案》(1721 年 11 月 25 日)(牙买加);CO 139/10,第 47 页。

〔370〕《一项向国王陛下提供物资,以使财政部能够偿还其债务,并应对政府的其他紧急情况的法案》(1716 年 11 月 10 日)(牙买加);CO 139/10,第 7 页。

〔371〕《一项授予国王陛下多种用途供应的法案》(1723 年 11 月 12 日)(牙买加);CO 139/11,第 11 页。交易的征收用语是"圣塔戈·德拉·维加、王室港和金斯顿三个城镇的若干贸易居民有义务支付……他们各自为其交易或在教区账簿中的股票评估的金额……"

〔372〕《授权国王陛下、其继承人和继任者税收以支持该岛政府的法案》;以及《恢复和延续其法案和法律》(1728 年 4 月 10 日)(牙买加);CO 139/12,第 1 页。Burns, 1954, p. 448 – 449.

〔373〕《一项筹集资金,并将其应用于派遣各方以驱逐和减少该岛迎风区和其他地区的反叛奴隶的法案》(1730 年 7 月 9 日)(牙买加);CO 139/12,第 87 页。

了一项直接税法，其与1729年在圣基茨发生的税收变化相一致。1731年，牙买加法律对奴隶和牲畜按人头征税，根据教区账册（parish books）对城镇的贸易征税，并规定“对在本岛出租的所有房屋、码头和仓库的租金，以每镑12便士征收……”[374] 该法进一步规定对特定官员征税，但取消了对犹太人的歧视性征税。

18世纪30年代初期，牙买加与马龙人发生了武装冲突，在当地民兵遭受多次失败后，一些正规的英国军队被派去支援。1733年和
250 1734年牙买加通过了一些直接税法，除其他目的外，还为了保障这些部队的生存。起初，这些法律涵盖了通常的项目；对奴隶和牲畜按人头征税，根据教区登记册（parish vestry roll）对贸易商征税，对出租房屋、码头和仓库的租金征税，对特定官员征税。[375] 然而，1734年的一项法律既包括奴隶税，也包括对奴隶贩子征收更高的税，还包括对自由有色人种商人的征税。[376] 这似乎说明了当地的担忧，即奴隶和自由黑人将被培训为商人，因为他们比白人仆人便宜，由此造成的人口失衡将导致更大的叛乱威胁。[377] 这是1755年之前牙买加直接税

---

[374] 《一项通过人头税筹集税收，以及对贸易、职位和租金征税并将其应用于多种用途的法案》（1730年/1731年2月19日）（牙买加）；CO 139/13，第10页。

[375] 《一项筹集若干资金并将其应用于维持两个独立公司的官兵生活的数种用途，该法案阻止向法国和西班牙岛出口若干商品，让党羽遵守岛上的最后一次戒严时生效的战争规则和条款的法案》（1733年8月1日）（牙买加），《一项筹集若干资金并将其应用于若干用途；以及维持六家独立公司的军官和士兵的生活的法案》（1733年/1734年3月9日）（牙买加），以及《一项筹集若干资金，并将其应用于派去镇压反叛黑人的法案》（1733年/1734年3月9日）（牙买加）；CO 139/13，第147页和第139页，第140页，第8页和第15页。

[376] 《一项筹集数笔资金并将其用于多种用途；以及维持六家独立公司的官兵的生活的法案》（1734年8月31日）（牙买加）；CO 139/14，第35页。

[377] 早在1706年，“就有报道称，白人商人就不会来到西印度群岛，因为奴隶主将他们的奴隶训练为工匠，并且没有自由企业的机会”。Burns，1954，p. 434.

的最后一次重大发展。在此期间,《缺额法》仍在施行。[378]

在 1713 年后,巴哈马持续遭受海盗的侵扰。因此,西班牙人经常袭击这些岛屿。以至于有人认为,巴哈马到 1716 年只会剩下 12 个零散的家族。[379] 1717 年,王室公告特赦向英国当局投降的海盗。大约在这个时候,武装民船的指挥官伍兹·罗杰斯(Woodes Rogers)船长制定了一项计划,从所有者那里租用这些岛屿,建立一个有组织的政府并驱逐海盗,为此还要成立一个公司。该计划得到了英国王室的批准,英国王室同意提供一些海军援助,罗杰斯被任命为总督。与此同时,所有人将他们的管理权交给了王室,但保 251
留了他们的所有权。罗杰斯于 1718 年抵达巴哈马并建立了一个王室政府。[380]

巴哈马总督委员会于 1718 年发布,并规定成立议会,但直到 1729 年才召开议会。[381] 按照惯例,1729 年前,总督通过行政会议进行管理。在此期间,政府的开支似乎主要是由间接税、赋役(statute labour)和免役税(quit-rents)来资助的。[382] 议会开始后,[383] 巴哈马

---

〔378〕 例如,《一项要求该岛的若干居民为自己提供足够数量的能够携带武器的白人男性或白人女性,或支付一定数额的钱以防他们缺额,并将其应用于多种用途,并防止多种滥用的法案》(1742 年 6 月 4 日)(牙买加);CO 139/16,第 13 页。

〔379〕 Headlam, 1929 之 a, p. 383。

〔380〕 Burns, 1954, p. 462 – 463.

〔381〕 Burns, 1954, p. 465.

〔382〕 1720 年 12 月 8 日的议会命令提高了对进口酒类和其他商品的关税;CO 26/1,第 57 页。此外,到 1722 年出现了《劳动法规》。1722 年 4 月 15 日的议会命令指的是较早的命令,“该命令要求每个居民每两周自行或黑人代履行一天的职责,如果不遵守该命令,则每个违约者必须每天支付 3 里亚尔……”CO 26/1,第 59 页。

〔383〕 当时巴哈马的人口只有 1000 多人(包括黑人);Burns, 1954, p. 46。

很快就实施了一项当时被认为是永久性的税法。[384] 除了各种间接税外，该法律还规定每年对每英亩的土地征税、每年对城镇土地征税、对黑人进口征税以及每年对居住在岛上的黑人征税。1733年，王室买下了承租公司，实质上是收购了所有人及领主的土地。[385] 在接下来的一年中，1729年的税法被取代了。新的税法基本与1729年的税法相同，但土地税似乎已经退出，[386] 而黑人税则被扩展为一般人头税。[387] 总督的薪酬通常用出口税支付。1746年，巴哈马对"应纳税者"征收了单独的人头税，其中再次包括了白人。[388]

三、西班牙、法国和殖民地的发展

根据1748年《艾克斯—拉—夏佩尔条约》的规定，奥地利将西里西亚(Silesia)割让给了普鲁士。在条约签订后的一段时间里，奥地
252 利女皇玛丽亚·特蕾莎(Maria Theresa)开始与前敌人法国和俄国结成联盟以对抗普鲁士。1754年，英法两国在北美俄亥俄河(Ohio River)附近开战，战争在普鲁士入侵萨克森(Saxony)后很快蔓延到

[384] 《一项向潜水员征收用于支付这些岛屿公共费用的款项的法案》(1729年11月10日)(巴哈马)；CO 25/1，第6页。

[385] Burns, 1954, p. 465.

[386] 如前所述，土地需缴纳免役税，这一点得到了《解决索赔和支付免役税法案》(1729年11月10日)(巴哈马)的确认；CO 25/1，第8页。该法规定向业主提供的免役税为每100英亩3先令。

[387] 《一项征收各种款项以支付官员薪金，以支付举行议会的费用和政府的其他或有费用的法案》(1734年12月17日)(巴哈马)；CO 25/1，第14页。

[388] 《一项对政府的所有应纳税项目进一步征税，以建造一座方便的住宅并支付一名学校校长的工资的法案》(1746年)(巴哈马)；CO 25/2，第11页。

欧洲其他地区。英国提供了补助金以协助普鲁士,但英国的军事努力主要集中在殖民地,英国在法国甚至西班牙手中取得了巨大收益,后者于1761年加入了反英战争。

1763年的《巴黎条约》(The Treaty of Paris)解决了英国、法国和西班牙之间的敌对关系。根据该条约,法国失去了其在北美的殖民地,特别是魁北克。英国从西班牙人手中获得了佛罗里达,但西班牙人从法国手中获得了新奥尔良以及密西西比河以西的路易斯安那地区。英国人还获得了一些西印度的群岛,包括格林纳达、圣文森特、多米尼加和多巴哥。

本部分为两个小节。第一个简短的小节考察了英国资助七年战争的方式。虽然这涉及国债的大规模扩张,但直接税方面的发展很少。第二小节考察了七年战争期间殖民地直接税制度的发展。虽然殖民地在很大程度上也是通过信贷为这场战争提供资金,但直接税有了一些实质性的发展。

(一)土地税和评估税的补充

七年战争的开支导致英国国债增加了80%。1758年,政府利率降至3%,土地税(以及其他税种)照常增加,从2先令到4先令,为额外借款提供了便利。此外,更多的资金是通过增加初期评估税(房屋和窗户税,以及对拥有娱乐马车的人征收的税),以及对超过100英镑的职位薪酬以每镑1先令征收附加税来确保筹集的。[389] 在此

[389] 《一项授权国王陛下若干职务和年金的税费和义务;也针对房屋;针对窗户或灯具;并通过年金和彩票筹集500万元的总和,以支付上述税费和义务的法案》(乔治二世31年,第22章)(1758年)(英国)。这是在土地税项下对此类薪金征税的补充。Dowell, 1965, Vol. 2, p. 134 – 135.

期间，税收的主要增加涉及间接税。在1763年《巴黎条约》签订后的
253 和平时期内，土地税没有立即减少。直到1767年，土地税才开始减少。[390]

相比之下，法国在七年战争期间主要依靠人头税和二十一税(vingtieme)作为直接税的形式。自西班牙王位继承战争开始以来，法国人头税(见原著第187页)就一直持续征收。在1710年至1717年间实施的法国什一税(见原著第195~196页)于1733年至1737年(波兰王位继承战争期间)和1741年至1749年(奥地利继承战争期间)再次实施。在后一次战争之后，它变成了一种永久性税收，税率减半，更名为二十一税。[391] 与英国的土地税一样，法国的二十一税形式上是对大多数财富来源征税，但实际上主要针对土地。卡瓦斯(Kwass)对该税种的描述如下：

> 二十一税……是这样的税……对三种来源的净收入征收：行业、职位和土地。行业税，由行会成员以及赚取专业和商业收入的个人缴纳，只是作为人头税的补充……对职位征收二十一税打击了所有从服务费(相对于抵押品)中赚钱的官员，比如公证员、办事员和无数有权在集市上收取手续费的小官员……总之，对行业和职位的征税只占税收的一小部分，在卡昂(Caen)仅为2%到3%……大部分税收都

---

〔390〕 Dowell，1965，Vol. 3，p. 86.

〔391〕 Kwass，2000，p. 33. Kwass，2000，p. 86指出，法国什一税和法国二十一税经常对几十年前的财富申报征收。

落在了地主身上……[392]

（二）免受威胁的殖民地成本

1754 年，法国和弗吉尼亚在俄亥俄河谷的对抗是一剂催化剂，严重激化了法国和英国在北美的利益争端，并最终导致了七年战争［在美洲殖民地被称为“法印战争”（French and Indian War）］。同年，英属美洲殖民地举行了第一次跨殖民地会议，尽管包括弗吉尼亚在内的一些殖民地没有出席。虽然会议上讨论了与印第安人的关系和共同防御问题，但并没有采取具体措施。在 1754 年，只有纽约和北卡罗来纳派出（少数）部队支持弗吉尼亚。然而，英国人在 1755 年 254
年初派出了军队，并在殖民地进一步组建军队（由英国出资）。战争在 1755 年中期正式打响，但英国主导的军队遭受了失败，收效甚微。[393]

由于早期英国领导的失败，宾夕法尼亚和南部殖民地倾向于进行修建堡垒的防御性战争。印第安人基本上站在法国一边，参与了多次袭击，特别是在中部和南部殖民地的西部边界。随着大量资金和军队的注入，英国的命运在 1757 年和 1758 年开始转变。法国在路易斯堡（位于布雷顿角岛）的要塞被攻占，圣劳伦斯湾基本被封锁，一些军队入侵了圣劳伦斯河上游。1759 年，英国占领了法国在魁北克的最后一个据点；1760 年，法属加拿大军队最终投降。[394] 与此同时，在更远的南方也爆发了英国与切罗基印第安人（Cherokee Indians）的敌对行动。切罗基战争（1759～1761 年）主要局限于北卡

---

〔392〕 Kwass, 2000, p. 88 – 89.

〔393〕 Simmons, 1976, p. 277 – 280.

〔394〕 Simmons, 1976, p. 280 – 287.

罗来纳、南卡罗来纳以及弗吉尼亚的边境。直至18世纪60年代中期，英国在五大湖地区还与印第安人发生了进一步的冲突。[395]

尽管英国提供了大量军队，但美洲殖民地在“法印战争”期间仍然承担了大量债务。这些资金在很大程度上是通过进一步发行信用证提供的。布洛克认为：

> 事实是，在“法印战争”这种大规模的斗争中，殖民地及时和充分发挥作用的唯一手段是发行信用证。没有一个殖民地能够通过任何其他方法成功提供资金。[396]

英国尽管在“法印战争”中付出了巨大代价，就像乔治国王战争一样，但还是向一些殖民地支付了补助金，以补偿他们在战争期间发生的费用。这再次促进了大量信用证的赎回退还，而且与英国不同，“没有一个殖民地产生长期的战争债务”[397]。

相比之下，西印度殖民者在七年战争期间“没有直接参与战斗”，从1756年到1763年，没有一个西印度殖民地遭受入侵。[398] 尽管如
255 此，英国军队仍然活跃在西印度群岛，但这种情况直到1759年才出现。在那一年，英国从法国手中夺取了瓜德罗普岛。法国曾将多米尼加作为军事基地，但在1761年，英国从加拿大（在此期间已被占领）派出一支部队占领多米尼加。随着更多英国军队抵达西印度群

---

[395] Simmons, 1976, p.287 – 289.

[396] Brock, 1975, p.466 – 467.

[397] Simmons, 1976, p.292.

[398] Burns, 1954, p.473.

岛，马提尼克岛也在 1762 年被占领。圣卢西亚和格林纳达很快也被占领。同年，英国军队攻占哈瓦那，并“缴获了大量战利品”。殖民地的侵占、法国海岸的封锁以及西班牙海军在哈瓦那的失败，意味着英国海军霸主地位的取得。[399]

首先，本小节追溯了从“法印战争”开始到 1763 年美洲殖民地的直接税发展。紧接着，本小节介绍了西印度殖民地的类似发展。

1. 美洲殖民地

(1) 南部殖民地

1753 年年末，乔治·华盛顿(George Washington)受弗吉尼亚议会委派，向俄亥俄地区的法国人发出警告。1754 年年初，他向弗吉尼亚政府传达了法国对这一消息的拒绝态度，政府决定通过贷款筹集 10,000 英镑，“在通过税收筹集资金之前”。[400] 但筹集这笔资金的方法并不简单。1754 年中期，法国击败了弗吉尼亚军队，使资金需求变得更加迫切。弗吉尼亚政府通过了一项法律，以征税的方式筹集 20,000 英镑。[401] 像往常一样，这项税收包括人头税。征收税款需要时间，与此同时，原著第 253 ~ 254 页提及的英国军队已经抵达。在这种情况下，弗吉尼亚政府根据 1755 年的法律，首次授权发行价值 20,000 英镑的信用证，并宣布其为法定货币。[402] 同一法律在

---

[399] Burns, 1954, p. 485 – 489.

[400] Brock, 1975, p. 467.

[401] 《一项筹集 20,000 英镑，以保护国王陛下的臣民免受法国人的侮辱和侵犯；以及用于其中提到的其他目的的法案》(1754 年)(弗吉尼亚)；Virginia, 1809 – 1823, Vol. 6, p. 435。

[402] 《一项旨在解释一项法案，即筹集 20,000 英镑，以保护国王陛下的臣民免受法国人的侮辱和侵犯；以及用于其中提到的其他目的的法案》(1755 年)(弗吉尼亚)；Virginia, 1809 – 1823, Vol. 6, p. 461。该权限在第 13 ~ 14 节。Brock, 1975, p. 469.

256 人头税中增加了土地税。[403] 该法律并没有效仿1645年土地税的先例。它确实按税率对每100英亩的土地征收，但不是对牛、马等征税，而只是按人头对黑人征税。

1755年中期，英国领导的军队在法国人手中严重溃败。弗吉尼亚政府投票决定通过信用证再筹集40,000英镑，然后将1755年的税收延长至1760年以偿债。[404] 在战争的剩余时间里，更多的信用证被发行，在1757年之后是无息的，为偿付它们，类似的税收（包括对黑人进口和烟草出口的税收）被征收。[405] 这些年来，从土地税中筹集的金额从未与从人头税中筹集到的金额相等。[406]

随着1754年弗吉尼亚战争的爆发，马里兰为战争拨款6000英镑，大部分资金来自间接税。[407] 在英国领导的军队遭受重大失败前，未有进一步的拨款。1756年，马里兰发行了价值40,000英镑的信用证。[408] 与弗吉尼亚一样，财产税的收益将用于偿还债务，但财产税的形式有所不同。它对单身汉、马匹、台球桌和其他物品征税，还有每英亩的土地。[409] 到1763年，这项税收使绝大多数信用证被

---

[403] 土地税规定在该法律第6节。

[404] 《一项筹集4万英镑，以保护在这个殖民地边界上的国王陛下的臣民的法案》（1755年）（弗吉尼亚）；Virginia, 1809 – 1823, Vol. 6, p. 522。

[405] 例如，《一项筹集32,000英镑，用于救济切罗基县劳登堡的驻军的法案》（1760年5月）（弗吉尼亚）；Virginia, 1809 – 1823, Vol. 6, p. 357；Brock, 1975, p. 470 – 478 和 Ripley, 1893, p. 24 – 42，特别是第37页和第42页。

[406] Becker, 1980, p. 78.

[407] 《一项为国王陛下服务的法案》（1754年7月24日）（马里兰）；Maryland Historical Society, 1883 – 1972, Vol. 50, p. 559。

[408] 《一项为国王陛下的服务提供40,000英镑，并以信用券形式支付其中的3415英镑6先令，并筹集资金用于赎回该券的法案》（1756年2月/5月）（马里兰）；Maryland Historical Society, 1883 – 1972, Vol. 53, p. 480。

[409] 如原著第297页所述，早在1727年，安提瓜就对台球桌实施了许可制度。

偿还。[410] 这是马里兰独立之前的最后一次普遍征税，从 1756 年到 1766 年，政府通常的年度运营费用甚至都没有被支付。[411]

在“法印战争”中，南卡罗来纳继续征收其一贯的年度直接税。到 1754 年，这项税收包括每个黑人人头、每 100 英亩土地、货币利息以及年金。[412] 南卡罗来纳对乡村店主的贸易存货继续征税。查尔斯顿的特殊配额也是如此。该配额的剩余部分将对查尔斯顿土地的全部价值以及“贸易、代理商佣金、才能、职业的利润征收……贸易存量，即货物、商品、债券和其他小商品……”[413] 才能税以稍微不同的形式再次出现。 257

1755 年，贸易委员会向南卡罗来纳总督发出指示，除已经发行的信用证外，不得同意任何发行信用证的法律（关于这一点，见原著第 238 ~ 240 页），直到为偿还现有信用证的基金设立。该指示还包括进一步的限制措施，这表明该“政策比 1751 年适用于新英格兰的‘货币法’更严厉……”[414]。尽管有这些指示，但在“法印战争”期间，南卡罗来纳通过发行可用于支付税款和其他关税的税务证明来满足政府开支。[415] 这些发行始于 1755 年，并以通常的税收为担保。例如，1758 年的高额税收与 1754 年的征税形式相同，但现在该税收

---

[410] Brock, 1975, p. 419.

[411] Becker, 1980, p. 93.

[412] 《一项为陛下筹集和授权 37,898 英镑的法案》（1754 年 5 月 11 日）（南卡罗来纳）；American Antiquarian Society, 1956 – , No. 40719; Becker, 1980, p. 81。

[413] 同本章注释 412，第 17 节。

[414] Brock, 1975, p. 454 – 455.

[415] Brock, 1975, p. 457 – 458.

已扩大到涵盖乡村内科医生和外科医生。[416]

南卡罗来纳在“法印战争”期间发行的最大一笔信用证是在1760年，也就是战争最激烈的时期，总额为246,693英镑，在1764年之前，每年都要用通常的税收对其进行偿付。[417] 这时，直接税的形式有了一点变化。[418] 查尔斯顿的配额似乎已被取消，税基普遍适用
258 于整个殖民地。通常，评估税的税目是“全领域所有才能、职业……代理商业务和手工业的利润……”即对其征收剩余税。[419] 1764年的税收也采用了类似的形式。[420]

1754年战争爆发时，仅有北卡罗来纳和纽约派遣军队援助弗吉尼亚。[421] 那一年，北卡罗来纳发行了40,000英镑的信用证，与1748年的发行一样（见原著第242页），通过人头税和酒税偿付。[422] 1755

---

〔416〕《一项用于筹集并授予国王陛下166,438英镑14先令7便士……以支付本政府的费用的法案》(1758年5月19日)(南卡罗来纳)；South Carolina, 1836 – 1841, Vol. 4, p. 53。

〔417〕《一项为国王陛下筹集并授权246,693英镑2先令和5便士……以支付对切罗基印第安人的后期远征费用的法案》(1760年7月31日)(南卡罗来纳)；South Carolina, 1836 – 1841, Vol. 4, p. 113。

〔418〕《一项向陛下筹集和授予163,710英镑6先令1便士的……支付本届政府的费用的法案》(1760年7月31日)(南卡罗来纳)；South Carolina, 1836 – 1841, Vol. 4, p. 128。

〔419〕同本章注释418，第2节。

〔420〕《一项为国王陛下筹集并授予220,370英镑7先令3便士……以支付本政府的费用的法案》(1764年10月6日)(南卡罗来纳)；South Carolina, 1836 – 1841, Vol. 4, p. 189。

〔421〕Simmons, 1976, p. 278.

〔422〕《一项以公共信用券的形式授权国王陛下40,000英镑的金额，按照公告货币的利率计算，用于支付为国王陛下在本属地服役的部队而筹集和维持部队的费用，并将其送往国王陛下的殖民地弗吉尼亚提供援助，以及用于上述其他目的的法案》(1754年)(北卡罗来纳)；North Carolina, 1886 – 1905, Vol. 23, p. 392。Brock, 1975, p. 432认为税收不足以支付信用券。1748年法律规定的人头税此时仍在征收。

年，为了资助战争，北卡罗来纳又征收了一项人头税。[423] 战争期间，北卡罗来纳还发行了更多的信用证，与1754年类似，通过人头税和酒税相结合的方式偿付。[424]

1755年，佐治亚第一届议会通过了一项发行7000英镑贷款信用证的法律。[425] 四天后，它通过了第一部税法，与南卡罗来纳制度类似。[426] 它对每100英亩土地、每个黑人和奴隶，贷款利息，商人和店主的贸易存货以及城镇房屋和城镇地块的价值征税。1757年和1759年，政府发行了更多信用证，并征收了类似的税款。[427] 1760年，在与印第安人的战争最激烈的时候，其又发行了1100英镑，并征 259
收了5年的类似税款。[428] 在战争余下的时间里，佐治亚又有小额信贷发行，并且在1762年又发行了大量的贷款信用证。[429]

(2)中部殖民地

纽约是另一个在1754年派遣军队协助弗吉尼亚对抗法国的殖民地。[430] 然而，纽约议会在进一步发行信用证(先前的发行请参见原著第235~236页)以支付其战争费用的问题上与其总督和贸易委

---

[423] 《一项进一步援助国王陛下，以击退法国及其联盟中的印第安人，以免他们侵犯国王陛下在美洲的领土和其他目的的法案》(1755年)(北卡罗来纳)；North Carolina, 1886－1905, Vol. 23, p. 422。

[424] Brock, 1975, p. 435－436.

[425] Brock, 1975, p. 462.

[426] 《一项筹集和授予国王陛下一笔款项以支付奥耶和特米纳法院费用以及政府其他意外费用的法案》(1755年2月21日)(佐治亚)；Georgia, 1904－, Vol. 18, p. 66。

[427] Brock, 1975, p. 462－463和Georgia, 1904－, Vol. 18, p. 164, p. 240, p. 338。

[428] 《一项为国王陛下筹集并授予1000英镑和100英镑，用于使萨凡纳镇和该属地数个教区的外围堡垒处于更好的防御状态的法案》(1760年4月24日)(佐治亚)；Georgia, 1904－, Vol. 18, p. 420。

[429] Brock, 1975, p. 463－464.

[430] Simmons, 1976, p. 278.

员会发生了争执。尽管如此，它在 1755 年发行了 45,000 英镑的信用证，通过征收通常形式的不动产和个人财产的直接税，在 1760 年前完成了偿付。[431] 在“法印战争”余下的时间，纽约又按照类似的思路和方案进行了发行和偿付，并在 1759 年达到顶峰，总发行量为 250,000 英镑。[432]

新泽西效仿纽约的模式。在议会和贸易委员会经历了最初的争议之后，从 1755 年开始，新泽西在“法印战争”期间发行了大量信用证。在所有情况下，这些信用证都以不动产和个人财产税作为担保，
260 其方式与 1753 年的法律规定的几乎相同(见原著第 236 页)。[433] 到 1764 年，这种形式的税收已被抵押到 1783 年，以偿还信用证。[434]

宾夕法尼亚在发行支持“法印战争”的信用证问题上拖延了很长时间，因为议会和总督之间存在争议(根据专有所有权人的指示)。[435] 最终在 1755 年秋天实现了突破，法律授权发行 60,000 英

---

〔431〕《一项通过对不动产和个人财产征税筹集 45,000 英镑供应，以使该殖民地处于适当的防御状态，以促进国王陛下针对其在美洲的敌人的计划以及其中提到的其他目的；发出类似金额的信用券以及在短期内撤销和取消所述票券的法案》(1755 年 2 月 19 日)(纽约)；New York, 1894, Vol. 3, p. 1038。Brock, 1975, p. 341 – 342.

〔432〕《一项筹集 100,000 英镑，用于支出、支付和结算 2680 名现役男军官，其中包括与邻近殖民地的部队组成一支两万人的军队，与国王陛下的正规部队一起进攻加拿大的法国属地；发行类似金额的信用券；以及在短期内撤销和取消上述票券的法案》(1759 年 3 月 7 日)(纽约)，以及《一项发行总额为 150,000 英镑的信用券，以使国王陛下能够支付合同规定的债务，并在美洲继续为陛下服务，并在 12 个月内赎回的法案》(1759 年 7 月 3 日)(纽约)；New York, 1894, Vol. 4, p. 317, p. 350。

〔433〕原著第 305 页提到的 1769 年的法律也证实了这一点。

〔434〕Brock, 1975, p. 401 – 403. 这是任何殖民地在“法印战争”期间征收税款、偿还信用券的最长时期。

〔435〕Brock, 1975, p. 369 – 376.

镑的信用证。[436] 这些信用证以通常的税收来偿付，“对本属地地域内的所有不动产和个人财产的净价值……按每镑6便士征税……”该法律紧接着要求根据1724年的《县税法》筹集资金（见原著第237页）。根据1755年的法律，税收将每年筹集，直到信用证偿付完毕。此外，还有一项剩余人头税。

1756年，宾夕法尼亚又发行了一次信用证，但这次是以消费税为担保的。[437] 1757年宾夕法尼亚的税法增添了1755年的税收。[438] 根据1758年的一项法律，宾夕法尼亚将再发行100,000英镑的信用证，偿付方式类似于1755年的发行。[439] 因此，1757年的税率一直持续到1764年，但1758年的法律包含了税基，而不是仅仅指代关于县税的法律。制表人应逐项列出与1724年县税类似的事项，但还包括磨坊、锻造厂、租金和“贸易或职业，以及所有有利润的职位和职务，有财产或收入的政治或法人团体……”在“法印战争”余下的时间 261
里，信用证进一步增发，专有所有权人和议会（试图向专有所有权人征税）之间的纠纷深化。然而，直接税的形式在那个时期保持不变，

---

〔436〕《一项关于在信用券中授权60,000英镑总和并为赎回该信用券提供资金的法案》（1755年10月）（宾夕法尼亚）；American Antiquarian Society, 1956－, No. 7529。

〔437〕Brock, 1975, p. 377.

〔438〕该法案的一份补充文件，题为“一项法案，在信用券中授权60,000英镑，并为偿付该信用券提供资金，并授予国王陛下额外的100,000英镑的金额”（1757年3月23日）（宾夕法尼亚），在宾夕法尼亚州议会宪章和法案中，1762, Vol. 2, p. 291；American Antiquarian Society, 1956－, No. 9228。

〔439〕《一项授予国王陛下使用的100,000英镑的数额并在信用券上签字；以及继续执行下面所述的本属地的几项议会法案，以便按照“宾夕法尼亚宪章和议会法案（1762年，第2卷，第331页）”中指示和指定的方式，按照时间和方式赎回信用券的法案》（1758年8月18日）（宾夕法尼亚）；American Antiquarian Society, 1956－, No. 9228。Brock, 1975, p. 380指出，法律包括对专有所有权人缴纳税款的规定。

殖民地在1770年之前一直征收这种形式的税。[440]

特拉华也发行了信用证以资助“法印战争”。[441] 其中最大的一笔是1759年的混合贷款信用证，将通过增加年度县税来偿付。[442] 因此，税基是根据1743年的法律确定的（见原著第238页）。在战争余下的时间里，税收以这种方式继续进行。

（3）新英格兰

如原著第229页所述，通过英国议会对乔治国王战争期间所产生费用的补偿以及英国借助1751年《货币法》的监管，马萨诸塞在1750年左右转向使用以白银为基础的货币。它通过授权财政部门在两到三年内发行以白银支付并附带利息的非法定货币证书来支付其年度政府支出。与以往的发行不同，这些证书是准时支付的，没有延期。在“法印战争”期间，马萨诸塞颁发了这些证书来支付士兵的薪水。财政机构的纸币没有广泛流通（而是作为证券保存），白银仍然是马萨诸塞的通用货币。白银大量发行始于1756年，在1760年达到顶峰。税收和英国议会的拨款使马萨诸塞能够迅速收回其国库券。[443]

马萨诸塞在“法印战争”中继续征收其通常形式的直接税，共计四个税目（人头、不动产、个人财产和才能）。1757年税目发生了变化，第二项和第三项的最初措辞被改为“以及所有财产收入，包括不

---

〔440〕 Brock, 1975, p. 380 – 387.

〔441〕 Brock, 1975, p. 391 – 393.

〔442〕 《一项重新印制、交换和发行20,000英镑政府信用券，以贷款方式发放；并在此类票券中追加7000英镑，并将其提供给国王陛下使用，并在特拉华州纽卡斯特、肯特和苏塞克斯政府的法律，1763, Vol. 2, p. 22中提供一笔资金，用于支付上述款项的法案》（1759年5月7日）（特拉华）；American Antiquarian Society, 1956 – , No. 9375。

〔443〕 Brock, 1975, p. 271 – 275.

动产和个人财产……”其他方面的征收形式相同。[444] 这里提到的 262
“收入”相当混乱,因为法律以典型的方式继续根据6年的租金估算房地产,并根据数量估算各种动物。措辞的变化可能旨在解决一个反常情况,即以前的法律形式似乎要求不动产和个人财产以其资本金额估价,而才能则按其年度金额估价。

康涅狄格以与马萨诸塞类似的方式资助战时工作。它于1755年开始发行新的信用证。根据每年编制的清单(见原著第230页),这些信用证将由通常对人头和财产征收的直接税来偿付。信用证一直发行到1764年,税收则延续到1767年。与马萨诸塞一样,康涅狄格也通过英国议会的拨款来满足其部分战时支出。[445]

1755年,罗得岛也为“法印战争”首次发行了税收信用证。[446] 在1762年之前,其还在类似的基础上进一步发行,1760年达到高潮。[447] 与其他新英格兰殖民地一样,偿付该信用证的首选税目是传统的人头税和财产税,罗得岛议会继续通过简单的定期税法向城镇分配待筹集的金额。[448] 如原著第231页所述,在1747年法律对财产 263

---

〔444〕《一项分配和评估81,386英镑13先令4便士……的法案》(1757年5月25日)(马萨诸塞);American Antiquarian Society, 1956 - , No. 7948。

〔445〕 Brock, 1975, p. 321 - 323.

〔446〕《一项以该殖民地的名义发行更多票券的法案,为了继续该政府在本次远征中承担的部分,以消除法国人的侵占的法案》(1755年6月12日)(罗得岛);Rhode Island, 1856 - 1865, Vol. 5, p. 433。

〔447〕《一项印制10,000英镑合法货币,用于支付军队的费用,并将他们带到奥尔巴尼;以及1000英镑的金额,用于在普罗维登斯建造法院大楼的法案》(1760年5月)(罗得岛);Rhode Island, 1856 - 1865, Vol. 6, p. 62;Brock, 1975, p. 326 - 329。

〔448〕《一项对这个殖民地的几个城镇按比例分配100,000英镑费率;并下令在下一个10月的最后一天之前或之后对其进行评估、征收和收集的法案》(1757年6月17日)(罗得岛);Rhode Island, 1856 - 1865, Vol. 6, p. 62。

进行评估的背景下，才能是否仍然可以被评估的问题依然存在。1757年的一项法律要求对应税财产进行新的估价。[449] 该法律规定：

> 以下……应视为应课税财产……所有土地；所有奴隶；各种动物；所有交易股票、金钱和有价证券；所有银锻板；所有信用证……所有汇票……

债务是可以被扣除的，但应课税财产应按其全部价值进行评估。该法律没有具体提及"才能"，这表明罗得岛税法已经（再次）成为一项带有相关人头税的财产税。然而，根据几个月后通过的税法，人头税被确定为每1000英镑6便士，这表明不同人的估值不同。[450]

"法印战争"开始时，新罕布什尔仍在偿付乔治国王战争期间发行的信用证。1755年，新罕布什尔再次开始发行信用券，以支付战争费用。1755年发行的金额为45,000英镑，在5年内以通常的人头税和财产税来偿付。[451] 在1762年之前，信用券每年都会进一步发行，并以类似的方式通过年度税收偿付，直到1767年（减去英国议会

---

[449] 《一项对本殖民地内所有应课税财产的价值和所有应课税人头的价值进行真实计算的法案》（1757年2月1日）（罗得岛）；American Antiquarian Society, 1956 -, No. 8020。

[450] 《一项对这个殖民地的几个城镇按比例分配100,000英镑费率；并下令在下一个10月的最后一天之前或之后对其进行评估、征收和收集的法案》（1757年6月17日）（罗得岛）；Rhode Island, 1856 - 1865, Vol. 6, p. 62。

[451] New Hampshire, 1867 - 1915, Vol. 6, p. 376（30,000英镑），p. 428（15,000英镑）. 法律日期分别为1755年4月11日和1755年9月5日，但没有标题。

的拨款）。[452] 回想一下，最后一次人头和应课税财产清单是在 1753 年制作的，随后在 1760 年和 1761 年又进行了进一步的清点，这两个清单都与 1753 年使用的完全相同，因此没有提及才能。[453] 像往常 264
一样，这些清单被用于在城镇之间分配税额。[454]

我们仍要从最接近这场战争的殖民地，即新斯科舍的角度来看待"法印战争"时期。1755 年，由于怀疑天主教法国阿卡迪亚人（Catholic French Acadians）的忠诚，新英格兰派出一支部队北上。当阿卡迪亚人拒绝宣誓效忠英国王室时，他们其中约 6000 人被驱逐到其他英国殖民地，包括西印度群岛。[455] 经过早期的挫折和增援，魁北克的要塞于 1759 年 9 月被占领，法国当局被踢出美洲。[456] 从 1760 年开始，法国阿卡迪亚人的迁移和法国在魁北克的失败彻底引发了从新英格兰，特别是从马萨诸塞至新斯科舍的移民潮。许多情况下，新英格兰的定居者都在法国阿卡迪亚人留下的地区建立了自

---

〔452〕 Brock, 1975, p. 301 – 303; Fry, 1908, p. 404 – 415. 1762 年的法律题为《一项授予国王陛下 10, 000 英镑，用于招募、置装和支付 534 名士兵的军饷，以确保国王陛下在美洲的征服，并征募 143 名士兵，在美洲招募国王陛下的正规军的法案》(1762 年 3 月 22 日)（新罕布什尔）；New Hampshire, 1867 – 1915, Vol. 6, p. 818。

〔453〕 例如，众议院 1761 年 1 月 28 日的决议，要求建立一个新的"应纳税财产清单"，American Antiquarian Society, 1956 – , No. 8944。另见 New Hampshire, 1867 – 1915, Vol. 6, p. 742 – 743（1760 年 2 月 23 日的决议），p. 761（1761 年 1 月 28 日的同一决议）。Robinson, 1902, p. 36.

〔454〕 有关议会对人头和财产征税的例子，见 New Hampshire, 1867 – 1915, Vol. 6, p. 285（1754 年 5 月 2 日决议），p. 334（1754 年 12 月 19 日决议）。在此日期之后，仅指征收"属地税"，New Hampshire, 1867 – 1915, Vol. 6, p. 516（1756 年 4 月 9 日决议），p. 591（1757 年 3 月 30 日决议），p. 669（1758 年 4 月 19 日决议），p. 712（1759 年 3 月 17 日决议），p. 751（1760 年 5 月 6 日决议），以及 p. 870（1763 年 2 月 3 日决议）。

〔455〕 Bourinot, 1900, p. 10. Murray, 1907, p. 225, p. 230.

〔456〕 Simmons, 1976, p. 277 – 287.

己的家园。[457]

如原著第235页所述，新斯科舍成立了一个议会，该议会于1758年首次举行会议，即在阿卡迪亚人被驱逐之后的某个时间。从第一次会议开始，新斯科舍政府就主要依靠间接税提供资金。[458] 新斯科舍最早的直接评估税法，也是加拿大最早的，即1759年关于济贫的
265 法案。[459] 评估“针对哈利法克斯镇的居民……”进行，但没有提供有关评估基础的进一步细节。1763年的一项法律将这种评估权扩展到其他乡镇。[460] 此外，该法律对税基进行了一些详细阐述。该镇的12名居民将“以尽可能公平和平等的比例评估自由持有人和其他居民……并根据其已知的财产，无论是不动产还是个人财产，评估每个特定的人……”

2. 西印度群岛

1756年，巴巴多斯迎来了一位新的总督。按照惯例，迎接该总督的是一项税收规定。该税是一种通常形式的直接税，在新总督驻留期间征收。[461] 法律每年对“本岛所有的人以及所有权人，或以任

---

〔457〕 Bourinot, 1900, p. 17.

〔458〕 例如，《一项确认本属地总督和议会关于朗姆酒和其他蒸馏酒征收关税的若干决议的程序；使已故的收款人或接管人能够收回其手中剩余的任何债券或票券的未付款项；以及为未来制定和规范对葡萄酒、啤酒、朗姆酒和其他蒸馏酒征收的多项征税的法案》（乔治二世32年，第1章）（1758年）（新斯科舍）；CO 219/6（第一次合订），第1页。

〔459〕 《一项除了一项名为〈哈利法克斯镇穷人救济法案〉之外：在陛下统治第33年制定并通过的法案》（乔治二世33年，第2会期，第12章）（1759年）（新斯科舍）；CO 219/6（第二次合订），第28页。对比 Murray, 1907, p. 259，编号1表明最早的是1763年的法律。Vineberg, 1912, p. 37.

〔460〕 《一项使该属地内几个乡镇的居民能够维持济贫的法案》（乔治三世3年，第7章）（1763年）（新斯科舍）；CO 219/7，第158页。

〔461〕 《一项每年筹集一笔资金以支付政府开支的法案》（1756年8月31日）（巴巴多斯）；Hall, 1764, p. 379（第210号法律）。

何其他权利拥有一个或多个奴隶、风车、牛磨坊或窑炉的人”征收税款，然后每年给他们定一个数目。法律继续规定：

> 本岛各城镇的所有房屋所有权人，以及贸易商、常住居民和在此具有职位或从事任何贸易或职业的人，凡是被各自的教区视为有能力缴纳任何税款的，可按比例征收……

法律为每个城镇分摊了配额：

> 除了向黑人征收的税款和本法案制定的其他评估税之外，还包括他们的房屋、贸易和个人财产；这些款项应由各教区的教区委员会分摊……

下一个税目是对犹太人的歧视性征税。巴巴多斯不再对特定的人和职业征收特别征税，它们似乎已被包含在教区制度中。但是有一个程序，财务主管可以通过这个程序来识别“知名”人士，并将清单 266
和支付的金额提交给公共账户委员会。

通常，巴巴多斯会根据需要在相同的基础上征收附加税。[462] 1761年，当英国军队驻扎在该地区时，税收形式略有改变。[463] 其在风车和窑炉税中增加了马车税（当时是一种常见的税收形式）。巴巴

---

〔462〕 例如，《一项对本岛居民征收额外税款，以应对政府当年的必要开支的法案》（1758年4月28日）（巴巴多斯）；Hall，1764，p. 524（第994号法律）。

〔463〕 《一项解除暂停支付目前15便士税：以及对居民征收额外税，以应对紧急情况以及当年的当前开支的法案》（1761年10月8日）（巴巴多斯）；CO 30/11，第35页。

多斯对居民征收的第二项税目的措辞也发生了变化。它规定:

> 本岛各个城镇的所有房屋所有权人,以及有能力的贸易商、居民和在此担任职位或从事任何有利润的贸易或职业的人……凡被各自教区视为有能力缴纳任何税款的,可根据他们各自的能力按比例征收……

法律接着规定了各个城镇的配额。经过70多年的发展,巴巴多斯的直接税制度终于明确包含了可被视为才能税的内容。对"才能"的明确提及使巴巴多斯的教区评估与英国《济贫法》(见原著第223~224页)下的评估之间的联系变得清晰。有人认为(见原著第89页),[464]英国《济贫法》与新英格兰的才能税之间似乎存在类似的联系。巴巴多斯的直接税形式与新英格兰的主要区别在于没有提及"不动产和个人财产"以及剩余人头税。然而,奴隶税仍然存在,对于没有改良的土地,这在很大程度上等同于土地税。此外,似乎很明显,虽然英国的概念可能已(在不同时期)被引入殖民地,但他们很快就根据当地而不是英国的条件发展出了自己的形态。

相比之下,安提瓜的直接税制度在七年战争期间并没有发生实质改变。它仍然以1727年的法律为基础,因此涉及奴隶税、酒类许

〔464〕 正如当时所指出的,马萨诸塞的第一部直接税法,与1761年的巴巴多斯直接税法一样,明确提到了"能力"。

可、城镇房屋年价值征税和台球桌许可。[465] 1741 年的《缺额法》也 267
继续存在(见原著第 247 ~ 248 页)。同样，在七年战争结束之前，圣基茨和尼维斯的直接税制都没有改变。在圣基茨，其法律的形式仍与 1729 年相似(见原著第 246 页)，因此涉及对奴隶以及城镇中房屋、商店和公寓的年价值征税。[466] 尼维斯继续完全依靠奴隶税。[467]

在七年战争期间，牙买加继续根据《缺额法》[468] 征收直接税，并以定期交替征收的方式作为补充。例如，1757 年的补充征收很大程度上沿袭了 1733 年的规定(见原著第 249 ~ 250 页)，因此包括对奴隶和牲畜按人头征税、根据教区委员会登记册对贸易商征税、对房屋租金征税、对出租码头和仓库的租金及特定职位征税。[469] 在 1758

[465] 例如，《一项为支付公共债务和费用而筹集税收的法案》(1761 年 5 月 5 日)(安提瓜)，以及《一项为支付公共债务和费用而征税并特别适用该税的法案》(1763 年 5 月 14 日)(安提瓜)；CO 8/13，分别在第 16 页和第 55 页。奴隶税伴随对糖、朗姆酒和糖蜜的间接税。

[466] 例如，《一项授权援助国王陛下，对所有黑人和其他奴隶每人征收 10 先令现款税，以及对所有房屋、仓库、商店的年价值征收 10 英镑的附加税，以修复堡垒和防御工事，并支付上述岛屿的其他公共开支的法案》(1757 年 5 月 30 日)(圣基茨)；CO 240/9，第 82 页。

[467] 例如，《一项对属于尼维斯岛种植园和居民的黑人和其他奴隶征收人头税的法案》(1755 年 6 月 24 日)(尼维斯)；CO 185/5，第 15 页。

[468] 例如，《一项要求本岛的几个居民为自己提供足够数量的白人男性、白人妇女或儿童，或支付一定数额的钱以防他们缺额，并将同样的款项应用于保护岛上的自由保有人的若干用途，在选择教会看守和牧师的日子里，并确定谁应被视为有资格在此类选举中投票的法案》(1763 年 12 月 30 日)(牙买加)；CO 139/22，第 5 页。该法律要求牙买加每 30 名奴隶或每 150 头牛必须有一名白人(自 1741 年以来一直进口)。某些船只仍然需要一名白人，而小酒馆也一样。每次缺额都会被罚款。

[469] 《一项通过人头税和对出港的超级货物和船长以及职位和租金征收税款，并将其应用于多种用途的法案》(1757 年 11 月 26 日)(牙买加)；CO 139/19，第 20 页。

年，马车被添加到对奴隶和牲畜的征税中。[470] 1763 年，除间接税外，
268 只有对特定官员的征税被纳入一般税法。[471]

巴哈马群岛的法律在 18 世纪 50 年代末和 18 世纪 60 年代初被重新制定。此时，税法已经对 1734 年的法律进行了重大修改（见原著第 251 页）。1760 年的一项法律首先规定了间接税。[472] 随后，巴哈马对包括白人在内的人头征税，然后，巴哈马对土地征税，每 15 英镑的租金价值每年征收 2 先令 3 便士。随后，巴哈马在以下条款中规定了有限的才能税：

> 对于才能和职业，如法学和物理学教授、政府的公务人员、目前的财政机构、目前的秘书和公证人、目前的拍卖师、目前的收藏家和海军军官、目前的搜索员、首席大法官、总检察长、理事会秘书、议会秘书、普通法庭书记员、皇家宪兵司令、海军司令、海军登记官、验尸官、海军总检察长、海军法官，此类才能或职业，按照每 30 英镑支付 2 先令 3 便士的税率，由下文所述的评估员在一年内进行估值并征收。

法律开始对某些动物的数量和马车征税，然后明确对私掠船代理佣金征税。该法律与当时牙买加和巴巴多斯（在某种程度上还包

---

[470] 《一项通过人头和对出港的超级货物和船长以及职位和房屋、贸易以及对适用于多种用途的某些运输征税的法案》（1758 年 11 月 18 日）（牙买加）；CO 139/19，第 42 页。

[471] 《一项对在本岛内零售的所有葡萄酒、朗姆酒和其他烈性酒征税，并对授予零售葡萄酒和其他酒类的许可证征收进一步税，并对超级货物和公共职位征税，并将其应用于多种用途的法案》（1763 年 12 月 30 日）（牙买加）；CO 139/ 22，第 21 页。

[472] 《一项为支付官员工资筹集资金、支付这些岛屿政府举行议会和其他或有费用以及确定上述工资的法案》（1760 年 4 月 30 日）（巴哈马）；CO 25/2，第 48 页。

括南卡罗来纳）使用的法律有广泛的一致性。在七年战争的剩余时间里，这项法律一直被遵循。[473]

四、总结

本章讨论了从光荣革命到七年战争结束的 75 年间英国和不列颠直接税制度的发展。本章还讨论了同一时期英属美洲和西印度殖民地直接税收制度的类似发展。就英格兰及其殖民地的这些发展而言，这一时期的开始与本研究所涵盖的任何时期一样动荡不安。第五章将论证 17 世纪 90 年代是所得税的熔炉。相比之下，本章所涵盖的时期相对平静，因为直接税制似乎在 18 世纪初就已经确定下来。可能在这段时期，战争带来的威胁没有 17 世纪 90 年代那么大，因此，直接税收制度的动荡程度较低。然而，17 世纪 90 年代和 18 世纪初出现的，以税收为担保的通过借款或发行纸币来为战争提供资金的做法，对直接税的形式产生了稳定作用。 269

本章首先探讨了从威廉三世征服到西班牙王位继承战争结束期间英国的税收制度的发展。本章关注了威廉三世的征服如何将英格兰及其殖民地拖入荷兰和法国之间既存的争端中，在这场争端中，英格兰站在威廉三世的故乡荷兰阵营。法国人支持爱尔兰的革命，这意味着威廉三世需要为军队提供资金。英国议会毫不犹豫地通过直

---

〔473〕　例如，《一项为支付官员工资、支付这些岛屿政府举行议会的费用和其他应急费用而筹集资金，以及确定上述工资的法案》（1762 年 5 月 11 日）（巴哈马）；CO 25/3，第 6 页。

接税授权威廉三世征收大量税款，仅在1688年就进行了四项授权，包括每月评估、人头税和两项援助金（类似于以前的补助金）。

1688年的每月评估采用通常的形式，人头税也是沿用1678年的规定。然而，这一时期的援助金制度则有一些重要的发展。1688年的援助金在很大程度上效仿了1671年的补助金。但此时，动产的资本价值被按固定的比例转化为年利润。此外，土地所有者在支付土地利息时有权从中扣除税款，这是所得税中收入费用的前身。此外，人头税下适用于股份的源头扣除机制已扩展到更多公司。

在随后的几年中，同样的税收方式继续存在。1689年，英国继续征收人头税，1690年和1691年进行每月评估征税。1691年的每月评估是最后一次征收评估税。由于动产在很大程度上已经不再被征税，这种沉重的评估税形式便落在了土地所有者身上。1691年的人头税包括对马车征税。1692年，英国实施了另一项援助金，并对
270 某些贸易公司的股份征收单独的税。1693年，另一项援助金和人头税在1691年的基础上发展出来，在这两个税目下，马车税被取消；同年，另一部法律引入了马车的许可制度。随后在1694年和1695年，英国又进一步征收了新的援助金，并在后一年引入了房屋税，这种房屋税的税率根据窗户的数量而变化。

1696年的第一次征税特别重要（尽管没有成功）。它类似于早期的人头税，因此包括各种征收税目（一般人头税，以及按累进税率对职员工资征税等），也包括“土地税”。公共收入中支出的养老金也需要被征税，正如公职人员（包括法官）所说，这是他们的“薪酬、收入或利润”。这似乎是此类法律中最早使用“收入”一词。1696年的税收继续向医生、律师和其他的每个“从事任何其他职业”的人的

“年收入或利润”征税。这是实现对专职人员的收入和利润征税的第一次明确努力，考虑到当时的账目管理的发展水平有限（或缺乏记账），这对评估员来说一定是一个巨大的挑战。

1696 年的税收继续对货币和应收净债务征税。其对各种形式的商业和贸易也有一项特殊的征税。这些税收是根据其股票的资本价值收取的。第八个税目针对牲畜所有人，同样根据牲畜的资本价值征税，但税率较低。最后，以典型的援助金或补助金形式对土地的年价值进行征收。对于所有这些税目，法律都包含一套相对精确的管辖权规则，因此人们要么在居住地，要么在履职地或财产所在地被征税。税收的收益很差，类似综合性质的税收等到 100 多年后的所得税才出现。1696 年的第二次征收只纳入了“土地税”。

为了阻止收益量下降，1697 年，配额制度如每月评估再次回归。与 1695 年的援助金一样，1697 年法案只使用了三个税目（债务和动产、公职、土地）。最为重要的是，前两个税目有固定的税率，但应由县或者镇征收的剩余金额都将根据土地的年价值按照英镑费率征收。这项法律所包含的土地税的基本要素，将沿用 100 多年。然而，在这个阶段，另一种人头税补充进来，这一次是按照 1694 年的征税 271
方式进行的。1698 年也有类似的土地税，只是做了一些小的调整，但要求县或镇在将应征税总额分配给百户区和分区时，必须考虑到 1692 年评估的百户区和分区承担的比例。这开创了先河，并被纳入 1699 年和 1701 年的土地税。

威廉三世在英国加入西班牙王位继承战争之前去世（1702 年 3 月）。英国议会迅速授权新女王征收直接税。安妮女王在 1702 年的第一次征税采纳了一种混合模式，即 1696 年第一次土地税（援助金部分）和配额制度（土地税部分）的混合体。更为重要的是，这项税收采用了与 1696 年税收类似的方式，从对养老金等公共收入的支出、高级官员（包括法官）、专业人士以及其他的人征税中收取贸易、应收债务、养老金等费用，而没有对牲畜和职员工资征税。土地、公职和雇佣职位在配额制度下被分别征收，与 1697 年一样，剩余的配额落在土地上。此次授权征收的直接税没有明确涵盖个人财产。1702 年议会还进行了另外两次授权，前一次与 1702 年第一次授权征收的援助金相同，另一次则为土地税。

1702 年的授权在 1703 年按照威廉三世的最终授权进行了合理化。个人财产和债务按其年度价值的 20%（每镑 4 先令）征收，公职人员和雇员的工资以及公共收入中支出的养老金和年度支付也是如此。一个县或镇的剩余配额将由以英镑费率对土地的“年价值”进行的征收补充。县、镇内分区的配额比例仍以 1692 年的评估为准。在这种形式下，直到 1798 年，土地税每年都会重新征收。土地税因其固定的税额（200 万英镑，按 4 先令税率计算），而常被用作英国议会借款时的担保，尤其是在战争时期。1707 年苏格兰与英格兰合并后，土地税扩大到苏格兰。随着时间的推移，税收不再对动产征收（因为动产需要重新评估，而只要配额没有改变，土地就不会改变），因此，税收几乎完全落在土地上。

然后，本章开始考察西班牙王位继承战争（安妮女王战争）结束前殖民地直接税制度的发展。与英国一样，17 世纪 90 年代是新英格兰殖民地的动荡时期。马萨诸塞在 1691 年获得了新的特许状，但这
272 次是由英国王室任命总督。这导致马萨诸塞直接税的形式发生了重大变化。1692 年的一项法律规定了人头税，以及对不动产和个人财

产的年度价值或“收入”征税，比英国使用该术语提前 4 年。此时的法律中没有提及“才能”或“能力”，但有法律明确规定了“手工业者”的收入将被评估征税。马萨诸塞在 1694 年恢复配额制度时，也率先采用了英国的直接税制度。

从 1696 年开始，马萨诸塞的评估员被指示准备纳税人名单，其中一栏用于人头，另一栏用于财产，一个城镇的税收配额将按每栏总数的一半分配。1697 年，纳税人名单变成了三栏；人头、不动产和体现“才能”的动产。1698 年，人头税被固定，城镇配额的剩余部分由另外两列的征税对象按照英镑费率补充缴纳。在这种配额剩余制的做法中，马萨诸塞可能一直在效仿 1697 年的英国土地税。由于发展缓慢，这种税收制度一直持续到 1700 年，直到当时法律重新明确给特定类型的个人财产，如对动物进行估值。1702 年，“才能”从动产这一栏目中分离出来，成为独立的第四栏。评估税的形式在 1706 年再次发生变化，但实质上的变化较小，并且与英国的土地税一样，这种形式在一段时间内保持不变。

在威廉国王战争和安妮女王战争期间，其他新英格兰殖民地的直接税发展没有那么引人注目。在新罕布什尔，征税形式与新英格兰实施的形式基本保持不变。相比之下，康涅狄格恢复了它在被纳入新英格兰之前所采用的直接税形式。直到 18 世纪末，其直接税形式几乎没有改变。然而，罗得岛在 1695 年制定了详细的评估方法。评估员自行决定对土地、房屋、商人和贸易商根据年度利润进行评估征收。某些形式的牲畜按每头设定的金额进行评估。事实证明，这种评估形式也是稳定的。

与新英格兰殖民地相比，纽约并没有试图对“才能”征税。它继续对不动产和动产征税。到 1709 年，很明显，要筹集的资金将根据配额制度在各县之间分配，但除此之外，税基是稳定的（如果县与县之间的征收方式有所不同）。在 17 世纪 90 年代，东新泽西和西新泽
273 西也延续了新英格兰自治领之前使用的直接税制度。这些主要涉及对土地、股票和人头征税。1702 年，泽西岛重新统一为王室属地。合并后的直接税法对每 100 英亩的土地、每个奴隶和各种动物、各种形式的船只征收费用，并征收剩余人头税。与纽约一样，1709 年的法律采用了配额制度，人头税根据“能力”进行分级征收。在为不同的项目规定了不同的金额后，法律将配额的剩余部分划至土地和动产，这似乎与当时的马萨诸塞法律相似。

1692 年，当宾夕法尼亚处于纽约的控制之下时，其与纽约一样，对不动产和个人财产征收税款，但还要征收剩余人头税。即使在宾夕法尼亚于 1694 年被归还威廉・佩恩之后，这种税收方式仍在继续；1700 年，在此基础上一项重要税款被征收。特拉华的三个县在 1704 年被授权成立独立的政府。这似乎是由三个县按照商定的额度资助的，其资金来源于按照县税征收规则所征收的税款。这些类似于宾夕法尼亚中部适用的税收制度。

至于南部殖民地，弗吉尼亚继续征收人头税。马里兰于 1692 年转而成立王室政府，并制定了新的法律体系。似乎马里兰的基本人头税一直延续到安妮女王战争结束后，就像弗吉尼亚一样。北卡罗来纳也依赖人头税作为其直接税收来源。由于 1711 年与塔斯卡罗拉印第安人的战争，这种情况发生了变化，当时殖民地对每 100 英亩土地征收税款，以赎回为战争目的而筹集的信用券。

南卡罗来纳的情况有所不同，如原著第 161 页所述，在那里，“才

能税”已经站稳脚跟。17 世纪 90 年代的税法似乎已经消失,但在 1701 年,南卡罗来纳通过了一项法律,对财产、股票、“能力”征税,以及与英国土地税一样,对公职和雇员的利润征税。1703 年,这进一步扩展到“任何种类或性质的获利领域”。南卡罗来纳与西班牙人和印第安人的冲突,以及普遍缺乏货币造成的财政压力,导致其在 1712 年成为第一个发行贷款信用券的殖民地。

本章继续考察在威廉国王战争和安妮女王战争期间西印度殖民地的直接税问题。在这里,自复辟以来发生的动荡仍在继续,殖民地易手,贸易和行政体系遭到破坏,这对西印度殖民地的发展及其法律 274
和行政制度的阻碍作用是巨大的。正如邓恩(Dunn)所说:

> 自 17 世纪 60 年代以来,加勒比海地区的英法战争一直是极具破坏性的。1666 年至 1713 年间,圣基茨七次易手,蒙特塞拉特和安提瓜各被洗劫两次,牙买加和尼维斯各一次……[474]

当威廉国王的战争开始时,圣基茨的英国地区立即被法国人占领。巴巴多斯在 1689 年以一系列奴隶税作为回应,并在 17 世纪 90 年代中期派出一支部队占领了整个圣基茨。

17 世纪 90 年代,巴巴多斯和背风群岛的税法记录很少。然而,巴巴多斯似乎在 1691 年对城镇居民的房屋、贸易和动产征税,并附加了奴隶税。17 世纪 90 年代还征收了独立的奴隶税。相比之下,

---

[474] Dunn, 1998, p. 460.

1689年安提瓜支持背风群岛总督迁往该岛，对每个奴隶、每英亩土地、城镇土地和酒馆征税。安提瓜在17世纪90年代也征收了类似的税款。人们对17世纪90年代的圣基茨和尼维斯知之甚少，尽管在此期间，尼维斯可能使用了其此前以及后来都适用过的税收形式，即对奴隶和城镇的自由持有人、房主和贸易商征税。17世纪90年代，圣基茨可能没有税收，因为在法国人被驱逐后的一段时间内该殖民地没有被重新建设，背风群岛政府根据1697年的《里斯维克和约》被迫归还该岛的法属地区。

牙买加在威廉国王战争期间也遭受了巨大的损失，其直接税制度也不完善。牙买加在1692年遭受了一场大地震，并于1694年被法国人洗劫。1695年，牙买加根据王室港教区名册上的评估，对每个奴隶和每个其他动物、王室港的租金和贸易、工作和职位征税。1696年，牙买加也有类似的征税。似乎，巴巴多斯、牙买加和尼维斯可能征收的税种之间至少存在一定的联系。

在安妮女王战争期间，西印度群岛的动荡仍在继续。1701年，巴巴多斯准备了防御工事，其资金来自对奴隶征收的税和对城镇征收的配额税，配额税根据教区名册对房屋、贸易和动产征收。与17
275 世纪90年代的一些英国人头税一样，巴巴多斯还对某些特定的人员和职业（如律师和监督员）征税。这佐证了整个战争期间的标准征税模式。尼维斯在1701年也征收了类似的税款，其中大部分是奴隶税，其余的1/6来自对城镇的自由保有者、房屋主和贸易商征收的税，这些税将由一个待任命的委员会分配。这揭示了尼维斯的典型税收风格。

1702年，背风群岛占领了圣基茨法国占领的部分。同年，安提瓜加入了对贸易商征税的行列,将其添加到对土地、奴隶、牲畜和城镇土地的通常征税中。1704年,圣基茨引入了西印度直接税的一般形式,对奴隶和商人征税。1706年,圣基茨和尼维斯都被法国人洗劫一空。这与不受欢迎的总督一起,延缓了背风群岛直接税的征收进度。在总督被谋杀后,直接征税仍像以前一样继续发展。1711年,安提瓜征收类似于1702年的税款(1703年和1706年也有类似的征收)。1711年,圣基茨对奴隶征税,并且对贸易商征税,在城镇中纳入了配额制度。1713年,尼维斯按照1701年的征税方式征税(1705年也有类似的征收)。

与巴巴多斯一样,牙买加在安妮女王战争开始时也为其防御筹集了资金。1702年的税法效仿1695年和1696年的税法,但增加了对马车和特定官员的征税(如在巴巴多斯)。1703年,牙买加实施了一种不同的征收方式,以安置驻扎在那里的英国军队。牙买加根据人们拥有的奴隶和某些畜牧的数量分配安置军官的任务。不能足额为分配的军人提供安置的人被要求支付罚款。在战争的剩余时间里,牙买加也提出了类似的征税。

表3简要介绍了1700年左右英国和殖民地的直接税收制度,并且再次进行了一些一般性的观察。也许最显著的特征是围绕其地理位置对殖民地进行分组。除了重要的例外,它可以被确定为“典型的”新英格兰直接税制度,或者是“典型的”中部美洲直接税制,或者是南部美洲和西印度群岛的一种。新英格兰和美洲南部的制度处于两个极端。在新英格兰,税收标准是一般财产税加上人头税和“才能税”。在美洲南部,税收的标准是只有人头税。在这些地区中,南卡罗来纳是一个例外,在某种程度上,罗得岛也是一个例外。在美洲中

281 部，税收制度的统一程度较低，但占主导地位的制度是纽约的一般财产税。新泽西似乎是个例外。

西印度群岛殖民地似乎介于新英格兰和南部美洲的人头税之间。与南部美洲一样，他们主要通过人头税筹集资金，但在西印度群岛，这些通常仅针对奴隶（无论如何，奴隶都是人口的主要部分）。考虑到这些殖民地贸易的相似性，即两者都主要出口由奴隶劳动生产的当地种植的原材料，两地之间税收制度的联系也就并不稀奇了。但与美洲南部不同的是，西印度群岛城镇是商业活动和贸易的聚集地，这不仅是因为它们靠近其他欧洲殖民地，还因为有大量英国军队驻扎在那里。在这种情况下，西印度群岛努力对这项活动征税也就不足为奇了，就像新英格兰在其“才能税”下所做的那样。南卡罗来纳的直接税制度可能出于类似的原因而沿着类似的路径发展，但同时也有它与西印度群岛，特别是巴巴多斯的早期联系的原因。

在某些方面，英国的税收制度似乎仿效了殖民地的制度，但可能实际并非如此。英国补助金中对贸易和职业的具体规定似乎效仿了殖民地的早期做法。然而，对贸易的评估是包含在济贫税、也有可能是每月评估及早期补助金等地方税费（如果递减）中的。在17世纪90年代末和18世纪初，这些人头税从中央征收的税目中被取消，这似乎反映在地方税费的惯例和土地税的一般规定中。相比之下，殖民地继续努力对贸易征税。英国对公职人员的特定税收，在殖民地影响有限，特别是在巴巴多斯、牙买加和南卡罗来纳。

从英国土地税下的每月评估中恢复的配额制度在当时对殖民地的影响有限，对马萨诸塞如此，对巴巴多斯和（也许）尼维斯更是如此。配额制度将很快扩展到其他殖民地，如纽约和新泽西，这很可能已经成为其他殖民地的惯例,尽管他们的法律没有明确规定。至于管辖权,法律规定按来源对财产征税,按居住地对人头征税。活动和 282
才能形式的税似乎也主要基于来源(但其中大部分是根据不明确的法律推定的)。这一趋势的例外是根据英国土地税对动产和债务征税,从形式上讲,这是在全球范围内进行的。尽管形式上如此,但实践中动产却已经被排除在土地税的征税范围之外。

本章的第二节开始讨论 18 世纪前两次主要战争(西班牙王位继承战争和七年战争)之间的时期。在此期间,英国的直接税收几乎没有发展。土地税得到确定,根据当前和预计的财政需求提高或降低其税率。国家债务继续增长,特别是在奥地利继承战争期间,但这是通过以税收为担保的借款和三个重要的降息来融资的。地方税费继续在济贫税的基础上发展,1739 年的一项法律要求县税费根据济贫税征收(正如至少自 1662 年以来的治安官税费一样)。

在美洲殖民地,与英国的贸易逆差使殖民地的货币外流。威廉国王战争和安妮女王战争的直接开支导致有半数以上的殖民地发行信用券。这些信用券不仅为殖民地提供了所需的信贷,而且开创了一种货币形式。与英国的做法一样,最初这些券以税收作为担保,但在殖民地,它们也是以贷款形式发行的,这是部分殖民地用来资助政府的做法。此外,为赎回殖民地政府发行的信用券而征收的税款有时会被挪用,加之部分信用券的发行并没有税收作为担保,随着发行量的增加,英镑严重贬值。随着时间的流逝,英国贸易委员会面临越来越大的压力(尤其是来自殖民地债权人的压力),其被要求监管信用券的发行。

尽管美洲殖民地的信用券发行引起了动荡,但它们的直接税制度，如18世纪上半叶的英国制度一样，几乎没有什么发展。马萨诸塞的财产税、才能税和人头税一直沿用相同的形式，直到1738年进行了一次小改动，当时“才能”税目变成对“收入或利润……来自任何贸易、才能、商业或就业”的税收。康涅狄格的直接税制度也没有变化。1744年，罗得岛尝试征收才能税，而就财产税而言，则转向对
283 资本（而不是年度）价值征税。几年之内，其才能税被淘汰。新罕布什尔的直接税制度也几乎没有变化。新斯科舍于1713年被法国人割让给英国。直到1749年在哈利法克斯建立了一个王室殖民地，该地的税收制度才有了一些进展。在1755年之前，新斯科舍似乎没有直接税。

与新英格兰一样，1713年至1755年，中部美洲殖民地的直接税几乎没有发展。纽约、新泽西、宾夕法尼亚的基本直接税法没有变化，特拉华发展起来的制度与宾夕法尼亚情况相似。美洲南部殖民地也几乎没有什么发展。人头税在弗吉尼亚和马里兰持续存在。1715年，在与塔斯卡罗拉印第安人的战争之后，北卡罗来纳以每100英亩土地征收的税来补充其人头税。但这种税收是短暂的，否则北卡罗来纳就要依赖人头税了。南卡罗来纳对每个奴隶和每100英亩土地征税；但在查尔斯顿，征税对象更为广泛，包含土地价值，以及其他财产、股票和能力。佐治亚于1732年建立殖民地，主要由英国议会授权拨款资助直至1755年。

1713年后，西印度群岛相对和平。与英国及其他殖民地区一样，该地的直接税制度直到1755年才有所发展。巴巴多斯继续沿用奴隶税以及依据教区评估的房屋、个人财产与贸易和特定职位官员的税收来分配城镇配额的制度。尼维斯继续实行类似的税收，但从

1725 年开始，该地的税收就主要为奴隶税。圣基茨最初继续对奴隶和贸易征税，但到 18 世纪 20 年代末，该地的税收变成奴隶税和根据年租金或价值对城镇改良土地所征收的税。这一制度一直持续到 1755 年。安提瓜最初还继续征收奴隶税，同时对城镇中改良财产的年度价值和城镇贸易商的利润征税。1727 年，贸易商的税收被取消，取而代之的是台球运营的许可制度。从 1741 年起，安提瓜还依赖牙买加式的《缺额法》（在下一段中讨论）。

牙买加经常发生黑人起义。1716 年，它制定了一项旨在鼓励雇佣白人仆人的法律，该法律似乎是基于安妮女王战争期间为安置军队而实施的法律。1716 年的法律要求人们将白人仆人与其奴隶、动 284
物和船只保持一定的比例。白人仆人的每一个缺额都会被处以罚款。直到 1755 年，《缺额法》成为牙买加的主要直接税法。它不时得到其他直接税的补充，其通常沿用 1702 年的法律，即涉及对每个奴隶和牲畜的征税，根据教区人头对城镇贸易的征税，以及对特定职位官员的征税。与 1729 年的圣基茨一样，牙买加在 1731 年对这种形式的税收进行了补充，对城镇改良土地的租金征税。在经历了动荡的体制之后，巴哈马终于在 18 世纪 30 年代开始实施直接税。直到 1755 年，巴哈马的直接税主要包含一般人头税和城镇土地税。

表 4 简要介绍了 1750 年前后英国和殖民地的直接税制度。正如上述讨论所表明的，其与表 3 没有重大差异，但似乎又发生了一些微妙的变化。首先，信用券对贷款的影响是显而易见的，但是不包括新泽西、宾夕法尼亚和特拉华（假定）。这些殖民地在 1750 年左右用信用券支付了他们的属地级开支。另一个趋势是逐渐不对贸易征收直接税。这一趋势在英国和西印度群岛最为明显，但在美洲北部和

美洲中部殖民地也有一些例外(如罗得岛和新泽西)。在英国,这实际上是允许动产不计入土地税和地方税费的评估范围而造成的。英国似乎有意地为促进贸易的发展而减少对其征收税款。

西印度群岛的贸易由于税收的变化而大幅下降,也许是由于另一个原因。随着法国和西班牙在该地区的威胁日益减少,西印度群岛经济高速增长,尤其是当地的以糖为代表的原材料产品的发展。这些产品极其依赖奴隶的劳动,并且如前所述,一些殖民地对奴隶与白人人口的比例存在担忧。无论如何,直接对奴隶征税是一种简单而有效的对生产征税的方法,其为政府筹集了大量的资金。大多数情况下,西印度群岛还辅之以对城镇改良土地征税,对城镇贸易征税也是以这种方式实现的。马里兰以南的殖民地统一地采用按照奴隶名单征税的办法,而且大多数情况下奴隶税是排除在其他人头税之外的。

本章的最后一节转向考察七年战争期间直接税的发展。在此期
285 间,英国的直接税发展相对缓慢。土地税提高到了之前的 4 先令,政府借款大幅增加,但英国为了促进发展而降低了利率(再次)。此外,评估税中还出现了一些小的补充。

在最先受到战争影响的弗吉尼亚,情况有所不同。1754 年,弗吉尼亚开征了一项实质上效仿西印度群岛的重要税收。它包含按人头对黑人征税,以及以每 100 英亩为单位征收土地税。税收被用来为弗吉尼亚发行的第一批信用券担保。在整个“法印战争”期间,弗吉尼亚继续使用相同的制度筹集资金。相比之下,当马里兰在 1756 年为资助战争发行信用券时,其以对每英亩土地以及对单身汉、马匹、台球桌和其他物品的税收作为担保。相比之下,北卡罗来纳通过

其通常的人头税（由酒税支持）来担保其战时信用券的发行。

南卡罗来纳还从 1755 年开始发放信贷为战争提供资金，并以其通常对奴隶、每 100 英亩土地、附息贷款、商人和店主的贸易股票以及城镇房屋和城镇地块所征的税款的价值为担保。查尔斯顿的额外税基，包含“才能税”仍在征收，但到 1760 年其已普遍扩展到殖民地。佐治亚以类似的方式加入了这场战争。它还在 1755 年发行了信用券，同时通过了第一部直接税法。它类似于南卡罗来纳的制度，涉及对奴隶、每 100 英亩的土地、利息贷款、商人和店主的贸易股票以及城镇房屋和城镇地块的价值征收的税。

美洲中部殖民地的发展不那么引人注目。纽约通过常规的财产税来为其发行的大量信贷提供担保。新泽西和宾夕法尼亚恢复了属地级直接税，通过与以前一样的直接税的方式支持他们发行信贷。新泽西的税收在当时与纽约的税收相似，特别同样不再提及对“才能”或“能力”征税，尽管财产价值低于一个小限额时，它仍然由评估员酌情决定对住户征收剩余的税款。新泽西对一些类型的贸易征税，但仅限于特定的类别。1755 年宾夕法尼亚的税收与此类似，但包含了剩余人头税和对具有“财产或收入”的贸易或工作征税。特拉华还通过增加对个人和财产的县直接税来确保信贷的发行。

新英格兰殖民地的直接税制在“法印战争”期间发展最缓慢。马萨诸塞继续征收一般财产税，包括“才能税”和“人头税”。康涅狄格 291
和新罕布什尔的类似制度也没有改变。类似的没有才能税目的罗得岛征收的税，也没有改变。1759 年，新斯科舍首次征收直接税，即哈利法克斯的济贫税。

七年战争对西印度群岛殖民地的影响相对较小。巴巴多斯继续对奴隶征税，并根据教区名册对城镇的居民和其他人单独征税，但到1761年，教区的评估特别提到了“能力”。安提瓜继续依赖其奴隶税并对城镇房屋年价值征税以及继续适用《缺额法》。圣基茨的法律制度还对奴隶和城镇改良土地的年价值征税，而尼维斯只对奴隶征税。牙买加继续适用其《缺额法》，但也定期向奴隶和牛、依据教区名册的贸易商、某些改良财产的租金和特定的职位征税。巴哈马继续对人头（一般而言）、某些动物的数量、土地（现在根据其租金价值）征税，以及从1760年起对某些职业、公职人员和私掠船代理人征税。在此期间，巴巴多斯、牙买加和巴哈马也对马车征税。

本章所涵盖的时期的开始，即“大同盟战争”时期，与英格兰其他许多面临经济压力的时期一样，直接税制度发生了重大变化。许多殖民地也是如此，尤其是新英格兰、中部美洲和西印度群岛的殖民地。美洲殖民地脱离了新英格兰自治领，其中一些殖民地并入了王室政府体系，由王室任命总督。马里兰也是如此，宾夕法尼亚也经历了一段动荡时期，其总督威廉·佩恩的命运尚不明朗。在西印度群岛，事情更加戏剧化，圣基茨失而复得，牙买加被洗劫一空。所有这些事件都在英国及其殖民地的法律形式和直接税制度上留下了印记。殖民地法律也变得更具体、更精确、更英国化。

西班牙王位继承战争时期以及接下来的60年内，情况发生了巨大变化。直接税制度根本没有任何发展，至少没有以与前几个时期相同的速度发展。在英国及其殖民地，直接税制度在战争期间形成了一种可预测的形式，然后几乎没有改变。这种稳定最可能的原因是政府信贷的影响。在英国，威廉三世的即位预示着政府资助的新
292 时代。英国更加注重管理政府债务，确保到期还本付息，这主要是通

过税收来实现的。这对政府的信誉有很大的影响。为了偿还债务，政府需要一个安全的资金来源以及一个牢固和稳定的税收制度。

殖民地也是如此，但形式略有不同。在这里，获得自愿贷款的尝试通常以失败告终。相反，殖民政府诉诸强制信贷。最初，政府迫使公共债权人（特别是在战争期间）接受政府发行的信用券作为还款，这些券在一定期限内赎回。通常的做法是在发行期内通过税收来为信用券提供担保，因此需要有像英国一样牢固和稳定的税收制度。通过使这些券作为法定货币（或某些变体），殖民地还发现这些券提供了一种方便的货币形式，可以替代传统上使用的商品（由于贸易逆差，欧洲货币通常会流到英国）。

出于对作为贸易的润滑剂的货币的需要，一些殖民地特别是罗得岛和南卡罗来纳，采取了有效性更加存疑的做法，如发行贷款信用券。这些券的应付利息成了政府现成的收入来源、一种间接税、信贷来源（通常为土地所有者）以及一种货币。因此，一些发行此类贷款券的殖民地在很长一段时间内都没有直接征税。发行大量信贷的问题在于，它会导致货币贬值，特别是对债权人不利，而债权人往往是英国的利益集团。结果，英国政府试图规范殖民地信用券的问题，殖民地恢复了更规范的直接税。尽管殖民地信贷情况较为动荡，但相对来说，它们的直接税制度在 18 世纪上半叶没有变化。

18 世纪上半叶，直接税的一个明显的发展是在贸易税领域，或者更确切地说，是贸易税的废除。英国似乎认为，作为一个贸易国家，任何可能会阻碍商业和制造业发展的税收都不应当被征收。[475]

---

〔475〕 参见 Dowell，1965，Vol. 2，p. 119 – 123 引用前财政部长亨利·福克斯的话。

293 因此，英国在这一时期不征收一般贸易税，并将包括货物、商品和货品在内的动产从土地税和济贫税的征收范围内剔除（尽管法律中有相反的明确措辞）。[476] 殖民地也有一些行动，不再对贸易直接征税，特别是在西印度群岛，但殖民地对贸易征税的倾向仍然大于英国。直到 18 世纪末，这一立场几乎没有改变。

---

[476] 事实上，在 1759 年七年战争期间，有人试图对商店征税，因为它们从战争带来的贸易增长中获得利润。但这种尝试被放弃了。参见 Dowell, 1965, Vol. 2, p. 136。

表 3　1700 年左右英国及其殖民地的直接税

1700 年左右	税基			税率		管辖权	
征税对象	每个税目的固定价值	资本价值(包括回报估算的价值)	收入/利润/获利	固定税率	固定金额税(按配额划分)	来源税	住所地税
财产							
一般		马萨诸塞;康涅狄格;新罕布什尔;宾夕法尼亚,纽约;南卡罗来纳;巴巴多斯(城镇);尼维斯(城镇)		康涅狄格;宾夕法尼亚(第一次征税 1700 年)	马萨诸塞;新罕布什尔;宾夕法尼亚(第二次征税 1700 年),纽约;南卡罗来纳;巴巴多斯(城镇);尼维斯	马萨诸塞;康涅狄格;新罕布什尔;宾夕法尼亚,纽约;南卡罗来纳;巴巴多斯;尼维斯	

续表

1700年左右	税基			税率		管辖权	
土地	英国房屋税（按窗户累进）；新泽西；安提瓜		英国土地税；英国地方税费；罗得岛；牙买加（王室港）	英国房屋税；英国地方税费；罗得岛；新泽西；安提瓜；牙买加	英国土地税	英国土地税，英国房屋税；英国地方税费；罗得岛；新泽西；安提瓜；牙买加	
动产	罗得岛（家畜）；新泽西（家畜、船舶）；安提瓜（牛）；牙买加（家畜）	英国土地税；英国地方税费（典型的是贸易存货）		英国土地税；英国地方税费；罗得岛；新泽西；安提瓜；牙买加		英国地方税费（仅限居民）；罗得岛；新泽西；安提瓜；牙买加	英国土地税
无形资产		英国土地税（债务）	英国土地税（公共收入中的养老金和年度付款）	英国土地税		英国土地税（公共收入中的养老金和年度付款）	英国土地税（债务）

续表

1700年左右	税基			税率		管辖权	
一般动产	1702年英国补助金；马萨诸塞；康涅狄格；新罕布什尔；新泽西；宾夕法尼亚；弗吉尼亚；马里兰；北卡罗来纳；巴巴多斯（奴隶）；尼维斯（奴隶）；安提瓜（奴隶）；圣基茨（奴隶）；牙买加（奴隶）	巴巴多斯（特定人）；牙买加（特定人）		1702年英国补助金；马萨诸塞；康涅狄格；罗得岛；新泽西；宾夕法尼亚；弗吉尼亚；马里兰；北卡罗来纳；巴巴多斯；尼维斯；安提瓜；圣基茨	新罕布什尔（推定）		1702年英国补助金；马萨诸塞；康涅狄格；罗得岛；新罕布什尔；新泽西；宾夕法尼亚；弗吉尼亚；马里兰；北卡罗来纳；巴巴多斯；尼维斯；安提瓜；圣基茨；牙买加

续表

1700 年左右	税基			税率		管辖权	
职位/雇佣			英国土地税（公共）；南卡罗来纳（1703 年前的公共）	英国土地税；南卡罗来纳			英国土地税；南卡罗来纳
独立服务/职业	巴巴多斯（律师、监工）	1702 年英国补助金	1702 年英国补助金；巴巴多斯			1702 年英国补助金	巴巴多斯
商业/贸易	1694 年英国教练许可	1702 年英国补助金；南卡罗来纳（能力）；巴巴多斯（贸易）；安提瓜（贸易）；圣基茨（贸易）；牙买加（贸易、工作和职业活动）	马萨诸塞（贸易或才能）；康涅狄格（艺术和贸易）；新罕布什尔（艺术和贸易）；罗得岛（商人和贸易商）	1702 年英国补助金；1694 年英国教练许可；康涅狄格；罗得岛；安提瓜；圣基茨；牙买加	马萨诸塞；新罕布什尔；南卡罗来纳；巴巴多斯	1702 年英国补助金；1694 年英国教练许可；马萨诸塞；康涅狄格；新罕布什尔；罗得岛；南卡罗来纳；巴巴多斯；安提瓜；圣基茨；牙买加	

表 4　1750 年左右英国及其殖民地的直接税

1750 年左右	税基			税率		管辖权	
征税对象	每个税目的固定价值	资本价值（包括回报估算的价值）	收入/利润/获利	固定税率	固定金额税（按配额划分）	来源税	住所地税
一般财产		马萨诸塞；康涅狄格；罗得岛；新罕布什尔；纽约；新泽西；巴巴多斯（城镇）		康涅狄格；罗得岛	马萨诸塞；新罕布什尔；新泽西；纽约；巴巴多斯	马萨诸塞；康涅狄格；罗得岛（不清楚）；新罕布什尔；新泽西（推定）；纽约；巴巴多斯	

续表

1750年左右	税基			税率		管辖权	
土地	英国房屋税和窗户税;南卡罗来纳	南卡罗来纳(查尔斯顿城镇)	英国土地税;英国地方税费;圣基茨(城镇);安提瓜(城镇);巴哈马(城镇)	英国房屋和窗户税;圣基茨;安提瓜;巴哈马	英国土地税;英国地方税费;南卡罗来纳	英国土地税,英国房屋和窗户税;英国地方税费;南卡罗来纳;圣基茨;安提瓜;巴哈马	
动产	英国马车税;巴巴多斯(磨坊、窑炉)	英国土地税(大部分是虚构的);英国地方税费(如果有,仅限于存货贸易);南卡罗来纳(存货贸易)		英国土地税,英国马车税;巴巴多斯	英国地方税费;南卡罗来纳	英国马车税;英国地方税费(仅限居民);南卡罗来纳;巴巴多斯	英国土地税
无形资产		英国土地税(债务但大多是虚构的);南卡罗来纳(利息、年金)		英国土地税	南卡罗来纳	南卡罗来纳	英国土地税

续表

1750年左右	税基			税率		管辖权	
一般动产	马萨诸塞（人头税）；康涅狄格；罗得岛；新罕布什尔；弗吉尼亚；马里兰；北卡罗来纳；南卡罗来纳（黑人）；巴巴多斯（奴隶）；尼维斯（奴隶）；圣基茨（奴隶）；安提瓜（奴隶）；安提瓜（白仆缺额）；牙买加（白仆缺额）；巴哈马	巴巴多斯（特定人）	马萨诸塞（贸易、才能、商业或雇佣）；新泽西	马萨诸塞（人头税）；康涅狄格；罗得岛；弗吉尼亚；马里兰；北卡罗来纳；巴巴多斯；尼维斯；圣基茨；安提瓜	马萨诸塞（贸易、才能、商业或雇佣）；新罕布什尔（推定）；新泽西；南卡罗来纳	马萨诸塞（贸易、才能、商业或雇佣）	马萨诸塞（人头税）；康涅狄格；罗得岛；新罕布什尔；新泽西（推定）；弗吉尼亚；马里兰；北卡罗来纳；巴巴多斯；尼维斯；圣基茨；安提瓜；巴哈马

续表

1750年左右	税基			税率		管辖权	
职位/雇佣			英国土地税（公共）	英国土地税		英国土地税	
独立服务/职业							
商业/贸易	英国教练许可	南卡罗来纳（查尔斯顿城镇）（贸易、能力和职业）；巴巴多斯（贸易）	康涅狄格（艺术和贸易）	英国教练许可；康涅狄格	南卡罗来纳；巴巴多斯	英国教练许可；康涅狄格；南卡罗来纳；巴巴多斯	

INCOME TAX IN COMMON LAW JURISDICTIONS

From The Origins To 1820

Peter Harris

普通法司法管辖区所得税

从起源到1820年

（下册）

［英］彼得·哈里斯　著

任超 等　译

法律出版社 LAW PRESS·CHINA

北京

［英］彼得·哈里斯（Peter Harris）

澳大利亚昆士兰大学法学学士（荣誉学位），英国剑桥大学（达尔文学院）法学硕士、法学博士。专精于税法的律师和学者，现任英国剑桥大学法学院税法教授兼税法中心主任，丘吉尔学院研究主任、院士，剑桥税法丛书学术编辑，曾在澳大利亚悉尼大学法学院担任高级讲师。

译者简介

任超

1977年生，华东政法大学教授、博士生导师。兼任中国法学会经济法学研究会常务理事、中国法学会财税法学研究会理事、上海市消费者权益保护法研究会副会长。主要从事经济法学、财税金融法学研究。在《法学》等期刊发表论文多篇；主持国家社科基金重大项目子课题、上海市政府决策咨询课题等研究课题多项。参与多项法律修改意见的论证，并有多篇智库专报获国家级、省部级批示。

译者分工

上册

序　言：任　超
导　论：任　超
第一章：任　超
第二章：任　超　涂玉玲　虞琪琪
第三章：任　超　闫　晨　陈　佳

下册

第四章：钟若瑄
第五章：任　超
结　论：任　超
附　录：任　超
注　释：任　超
索　引：钟若瑄

下册目录

第四章　1763年至1792年:帝国分裂

相较于此前的章节,本章以及下一章将分别覆盖为期29年和28年的较短时间跨度,每一章将围绕一次重大战争展开。本章的结构以美国独立战争(1775～1783年,又称为美国革命战争)为核心,分为三节。第一节的内容是在引发战争的动荡而又关键的事件中,直接税的发展历程。对于英国而言,七年战争是有史以来花费最为昂贵的战争,其导致了国家债务大幅度增加。有一种观点认为,以英国国债为代价,美洲殖民地在此次战争中获得了不成比例的好处。英国为战争开支向殖民地支付的大量补偿使许多殖民地能够偿还自己的全部或大部分债务,事实尤为如此。[1] 294

〔1〕 在美洲殖民地中,政府的开销很小,因此税赋也相对较轻。斯密在1776年写道,在动荡开始之前,马萨诸塞湾的联邦官员运作支出约为每年18,000英镑。新罕布什尔和罗得岛的相应费用分别为每年3500英镑。康涅狄格的费用为4000英镑。纽约和宾夕法尼亚的费用分别为4500英镑。新泽西的费用为1200英镑。弗吉尼亚和南卡罗来纳的费用分别为8000英镑。新斯科舍和佐治亚的联邦官员运作费用部分由一项议会的年度津贴支付。但新斯科舍每年还要额外为殖民地的公共费用支出约7000英镑;佐治亚每年额外支出约2500英镑。简单来说,在当下的动荡开始之前,除了缺少确切数据的马里兰和北卡罗来纳,北美各地的所有不同联邦官员运作支出每年只花费居民不超过64,700英镑的

295 考虑到殖民地的繁荣状况，在面对上述债务负担时，时任财政大臣的格伦威尔（Grenville）提议征收较轻的税赋，以帮助减轻英国的负担。但对于美洲人来说，英国议会的征税行为引发了基本的宪法问题。他们在英国议会中没有代表席位，因此，他们坚持认为试图向他们征税的行为是违宪的，没有代表就不能征税。人们很容易联想到，威尔士和苏格兰的直接税征收都发生在赋予其英国议会的代表席位之后（分别见原著第51和195页）。唯一可能被美洲殖民地承认的能够进行征税行为的权力来自英国王室，而这是源于历史先例的。但殖民者提出了反对主张，其认为英国内战和光荣革命之后的改革，包括《权利法案》，已经剥夺了王室征税的权力。[2]

尽管上述税收提案起初可能只征收很轻的税赋，但美洲人害怕在向英国的征税行为屈服后一旦承认了英国征税的权力，此类税收数额将没有明确的上限，尤其是在征税机构中没有代表席位的前提下。简言之，美洲人认为这是一个值得为之战斗的问题。英国人试图对殖民者征收的税是间接税。相比之下，从1763年到1775年战争爆发，英国和其殖民地的直接税制度相对稳定。事实上，在乔治国王战争之前的那段时期，一些殖民地几乎没有任何阻碍直接税收的因素。但随着1775年战争的爆发，至少对于殖民地而言，情况发生了巨大转变。

第二节研究了从1775年至1793年初直接税在英国和美洲殖民地的发展。这涵盖了美国独立战争和1783年至1793年这一相对和

费用；这是一个令人印象深刻的例子，证明一笔很小的费用不仅可以治理300万人，而且可以做到治理得当。政府费用中最为重要的部分，即防御以及保护的费用，一直由国家承担。Smith, 1776, Vol. 4, Ch. 7, p. 277.

〔2〕 Dowell, 1965, Vol. 2, p. 147 – 148.

平的时期。[3] 正如七年战争，在美国独立战争中，许多前英国等的殖民地通过发行信用券来支付战争费用，但这时不会有来自英国的补偿来帮助减轻该债务，其结果表现为大量的直接税，以及在许多前 296
英国等的殖民地，特别是南方殖民地，投入使用的税收类型有了重大发展。相比之下，英国再一次在直接税没有任何重大发展的情况下仅仅增加了其所负债务。在许多殖民地，战争期间征收的税赋在战争结束后的 10 年间仍保持存续，但有些殖民地设法迅速清偿其债务，并再度几乎免于征收直接税。

本章将继续对同一历史时期(1775～1793 年)进行研究，不过是站在美国独立战争后仍由英国控制的殖民地的角度。战争对这些殖民地产生了重大影响，特别是当法国于 1778 年在战争中加入美国革命者的阵营时(西班牙也于 1779 年加入)，战争扩张至西印度群岛。其他殖民地受到的影响不仅来自战争本身，还来自英国财富的大量减少，以及为逃避已经得到美国新近独立州控制权的独立主义者报复而大量涌入的效忠者。新斯科舍同加拿大一起见证了最多的人口涌入，但也有大量人口外流到西印度群岛；那里的殖民地起初再一次落到了法国手中，直到战争结束时才被收复。在此期间，所得税领域取得了一些重要发展，特别是英国在七年战争结束时获得的一些前法国殖民地。第二节的内容以加拿大殖民地的直接税发展为结尾。本章的最后一节将专门介绍西印度殖民地的发展。

---

〔3〕 1789 年至 1792 年这一时期包括法国大革命和革命战争的初期阶段。1793 年初，法国革命政府处决了法国国王路易十六。正是在这一时间节点，英国加入了对抗法国的联盟，并恢复了战争状态。本书第五章涵盖了从英国加入上述联盟到法国大革命战争结束这一时期的内容。

一、酝酿中的风暴：1764年至1775年

本节分为两小节。第一小节讲述了1764年至1775年英国直接税较少的发展。然而，这部分也简要介绍了英国对美洲殖民地征税的企图，这与其他因素（如货币管制）一同激起了美洲人的反抗。第二小节讲述了同一时期直接税在殖民地的发展。同英国一样，此处的发展并不显著。相反，在这个时期，英国在很大程度上摆脱了法国和印度战争带来的剩余债务负担，直接税的征收在一定程度上变得更加零星分散。

297 ### （一）英国的挑衅

七年战争使英国的国债增加了70%以上。[4] 因此，4先令的土地税对债务的偿还是必不可少的，这一税率一直持续到1767年。1764年，时任英国财政大臣兼政府领导人的格伦威尔策划了一项两步走的美洲殖民地征税计划，作为帮助英国偿还债务的手段。第一个步骤由1764年的法律实施，该法律规定对美洲港口向英国以外地区出口的某些货物征收关税。[5] 道威尔建议殖民者允许将其作为商业法规。[6] 格伦威尔计划的第二步涉及印花税和执照税，这些税

---

〔4〕 Dowell, 1965, Vol. 2, p. 453.

〔5〕《一项给予英国殖民地和美洲种植园某些义务的法案》（乔治三世4年，第15章）（1764年）（英国）。Simmons, 1976, p. 296载明该法案通常被称为《糖税法》。

〔6〕 Dowell, 1965, Vol. 2, p. 149.

于次年开始征收。[7] 美洲殖民地在其于英国议会没有代表权的情况下，对英国议会向其征税的权力提出疑问，这在殖民地引起了巨大的动荡。[8] 格伦威尔政府于 1765 年倒台，之后于 1766 年，新的罗金厄姆(Rockingham)政府废除了印花税和执照税。然而，几乎在同一时间，罗金厄姆政府通过了另一项法案，宣布其拥有对于美洲殖民地和美洲人民的法律主权。[9]

1764 年的《货币法案》加剧了当时美洲殖民地的不安情绪。[10] 通过这项法律，英国议会有效地将 1751 年的《货币法案》(曾只适用于新英格兰殖民地)扩大到美洲所有殖民地，包括那些没有王室宪章 298 的殖民地，并且似乎包括西印度群岛。相应地，殖民地通过发行信用券筹集资金的能力受到严重阻碍，殖民地被剥夺了这种形式的货币和信贷。

> 纽约和宾夕法尼亚的商人……很快就意识到了该法案的含义。如果没有传播它的媒介，贸易必然下滑。换句话说，1764 年货币法案所体现的英国政府的政策将不可避免地引发通货紧缩，从而加剧了客观存在的战后萧条。难怪

---

〔7〕《一项在英国殖民地和美洲种植园授予和实施某些印花税和其他税种的法案》(乔治三世 5 年，第 12 章)(1765 年)(英国)。

〔8〕 Simmons, 1976, p. 308 – 310.

〔9〕《一项废除上届议会通过的法案，在英国殖民地和美洲种植园授予和实施某些印花税和其他税种的法案》(乔治三世 6 年，第 11 章)(1766 年)(英国)以及《一项为了更好地保障国王陛下在美洲的统治中对于王室和英国议会的依赖的法案》(乔治三世 6 年，第 12 章)(1766 年)(英国)。另外见 Dowell 讨论内容，1965, Vol. 2, p. 144 – 159。

〔10〕《一项防止从此之后在美洲境内任何一个国王陛下的殖民地或种植园发行的纸质信用券被认定为金钱支付中的法定偿付，并防止该票据所不具有的法定身份偿付被延长至超出仅限于收回和回赎的期间的法案》(乔治三世 4 年，第 34 章)(1764 年)(英国)。

这一法案引发了“如此重大的骚乱，乃至动摇了所有北方殖民地”。[11]

该法案施加的限制“在英格兰失去了一个帝国的那些关键岁月中，大幅助长了殖民地的怨恨”[12]。尽管该法案中存在种种限制，但到了18世纪70年代初期，英国当局已经经常性地对殖民地中需要进一步解决的问题进行批准。[13]

罗金厄姆政府也迅速倒台，并于1767年被格拉夫顿（Grafton）和皮特政府取代。反对派（由格伦威尔领导）迫使新政府将土地税从4先令降低到3先令（该税率一直持续到战争爆发，其间只有1771年的税率为4先令）。[14] 这给新政府带来了额外的财政压力，其于1764年继续扩张对美洲征收的关税，特别是对茶叶也开始征收关税。[15] 许多殖民地通过禁止进口应税货物的方式对此进行回应。在诺斯（North）勋爵领导政府的又一次变革后，英国议会于1770年作出回应，免除了除茶叶税外所有于1767年开始征收的关税。[16]
299 美洲的抵抗仍在继续，并在1773年12月波士顿港的倾茶事件（将于原著第320页进行进一步探讨）中达到顶峰。作为回应，英国人试图

〔11〕 Brock, 1975, p. 524 – 525.

〔12〕 Brock, 1975, p. 527；另外见 Simmons, 1976, p. 311。

〔13〕 Ferguson, 1961, p. 22 – 23.

〔14〕 Dowell, 1965, Vol. 3, p. 86.

〔15〕《一项给予英国殖民地和美洲种植园某些义务，允许在出口时撤销海关关税的法案》（乔治三世7年，第46章）（1767年）（英国）。皮特身体不适，这项措施是时任财政大臣的查尔斯·汤森建议的。

〔16〕《一项废除大量于现任陛下统治的第七年制定的法案内容，给予英国殖民地和美洲种植园某些义务；允许在出口时撤销海关关税的法案》（乔治三世10年，第17章）（1770年）（英国）。Simmons, 1976, p. 294 – 306.

关闭波士顿的港口，并修改了马萨诸塞的宪章。[17]

北方还存在进一步的问题。1763 年的《巴黎条约》结束了七年战争，迫使法国政府和许多殖民者离开魁北克，以及法国控制的上加拿大（安大略）领土和圣劳伦斯湾的岛屿。然而，许多法国殖民者选择留下，英国的新统治下出现了动乱。为了缓解魁北克的动乱（并实现其他目的），1774 年的《英属北美法案》得到通过。[18] 该法案对魁北克政府进行了规定，并允许魁北克境内法语的继续流通和民法继续有效，还为法国天主教徒提供了做礼拜的自由以及法律和政治权利。它还扩大了魁北克的边界，将殖民地政府声称拥有主权的西部领土包括在内。《英属北美法案》的条款导致了殖民地不安情绪的进一步滋生，因为它被视为通过对法国天主教徒的无理让步来对美洲新教进行攻击。[19]

（二）美国独立前殖民地的直接税制度

在“法印战争”之后的时期，尽管招致美洲殖民地居民怨恨的事项与日俱增，但这些殖民地直接税的发展较为缓慢。此时的西印度殖民地的情况也大致如此。然而，直接税在另外两条战线上有所发展，这源于英国在战争中的胜利。英国在七年战争中打败了法国和西班牙，从而创造了提高英国在印度影响力的机会，这一点对于贸易

---

〔17〕 Simmons, 1976, p. 338 – 341 和 Dowell, 1965, Vol. 2, p. 162. 相关法律是《一项以在上文提到的时间和方式针对位于北美马萨诸塞港所在属地的波士顿以内的城镇和港口，停止对于货物、器具和商品的靠岸、卸货、装载或运输的法案》（乔治三世 14 年，第 19 章）（1774 年）（英国），该法案也“为了更好地管理新英格兰马萨诸塞湾所在属地政府”（乔治三世 14 年，第 45 章）（1774 年）（英国）。

〔18〕《一项旨在设立基金以进一步支付美洲魁北克属地内司法费用以及公民政府的法案》（乔治三世 14 年，第 88 章）（1774 年）（英国）。

〔19〕 Simmons, 1976, p. 341.

而言也变得非常重要。这种影响是通过英国东印度公司这一媒介来实现的。

300 另一条战线在西印度群岛。当“法印战争”（七年战争）结束时，英国已经占领了所有法属西印度群岛（西伊斯帕尼奥拉除外），并占领了哈瓦那（见原著第 255 页）。在哈瓦那沦陷后的几个月内，法国和西班牙与英国就和平条款进行谈判。通过 1763 年《巴黎条约》，英国实现了以下目标：

> 将马提尼克岛和瓜德罗普岛（包括其属地）归还法国，但保留了加拿大；而对于前者的中立岛屿，各方达成一致，同意法国占据圣卢西亚，英国占据多米尼加、格林纳达和格林纳丁斯、圣文森特和多巴哥……英国还同意将哈瓦那归还西班牙，并取回佛罗里达作为交换……[20]

因此，本节所涵盖的期间见证了这些新近占据的殖民地的初步发展。总的来说，在此期间，西印度殖民地并未与英国议会产生冲突。与美洲殖民地相反，西印度制糖业的权力集中在少数英国业主的手中，其中许多人要么在英国议会任职，要么对英国议会具有影响力。[21]

该小节涵盖了 1764 年至 1775 年殖民地直接税的发展。其先研

---

〔20〕 Burns, 1954, p. 488 – 489. Burns 说，“针对中美洲有一些特别的安排。英国将拆除洪都拉斯湾的所有防御工事……而西班牙人承诺不骚扰从事木材切割和运输的英国国民，并允许他们拥有工作所必需的住所和仓库”。

〔21〕 Burns, 1954, p. 491.

究了直接税在美洲殖民地的发展。之后，其研究了直接税在西印度殖民地的发展。在此期间，直接税在印度和非洲也取得了重大进展。该小节接下来会对英国在印度和非洲影响力的起源进行概述，然后对本节所涵盖期间的发展进行论述。

1. 美洲殖民地

(1) 新英格兰

直到独立战争爆发，马萨诸塞保持每 2 ~ 3 年发行及收缴一次国库债券，尽管在 18 世纪 70 年代初期其数量大幅减少。[22] 而且在此期间，1757 年有关直接税的规划（包括对来自动产和不动产的“收 301
入”的表述）被持续应用于直接税法。[23]

截至 1764 年，康涅狄格已经收缴了除 1762 年以来发行的所有信用券。[24] 这些尚未偿付的发行确保了常规人头税和房产税的延续。到了 1769 年，这笔费用被扩张至明确包括含有利息的贷款，正如在马萨诸塞那样。[25] 1771 年，出现了大量有关贸易和商业的收费的详细阐述：

> 本殖民地的所有贸易商或店主均须就其购买用于零售的全部货物、器具、商品（除了本殖民地的农产品和工业产品）的主要成本在征税清单上按照百分之十的税率对征税

---

〔22〕 Brock, 1975, p. 275.

〔23〕 例如，《一项用来分配和评估一项 10,312 镑 10 先令税费的法案》（1774 年 6 月 7 日）（马萨诸塞）；American Antiquarian Society, 1956, No. 13411。

〔24〕 Brock, 1975, p. 324.

〔25〕《一项为其制表人的职位与职责提供方向指引，为国王陛下在美洲新英格兰康涅狄格的殖民地境内法律和法案中规定的税收的法案》（1769 年）（康涅狄格），第 290 页；American Antiquarian Society, 1956, No. 11215。

现值进行评估；所有批发贸易商，包括商人、技工、酒馆老板，以及其他根据法律规定，因其才能或生意而应纳税，均须通过针对其从事的生意的最佳估值，就其每年的收获、收入或净利润在征税清单上就征税现值进行评估；制表人应当用其符合前述规则的最大审慎，对上述贸易者、店主等进行评估：但如果任何个体生意失败或遭受了重大损失，在这种情况下，制表人同样可对征税作出适当的减少。[26]

尽管存在上述的详尽阐述，但显然，根据制表人的判断，这仍然是一个客观的评估，而并非与依据某种形式的会计惯例保存的账簿相一致的主观评估。这一立场在接下来所讨论的期间范围内保持不变。

与其他新英格兰殖民地一样，到1764年，由于“法印战争”期间的巨额税收和英国议会的拨款，罗得岛大幅停止了信用券的发行流
302 通，并于1767年实现彻底终止。[27] 同年，罗得岛颁布了一项对于应税财产的新型评估方法，其对于应税财产的详细说明使得税收的财产基础变得清晰。[28] 估价应为“税率和税费分摊至该殖民地的各个城镇时应遵守的标准和规则，直至新的估价被采纳……”这种评估一直持续到美国独立战争开始。

新罕布什尔在“法印战争”后继续停止纸质货币的流通，直到

---

〔26〕《一项作为对该殖民地法律的添附，为制表人就其职位与职责提供方向指引的法案》(1771年)(康涅狄格)；American Antiquarian Society, 1956, No. 12016。

〔27〕 Brock, 1975, p. 332 - 333.

〔28〕《一项旨在对该殖民地应税财产进行公正估价，从而对居民的税率税额平等地评估的法案》(1767年6月)(罗得岛)；American Antiquarian Society, 1956, No. 41761。

1771 年纸币被全部回赎。[29] 直接税的征收继续以与 1753 年法律相同的方式进行(见原著第 233 页)。[30] 事实上,1767 年的法律只是对 1753 年法律的简单重复。[31] 1770 年,新罕布什尔曾有过以更加公正和统一的方式重新制定税基的尝试。[32] 根据这项法律,“所有公共税率和税费均应按照每个人头、可评估的财产和才能的比例来制定与评估……”该法继续遵循以往针对人头和某些动物以一个固定数值为单位,针对土地以英亩为单位,针对各类建筑以“其年净值”的 1/10 为单位进行评估的惯例:

> 所有股本,无论是付息钱款还是在贸易中增加的钱款,都应按 1% 的利率进行估算。任何个人才能可以由每个城镇或教区中选定的男性根据其自由裁量权进行估算,不超过 20 英镑可估值的财产……

与马萨诸塞一样,这份清单将根据多种项目列出,包括一个针对才能的项目。然而,这里的进展,如在康涅狄格和罗得岛,似乎已偏 303
离了收入和年度收益,转向了对表面迹象的评估。该法实质上于

---

〔29〕 Brock, 1975, p. 306.

〔30〕 大会的决议继续简单提为“属地级税”,见新罕布什尔[1867 ~ 1915 年,第 7 卷,第 80 页(1765 年 6 月 28 日的决议)和第 107 页(1766 年 6 月 30 日的决议)]。

〔31〕 1767 年 9 月 22 日的决议;新罕布什尔,1867 – 1915, Vol. 7, p. 142 – 143。另外见 Robinson, 1902, p. 36 – 37。

〔32〕 《一项旨在建立一套平等的方法,用来决定税率和税费,并决定哪些人对于城镇事项拥有合法投票表决权的法案》(1770 年 4 月 12 日),在“新英格兰新罕布什尔女王陛下属地的法案和法律”(1771 年)(新罕布什尔)中,临时法律,第 38 页;American Antiquarian Society, 1956, No. 12146。这项法律很有可能针对的是当地采用评估规则时缺乏统一标准的问题。

1772年1月2日重新颁布，包含了一些在股本及其估值方面的变化。[33]

如原著第264页所述，将法国阿卡迪亚人驱逐出新斯科舍引发了来自美洲殖民地特别是新英格兰的移民潮。1767年，新斯科舍的人口约为13,000人，其中超过半数的人认为自己拥有美洲出身。[34] 1765年，各个郡被授予为各种公共目的征收直接税的权力。[35] 评估将由特定的大法官"以他们所能想出的最公正、最平等的方式进行……"该法律修订于1768年，其在各郡的大陪审团没有确定为郡里筹集资金数额的情况下，赋予了大法官进一步的评估权。[36] 在这种情况下，法官奉命确定他们认为必要的金额，"上述哪一笔或哪些款项，应按该郡居民的能力，平等地进行评估……"

济贫法（见原著第165～264页）和这些郡的税率清楚地展示了新英格兰税收风格对于新斯科舍的影响，特别是其对能力的提及。从当时来看，似乎并没有以属地级政府为目的的一般直接税（尽管土地需要支付免役税）。然而，在1772年，当局对"该属地的每一个户主和土地所有者……"都收了一年的税，进而为道路和桥梁的建造和

---

〔33〕《一项旨在建立一套平等的方法，用来决定税率和税费，并决定哪些人对于城镇事项拥有合法投票表决权的法案》（1772年1月2日）（新罕布什尔）；American Antiquarian Society, 1956, No. 12880。

〔34〕 Bourinot, 1900, p. 19.

〔35〕《一项通过本属地多个郡的代表，为上述提到的特定郡的费用付款的法案》（乔治三世5年，第6章）（1765年）（新斯科舍）；CO 219/7，第187页。

〔36〕《一项对于制定于国王陛下统治的第五年，名为〈通过本属地多个郡的代表，为上述提到的某些郡的费用付款的法案〉进行补充和修正的法案》（1768年）（新斯科舍）；CO 219/12，第32页。

修复提供资金。[37] 税率对于每个个体是固定的数值，对于拥有超过 500 英亩土地的个体，则对于每 100 英亩土地征收固定的数额。至少初步来看，该法的行政条款似乎以英国土地税为基础。这项法律一 304 直延续到美国独立时期。[38]

1769 年，爱德华王子岛成立一个独立于新斯科舍的政府，名为"圣让岛"，[39] 这里也有一套退出制度，[40] 一项针对酒类零售商的税于 1774 年开始征收。[41] 通常情况下，道路由法定劳动力提供资金，并以"最符合公平和良知"的方式由居民家庭的户主进行评估。劳动可以通过按规定的劳动日费率支付罚款来减轻。[42]

英国政府执政初期困扰魁北克的问题在原著第 299 页已经提及。在本节所涵盖的期间内，政府似乎没有征收任何新税。相反，法国在征服魁北克之前实行的间接税制度仍在继续。[43] 当时，魁北克没有直接税制度。1774 年，《英属北美法案》（同样在原著第 299 页提及）赋予殖民地以当地意志进行征税的有限权力，但该法案继续主张英国对航行和贸易的监管权，并附带征收关税的权利。[44] 一项补

〔37〕《一项为贯穿属地内的桥梁和道路的建造和修复提供资金的法案》（第 201 号）（1772 年）（新斯科舍）；CO 219/13，第 73 页。

〔38〕 CO 219/13, p. 87, p. 100.

〔39〕 Murray, 1907, p. 223.

〔40〕 比如，在 CO 228/1 中提到的，在第 10 页。

〔41〕《一项对朗姆酒和其他蒸馏酒零售商进行征税的法案》（第 20 号）（1774 年 10 月 17 日）（爱德华王子岛）；CO 228/1，第 75 页。

〔42〕《一项补充和修订了制定并通过于国王陛下统治的第 14 年的法案，即"授权总督阁下或其他当下的首席指挥官指导公共道路的修建并指派人员对此加以执行的法案"》（第 29 号）（1776 年 7 月 11 日）（爱德华王子岛）；CO 228/1，第 105 页。

〔43〕 魁北克属地总指挥官 1766 年 7 月 5 日宣言；CO 228/1，第 105 页。

〔44〕《一项为北美魁北克属地的政府制定更有效益的条款的法案》（乔治三世 14 年，第 88 章）（1774 年）（英国）。

充性法律允许一些其他的间接税的征收。[45]

(2)中部殖民地

“法印战争”后，纽约继续征收房产税，用于赎回战争期间积累
305 的大量信用券。在英国议会拨款的协助下，截至1768年，信用券已经很大程度上被还清。[46] 1771年，纽约发行了新一批大额的票据，价值120,000英镑。[47] 这些票据通过贷款所得，因此没有税收支持。

如原著第259～260页所述，在“法印战争”期间，新泽西发行的信用券将由直至1783年每年对于房地产和个人财产征收的直接税进行回赎。1769年的一项法律为殖民地的郡县设定了征收这些税的配额。[48] 除此以外，1769年的法律针对税基提供了实质上与1753年法律相同的指示（见原著第236页）。

宾夕法尼亚的直接税体系一直沿用1758年的法律，直至1764年，一项新法再度发行55,000英镑的信用券，并规定了1770～1772

---

〔45〕《一项旨在建立一项基金，从而进一步支付美洲魁北克属地司法机关的费用，以及对于公民政府的支持的法案》（乔治三世14年，第88章）（1774年）（英国）。

〔46〕 Brock, 1975, p. 346－347. 然而，在未来的数年中，总额仍然处于未偿付状态，例如，《一项为了筹措和收集纽约城镇对该殖民地税收欠款的法案》（1771年2月16日）（纽约）；American Antiquarian Society, 1956, No. 12154。该法案下的税基为常规模式。

〔47〕《一项发行总计12万英镑的信用券用作贷款，并将拨出由此产生的利息来偿还该殖民地的债务，以及该殖民地的情况不时导致必要的公共紧急事件的法案》（1771年2月16日）（纽约）；American Antiquarian Society, 1956, No. 12154。另外见 Brock, 1975, p. 345。

〔48〕《一项为该殖民地的几个县城设定了征税的限额的法案》（1769年2月16日）（新泽西），其体现于《新泽西联合大会的系列法案》（1776年，第317页）；American Antiquarian Society, 1956, No. 14911。

年的税收。[49] 根据这项法律，评估员将参照租金来确定房地产的“净年度价值”，并利用其“最佳审慎(best discretion)”来确定其他财产的价值。评估员仍要按照此前的法律列出一份清单，其在法律中以表格的形式出现，而且更加详细，特别是，土地的价值通常以 100 英亩为单位进行衡量，各种动物以其头数为单位，贸易、职业和专业岗位“由评估员进行审慎裁量……”和“所有年薪，以及盈利的职位和官职，应按每年收到的金额的 4/5 进行评估”。这种评估贸易的方法在美洲中部和新英格兰殖民地很常见，这表明，人们一定认为根据 306
账簿准确并主观地评估贸易显得过于困难。直到独立，1764 年法律一直被用作基本税法。

在法国和印度战争期间，特拉华利用英国议会的拨款来回赎其为战争目的发行的信用券。[50] 在独立之前，特拉华的直接税收制度(本质上继续主要与郡级税收相关)没有进一步的发展。

(3)南部殖民地

在弗吉尼亚，人头税和土地税(见原著第 255 页)于 1755 年首次征收并一直持续到 1769 年。1769 年出现了一项针对马车、奴隶和法律执照的税。[51] 其在独立以前没有进一步的发展。

在马里兰，根据 1756 年法律的税收是其独立前的最后一次整体

---

〔49〕《一项授予国王陛下总计 55,000 英镑的钱款，并通过之后就此产生的指引方式，用信用券偿还同一笔钱，并且设立一个通过对本属地内所有不动产和个人财产以及其他应税项目进行征税，用于回赎上述信用券的基金的法案》(1764 年 5 月)(宾夕法尼亚)；American Antiquarian Society, 1956, No. 9780。

〔50〕 Brock, 1975, p. 392 – 393.

〔51〕《一项用于更好地支持政府所可能发生的费用的法案》(1769 年)(弗吉尼亚)；Virginia, 1809 – 1823, Vol. 8, p. 342。

征税。1756 年至 1766 年政府的常规年度运营费用一直没有支付。[52] 到 1765 年，所有的信用券和其他贷款基本上都已被偿付，而且马里兰处于盈余状态。同年，针对这一盈余，信用券首次以西班牙元发行，其中大部分用于支付累积的政府开支。[53]

在后"法印战争"时代，南卡罗来纳继续发行欠税不动产拍卖成交证书(tax certificate)。[54] 到了 1765 年，1754 年的收费方式(见原著第 256～257 页)有所简略，但很大程度上仍为同一种模式。[55] 针对贸易存货、才能和行业所产生利润、手续费以及手工艺品贸易的税收被应用于整个殖民地。1767 年的法律加强了这一举措，并且另外提及了在该税目下的就业。[56] 1768 年和 1769 年采用了同一个体系，这显然是独立以前的最后一个税法。[57]

在"法印战争"之后，北卡罗来纳继续征收人头税，特别是用来回
307 赎信用券，其在独立前的时期没有进一步的发展。佐治亚也只是单纯地继续沿用南卡罗来纳的直接税形式。然而，在 1768 年，贸易存货税被改为只对进口的存货收费。[58] 类似的进一步收费一直持续

---

〔52〕 Becker, 1980, p. 93.

〔53〕 Brock, 1975, p. 422 – 424.

〔54〕 Brock, 1975, p. 460 – 461.

〔55〕 《一项为了筹措并授予国王陛下总计……的法案》(1765 年 4 月 6 日)(南卡罗来纳)；American Antiquarian Society, 1956, No. 10169。

〔56〕 《一项为了筹措并授予国王陛下总计……的法案》(1767 年 5 月 28 日)(南卡罗来纳)；American Antiquarian Society, 1956, No. 41882。

〔57〕 Smith, 1903, p. 284.

〔58〕 《一项授予国王陛下总计 3375 英镑 4 先令 1 便士的款项，供佐治亚政府使用并对其加以支持……的法案》(1768 年 4 月 11 日)(佐治亚)；Georgia, 1904, Vol. 19, 第 1 部分, p. 29。

到佐治亚独立。[59]

七年战争后,法属路易斯安那被割让给西班牙,西班牙又将佛罗里达割让给英国。英国人继续同时为东佛罗里达、西佛罗里达和魁北克建立政府。[60] 直到在美国独立战争中失守,佛罗里达曾经可能征收的任何税收都已经不得而知,但其很有可能只是继续沿用西班牙的体系。这是英国人从另一股欧洲势力那里获得殖民地之后的常见做法,例如,在取得魁北克和格林纳达后,英国仍对其按照法国税收制度征税。

2. 西印度群岛

在巴巴多斯,直接税继续以常规形式进行征收。1767 年,1761 年法律规定的形式有所改变,但这只持续了一年。[61] 1768 年,巴巴多斯以类似的授权条款迎接了一位新总督,但条款只在该总督任期内生效。[62] 不时有新内容增添到 1768 年的这项基本税[63]中,1772 年似乎征收了一项永久性的增补项目。[64] 另一位总督于 1772 年抵

〔59〕 例如,《一项授予国王陛下总计 5171 英镑 15 先令半便士的款项,供佐治亚政府使用并对其加以支持……的法案》(1773 年 9 月 29 日)(佐治亚);Georgia, 1904, Vol. 19, 第 1 部分, p. 449。

〔60〕 Simmons, 1976, p. 287, p. 295.

〔61〕《一项筹集一笔款项用于支付当年政府的开销的法案》(1767 年 2 月 24 日)(巴巴多斯);CO 30/11,第 230 页。

〔62〕《一项每年筹集一笔款项用于支付当年政府的开销的法案》(1768 年 3 月 15 日)(巴巴多斯);CO 30/12,第 230 页。

〔63〕 例如,CO 30/12,第 37 页(1768 年),第 82 页(1769 年)和第 108 页(1770 年)以及 CO 30/13,第 19 页(1771 年)和第 122 页(1773 年)。

〔64〕《一项每年筹集一笔款项用于支付当年政府的开销,并用于改变上述法案指定的归还奴隶、风车场、牛群、磨坊、窑炉以及马车的时间的附加法案》(1772 年 1 月 21 日)(巴巴多斯);CO 30/12,第 57 页。

308 达，他很快就在任期内被授权征收常规直接税。[65] 这项法律继续被定期增补。[66]

相比之下，安提瓜继续执行 1740 年的《差额法》(deficiency law)，尽管如此，黑人与白人的比例仍约为 15∶1。[67] 1764 年，只有针对酒类销售执照和台球桌的收费。[68] 1768 年，该《差额法》被用来支付总督的工资。[69] 同年，直接税的征收回归了一种更加详尽的模式，这与 1761 年的征收一致(见原著第 267 页)；因此对酒类销售执照、台球桌、糖、朗姆酒和糖浆均进行征税，对不属于糖料种植园的奴隶补充征税。[70] 房屋税的形式发生了一些变化，其规定：

> 本岛任何城镇的房屋业主或拥有者……如果其房屋被投入租赁，那么就其通过该房屋取得的租金，应当按照每一百英镑支付一英镑的税率纳税……并按照该税率，就上述业主自行居住或无偿出租的所有房屋的年度价值进行纳税。

---

〔65〕《一项每年筹集一笔款项用于支付当年政府的开销的法案》(1774 年 2 月 17 日)(巴巴多斯)；CO 30/14，第 22 页。

〔66〕例如，《一项对〈每年筹集一笔款项用于支付当年政府的开销的法案〉提供了补充的法案》(1775 年 5 月 16 日)(巴巴多斯)；CO 30/14，第 78 页。

〔67〕Burns, 1954, p.510.

〔68〕《一项筹集用于支付公共债务和费用的税款，尤其对上述税务的应用的法案》(1764 年 6 月 15 日)(安提瓜)；CO 8/13，第 69 页。

〔69〕《一项在阁下威廉伍德利先生任期为其提供额外的支持并为其费用的支付指定特定的基金的法案》(1768 年 4 月 17 日)(安提瓜)；CO 8/15，第 3 页。

〔70〕《一项筹集用于支付公共债务和费用的税款，尤其对上述税务的应用的法案》(1768 年 6 月 9 日)(安提瓜)；CO 8/15，第 3 页。

1770 年、1774 年和 1775 年也存在类似的收费。[71]

相比之下,圣基茨和尼维斯在此期间几乎没有发展。圣基茨继续按照人头对奴隶征税,以及按照年度价值(大体上与 1739 年法律的形式相同)对城镇中的房屋、商店和公寓征税。[72] 尼维斯继续沿用其简单的奴隶税。 309

牙买加还继续沿用其在乔治国王战争期间使用的混合税制。这包括间接税,外加针对某些公职人员的征税,以及在另外一项法律中针对奴隶和牛群的征税,根据教区委员会名册对贸易征税和对"房屋、码头和仓库"的租金征税。[73] 《差额法》也继续在牙买加的金融和

---

〔71〕《一项筹集用于支付公共债务和费用的税款,尤其对上述税务的应用的法案》(1770 年 6 月 15 日)(安提瓜),《用于筹集用于支付公共债务和费用的税款,尤其对上述税务的应用的法案》(1774 年 8 月 13 日)(安提瓜)以及《用于筹集用于支付公共债务和费用的税款的法案,尤其对上述税务的应用的法案》(1775 年 9 月 16 日)(安提瓜)。CO 8/15,第 47 页;CO 8/18,分别见第 20 页和第 55 页。

〔72〕例如,《一项通过针对所有黑人和其他奴隶每人 3 先令 6 便士流通货币的关税或税款,以及针对在上述岛屿内的几个城镇内所有房屋、仓库、商店和公寓的年度价值,按照每 100 英镑支付 3 英镑 10 先令进行进一步征税,用来修缮堡垒和防御工事以及支付其他该岛屿的公共费用,进而为国王陛下给予辅助的法案》(1766 年 3 月 22 日)(圣基茨)以及《一项通过针对所有黑人和其他奴隶每人 5 先令流通货币的关税或税款,以及针对在上述岛屿内的几个城镇内所有房屋、仓库、商店和公寓的年度价值,按照每 100 英镑支付 5 英镑进行进一步征税,用来修缮堡垒和防御工事以及支付其他该岛屿的公共费用,进而为国王陛下给予辅助的法案》(1771 年 7 月 18 日)(圣基茨)。CO 240/10,第 50 页;CO 240/11,第 52 页。

〔73〕《一项对本岛屿内所有红酒、朗姆酒和其他烈酒的零售征收关税,并对红酒和其他酒精饮料的零售许可证进行进一步征税,对超大型货物和公职人员进行征税,并对几项用途适用同样的方式的法案》(1766 年 8 月 12 日)(牙买加)以及《一项旨在按照人头征税,以及对于出港的贸易、超大型货物和船东进行征税,同时也对某些有轮马车征税并对几项用途适用同样的方式的法案》(1766 年 9 月 12 日)(牙买加);CO 139/22,分别见第 48 页和第 89 页。

政策中发挥重要作用。[74] 黑人与白人的比例保持在大约 15 : 1。[75]

相比之下,在巴哈马,种族比例要均衡得多,但总人口数仍远低于 5000 人。[76] 在乔治国王战争后的初期,巴哈马仅仅继续征收 1762 年的税赋(见原著第 268 页)。[77] 其形式在 1767 年发生了一些
310 变化,当时采用的是常规的人头税——一项在新普罗维登斯岛的城镇地块适用的税(每英亩对应的剩余税似乎已经不再收取),对动物以头数为单位计算的征税以及对马车的征税。[78] 才能税已经被扩张为如下内容:“对于才能、行业和贸易,以每 30 英镑为 6 先令的比例,这些才能、行业和贸易应由估税员进行为期一年的评估……”到了 1771 年,这项费用演变成了:“对于商品的利润,对于才能、行业和贸易,以每 30 英镑为 6 先令的比例,这些才能、行业和贸易的利润应由估税员进行为期 1 年的评估……”[79] 到了这个阶段,各项法律按

---

〔74〕《一项责成该岛的多个居民为自己提供充足的白人男性、白人女性或白人儿童或者支付一定数量的金额,以防他们存在缺额并对几项用途适用同样的方式,进而在选择教堂管理员和教区委员会成员时保护财产的业主并确定哪些人在这种选举中应被视为具有投票权的法案》(1773 年 12 月 24 日)(牙买加);CO 139/28,第 28 页。

〔75〕 Burns, 1954, p. 511 将 1774 年的人口表述为“12, 737 个白人,4093 个自由的有色人种,以及 192, 787 个奴隶”。

〔76〕 “1773 年巴哈马的人口数估计为 2053 个白人和 2341 个有色人种”, Burns, 1954, p. 514。

〔77〕 例如,其于 1764 年被一项法案延续了两年,该法案旨在为于此提及的时期,《一项刺激另一项法案来筹集用来支付官员工资的基金,支付举行集会的费用以及这些岛屿的政府所可能产生的其他费用,以及用来确定上述工资的法案》(1764 年 5 月 22 日)(巴哈马);CO 25/3,第 1 页。

〔78〕《一项用来设立人头税,以及其他税种和征税估价,以及用来征收前述几年间的欠缴税款,以及对其收集和适用方式进行指引的法案》(1767 年 1 月 14 日)(巴哈马);CO 25/3,第 29 页。

〔79〕《一项旨在施行一项人头税,以及对上述提及的时期的其他税种和评估,以及对其收集和适用方式进行指引的法案》(1771 年 3 月 12 日)(巴哈马);CO 25/4,第 46 页。

照惯例都规定了为期 2 年的征税。[80]

英国人至少从 1665 年起就与中美洲有了联系，特别是英国的原木切割工人曾在伯利兹（原英属洪都拉斯）工作，但也因类似的原因而与莫斯基托海岸（尼加拉瓜东海岸和洪都拉斯的一部分）有重大联系。[81] 伯恩斯指出："牙买加总督对从尤卡坦到莫斯基托海岸的英国移民只行使着模糊的职权……"[82] 西班牙人对其存在感到不安，并发生了一些争端和对抗。乔治国王战争结束时，牙买加总督敦促在莫斯基托海岸建立公民政府，1750 年，一位警长被指派至莫斯基托海岸。[83] 1764 年，尤卡坦（现为墨西哥的一部分）的西班牙人决定把英国的原木切割工人驱逐出洪多河岸（现在位于伯利兹境内）， 311
但以海军上将伯纳比（Burnaby）为首的英国海军中队已出发，前来应对威胁。

> 海军上将伯纳比于 1764 年前往伯利兹时，他发现大多数海湾人渴望在他们中间建立法律和秩序，作为第一项举措，他编纂了现有规则和移民区的习俗，并制定了一种基于现有机构形式的宪法。[84]

---

〔80〕 例如，《一项旨在施行一项人头税，以及对上述提及的时期的其他税种和评估，以及对其收集和适用方式进行指引的法案》（1773 年 2 月 12 日）（巴哈马）（1773 年和 1774 年间的征税）以及《一项旨在施行一项人头税，以及对上述提及的时期的其他税种和评估，以及对其收集和适用方式进行指引的法案》（1774 年 12 月 24 日）（巴哈马）（1775 年和 1776 年间的征税）。CO 25/4，第 58 页；CO 25/5，第 20 页。

〔81〕 Burns, 1954, p. 362.

〔82〕 Burns, 1954, p. 365.

〔83〕 Burns, 1954, p. 496 – 497.

〔84〕 Burns, 1954, p. 501 – 503.

这些规定被称为《伯纳比法》(Burnaby's Laws)，其中包含征税的权力。[85] 当地的流通货币是原木。伯利兹没有建立正式政府，也没有总督被派遣过去，因为英国人怀疑他们对该地区的领土权。然而，地方法院还是进行了征税，一个早期的例子是 1766 年 5 月 15 日的税，其每年对“扁平舟”(一种船)征税，[86] 这项税是按船的吨位用原木来缴纳的。

相比之下，基于 1763 年的《巴黎条约》，多米尼加、多巴哥、圣文森特和格林纳达被移交给了英国。一名总督被派遣至上述群岛，这些岛被称为南加勒比群岛。该群岛的总部设在格林纳达，副总督也被派遣至其他岛屿。殖民地的早期状况很艰难，与土著加勒比人之间存在许多冲突。[87] 总督的指示包括(在四个岛屿上)建立常规形式的立法机构，并且早在 1767 年，格林纳达的议会就通过了法律。[88]

至于税收，英国王室试图通过 1764 年 7 月 20 日的授权法律书对新殖民地的当地产品出口征收常规的 4.5% 的关税，即以与巴巴多斯和背风群岛类似的方式征收关税(见原著第 146 页)。[89] 格林纳达的征税在著名的坎贝尔诉霍尔案(Campbell v. Hall)中受到挑战，
312 曼斯菲尔德(Mansfield)勋爵认为王室无权强制征收该税，因为当王

〔85〕 这些法律在英属洪都拉斯再版(1931~1935 年，第 1 卷，第 101~105 页)，特别地，该法第 6 条授权针对“海湾居民”提高税收。税务由两名大法官和五名居民代表征收。

〔86〕 British Honduras, 1931-1935, Vol. 1, p. 113.

〔87〕 Burns, 1954, p. 505.

〔88〕 参见 1764 年 4 月 9 日的授权法律书；C 66/3695。

〔89〕 上述内容由在同一个合适的日期连续生成的 5 份授权法律书完成，按照格林纳丁群岛、格林纳达、圣文森特、多米尼加和多巴哥的顺序；C 66/3697。

室授予新殖民地一部没有这种权力的宪法时，其已经放弃了这项权力。[90] 结果，“不仅在格林纳达，在多米尼加、多巴哥和圣文森特也废止了这项税收”[91]。

就格林纳达而言，同一份 1764 年的授权法律书继续写道：

> 鉴于人头税是针对上述格林纳达岛上的居民进行征收并由其支付的，而格林纳达处于最虔诚基督徒国王陛下的统治下，这是我们进一步的王室意愿，并且乐意看到这种人头税……将继续被征收……如同在该岛屿处于臣服状态时被收集、征收并支付的费用……[92]

因此，就像在魁北克一样，先前的税收体系在英国控制后继续存在，但就此处而言，先前的税收包含一项人头税。这种税的确切形式尚不清楚，但可能类似于法国当时征收的人头税（见原著第 187 页）以及后来在 1778 年格林纳达征收的人头税（见原著第 346 页）。这似乎是一项持续的收费项目。

1767 年，格林纳达征收了一项更典型的英属西印度群岛风格的直接税，这看起来是最接近安提瓜岛风格的税收，其涉及的针对“格林纳达和格林纳丁群岛的居民……”的税收，涉及以人头为单位的奴

---

〔90〕 Campbell v. Hall（1774 年）98 ER 848。

〔91〕 Burns, 1954, p. 507. 格林纳丁群岛被假定适用相同的举措。

〔92〕 C 66/3697。授权法律书的这一方面是“更好地收集和接收人头税的法令”（1766 年 2 月 10 日）（格林纳达）；CO 103/1，第 3 页。同样的条款出现在格林纳丁群岛的授权法律书上，但没有出现在圣文森特、多米尼加或多巴哥的授权法律书上。因此，后者殖民地在由英国接管时似乎尚无人头税。

隶，以英亩为单位的土地和"上述群岛中几个城镇的房屋、商店以及其他建筑的年租金价值……"的5%。[93] 如同在安提瓜岛，格林纳达也存在针对台球桌和酒馆的征税。1772年，一位新任总督与用来支付其工资的一项奴隶税一同到来。[94]

313 1767年，南加勒比群岛总督为多米尼加设立了单独的议会。[95] 1770年，多米尼加从其他岛屿分离出来，并被授予了其独立的总督。[96] 多米尼加议会似乎于1772年通过了其第一部直接税法。[97] 该法律对王室出售的每英亩土地，以及种植园雇佣的奴隶或并非由种植园雇佣的奴隶贩子征税。该法律继续对"数个城镇的所有房屋和建筑物的租金征收3%的税……"，除非它们隶属于种植园。与此同时，另一项法律以英亩为单位对林地进行征税。[98] 第二年，针对酒馆和台球桌的税开始征收，这使得多米尼加的整个体系与格林纳达类似。[99]

---

〔93〕《一项旨在筹集一笔钱款用于清偿这些岛屿的债务，以及对当下的公共紧急事件作出回应的法案》(1767年4月20日)(格林纳达)；CO 103/1，第22页。

〔94〕《一项在阁下威廉雷柏先生任期为其提供额外的支持并为其费用的支付指定特定的基金的法案》(1772年7月4日)(格林纳达)；CO 103/3，第41页。

〔95〕《一项旨在为多米尼加岛建立议会，并对其选举进行管理的法案》(1767年9月12日)(格林纳达)；CO 103/3，第127页。这项法令由"美洲格林纳达、格林纳丁群岛、多米尼加、圣文森特和多巴哥的南查理比群岛的总督，根据总理事会的提议"通过。

〔96〕Burns, 1954, p.505.

〔97〕《一项旨在筹集一项通用基金用来支付该岛的公共债务的法案》(1772年6月2日)(多米尼加)；CO 73/6，第46页。该法在序文中声明："鉴于该岛基于必要因素承担了许多债务，而且尚未征收税款用来支付其费用……"

〔98〕《一项旨在对该岛所有林地进行征税并鼓励对上述林地的快速开发的法案》(1772年6月2日)(多米尼加)；CO 73/6，第47页。

〔99〕《一项旨在通过对该岛内的旅店、小酒馆、台球室等颁发执照和征税，来筹集用来支付该殖民地的现存和将来可能发生的债务的基金的法案》(1773年8月14日)(多米尼加)；CO 73/6，第60页。

这些直接税被定期重新征收，直到美国独立战争爆发。[100]

圣文森特的议会比多米尼加稍早产生，并于 1767 年通过了其第一部税法。这些措施包括酒类许可证和针对酒精饮料的进口税，[101]以及，根据一项单独的法律，分别以人头为单位和以英亩为单位对奴隶和土地征税。[102] 同年晚些时候，圣文森特跟随牙买加的步伐，采用了一项差额法。与牙买加的法律不同，但与安提瓜的法律相似，圣 314
文森特的法律是永久性的，并要求每 30 个奴隶就要有一个白人仆人。[103] 针对所缺少的每一个白人，每年收费 40 英镑。1769 年，这项收费与格林纳达的类似，包括对奴隶、每英亩土地以及城镇场地、房屋和商店的年租金的征税。[104] 1774 年也曾征收类似的税，其当时包

---

〔100〕 例如，《一项旨在筹集一项基金用来支付该岛的公共债务的法案》(1774 年 10 月 12 日)(多米尼加)以及《一项旨在对该岛所有林地进行征税并鼓励对上述林地的快速开发的法案》(1774 年)(多米尼加)；CO 73/7，第 52 页和第 56 页。

〔101〕 《一项旨在为该岛建立一个国库，从而筹集一项通过针对酿酒商和酒精饮料零售商的税收以及针对进口至该岛的酒精饮料的关税来清偿公共债务和支付未来因同样原因可能发生费用的基金，以及指派一名财务主管的法案》(1767 年 7 月 11 日)(圣文森特)；CO 262/1，第 3 页。

〔102〕 《一项对该岛的土地和奴隶进行征税的法案》(1767 年 7 月 11 日)(圣文森特)；CO 261/1，第 47 页。

〔103〕 《一项强制奴隶的所有权人和拥有者保有合比例数量的白人新教徒仆人的法案》(1767 年 10 月 27 日)(圣文森特)；CO 262/1，第 87 页。

〔104〕 《一项对该岛土地、奴隶和建筑进行征税的法案》(1769 年 8 月 21 日)(圣文森特)；CO 262/2，第 13 页。该收费项目后半部分的语言表述为："一项比例为百分之三，针对该岛任何已经被国王陛下的专员作为花园或城镇地块出售的地块上的所有房屋和商店年租金或年度价值的进一步征税……和比例为百分之五，针对高水位的三个有联系的区块内的任何地块上建造的所有房屋和商店的年租金或年度价值……以及比例为百分之零点五，针对金斯敦境内建造的所有房屋和商店的年租金或年度价值……还有针对所有未建造城镇地块收取 40 先令……"

括了酒类许可证的发放。[105]

本节涵盖期间内多巴哥的直接税鲜为人知，而且法国人在1781年至1793年占据着这个岛屿。但是，根据其被重新占领后所采取的税收方式来看（见原著第379页），多巴哥似乎很有可能采取了与其他南加勒比群岛类似的直接税，因此对每个奴隶、每英亩土地以及城镇的年租金进行征税。

3. 印度的发展

七年战争中法国的战败也极大地影响了印度的力量平衡，因此，这里有必要简单介绍一下英国对印度税收的影响。此前已经提到了1600年9月东印度公司的特许经营，其参与了英国早期海外贸易扩张并进行了早期会计实践（见原著第132~133页）。关于贸易活动，东印度公司于1602~1603年在爪哇设立了第一个贸易工厂，该工厂最终于1682年被荷兰人关闭。其他工厂很快在苏拉特和马苏里帕坦（位于印度）相继设立。1639年，马德拉斯建立了一个防御工事，一个由欧洲白人组成的小镇应运而生。1651年，孟加拉海岸的胡格
315 里又建立了一个贸易工厂，该公司在1653年重建，于1657年再次重建。1661年，葡萄牙人将孟买割让给英国王室，作为查理二世婚姻协议的一部分。1669年，查理二世以每年10卢比的租金将土地所有权转让给了东印度公司。[106] 直到几十年后，其才开始从印度所有者手中获取土地。

对于英国早期对东印度公司的存货征税（而非对公司本身征税）

---

〔105〕《一项征收税费用来支付公共债务和费用，尤其是适用上述税收的法案》（1774年3月16日）（圣文森特）；CO 262/3，第13页。

〔106〕 Marshall，1998，p.270－279和Banerjea，1928，p.127。

也有提及，例如根据 1678 年（见原著第 152 页）以及 1688 年、1689 年和 1692 年（见原著第 183～185 页）的法律，但该公司作为印度税收管理者这一角色最为出名。1696 年，该公司获得许可在孟加拉加尔各答的移民地建造一个堡垒，一个大规模城镇随之成长起来。1698 年，该公司购买了加尔各答、苏塔努蒂、戈文达普尔三个小镇的“土地管辖制（zamindari）”权利，其本质上是在由一名“印度地主（zamindar）”（高级土地持有人）所持有的特定地区向农民（raiyats）征收土地税的权利。当时，并且直到 19 世纪，土地税“构成了印度国家收入的重大部分”。[107]

在 1698 年的收购中，东印度公司需要支付以下内容：

> 当地地主为一千五百卢比，并同意向孟加拉的印度行政长官支付与前述地主相同的租金。后者支付的价款达到每年 1.194－14－11 卢比，为达到该数额，公司被授权向居民收取最高每比哈土地 3 卢比的租金。[108]

“印度行政长官”（nawab）是一个属地或联合属地的地方长官或代理人，因此其是一个受治于莫卧尔王朝的政府官员，由皇帝直接任命并直接对皇帝负责。虽然土地管辖制度的权利实际上相当于个人财产，但通过这次收购，东印度公司首次介入了印度的行政系统。

新东印度公司于 1698 年被授予特许经营权，它和旧东印度公司

[107] Banerjea, 1928, p. 126.
[108] Banerjea, 1928, p. 127.

都在亚洲进行交易，直到1702年二者均被合并至联合东印度公司。[109] 尽管皇帝此前曾经作出承诺，但联合东印度公司过了一段时间才获得了进一步的专有权。1754年，它从当地的地主手中获得了毗邻加尔各答的一个地区。从18世纪初开始，孟加拉的印度行政长官和联合东印度公司之间就开始出现摩擦，七年战争期间，在法国的协助下，印度行政长官占领了公司在加尔各答的堡垒。1758年，一
316 支由罗伯特·克莱武（Robert Clive）领导的英国军队夺回了加尔各答。不久之后，印度行政长官发生变动，联合东印度公司无偿占有了加尔各答及其周边地区。它还从新的印度行政长官处获得了对"二十四个印度大区"的进一步的土地管辖权，并且在1759年，该公司将其权利进行分包，进而从中获得3年的租金。18世纪60年代初期，柏德旺、米德纳普尔和吉大港的土地管辖权被割让给了联合东印度公司。[110]

1765年，联合东印度公司直接从皇帝那里获得了孟加拉、比哈尔邦和奥里萨邦的"迪瓦尼（diwani）"（税收管理系统），这使得该公司有权收取属地级土地税收收入，并需向皇帝支付一笔固定的数额（260万卢比）。该公司继续与当地地主就政府管理费用的固定价格（530万卢比）达成一致，这使得该公司将这些成本和收入之间的差额纳入囊中。这种安排对该公司是有利的（尽管对当地经济是灾难性的），1767年，英国议会下达以下命令：

> 考虑到每年向英国政府支付的款项，最近在印度获得的广大领土应继续为公司所有，为期两年。这个期间不久

[109] Marshall, 1998, p. 282 – 293. 该公司维持着这种形式，直到其于1858年解散。

[110] Banerjea, 1928, p. 128 – 129.

后又被延长了五年。[111]

联合东印度公司的统治带来的显著后果是孟加拉经济遭到掠夺乃至崩溃,特别是在 1769 年、1770 年的饥荒中,这反过来导致了联合东印度公司一段时间的损失。英国政府以一种贷款的形式向该公司提供了救济,但后果是通过了 1773 年的《管理法案》。[112] 该法规定孟加拉邦的政府(通过该公司)由 1 名总督和 4 名议员组成。其他属地(总统的职位)在和平和战争时期均附属于孟加拉,但保留独立的内部管理。[113] 尽管英国有这一规定,但该公司继续拥有税收管理权。

4. 西非的发展 317

此时提及从 17 世纪早期开始在西非进行贸易的各种特许公司是有帮助的,这些公司在西非海岸建立了各种各样的堡垒和移民地。正如 Hair 和 Law 所指出的,这些堡垒和移民地可能

> "被视为英国殖民地冈比亚、塞拉利昂和黄金海岸的雏形,至少从 17 世纪开始英国的实际占领或多或少是连续的,尽管英国对内陆的统治直到 19 世纪才出现"[114]。

几内亚公司成立于 1618 年,其垄断了西非的贸易,该公司于

---

[111] Banerjea, 1928, p. 7 – 8, p. 130.

[112] 《一项为了更好地管理东印度公司事务,做到在印度也能像在欧洲一样好地管理公司,进而设立某些条例的法案》(乔治三世 13 年,第 63 章)(1773 年)(英国)。

[113] Banerjea, 1928, p. 8 – 9.

[114] Hair and Law, 1998, p. 260.

1631 年重新获得特许。在 17 世纪 30 年代，该公司在加纳海岸建立了贸易工厂，并且稍微延伸至了尼日利亚海岸。然而，到 17 世纪 50 年代中期，"几内亚公司已经不再是一个有效的贸易体，尽管它保留了在科尔曼丁的堡垒和黄金海岸的其他驻地。1657 年，它把自己的权利和工厂租给了东印度公司……"[115]

1660 年，一家新公司成立，并获得了在西非的贸易权，该公司很快在靠近塞内加尔法国人的冈比亚建立了詹姆斯堡。1663 年，这家公司被重新特许为王室非洲公司，约克公爵（后来的詹姆斯二世）担任其总督。这家公司承揽了向西印度群岛殖民地的奴隶供应。与荷兰的敌对导致第二次英荷战争后（见原著第 136 页），黄金海岸的大部分英国工厂失守了。这些损失摧毁了王室非洲公司，该公司在 1665 年之后几乎不进行任何贸易，而是授权给私人贸易者。1672 年，一家新的王室非洲公司成立。这家公司主要向西印度群岛和弗吉尼亚贩卖奴隶。该公司在冈比亚、塞拉利昂、黄金海岸和奴隶海岸设有贸易站。[116]

1698 年，王室非洲公司对西非贸易的垄断基本被打破。"到
318 1730 年，该公司已不再是一家贸易公司，但随后获得了政府的补贴以维持其在非洲的工厂，这是为了英国贸易的总体利益。"[117] 这些补贴为每年 1 万英镑，但英国政府从 1747 年开始停止支付该补贴。经过政府的调查，一家新公司于 1750 年成立（主要由在该地区从事贸易的商人组成，被称为商人公司），负责管理和维护这些要塞。该公司

---

〔115〕 Hair and Law, 1998, p. 251 – 254.

〔116〕 Hair and Law, 1998, p. 255 – 257.

〔117〕 Hair and Law, 1998, p. 259.

其实是西非地方政府的一个机构,并为奴隶贸易的进行提供便利。[118]

商人公司继承了王室非洲公司对集中在黄金海岸的许多英国要塞和贸易站的管理。[119] 在商人公司的管理下,议会拨款得以恢复,每年为要塞提供的资助为1万英镑,1761年增加至1.3万英镑,并且该公司的财政依赖这些拨款。它的堡垒很小,欧洲员工一般在5~14人之间。商人公司并不是这些堡垒的领土所有者,而是"当地土著的佃户,他们为自己所占据的堡垒向当地土著支付租金"。在此之前,王室非洲公司的地位也是如此,这种租赁地位在商人公司存在期间没有改变。事实上,公司在要塞之外没有什么权力,对该地区的商人也没有法律和秩序上的权威。[120]

七年战争中法国海军战败后,法国把塞内加尔割让给英国。1764年,英国的一项法律将塞内加尔和其他要塞统一起来,由向非洲贸易的商人公司管理。[121] 这项安排并不令人满意,1765年的一项法律在冈比亚之外建立了一个独立的王室属地以及塞内加尔的移民地和要塞,其被称为"塞内甘比亚"。[122] 这个属地将以类似于美洲殖 319

〔118〕 Martin, 1929, p. 450-451.

〔119〕 在几内亚海岸有许多欧洲贸易站。Martin, 1929, p. 452指出,"该海岸自西向东被割据,延伸至谷物海岸、牙齿(或象牙)海岸、黄金海岸和奴隶海岸,大部分的堡垒被集中在黄金海岸,在那里荷兰人和英国人共同拥有大概二十五个堡垒和工厂,勃兰登堡人拥有两个,丹麦人拥有一个……所有这些几内亚的堡垒都建在被山脉与鲜为人知的内地分隔的狭长海岸平原上"。

〔120〕 Martin, 1927, p. 17, p. 38, p. 48-49, p. 55.

〔121〕 《将塞内加尔要塞及其属地授予向非洲贸易的商人公司的法案》(乔治三世4年,第20章)(1764年)(英国)。

〔122〕 《一项废除上届议会颁布的法案,将塞内加尔要塞及其属地授予向非洲贸易的商人公司;并且同时将上述堡垒及其属地,所有在非洲海岸,位于萨利港和鲁日角之间的英国堡垒和移民地,以及上述堡垒、移民地及其属地上的全部财产、房产和向非洲贸易的商人公司的全部动产授予国王陛下;为了确保、扩大和改善对非洲的贸易的法案》(乔治三世5年,第44章)(1765年)(英国)。另见Martin, 1929, p. 454和Martin, 1927, p. 64。

民地的方式进行管理，第一位总督于 1766 年到来。[123] 该行政运营费用将由对所有沿海地区出口的树胶征收的关税支付，[124] 但是，这个新属地的政府主要由议会拨款进行资金提供，这与商人公司的方式相同。[125]

二、战争和独立

英国的一些财政措施引起了美洲殖民地的反抗，这些措施是一系列怨恨中的重要因素，上述内容已经在原著第 297 ~ 299 页详细叙述。18 世纪 70 年代早期是美洲殖民地经济萧条和“激进言论泛滥”的时期。1773 年，英国议会通过了一项法案，允许东印度公司的茶叶不经过英国而直接进入美洲殖民地，从而避免英国进口关税，但并未避免根据 1767 年有关美洲进口的汤森法案仍应支付的剩余关税。[126] 该法案旨在帮助东印度公司，如同在原著第 316 页所述的，其正处于金融危机之中，并使其茶叶与走私至美州殖民地的荷兰茶
320 叶相比能够具有竞争力。对殖民者来说，这项法律只是提醒他们英

---

〔123〕 Martin, 1929, p. 455.

〔124〕《一项对进口至或从大不列颠出口的美远志树胶和阿拉比卡树胶征收特定关税，以及为了延续从非洲针对大不列颠的美远志树胶出口的法案》（乔治三世 5 年，第 37 章）（1765 年）（英国）。这项关税由英国征收，且没有对殖民地明确指定用途。这项法律包含了贸易法案的通常限制。

〔125〕 Martin, 1927, p. 72. 似乎至少一名执政官企图提高税额，Martin, 1927, p. 95。

〔126〕《一项允许对出口至国王陛下在美洲的任何殖民地或种植园的茶叶进行退税；为了增加将在印度公司销售的武夷茶叶的存量；以及授权财政部专员向东印度公司发放免税出口茶叶的执照的法案》（乔治三世 13 年，第 44 章）（1773 年）（英国）。

国有向他们征税的权力，一些人认为这是英国增加茶叶进口的措施，因此对美洲殖民地征税。一个后果是，1773 年年末，东印度公司的茶叶被倾倒至波士顿港口，这在原著第 299 页提到过。[127]

1774 年，英国向波士顿派遣了四个团，以执行已通过的关闭波士顿港口等措施。随着镇民会议转变为属地议会，美洲人开始进行抵抗，抵抗运动开始蔓延至新英格兰和其他美洲殖民地。1774 年中期，要求每年召开一次大陆会议的呼声越来越高，许多殖民地推选代表参加这种会议。这样的代表大会第一次于 1774 年 9 月在费城召开，只有佐治亚没有代表。国会鼓励通过武装抵抗影响波士顿的法律，并呼吁禁止从英国和爱尔兰进口商品，禁止美洲向英国出口商品，除非某些英国法案被废除。[128]

英国的反应是派遣更多的军队到新英格兰并封锁其海岸。后来在 1775 年，封锁几乎扩大到所有的美洲殖民地。1775 年，当英国军队试图没收当地民兵囤积的军事物资时，马萨诸塞发生了对抗行为。这次尝试失败了，新英格兰人拿起武器对抗波士顿的英国驻军。1775 年的大陆会议投票决定建立一支以乔治·华盛顿为总司令的美洲军队，并通过发行信用券的方式为其筹集资金。[129] 随后，纽约民兵入侵魁北克，英国人从波士顿撤退到新斯科舍的哈利法克斯。1776 年初，冲突已蔓延到南方殖民地，大陆会议对外国船只敞开美洲港口（以报复英国的贸易封锁），并派遣一名特使到法国寻求援助。1776 年中期，英国人在纽约集结了 4 万多名士兵和海员，这是英国曾

[127] See Simmons, 1976, p. 335 – 339.

[128] Simmons, 1976, p. 341 – 347.

[129] 最初的发行金额为 6,000,000 美元；Simmons, 1976, p. 388。

向海外派遣的最庞大的武装力量。[130]

1776 年，许多殖民地呼吁大陆会议宣布殖民地的独立，罗得岛
321 通过宣布自身独立实现了先发制人。国会批准了一项独立的请求，之后 12 个前殖民地于 1776 年 7 月 4 日通过了《美国独立宣言》。大多数殖民地继续制定新的宪法。[131] 同年，国会又发行了 1900 万美元的信用券，用于支付战争费用。[132] 战争的最初阶段似乎对英国有利，但乔治·华盛顿在 1776 年末和 1777 年初通过一些鼓舞士气的胜利开始扭转局势。1777 年的进一步胜利帮助美国获得了法国的援助，后者在 1778 年中期加入了美国阵营；西班牙也站在美国一边，开始参战。

英国试图通过 1778 年的《宣布法案》来缓和冲突。[133] 根据该法案，英国放弃了以财政收入为目的对其殖民地征税的权力。不过，它确实通过在收集退税时必须对其进行扩张的附带条款保留了对某些税收来源的控制。但战争仍在继续，并演变成一场消耗战，它摧毁了前殖民地的经济，其费用也耗尽了英国财力。在法国的帮助下，美国最终取得了胜利，并于 1783 年签署了《凡尔赛条约》，正式结束了战争。此时有 6 万名到 10 万名保皇派流亡在外。[134]

美国独立战争之后，英美两国度过了 10 年的相对平静期，尽管

---

〔130〕 Simmons, 1976, p. 349 – 363.

〔131〕 Simmons, 1976, p. 353 – 370.

〔132〕 Simmons, 1976, p. 388.

〔133〕《一项旨在移除北美和西印度的任何殖民地、属地和种植园关于大不列颠议会制定的税收政策的所有质疑和担忧，以及废除制定于国王陛下统治的第七年的一项法案中从大不列颠向美洲的任何殖民地或种植园出口的茶叶或与之相关内容征收的关税的法案》(乔治三世 18 年，第 12 章)(1778 年)(英国)。

〔134〕 Simmons,1976, p. 388.

一些争端仍在继续（尤其是美国西部边界）。但到了 18 世纪 80 年代末，暴风雨再次聚集，这一次是在法国。1789 年，在债务压力下挣扎，濒临破产的法国君主路易十六（Louis XVI），召集了自 1614 年以来的第一次三级会议（人民的代表机构），以确保更多的税收。但在三个阶级（神职人员、贵族和平民）中，平民决定自己开会，并建立了国民大会。国民大会开始废除封建制度和神职人员的什一税，并整 322
体上移除了君主的权力。国民大会对于新宪法的制定长期拖延，但继续通过法律废除君主权力。1791 年，这位君主在试图逃离巴黎时被捕，随后被送回巴黎停职，并和王后一起被看守。

随后国民自卫军和民众发生了小规模冲突。后来在 1791 年，奥地利和普鲁士等国发表声明，要求路易十六复辟，并以入侵相威胁。[135] 这给了国民议会完成宪法的动力，路易十六签署了该宪法。新的立法议会从 1791 年年末开始开会，但慢慢陷入了混乱。法国的政治促使战争成为一项受追捧的选择；当奥地利皇帝于 1792 年去世时，法国宣战，普鲁士也很快加入了战争来支援奥地利。后来在 1792 年，巴黎发生暴动，这导致君主制度被废除，为起草新宪法而设立的大会篡夺了立法议会的权力。面对来自奥地利和普鲁士的新威胁，如果路易十六不复职，大会就宣判他死刑，并于 1793 年年初执行。如上所述，这使得英国（以及西班牙和荷兰）加入战争，站在奥地利和普鲁士一边。

本节首先记述了美国独立战争期间以及随后相对和平的 10 年内英国的直接税制度。其次讨论了同一时期前英属美洲殖民地的直

〔135〕 路易十六的王后，玛丽·安托瓦内特（Marie Antoinette），是奥地利国王的妹妹。

接税制度。最后记述了战后北美剩余的英国殖民地如新斯科舍、新不伦瑞克、布雷顿角、爱德华王子岛和魁北克的直接税制。

（一）评估税在英国的进一步发展和正式确立

对于美国战争爆发，英国就直接税的当即反应是把土地税从1776年的3先令提高到4先令，其在本章所述的剩余期间内一直保
323 持着这个税率。[136] 但其本身不足以构成战争的目的，战争结束时，英国的国家债务增加了约75%，达到2.3亿英镑。[137] 1777年，一项对于男仆的征税对不断增长的评估税进行了补充。[138] 1778年，对于房屋和窗户税的补充是又增加了一项对已居住房屋年价值征收的税。[139] 战争期间没有其他直接税的增加，也没有新的直接税，英国议会更依赖间接税的增加。[140]

随着英国在美国独立战争中的失败和政府的更替，皮特成了英国的财政大臣。1783年，皮特发起了他连续18次预算中的第一次，该预算始于美国独立战争结束，一直持续到拿破仑战争爆发和所得

---

〔136〕 以上在原著第195页，对于个人财产如何免于被征收土地税有所论述。1776年，斯密在写作中证实："如果英国大部分土地不按其实际价值的一半计算土地税，那么英国大部分商品存货的计算价值可能连其实际价值的五十分之一都不到。在一些城镇，整个土地税都是针对房屋征收的，就像在威斯敏斯特，那里的存货和贸易都是免费的。在伦敦则不然。"Smith（1776年，第5卷，第二章，第419页）。

〔137〕 Dowell, 1965, Vol. 2, p. 165.

〔138〕《一项授权国王陛下对上述提到的生产单位所保有或雇佣的全部仆人进行征税……的法案》（乔治三世17年，第39章）（1777年）（英国）。另见Dowell, 1965, Vol. 2, p. 169 – 170。

〔139〕《一项授权国王陛下对大不列颠王国境内所有已居住房屋进行征税的法案》（乔治三世18年，第26章）（1778年）（英国）。另见Dowell（1965年，第2卷，第170页）认为，该项税以及1777年针对男仆的税均受到斯密《国富论》一书的启发。

〔140〕 Dowell, 1965, Vol. 2, p. 172 – 176.

税的引入。[141] 尽管签订了 1783 年的和平条约，但英国还是需要增加税收来偿还因战争而增加的国债。1784 年，对于财富的外在标志的税收，皮特增加了针对马匹、运动资质的税收，以及将许可制度扩展至大体包含所有可征国内货物税的贸易。[142]

重要的是，其中的第一个，就像当时存在的马车税一样，是 17 世纪 90 年代“对过去人头税中一项重大税目的复兴……”（见原著第 191 页）。[143] 这表明了皮特政府对“大同盟战争”期间使用的更全面的税收形式的认识和诉之于此的意愿，这是 1799 年引入收入税的一个重要因素。 324
贸易许可制度的税收扩张也表明了皮特对贸易利润征税的意愿，因此，这可能是对于原著第 292 ~ 293 页提到的反对对于贸易征收直接税的政策的削弱。事实上，皮特的意图似乎是要对不同的贸易者“按他们各自的商业模式的范围和利润……”进行征税。[144] 尽管这项措施与此相去甚远，皮特还是在 1799 年的所得税中继续竭力对贸易利润征税。

各种各样的机构一直在管理针对财富外在标志的税收，但在 1785 年皮特将房屋、马车、男仆和马匹的税收纳入税收委员会的管

---

〔141〕 对此，见 Hope-Jones, 1939, p. 3。

〔142〕《一项授权国王陛下对为了骑行而饲养的马匹，以及用来牵引某些马车的马匹，关于其任何货物税的税款均可进行缴纳的法案》（乔治三世 24 年，第 31 章）（1784 年）（英国）。《一项授权国王陛下对于执照事务进行特定税务的征收，为了扼杀赌博行为的法案》（乔治三世 24 年，第 43 章）（1784 年）（英国）。《一项旨在针对上述提到的可征税商品的制造商和交易商颁发的执照，对其征收特定税款的法案》（乔治三世 24 年，第 41 章）（1784 年）（英国）。

〔143〕 Dowell, 1965, Vol. 2, p. 184 – 185.

〔144〕 Cobbett, 1812 – 1820, Vol. 24, p. 1029 对皮特的预算演说进行了报道。另外见 Dowell, 1965, Vol. 2, p. 186。

理之下，这些税收被正式认定为“评估税”[145]。同年，对男仆的征税扩张至对女仆的征税（于1792年被废除），对于有人居住的房屋、对商店的征税方式与对有人居住的房屋征税的方式类似，贸易许可证制度也被扩大。[146] 尽管这类税收中的一部分在英国很新奇，但它们在英国和更广泛的领域中都很有名。如第三章所述，自17世纪末以来，特别是在西印度群岛，对仆人、房屋、商店和贸易的税收一直是主要税收。

在这种直接税制度中，应该进一步提及济贫税。到了18世纪80年代，斯莱克表明济贫税对资金的重新分配额约占政府直接和间接税收总收入的19%，这与1750年的12%相比是大幅度的增加。[147] 另外，就治安官税而言（见原著第52页和第140～141页），其已经慢慢被具体的征税取代，当时，它已经“实际上被淘汰了”。[148]

325 **（二）美国**

在乔治·华盛顿的领导下，由大陆会议授权组建的联合军队主要通过发行信用券筹集资金。从1775年到1780年，有11次国会的

---

〔145〕《一项旨在将上述提到的收据和对于某些税收的管理从消费税专员和邮票专员处分别移交给税收委员会；并且旨在针对该税收进行的上述转移作出进一步的条文规定的法案》（乔治三世25年，第47章）（1785年）（英国）。另外见 Dowell, 1965, Vol. 2, p. 189－190 以及 Soos, 1997, p. 131－132。

〔146〕《一项废除针对男仆的税赋；并且授权对男仆和女仆进行新的征税的法案》（乔治三世25年，第43章）（1785年）（英国）；《一项授权国王陛下对颁发给利用或运营当铺作为贸易或者生意的人的许可证征收某些印花税的法案》（乔治三世25年，第48章）（1785年）（英国）；《一项授权国王陛下分别对颁发给马车制造商的许可证，以及针对建造后供出售的马车征收某些税收的法案》（乔治三世25年，第49章）（1785年）（英国）。另外见 Dowell, 1965, Vol. 2, p. 191。

〔147〕 Slack, 1995, p. 26.

〔148〕 United Kingdom, 1843, p. 6.

债券发行,总计 241,555,000 美元。[149] 这些发行的债券由各州信用进行担保,每个州"负责对于发行总额的一定份额或比例进行回赎"。[150] 1775 年发行的 6,000,000 美元的债券将由各州于 1779 年至 1786 年赎回。但是各州的处境也很困难,战争使进出口关税几乎不可能被征收,对于被鼓励参军的男人,各州对其人头和财产的征税也遇到了困难。结果,"在 1775 年和 1776 年,各州没有进行任何重大征税"[151]。

随着战争成本的不断攀升,创始于 1777 年末的国会开始向各州进行征税,各州需要向国会支付其相应份额。[152] 但各州无法应付这样的负担,这意味着国会为持续的战争支付款项的唯一途径是进一步发行纸币,各州的立场是相似的。像往常一样,随着纸币发行(包括美洲大陆发行和州发行)的增加,货币的价值急剧下降。到 18 世纪 70 年代末,当各州开始大量征税时,"所有的纸币——美洲大陆的货币以及州货币——都已走向衰落……"[153] 这意味着税款通常以贬值的货币支付,这导致需要进一步发行纸币。到战争结束时,最初美洲大陆发行的纸币的价值下降了 150 倍。[154] 由于没有税收的权力,国会无力阻止其货币的贬值。

到 1780 年,国会的地位已经站不住脚,它把支付美洲大陆军队

---

[149] Anderson, 1983, p. 3.

[150] Ferguson, 1961, p. 26.

[151] Ferguson, 1961, p. 26.

[152] 各州往往允许通过国会法案对其税务进行支付,并以此计入其份额;Anderson, 1983, p. 19。

[153] Ferguson, 1961, p. 30 – 31.

[154] Stablie and Cantor, 1991, p. 13.

士兵款项的责任转交给了各州。[155] 不久，它们也开始为美洲大陆债务支付利息。随着美洲大陆货币的暴跌，军队所需的大部分物
326 资通过“强行征用”（impressment）获得。这其中不过是从当地人那里获取所需的货物，然后作为回报，由联邦官员在其住宅上涂写证明。这一制度使正在发生战争的州承受着最沉重的负担。[156] 各州还发行了大量的证书（此证书是指欠税不动产拍卖成交证书——译者注）。

美国独立战争结束时，随着国会权力的削弱，中央债务成为关涉国会未来及其权力范围的主要问题之一。自 18 世纪 80 年代初以来，国会一直在寻求赋税的权力，特别是对于进口征税的权力，但事实证明，这是难以实现的，因为各州对于其主权的放弃不断实施阻挠，趋势在向相反的方向发展，各州承担了更多的责任，开始用美洲大陆债务交换州债务，即承担中央债务。大多数南方州干脆把联邦债务转换成了州债务。[157] 中部各州的情况则不同，它们获得了国会证券（贷款凭证），到 1786 年，宾夕法尼亚州、纽约州和马里兰州已经挪用了“几乎三分之一的公共债务资金”[158]。

各州试图以多种方式偿还他们所承担的债务。在战争期间和战后，各州都通过没收和出售保皇派的财产来筹集大量资金以回赎发行的纸币。各州还出售了大量以前未被占用的土地。各州也用大量的税收来消化纸面债务。1788 年通过的联邦宪法赋予了国会筹集

---

〔155〕 Ferguson, 1961, p. 50.

〔156〕 Anderson, 1983, p. 11.

〔157〕 Ferguson, 1961, p. 182.

〔158〕 Ferguson, 1961, p. 229 – 234.

税收的广泛权力,使这种债务状况发生了逆转。[159] 事实上,除了各州之外,剩余的国会票据和证券主要由富有的投机者持有,他们“将改革后的联邦政府视为他们(被偿付的)唯一的希望,他们对于美国宪法的产生发挥了重要作用”。[160] 1790 年,美国国会通过了《资金法案》,以新的票据取代了旧票据,作为该投资资金的一部分,中央政府将其票据交换为州票据,从而承担了州债务。[161] 1792 年,国会为偿还债务建立了回赎基金,其资金来源包括邮局、税收和公共土地出售。[162]

1. 新英格兰 327

战争和独立给马萨诸塞州的税收制度带来了一些变化。1777 年,当国会开始进行征收时,马萨诸塞州改变了它的评估形式。[163] 该项收费仍采用定额制,每个人头收取一定数额的价款,剩余的定额将由下列缴款项补上:

> 位于上述城镇或地域境内的整个房地产的合理价值……[以及]其整个动产的合理价值,包括超出其支付利息范围的含利息钱款,超出所欠债款的应付无息债务,手头的各种钱款,以及所有商品、货品和货物,贸易中的存货,所有港口的船只的合理价值之数额……以及超出他们负债的

---

〔159〕 Stablie and Cantor, 1991, p. 13 – 16.

〔160〕 Anderson, 1983, p. 40.

〔161〕《一项为美国债务的支付作出规定的法案》(1790 年 8 月 4 日)(美国);United States, 1856 – 1864, Vol. 1, p. 138。

〔162〕 Stablie 和 Cantor, 1991, p. 18 – 21。

〔163〕《一项对税收进行分配和评估……的法案》(1777 年 10 月 24 日)(马萨诸塞);American Antiquarian Society, 1956, No. 43290。

> 土地的各种产品和所有的财产(除了家用家具、服装、农具和机械工具)……以及对于其从任何行业、才能、手工、贸易或就业中获得的收入……

相较于革命即将爆发那一时期对于“收入”的模糊说法，这里的收费更清晰地表明对“收入”征收的是一项财产税。“商品、货品和货物”的说法可能借鉴了1771年的康涅狄格法律，该法律对这些商品按其主要成本的10%制定税率。根据马萨诸塞州的这项法律，具体的估价规则似乎已经消失了。

这种形式在1778年和1779年被再次使用，但在后来的情况下，收入的价值不得超过其他财产价值的10倍。[164] 两年以后，限制的形式有所改变，财产按照价值的6%进行估价(未耕种的土地按照2%)，收入则按其完整数额进行估价。[165] 正如塞利格曼所指出的，这种形式的税收于1780年被写入宪法。[166] 战后，马萨诸塞州尽管
328 经历了大萧条，但仍继续征收重税以偿还战时债务。严苛的税赋导致了一场名为谢斯(Shays)叛乱的起义。[167] 该叛乱被镇压后，立法机构发生了变化，直接税被大幅削减。叛乱在导致美国宪法的诞生

---

〔164〕 American Antiquarian Society, 1956, No. 17225(1778年的税)以及第16373号(1779年的税)。

〔165〕 American Antiquarian Society[1956 -，第17225号(1781年的税)]。

〔166〕 Seligman, 1914, p. 373。宪法声明：“政府或其任何部分的公共费用，应按迄今为止所实行的方式，针对人头和财产进行评估；为了使这种评估能够平等地进行，联邦境内的地产应至少每十年重新进行一次评估，其频率应符合普通法院的命令。”参见政府的构成或框架(1780年)(马萨诸塞)，第16页；American Antiquarian Society, 1956, No. 16845。

〔167〕 Ferguson, 1961, p. 247.

和联邦政府承担债务的事件中发挥了不小的作用。然而,在马萨诸塞州,1781 年的税收形式一直延续到本章所述的时期结束。

康涅狄格州直到 1784 年战争结束后才调整税法。那年,对财产价值征收的英镑税率(包括对人头以固定的价值征税)被保留了下来,并采用了比以往更为具体的客观估价规则,例如,根据土地的类型按照英亩计算土地的价值,按照动物的头数来计算动物的价值。然而,才能税实质上变成了等级税,不同的行业,如律师、内科医生、外科医生、店主和贸易商,将按照具体数额被估税,而不是根据利润征税。估税员将使用"对应有比例的最佳判断"对"所有其他工作和职业中……未经本法案列举而产生的利润(任何公职、农业和普通雇工除外)进行评估"。[168] 康涅狄格州的税法直到 1793 年才有了进一步的发展。

1777 年,当国会开始进行征收时,罗得岛州又开始征税,其使用的是人们熟悉的人头税和由城镇配额分摊的剩余财产税。[169] 在本章所述期间,这种税收形式没有发生变化。[170] 像其他州一样,罗得 329

---

〔168〕《一项为制表人在美国康涅狄格的法案和法律中的职位与职责提供方向指引的法案》(1784 年)(康涅狄格),第 131 页;American Antiquarian Society, 1956, No. 18410。

〔169〕《一项对于该州居民评估并分摊 16,000 英镑合法钱款税额的法案》(1777 年 3 月 26 日)(罗得岛);American Antiquarian Society, 1956, No. 15574。人头税仍然是固定的,在这里是 8%。剩余的数额被分摊到城镇,通过可征税的财产来筹措资金。这项法律并未包含评估的规则。在 1777 年存在两项相似的征收,见 American Antiquarian Society, 1956, No. 43364, No. 43368。

〔170〕例如,《一项探寻本州可征税财产,以及对此进行合理估价,进而使得各居民能平等地缴纳差饷和税款的法案》(1778 年 10 月)(罗得岛);American Antiquarian Society, 1956, No. 16043。税款由一项单独的法律规定征收,例如,《一项对于该州居民分配并征收 16,000 英镑合法钱款税收的法案》(1791 年 6 月)(罗得岛);American Antiquarian Society, 1956, No. 23737。Seligman, 1914, p. 376.

岛州在战争期间发行了大量债券。1787年，其企图通过迫使债权人将其债权兑换成本金1/4价值的新发行纸币的方式来解决债务问题。[171]

新罕布什尔州在战争期间继续征收财产税和才能税。然而，根据1776年的一项法律，才能税继续受到限制。[172] 该法律规定，针对才能的征税最高限额为10英镑，这与1771年法律规定的20英镑相比有所减少。1784年的评估法[173]重复了这一规定，但1789年的评估法废除了才能税。[174] 因此，就像在罗得岛一样，新罕布什尔州根据城镇配额制度采用了一般财产税（包括按固定价值的人头征税），这种制度一直持续到1792年。[175]

后来的佛蒙特州位于纽约州和新罕布什尔州争夺主权的区域。"法印战争"后，新罕布什尔州州长将该地区的土地授予新英格兰人。然而，1764年，英国王室确认这块土地位于纽约州的边界内。纽约

---

〔171〕 Anderson, 1983, p. 32. 后来，为了从联邦政府获得更多的资金，其推翻了这一兑换，但没有成功。

〔172〕《一项旨在建立征收差饷和税款的合理方式，以及决定哪些人对于城镇事务拥有法定投票权的法案》（1776年），《新罕布什尔州的法律》（1815年）（新罕布什尔），第511页；American Antiquarian Society, 1956, No. 35432。

〔173〕《一项旨在建立征收差饷和税款的合理方式，以及决定哪些人对于城镇事务拥有法定投票权；并且废除此后提及的某些法案的法案》（1784年6月11日），《新罕布什尔州的法律》（1815年）（新罕布什尔），第525页；American Antiquarian Society, 1956, No. 35432。

〔174〕《一项旨在建立征收差饷和税款的合理方式，以及决定哪些人对于城镇事务拥有法定投票权；并且废除此后提及的某些法案的法案》（1789年2月7日），《新罕布什尔州的法律》（1815年）（新罕布什尔），第525页；American Antiquarian Society, 1956, No. 35432。

〔175〕《一项旨在建立征收差饷和税款的合理方式，以及确认行政委员的权力的法案》（1791年2月8日），《新罕布什尔州的法律》（1797年）（新罕布什尔），第196页；American Antiquarian Society, 1956, No. 32536。

州开始重新授予部分土地，这导致了相互冲突的所有权主张。独立战争的爆发使佛蒙特州得以反抗纽约，并取得了实质性的独立。1777年，其宣布从纽约州独立，并通过了一部独立的宪法。该州的立法机关从1778年开始开会。[176]

佛蒙特州在1778年推出了第一个直接税，这是源自康涅狄格的 330
法律，并要求评估者（估税员）"按其收益和回报的比例……根据评估者的最佳判断和审慎"对个人进行征税。[177] 像往常一样，某些类型的财产被赋予固定的价值（包括人头），并且通过定期设定税率在大名单上征税。[178] 尽管有这项法律，但伍德（Wood）指出，直到1780年，佛蒙特州的主要收入来源是没收效忠者的财产。[179] 18世纪80年代初期，佛蒙特州开始发行信用券。[180] 最终，佛蒙特州解决了与纽约州的争端，并于1791年被纳入美国。[181] 1778年引入的直接税法形式基本上一直延续到1792年。

2. 中部州

在战争期间和独立后的第一个10年，纽约继续征收财产税。1778年的税收仍然"针对所有不动产和个人财产"进行征收，尽管在计税基数方面还有更多细节。[182] 这种税收方式一直持续到1788

---

〔176〕 Wood, 1893 - 1894, p.9 - 15.

〔177〕《一项制表人的职位与职责的法案》(1779年2月11日)(佛蒙特),《一项佛蒙特提供方向指引的法案》(1779年,第8页)。另外见 Seligman, 1914, p. 377 和 Wood, 1893 - 1894, p. 33。

〔178〕 Wood, 1893 - 1894, p. 74.

〔179〕 Wood, 1893 - 1894, p. 70.

〔180〕 Phillips, 1972, p. 213 - 214 和 Anderson, 1983, p. 166。

〔181〕 Wood, 1893 - 1894, p. 15.

〔182〕《一项为该州公共紧急事件筹措资金的法案》(1778年3月28日)(纽约); American Antiquarian Society, 1956, No. 43515。

年，当时对于直接税的征收开始发生中断。[183]

在新泽西州，直接税制度也继续遵循其独立前的形式。1778 年的法律包含了通常项目和活动的长清单，在许多情况下赋予估税员在一定范围内广泛的自由裁量权。[184] 然而，该体系是基于英镑费率而不是基于配额制度的，而且现在涵盖了“抵押贷款、债券、票据和付息纸币……”[185] 虽然基本结构没有改变，但到 1779 年，估税员的指令变得更加确切，配额制度有所复苏。同年发生了两次征收，第一次
331 筹集了 1,000,000 英镑，第二次筹集了 3,000,000 英镑。[186] 在第二次征税中，估税员将以“符合其能力”的审慎对财产少于 40 英镑的住户进行评定。1783 年，新泽西州征收了一项为期 25 年的直接税，以清偿其债务。[187] 这项法律还包括一个配额制度，每 4 年调整一次，评估的项目与之前相同，但似乎不再明确收取利息。这一制度一直保持到 1792 年。

宾夕法尼亚的直接税收制度在独立战争期间和之后的 10 年里也没有什么变化，尽管税法的形式有所缩短。根据 1777 年的一项法

〔183〕 United States, 1796, p. 425，其中包含了对于将州际税收分摊并加入当地将被征收的税收的方式的描述。

〔184〕《一项通过征税筹措资金，进而偿还债务并支付新泽西州的必要费用的法案》（1778 年 3 月 26 日）（新泽西）；American Antiquarian Society, 1956, No. 15927。

〔185〕 Becker, 1989, p. 171 提到“新泽西州成为战争中的一个主战场”是其不再采用此前配额制度的一项原因。

〔186〕《一项在新泽西州筹措 100 万英镑的法案》（1779 年 6 月 8 日）（新泽西）；《一项在新泽西州筹措 3,375,000 英镑的法案》（1779 年 12 月 18 日）（新泽西）；American Antiquarian Society, 1956, No. 16394, No. 16833。

〔187〕《一项旨在每年筹措 31,259 英镑 5 先令的税收，为期 25 年，旨在偿还应付美国的债款本金和利息，达成一致向 4 月的第 18 天国会的推荐支付 1783 英镑，并拨出同样的数额的法案》（1783 年 12 月 20 日）（新泽西）；American Antiquarian Society, 1956, No. 18633。

律，发行的信用券将通过针对不动产和个人财产“年度净价值”的征税来回赎。[188] 税款的征收和缴纳将根据1764年的税法进行。这种制度一直延续到1785年税法的颁布，该税法一直延续到1789年。该税法对“不动产和个人财产”每年征收76,945英镑的税，其将按照配额分配，直到宾夕法尼亚州付清其在国会的那部分债务为止。[189] 该税法第31条非常具体地列出了应税物品，包括仆人和奴隶、马匹、牛群、餐具、马车、土地、磨坊、熔炉、啤酒厂和渡轮，物品的价值通常是其销售价值。除此之外，法律规定“所有盈利的职位和官职、贸易行业和职业……均应由估税员审慎评估……应考虑到由此产生的利 332
润”。这是对利润丰厚的职位和官职产生的工资进行征税的1764年法律的延伸版本，是本章所述期间内征收的最后一项一般税。[190]

特拉华的直接税制度在战争期间和之后也保持不变。1777年的一项法律分配了资金的筹措，用于回赎在各郡发行的信用券，并规定在未来5年内，这笔资金将通过增加县的税收来筹集。[191] 1778年，特拉华又增加了一项指令，要求各郡根据上次郡税计算出的英镑

---

[188] 《一项旨在为了本州的防御，发行价值20万英镑的信用券，并且为了提供一项资金以回赎该信用券，对所有不动产和个人财产以及该领域内所有可征税财产进行征税的法案》（1777年3月20日）（宾夕法尼亚）；American Antiquarian Society, 1956, No. 15539。

[189] 《一项旨在将该州的份额用于支付美国债务的年利息；并且为了筹措资金支付该州公共债务的利息的法案》（1785年3月16日）（宾夕法尼亚）第24条；American Antiquarian Society, 1956, No. 19160。

[190] United States, 1796, p. 427.

[191] 《一项旨在印刷并发行该州15,000英镑的信用券，以贷款的形式发出；以及为了开始进一步发行总额10,000英镑的这种信用券，供本州使用，并且为该信用券的回赎提供资金的法案》（1777年2月22日）（特拉华）；American Antiquarian Society, 1956, No. 43241。

税率来征收其配额。[192] 在1779年的大规模评估中，估税员被特别指示进行新的评估，并且评估中应包括耕地承租人和那些“在贸易中走运的人……对由此产生的利润达成一致，并根据其最佳技术和判断”[193]。但1781年的另一项大型征收又回到了根据郡县征税法律来征收一般税的模式[194]，这种制度在本章所述期间内一直延续。[195]

3. 南部州

最初在战争时期，弗吉尼亚州依靠人们所熟悉的税收筹集资金，包括人头税、土地税（以100英亩为征收单位）和马车税。[196] 征税的
333 同时大量信用券首次发行。[197] 税收制度在1777年转变为更普遍的财产税，以支付战争费用和实现国会提出的征税，那年的一项法律“对所有庄园、宅子、土地、房屋、奴隶……马匹、骡子和餐具……的每一百英镑价值”征收10先令的税。[198] 这项收费扩张至对债务和年金收取的钱款和利息，以及针对每辆马车、每头牛和每个人头的收

---

[192] 《一项在特拉华州征收198,000美元，通过一项一般税为1779年服务的法案》（1797年2月2日）（特拉华）；American Antiquarian Society, 1956, No. 16256。

[193] 《一项于1780年2月1日至10月1日之间在特拉华州筹措1,360,000美元；以及为了上述提到的其他目的的法案》（1779年12月25日）（特拉华）；特拉华州法律（1797年，第682页）；American Antiquarian Society, 1956, No. 32030。

[194] 《一项号召发行流通并取消本州份额，根据前一年3月18日国会所作出的决议，以及为了其他的目的的法案》（1781年2月12日）（特拉华）；特拉华州法律（1797年，第719页）；American Antiquarian Society, 1956, No. 32030。

[195] 例如，American Antiquarian Society, 1956, No. 17906, No. 1782, No. 18985, No. 1785, No. 19601, No. 1786。

[196] 弗吉尼亚，1809 - 1823, Vol. 9, p. 65; 1775, p. 143; 1776, p. 219（1776年10月）。

[197] Phillips, 1972, p. 199.

[198] 《一项为了公共紧急事件筹措资金支持的法案》（1777年10月）（弗吉尼亚）；Virginia, 1809 - 1823, Vol. 9, p. 349。

费。除此之外，还有“一项针对……所有盈利的官职的所有薪金和所有净收入中，每 100 镑收取 10 先令……的税收”。

1777 年的税收持续了 7 年，并在 1779 年和 1780 年增加了进口税。[199] 1778 年，该制度又进行了改革，其中部分是取消了 1777 年的收费中的收入部分，以及使税收永久化。1781 年的税是针对各种物品的征税，包括土地、人头、奴隶、马匹、牛群、马车和台球桌。[200] 战后时期，弗吉尼亚州用联邦债务换来了州级债务，并继续通过 1782 年至 1785 年间的税收兑换大量的纸币。[201] 1786 年，直接税被进一步调整。[202] 1787 年，人头税被废除，并于 1790 年进行了其他的调整。[203] 这一阶段法律已经固定为一般模式，作为定义税基的一般法律（基于财产的所在地），以及一项很大程度上仅仅确定当年税率的年度法律。[204]

如原著第 306 页所述，在独立前的 10 年里，马里兰州没有征收一般税。战争带来的财政压力很快导致了 1777 年征收的一般财产 334

---

〔199〕 弗吉尼亚［1809 ~ 1823 年，第 9 卷，第 548 页（1778 年 10 月）；第 10 卷，第 165 页（1779 年 10 月）和第 241 页（1780 年 5 月）］。

〔200〕 《一项为了确保某些税收和关税，以及建立一项永久性税收的法案》（1781 年 11 月）（弗吉尼亚）；弗吉尼亚州（1809 ~ 1823 年，第 10 卷，第 501 页）。

〔201〕 Ferguson, 1961, p. 182.

〔202〕 《征收新的税赋的法案》（1786 年 10 月）（弗吉尼亚）；Virginia（1809 ~ 1823 年，第 12 卷，第 283 页）。这项新的年度税赋针对各种马车、法庭办事员（其上一年度收获的 1/3）、律师（其出庭费用的 1/10），对于医师为 5 英镑，房屋和城镇地块现在按照租金的 5% 进行评估，以及对各种零售执照的征税。

〔203〕 Virginia［1809 ~ 1823 年，第 12 卷，第 412 页（1787 年 10 月，人头税的废除）；以及第 13 卷，第 114 页（1790 年 10 月，对于法庭办事员、律师、商人和医师税收的废除）］。

〔204〕 例如，《一项关于 1791 年税收的法案》（1791 年 10 月）（弗吉尼亚）以及《一项规定在联邦共和体内确定应税财产方式，用来收集公共收益的法案》（1792 年 12 月 13 日）（弗吉尼亚）；Virginia, 1809 – 1823, Vol. 13, p. 241 和 Sheppard, 1970, Vol. 1, p. 53。

税,当时国会开始征收财产税。1776年11月,马里兰州议会通过的《权利宣言》规定,一般税应“根据……不动产或个人财产的实际价值,而不是根据人头”进行征收。[205] 因此,1777年的税对“本州内的所有不动产和个人财产……根据其真实价值”进行征收。估税员须“假定(财产)按照估税员的判断将以现金出售的价格”来查明其真实价值,但是税基没有被进一步确定。[206] 马里兰州于1777年和1778年征收了该税,但在1779年以更加详尽的税基重新征收。[207]

在1779年的法律下,评估员被要求“使自己清楚……每一个居住在其百户区范围内的人……所有在其百户区范围内的不动产和个人财产”[208]。1779年的法律对土地和黑人规定了具体的估价规则,对公共官职的收入和年金也征收类似于英国土地税的一种税:

> 每个人……拥有或行使任何公职或有利润的雇佣(以及各种其他职员,等等,但不包括受雇的劳工或军官)应按该职务或雇佣的年度净数额和利润,每100英镑征收2镑10先令;以及……每一个人……享有年金、薪俸,或其他年度支付(除了那些通过土地进行的支付)每100英镑将征收2镑10先令……对此,他……应确实是在一年内收到

---

[205] “权利宣言和宪法以及政府的形成,由各个代表达成同意”(1776年)(马里兰);American Antiquarian Society, 1956, No. 14836。

[206] 《对州内所有财产进行评估并且平等地征收税款的法案》(1777年,编号21)(马里兰)第2节;American Antiquarian Society, 1956, No. 15393。

[207] 《用来评估州内财产的法案》(1779年,编号35)(马里兰);American Antiquarian Society, 1956, No. 16827。

[208] 同本章注释207,第9节。

的……[209]

和弗吉尼亚州一样，马里兰州在战争结束后的一段时间内也大量回赎纸币。1785 年，它引入了两个新的评估法，一个对土地进行评估，另一个对个人财产进行评估。[210] 一项单独的法律根据两项评 335
估法下的估价征收税款。[211] 公职和年金中的利润似乎已经不在收费范围内，即马里兰州的直接税变成了纯粹的财产税。1786 年，马里兰州已经到了可以取消州直接税的地步。从那时起，直到 18 世纪末，其通过各种小额税收和其他来源获得的收入足以满足一般政府的需求，从该年起没有征收一般财产税，尽管这种税在郡县层面被征收。[212]

在战争期间和战争结束后，南卡罗来纳州的直接税制度延续了与 1769 年之前基本相同的形式。南卡罗来纳州独立后的第一次征税是在 1777 年，当时国会开始进行征用，这次征税仍是对土地、奴隶、黑人以及"全属地所有才能、行业……代理费、雇佣以及手工贸易的利润……"进行征收。[213] 在战争期间和战争刚刚结束后不久，南卡罗来纳州几乎将其公民的所有联邦债务转变成了州债务，这与其

---

〔209〕 同本章注释 207，第 48 节。

〔210〕《一项确定本州内数个郡县土地价值，旨在决定公共税收估价的法案》（1785 年 3 月）（马里兰）以及《一项对州内个人财产进行估价的法案》（1785 年 3 月）（马里兰）；American Antiquarian Society，1956，No. 19770。

〔211〕《一项为 1786 年筹措供给的法案》（1785 年 11 月）（马里兰）；American Antiquarian Society，1956，No. 19770。

〔212〕 United States，1796，p. 430.

〔213〕《一项旨在筹措上述提及的税收并支付该州公共财政，用来供给上述提及的用途和服务的法案》（1777 年 1 月）（南卡罗来纳）；American Antiquarian Society，1956，No. 43374。

他州相比大得不成比例。这意味着直接税不会得到减免，直接税在本节所覆盖的剩余期间内仍大致沿用1777年的形式。[214]

就像在马里兰州一样，战争给北卡罗来纳州带来了宪法上的改变，结果是直接税制度从人头税变成了税基广泛的财产税。1777年，随着国会开始提出征税，可征税的项目扩大至包括“该州的土地、
336 地块、房屋、奴隶、货币、利息、贸易存货、马匹和牛群”[215]，该税将按英镑税率进行征收。对于财产少于100英镑的人，还有一项剩余人头税。和大多数南方州一样，北卡罗来纳州继受了其公民的大部分联邦债务。[216] 评估法在1782年基本上被重复使用。[217] 税基似乎于18世纪80年代中期被简化，18世纪80年代后半段时期，北卡罗来纳州利用这个税基赎回了大量纸币。[218] 18世纪80年代末，税基包括以英亩为单位的土地，按价值划分的城镇地块和统一税率的人

---

〔214〕 例如，《一项筹措上述提及的税收并支付该州公共财政，用来供给上述提及的用途和服务的法案》（1783年3月12日）（南卡罗来纳）以及《一项旨在为1790年度筹措供给的法案》（1790年1月20日）（南卡罗来纳）；American Antiquarian Society, 1956, No. 18190, No. 22895。

〔215〕 《一项通过大致评估进行征税，以及其他目的的法案》（1777年，编号2）（北卡罗来纳）分别参见第2～7节；American Antiquarian Society, 1956－, No. 15487。

〔216〕 Ferguson, 1961, p. 182.

〔217〕 《一项用来确定本州内的哪些财产应被视为可征税财产，用来确定对其进行评估的方法，以及收集公共税款的法案》（1782年4月）（北卡罗来纳）；American Antiquarian Society, 1956－, No. 17644。该法律下的税基与1777年法律下的税基几乎没有区别，但新增了马车，并且当下的剩余人头税适用于非现役士兵的未婚自由男性。该法律所定义的税基被收费的法案应用，例如《一项为了支持政府而筹措收入的法案》（1782年4月）（北卡罗来纳）；American Antiquarian Society, 1956－, No. 17644。

〔218〕 Anderson, 1983, p. 29－30.

头税。[219]

佐治亚州的直接税制度在战争期间也被扩大。根据1778年的一项法律，财产税仍然对黑人、奴隶、土地、租户、利息和贸易中进口的存货进行征收。然而，这一规定扩展至针对白人男子的人头税、马车税和“本州立法机关允许的工资中，每100英镑征收20先令的税，以及除神学以外的所有公职、才能和行业的利润也征收20先令”[220]。贝克(Becker)认为“根据该法律获得了不少收益，这是值得怀疑的……因为英国的入侵在不到一年的时间里就把叛乱的佐治亚 337
州打压成了几个高地郡”[221]。第二次征税直到1783年才开始，当时税基减少到仅包括土地总面积、奴隶、城镇地块、自由的黑人，以及未从事行业或机械贸易或者没有耕种至少5英亩土地的白人。[222] 这一制度于1785年确立，包括分类土地税，一般人头税，针对特定建筑物、马车和贸易存货价值征收的税，以及对每一位“医学和法律从业者……代理人、经纪人和拍卖师”征收的人头税。[223] 像南卡罗来纳州一样，佐治亚州面对着一大笔战争债务，这笔债务直到18世纪90

---

[219] 例如，《一项为支付国内债务提供方案，合理分配上述提及的某些钱款，以及对上届大会通过的‘为支持政府，以及赎回旧纸币、大陆货币、硬币和其他证明而征税的法案’进行修正的法案》(1789年11月)(北卡罗来纳)；American Antiquarian Society, 1956 -, No. 17644。

[220] 《一项为了在1778年支持佐治亚州政府并供其使用，通过一定的比率按照上述提到的方法筹措12,000英镑资金的法案》(1778年5月4日)(佐治亚)；Georgia, 1904 -, Vol. 19, Ch. 2, p. 87。

[221] Becker, 1980, p. 210.

[222] 《一项为了支持上述提到的政府并供其使用，对佐治亚州居民征税……的法案》(1783年7月31日)(佐治亚)；Georgia, 1904 -, Vol. 19, Ch. 2, p. 263。

[223] 《一项为了支持上述提到的政府并供其使用，对佐治亚州居民和其他在该处持有不动产或个人财产的个人征税……的法案》(1785年2月21日)(佐治亚)；Georgia, 1904 -, Vol. 19, Ch. 2, p. 398。

年代才得以偿还。[224] 但是，直接税制度在本节所覆盖期间结束之前基本上保持不变。[225]

佛罗里达州在七年战争中被英国从西班牙手中夺走，并于1781年被西班牙夺回。根据1783年的《凡尔赛条约》，西班牙保留了佛罗里达的所有权。[226]

（三）加拿大

因对美国的叛乱引以为戒，新斯科舍在1775年通过了一项《评估法》，根据该法律，"所有和每一个作为该属地居民并超过20岁的男性"被要求支付5先令至5英镑的金额。[227] 该数额是由指派给居民的委员"根据他或他们承受和支付该税率的境况和能力"进行评估的。这似乎是一次性的征税。1776年后，新斯科舍似乎继续通过间
338 接税获得资金。然而，新斯科舍在1779年征收了一种关于"属地内"土地价值的税。[228] 这项法律在形式上与1772年的法律相似。1772年的土地税（专门为道路和桥梁的建造和修理而征收的税）一直单独持续到1780年。[229] 此后，直接税的征收似乎存在一个空窗期，直到战争结束。这可能是战争快结束时加拿大殖民地大规模移民所带来的灾难性影响。

---

[224] Anderson, 1983, p. 28.

[225] 例如，《一项为了在1793年支持该州政府并供其使用，向该州居民征税的法案》（1792年12月20日）（佐治亚）；American Antiquarian Society, 1956 - , No. 25536。

[226] Headlam, 1929, p. 780 - 781. 佛罗里达于1821年被割让给美国；Burns, 1954, p. 695。

[227] 《一项为了支付上述属地维持和供给民兵组织，并使其形成防御的费用，进而对该属地居民征收税收的法案》（第247号）（1775年）（新斯科舍）；CO 219/14，第80页。

[228] 《一项在某一限定期间内对属地内的土地租户和可继承财产进行征税的法案》（第306号）（1779年）（新斯科舍）；CO 219/15，第63页。

[229] CO 219/14，第153页。

与新斯科舍形成对比的是，尽管美国发动了独立战争，但爱德华王子岛仍然主要靠对酒精征收间接税来获得资金。同样，魁北克延续了 1763 年以前法国征收的间接税。

随着英国在美国独立战争中的失败，成千上万忠于英国的殖民者涌入加拿大的殖民地，特别是在 1784 年。向北迁移最多的是前往新斯科舍，但也有相当数量的人迁移到魁北克的部分地区。布里诺特（Bourinot）提到，1784 年，加拿大人口约为 43,000 人，其中超过 28,000 人是参加美国独立战争的效忠者，比 1783 年多了 14,000 人。[230] 这场大规模迁徙使当时的政府结构变得紧张，结果是三个新的加拿大殖民地的建立——1784 年建立的新不伦瑞克和布雷顿角，以及 1791 年建立的上加拿大（安大略）。据说在这个时候，哈德逊湾公司管辖的区域只有 120 个人。[231]

过了一段时间，新斯科舍才重新实行属地级直接税。1791 年，新斯科舍对“本属地境内的国王陛下的臣民”征收了一种税，对其最恰当的描述是一种等级税，[232] 它适用于某些动物和某些行业，如大律师、律师和医生，对在一定价值范围内领取年度津贴、薪金或年金的人也有固定数额的税赋，并对男性征收剩余人头税。该法案一直持续到全属地债务全部被消除为止。

到 1784 年，多达 1 万名效忠者在圣约翰河定居。他们对“土地 339
专有权问题上的拖延”感到沮丧，并强烈要求于 1784 年从新斯科舍

---

[230] Bourinot, 1900, p. 26 – 28.

[231] Smith, 1776, Vol. 5, Ch. 1, p. 364.

[232] 《一项为了清偿所有目前由该属地的到期债务或将在 7 月的第一天到期的与预期受资助的债务相接近的债务而筹措资金的法案》（第 444 号）（1791 年）（新斯科舍）；CO 219/18，第 85 页。

分离出来。[233] 1786 年，新不伦瑞克颁布了一系列法律，该系列法律为本研究涵盖的剩余期间制定了税收制度。和其他沿海属地一样，新不伦瑞克政府的主要资金来源是间接税。[234] 另一项法律为道路等规定了法定劳动，根据该法律，可以通过支付罚款来折抵劳动的执行。[235] 其由一项针对应支付其"今后将在各个郡……领域内的土地进行估税的所有费用的合理配额或比例"的在外土地所有者征收的土地税作为支持。[236]

1786 年，新不伦瑞克还颁布了征收县税的一般评估，这主要是一种为建立监狱和法院大楼提供资金的机制。[237] 该属地几个县的治安法官有权为这些目的宣布一笔必要的款项。宣布的数目将"按相等的比例"在各县的城镇和教区中分配。然后，城镇和教区的估税员将"把配额分配至……以上述各市镇或教区的各居民就其审慎认为公正合理的份额进行支付"[238]。报告中没有提及对个人财产或不动产、才能或能力的评估。默里（Murray）认为，这种赋予估税员的自由裁量权"没有规章或者上诉，使得全属地分配税率的模式产生了巨

---

[233] Murray，1907，p. 223.

[234] 《一项为本属地筹措资金的法案》（第 55 号）（1786 年）（新不伦瑞克）；CO 190/2，第 136 页。

[235] 《一项在本属地的数个城镇或教区铺设、维修和修补公路、道路、街道，以及任命公路委员和勘探员的法案》（第 32 号）（1786 年）（新不伦瑞克）；CO 190/2，第 83 页。

[236] 《一项促使在外土地所有者对任何公共费用支付一定比例，并维修公路的法案》（第 40 号）（1786 年）（新不伦瑞克）；CO 190/2，第 103 页。

[237] 《一项为了评估、收集和征收郡县税率的法案》（第 42 号）（1786 年）（新不伦瑞克）；CO 190/2，第 107 页。

[238] 《一项为了评估、收集和征收郡县税率的法案》（第 42 号）（1786 年）（新不伦瑞克）第 1 节；CO 190/2，第 107 页。

大的差异”[239]。征税金额由各市镇或教区的治安官负责征收。治安法官有类似的权力对“任何监狱或法院大楼，或任何公共桥梁或其他工程”的维修筹集税款。[240] 340

在另一项为穷人募款的法令中，治安法官也有类似的宣布并分配一笔必要款项的权力，[241]然后，根据确定县税率的法律，把分摊的数额对个人进行征收。新不伦瑞克与爱德华王子岛一样，也有建造和维护下水道的法定劳动和折抵，专员们要根据他们的“最佳判断”来对其进行评估。[242]

布雷顿角与新不伦瑞克同时被授权成立了独立于新斯科舍的政府。[243] 然而，在本节所覆盖的期间内，该政府并没有颁布税法的记录。该政府似乎出于各种目的并得到了英国的支持。[244]

爱德华王子岛直到 1790 年才开始征收直接税。当年，其跟随新不伦瑞克的步伐，开始对道路维修等法定劳动适用对象以外的在外土地所有者征收土地税。[245] 征税“作为上述业主或者业主们应当分别支付的真实和公平比例……”

---

〔239〕 Murray, 1907, p. 260，注释 1。同时见 Vineberg, 1912, p. 37。

〔240〕 《一项为了评估、收集和征收郡县税率的法案》（第 42 号）（1786 年）（新不伦瑞克）第 2 节；CO 190/2，第 107 页。

〔241〕 《一项管理并为该属地穷人募集资金的法案》（第 43 号）（1786 年）（新不伦瑞克）；CO 190/2，第 111 页。

〔242〕 《一项任命下水道委员的法案》（第 45 号）（1786 年）（新不伦瑞克）；CO 190/2，第 115 页。

〔243〕 Murray, 1907, p. 223. 布雷顿角于 1820 年被收归于新斯科舍。

〔244〕 CO 219/1&2.

〔245〕 《一项旨在促使该岛内地块或城镇土地，或部分地块或部分城镇土地的各个业主，和那些对于该岛的定居或完善没有作出任何贡献的人，以及其土地被浪费没有处于耕种状态的人，对该岛的公路、道路和桥梁的建造和维修支付其份额的法案》（第 105 号）（1790 年 4 月 5 日）（爱德华王子岛）；CO 228/2，第 93 页。

1763年魁北克被法国割让后来到这里的殖民者，以及美国独立战争后来到这里的效忠者，大多数在魁北克的上加拿大定居，远离法国人。早期法国在魁北克的动乱导致了1774年的《英属北美法案》（见原著第299页）的产生，该法案允许民法、法语语言和信仰自由的
341 延续。这对说英语的新殖民者来说是无法接受的，随后出现了进一步的动荡。为了平息这种不安，1791年，英国将魁北克属地分为上加拿大和下加拿大，[246]两属地的议会被授予针对地方事务立法的权力，由国王任命的地方法官被委托管理立法。[247] 1793年之前，上、下加拿大都没有颁布任何直接税相关法律。

三、其余殖民地的动荡

如原著第321页所述，法国于1778年加入美国独立战争，站在前殖民地一边；西班牙于1779年加入，并于1780年与荷兰开战。随着英国军队，尤其是海军的扩张，法国和西班牙在西印度群岛引发了混乱。1778年，英国的多米尼加被法国占领，但同年，英国占领了圣卢西亚。1778年和1779年，英国人“将法国国旗从印度清除”。[248] 1779年，法国占领了圣文森特和格林纳达；同年，西班牙人摧毁了英属洪都拉斯的殖民地，定居者在其他地方避难。同年，法国占领了英

[246] 《一项为北美魁北克属地政府制定更加有效的条款，以及为该属地政府制定进一步条款的法案》（乔治三世31年，第31章）（英国）。加拿大1790年的人口约为160,000人；Bourinot, 1888, p. 30。

[247] Vineberg, 1954, p. 608.

[248] Headlam, 1929, p. 713.

国在非洲西海岸的殖民地塞内甘比亚。法国在 1781 年占领了多巴哥,但英国人在同一年占领了荷兰人在埃塞奎博、德梅拉拉和伯比斯河的移民地,这些地方在当时具有浓厚的英国元素。[249] 1782 年,法国占领了圣基茨和尼维斯;同年,西班牙占领了巴哈马群岛。但是,英国舰队能够阻止法国和西班牙对牙买加的联合入侵,这有助于不久之后的和平谈判。[250]

在美国独立战争之后,根据 1783 年的《凡尔赛条约》,英国失去了圣卢西亚和多巴哥,两者归法国所有,但格林纳达、圣文森特、多米 342
尼加、圣基茨、尼维斯和巴哈马群岛(已被收复)被英国收复。[251] 在非洲,英国对詹姆斯堡和冈比亚河的所有得到了确认,但塞内加尔被归还给了法国。法国还得到了印度的一些贸易站点。[252] 战争对英属西印度群岛的影响极其严重,甚至对少数未被占领的英属岛屿(安提瓜岛、巴巴多斯和牙买加)也是如此。伯恩斯指出:

> 早在战争以前,西印度殖民地就依赖北美提供食物和其他必需品,除了这种贸易被革命切断,美国私掠船还在很大程度上以群岛的其他贸易为攻击对象,甚至早在法国和西班牙的战争爆发,情况变得更糟之前就如此。[253]

印度的情况则不同。在这里,东印度公司继续享有其管理权。

---

[249] Burns, 1954, p. 608.
[250] Burns, 1954, p. 520 – 533.
[251] Burns, 1954, p. 534 – 535.
[252] Headlam, 1929, p. 781.
[253] Burns, 1954, p. 535.

然而，在战争的后期阶段，英国军队的四支队伍被派往印度。[254] 战争结束后不久，英国对东印度公司的结构进行了进一步的宪法改革。根据1784年的一项法案，东印度公司的董事会应由监事会进行管理。[255] 这是对于东印度公司管理不断加强的又一举措，但东印度公司在印度的基本运作保持不变。[256] 至于西非，对羽翼未丰的塞内冈比亚殖民地的破坏导致开发的重点进一步向南推进。1787年，一个新的殖民地在塞拉利昂建立。

本节首先提及了美国独立战争期间和此后10年内西印度群岛直接税制度的发展，它将继续说明直到1792年在西非海岸塞拉利昂的新殖民地的发展。

343 **（一）西印度群岛**

1. 美国独立战争期间

在西印度群岛的旧英国殖民地，直接税一直以通常的方式存在，直到法国加入美国独立战争。巴巴多斯继续其在1774年对奴隶、某些磨坊、窑炉和马车的征税，并根据教区名单对城镇居民的房屋、贸易和个人财产征收额外的费用（见原著第307～308页）。额外的征收继续以相似的方式为基本税收的补充。圣基茨继续向奴隶以及城镇的房屋、仓库、商店和出租房屋的年产值征税。[257] 尼维斯继续沿

---

〔254〕 Headlam, 1929, p. 756.

〔255〕 《一项为了更好地管理和运营东印度公司事务以及印度的英国财产，并且为了对于在东印度犯下罪行的人进行更快更有效的审判而建立法院的法案》（乔治三世24年，第2会期，第25章）（1784年）（英国）。

〔256〕 Banerjea, 1928, p. 10.

〔257〕 例如，《一项为了支付其公共费用而在该岛征收和筹集公共税赋的法案》（1776年5月2日）（圣基茨）；CO 240/12，第27页。

用其简单的奴隶税，[258]安提瓜采用永久性的差额法以及对酒类营业执照、台球桌、奴隶和城镇房屋的年度价值征税，[259]牙买加采用其周期性的差额法，针对奴隶、牛群和马车，根据教区委员会名单的贸易以及城镇的房屋、码头和仓库的年产值进行征税。[260]

随着英国在1778年失去多米尼加，巴巴多斯开始征税以为其防御筹集资金，[261]这和1779年的征收都属于通常的形式。[262] 1779 344
年，安提瓜单独征收奴隶税，[263]法律特别记叙了战争和干旱造成的粮食短缺，该税收是为了保障用来购买食品供给的贷款。圣基茨于

[258] 《一项通过对属于纳维斯岛庄园居民的黑人或奴隶每人征收3先令通用货币的税，来协助国王陛下修缮该岛的堡垒和防御工事，并且支付该岛的其他公共费用的法案》(1777年7月1日)(纳维斯)；CO 185/7，第67页。

[259] 《一项为了支付公共债务和费用而开始征收一项税赋，并特别利用上述税收的法案》(1777年8月16日)(安提瓜)以及《一项为了支付公共债务和费用而开始征收一项税赋，并特别利用上述税收的法案》(1778年10月12日)(安提瓜)；CO 8/19，分别见第12页和第41页。

[260] 《一项促使该岛的数个居民为足够数量的白人男性、白人女性或白人儿童服务，或者支付一定数额的金钱，以防他们有残疾，并将其投入多种用途中，在选择教堂管理员的日子里保护不动产所有权人和教区委员，以及确定哪些人在这种选举中理应被视为有投票资格的法案》(1777年12月22日)(牙买加)以及《一项通过人头对出港港口的贸易、货物管理员、船东，以及将同样内容应用于多种用途的官职和房屋进行征税的法案》(1777年12月22日)(牙买加)；CO 139/35，分别见第27页和第35页。

[261] 《一项对居民进一步征收一项额外的税赋，从而支付岛屿在防御入侵中将会发生的费用的法案》(1778年9月16日)(巴巴多斯)；CO 30/14，第105页。

[262] CO 30/15，第55页。

[263] 《一项使在此提到的人能够在不超过20,000英镑英国标准货币的范围内，通过在国王陛下财政部的上议院委员会提取票据，借到的该岛公共信用贷款，以及当前购买的食品供给存放至上述群岛的粮仓，按照一定份额将其分发给该岛范围内的所有的奴隶所有权人或持有奴隶的人，以及对于所有上述奴隶筹措和征收某些人头税，作为支付本金和利息的资金，和支付累积的费用，以及随着对上述数额价款汇票的提取而最终发生的所有损坏、费用和收费提供付款，以及为了在提取上述票据和背书签字时为人们提供保护和保障，以及此后通过按照各自开销和收费的份额对每个个体进行收费，对公众立即进行偿还的法案》(1779年7月3日)(安提瓜)；CO 8/20，第6页。

1780年在其通常安排上增加了一项税收，以资助其防御工事的修复。[264] 这似乎是1782年圣基茨和尼维斯失守之前，西印度群岛这一地区的最后一项直接税。1783年，巴巴多斯用通常的津贴（更少的马车税）迎来了一位新总督。[265] 同年，牙买加通过了其通常的差额法和通常的税收，将对特定官员的特定数额纳入其中（之前在另一项法律中）。[266]

直到西班牙入侵，巴哈马群岛的税收几乎没有中断过，税收是按照通常的形式征收的，包括一项一般人头税，根据租赁价值对新普罗
345 维登斯土地进行征收的税，对才能、行业和贸易利润进行征收的税以及按照头数对某些动物进行征收的税，对马车进行征收的税；在战争

[264] 《一项通过针对所有黑人和其他奴隶每人征收20先令流通货币的税赋，以及进一步对上述岛屿的几个城镇中的房屋、仓库、商店和租赁房屋年度价值每100英镑征收20英镑的税赋来对国王陛下提供资助，以及修缮堡垒和防御工事，以及为国王陛下驻扎在该岛的部队及其防御提供更好的支持，以及为了支付该岛屿的其他公共费用的法案》（1780年3月18日）（圣基茨）；CO 240/13，第81页。

[265] 《一项宣布只有立法机关的三个分支机构在其集体机构中才有权确定费用，以及为了更好地支持阁下及该岛政府尊严的法案》（1783年1月21日）（巴巴多斯）；CO 30/16，第16页。

[266] 《一项促使该岛的数个居民为足够数量的白人男性、白人女性或白人儿童服务，或者支付一定数额的金钱，以防他们有残疾，并将其投入多种用途中，在选择教堂管理员的日子里保护不动产所有权人和教区委员，以及确定哪些人在这种选举中理应被视为有投票资格的法案》（1783年12月23日）（牙买加）以及《一项通过人头对出港港口的贸易、货物管理员、船东，以及将同样内容应用于多种用途的官职和房屋进行征税，并且对某些带轮马车征税并将同样内容应用于多种用途的法案》（1783年3月1日）（牙买加）；CO 139/38，分别见第63页和139/37D第535号（没有页码）。

期间按年征收。[267] 1780 年，为筹措防御经费，巴哈马群岛进行了一项特别的征收，要求一个特定的数额“应立即以平等的评估对居民的不动产和个人财产进行征收……”[268] 因此，这涉及税基的改变和向配额制度的转变，但这是一次性征税。西班牙在 1782 年中期占领该岛，1783 年间没有征收直接税。

在英国于七年战争结束时获得的岛屿中，多米尼加于 1776 年被法国占领，直到和平后，多米尼加才在英国的统治下再次被征税。1776 年，圣文森特脱离格林纳达成为一个独立的殖民地，并有自己的总督。[269] 圣文森特继续实施其 1767 年的差额法（见原著第 313 ~ 314 页），并在 1777 年实行其一般的直接税，包括奴隶税，对每英亩土地征税，对未改良的和改良的城镇地块按年价值征税，以及一项对台球桌的额外征税。[270] 这是在 1779 年法国占领该岛之前最后一次征收这种类型的税。多巴哥（仍受格林纳达管理）于 1781 年被法国占领，如上文所述，多巴哥于 1783 年根据《凡尔赛条约》被割让给法国。[271] 在英国统治至被法国占领期间，人们没有发现关于多巴哥的

---

〔267〕 例如，《一项为上述提到的年份征收人头税和其他税收税赋，并对其应如何收集和应用提供指导的法案》（1776 年 12 月 21 日）（巴哈马），以及《一项为上述提到的年份征收人头税和其他税收税赋，并对其应如何收集和应用提供指导的法案》（1780 年 4 月 3 日）（巴哈马），以及《一项为上述提到的年份征收人头税和其他税收税赋，并对其应如何收集和应用提供指导的法案》（1781 年 2 月 21 日）（巴哈马）；CO 25/5，分别见第 53 页、第 83 页和第 124 页。

〔268〕 《一项筹措一笔价款并且授权委员使得该岛屿处于更好的防御状态的法案》（1780 年 4 月 3 日）（巴哈马）；CO 25/5，第 91 页。

〔269〕 Burns, 1954, p. 505.

〔270〕 《一项征收税费用来支付公共债务和费用，尤其是适用上述税收的法案》（1777 年 10 月 28 日）（圣文森特）；CO 262/3，第 101 页。

〔271〕 Burns, 1954, p. 605.

直接税的记录。

格林纳达是另一个需要关注的殖民地，在1779年被法国占领之前，这里在直接税方面有一些重要的发展。1776年，格林纳达有两种税，第一种类似于1767年的法律（见原著第312页），因此涉及对
346 每个奴隶的征税（但或多或少取决于种植园的类型），对每英亩土地的征税，对城镇房屋年租金的征税，以及对台球桌和酒馆征收的固定金额的税；[272]第二种包括间接税和用来支持州长的奴隶税。[273]

1778年，格林纳达颁布了一项一般税收法，将其征收的一般税收放在一起进行收缴。[274] 这一集合中包括了被认为是可能在1763年之前就存在的法国人头税，1764年7月20日的英国权力证书允许其继续实行（见原著第312页）。这项法律为战后西印度群岛被法国割让的其他英国殖民地的类似征收设置了一项先例，18世纪末到19世纪，这种做法在西印度群岛更为广泛地传播。关于这种税收方式是不是英国1799年所得税的前身这一问题也有所讨论。

1778年，格林纳达法律规定对“居民”征税，这些税将在1779年、1780年和1781年缴纳。因此，当法国在1779年占领该岛时，“居民”根据这项法律只缴纳了很少的税款，如下文所述，法国人拿走了

---

〔272〕《一项针对该岛居民筹措一笔价款，并将这笔钱用来支付当下偶然发生的费用以及付清这些群岛的公共债务的法案》（1776年1月19日）（格林纳达）；CO 103/4，第13页。

〔273〕《一项为巴斯的上尉，国王陛下格林纳达群岛、格林纳丁群岛和多巴哥群岛的主管总督，普通大臣和其副司令，正义的尊敬的乔治马卡特尼骑士阁下，在其统治期间提供额外的支持，并为其款项指派特定的资金的法案》（1776年7月26日）（格林纳达）；CO 103/104，第103页。

〔274〕《一项通过对格林纳达和格林纳丁群岛征税来对国王陛下授予支援，并将其用至清偿公共债务和支付上述岛屿的当前费用的法案》（1778年10月12日）（格林纳达）；CO 103/105，第90页。

这些款项。法律首先对不属于财产的奴隶征税，然后对“上述群岛几个城镇的房屋、商店和其他建筑物……的年租金价值”征收5%的税。法律开始对台球桌征税，为酒馆提供许可，然后对庄园每年生产的糖、糖浆、朗姆酒、棉花、可可、咖啡和靛蓝染料征税。最后征收的是按等级划分的人头税。法律开始列出各种待偿还的债务。 347

该法律第12条规定了人头税的核心，并要求：

> 所有的白人……使用或涉及任何雇佣、商业、生意、官职、行业、职业或盈利的交易，或行使不论任何贸易，不管是生意还是职业……就这些岛屿拥有大于等于50英镑的流通货币的年收入，应根据由本法案指派的评估员为其确认的等级，缴纳年度人头税……

该法律第15条列出了人们可能被划入的8种等级，分别为年收入1000英镑、800英镑、600英镑、400英镑、300英镑、200英镑、100英镑和50英镑。第16条列明了每一等级的单一税金额，分别为33英镑、26英镑和8先令、19英镑16先令、13英镑4先令、9英镑18先令、6英镑12先令、3英镑6先令、1英镑13先令。每个教区都任命了评估员，他们似乎将在客观的基础上作出评估。然而，根据第17条的规定，任何认为自己被过高评估的人都可以对其收入进行发誓，并可以被重新评估。[275] 第17条还特别规定了合伙关系，它规定：

---

[275] 这似乎与法国vingtieme的情况相似。Kwass，(2000，p.142)认为，关于后一项税，可以对评估进行上诉请愿，但想要成功请愿，“请愿者必须通过提供有效的财产文件，来证明他们的收入低于估值，这是极少发生的重大情形”。

评估人还应考虑作为贸易或其他事业伙伴的特殊情况，以及上述任何合伙人对于上述贸易或事业的获利比例……

在很多方面，格林纳达的这项法律展示了一些后来被纳入英国所得税的事项和术语。这项法律不太可能对格林纳达的直接税有任何根本性的改变，相反，它反映了法国的人头税，也许适应了成为英国殖民地的情形。

2. 美国独立战争之后

在1783年《凡尔赛条约》签订后的10年里，这种发展对旧西印度殖民地并没有立即产生影响。尼维斯在和平后第一个征收新的直接税，1784年，它在60年以来第一次取消了简单的奴隶税，并按照圣
348 基茨的做法征收奴隶税，以及对城镇里的房屋、仓库、商店和租赁房屋的年产值征税。[276] 这项税收政策继续向自由人征收剩余人头税，这是1793年之前唯一一次这种类型的征收，但为了支持总督，奴隶税继续征收。圣基茨本身在1789年就征收了一般形式的直接税，这是自从法国收复土地以来第一次征收这种税。[277] 1792年也有过类

---

[276] 《一项通过针对属于尼维斯岛庄园或居民的黑人和其他奴隶每人征收16先令6分流通货币的税赋，以及对几个城镇中的所有房屋、仓库、商店和租赁房屋……年度价值每100英镑征收15英镑的税赋来对国王陛下提供资助的法案》（1784年5月20日）（尼维斯）；CO 185/8，第1页。

[277] 《一项对该岛内的全部黑人和其他奴隶每人征收15先令，以及对该岛内几个城镇中的所有房屋、仓库、商店和租赁房屋年度价值每100英镑征收6英镑的税赋，用来购买一定数量的黑人和其他奴隶供该岛的公共事务使用，并用来对这些黑人和其他奴隶应如何被雇佣进行指导和指派的法案》（1789年10月29日）（圣基茨）；CO 240/14，第19页。

似的征收，外加对马车的征税。[278]

按照惯例，除了根据 1783 年的法律为支持总督而进行的基本征收外，巴巴多斯还征收其他的税。[279] 1790 年，马车重新计入税收，但其他费用保持不变。[280] 1791 年，1783 年的法律以这项补充为基础被重新制定[281]；有了补充，直到 1793 年，它一直保持着这种形 349
式。[282] 与此相对的是，直到 1790 年，安提瓜似乎一直依赖间接税，并且为了总督的工资，依赖差额法。当年，为了筹集防御工事的资金，安提瓜进行了一项不同于早期形式的征收，而此前最后一次征收是在 1778 年。[283] 它征收了一项奴隶税，然后对“每一个占有任何商店、仓库、地窖、零售店、木材存放场地，以及存在任何货物、货品和商品已经被出售或留存准备出售的码头……的个人或人们”的租金或

[278] 《一项通过对该岛内所有黑人和其他奴隶每人征收一项 10 先令流通货币的税赋，以及对该岛内每个单匹马车、双轮轻便马车和双轮发车征收 30 先令流通货币的税赋，对每辆费尔顿邮政马车和四轮轻便马车征收 60 先令流通货币的税赋，对每一个轻便坐骑或费尔顿马匹征收 20 先令流通货币的税赋，以及进一步对该岛内对几个城镇的所有房屋、仓库、商店和租赁房屋年度价值每 100 英镑征收 6 英镑的税赋，来筹措一定数额的资金，用来支付该岛的公共债务，以及用来支付其中声明的其他用途和服务的法案》(1792 年 5 月 9 日)（圣基茨）；CO 240/14，第 55 页。

[279] 例如，《一项对于该岛居民进行进一步额外征收，用来清偿公共债务以及支付当年的政府费用的法案》(1786 年 5 月 9 日)（巴巴多斯）以及《一项对于该岛居民进行进一步额外征收，用来清偿公共债务以及支付当年的政府费用的法案》(1788 年 12 月 16 日)（巴巴多斯）；CO 30/16，分别见第 127 页和第 166 页。

[280] 《一项筹集一笔资金，用来清偿公共债务，以及支付当年的政府费用的法案》(1790 年 5 月 18 日)（巴巴多斯）；CO 30/16，第 186 页。

[281] 《一项授予阁下每年 300 英镑工资，为了更好地支持他和该岛政府的尊严，以及建立一项为其付款的基金的法案》(1791 年 1 月 25 日)（巴巴多斯）；CO 30/16，第 197 页。

[282] 《一项对该岛居民进行进一步的额外征收，用来支付当年政府费用的法案》(1792 年 3 月 6 日)（巴巴多斯）；CO 30/16，第 221 页。

[283] 《一项为国王陛下提供黑人劳动的帮助，用来在该岛的道斯山建立工程结构和防御工事的法案》(1790 年 7 月 31 日)（安提瓜）；CO 8/21，第 62 页。

年价值进行征税。征税期限为两年，但在1793年就不再征收了。

像安提瓜和圣基茨一样，牙买加直到18世纪80年代末才开始征收额外的直接税。1789年，它将其一般差额法投入使用。[284] 1790年，它对奴隶、牛群和马车，根据教区委员会名册的贸易，特定的官职，以及城镇中某些房屋、码头和仓库的年价值征收一般税。[285]

《凡尔赛条约》旨在解决西班牙和英国在中美洲的冲突。专员被委派去划定英国在伯利兹殖民地的边界。随后，1784年6月12日，
350 在伯利兹举行了一次公众会议，会议上"决定，创设并制定于1765年的原法律和规定，将继续维持全部效力"（伯纳比法，见第311页）。[286] 1784年任命了一名殖民地主管，但其直到1786年才开始履行职责。英国和西班牙在莫斯基托斯海岸问题上仍然存在争议。1786年的一项协议解决了这一争端，英国政府同意将其国民从莫斯基托斯海岸撤离，以换取伯利兹殖民地向南部的扩张。这一协议还附加了一些严格的限制，包括不建立任何形式的政府。[287] 尽管有这些限制，但当地人仍继续举行公共集会，并在所谓的伯纳比法的权威下通过法律，特别是似乎有相当大数额的资金的筹集是通过对"暂住人"即未列在居民名单上的人带到殖民地出售的货物征收从价税的

[284] 《一项促使该岛的数个居民为足够数量的白人男性、白人女性或白人儿童服务，或者支付一定数额的金钱，以防他们有残疾，并将其投入多种用途中，在选择教堂管理员的日子里保护不动产所有权人和教区委员，以及确定哪些人在这种选举中理应被视为有投票资格的法案》（1789年12月19日）（牙买加）；CO 139/46，第40页。

[285] 《一项旨在按照人头征税，以及对于出港的贸易、超大型货物和船东进行征税，同时对某些有轮马车征税并对几项用途适用同样的方式的法案》（1790年3月30日）（牙买加）；CO 139/46，第83页。

[286] British Honduras, 1931 – 1935, Vol. 1, p. 144.

[287] Burns, 1954, p. 539.

方式进行的。[288]

虽然许多西印度群岛殖民地受到了美洲殖民地效忠者大量涌入的影响,但巴哈马群岛受到的影响尤为严重。伯恩斯指出,效忠者主要来自佐治亚和南卡罗来纳,这使人口增加了一倍。[289] 这并不影响直接税的形式,在西班牙的短暂占领后,直接税的形式涉及一般的人头税,对新普罗维登斯的土地根据租赁价值征税,对才能、行业和贸易所带来的利润征税,对某些动物按照头数征税,以及对马车征税。[290] 事实上,概括来说这是一种对于来自南卡罗来纳和佐治亚的移民很熟悉的税收风格。尽管从 1718 年起就有了王室政府,但巴哈马群岛的土地仍然是地主继承人的合法财产。1787 年,王室购买了这些继承人剩余的权利,[291] 直接税按年征收,直到其于 1789 年被合理化。这一年征收包括通常的一般人头税,但对奴隶贩子和自由有色人种贩子有一项特别的征收。[292] 新普罗维登斯还对马车和房屋 351
地块征税,但没有才能税,这种税收形式一直持续到 1793 年。[293]

格林纳达、圣文森特和多米尼加在战后回到英国手中,在这里,我们目睹了人头税和所得税的一同恢复和进一步发展。格林纳达是回到英国后第一个征税的国家,1784 年初,它只征收一项针对殖民

---

[288] 例如,1786 年 7 月 27 日 5% 的关税以及 1788 年 2 月 26 日 2.5% 的关税;British Honduras(1931 ~ 1935 年,第 1 卷,分别见第 144 页和第 168 页)。

[289] Burns, 1954, p. 550.

[290] 《一项为上述年份征收一项人头税以及其他税赋和税收,并对其应如何收集和利用进行指导的法案》(1784 年 5 月 20 日)(巴哈马);CO 25/6,第 10 页。

[291] Burns, 1954, p. 550.

[292] 《一项为上述年份征收一项人头税以及其他税赋和税收,并对其应如何收集和利用进行指导的法案》(1789 年 6 月 26 日)(巴哈马);CO 25/7,第 86 页。

[293] 例如,《一项为上述年份征收一项人头税以及其他税赋和税收,并对其应如何收集和利用进行指导的法案》(1792 年 8 月 8 日)(巴哈马);CO 25/8,第 19 页。

地产品的间接税和一项奴隶税；[294]到年中，它恢复了其1778年的税收。新税法有20页之长，[295]它的序言叙述了1778年10月12日的法律及其应于1779年缴纳的税款，并进一步指出，由于法国入侵，税款从来没有被征收过，根据这项税收政策已经征收的款项被法国占据。法律开始向"居民"征收5000英镑的税，于1784年和1785年各缴纳一半。该法律基本上与1778年法律的形式相同，尽管可被征收间接税的项目清单有所加长。人头税以同样的形式、等级、税率和管理规定进行征收。似乎在1793年之前没有过类似的征税。

圣文森特的情况则不同。在格林纳达通过其1784年人头税后的10天内，圣文森特也开始征收类似的税。[296] 与格林纳达一样，这
352 是一项一般税收法，但只实施了一年。它对酒类许可进行征税，对未在种植园工作的奴隶进行征税，对各种当地产品的价值和酒精的价值进行征税，对每英亩土地进行征税（如果没有生产其他应税物品），对未被利用的城镇地块征收固定数额的税，对城镇房屋的年价值征税，它还"对这些岛屿上的每个白人或自由人，根据其按照此后指导的方式应被评入的等级……分别征收25镑、20镑、15镑、10镑、7镑10先令、5镑、2镑10先令以及2镑的人头税"。

---

[294] 《一项为身为国王陛下武装力量的中将，作为格林纳达群岛、位于卡里亚库岛南端通常被称为格林纳丁的群岛，包括前者和二者之间的岛屿，以及美洲的格林纳达的上尉和主管总督，司法官和其副司令，爱德华马修先生阁下，在其统治期间提供额外的支持，并为其款项指派特定的资金的法案》（1784年2月20日）（格林纳达）；CO 103/6，第1页。

[295] 《一项通过对格林纳达岛和其他对其有所依赖的岛屿进行征税对国王陛下提供帮助，以及将其划拨至清偿公共债务和支付上述岛屿的当前费用的法案》（1784年7月5日）（格林纳达）；CO 103/7，第64页。

[296] 《一项征收税款用来支付公共债务和费用，尤其是适用上述税收的法案》（1784年7月15日）（圣文森特）；CO 262/4，第3页。

征收人头税的原因值得重复一遍：

> 而上述税收不足以应对公共紧急事件，不同的居住在这些岛屿或与这些岛屿有关的人和从该岛中获取相当大的好处的人，为了保护这些人或其财产，一并包括其他的居民，发生了如上述岛屿中法律或医学的执业费，商人、店主、律师，收取工资的在外土地所有者或为生意提供交易的委员会的费用，公共职业中的个人，贸易者、经理、监工、办事员以及其他不会或仅会受到轻微影响的人，在上述税务中按照公正的比例，以及上述岛屿中那些根据其年利润或年收入能够承受前述所建立的一般征税中的同等份额……所有白人和自由人……在利用或与任何雇佣、商业、生意、官职、行业、职业或盈利的交易或者在行使任何贸易、事业、生意或职业，不论如何拥有一项大于等于这些岛屿上 80 英镑流通货币的年收入，应按照其被该法案所指派的评估员所认定的等级，支付年度人头税……

这个规定的前述部分显然采用了格林纳达法律，但它解释说，这项人头/所得税针对的是那些逃避常规税收形式的人，特别是商人和专业人员。

法律开始为人头税指定评估员，有趣的是，其可能不同于房屋租金税的评估员。法律为估税员提供了指导，并且似乎包含了管辖权

353 的限制，它似乎是基于从事或定位在该岛的贸易或行业。[297] 然而，在其他方面，税务似乎对“居民”进行征收，所以这里有一些混淆。法律列出了年收入为1000英镑、800英镑、600英镑、400英镑、300英镑、200英镑、100英镑和80英镑的8个等级，然后将上述金额分配给不同的等级。根据格林纳达的法律，认为自己应该属于不同等级的人可以宣誓，尽管就圣文森特而言，这似乎足以使他们被归入一个新的等级。[298] 同样的条款又按照与1778年格林纳达法律同样的方式规定了对合伙人的评估。

1786年，圣文森特征收了一项类似的税，[299]其中包含了38先令和3便士的剩余人头税，结果，1784年法律中的最后一个等级（80英镑的等级）被取消了，其他等级保持不变，尽管税额增加了。这项税收在1788年又被重复征收了两年。[300] 人头税中的等级已经扩张至17个，最高等级为5000英镑或更多。该税的序言中明确要求缴纳“每年1.5%的人头税，根据他或她或他们或她们被评估者所评定的等级”[301]。有趣的是，该法律专门针对雇佣奴隶进行雇佣或其计件

---

[297] 评估员被指派“为了根据其判断，按照其良心，对于几个在上述群岛中的几个城镇和教区利用或与任何雇佣、商业、生意、官职、职业或盈利的交易或者在行使任何贸易、交易、生意或职业……的人，确认其应处于什么等级”。

[298] 《一项征收税款用来支付公共债务和费用，尤其是适用上述税收的法案》（1784年7月15日）（圣文森特）第16条；CO 262/4，第3页。

[299] 《一项征收税款用来支付公共债务和费用，尤其是适用上述税收的法案》（1786年9月9日）（圣文森特）；CO 262/4，第107页。

[300] 《一项征收税款用来支付公共债务和费用，尤其是适用上述税收的法案》（1788年4月11日）（圣文森特）；CO 262/5，第5页。

[301] 《一项征收税款用来支付公共债务和费用，尤其是适用上述税收的法案》（1788年4月11日）（圣文森特）第9条；CO 262/5，第5页。

工作所得的收入向奴隶主征税。1789 年的税收也是类似的。[302] 1790 年的法律将等级的数目增加到 18 个，并将税率提高到 2.5%；[303] 1791 年的法律也是类似的。[304]

1785 年，多米尼加再次开始征收直接税，在那一年，它征收了一 354
种与 1774 年早期征收的税大致相同的税，但有了一些发展。[305] 这项法律征收一项奴隶税，并附加了对某些奴隶贩子的征税；对“城镇中所有房屋、建筑物和地块所估计的租金”征收 5% 的税，但是对“在国王三链条区，距离罗索镇三英里以内的”某些建筑物的征税增加到了 10%，除非这些建筑物用作种植园商店。该法律还对生产的糖、朗姆酒、咖啡和可可征收间接税。还有一种分类人头税，但与格林纳达和圣文森特的形式不同，相反，它涉及对各种类型的交易人员、专业人士和其他人的特定征税。

人头税包括对外国商人征收 30 英镑，对有色人种征收人头税，对“在其职业或生意中每年赚取 500 英镑现金或以上的”律师、医生、商人和店主征收 16 英镑 10 先令的人头税。对“公共拍卖商或拍卖师”的收费为 9 英镑 18 先令，对在种植园中获得 300 英镑或以上工资的经理也收取相同的费用，对工资在 200 ~ 300 英镑之间的经理收取 6 英镑 12 先令的费用，对所有 20 ~ 50 周岁的白人男性收取 66 先

---

[302] 《一项征收税款用来支付公共债务和费用，尤其是适用上述税收的法案》（1789 年 4 月 20 日）（圣文森特）；CO 262/5，第 54 页。

[303] 《一项征收税款用来支付公共债务和费用，尤其是适用上述税收的法案》（1790 年 3 月 9 日）（圣文森特）第 9 条；CO 262/5，第 78 页。

[304] 《一项征收税款用来支付公共债务和费用，尤其是适用上述税收的法案》（1791 年 3 月 16 日）（圣文森特）第 9 条；CO 262/5，第 161 页。

[305] 《一项征收税款用来支付公共债务和费用，尤其是适用上述税收的法案》（1785 年 5 月 2 日）（多米尼加）；CO 73/8，第 112 页。

令，但“如果任何人在任何一位治安法官面前宣誓其年收入没有超过90英镑，他将无须支付上述66先令的税”。

1786年，多米尼加也征收了类似的税。[306] 然而，这种税将递增分级和分类进行了合并。除了对律师和医生征税外，还有：

> “对于拥有自然天生或后天所有的，在其职业或生意中每年能赚到500英镑的每个商人、拍卖商、拍卖师、贸易主、店主或其他人，征收25英镑的税；任何对于该税的免除，都应通过当事人对任意一位国王陛下的治安法官的宣誓进行确认……
>
> 随后是对每年赚取250到500英镑之间的专业人士和商人征收12英镑的税，然后对年薪在300英镑或以上的种植园经理征收15英镑的税，如果年薪在200到300英镑之间则征收10英镑的税”；

355 之后是“对居住在本岛的21至50周岁之间的、年收入达到150英镑或以上但少于200英镑的每一个白人男性征收5英镑的税……(除非发誓情况相反)对居住在本岛的21至50周岁之间的、年收入达到100英镑或以上但少于150英镑的每一个白人男性征收3英镑6先令的税”。

对“每个居住在该岛的商人、拍卖商或拍卖师、贸易主、店主或零售商，并且不是一个自然出生或后天归属于大不列颠陛下的臣民”征

---

[306] 《一项征收税款用来支付公共债务和费用，尤其是适用上述税收的法案》(1786年8月4日)(多米尼加)；CO 73/9，第22页。

收固定金额为50英镑的税,然后对每个自由的有色人种收取33先令。这项法律显然更接近格林纳达和圣文森特所采用的人头税的形式,其在1787年继续征收,在1788年再一次继续征收。[307] 1789年还有一项类似的收费,但那是本节所涵盖期间的最后一次收费。[308]

(二)西非

正如原著第341页提到的,在1779年美国独立战争中,非洲西海岸羽翼未丰的塞内甘比亚属地被法国占领。根据1783年的《凡尔赛条约》,塞内加尔被划归至法国,冈比亚被划归至英国。这标志着 356
冈比亚重新回归到与非洲贸易的商人公司的统治下,该公司每年将获得一笔维持其运营的津贴。[309] 几内亚海岸的许多堡垒在战争期间也曾易手,但1784年的英荷条约在很大程度上使英国得到了这些

---

[307] 《一项用于在限定期间内延续该岛的一项名为〈一项筹措资金,用来支付殖民地的公共债务及可能发生的费用的法案〉的法案》(1787年11月17日)(多米尼加),以及《一项用来恢复并在进一步的限定期间内延续该岛的两个法案,一个名为〈一项通过在特定规则和限制下对旅馆、拳击馆、酒馆和公共台球桌颁发执照和征税,来筹措用来支付殖民地当下及可能发生的债务的资金,以及鼓励人们继续蚕食房屋、伐木并阻止种植者或任何个人或种植园中的人向奴隶出售朗姆酒的法案〉,另一个名为〈一项筹措资金,用来支付殖民地的公共债务及可能发生的费用的法案〉》(1788年2月22日)(多米尼加);CO 73/9,分别见第56页和第69页。

[308] 《一项筹措资金,用来支付殖民地的公共债务及可能发生的费用的法案》(1789年3月12日)(多米尼加);CO 73/9,第97页。

[309] 《一项用来废止一项制定于当前国王陛下统治的第五年的名为〈一项用来废止制定于上届议会的法案〉的法案》,上届议会的法案名为《一项将塞内加尔的堡垒及其属地授予非洲贸易商人公司;以及将上述堡垒及其属地和所有其他在非洲海岸位于萨利港和鲁日角之间的英国堡垒和殖民地,包括非洲贸易商人公司所有位于上述堡垒、殖民地或其属地财产、地产和财物授予国王陛下;以及保障、扩张和改善对于非洲的贸易;以及将冈比亚河的詹姆斯堡、其属地和所有其他位于萨利港和鲁日角之间的英国堡垒和殖民地授予非洲贸易商人公司;以及保障和管理对于非洲的贸易的法案》(乔治三世23年,第65章)(1783年)(英国)。

堡垒。[310]

不久之后，另一个西非移民地也被组织起来。这是在1787年塞拉利昂公司的支持下发生的。那年在塞拉利昂组织了一个殖民地，其主要由在美国独立战争中被剥夺了权利的黑人效忠者组成。为此，人们从内姆巴纳(Nembana)国王处购买了一块20平方英里的土地。看起来似乎可以向塞拉利昂公司支付免役税退，塞拉利昂公司也通过国会每年的拨款进行资助。[311] 在1793年以前，这块殖民地没有征税的记录。

四、总结

本章记叙了从七年战争结束到美国独立战争直到英国加入拿破仑战争前夕英国及其殖民地直接税的发展。就英国的这些发展而言，这段时期相对平静，英国此时的重要发展是管理国债和煽动美洲殖民地叛乱。在殖民地，情况并非如此，战争是一个大动荡时期，前美洲南部殖民地的直接税制度有一些特别重要的发展。相比之下，
357 在战争的几十年间，双方都相对平静。西印度群岛在战争期间也遭受了巨大的动荡，但战后这里发生了一些重要的发展，特别是格林纳达、圣文森特和多米尼加的殖民地，见证了分类所得税的征收。

本章从第一节开始记叙了美国独立战争之前的10年。当时英国直接税的发展几乎没有任何阻碍。相反，问题在于为膨胀的国债

[310] Martin, 1929, p. 458.

[311] Martin, 1927, p. 105, p. 111, p. 128, p. 138, p. 139.

融资。通过国会对美洲殖民地的拨款，英国帮助这些殖民地偿还了它们在七年战争期间欠下的大量债务。考虑到英国留下的巨额债务，英国政府制定了一项计划，对美洲殖民地征收一些相对较轻的间接税。间接税分别于 1764 年和 1765 年进行征收，但由于殖民地的抗议，部分税收在 1766 年随着政府的改变被取消。还有一个行为是 1764 年的《货币法案》，它将新英格兰对发行纸币的限制扩大到其他美洲殖民地。

在英国政府的又一次变动之后，土地税的税率于 1767 年被降低，这给英国财政预算带来了压力，英国议会部分解决这一问题的方法是延长美洲殖民地的剩余税收，特别是茶叶税。随着政府的再一次变动和殖民地的进一步抗议，1770 年，除了茶叶税，几乎所有在殖民地征收的税都被取消了。这导致了波士顿倾茶事件的发生，英国人试图关闭波士顿港口并修改马萨诸塞宪章来对此进行回应。在 1774 年的魁北克宪法改革中，对于魁北克法国天主教徒的让步和该殖民地的扩张进一步激怒了英国殖民者。

本章第一节继续记叙美国独立前殖民地直接税的发展，这些发展的程度并不大。在美洲殖民地，18 世纪 60 年代的后半期是减少发生于“法印战争”的债务的时期。新英格兰直接税制度并没有什么重大的变化，尽管一些殖民地增加了法律的具体性。例如，康涅狄格对于贸易和交易的收费有了更加详细的规定。新罕布什尔对税基进行了全面的详细阐述。新斯科舍的各县被明确赋予了根据“能力”征税 358
的权力，并于 1772 年征收了土地税和剩余人头税，以筹集用于修缮道路和桥梁的资金。爱德华王子岛和魁北克没有直接税制度，尽管爱德华王子岛确实有一项关于修建道路的义务劳动法，并包含有关折抵的规定。

相比之下，马萨诸塞对于人头、房地产、个人财产以及才能的税收制度并没有改变。在独立前的时代，马萨诸塞是才能税的主要典型，除了罗得岛，这种税在整个新英格兰都存在。塞尔吉曼（Selgiman）证实，在这一时期，有证据表明，尽管在才能税中提到了利润、收益或收入，但评估人员并不要求计算实际的利润、收益或收入。[312] 财产税也是如此，这是一种客观的评估，由评估员根据他们认为纳税人所享有的利润、收益或收入，在评估表中填写相关栏目，这种评估往往造成了严重的低估。

美洲中部殖民地的情况也没有太大的不同。纽约用其典型的财产税来回赎信用券。同样，新泽西和特拉华的直接税法也没有什么进展，像一些新英格兰殖民地一样，宾夕法尼亚在其税基上规定了更详细的内容。在南部殖民地，弗吉尼亚从对土地和奴隶征税转向对奴隶、马车和律师征税。1756 年的马里兰税是独立前的最后一项。在南卡罗来纳，这项法律的形式有所缩短，但实质上几乎没有改变，才能税被适用于整个殖民地（不仅仅是查尔斯顿）。佐治亚继续实行与南卡罗来纳类似的制度，但对交易存货征税只适用于进口的存货，而北卡罗来纳继续依赖其人头税。

西印度群岛也没有什么变化，巴巴多斯和牙买加主要依靠奴隶税，以及对根据教区名册的贸易和城镇中的某些改良土地的征税。在安提瓜和圣基茨，直接征税的主要对象是奴隶和改良后的城镇土地，而尼维斯继续仅仅依赖对奴隶的征税。牙买加和安提瓜都在很

---

〔312〕 Seligman，（1914，p. 374 – 375）提到了康涅狄格的一个例子。

大程度上依赖差额法。在巴哈马群岛（当地黑人与白人人口的比例更为均衡），人头税是普遍的，它也依赖对城镇地块、牛群和马车的税 359 收，以及对贸易、行业和才能的附加税。1764 年，在伯利兹，一支海军中队的到来见证了《伯纳比法》的诞生，该法是以中队司令的名字命名的，在这里，当地税收与当地的工业、原木和船只有关。

在格林纳达和格林纳丁斯群岛，法国继续征收人头税。1767 年，格林纳达征收了一种更为典型的英属西印度群岛的税，包括对每个奴隶、每英亩土地和城镇改良土地的年价值征税。圣文森特和多米尼加分别在 1769 年和 1772 年征收了类似的税。继牙买加和安提瓜之后，圣文森特颁布了差额法。

本章第一节继续记述英国东印度公司对印度影响的发展，它叙述了该公司于 1698 年首次购买"土地管辖制"权利，即实际上收取地税或退租的权利。在七年战争期间存在进一步的重大发展，一些针对法国的军事行动协助了当地人，从而导致该公司进一步获得土地管辖制权利。七年战争末期，英国对印度的控制导致了印度皇帝在 1765 年授予"迪瓦尼"（迪瓦尼是印度莫卧儿王朝的财政、税收权及其管理制度——译者注），这使该公司有权收取属地级土地税收收入，作为交换，其需支付固定的款项。头几年，"迪瓦尼"给东印度公司带来了利润，但该公司的高压手段导致了孟加拉经济的崩溃，并在 18 世纪 70 年代初期给该公司造成了损失，这导致了英国政府的援助，以及 1773 年东印度公司的政府在印度的第一次管理。

本节以类似的方式转向了西非的发展，它叙述了各种特许贸易公司在西非的贸易，以及 1672 年王室非洲公司的设立，其主要是向西印度群岛和弗吉尼亚贩卖奴隶。1698 年，该公司的垄断地位被打破，它依靠英国政府的拨款维持其在西非海岸的堡垒。1750 年，城堡的管理权被转移至新成立的商人贸易公司。英国在七年战争期间收购了塞内加尔，起初它由该公司进行管理。然而，1765 年，英王创建了塞内甘比亚属地，其政府类似于美洲殖民地所采用的政府。直
360 到美国独立战争，这个小殖民地的资金主要来自英国议会的拨款。

本章的第二节集中讨论了在美国独立战争期间以及之后 10 年中，英国和美洲殖民地直接税的发展。英国人对战争的反应是将土地税以通常手段提高到战时的 4 先令。但以人们所熟知的方式，英国主要通过大幅增加国家债务来支付战争的费用，这一增长部分是通过评估税和间接税的增加来保证的。随着战争的失败，皮特继续扩大评估税征收对象的范围，之后在 1785 年，他正式将针对房屋、马车、男仆、马匹和商店的税放在一起，作为税务局管理项下的“评估税”。济贫税在当时的重要性也被提及，到 18 世纪 80 年代，其相当于政府收入的 19%。

新成立的美国的地位是非常不同的，在《独立宣言》之后出现了一波宪法改革的浪潮，这导致了一些州直接税的重大变化。还有一个新的主体“国会”的介入，虽然它没有权力向个人征税，但其有权力从各州征收资金。按照惯例，各州和国会以信用券的方式为战争的紧急需要提供资金。战争期间发行的大量票据将主要通过三种机制进行回赎：贬值、没收效忠者的财产以及税收。在战后时期，关于战争债务分配的问题将根据 1788 年的宪法得到解决，其将战争债务分配给了联邦政府，但赋予了联邦政府征税的权力。

在新英格兰，马萨诸塞州在 1777 年改变了评估的形式，即使不是其实质。该税仍针对人头、财产和行业、才能、贸易和就业进行征

收,但财产的因素更明显是基于资本价值。这种形式的税收被嵌入了 1780 年的马萨诸塞州宪法,导致这种形式的税收在战后时期继续存在。战争期间,康涅狄格税制保持不变,但在 1784 年,才能税被转变为一种等级税,特定行业被列为特定的数额。罗得岛继续征收人头税和财产税,没有针对才能的特别征税。在新罕布什尔,才能税起初在战争期间受到限制,到 1789 年被完全废除,只剩下人头税和财 361
产税。佛蒙特州在战争期间宣布从纽约独立,并开始采用康涅狄格式的税收制度。

在战争期间,直到 1788 年,纽约依赖财产税,从那时起,州一级的直接税就被取消了。在新泽西州,除了对评估员的指导更加具体之外,也没有什么进展,宾夕法尼亚州也是如此。1779 年,特拉华州尝试明确州一级税收的税基,但到 1781 年,它已恢复到参照县征税法征收州直接税。

直接税的最大发展发生在南部各州。战争期间,弗吉尼亚对奴隶、每 100 英亩土地和马车进行征税。但是,在 1777 年,这变成了一般的财产税,附加对工资和“盈利的官职”的收入征收剩余税。这并没有持续很长时间,在和平时期,直接税制度稳定在了对土地、奴隶、牛群、马车和台球桌进行征收。1777 年,马里兰州也采用了一般财产税,从 1779 年开始,包括对公职人员的收入和年金征税。1786 年,马里兰州废除了直接税,转而依赖其他融资形式。1777 年,北卡罗来纳州也转向一般财产税,其中包含剩余人头税,其在和平时期仍继续征收剩余的人头税。相比之下,南卡罗来纳州的直接税制度没有很大改变,税收的主要标的仍然是奴隶、土地和才能、行业、贸易和就业。佐治亚州的制度与此类似,但在战争期间和战后发生了一定程度的变化。在和平时期，它被确定为土地税，一般人头税，对某些建筑物、马车、贸易存货以及针对某些行业收取特定数额的税。

本章第二节转而记叙仍忠于英国的殖民地的直接税。新斯科舍在 1775 年征收了一项人头税，其根据“能力”进行分类，但这是一次性征税。1779 年，它征收了一项土地税，这也是短暂的。直接税在战争末期和结束后有所中断，但 1791 年，新斯科舍重新开始征收直接税，并恢复了一种分类人头税。相比之下，爱德华王子岛和魁北克在战争期间和战后依赖间接税，尽管爱德华王子岛确实对在外土地所有者征收土地税，以补充其用来维护公路的法定劳动法。新不伦瑞克在 1784 年作为一个独立的殖民地建立，这是殖民者大量涌入的结果。新不伦瑞克早期的直接税是在县一级征收的，但税基的形式
362 很大程度上是由评估人来决定的，参照的是“公正合理”或“最佳判断”等大致说法。1791 年，魁北克属地被分为上加拿大和下加拿大，但直接税没有立即发展。

本章第三节也是最后一节集中讨论了西印度殖民地的直接税发展。法国和西班牙参与美国独立战争对这些殖民地构成了重大威胁，其中一些殖民地在战争中失守。战争开始时，巴巴多斯、安提瓜岛、圣基茨、尼维斯和牙买加的直接税没有什么进展，征税的主要对象仍然是奴隶、改良的城镇土地以及呈下降比重的贸易。巴哈马仍继续其通常的征税方式，这更加“南美化”，主要涉及一般人头税，对城镇土地征税，但对“才能、行业和贸易”有特别的征税。

在较新的殖民地中，多米尼加在战争初期于 1776 年被占领。起初，圣文森特继续实行其传统的征税方式，但也在 1779 年被占领。1779 年，格林纳达也被攻占，然而，1778 年的一般税法有重要的发

展。嵌入一般税收的，似乎最有可能是 1763 年以前颁布的法国人头税，该法律一开始是向奴隶征税，以及根据年价值对改良的城镇土地征税，还有其他各种各样的税，主要是间接税，但最终的税是对“居民”征收的。该项税收明确适用于与任何雇佣、官职、行业或有利可图的交易有关的，以及那些运营任何贸易或生意的白人。根据他们的“年收入”，人们被分为 8 个等级，并根据其等级缴纳固定数额的税款。评估在很大程度上是客观的，但如果纳税人认为自己的收入被高估了，他们可以选择对自己的收入立誓为真实。

战后时期，旧西印度群岛殖民地的直接税制度继续缓慢发展。圣基茨继续对奴隶和城镇中某些改良过的土地征税，1784 年，尼维斯从其简单的奴隶税转向采用这种方式。巴巴多斯继续征收一种类似的税，并对贸易和个人财产征收额外的税。在安提瓜，直到 1790 年对奴隶和某些商业场所征收费用之前，在差额法之外几乎没有直接税收。牙买加此前也几乎没有征收直接税，直到 1790 年差额法得到了针对奴隶、牛群、马车，根据教区名单的贸易、特定官职以及城镇 363
房屋和某些改良后财产的年价值所征收的一般税的补充。在巴哈马群岛，税收制度也几乎没有改变其美国南部的风格。然而，1789 年，这一制度被合理化为一项一般人头税，针对奴隶和自由有色人种商人的税，针对新普罗维登斯的马车和房屋地块的税，但取消了才能税。

格林纳达、圣文森特和多米尼加在战后被收复，格林纳达于 1784 年重新征收 1778 年的人头税，但直到本章所述期间结束之前都没有类似的征税。然而，圣文森特在 1784 年再次征收了类似的税，根据人们的“年收入”将其分为 8 个等级。圣文森特在 1786 年和 1788 年也征收了类似的税，但根据后续法律，等级的数目扩大到 17 个。1789 年、1790 年（当时等级的数量增加到 18 个）和 1791 年又发生了进一步的收费。相比之下，多米尼加在战争刚结束时就按照通常的方式征税。1785 年，它还征收了一项分类人头税，就多米尼加而言，它主要是根据贸易、行业或按照其他方法分类，但这些分类与收入和工资是有一定联系的。这项法律包括一项剩余人头税，但如果人们的“年收入”低于一定的门槛，则免于征收。在 18 世纪 80 年代后期，多米尼加方法被重复使用，但增加了分级和分类，每增加一次，它就更接近格林纳达和圣文森特的分类人头税。

本章所涵盖的时期是带有对比的一段时期。在英国以及一些殖民地和前殖民地，特别是在新英格兰、美洲中部的州以及较旧的西印度殖民地，在直接税方面几乎没有什么发展，所涉及的只是修修补补，而不是根本上的改变。在美洲南部各州和西印度群岛较新的殖民地，出现了一些重大的发展，通常涉及平等性的增加税收和达成无须征税的活动。在某些方面，英国正在经历一个类似的过程，但形式略有不同。对评估税的不断补充往往针对那些本来可能逃避征税的地区或活动。

在这方面，1778 年的格林纳达法尤为重要，这项法律不太可能对格林纳达的直接税有任何根本性的改变，而是反映了法国的人头税，也许是为了适应其成为英国殖民地的情况。格林纳达并不是一
364 个孤立的例子，正如等级税扩展到其他西印度殖民地所证明的那样。早些时候，在 1775 年，新斯科舍也征收了等级税，之后于 1791 年再次征收。在更有限的范围内，1784 年的康涅狄格州和 1785 年的佐治亚州也有了类似的发展，牙买加对特定的个人和部门征收特定的税

已经有一段时间了。在所有这些情况下，征税都是为了税收的进一步全面化，特别是为了涉足利润丰厚的贸易和行业。因此，在某种意义上，这些税类似于 150 年前的新英格兰的一般才能税。但在一个重要的方面，他们是不同的。这些规则并不普遍，对达到这些活动的特殊性和重点日益增加。

这些税收所证明的是一系列影响英国所得税的因素的形成。毫无疑问，这些因素包括 17 世纪 90 年代的英国综合人头税，法国的人头税以及什一税（以及二十分之一税"vingtieme"），在新英格兰和美洲中部殖民地发展起来的财产税和才能税，附随着他们对"利润""收益"和"收入"的频繁引用，在这一章所覆盖的期间，西印度群岛的新发展与后来的英国所得税有密切的关系。一场新的战争和其税收的发展已经有了充分的生长土壤，这是本书在最后一章提到的内容。

第五章　1793年至1820年：拿破仑战争，强大的引擎和直接后果

365 本书的最后一章以英国所得税为中心，介绍了英国所得税的建立、税制本身、直接后果，以及同一时期直接税在英属殖民地的发展，在有限的范围内还包括美国。按照惯例，本章将围绕历史事件展开，这些历史事件需要一些概述，以便更深入地了解直接税发展的背景。与第四章和第三章的后半部分不同，本章所围绕的战争对英国来说更明显地集中在国内。这并不是说殖民地在很大程度上没有被卷入战争，而是说这场战争对英国国内安全的威胁比前两场战争更严重，是"大同盟战争"以来从未见过的。结果是，正如在后一场和早期涉及这种地方性威胁的战争中一样，直接税有了巨大的，甚至是疯狂的发展。

本章围绕三个部分展开，以两个重要条约为中心：1797年的《坎波福尔米奥条约》(Treaty of Campo Formio)和1802年的《亚眠条约》(Treaty of Amiens)。其中，第一个条约之所以重要，并不是因为英国签署了它，而是因为英国不是它的缔约国，由此导致英国在与法

国的战争中被孤立。英国是第二个条约的缔约国,这使得英国在与拿破仑的战争中得到了短暂的喘息,但在很短的时间内,战争又重新开始,并持续到 10 多年后拿破仑的垮台。

本章分为三节。第一节涵盖了从英国加入对法国大革命的战争开始到以《坎波福尔米奥条约》结束的时期。这一时期,直接税在英国几乎没什么发展,但在殖民地,特别是在加拿大和西印度群岛,直接税确实有一些发展。第二节涵盖了《坎波福尔米奥条约》之后的时期,当时英国被孤立,战争的资金危机开始出现,这是英国直接税的 366
主要发展时期,并见证了所得税的引入,该部分以《亚眠条约》结束,因此,第一次所得税也就到期了。第三节涵盖了从战争恢复到战争结束直至 1820 年的时期,它包括了 1803 年重新引入的所得税,其中重要的是纳入了源泉扣缴机制,直到 1817 年英国所得税到期。这是殖民地取得实质性发展的另一个时期,特别是西印度群岛,那里的许多殖民地征收所得税。将这一部分所涵盖的时期延长至 1820 年,提供了一个机会来考虑英国废除所得税对殖民地的直接税制度有何影响(如果有)。

一、《坎波福尔米奥条约》的诞生

拿破仑战争的背景在上文讨论过。如上所述,1793 年革命,政府处决了路易十六和玛丽·安托瓦内特(Marie Antoinette),这使英国(以及西班牙和荷兰)站在了奥地利和普鲁士一方卷入战争。法国的应对是征召数十万人加入法国军队。凭借庞大的军队,法国扩大了疆域，并在 1794 年和 1795 年取得了特别的胜利，当时，除其他领土外，法国还占领了比利时和荷兰。1796 年，拿破仑率领的法军分部大举入侵意大利。拿破仑在 1797 年取得了进一步的重大胜利，奥地利帝国屈服并提出了和平要求。和平是建立在 1797 年《坎波福尔米奥条约》的基础上的，根据该条约，奥地利将比利时割让给法国，并承认其对莱茵地区和意大利大部分地区的控制。

本节分为三小节。第一小节简要介绍了法国大革命战争初期英国直接税的初步发展。第二小节考察了美国直接税于 1797 年的发展，特别是奥利弗·沃尔科特（Oliver Wolcott）的著名报告。美国没有直接卷入法国大革命战争，但其在 1797 年正考虑与法国进行海
367 战。[1] 相比之下，在与法国的争端中，西印度群岛像往常一样是最早产生侵略活动的地区之一。第三小节讨论了英国殖民地的直接税发展，特别是在西印度群岛，那里的发展与后来引入的英国所得税有关。

（一）评估税对英国来说是不够的

在 18 世纪里，英国从战争开始时就将土地税提高到 4 先令。然而，自美国独立战争开始以来，这一税率一直在施行，因此其在政治上已经没有增加的空间了。相反，皮特在 1793 年的最初反应是使 1791 年实施的一系列增税措施永久化，包括增加评估税，从而建立一个可以借用的基金。但在战争初期，英国主要依靠增加间接税。1796 年，评估税的税率有所增加，1797 年又有所提高，并将征税范围

[1] Anderson, 1983, p. 62 认为“与法国发生了一场未经宣战的海战”。

扩展到钟表，[2]但增加的主要还是间接税。[3] 1797 年 10 月，奥地利签署《坎波福尔米奥条约》，只剩下英国和法国交战，皮特当时正在考虑下一步的征税举措。

（二）美国联邦主义时代

美国联邦政府在 1790 年至 1794 年的收入（包括间接税）不足以支付这些年发生的债务（包括新建立的国债的利息）。1795 年，美国联邦政府发起了一项计划——建立一个偿债基金来赎回债务。[4] 因此，美国联邦政府要寻找新的方法来增加收入，并要求时任财政部长的奥利弗·沃尔科特研究征收联邦直接税的可能性。沃尔科特在 1796 年年末的报告中很好地概括了当时各州的直接税制度，并在设计联邦直接税的可能方案时被纳入了考虑。[5] 1798 年征收的联邦直接税（见原著第 424～425 页）就是基于这份报告。

1793 年，马萨诸塞作为"才能税"的主要倡导者，在其税法中删 368
除了"才能"一词。然而，涉及配额制度的四栏式方法仍然存在，前三栏涵盖人头、土地和个人财产，第四栏只规定了来自任何职业的收入，包括手工业、贸易或就业收入。[6] 到 1797 年，马萨诸塞的直接税法没有进一步的发展。康涅狄格的税收形式变化更少，但有一个

---

〔2〕《一项授予国王陛下对某些钟表征税的法案》（乔治三世 37 年，第 108 章）（1797 年）（英国）。

〔3〕 Dowell，1965，Vol. 2，p. 209－217.

〔4〕 Anderson，1983，p. 58、60.

〔5〕 United States（1796 年）。

〔6〕《对税收进行分配和评估税收……的法案》（1793 年，第 10 号税收）（马萨诸塞）；American Antiquarian Society，1956－，No. 25787。United States，1796，p. 420－422.

变化是以表格形式列出了具体估值。[7] 在罗得岛，固定人头税和按城镇配额分配的剩余财产税一直持续到 18 世纪末，但需要定期重新评估。[8] 新罕布什尔的直接税制度也包括人头税和根据城镇配额制征收的财产税（“才能”一词于 1789 年被删除，见原著第 329 页），该制度也在 18 世纪剩余的时间里持续存在。[9] 佛蒙特独立后引入的法律形式基本上持续到 18 世纪末，这涉及对人头、土地、牲畜、金钱和应收账款以及律师、医生、批发商、贸易商、磨坊主、机械师和企业家的征税，“制表人应当依据最佳的自由裁量和判断，根据他们各自的行业、工作或业务的获利比例征税”[10]。

至于中部各州，如原著第 330 页所述，纽约和宾夕法尼亚分别于 1788 年和 1789 年取消州征收的直接税，并且在本部分所涵盖的整个
369 时期内一直如此。[11] 新泽西以配额为基础的直接税制度（主要涉及对土地、房屋和某些其他建筑物、牲畜、某些马车和船只、奴隶、店主和养马的单身男子的征税）一直持续到 18 世纪末，且几乎没有变

---

〔7〕 在美国康涅狄格州法案中，第 277 页中关于列名人在其职位和职责中的指导方案；American Antiquarian Society, 1956 - , No. 30260。United States, 1796, p. 423 - 444.

〔8〕 例如，《一项对州内应课税财产进行一般估算的法案》(1795 年 6 月)(罗得岛)；American Antiquarian Society, 1956 - , No. 47578。如第 328 页所述，另一项法律规定了税收。United States, 1796, p. 422 - 423.

〔9〕 Robinson, 1902, p. 86 以及 the description in United States, 1796, p. 419。

〔10〕 《一项确定本州名单编制原则并指导名单编制者履行职责的法案》(1797 年 3 月 10 日)(佛蒙特)；American Antiquarian Society, 1956 - , No. 33117。the description in United States, 1796, p. 418.

〔11〕 United States, 1796, p. 425、427. 前一页描述了纽约州在地方征收中分摊和增加其税款的方式。

化。[12] 至于特拉华，1796 年，其针对不动产和个人财产的公共评估提供了具体说明。[13] 在此种评估下，制造商和贸易商的库存、货物、物品和商品可能会根据活动产生的“实际利润”进行评估。土地将按照其“实际价值”进行评估，而建筑物通常根据其租金价值进行评估。许多个人财产将在“几位评估员的裁量和判断下”进行评估。此外，还有一种依据人头进行的剩余评估。像往常一样，下一年的税收会在各县之间分摊，并根据 1796 年法律规定的评估方式确定税率。[14]

在南部各州，弗吉尼亚继续对土地、房屋和城镇土地、奴隶、马匹、牛、马车和台球桌征税，直至 18 世纪、19 世纪之交，税收制度都遵循这种形式。[15] 与纽约和宾夕法尼亚一样，马里兰在本部分涵盖的时期内没有征收任何州一级的直接税，尽管这些税会在县级被征收。[16] 在南卡罗来纳，对土地、奴隶、黑人、贸易存货和才能的征税一直持续到 18 世纪末。[17] 至于北卡罗来纳，到 1794 年，其对贸易存货、牲畜和货币利息的征税已经取消，留下了对土地、房屋、城镇土地、

---

〔12〕 例如，参见《1794 年一项筹集资金总额 15,000 英镑的法案》(1794 年 2 月 17 日)(新泽西)；American Antiquarian Society，1956 – ，No. 27385。United States，1796，p. 426.

〔13〕《一项本州不动产和动产估价的法案》(1796 年 2 月 9 日)(特拉华)，在特拉华州的法律，1797，p. 1247 中；American Antiquarian Society，1956 – ，No. 32030。Seligman，1914，p. 378 – 379 以及 United States，1796，p. 429。

〔14〕《一项为我们的陛下的政府提供 1797 年资金的法案》，在特拉华州的法律，1797，p. 1343 中；American Antiquarian Society，1956 – ，No. 32030。

〔15〕 United States，1796，p. 431 – 432. 新肯塔基州的直接税制度类似；United States，1796，p. 433。

〔16〕 United States，1796，p. 430. 县税是根据原著第 334 ~ 335 页讨论的 1785 年评估法的评估征收的。

〔17〕 例如，《一项筹集 1796 镑资金的法案》(1796 年 12 月 20 日)(南卡罗来纳)；American Antiquarian Society，1956 – ，No. 32856。United States，1796，p. 434 – 435.

370 马匹和人头（对奴隶的税率更高）的征税，这种形式的税制一直延续到18世纪末。[18] 佐治亚持续对土地、一般人头、某些建筑物、马车、台球桌和贸易存货征收直接税，并对医生、律师和某些其他职业征收人头税，直到18世纪末。[19]

（三）殖民地战争

在西印度群岛，法国保皇党协助英国对抗法国革命，这里的战争始于1793年英国对多巴哥的占领。同年，英国入侵法属伊斯帕尼奥拉岛，但从未占领该岛，经过5年的战斗，英国于1798年离开。1794年，英国毫不费力地占领了马提尼克岛、圣卢西亚岛和瓜德罗普岛。革命者在几个月内从英国手中夺回了瓜德罗普岛，到1795年年中，英国也失去了圣卢西亚岛。在法国发生的事件激起了一些英国控制的岛屿上的奴隶的革命情绪，在牙买加、格林纳达和圣文森特发生了大规模的叛乱。1796年，英国再次占领了圣卢西亚岛。随着法国对荷兰的征服和巴塔维亚共和国的建立，荷兰向英国宣战，西班牙也在1796年晚些时候宣布了类似的声明。英国的回应是夺取了荷兰在南美洲北部的埃塞奎博、德梅拉拉和伯比斯河的定居点。1797年，英国从西班牙手中夺取了特立尼达。[20]

殖民地战争进一步蔓延，法国与荷兰结盟后，英国于1795年占领了荷兰在南非开普敦的殖民地。紧接着，1796年，荷兰殖民地锡

---

〔18〕《一项为支付1794年（北卡罗来纳）的内战账单和政府或有费用而增加收入的法案》，在1791年、1792年、1793年和1794年一般议会通过的北卡罗来纳州法案，北卡罗来纳，1795，p.129中；American Antiquarian Society，1956 -，No. 29221。有关此时制度的概述，见United States，1796，p.433 - 444。

〔19〕有关此时制度的概述，见United States，1796，p.435 - 436。

〔20〕Burns，1954，Ch. 18.

兰投降。[21] 英国人还占领了法国在西非的据点。战争在 1797 年[22]并未对加拿大产生直接影响,但确实对其贸易产生了积极影 371
响,特别是其发展中的木材工业。以下小节论述了 1793 年至 1797 年加拿大、西印度群岛、塞拉利昂和南非的直接税发展。

1. 加拿大

新斯科舍 1793 年的一项法律明确规定了 1791 年的阶级税是按年征收的,并引入了一些新的税目,包括机械师、手工业者、船主、商人和零售商。[23] 在 1795 年的评估后,该法律被终止,新斯科舍开始重新依靠间接税(但济贫税和县税继续在地区一级征收)。[24] 其他沿海属地的做法也类似。新不伦瑞克出于各种目的征收济贫税和县税,但没有一般的属地级直接税。爱德华王子岛的情况也与此类似,1796 年,为了修建和维护下水道,该岛对土地所有者进一步征税。评估将根据专员的最佳裁量进行。[25] 如原著第 340 页所述,布雷顿角没有直接税的记录。

1793 年,新成立的上加拿大议会颁布了第一个为地方目的进行

---

〔21〕 Holland Rose, J., 1940, p. 59 – 60.

〔22〕 McArthur, 1930, p. 203 – 205.

〔23〕《一项对在现任国王陛下统治的第 31 年通过的"筹集资金用于偿还该省现在到期或即将于次年 7 月 1 日到期的所有此类债务,融资债务除外的法案"进行修订,使其更有成效的法案》(第 479 号)(1793 年)(新斯科舍);CO 219/18,第 194 页。

〔24〕《一项对国王在位第 31 年通过的一项法案进行修正,发起了"一项法案,旨在筹集财政收入,以偿还该省目前到期的或即将于次年 7 月 1 日到期的所有债务,融资债务除外",并根据需要暂停上述法案的部分和修正案的实施,与下面将要进行的任何新税收或评估相关的法案》(第 533 号)(1796 年)(新斯科舍);CO 219/19,第 58 页。

〔25〕《一项任命下水道专员的法案》(第 131 号)(1796 年 2 月 13 日)(爱德华王子岛);CO 228/2,第 141 页。

评估征税的一般规定，〔26〕这种评估征税采取了累进人头税的形式，与附近新斯科舍的阶级税相比，其似乎与格林纳达和圣文森特的人头税有更多的相似之处，因此可能受到了一些法国的影响。征税的
372 对象是“居住在教区乡镇或地方范围内的居民户主”，户主分为8个等级，户主的等级取决于他们拥有的“不动产或个人财产或自用物品”的价值。每个等级间隔50英镑，从50英镑累积至450英镑，法律对每一等级征收一次性税款。〔27〕第二年，该规定进行了修订，增加了两个50英镑的等级，并为财产超过500英镑的人制定了“上层名单”，这些人将按每100英镑5先令的税率纳税。〔28〕大概在1795年，评估税法被进一步修订，以保证每个地区征收的税款为早期法律规定税率的一小部分或几倍。〔29〕

下加拿大（魁北克）在1796年颁布了可被认为是其第一部评估税法的法律，〔30〕这是一般公路法，并以惯常的方式规定了赋役。但是蒙特利尔和魁北克的城镇被允许通过税收筹集必要的资金。治安法官有权制定年度税率，“按照年价值比例，对上述城市内土地、地

〔26〕《一项授权和指导本属地每个地区的评估和关税的制定和征收，并规定向众议院议员支付工资的法案》（1793年7月9日）（上加拿大）；CO 44/39，第37页。

〔27〕 Vineberg, 1912, p. 32 – 33.

〔28〕《一项对国王在位第33年通过的一项法案进行修正，发起了“一项法案，授权并指示在该属地的每个地区征收摊派款和关税，并规定向众议院议员支付工资”的法案》（1794年7月7日）（上加拿大）；CO 44/39，第43页。

〔29〕《一项提出了〈一项授权和指导本属地每个地区的评估和关税的制定和征收，并规定向众议院议员支付工资的法案〉的修订法案》（推定1795年）（上加拿大）；CO 44/39，第72页。

〔30〕《一项在本属地范围内以及出于其他目的对公路和桥梁进行维修和改造的法案》（1796年5月7日）（魁北克）；CO 44/6，第35页。

块、房屋和建筑物的所有占有者或占用者征收”[31]。

2. 西印度群岛

法国大革命战争对巴巴多斯的直接税制度没有影响，该地区继续对奴隶、某些磨坊、窑炉和马车征税，并根据教区登记册对城镇居民的房屋、贸易和个人财产征收额外税费。为支持总督，巴巴多斯继续实施一项主要税法，并对其他开支补充征税。[32] 除“缺额法”外， 373
安提瓜岛还于 1795 年征收奴隶税和土地税。[33] 土地税是根据城镇内建筑物的租赁价值评估的，在城镇外则按每英亩进行评估。因此，安提瓜岛的制度（在形式和实质上）与圣基茨自 1722 年以来普遍实施的以及尼维斯于 1784 年开始实施的制度非常相似。安提瓜岛在 1797 年再次征税，并表示要用于支付战争费用。[34]

1793 年至 1797 年，尼维斯的直接税没有发展，其继续依赖奴隶税。圣基茨的情况有所不同，在战争的压力下，圣基茨的税收在 1795 年取得了重大进展，该年的一项法律取消了奴隶税，并征收了类似于一般所得税的人头税，[35] 第一个税目是针对该岛上的主要产品，其规定：

---

〔31〕 如上注释，第 64 页。

〔32〕 例如，《一项筹集资金和清偿公共债务，以支持政府今年的费用的法案》（1794 年 3 月 11 日）（巴巴多斯）和《一项以便在乔治·洛因茨·里基茨·艾斯奎尔（当时的总督，译者注）阁下管理该岛政府期间更好地支持他的法案》（1794 年 6 月 4 日）（巴巴多斯）；CO 30/16，第 244 页和第 253 页。

〔33〕 《一项筹集资金来支付因当前战争引起的本岛的费用，该战争自 1794 年 6 月 1 日开始的法案》（1795 年 6 月 15 日）（安提瓜）；CO 8/21，第 116 页。

〔34〕 《一项筹集资金以支付本岛因当前战争而产生的、尚未规定的特别费用的法案》（1797 年 5 月 27 日）（安提瓜）；CO 8/22，第 2 页。

〔35〕 《一项旨在以最方便的速度筹集足够资金以满足该国当前和紧迫需要的法案》（1795 年 9 月 19 日）（圣基茨）；CO 240/14，第 98 页。

> 本岛内任何年产量相当于25吨糖的地产所有人、承租人或占有人应支付……对于上述25吨糖，以5英镑的货币支付，数量较多或较少的，以相同比例支付……

纳税人被要求出席并宣誓说明他们已有的产量或将有的产量，“从去年9月1日到次年9月1日(含当天)”，虽然这并不等于所得税，但与通过对生产产品的劳动力征税，即征收奴隶税的粗略做法相比，这是朝着所得税方向迈出的一大步。

374 1795年，圣基茨的第二个税目项下规定：

> 在此纳税和评估的每个人，收入(不包括糖种植园和抵押)超过200英镑的流动资金，以及年收入超过120英镑的经理和监督人员，应就其年收入，以每100英镑支付4英镑10先令的金额纳税……

这个税目相对清楚地表明，第一个税目的意图是从甘蔗种植园获得收入，并确认其意图是产生一般所得税。然而，第二个税目的征收规定，“每个人的收入应按照附表中与其姓名相对的年度金额确定”。该法律的附表包括一份人员名单，并为他们分配了一定数额的收入，这表明在很大程度上(至少对这些人而言)，收入评估是客观的。

有两项规定改善了这种缺乏主观性的情况。首先，对未出现在该法律附表中的人员收取剩余费用：

> 根据本法,未受评估且年收入超过 200 英镑的人,以及年收入超过 120 英镑的所有经理和监督人员,应就其所述的收入,每 100 英镑支付 90 先令……

其次,在宣誓后,针对理事会和议会的评估有上诉程序。

相比之下,牙买加的直接税发展很少,尽管征收数额很大。1793 年,牙买加对奴隶、牲畜和马车,根据教区登记册进行的贸易,特定办公室以及城镇中某些房屋、码头和仓库的年价值征收了通常的税,并实施了《缺额法》。[36]

1797 年也有类似的征收。[37] 一项发展是对每英亩土地征收简 375
单的税,该税在 1796 年被征收了两次。[38] 伯利兹定居点(仍然不是正式的殖民地)继续主要依靠对临时贸易商征税,[39]但与其他殖民

---

〔36〕《一项通过人头税方式提高税收,对贸易、超级货物和出港船舶的船长,以及职位和房屋征收税款,以及对某些轮式车辆征税,并将其应用于多种用途的法案》(1793 年 12 月 14 日)(牙买加),以及《一项要求该岛的一些居民为自己提供足够数量的白人男性、白人女性或白人儿童,或支付一定金额的款项,以备不时之需,并将其运用于多种用途,以保护完全保有人在选择教会看守和牧师时的利益,并确定谁应被视为有资格在此类选举中投票的法案》(1793 年 12 月 14 日)(牙买加);CO 139/48,第 17 页和第 26 页。

〔37〕 例如,《一项通过人头税征收税收,对贸易、超级货物和船长、职位和房屋以及某些轮式车辆征税,并将其运用于多种用途的法案》(1796 年 5 月 1 日)(牙买加),以及《一项要求该岛的一些居民为自己提供足够数量的白人男性、白人女性或白人儿童,或支付一定金额的款项,以备不时之需,并将其运用于多种用途,以保护完全保有人在选择教会看守和牧师时的利益,并确定谁应被视为有资格在此类选举中投票的法案》(1796 年 5 月 1 日)(牙买加);CO 139/48,第 115 页和第 127 页。

〔38〕《一项对本岛土地征税并将其应用于公共服务的法案》(1796 年 5 月 1 日)(牙买加)和《一项对本岛土地征税并将其应用于公共服务的法案》(1796 年 12 月 21 日)(牙买加);CO 139/48,第 113 页和 163 页。

〔39〕 1796 年 3 月 3 日的决议;British Honduras, 1931 – 1935, Vol. 1, p. 215。

地一样，伯利兹定居点也开始对酒类进口征税。[40]

巴哈马的直接税制度在法国大革命战争期间进行了一些简化。自1734年起，它开始征收一般人头税，但在1793年取消了这项一般税，只剩下对奴隶贩子和自由有色人种的附加人头税，以及对新普罗维登斯的马车和城镇地块的税。[41] 到1797年，只剩下这种剩余人头税，但它与酒牌许可和台球桌税结合在了一起。[42] 与此相伴的是一项类似于牙买加、安提瓜和圣文森特所使用的《缺额法》，尽管该法似乎没有延续下去。[43]

376 1797年，格林纳达征收了一项简单的奴隶税，以支持和欢迎新的总督。[44] 似乎还有一项年度一般税法，但在本部分所涵盖的时期内没有相关资料（见原著第423页）。相比之下，圣文森特继续发展其混合税收，包括人头税/所得税。1793年有两次这样的征税，第一

---

〔40〕 1795年1月27日和1798年1月19日的决议；British Honduras, 1931 – 1935, Vol. 1, p. 212, p. 242。

〔41〕《一项规定并确定其中所述年度进行某些评估并指导如何征收和应用评估的法案》（1793年9月16日）（巴哈马）；CO 25/8，第87页。

〔42〕《一项规定并确定其中所述年度征税、评估和税收的法案》（1797年11月18日）（巴哈马）；CO 25/10，第68页。

〔43〕《一项要求这些岛屿的一些居民和其中的奴隶所有者在各自的种植园中为自己提供足够数量的白人或支付一定金额以防他们缺额的法案》（1797年5月11日）（巴哈马）；CO 25/10，第40页。

〔44〕《一项为格林纳达岛以及通常称为格林纳丁的岛屿（位于卡里亚库岛南面，包括该岛，位于该岛和格林纳达之间），及其上面的船长兼总督查尔斯·格林先生阁下提供额外支持的，大会议议长和副海军上将，在格林纳达任职期间，并为此目的拨款的法案》［1997年5月13日（译者注：原文为“1997年”，译者认为可能是笔误，应为“1797年”）］（格林纳达）；CO 103/10，第34页。

次征收2%，第二次征收1%。[45] 这些一般税包括酒牌许可税、奴隶税（针对不属于庄园或缴纳人头税的人的奴隶）、特定产品的常规税和进口葡萄酒税。该法律继续对每英亩土地（当土地未产出早先规定的农作物时）和城镇或花园中房屋的年租金或价值征税，对未改良地块征收固定金额。

人头税在1793年第1次征税的第9条中，它包括了类似于1784年使用的逐一列举（见原著第351～352页），但此处提到的是“年总收入150英镑流动资金……或以上”，而不是1784年中的“年收入”。在评估方面也有进展，评估员必须：

> 向警员发出授权令，传唤所有该等人士于某一特定时间和地点来到他们面前，如果他们对评估的金额有任何异议，可以在宣誓后提出……

法律接着规定了18个等级，收入从10,000英镑到150英镑不等。每个等级的人都要“被视为享有源自（arising）上述对象或其中一些对象产生的年收入”，这些对象是早期法律中列出的各种行业或其他活动。“源自”一词的使用很有趣，特别是因为它是在活动而不是地点的背景下使用的。法律规定对“自由有色人种”征收33先令 377
的剩余人头税。法律第13条继续规定了合伙关系，但在这里，措辞变得更加具体：

---

[45] 《一项为支付公共债务和费用而征税，并特别适用该法案的法案》（1793年3月15日）（圣文森特），以及《一项为支付公共债务和费用而征税，并特别适用该法案的法案》（1793年9月11日）（圣文森特）；CO 262/6，第42页和第83页。

> 所有以合伙方式经营任何类型的贸易或业务的人，均须在其经营该等贸易或业务的商号下共同评估此类贸易或业务，而不是单独评估其份额。

与早期的法律一样，第14条继续说明如何对评估员征税。这18个等级为各等级门槛内的所有人分配了一笔固定单一的收入额。然后，在第15条中，按照以下条款对这些特定金额适用单一比例：

> 并由上述当局进一步规定，凡属于不同等级并缴纳人头税的人，应按其年总收入缴纳2%的人头税，如果人头税不等于该人为不生产糖、棉、咖啡、可可、靛蓝、烟草或不受雇于供应园的奴隶支付的金额，则应以每人5先令的标准征收和缴纳，以代替上述人头税。

因此，虽然第15条给出了简单的按比例征收所得税的表象，但这是一种误导，该税种仍然是一种分类人头税，因为所有在某一特定等级内评估的人都被认为具有相同的收入。

在1793年的征税之后，圣文森特在1797年又进行了大规模征税，这似乎是为了支付1793年至1796年的费用。[46] 征税税目与1793年的基本相同（没有酒牌和台球桌税）。[47] 但是，出租奴隶所赚

---

〔46〕《一项为支付公共债务和费用而征税，并特别适用的法案》（1797年2月28日）（圣文森特）；CO 262/7，第59页。

〔47〕这些法案被移至《一项要求朗姆酒和其他烈性酒的零售商取得许可证，并对公共台球桌征税的法案》（1797年12月8日）（圣文森特）；CO 262/7，第90页。

取的金额要征税。[48] 人头税的形式与 1793 年相似。[49] 圣文森特还继续实施其 1767 年的《缺额法》。 378

多米尼克继续征收奴隶税,但 1797 年有一项一般税法,其在许多方面与 1786 年的法律不同(参见原著第 354 ~ 355 页)。[50] 1797 年的法律从奴隶税开始,然后对"罗索镇每栋住宅、商店或经济公寓的年租金"征收 7.5% 的税。这里的措辞与圣基茨自 1722 年以来使

---

〔48〕 1793 年第 1 次征税时第 1 条要求纳税人"根据上述宣誓,提供真实、公正和准确的账目,说明其奴隶通过雇佣工人或出售从其自有或其他土地上筹集或生产的任何物品或商品而赚取、收取或预期收取的一笔或多笔款项,并应在收到款项后向财务主管付款。其应纳税产品的税率为 25%,与之前指示的税率相同,也适用于通过上述方式赚取或收到或预期收到的所有款项……"

〔49〕 考虑到该法律与英国的三部联合评估税法和第一所得税法相近,引用 1797 年圣文森特法律的一些相关规定是恰当的:

> 第 3 条　白人和自由人……使用或参与任何就业、商业、商务、职位、职业或盈利交易,或从事任何年总收入为 150 英镑或以上的贸易、呼叫业务或职业……应根据本法指定的评估员对其进行评级的类别支付人头税……向警察发出他们的保证书,要求所有这些人在某一天和他们在他们的保证书中提到的地方出现在他们面前,以宣誓反对这些评估员评估的金额(如果他们有),如果他们没有出现在这样的时间和地点,对他们评估的金额将是决定性的……
>
> 第 4 条　任命了评估员,并纳入了一个有些混乱的管辖权规则。该条款"指定评估员的目的是确定(根据他们的判断和良心)在所述区域内的几个城镇和教区内使用或参与任何就业、商业、职位、职业或盈利交易,或从事或参与任何商业呼叫业务或职业内的一些人属于何种类别岛屿……"
>
> 第 7 条　纳入了十八个类别,从 10,000 英镑到 150 英镑不等,对自由有色人种征收 3 英镑 6 先令的税。如上所述,1793 年法律中对合伙人作出了通常的但书。
>
> 第 9 条　"所有属于不同类别并缴纳人头税的人,应缴纳 1793 年、1794 年、1795 年和 1796 年的年总收入的 2%",但附带条件是奴隶税越多,则应缴纳的金额越高。

〔50〕《一项筹集基金以偿还殖民地公共债务,以向殖民地公民政府提供光荣支持,并为该基金拨款的法案》(1797 年 10 月 4 日)(多米尼克);CO 73/10,第 122 页。

用的措辞接近。该法第 3 条是 18 世纪 80 年代使用的分类人头税的缩写版本，它首先要求所有律师、医务人员、商人和拍卖商支付 25 英镑的固定金额；接着，它又规定：

> 对所有领取 300 英镑或以上工资的人征收 9 英镑 18 先令的税款；对所有领取 200 英镑和 300 英镑以下工资的
> 379 人征收 6 英镑 12 先令的税款；对所有商人和店主征收 6 英镑 12 先令的税款……

法律规定开始征收一些间接税。

多巴哥在七年战争结束时被英国人占领，在美国独立战争期间被输给了法国人，并且它是英国在 1793 年法国大革命战争期间获得的第一个西印度岛屿。通常来说，新获得领土的早期法律之一是延续法国统治时的税制。[51] 1794 年年底，多巴哥颁布了一项一般税法，[52]这是一项典型的西印度群岛税法，涉及许多与格林纳达和圣文森特法律相似的特点（不含人头税）。多巴哥的法律包括对当地产品的间接征税，对不属于种植园的奴隶征税，对奴隶在所属庄园以外的庄园工作的收入征收 5% 的税，对台球桌、酒馆征税，对"本岛若干城镇的房屋、商店和其他建筑物的年租金价值"征收 2.5% 的税（种

---

〔51〕《一项旨在恢复和实施该岛已失效殖民地议会的法案或假冒法案，授权有权确定和固定殖民地到期债务的数额，并筹集支付债务所需的资金的法案》（1794 年 3 月 20 日）（多巴哥）；CO 287/2，第 29 页。

〔52〕《一项为偿还殖民地公共债务而筹集一笔款项，并为此目的拨出目前在财政大臣手中的某些款项以及他可能掌握的任何其他款项的法案》（1794 年 12 月 24 日）（多巴哥）；CO 287/2，第 48 页。

植园建筑除外）。

1795 年，多巴哥征收简单的奴隶税，以资助平息内部叛乱的费用。[53] 同年晚些时候，它又在 1794 年征税的基础上征收了另一种税，但没有对酒馆或台球桌征税，在 1796 年和 1797 年，多巴哥又征收了类似的税。[54] 1797 年，多巴哥实施了一项为期 3 年的《缺额法》。[55]

3. 塞拉利昂和南非 380

通常情况下，塞拉利昂殖民地最初由一位总督和委员会管理，关于该委员会的记录可追溯到 1792 年。这些记录显示，1793 年至 1797 年塞拉利昂没有正式征税。[56] 然而，英国在当地任命了各种百人长（hundredors）和保安官（tythingmen），他们的决议往往提交给总督和委员会，并被批准为法律。1795 年 10 月 10 日的一项决议于 1795 年 10 月 12 日由委员会通过，其中要求：

> 在上述塞拉利昂领土内的所有男性定居者……应在一年中从事六天的工作，以清理和维护上述领土内的街道和道路；任何可被如此传唤的人忽略或拒绝遵从道路督察的

---

〔53〕《一项筹集资金用于支付在努力保护殖民地免受内部敌人侵害中已经发生的费用……的法案》（1795 年 5 月 12 日）（多巴哥）；以及《一项筹集资金以支付已经发生的和可能为保护该岛的安全而发生的费用的法案》（1795 年 6 月 20 日）（多巴哥）；CO 287/2，第 86 页和第 99 页。

〔54〕《一项为支付本岛公共债务和为殖民地服务而可能产生的费用以及为此目的拨付以前货币票据到期的某些款项的法案》（1795 年 8 月 17 日）（多巴哥）；CO 287/2，第 104 页。关于进一步的征税，见 CO 287/2，第 119 页和第 129 页。

〔55〕《一项鼓励在该岛进一步引入白人居民的法案》（1797 年 8 月 11 日）（多巴哥）；CO 287/2，第 141 页。

〔56〕 1794 年，该殖民地被一支法国军队洗劫；Coupland，1940，p. 211。

传唤……违反上述规定将被罚款1美元……[57]

当时也有销售烈酒的许可证，免役税也被征收。[58]

如前所述，英国于1795年从荷兰人手中夺取了南非的开普敦殖民地。在占领该殖民地后，英国人照例延续了荷兰的税收制度。1795年10月的一项公告规定，"目前任何税款或捐款的支付，必须在与先前相同的基础上继续进行"[59]。如原著第448页详细所述，这时的开普敦殖民地的税收包括各种间接税，支付给荷兰东印度公司的某些土地租金和什一税，以及用于地方目的的人头税。

二、在所得税的早期发展中

英国不是《坎波福尔米奥条约》的签约国，该协议使法国可以自由地将注意力集中在英国身上。1798年，拿破仑毫不费力地入侵埃及，但他的舰队在尼罗河战役中被纳尔逊（Nelson）率领的英国海军
381 击溃。随着对瑞士和罗马的入侵，法国在陆地上的胜利持续了一年。同年，第二次反法联盟成立，包括英国、奥地利和俄国。1799年，由俄国领导的新联盟在意大利击败了法国，取得了一些胜利，但英国在荷兰的胜利较少。1799年，随着法国的政治和军事危机，拿破仑夺

---

〔57〕 CO 270/3，第126~127页。

〔58〕 例如，"1796年6月30日理事会决议"；CO 270/4，第32页。

〔59〕 1795年10月7日的公告；Cape Colony, 1897-1905, Vol. 1, p. 179。几天后任命了税务官员；"1795年10月10日佛得角殖民地公告"，1897-1905, Vol. 1, p. 184。

取了法国的控制权,但是俄国退出了联盟。1800 年,法国再次击败奥地利,奥地利在 1801 年求和,英国则继续征战,并与奥斯曼人一起将法国人赶出埃及。1802 年,英法两国实现了和平。根据《亚眠条约》,英国承认法国在荷兰、瑞士、意大利和莱茵河沿岸的控制权。

本节分为四个部分。前两部分涵盖了从 1798 年到《亚眠条约》,再到 1803 年英国与法国恢复敌对状态期间英国直接税的主要发展。第一部分论述 1798 年的"三部联合评估"及其剩余所得税法,第二部分论述了 1799 年所得税法的结构和内容。第三部分介绍了同一时期西印度群岛和加拿大殖民地的直接税发展。第四部分简要介绍了这一时期美国直接税的发展,特别是 1798 年联邦直接税的引入。

(一)前奏:三部联合评估税法

1797 年年底,英国在对法战争中孤立无援,战争开支高,库存低,时任财政大臣的皮特需要进一步征税,以确保进一步借贷,而最有可能的目标是财产,至少有一部分公众意识到了这种需求。皮特的文件[60]中包含了许多关于开征新税的建议,最常见的是以给他写信的形式。在他担任财政大臣期间,情况一直如此,但在 18 世纪 90 年代中后期,这些建议纷至沓来。这些建议不应被忽视,因为它们是各种税收立法措施的最终来源。有一些明显的例子表明,其中一些 382
建议与最终被写入法典的法律是一致的,例如贸易许可证和各种增加的评估税,在皮特的文件"财政相关计划"档案中似乎尤其

〔60〕"公共记录办公室档案系列 30/8"。

如此。[61]

有关这些计划产生的可能程序是，皮特或（更有可能的是）财政部或税务委员会官员收到并审议了一份提案，如果该提案被认为值得进一步考虑，似乎就会由（很可能是）官员发展成更精确的方案或计划。情况似乎是这样的，因为在这些文件中，在不同的地方，有各种不同的税收计划，它们以相同的格式出现，并且往往是相同的笔迹。虽然这些文件通常没有注明日期，未签名且没有信笺抬头，但这些文件的一致性、它们的用途以及它们通常促使某些实际法律产生的事实表明，它们是官方文件。文件的格式是一个垂直分成两部分的页面，页面右侧是手写的提议，字迹整洁清晰（官方）；页面左侧是空白的，似乎是留给文件的收件人进行标记和评论的。左边的评论（通常很少见）总是以不同的特别是潦草的笔迹书写，但大多数情况下，这些评论被纳入方案或计划的进一步草案以及最终的立法。评论和标记可能是皮特本人的，但也有可能是某位高级官员的。[62]

在皮特的"财政相关计划"档案中，有一份1796年2月15日的提案，[63]作者难以辨认，但似乎是博比奇（Burbidge）先生的。[64] 该提案实际上是关于分类税的，其累进税率取决于一个人每年的价值，每个等级的应纳税额并不固定，但统一表示为每英镑应缴纳的先令数（该提案没有使用"收入"一词），税收共有八个等级，税率从每镑6

---

〔61〕 PRO 30/8/272 - 274.

〔62〕 对于适当的专家来说，这应该是一个相对容易确定的问题。

〔63〕 "供部长阅读的税收计划"；PRO 30/8/272，第267页。

〔64〕 有趣的是，如果博比奇的提议值得一提，他会寻求一个公职（可以转让给他的儿子）。

便士到每镑 5 先令（对每年拥有超过 3000 英镑的人）不等。至少在概念上，该提案与法国人头税之间存在联系，但更明显的是与格林纳达、多米尼加、圣基茨，尤其是圣文森特等西印度群岛的人头税存在联系。〔65〕 博比奇的提案假定约有 600 万名纳税人，税收的最终收益 383
超过 1200 万英镑，这使这一提案不容易被忽视，并且这一预测处于三部联合评估和拿破仑战争期间所得税的预期和最终收益的中间范围。关于评估，博比奇建议：

> 根据银行账簿或土地税账簿对财产进行评估，可以很容易地确定个人拥有财产的最大数额，而这个数额可以由征收土地税的人收集……〔66〕

所得税与土地税的联系可能是显而易见的，但考虑到其最终形式，其意义也不小。

有可能，但不能确定的是，该提案对 1797 年后期的事件产生了影响。博比奇的提案出现在皮特的"财政相关计划"的前一卷中，该卷包含了最终成为三部联合评估税法的官方提案，〔67〕这份官方文件属于文件倒数第二段中描述的类型。该文件未命名，未签署，但日期为 1797 年 10 月 11 日。该文件可能是皮特在议会中发表的一些意见的来源，但似乎不太可能是他的直接作品。该提案一开始就考虑

---

〔65〕 在这个阶段，没有作出任何认真的努力来追踪博比奇先生以及提案与法国或西印度群岛的任何联系。

〔66〕 PRO 30/8/272，第 272 页。

〔67〕 PRO 30/8/273，第 26 页。这些文件比最初看起来更接近事实。但博比奇的提议接近第 272 卷的末尾，而官方提议接近第 273 卷。

征收财产税，但指出：

> 对这种贡献最大的实际反对意见是，如果不进行一定程度的调查，就不可能确定财产，但这通常是令人不快的，而且可能（特别是在针对贸易人员的情况下）经常导致严重的争议，并且由于他们的账户复杂，所以很难执行。[68]

该提案继续考虑“通过实施与评估成比例的税率，征收相当于目前所有评估税金额三倍的税款”[69]。该提案的预期收益为 800 万英镑。

因此，在 1797 年年底的绝望财政状况下，根据这一提议，皮特引入了他著名的三部联合评估税提案，并于 1798 年年初成为法律。[70]
384 通过参考上一年的评估税核定金额，即上一年的税基，皮特对 1797 年评估金额的三倍到五倍征收了评估税。就当时的目的而言，这项法律很重要的一个方面是，对任何特定纳税人的征税都是参照纳税人的“年收入”来限制的，收入超过 200 英镑的税率为 10%，收入低于 60 英镑的则免税。如果纳税人试图利用这一限制，他们需要提供一份收入申报单。[71]

三部联合评估税法有 46 页，其比当时的土地税法要长，后者有 35 页。该法律中所得税方面的复杂性需要一些分析，这将分三个部

---

〔68〕 PRO 30/8/273，第 27 页。

〔69〕 PRO 30/8/273，第 32 页。

〔70〕《一项授予国王陛下为继续战争提供补助金和捐款的法案》（乔治三世 38 年，第 16 章）（1798 年）（英国）。

〔71〕 乔治三世 38 年，第 16 章，第 64 节。也见 Dowell，1965，Vol. 3，p. 87。

分进行：一是分析剩余所得税的概念和意图；二是分析剩余所得税的形式和内容；三是参照剩余所得税对本书导论中提出的四个基本问题进行探讨。

1. 剩余所得税的概念和意图

皮特试图通过三部联合评估税来达到什么目的已经毋庸置疑，这在他 1797 年年底在议会中的发言中得到了明确。通过补充和增加，他试图将评估税作为一种财产税。

> 如果作出不寻常和剧烈的努力是正确的，那么这些努力应该被限制在合理的范围内。当时的主要问题是，哪种模式最好？以尽可能确定与财产和收入的实际金额相近的缴纳比例。[72]

10 天后他继续说：

> 如果可以确定每个人的财产数额，那么让人们按照他们自己的财富比例为公共紧急情况作出贡献将是一件最可取的做法。[73]

尽管有这个目标，但皮特认为，在这个阶段，询问一个人的实际财产数额并不合适。

---

〔72〕 Cobbett, 1812 - 1820, Vol. 33, Col. 1074 指的是皮特 1797 年 12 月 4 日的演讲。

〔73〕 Cobbett, 1812 - 1820, Vol. 33, Col. 1137 指的是皮特 1797 年 12 月 14 日的演讲。也见 Hope Jones, 1939, p. 13 - 14。

385 如果他们能够找到对财产进行平等征税的方法，而无须强制进行不当披露，那将是一个最理想的目标；但是，由于这样做不可能不遭到比目前计划更强烈的反对，因此有必要找到一些明显的标准。〔74〕

这与原著第383页讨论的皮特文件中的提案草案的联系是很清楚的。

皮特试图通过评估税对财产或财富征税，这是相当直截了当的。一个更困难的问题是，为什么在三倍评估税下，评估的税款要根据收入来限制。尽管同时提到了“财产”和“收入”（见上文引述），但在1797年年底的议会辩论中，皮特并没有在不同方面对它们作出非常明确的区分，原著第383页讨论的官方提案也是如此。那么，财产或财富与收入之间的联系是什么呢？皮特在1798年年末收到的关于所得税的提案可能会提供对这两个术语同时混乱使用的见解：

因此，收入仅仅是一个人每年获得的东西，而不考虑他的支出费用；相反，财产是指扣除这些支出费用后一个人的价值——从这个意义上讲，财产可以更恰当地被称为资本。〔75〕

---

〔74〕 Cobbett, 1812－1820, Vol. 33, Col. 1139 指的是皮特1797年12月14日的演讲。

〔75〕《对收入征税的计划》（1798年11月29日）；PRO 30/8/273，第169页。作者是吉克林（N. Jickling）先生，根据大英图书馆的目录，他似乎后来参与了一本关于海关的出版物。他在该计划第170页继续建议，对财产和收入征税是让每个人根据他的能力作出缴纳；因此，它是最明显和最公平的征税模式。因此，我们发现它在早期非常实用；人口普查、按人头计算、补助金、十五一税等显然是这种性质的征税。

如果这是对当时“财产”和“收入”通俗理解的准确评价，它可能有助于解释皮特对这些术语的使用。在某些情况下，三部联合评估税的规则确实试图评估总金额，在其他情况下则是净额。然而，更传统的是，财产和收入之间的概念联系相对简单，财产的价值通常通过其可获得的回报来体现。在英国历史的背景下，这尤其明显，土地的估价通常参考其年产量或租金，而不是参考其销售价值。如原著第 386
29 页所述，历史上土地不容易出售，因此土地没有真正的市场价值。从中世纪开始，土地的年价值或年度价值经常被用作计税基础。

财产税和所得税之间的主要区别在于，后者对人力资本（或至少是从这方面获得的回报）征税，而前者不征税（或至少不直接征税）。在这一点上，皮特面临着自 14 世纪 70 年代和 80 年代以来人头税一直困扰着英国税收制度的两难境地。英国人从未欣然接受人头税，甚至在人头税根据财富分级时也是如此。与此类似，英国人从未欣然接受对劳动收入征税。工资（来自公职的工资除外）很少在补助金项下征税（见结论中的清单）。事实上，从历史上看，英国人从未真正接受过土地税之外的直接税。英国对动产征税的尝试虽然频繁，有时也很成功，但最终不可避免地失败了，这不同程度地发生在十五一税和什一税、都铎王朝的补助金、土地税和济贫税上。

但在 18 世纪，情况发生了很大变化。17 世纪 90 年代英格兰银行的成立所引发的金融革命、政府税收借款的担保以及以可转让小额债券（政府年金）形式发行的借款以及现成市场的建立改变了英国金融体系的面貌。[76] 用于贸易的财富越来越多，以股票、贷款和政

---

〔76〕 Edwards，2000 年之 a，p. 345 指出，19 世纪 30 年代之前，伦敦证券交易所主要经营政府股票。

府股票等无形资产为代表的个人财产也越来越多。[77]

与此同时,对贸易的重视和扩张意味着贸易和利润丰厚的职业创造了越来越多的财富。在18世纪的大部分时间里,英国一直回避对这一发展中的财富来源直接征税,因为担心会阻碍它的发展。福克斯(Fox)(一个清楚地意识到财产税和所得税之间的区别的人)在关于《三部联合评估税法案》的辩论中充分表达了这种观点。福克斯举了一个例子,一个人在一笔交易上投资了10,000英镑,另一个人
387 在抵押贷款上投资了10,000英镑。毫不意外,福克斯假定交易者将获得两倍于抵押权人的回报,这一差额代表风险溢价和交易者从人力资本中获得的回报。因此,福克斯推测交易者将支付两倍于抵押权人的税款。

造成这种差异的原因是什么？他们在财产方面是平等的,但是,当把收入作为征税的基础时,对勤勉、活动和工业生产所施加的压力是对那些选择仰赖其资本产出的人的两倍。[78]

这和其他意见一样都没使皮特感到不安。皮特认为,这项措施无论如何都没有适当地对收入征税,"这种税只适用于支出中的收入"。因此,"目前的方案本质上是不完美的"。皮特只是接受对贸易和职业征税,这确保人们作出了适当的缴纳。[79] 似乎英国在法国大革命战争期间的海军霸权以及在这个困难时期贸易的增长减轻了英国对贸易和人力资本征税的任何剩余担忧。无论如何,英国的财

〔77〕 这反映在持有股票的信托公司的崛起上。Baker, 2002, p. 311,本章注释78的演讲中说"在18世纪,股票信托和其他基金信托很常见"。

〔78〕 Cobbett, 1812 – 1820, Vol. 33, Col. 1115 指1797年12月14日福克斯的演讲。

〔79〕 Cobbett, 1812 – 1820, Vol. 33, Col. 1137 – 1138 指1797年12月14日皮特的演讲。

政状况很糟糕，它需要从这个在经济中占比越来越大的领域中获得缴纳，开发这一领域将为进一步的政府借款提供保障。

从实践的角度来看，对动产征税一直很困难，尤其是与土地相比。动产有一个“移动”的坏习惯，其可能会被破坏或创造，这需要定期评估。评估税实际上只是剔除了一些常见的动产类型来征税，其没有也不能涵盖所有类型的动产。如前所述，对劳动力征税在政治上是敏感的，尽管正常的工资显然不会涉及任何重大的实际征税困难，特别是通过源泉扣缴机制，这种机制早在 1512 年的补助金时就适用于工资了（见原著第 57 页）。然而，在不同程度上代表劳动力和资本合并的贸易或商业，涉及严重的估值问题和严重的征税实际问题。

大多数贸易或商业涉及动产的使用，而且往往涉及土地。土地 388
可以通过其产出来估价，但很难以同样的方式对动产进行估价。动产可以通过其资本金额来估价，但是如何评估与资本使用混合在一起的劳动力呢？不可能通过参考资本金额来准确评估它，人力资本通常不可出售。分类人头税从来都不受欢迎，因为它们缺乏可接受的主观性。唯一可以接受的评估劳动价值的方法是参考劳动的回报，这意味着量化收入。

这就是美洲殖民地征收“才能税”的经验。最初，这些税收可能是基于一种分类人头税的，但随着时间的推移，它们越来越多地涉及收入。此外，这些“才能税”经常与财产的资本价值税混在一起。在 1796 年关于美国直接税的报告中，沃尔科特将能力税描述为：

> 第四，对某些职业产生的利润征税。
>
> 该税目包括在某些州对律师、医生和其他职业，对商

人、贸易商和机械师，以及对磨坊、熔炉和其他制造厂征收的各种税款。在一些州，这些税收试图与个人的收益和利润成比例，在这种情况下，它们既是任意的又是不平等的；在其他州，这些税收是统一的，在这种情况下，它们只是不平等的。[80]

皮特三部联合评估法案下的剩余所得税制度似乎也没有要对普通劳动或职业征税。但是“能力税”，就像他们补充的税收一样，从来都不能代表对收入的准确评估。正如塞利格曼所说的：

这种能力税……不是对个人的总收入征收的。它不是对实际利润征税，而是对假定利润征税。正如个人财产物品以固定估价列在清单上一样；就像土地按假定代表其资本化年产值的总额确定一样——因此，缴纳能力税的个人无须申报其收入，而是由制表人评估出固定的金额……能力税只不过是一种分类产品税，其中不同的职业和每个职业内的不同等级都被评估为固定的金额。[81]

389 然而，这些税收的目标很明确，他们希望对所有的财富来源和所有的创收活动征税。18世纪80年代和90年代西印度群岛的人头税也表

---

〔80〕 United States, 1796, p. 439.

〔81〕 Seligman, 1914, p. 383－384. 沃尔科特认为，这种税收不能被联邦政府采用：“据推测，这种性质的税收不能被视为宪法要求在各州之间分配的那种税收……不可能使它们完全平等；它们易于征收，它们的操作是间接的，并且它们能够被完全确定，这些都是对它们有利的建议。”United States, 1796, p. 439.

明了这种倾向。在殖民地，对劳动力和贸易征税的努力比英国更加坚定和一致。随着 18 世纪的逝去，殖民地对贸易的征税变得越来越复杂和特殊。随着贸易的增长及其相对重要性的提升，迟早会出现一种协调一致的努力，对贸易利润征税，并以可接受的准确性进行。皮特面临的问题是，尤其是在贸易方面，收入是否能够以可接受的准确性计量。在贸易背景下，这个问题的答案必然与会计实务的发展有关。

所有这些问题对皮特来说都是熟知的，其中许多问题在斯密的《国富论》中得到了强调。〔82〕 斯密的作品一直是皮特〔83〕以及在皮特之前任职的人，例如诺斯勋爵，〔84〕以及和他同期的一些议员的参考资料。〔85〕 斯密认为，劳动力、资本（动产）和土地是“三大原始收入来源”，税收必须直接或间接地建立在它们之上。〔86〕 接着，斯密将税收分为四种类型，依据是它们针对的是哪种原始来源（前三种），或者它们是否“无差别地针对所有来源”。〔87〕

斯密认为，包罗万象的税收可归结为两种类型：“人头税和消费品税。”〔88〕皮特似乎认为评估税属于后一种类型，而所得税可被视为 390
前一种类型。斯密曾警告说，为了使其足够准确和确定，所得税需要

---

〔82〕 斯密卒于 1790 年 7 月 17 日。

〔83〕《斯密的传记》（1776 年，第 6 页）指出，“当作者走进皮特与其他内阁成员坐在一起的房间时，据报道，皮特说，‘我们都是你们的学者’……”事实上，皮特在 1798 年 12 月 3 日关于 1799 年所得税的预算演讲中引用了斯密的话；Pitt, 1808, Vol. 2, p. 438。

〔84〕 Dowell, 1965, Vol. 2, p. 169 指出，诺斯特别求助于斯密在 1777 年和 1778 年制定税收措施的工作。

〔85〕 例如，W. 斯密 1798 年 12 月 14 日在下议院引用亚当·斯密的著作；Cobbett, 1812 – 1820, Vol. 34, Col. 96 – 98。

〔86〕 Smith, 1776, Vol. 1, Ch. 6, p. 26.

〔87〕 Smith, 1776, Vol. 5, Ch. 2, p. 405.

〔88〕 Smith, 1776, Vol. 5, Ch. 2, p. 428.

每年进行评估，这可能是难以接受的。[89] 这一警告在下议院关于三部联合评估税的辩论中被引用，但皮特没有作出明显的回应。[90] 斯密的评估基于威廉三世统治期间征收的人头税和法国人头税。斯密指出皮特（或他的税务官员）和阿丁顿（Addington）（他的继任者）可以从这些资料中找到所得税的先例。当然，皮特和他的官员们并不需要斯密的特别提醒，每年颁布的土地税法上都有提及。

2. 剩余所得税的形式和内容

《三部联合评估税法》所施加的附加费率将每年征收一次，直到价值 8, 000, 000 英镑的政府年金付清为止，即《三部联合评估税法》旨在为 8, 000, 000 英镑的政府债务提供资金。[91] 《三部联合评估税法》第 6 条规定了参照“年收入”对应付金额的限制，有趣的是，这个措辞与三部联合评估税提案中使用的“可支配净收入”（原著第 383 页讨论）有所不同。[92] 1696 年第一部《土地税法》中使用的措辞是职业税目有关的“年收入”。但再往下看，我们发现在 1785 年的多米尼加人头税中使用了“年收入”一词（见原著第 355 页）。事实上，这种人头税与三部联合评估税之间的相似之处远不止于此。1785 年的多米尼加人头税是一种由各种贸易商和专业人士支付的固定金额

[89] “人头税，如果试图将它们与每个缴纳者的财富或收入成比例，那就完全是武断的。一个人的财产状况每天都在变化，如果没有比任何税收都更不能容忍的调查，并且每年至少更新一次，只能猜测。因此，他的评估在大多数情况下必须取决于评估者的好恶幽默，因此必须完全是武断的和不确定的……”。Smith, 1776, Vol. 5, Ch. 2, p. 428.

[90] 斯密 1798 年 12 月 14 日在下议院的发言；Cobbett, 1812 – 1820, Vol. 34, Col. 96 – 98。

[91] 乔治三世 38 年，第 16 章，第 1 – 101 节。

[92] “如果他还应宣誓或以规定的形式声明，1797 年评估金额的三倍比率将超过其净可支配收入（据他所知和所信）的给定比例（假设 1/10），就本年度而言，他将获免除超过上述十分之一的额外征税……”PRO 30/8/273，第 44 页。

的分类税。但是，与三部联合评估税一样，人头税参照纳税人整体 391
“年收入”纳税也存在一定限制。

比较这些限制的相似性是有用的，《三部联合评估税法》（以简略形式）中的内容如下：

> 还规定……每个被征收附加费率的人，经证明，如下文所述，他或她的年收入金额，按下文规定进行估算，低于 60 英镑时，免除上述附加费率……

1785 年多米尼加人头税的限制如下：

> 但是，如果任何人在任何一位治安官面前宣誓其年收入不超过 90 英镑，他将免于缴纳上述 66 先令的税款……

与 1785 年的多米尼加人头税一样，根据三部联合评估税的规定，纳税人通过申报和宣誓可获得豁免。[93]

上述内容并不是说《三部联合评估税法》来自 1785 年的多米尼加人头税，而是要强调，根据收入对其他相当武断和潜在不平等的税收施加限制并不是新鲜事，即使在英国也是如此。“年收入”这个词的使用也不是特别新鲜，多米尼克在 18 世纪 80 年代的其他人头税中一直使用这些词。此外，格林纳达和圣文森特从 1778 年到 18 世纪 90 年代在他们的人头税中使用了“年收入”一词（再如 1696 年的

〔93〕 乔治三世 38 年，第 16 章，第 64 节。

第一部英国《土地税法》)。此外,根据三部联合评估税法第6条进行的收入范围内的减免与西印度群岛人头税(尽管它们可能产生不同的结果)和博比奇1796年的提案(见原著第382页)中使用的收入等级范围具有相似之处。

三部联合评估税法规定的收入免税或减税每年都会到期,因此,为了继续享受这一待遇,纳税人必须提交年度收入申报表。[94] 该法的一个附表规定了个人为申报目的而估算其收入的规则,这些规则
392 是由税务官员制定的。[95] 这些规则的第一部分包含9种情形,大体上,前7种情形专门针对土地收入,第8种针对商业收入,第9种针对财产收入。因此,这些情形与斯密的原始收入来源并不相符。此附表的第二部分纳入了扣除规则,因此,很明显,在某种意义上,“收入”是一个净概念。

但是这些规则(如下所述)不是很明确。在下议院,皮特明确表示,该申报“不是关于收入的确切数额,这可能是一个轻率和危险的要求,而是关于他的收入不足的申报”[96]。同样,皮特的声明可以与上述原著第383页讨论的提案的措辞进行比较:

> 根据这些规定,任何人似乎确实有权因情况变化而获得减免,并且随后获得该项扣减,不披露其收入的确切数额而只披露其收入不超过的限额即可获得减免……[97]

---

〔94〕 乔治三世38年,第16章,第85节。

〔95〕 Hope Jones, 1939, p. 21.

〔96〕 Cobbett, 1812 – 1820, Vol. 33, Col. 1071 指的是皮特1797年12月4日的演讲。

〔97〕 PRO 30/8/273,第45页。

这在很大程度上可以算是一种推定税，这一点从被任命监督申报的专员的性质中得到强化。对于每个纳税人来说，他们都是当地教区居民，“从当地情况来看，他们可能最了解前来申报的人的真实状况”[98]。因此，专员们几乎没有被赋予调查权，《三部联合评估税法》和以其为基础的 1799 年《所得税法》的失败在很大程度上可归因于这种不准确性和权力的匮乏（见原著第 418 页）。

（1）土地收入：前七种情形

前三种情形专门用于评估土地所有者。第一种情形涉及自用土地，该土地将“根据其所知所信的真实年度价值”进行评估。当然，这涵盖的是名义收入而不是实际收入。

但是，正如已经多次解释的那样，这种年度价值的概念深深植根 393
于英国的直接税制中。“年价值”是自封建时代以来对土地进行估价的历史方式，自 1404 年以来，土地的“年价值”在直接税法律中被明确使用（见原著第 46 页）。[99] 此时，“年价值”的概念仍被纳入土地税中。[100] 皮特对财产或财富（而不是财富的创造或增加）征税的意图最明显地体现在剩余收入这部分。在任何情况下，收入都不能低于它的租金，不是一年，而是 18 个月。这个特殊的规则似乎只能在立法者假设这种类型的收入会被低估的基础上才能解释。第二种情

---

〔98〕 Cobbett，1812 – 1820，Vol. 33，Col. 1073 指的是皮特 1797 年 12 月 4 日的演讲。

〔99〕 毫无疑问，这种估价规则与佃农的普遍存在有关。对比此时美国的情况，沃尔科特在 1796 年的报告中指出，“在土地通常由承租人出租和耕种的国家，年租金提供了一定的价值标准；但在这个国家，土地通常在异地使用权下持有和耕种，通常出售土地的金额可以提供一个更正确的标准”。United States，1796，p. 439. 此时，英国的大部分土地被捆绑在家庭聚居区，因此不易出售（见原著第 131 页）。

〔100〕 例如，通过《一项在英国征收土地税向国王提供补助金，用于支付 1798 年的服务费的法案》（乔治三世 38 年，第 5 章）（1798 年）（英国）第 5 节。

形涉及租用的土地，将参照“高额租金”(rack rent)(几乎相当于土地年值的高额租金——译者注)进行评估。

第三种情形是“源自土地的偶然和不确定的利润”，它是“根据所有人的最佳判断和信念，依照公平的平均数，以相当于一年收益的金额进行估算”的。关于这一情形，有几个要点值得注意。在利润方面使用“源自”一词也不是什么新鲜事，早在1711年，殖民地的直接税法(如果不是英国法律)中就已经使用了这个词，1793年的圣文森特分类人头税中也对一般收入使用了这个词(见原著第376页)。[101]使用“估算”一词表明会有一些不太精确的评估，而“依照公平的平均数”强化了这一点。“收益”一词的使用也很有趣，与第一种情形
394 下的名义收入基础相比，它直接表明了一个与名义标准相反的发生标准(下文将在营业收入的背景下进一步讨论发生的问题)。“收益”是一个能够在一定程度上准确确定的术语，所以问题是为什么它与“估算”和“平均”一起使用？虽然不能肯定地指出，但一种解释是排除不属于“年收入”概念的收益。因此，其目的可能是排除资本收益。

第四种和第五种情形涵盖了土地租户，对他们的评估是对土地所有者的补充。在这里，承租人(通常是农民)将按已付租金的75%进行评估(如果房屋是为支付罚款出租，则为市场价值租金)，或者，如果租金为每年100英镑或以上，则按全额租金进行评估。这必然

[101] 例如，1711年安提瓜岛的征税(原著第220页讨论)，该税对“来自……商业或贸易……利润”征税。同样，一些美洲殖民地在其直接税法中使用“源自”，特别是在贸易利润方面；1754年的南卡罗来纳州税(原著第331页讨论)、1779年的特拉华州税和1785年的宾夕法尼亚州税(均在原著第256～257页讨论)。

是一个武断的数字，代表的是支出而不是收入，但对于许多受教育程度低的佃农来说，这是一种实际需要。这种方法似乎相当新颖，最接近的先例似乎是 1696 年“土地税”下对牲畜征收的费用（见原著第 189 页），但在这种情况下，税基是牲畜资本价值的一个百分比。

第六种和第七种情况涉及房屋占有。在出租房屋的情况下，所有人的收入被视为“扣除前十年用于维修的平均费用”后的年租金。有趣的是，这项特殊扣除并没有与其他扣除一起被列入《三部联合评估税法》的第二部分。此外，该扣除是基于“花费”的金钱，因此再次明确了发生的基础。维修费应按 10 年平均计算，这表明起草人不希望因评估前几年累计折旧而发生的当年费用侵蚀税基。自住房屋按不含维修的市场租金进行评估。

前面已经提到这些土地征收税目和土地税之间的相似性，但是，延伸到租用土地所有者的机制与土地税下使用的机制不同。根据土地税，租户必须缴纳税款，然后有权从支付给出租人的租金中扣除。反过来，出租人被授权从支付的土地产权负担（“农场租金或其他年租金或付款”）中扣除一定比例的税款。[102] 相比之下，根据《三部联合评估税法》，此类费用有扣除额，因此没有从源头征收税款。

（2）营业收入：第八种情况 395

《三部联合评估税法》附表第一部分的第八种情形涉及“源自行业、贸易或职业中的收入”。上文已提到在第三种情形下“源自”一词的使用，在第八种情形下：

---

〔102〕 例如，乔治三世 38 年，第 5 章，第 17 节和第 5 节。永租农场（Fee farm）是一种收取租金的土地持有方式；Baker，2002，p. 300。

> 该人的收入应按不少于其在该年度内获得或收到的利润或收益的全部金额征收……以及该人可能或应当在该年度内支出的费用，或在被评估的人选择时，其金额不少于其前三年内利润或收益一年的公平公正的平均金额……以及该等人士在上述三年内可能或应当花费的费用。

对行业、贸易和职业征税可以追溯到1696年的第一个“土地税”。根据该法律，某些官员、商人和所有专业人员均按其“收入或利润”纳税。相比之下，批发和转售贸易商根据其存货价值征收费用，因此三部联合评估税代表了一种发展。“职业”一词在英国或其殖民地的直接税法中并不经常使用，它似乎是在职业的意义上使用的，但不太可能涵盖正常就业。

与第三种情形不同，第八种情形不允许对利润和获利进行“估算”，并提出了一定程度的确定性。“利润或收益”一词的使用似乎必然意味着扣除后的金额，《三部联合评估税法》的第二部分似乎证实了这一点，因为它只处理通常被视为“个人”支出的部分（见下文）。如果没有监管，可用的扣除似乎是被“利润或获利”一词公平承认的，这直接引发了会计实务问题。

会计实务已在原著第127～135页概述的基础上有所发展，但并不显著。到18世纪后期，法定贸易公司开始爆炸式增长，特别是通过运河公司的特许经营。在19世纪上半叶，铁路和公用事业也紧随
396 其后。[103] 但这些发展并未涉及任何正式的会计监管。直到1868

〔103〕 Edwards，2000年之a，p. 345。

年，《铁路条例法》（英国）才为某些公司规定了强制性账簿，这也是对“双重账簿制度”的首次法定承认，即要求对资本和收入的支出和收益进行单独报表的制度。18 世纪末，会计实践仍然不要求严格区分收入与资本。[104]

也就是说，到 18 世纪末，越来越多的贸易商会采用复式记账法，特别是公司会关注“资本—收益”的区别。此外，到 18 世纪末，系统性折旧费用的使用越来越多。[105] 然而，绝大多数企业可能仍在使用不统一的单一会计方法，不区分收入和资本。[106] 从原著第 383 页可以看出，即使是三部联合评估税法的官方提案也认为，由于“他们账簿的复杂情况”，很难直接评估贸易。显然，人们认为，贸易账簿不会轻易给出对贸易财产和收入进行适当评估的答案。问题是，除了个人申报之外，还需要哪些记录，才能确保贸易商获得豁免或减税的好处。三部联合评估税没有规定必须保留特定的记录，但要求纳税人根据三部联合评估税法的规则“估算”其收入。

18 世纪末，会计中越来越多地使用资本—收益区分，这被反映在斯密的著作中，并可能受其影响。斯密将存货（原始收入的第二来 397
源）划分为用于消费的存货和用于产生收入的存货。斯密称后者为“资本”（动产），并将其分为两种类型。

---

〔104〕 见原著第 135 页的引述，来自 Yamey，1977，p. 22。

〔105〕 Edwards，2000 年之 b，p. 65 －66。

〔106〕 Flinn，1984，p. 314 －315 关于 1700 年至 1830 年矿业企业使用的会计核算的讨论。弗林（Flinn）指出账目缺乏统一性，以及这些企业平衡账目时的不规则性，他继续谈到利润表：“记入总成本的要素有些武断。未能始终将资本与流动成本区分开来，通常忽略任何折旧准备金，或股本相反的贷款利息，这意味着很难找到精确计入资本成本的利润表。”

> 第一，商人的货物在他将它们出售以换取货币之前，不会给他带来任何收益或利润，而货币在再次换取货物之前，对他的收益也很少。他的资本不断地以一种形式离开他，又以另一种形式回到他那里，只有通过这种流通或连续交换，它才能给他带来利润。因此，这种资本可以非常恰当地称为流动资本。
>
> 第二，它可以用于改良土地，购买有用的机器和贸易工具，或用于类似的事情，以产生收益或利润，而不改变主人或进一步流通。因此，这种资本可以非常恰当地称为固定资本。[107]

斯密的评论揭示了一些重要观点，这些观点与资本—收益的区分和三部联合评估税法中的剩余所得税直接相关。首先，收益（流动）和资本（固定）资产之间的区别在今天仍然盛行，并增加了重点。[108] 其次，关于固定资本，斯密谈到了用于改善土地或购买动产的资金。固定资本是动产，而不是资金（看起来如此），是产生利润的资产。从这个意义上说，斯密似乎是“物质”资本而非“金融”资本的
398 倡导者。[109] 这一立场与英国历史上信托法和其他土地占有方式中

---

〔107〕 Smith，1776，Vol. 2，Ch. 1，p. 133.

〔108〕 Littleton，1966，p. 86 认为，“固定资产和流动资产之间的区别是一个仅与现代融资相关的解释性要素；资本和收益支出源于谨慎确定净利润的愿望；只有在保守主义成为公司财务的一种美德之后，才出现保留盈余”。

〔109〕 Lee，1994，p. 493 区分了“金融”和“实物”资本，并指出如果不在两者之间作出决定，就不可能衡量定期收入。他指出，有两种可供选择的资本维护方法——基于特定货币属性（如货币单位或购买力）定义的资本的维护（以下简称金融资本）或报告实体的实物资产结构的特定属性，例如其实物单位或运营能力（以下简称实物资本）。这个问题决定了实物资产是以其历史成本还是按现值记录在账目中。

常用的资本和收益之间的区别是一致的,斯密可能受到这种区别的影响。[110] 有人认为皮特也是。[111]

关于资本—收益区分的早期信托法规则,原著第 129 ~ 132 页进行了讨论,其中指出,资产,而不是现金,是典型的信托主体(固定资本)。但与会计规则一样,到 18 世纪末,信托法并没有纳入完整的甚至是连贯的资本—收益区分。自 17 世纪末以来,信托法也一直在缓慢地发展,处理资本—收益区分的信托法(和普通法)的主要领域仍然是损耗诉讼。到 18 世纪中叶,《股权案例选编》第二卷在"分摊"和"缴税与平均"部分还包含了一些案例,这些案例可以被视为对资本—收益区分不同方面的侧重,至少是以萌芽的形式。

1708 年,在 Hele v. Wynn 一案中,一笔款项将通过出售数年的土地(租约)来筹集。有人认为,这笔费用应由终身租户负担,而不是由剩余物所有人负担,即这是一项收入费用。还有一些案例是在确定终身财产后按时间分摊应收收益的。[112] 这与租金不可分摊的规则形成鲜明对比,因此,如果在终身保有财产后收到租金,全部租金

---

〔110〕 "似乎可以合理地假设,由于信托在公司会计发展之前很久就蓬勃发展,它们主要推动了收入和估值的概念:'资本'和'收益'在与已知的相互冲突的权利联系起来时变得生动起来。当信托工作的理论变得明确时,当时机成熟时,它会自动将其理论延伸到公司和所得税"。Baxter,1980,p. 70 – 71.

〔111〕 "在农业经济中,收入是在一段时间后从持续的、固定的来源产生的,比如农场,或者用威廉·皮特的比喻,树上的果实。只要农场或树木的有形资产幸存下来,收入就可以独立于其来源而使用。对于已定居的贵族庄园,区分了庄园的收入(可供终身承租人或受益人消费)和获得收入的土地的本金或资本(不可用于处置)。不动产资本价值的增加不能作为终身租户的收入,除非通过未来更大的收入流。这同样适用于婚姻和解等信托,它持有证券为女性提供收入。"Daunton,2001,p. 206.

〔112〕 例如,Edwards v. Lady Warwick (1723 年)22 ER 72。

将归属下一个权益，尽管事实上，部分租金与该权益归属前的时间有关。[113]

399 一个更有趣的案例是 Raymond v. Ventris，[114] 它没有直接将土地作为信托的标的物，因此更具问题性地提出了实物资本和金融资本的区别。立遗嘱人指示他的受托人将其个人财产用于购买根据遗嘱确定的土地。在进行适当的购买之前，这些资金可用于购买政府或其他证券，收益支付给终身租户，就像购买土地时的租金一样。受托人在南海公司购买了年金，这笔款项在终身租户去世后不久就支付了。终身租户的管理人要求对该付款进行分摊，法院基于该款项类似于收益而准予分摊。受托人还在终身租户去世之前出售了一些年金，在此基础上下一次定期付款的年金正在累积，从而抬高了销售价格。管理人声称，部分出售收入应分摊给终身租户，因为它代表的金额类似于收益。这是一个典型的例子，说明出售应计收入权是代表收入还是资本（更不用说出售未来应计收入权了）。法院拒绝分摊该笔款项，这一结论与实物资本相一致，而非金融资本。[115]

回到斯密的著作，斯密提到固定资本"产出"利润。"产出"一词的使用似乎与三部联合评估税中"源自"一词的使用类似。流动资本通过它的流通本身，即通过"交易"来产生利润。但是贸易商不会

---

〔113〕 例如，Jenner v. Morgan (1717 年) 22 ER 592，在该案中，衡平法在这方面遵循一般法律。

〔114〕 (1730 年) 22 ER 72。

〔115〕 其理由与其说是寻求分配的金额是资本，不如说是终身承租人有权获得用出售资金购买的任何土地的下一次租金，其中一部分可能在购买之前产生，并且终身承租人不应同时拥有这笔租金和年金下的部分金额。在类似的案例中，受托人在出售南海股票时发生了亏损，并认为该损失应由剩余的人承担，即资本损失；Chambers v. Chambers (1730 年) 22 ER 190。

“交易”固定资本。相反,固定资本通过使用产生利润,而无须任何交换。就三部联合评估税的目的而言,很明显“源自……贸易的收入”应是流动资本的流通以及持有或使用固定资本获得的利润。因出售或交换固定资本而产生的任何获利不被视为需要确认的利润或收益。

这也被其他观点认可。如下文所述,专门针对土地的情形不承 400
认对变现获利的征收。如果仅在交易的背景下收取此类获利,似乎是不正常的。此外,皮特的意图是获得财产。如上所述,对财产的年产出征税相当于拿走了财产本身。对处置财产的获利征税是对完全不同的东西征税。流动资产是个例外,它在更广泛的交易活动中失去了自己的身份,而流动资产本身被视为财产或收益的来源。此外,这是一项临时税,因此对仅在该法律有效期内发生的资本销售获利的波动征税将意味着拥有相同财富的两个人可能会被以截然不同的数额纳税。[116]

“年度收入”一词的使用也强化了这一点。确实,法官后来认为“年度”一词的使用含义不外乎是指“这一年”,[117]但这是否是初衷可能会受到质疑。三部联合评估税法规定每年征收一次税款,因此该法第 5 节中的使用可接受该解释。然而,“年度收入”一词在法律其他地方使用时,添加“年度”一词似乎是多余的,除非它具有一些额外的含义,例如排除资本而不是收益获利。三部联合评估税法第 85 条

---

〔116〕 Daunton,2001,p. 208 似乎也提出了类似的观点,他说“这些法案是基于所得税是暂时的假设,因此利润是在短期内而不是长期内评估的”。

〔117〕 “年度”利润的讨论是由罗拉特(Rowlatt J.)在 Ryall v. Hoare (1923 年) 2 KB 447 第 454 ~455 页中提出的,上议院在 Martin v. Lowry (1927 年) AC 312 和 Jones v. Leeming (1930 年) AC 415 第 422 页和第 427 页中再次确认。

要求个人每年更新其收入申报表，以减少根据评估税应缴纳的金额。此处仅提及相关年份的收入就足够了。但三部联合评估税法第 85 条提到“上诉人当时的年度收入金额”。同样，三部联合评估税法的附表的第三部分包含申报表，根据三部联合评估税法第 85 条，申报必须每年进行。同样，申报是对个人“年度收入”的确认，而不是特定年份的收入。

401 还可能有人认为，使用“年度”一词是为了与其在其他情形下的使用保持一致，例如，在第一种情形下是指“年度价值”（见上文）。在这种情形下，将“年度”一词解释为“这一年”是没有意义的，这可能会对土地的全部资本额征税。其意图似乎是指“每年”通过土地获得的预期金额或价值。这表明第八种情形的重点是每年可预期的金额。资本获利不属于第八种情形的范围，这也可以通过在一年中支出同样的“费用”的表述中得到暗示。1641 年的人头税法中也使用了类似的概念，即根据一个人“每年可以花费”的金额分类征税。（见原著第 93 页）。1641 年，支出能力显然是通过资本的维持来平衡或衡量的，而且，正如斯密的评论所建议的，资本是通过参考资产而不是货币数量来衡量的。[118] 虽然这些排除资本获利的论点本身可能都不是结论性的，但它们的结合似乎表明了立法意图。

斯密的评论也提出了发生的问题，仅仅持有升值的股票不会产生利润，只有“交换”才能产生利润。这一认识似乎也被纳入了三部联合评估税法的第八种情形。利润或获利只有“在本年内获得或收

〔118〕 Daunton，2001，p. 206 表明，“英国对收入的定义很大程度上要归功于农业经济中定居地产的法律传统。关键的一点是要保存的本金或资产的不同概念。在英国，重点是实际的土地或资源，而不是其价值”。

到”时才会被确认。如原著第 135 页所述,实现是会计实务中收支制度的基础之一。毫无疑问,未实现收益不属于也不应属于三部联合评估税的纳税净额。

(3)动产收入:第九种情形

三部联合评估的剩余所得税的第九种情形涵盖了“源自年金、货币利息、租金或其他付款的收入”。在这种情况下,收入被视为“本法通过前一年内全部应付金额”。其中前三项似乎相对简单明了。“其他付款”的表述似乎必然需要一个限定条件,以使其与所提及的其他类型的付款具备相同属性。例如,仆人的工资并没有像在 1696 年的 402
第一个“土地税”法中那样被明确包括在三部联合评估税法中。很明显,第九种情形中的“其他付款”不包括工资。

(4)扣除

三部联合评估税法附表的第二部分提供了一些扣除规则,这些规则首先涉及一般扣除,如上所述,似乎主要是个人扣除的性质。个人的财产所欠费用或债务的年利息可以扣除。同样,应付年金(配偶除外)也可以扣除。这些扣除的规定可能受到斯密的观点的影响,即这些必须从原始收入来源中支付。[119] 因此,在不对付款人进行扣除的情况下,对收款人手中的金额征税将构成一种双重征税。无论如何,利息的一般扣除是比较熟悉的。对债务的征税长期以来一直以净额为基础,根据土地税,债务可以在计算债务和动产的应征金额时扣除(当这一税目被执行时)。然而,三部联合评估的特色在于,债务利息通常都可以扣除,包括不相关收入。

---

〔119〕 Smith,1776,Vol. 1,Ch. 6,p. 26.

在估算评估税和地方税费的收入时，也可以进行一般扣除。同样，在计算土地收入时，土地税是可以扣除的，从土地中支付的费用也可以扣除，例如免役税和地租。关于土地的特殊扣除规则，也重复了第六种情形中关于 10 年平均修缮费用扣除的规则。最后，为那些持有终身地产的人提供保险费扣除，以确保为他们自己、他们的家人或他们的债权人提供保障。

3. 四个问题

关于三部联合评估税下的剩余所得税，仍需考虑本书导论中提出的四个问题。第一个问题是为什么资本获利和损失不在所得税范围内。从概念上讲，最明确的答案似乎是因为法律试图对财产或资本征税，而不是对收入征税。这在三部联合评估税法的附表中对土地收入征税的情形中表现得最为明显。在这方面，没有什么可以将
403 资本获利纳入征税范围。事实上，在租赁土地或房屋的租费（可能被视为资本金额）方面，第二种和第五种情形特别回避了对租费征税，而是通过按平均数对租费进行征收，或者使用假定的全部市场租费作为征税的基础。此外，如果没有单独的销售费用项目，使用自用房屋的名义收入不能包括资本金额。同样，只有修理费可以扣除的，纳税人在申报中特别包含了一项声明，即除附表中规定的扣除外，不得进行任何扣除。

上面已经对为什么资本获利不属于交易、专业和职业的第八种情形进行了评估。同样，固定资产处置的获利，不是“源自”作为一项活动的贸易，而是从其部分处置中产生的。被征收的利润类型预计也会与在其他情形下征收的费用性质相同，如前所述，其他情形（包括第九种情形）都不能包括资本获利。税收的临时性和资本获利的

波动性也表明它们不应被征税。

第二个问题是为什么英国的制度在计算收入时采用了一种附表方法，最明确的答案是历史。自 15 世纪最早的补助金以来，直接税法一直包含一些税目。传统上，他们区分了土地税和动产税，但通常对工资税和人头税等项目还有进一步的分类，这在 17 世纪 90 年代的人头税中最为明显。此外，这是剖析国家财政状况的方式。这一点在斯密著作中的三大原始收入来源，以及皮特提出的 1799 年所得税法中可能产生收入的方式中都很明显（见原著第 405 页）。附表法也是殖民地直接征税的标准方法，在同一法律中也混合了不同类型的税种。

在其他两个问题上，三部联合评估税法相当不发达。三部联合评估税法中只有少数条款与公司有关，公司须缴纳评估税，因此可以以收入为由要求减税，这可以通过让"委员会、管理人或代理人"代表"法人或政治团体"进行申报来实现。[120] 但三部联合评估税法基本 404
上没有任何关于来源或居住地的管辖限制。这种限制的立法历史可以追溯到几个世纪以前，这是相当令人惊讶的。然而，收入限额确实只适用于缴纳评估税的人，但尚不清楚这些纳税人的收入限额是在全球范围内计算还是仅在来源地计算，这些问题将通过 1799 年的所得税法来解决。

（二）所得税

在实施三部联合评估税法的同一年，皮特将土地税永久化，使其

---

〔120〕 乔治三世 38 年，第 16 章，第 66 节。

成为一项永久性税收。[121] 在此过程中，皮特还规定，土地所有人可以通过支付资本金来弥补土地税，并有权获得相当于抵扣税款的租金。通过这种方式，土地税年度价值的大部分被弥补足，1798 年至 1799 年大约 1/4 的土地税年度价值被补足。[122] 直到 1963 年，土地税才最终被废除。[123] 与弥补土地税的相对成功相比，从三部联合评估税中征收的金额低于预期，财政状况恶化。[124]

然而，截至 1798 年 7 月，官方的立场仍然是重新实施三部联合评估税法，并且在皮特的文件中（原著第 382 页提到的文件）有一项关于改进三部联合评估税法的官方提议。[125] 该文件得到了改进，并
405 于 1798 年 9 月 6 日发布了进一步的草案，其中仍然假定重新实施三部联合评估税法。[126] 然而，除了作者之外，还有人对这份官方文件进行了大量的标记，正如原著第 382 页所述，最有可能的人是皮特本人或级别足够高的政府官员，以便在最高级别上作出政治决策。这

---

〔121〕《一项法案，自 1798 年 3 月 25 日起，将目前在英国作为一年土地税征收的几笔款项永久化，并按其中规定的方式进行赎回和购买》（乔治三世 38 年，第 60 章）（1798 年）（英国）；Kennedy，1964，p. 128 指出，到那时，土地税"已成为一种租金，而不是一种税收"。他认为，皮特拒绝干预税收，因为它已经被计入土地价格，并且废除它"将相当于给地主阶级的礼物"。又见 Ward，1953，p. 132。

〔122〕 Dowell，1965，Vol. 2，p. 223；Vol. 3，p. 88 – 89 有关本次赎回的详细信息。

〔123〕《1963 年金融法案》（英国）第 68 节。也见 Soos，1997，p. 140，注释 52。Soos，1997，p. 141 指出"个人财产税于 1833 年废除。职位和年金税于 1836 年永久化，并于 1876 年被废除"。

〔124〕 Dowell，1965，Vol. 2，p. 220 – 224. 皮特论文中的 PRO 30/8/279/1 包含一些有趣的表格，这些表格似乎是在这段时间前后准备好的（尽管可能更晚一些），特别是这些表格包含各种人员的姓名、职业和地点，他们申报的收入，并将收入与其评估的纳税义务进行比较。

〔125〕 PRO 30/8/273，p. 182.

〔126〕 PRO 30/8/273，p. 193. 该文件已签名，但作者姓名难以辨认。它仍然是正式的形式。

份文件的重要性在于，文件中与三部联合评估税有关的部分在页面左侧被标注了“省略”一词。

在皮特关于“所得税计算”的文件中，出现了题为“缴纳计划税目”的第二份文件，日期为 1798 年 9 月，它可能伴随着 1798 年 9 月 6 日的提案产生。[127] 该文件似乎是在 1798 年 9 月 6 日提案基础上制定法律的一个步骤。该文件的标记日期为 1798 年 10 月，这为从提案中撤销三部联合评估税法的修正案的可能时间提供了一些参考。

正如皮特后来解释的那样，这个想法是搁置三部联合评估税中的财富推定，并对“所有主要收入来源”征税。[128] 在 1798 年 12 月 3 日的预算演讲中，皮特谈到了三部联合评估税的失败，以及“有必要确定更具体的收入申报表，而非宽松的修改标准，在先前的举措下，会允许某些欺诈和逃税”。为了满足三部联合评估税的基本原则，即“实现完整的什一税”，这种更具体的申报表是必要的。[129] 同样，这与三部联合评估税的提议（原著第 383 页讨论）一致，该提议将三部联合评估税的目的描述为“取其收入的 1/10 或 1/12”[130]。皮特坚信他的所得税是公平的，并称之为“对实际能力的全面和有效的课税”[131]。皮特列出了他提议征税的收入项目或收入分支，以及对这些项目金额的估算。其中许多是以前的税收形式所常见的。皮特计算出，对总额征收 10% 的税可能会创收约 10，000，000 英镑。

---

[127] PRO 30/8/279/2，p. 9. 这似乎是 Hope Jones（1939 年，第 21 页）中提到的文件。

[128] Pitt，1808，Vol. 2，p. 432. 也见 Dowell，1965，Vol. 2，p. 224。

[129] Pitt，1808，Vol. 2，p. 431.

[130] PRO 30/8/273，p. 28.

[131] Pitt，1808，Vol. 2，p. 433.

406 1799 年所得税法废除了三部联合评估税，代之以一般所得税，[132] 税率为 10%，免税和减税与三部联合评估税类似。筹措的资金用于支持 1798 年筹集的债务利息，并在这方面取代三部联合评估税。这项税费每年都要收取，直到这笔债务还清。[133] 如上一段所述，皮特认为（毫无疑问，通过税务机关的经验）三部联合评估税法受到了“欺诈和逃税”的影响。他试图通过两种特殊方式来纠正这个问题，即要求所有人就他们的收入作出申报，并限制可以要求的扣除额。

与三部联合评估税的自愿申报相比，根据 1799 年所得税法，人们被要求提交一份关于他们的收入以及根据该法应缴纳多少税款的申报表。这主要是一种自我评估方法，该申报表应采用适当的形式，说明该人的“年收入”，该收入将根据该法的规定，特别是其附表，进行估算。[134] 1799 年法律的原始附表在基本法颁布两个半月后被取代。[135] 法恩斯沃斯（Farnsworth）强调，该申报表是一份“未具体说明的一次性报表”，只有在委员们不满意时才需要额外的细节。[136] 正如皮特在预算演讲中承认的那样，他的提案不涉及以下要求：

---

〔132〕《一项法案，废除上届议会制定的法案规定的为战争提供补助金和捐助的义务；并为类似目的作出更有效的规定，通过授予某些收入税来代替上述税》（乔治三世 39 年，第 13 章）（1799 年）（英国）。

〔133〕 乔治三世 39 年，第 13 章，第 72 节、第 120 节和第 121 节。

〔134〕 乔治三世 39 年，第 13 章，第 38 节。

〔135〕《本届议会通过的一项延长根据某项法案返回陈述时间并修改上述法案的法案》，其标题为《废除上届议会制定的一项法案所规定的义务的法案，为继续战争提供补助金和贡献；并为类似目的作出更有效的规定，授予某些收入税来代替上述税》（乔治三世 39 年，第 22 章）（1799 年）（英国）。

〔136〕 Farnsworth，1951，p. 18.

收入应明确公开,但只可宣布该项评估超出被评估人收入的 1/10。[137]

皮特意识到这种限制存在逃税风险,但鉴于公众反对调查的情绪,显然他认为这是当下所能达到的最好状态。他觉得更容易实现 407 的是限制扣除的机会,并“保护每一个扣除的权利不受滥用的危险”[138]。

除非法律允许,否则不得扣除任何费用。[139]

虽然 1799 年所得税的核心概念显然借鉴了三部联合评估税,[140]其机制主要来自土地税,[141]但必须强调这项新法律所增加的复杂性。这可能是由于增加了审议和起草的时间以及从三部联合评估税中获得的经验。本小节着手研究 1799 年所得税下的收入计算规则的结构和内容,然后参考本书导论中提出的四个问题对其进行评估。最后还关注了由于 1802 年《亚眠条约》之后的临时和平而废除所得税的情况。

1. 税基规则的结构和内容

收入估算的规则包含在 1799 年所得税法的附表 A 中,分为四部分。前三部分包含 18 种类型,每种类型都有自己的具体扣除规则。前 14 种类型涉及“土地、房产和世袭财产产生的收入”,第 15 种和

---

〔137〕 Pitt,1808,Vol. 2,p. 434.

〔138〕 Pitt,1808,Vol. 2,p. 435.

〔139〕 乔治三世 39 年,第 13 章,第 77 节。

〔140〕 “1799 年的所得税在许多方面没有评估税的三重评估,它包含了早期税收的许多所得税特征”。Soos,1997,p. 147.

〔141〕 Dowell,1965,Vol. 2,p. 225. 回想一下,1796 年的博比奇提案(原著第 383 页讨论)建议使用土地税机制。

第16种类型涉及“来自个人财产以及贸易、行业、职位、养老金、补助、薪俸、雇佣和事业产生的收入”，第17种和第18种类型涉及“英国以外的收入”。在这些规则之后，第四部分是“不属于上述任何规则的收入”的一般“综合”类别，该类别也将被估算和申报。[142] 随后的一般扣除与三部联合评估税的扣除非常相似，因此，利息和年金的一般扣除仍然可用。人寿保险的扣除更详细。该附表A用多种表格进行了完善，其中包括一般收入报表。

408 这种结构与官方提议和“计划税目”（原著第404～405页）中出现的结构是一致的，但并不相同。较早的文件显示，1799年所得税法的附表A的四个部分最初是独立的附表，即1798年9月6日提案的附表A至D和“计划税目”的附表B至E。[143] 根据1798年9月6日的提案，该法律附表A第一部分的14种类型最初分为附表A中的12种类型，专门针对土地所有人，以及附表B中的两种类型，专门针对土地承租人。[144] 该法律附表A第二部分的两种类型对应提案中附表C的两种类型。虽然法律的第三部分对应提案中的附表D，但提案包含三种类型，而不是两种（下文进一步讨论）。在提案阶段，该法律第四部分的综合类别并不明显。

（1）来自土地的收入

1799年所得税法附表A的第一部分首先一般性地说明了“土地年价值”是指土地的租金或租值，但给予了25%的减免。虽然计算

---

〔142〕“情形”本身是由在所得税立法生效方面获得的经验确定的。Hope Jones，1939，p. 21.

〔143〕“计划税目”的附表A专门用于收入申报表的形式。PRO 30/8/279/2，p. 9.

〔144〕PRO 30/8/273，p. 200－203.

规则更为详细，但涉及土地的 14 种类型大体沿用了三部联合评估税的 7 种类型。前 10 种类型涉及土地所有人，其余 4 种类型则针对承租人。针对土地所有人出租给承租人的土地进行评估的情况分为三种类型，具体取决于这些土地是以租金、罚金还是两者兼有的方式出租的。同样，出租给承租人的房屋的类型也分为三种。此外，还有一个涉及什一税的类型。针对不确定利润的评估类型扩大到具体包括庄园、木材、矿山和保险的利润，收入取 5 年平均值计算。

土地承租人的评估继续参照已付租金，而不是收到的金额。一种类型是对收入不确定的承租人进行评估，这与对所有权人的评估类似；另一种类型是评估因罚金而租赁的土地，无论是否有租金。最后一种附加类型为转租人作出了规定。似乎对这些附加类型的最好解释是根据三部联合评估税对相应情况进行阐述和澄清。

其中至少有一些可能是通过三部联合评估税法征收的经验的 409
结果。

(2)来自商业和雇佣的收入

附表 A 的第 15 种类型与三部联合评估税的第 8 种类型大致对应，但还有一些重要的补充，特别是除了贸易、行业和事业之外，它还包括职务、养老金、补助、薪俸和雇佣。这些都被假定为产生“不确定的年度金额”的收入，因此将在前一年的基础上或根据前三年的平均值进行估算。这与三部联合评估税相一致，评估的依据仍然是有关活动的“利润或获利”。

第 15 种类型下计算收入扣除的具体规则没有明确在利润和获利的一般概念下的可扣除问题，主要涉及分摊住所和营业场所结合时的租金，以及扣除某些税款(包括土地税)。1799 年所得税法本身有一些具体的明确规则，这也可以恰当地被解释为三部联合评估税的经验结果。1799年所得税法第79条明确要求来自贸易等的收入“根据同一产品的实际产出估计”，这与所得税法的官方提案（原著第405页讨论）一致，该提案提到了对“一年的实际收入”进行计算。[145] 其意图似乎是一种主观计算，因此与美国各州的评估相比发生了巨大变化，例如，美国各州的评估通常是客观的，“产品”的本义并不那么清晰，如果要根据准确确定的利润进行评估，则无须提及“产品”这一不同概念。然而，“产品”同“利润和获利”相比，更不容易包含资本获利。

1799年所得税法第81条也很重要，并规定以下行为是非法的：

> 从事任何贸易或制造业的任何人，在……计算……他们从此类贸易或制造业中获得的收入时，从中扣除因其在改善或作为资本中使用或打算使用的任何款项，或扣除其在其中使用的资本的利息，除非是他们必须为此支付给其他人的利息……

410 这条规定的第一部分似乎是针对资本支出的。用于购置固定资产的资金似乎符合被“作为资本使用”的标准。即使在当时的会计状况下，固定资产的购置也会作为资本出现在任何资产负债表中（很可能按历史成本计算）。对这一条款出现的一种解释可能是三部联合评估税的经验引发了资本金额扣除的问题。该条款的出现似乎强调

[145] PRO 30/8/273，p. 195.

了在计算收入时不对资本征税或确认的意图。如果资本收入是应纳税的，资本支出的扣除却被明确规定为非法，这将是不寻常的。因此，1799 年所得税法第 81 条与第 79 条中的“产品”不包括资本金额的解释是一致的。在任何情况下，1799 年所得税法第 81 条中对资本的明确提及清楚地将资本—收益的区分纳入了法律。

1799 年所得税法第 81 条进而对超出 3 年平均水平的建筑物的维修“或为此类贸易或制造目的而使用的任何工具、器具或物品的供应、维修或改造……”的支出扣除进行限制，它显然在继续防止贸易或制造业损失与其他收入相抵。这种对限制扣除的关注与皮特在预算演讲中概述的防止滥用的方法相一致（见原著第 407 页）。

1799 年所得税法第 82 条规定了对合伙企业征税。原著第 347 页和第 377 页已经指出，18 世纪 70 年代至 90 年代，格林纳达和圣文森特的人头税纳入了合伙企业征税规则。将 1799 年所得税法第 82 条与 1793 年圣文森特法律中的相应条款进行比较非常有趣。1799 年所得税法第 82 条的内容如下：

> ……以合伙方式从事任何贸易或制造业，或经营任何生意或公司的任何人，可根据其商号或所述的业务情形，就他们从此类贸易或制造，或者生意或公司的共同收入，共同承担上述税费和义务。

1793 年圣文森特人头税法第 13 条的规定如下：

> 所有以合伙形式经营任何类型的贸易或业务的人，均

须在其经营的商号下共同评估此类贸易或业务，而不是单独评估其份额。

411 同样，这并不意味着其中一项来自另一项，但二者在术语和效果上确实有明确的联系。后来在一份可能来自税收委员会的报告中提到，对合伙人共同征税的规则目的是“避免披露每个合伙人在合伙企业中的份额……”[146]

三部联合评估税法只包括“行业、贸易或事业”，而1798年9月6日的提案（原著第405页讨论）最初只包括这些。然而，在标记过程中，在“行业”和“贸易”之间插入了“地位、雇佣”。[147] 在“计划税目”（原著第405页讨论）中，“地位”被替换为“职位”。在17世纪90年代，雇佣再次从英国征税中被移除，但早在1738年的马萨诸塞法律（见原著第228页）中，新英格兰就将其纳入了贸易和行业的范畴。在19世纪之交，在美国的殖民地和各州都有将雇佣列为应税活动的广泛做法。此外，将雇佣收入纳入1799年的所得税法也许并不像乍看起来那样引人注目。奥布莱恩（O'Brien）认为：“在19世纪初期，很少有工薪阶层缴纳所得税。他们中的大多数人的收入将低于免税限额……”[148]

（3）来自动产的收入

在1799年所得税法的第16种类型中，三部联合评估税的第9

---

〔146〕“从英国多个地区执行收入法案的专员处收到的向税收专员提交的信息声明”（1800年4月25日）；PRO 30/8/279/2，p. 210。

〔147〕PRO 30/8/273，p. 204.

〔148〕O'Brien，1959，p. 206.

种类型也进行了重组。此外，它涵盖了职位、养老金、薪俸以及年金、货币利息和租金费用的收入。进一步来说，剩余类别是“类似性质的其他付款”，这使同类解释规则变得明确。现在，在所有类型下的收入都是“确定的年度金额”。与三部联合评估税一样，这些类型将在前一年的基础上进行评估。有趣的是，在 1798 年 9 月 6 日提案（原著第 405 页讨论）的标记中，“基金中的股息”被包括在内，但在草案成为法律之前，这一点被删除了。[149] 这些将被正式纳入 1803 年的法律（见原著第 430 页）。

2. 四个问题 412

关于本书导论中提出的四个问题，在 1799 年所得税的背景下，对其中两个问题的考虑与对三部联合评估税的考虑几乎相同，但其他两个问题显示出了重大的发展。1799 年的所得税在很大程度上体现了三部联合评估税的剩余所得税的原则，认为资本支付不在法律范围内的理由仍然相同。由于新法中的类型效仿（并增加了）三部联合评估税的类型，所以附表方法是不可避免且必然效仿的结果。

关于资本支付的排除，1799 年所得税法仍然将收入称为“源自”各种财产和活动，特别是在第 2 条的征收条款中。1799 年所得税法仍然在一些重要的地方使用“年度”一词（例如第 38 条和第 77 条关于收入报表的规定）。许多涉及土地的类型仍然无法包括资本金额，同质性要求的适用与涉及动产收入的类型产生了相同的结果。此外，1799 年所得税法第 81 条对贸易和制造业资本扣除的限制似乎已将大多数资本支付排除在收入计算确认之外，这可能暗示着资本收

〔149〕 PRO 30/8/273, p. 204.

益同样被排除在外，1799年所得税法第79条提到的贸易“产品”似乎强化了这一点。无论如何，很明显，资本—收益区分已被纳入法律。

1799年的所得税法在公司税收和三部联合评估税中使用（或不使用）的管辖权规则方面取得了重大进展。关于公司，1799年所得税法第2条明确规定“英国的每个政治团体或法人团体，或公司、兄弟会或社会团体（无论是否为法人）”。这在很大程度上效仿了土地税的形式，尽管“社会团体”似乎是一个补充。[150] 因此，所得税效仿了第一章中概述的公司税收的发展。

1799年的所得税法明确处理了对股息的经济双重征税问题，它
413 允许公司估算其收入减去作为股息支付的金额，即股息扣除制度，[151] 该制度由1799年所得税法第88条建立：

> 任何此类政治或法人团体、公司、兄弟会或社团……的收入不征税或不应被征税，根据该……的规则或条例，该……应适用于支付该等公司或上市公司产生并应支付给任何个人成员的任何年度股息或利息……如若此类人员……在收到该等的股息或利息时……就此被征税且应被征税……

---

〔150〕 例如，请参阅《一项通过土地税向陛下提供补助金，该法案将在大不列颠提出，用于支付主日1798年的服务费的法案》（乔治三世38年，第5章）（1798年）（英国），第3节。

〔151〕 Harris，1996，p. 75－76.

目前尚不清楚，这些成员是否应根据 1799 年所得税法附表 A 的第 16 种类型就其股息被征税，但无论如何，根据该附表第四部分，他们本应按剩余类别被征税。这种形式的经济双重征税减免没有明显的先例。

与三部联合评估税法中缺乏管辖权规则形成鲜明对比的是，1799 年所得税法赋予了这些规则以实质性地位。尽管战争不断，但随着外贸继续增长，皮特显然热衷于利用这一收益来源。皮特在 1798 年介绍所得税的预算演讲中，特别量化了居民从海外财产中获得的收入和用于对外贸易的资本利润。这些占皮特试图通过征税筹措的总收入的 17% 以上。此外，皮特宣布，海外收入的 4/5 来自西印度群岛，强调了一个多世纪以来西印度群岛在英国贸易中的重要性。[152]

管辖权问题（以及缺乏相关规则）显然是三部联合评估税下的一个问题，即使在 1798 年 9 月 6 日的提案中（原著第 405 页讨论），也有证据表明人们对这一问题给予了更大关注。在后续的几个月里，这方面取得了重大进展。该提案的附表 D 包含以下三种类型：

> 第一种类型，来自外国财产，实际年度净收入的全额……
>
> 第二种类型，来自外国证券的资金……　414
>
> 第三种类型，来自对外贸易中使用的资本……[153]

---

〔152〕 Pitt，1808，Vol. 2，p. 441 – 442（1798 年 12 月 3 日的预算演讲）。也见 Burns，1954，p. 537。

〔153〕 PRO 30/8/273，p. 205.

第二种类型将根据前一年或未指定的平均年份进行评估，第三种类型将以与国内贸易相同的方式计算（根据提案附表B的第一种情况）。重要的是，该提案包括了不止一种外贸的特殊类型，但是没有将汇付依据纳入这三种类型中的任何一种。“计划的税目”（原著第405页讨论）没有吸收该提案的任何发展。

在皮特的文件“计划税目”后面，有一条注释指出了评估外国收入的困难。[154] 这似乎是对进一步发展这些规则的间接指示，因为皮特的文件中很快就出现了一个没有作者或署名的注释，这个注释对国际问题进行了相当深入的分析。[155] 这份富有洞察力的说明推荐了以下分类：

第一，英国居民，收入源于英国。

第二，英国居民，收入部分源于英国，部分源于英国之外。

第三，英国居民，收入全部源于英国之外。

第四，非英国居民，收入全部源于英国。

第五，非英国居民，收入部分源于英国，部分源于英国之外。

第六，拥有职位的英国臣民通过王室、印度公司或其他方式从英国获取收入——海外居民。

第七，收入全部来自英国之外的英国属地居民。

关于第二类和第三类的征税，作者认为，这可能“违反了税收的基本原则，即产品和税收是互惠的”。其结果是证明了基于来源征税或至少在现代条件下，来源国应享有权利原则的合理性。关于第四类、第五类和第六类，作者认为无法对这些人的收入进行审查。然

〔154〕 PRO 30/8/279/2, p. 30.

〔155〕 PRO 30/8/279/2, p. 33.

后，作者探讨是否有可能通过源泉扣缴对这些人征税，并继续探讨为什么不应对所有工资使用源泉扣缴。这个注释上添加了“银行和法人”的标记。假设这份注释（以及审查它的人）是财政部或税收官员（或者也许是皮特）的，那么很明显，在所得税法出台之前，政府内部就已经知道并讨论了源泉扣缴的概念和好处。该注释似乎推动了政 415
府重新考虑将管辖权规则纳入所得税法。

至于 1799 年通过的实际法律，所得税法在征收条款前纳入了管辖权规则。该法第 2 条首先向非居民征收来源税，征收的对象是：

> 国王的任何臣民在大不列颠的财产产生的所有收入，尽管不居住在大不列颠……

有趣的是，这项规定似乎不涵盖非居民的外国人，也不涵盖贸易、行业和就业等活动的收入。该法第 2 条继续在全球范围内对居住在大不列颠的人（无论是否为英国臣民）征税，征收的对象是：

> 居住在英国的每一个人的所有收入……无论上述收入是否来自英国或其他地方的土地、房屋或世袭财产，或任何种类的个人财产或其他财产，或来自任何行业、职位、津贴、养老金、就业、贸易或事业……

以居住地和来源地为基础征税在英国很常见，正如第一章所述的，它们的历史可以追溯到很久以前。然而，1799 年所得税法第 2 条中的规定可能是迄今为止所有直接税法中最明确的。土地税相当混乱，"英国境内"的人的个人财产都是可税的，但以全球来源为税基。
416 除此之外，土地显然只能按来源征税。[156] 如原著第151页所述，土地税的前身在很大程度上代表了以来源为基础的每月评估税和以住所或"居所"为基础的人头税之间的折中。都铎王朝补助金的管辖权规则也有些混乱，但也许其更接近1799年所得税法的规则，特别是到16世纪50年代中期，这些征税的动产根据所在地和所有人的住所进行征收，并且可能根据相同的标准对土地征收（见原著第67～68页）。

1799年所得税法的这些主要征收税目在该法案中得到了许多其他条款的补充。该法第8条规定，临时在英国的人不被视为居民。[157] 相比之下，经常在英国居住但时下在海外偶尔居住的人将被视为居民。[158] 人们通常在其住所地被征税，而不论其收入来源地。[159] 这类似于根据土地税对个人财产征税，而不是根据土地税对

---

[156] 例如，乔治三世38年，第5章，第3节和第4节。外国土地似乎不太可能构成个人财产，从而根据土地税本身征税。这个问题出现在早先的补助金下，出现了外国土地是否可能构成"货物或动产"的问题。这个问题很可能通过更大的问题来解决，即根据英国普通法，外国土地是否可以通过遗嘱设计。到目前为止，还没有找到这个问题的答案。土地税及其前身可能不会出现这个问题，因为虽然外国土地可能无法评估，但它的回报将在个人财产负责人的全球收入范围内。可以假设，占用外国土地的人（因此没有从外国土地上获得回报）不会是英国居民，因此在任何情况下都不需要缴纳英国税。另见Avery Jones，2004，p.38，他认为"土地税并没有试图对国外的土地征税，这在当时是对主权的侵犯"，质疑历史上是否总是如此。回想一下，1639年，马萨诸塞试图对其定居者的英国房地产征税，但两年后对该条款进行了调整，将英国的土地排除在外。参见第一章注释381。

[157] 尽管这些人继续接受三部联合评估。由于他们也可能在所得税下按来源征税，1799年所得税法第9条免除了任何双重征税。

[158] 乔治三世39年，第13章，第10节。

[159] 乔治三世39年，第13章，第73节。

土地征税，因为它是由其所在地评估的。[160] 非居民应按其在英国的最后一个经常居住地或居留地征税，否则将按其在英国的财产所在地征税。同样，这类似于土地税下对个人财产缺席者的评估。[161]

这些规则在很大程度上是针对来源征税的。1799 年所得税法附表 A 的第 17 种和第 18 种类型对它们进行了补充，共同构成了“来自英国之外的收入”。与 1798 年 9 月 6 日提案(上文已讨论)附表 D 中的类型相比，这些类型揭示了两个重要进展。首先是提案中第三种类型的缺失。考虑到皮特随后的发言，不能认为撤销第三种类型是为了豁免外贸收入。其次是在提案的第一种类型中纳入了汇付基础。1799 年所得税法的第 17 种类型规定了“来自外国财产”的收入，其计算方式是“在英国收到的实际年度净收入”。[162] 可以使用前 417
1 年的税基或 3 年的平均税基。在“收益”后添加“在英国”，建立了汇付基础，而这在该提案的第一种类型中并没有。目前尚不清楚这两种发展之间是否存在联系。1799 年所得税法的第 18 个税目沿用了提案附表 D 中的第二个税目，适用于“来自外国证券产生的资金”，主要以前 1 年为基础。该税目下一个可能的收入来源是美国发行的公债的利息，包括从各州承担的美国独立战争的债务。值得注意的是，该税目并未被明确纳入“在英国收到”的这一基准。[163]

考虑到殖民地贸易的重要性，第 17 个税目更为重要，具体来说，

---

〔160〕 例如，乔治三世 38 年，第 5 章，第 52 节和第 53 节。

〔161〕 例如，乔治三世 38 年，第 5 章，第 52 节。

〔162〕 注意措辞，从 1798 年 9 月 6 日提案中的“实际年度净收入全额”改为“实际年度净收入”。似乎从“净收入全额”到“净收入”的变化发生在添加“在英国收到”时。

〔163〕 Avery Jones，2004，p. 24 – 25，推测“外国财产”和“外国证券”之间的区别。根据皮特 1798 年 12 月 3 日的预算演说，第 18 种情形针对的是“西印度群岛地产”的抵押贷款利息；Pitt，1808，Vol. 2，p. 44。

有两项额外规定用于评估来自新大陆殖民地的收入。根据 1799 年所得税法第 102 条规定，"从由美洲的任何英国种植园进口到英国的财产中获得收入"的人，应由商务专员在指定地点进行评估。第 103 条规定了类似的评估，对"在英国收到的任何收入，由上述种植园内任何人的未输入到英国的财产产生……"

汇付基础似乎是一项新的发展，其在本研究考虑的以往的法律中没有体现。毫无疑问，其中包含了实用性的因素。但"贸易法案"(见原著第 157 ~ 158 页)对当时的国际贸易以及可以从中获得收入的外国来源进行严格监管，其本应鼓励将外国收入输送到英国(以及汇付)。[164] 此外，考虑到美国独立战争的教训，英国人会拒绝派遣估税员到殖民地征收英国税收。值得一提的是，1788 年的"公告法"
418 (the Declaratory Act)延伸到了西印度群岛，其放弃了英国出于收入目的对其殖民地征税的任何权利(见原著第 321 页)。

3. 初步废除

与之前的三部联合评估税和许多其他直接评估税的努力类似，1799 年所得税的收益令人失望，[165] 其征收的税款比预期少了 1,500,000 英镑。[166] 因此，皮特在 1800 年采取了进一步增加间接税的措施。[167] 然而，皮特认为可以改革所得税以产生更大的收益。贸易是一个特别的问题，早期的所得税在评估贸易商方面的问题是臭

---

〔164〕 Avery Jones, 2004, p. 17, p. 43.

〔165〕 O'Brien, 1959, p. 255 指出，大约 321,000 人在所得税的第一年进行了申报。此时英国的人口将接近 1000 万。

〔166〕 Farnsworth(1951 年)将 1799 年所得税的失败在很大程度上归因于纳税人要求的有限回报以及税务机关对其提出疑问的有限权力，例如第 18 页和第 20 ~ 21 页。

〔167〕 Dowell, 1965, Vol. 2, p. 226.

名昭著的。如前所述，1799年所得税所要求的明确性的增加可能意味着对贸易的实际利润或获利进行准确计算，而不是像美国各州那样进行任何名义上的计算。然而，要求纳税人申报的一般性质可能表明纳税人的做法并非如此。1800年，在这方面有三个值得注意的发展。有一项提交给议会的法案，该法案改革了对贸易征税的税基，税收委员会提交了一份报告，其中就贸易征税提出了建议，还有一项法案已经颁布，它涉及一些不太巨大的变化。

法恩斯沃斯记录了皮特提出的一项法案，该法案要求纳税人提供更详细的申报表，他将该法案提交议会的日期定为“1800年4月初”。[168] 该法案的许多方面与当前的讨论相关。该法案将第19种税目分配给1799年法律附表A第四部分中的总括收入类别（该法律下没有税目）。此外，该法案在所有19种税目下始终提及“收入”，而不是像在三部联合评估税和1799年所得税法的规定中只在“年度价值”“利润或获利”等个别部分提及。更重要的是，该法案包含一 419
套不同的计算贸易应税收入的规则。

根据1800年4月的法案，贸易收入应参照“毛利润”来衡量，而没有附加“获利”一词。[169] “毛利润”可能是为了取代1799年所得税法第79条中提及的“实际产品”。“毛利润”似乎本就考虑了一些扣除（尽管不清楚），否则可能会使用诸如“收益”之类的术语。该法案具体规定了以下内容：

---

〔168〕 Farnsworth，1951，p. 27 – 28. 该法案在皮特的论文中被转载；PRO 30/8/279/2，p. 55。

〔169〕 PRO 30/8/279/2，p. 55.

从事贸易或制造业的人员可以要求从此类贸易或制造业的毛利润中扣除以下款项。

业务实际损失；(换言之)

通过海运风险，

贸易中货物的损毁或损坏，

贸易中的货物保险，

债务，

维修。

上述款项必须根据毛利润估计期间内实际遭受的损失进行估算……

完全用于贸易的仓库租金。[170]

该法案中的表格清楚地表明，“债务”损失涵盖了无法收回的贸易债务，[171]这些规则将为计算贸易利润的规则增加一些确定性，并进一步证明了1799年所得税的意图是对“实际”贸易利润征税，而不是推定或名义上的贸易利润征税。它们与排除的资本总额是一致的，而且，如果有，也表明了对调整会计利润计算的设想。法恩斯沃斯讲述了皮特在试图通过这项法案时遇到的困难，该法案于1800年4月中旬被撤回。[172]

皮特的文件中还包含一份内部报告，它可能是税收委员会的报

〔170〕 PRO 30/8/279/2, p. 57.

〔171〕 PRO 30/8/279/2, p. 51.

〔172〕 Farnsworth, 1951, p. 30.

告，日期为 1800 年 4 月 25 日。[173] 该报告对当时在贸易征税中遇到 420
的问题进行了有趣的讨论。关于一些小贸易商，该报告中指出：

> 所有的持证售酒者以及此类小店主和机械师，他们的申报是如此微不足道，以至于对他们的利润估计更多地来自他们的生活方式，而不是对其账目的任何调查……[174]

这里的建议是将这些小贸易商从商业专员的评估中剔除，并让他们由更了解其情况的一般专员进行评估，这即使不是对小贸易商进行推定评估的明显证据，也能清楚地表明已经有了这样的建议。似乎有相当多此类贸易商没有保留足够的记录，即使他们保留了足够的记录，也无法以任何合理的准确性恰当确定其利润。

1800 年的报告接着就贸易提出了一些建议，其中包括：

> 在低等贸易中，收入标准应从一年内的某些支付总额中选取，即租金、税收等。其中建议将收入视为这些付款总和的十倍。[175]

其结果是对小贸易商征收推定税，这类似于对农民征税的方式。其他提议包括：

---

[173] 《向税收事务专员提交的一份从英国多个地区执行收入法案的专员处收到的信息声明》；PRO 30/8/279/2，p. 203。

[174] PRO 30/8/279/2，p. 204.

[175] PRO 30/8/279/2，p. 216.

> 贸易商的账簿应开放给专员检查，账目应由他们每年编制，并在检查前进行平衡……[176]

后一个建议表明，即使对于较大的贸易商（小贸易商受先前的建议约束），税收官员也面临着账目形式和编制期限方面的困难。

421 1800年5月，继这份报告之后又提出了一项更深入但成功的法案，[177]该法案的部分内容似乎是基于1800年4月25日的内部报告，但上述关于贸易的建议都没有被采纳。纳入的合伙人和贸易商规则基本上是机械性的。[178] 该法案还取代了适用于土地的两种情形的评估规则，但这些并不具有关联性。[179] 它推出了一项规则，即一个人在当地居住满6个月后即被视为居民。[180] 该条款还明确规定，符合这一标准的外国人应就全球税基纳税。

1801年，阿丁顿接替皮特担任政府首脑。随着1802年中期《亚眠条约》之后的和平，阿丁顿废除了所得税，其认为这是一项战时措施。[181] 为了弥补缺口，阿丁顿增加了各种间接税，并扩张了评估税。[182]

---

〔176〕 同本章注释175。

〔177〕《一项旨在更好地确定和征收上届议会通过的与几项法案授予的与收入税有关的税收，并解释和修改上述法案的法案》（乔治三世39和40年，第49章）（1800年）（英国）。

〔178〕 乔治三世39年，第49章，第1～14节。

〔179〕 乔治三世39年，第49章，第15～18节。

〔180〕 乔治三世38和40年，第49章，第19节。

〔181〕《一项废除收入税；为有效征收上述税的欠款，并对其进行核算；并征收英国基金特别征收的年金的法案》（乔治三世42年，第42章）（1802年）（英国）。

〔182〕 Dowell，1965，Vol. 2，p. 230.

（三）殖民地

在本部分所涵盖的时期内，殖民地的重大发展围绕这一时期结束时根据 1802 年《亚眠条约》将各个殖民地归还给法国和荷兰展开。归还给法国的殖民地包括（除其他外）圣卢西亚（自 1796 年以来控制）和多巴哥（自 1793 年以来控制）。同样，埃塞奎博、德梅拉拉和伯比斯河的殖民地根据《亚眠条约》归还给荷兰，开普敦殖民地也是如此。相比之下，西班牙根据该条约将特立尼达割让给了英国，荷兰则割让给了锡兰。[183] 由于英国的敌人在海上几乎没有任何反对或威胁，[184] 对于西印度群岛和加拿大的殖民地来说，此时的主要问题是贸易。

本小节探讨了直接税收的发展，首先是在西印度群岛，其次简要 422
介绍塞拉利昂，最后是加拿大殖民地。

1. 西印度群岛

1797 年至 1803 年，巴巴多斯没有直接税的发展。1801 年，巴巴多斯迎来了一位新总督，其在执政期间采用了常规直接税。[185] 安提瓜也依赖其常规法律，就其而言是《缺额法》，以获得总督的支持。[186] 圣基茨继续按照 1795 年的法律（见原著第 373 页）对糖和“年收入”

---

〔183〕 Burns，1954，p. 579.

〔184〕 甚至 1798 年西班牙对伯利兹的猛烈进攻也被英国领导的部队击退。Burns，1954，p. 576 – 577.

〔185〕《在本岛政府执政期间更好地支持弗朗西斯勋爵西福斯阁下的法案》（1801 年 4 月 14 日）（巴巴多斯）；CO 30/17，p. 39。

〔186〕《一项为拉文顿的拉尔夫·洛德·拉文顿·巴隆男爵阁下在其实际居于国王背风查里比群岛政府，实际居住期间的居所提供额外支持和便利居住，并指定特定资金支付这些费用的法案》（1801 年 2 月 26 日）（安提瓜）；CO 8/22，p. 58。

征税。[187] 相比之下，尼维斯征收奴隶税，[188] 同时对奴隶以及城镇中某些改良土地的年价值征税，这与 1784 年的法律（见原著第 347～348 页）一致。[189] 1798 年至 1802 年，牙买加似乎没有征收直接税。伯利兹定居点也没有征收任何直接税，其继续依赖对临时贸易商和酒类进口征税。[190] 巴哈马继续对奴隶贩子和自由有色人种征收年度人头税，同时征收台球桌税和一些间接税。[191]

423 此时，格林纳达的年度一般税通常是西印度群岛模式，它涉及对不附属于种植园的改良土地的租金价值、台球桌、小酒馆、奴隶（不附属于种植园）、马匹和当地农产品征税。[192] 圣文森特继续征收类似的税，但增加了基于“年总收入”的所得税。[193] 多米尼克继续简化其直接税，到 1803 年年初，这些已成为奴隶税，各种贸易、行业和人头

---

〔187〕《一项筹集足以支付该国年度开支的资金的法案》（1801 年 5 月 28 日）（圣基茨）和《一项筹集足够资金以满足该国年度开支的法案》（1802 年 3 月 26 日）（圣基茨）；CO 240/15，p. 32，p. 38。

〔188〕例如，《一项筹集资金用于支付受雇于该岛要塞的女战士的工资和该岛的其他费用的法案》（1798 年 12 月 17 日）（尼维斯）；CO 185/8，p. 39。

〔189〕《一项向国王陛下提供援助金，对尼维斯岛居民和种植园的黑人和其他奴隶，征收每人 3 先令 6 便士的税款，以及对若干城镇的所有房屋、仓库、商店和公寓的年价值，每 100 英镑征收 2 英镑 10 先令的税款的法案》（1802 年 9 月 2 日）（尼维斯）；CO 185/8，p. 67。

〔190〕例如 1800 年 3 月 4 日的决议；British Honduras，1931－1935，Vol. 1，p. 278。

〔191〕例如，《一项对其中提到的年份征收和规定某些税率、评估和税收，并指导如何收集和应用这些法案的法案》（1799 年 12 月 2 日）（巴哈马）；CO 25/10，p. 246。

〔192〕例如，《一项通过对格林纳达居民及其属地居民征收的一般税款向国王陛下提供补助金，该税款将适用于偿还公共债务以及上述岛屿的当前和附带费用的法案》（1800 年 7 月 12 日）（格林纳达）；CO 103/10，p. 83。

〔193〕例如，《为支付公共债务和费用而征税并特别适用的法案》（1801 年 12 月 21 日）（圣文森特）和《为支付公共债务和费用征税并特别适用的法案》（1802 年 4 月 15 日）（圣文森特）；CO 262/8，p. 13、26。

的固定数额税,多米尼加联邦首都罗索的房屋租金税和承运人税。[194] 多巴哥继续沿用 1795 年使用的税收形式(见原著第 379 页),[195] 它补充了直接奴隶税。[196] 如前所述,1802 年的《亚眠条约》将多巴哥归还给法国,相比之下,被西班牙割让的特立尼达岛似乎在英国的统治下将其早期税收制度建立在间接税的基础上。[197]

2. 塞拉利昂

塞拉利昂第一次征收的间接税似乎是根据 1800 年 12 月 27 日的一项决议,[198] 其对货物、器皿、商品、酒类和某些其他物品的进口征收税款,并对某些出口产品征收进一步的关税,那时没有任何直接税的记录。

3. 加拿大 424

布雷顿角于 1800 年通过了第一部税法,即间接税法。[199] 在属地一级上,新斯科舍在此期间也有效地获得了间接税的资金。新不伦瑞克、爱德华王子岛[200] 和下加拿大(魁北克)也是如此。

---

[194] 《一项筹集基金用于支付公民政府偿还殖民地债务的费用,并为上述基金拨款和用于其他目的的法案》(1803 年 4 月 19 日)(多米尼克);CO 73/11,p.40。

[195] 例如 CO 287/3,p.1(1798 年 5 月 16 日法律)和 p.11(1801 年 8 月 29 日法律)。

[196] 《一项筹集一笔款项用于支付因奴隶后期蓄意暴动而产生的费用,以及可能尚未规定的其他附带费用的法案》(1802 年 3 月 3 日)(多巴哥);CO 287/3,p.36。

[197] 理事会 1802 年 6 月 23 日的一项决议对进口商品征收 3.5% 的关税。这在 1803 年 9 月 15 日的会议记录中有所提及;CO 298/1,p.61。

[198] CO 270/5,第 53 页;1801 年 1 月 27 日的决议,CO 270/5,p.82。

[199] 《授权国王陛下对朗姆酒和其他蒸馏酒征收关税的法令》(1801 年 12 月 14 日)(布雷顿角);CO 219/2,p.12。

[200] 由于在北美多次使用"圣约翰"造成的混乱,1798 年通过的一项法律将该岛的名称从圣约翰岛更改为爱德华王子岛。见《将本岛名称从圣约翰更改为爱德华王子岛的法案》(第 134 号)(1798 年 11 月 26 日)(爱德华王子岛);CO 228/3,p.9。也见 Murray,1907,p.223。

然而，在上加拿大有进一步的发展。1798 年的法律规定了根据 1793 年分类人头税应课税的财产类型及其推定价值（按英亩计算的土地，按头计算的某些动物，按火炉计算的房屋、磨坊、商店等），这将使税收朝新英格兰式直接税的方向发展，与美国独立战争后在上加拿大定居的大量效忠者一致。[201] 此外，尽管其措辞如此，但由于该法律包括评估非居民的规定，其似乎是基于来源征税实施的。这项法律似乎于 1799 年 2 月 1 日被委员会否决，[202] 然而，在 1800 年，为了改进评估方法，上加拿大实际废除了 1793 年的法律。[203] 与被否决的 1798 年法律一样，该法律规定了应课税财产及其各种价值（实际上，该法律本质上是对 1798 年法律的改写）。

（四）美国

1798 年，国会正为与法国的一场潜在的海战做准备，并求助于直接税。根据沃尔科特 1796 年关于直接税的报告（见原著第 367 页），国会通过了对土地、房屋和奴隶的直接税。[204] 该法律规定筹集
425 2,000,000 美元，因此它不是常设性的，这笔款项在各州之间分摊。与许多州的做法一致，一项单独的法律规定了对土地、房屋和奴隶的估价。[205] 根据该法，房屋按其资本金额估价，而土地按数量估价，但

---

[201] 类似的评估见 Vineberg，1912，p. 38。

[202] 《在整个属地内更统一地进行评估的法案》（推定 1798 年）（上加拿大）；CO 44/40，p. 7。

[203] 《在整个属地内更统一地制定评估和税率的法案》（1800 年 6 月 30 日）（上加拿大）；CO 44/40，p. 44。

[204] 《在美国境内设立和征收直接税的法案》（1798 年 7 月 14 日）（美国）；United States，1856 – 1864，Vol. 1，p. 597。

[205] 《一项关于土地和住宅估价以及美国境内奴隶计数的法案》（1798 年 7 月 9 日）（美国）；United States，1856 – 1864，Vol. 1，p. 580。

不同类型的土地具有不同的税率。除非身体虚弱,否则奴隶的价值按人头计算。随后,税法开始对不同的房屋按不同的金额征税,并对每个奴隶按 50 美分征税。一个州配额的剩余部分将在土地上进行评估,根据“按足以产生上述剩余部分的百分比……”的估值。[206] 至少在形式上,这种对土地的剩余征税与当时的英国土地税大体一致。很明显,只有位于美国的财产才需要纳税。此外,这项税收似乎也难以评估和征收。这一过程至少持续了 7 年。[207]

在本部分所涵盖的时期内,美国各州没有什么特别相关的事项需要报告的,尽管纽约确实在 18 世纪末恢复了其州级财产税,并对税基进行了更详细的说明。[208] 相比之下,宾夕法尼亚没有征收中央直接税,但其颁布了一项新的法律,以提高县税。[209] 这与 1785 年的中央税(原著第 331 页讨论)大体一致。应税财产包括土地、房屋、磨坊、熔炉、啤酒厂、某些动物“以及所有盈利的官职和职位、贸易和职业……”财产通常以其销售价值估价,而官职、职位、贸易和职业继续由评估员“适当考虑此类贸易和职业产生的利润……”酌情估值。[210]

---

[206] 《在美国境内设定和征收直接税的法案》(1798 年 7 月 14 日)(美国),第 2 节。

[207] 《一项规定完成对南卡罗来纳州土地和住宅的估价以及为其他目的进行奴隶计数的法案》(1805 年 1 月 30 日)(美国);United States,1856 - 1864,Vol. 2,p. 311。

[208] 例如《税收评估和征收法案》(1799 年 4 月 1 日)(纽约)。该税是根据《通过税收筹集一笔资金以供本州使用和进一步支持政府的法案》(1799 年 4 月 3 日)(纽约)。American Antiquarian Society,1956 - ,No. 35916.

[209] 《提高和征收县税费的法案》(1799 年 4 月 11 日)(宾夕法尼亚);American Antiquarian Society,1956 - ,No. 36059。

[210] 同本章注释 209,第 8 节。

426 三、税源抵扣到结束

1802年的和平并没有持续多久，英国在1803年中期重新开始了敌对行动。1804年年底，拿破仑被宣布为法国皇帝。次年，奥地利、英国、俄国和瑞典组成新的反法联盟。在这一年，拿破仑计划入侵英国，并集结了一支150,000人的军队，但是英国海军的优势阻止了这支军队穿越英吉利海峡，这支军队转而进攻奥地利，奥地利再次屈服并获得了和平。1806年和1807年，拿破仑在现在的德国持续取得胜利，这导致了1808年法国与俄国的和平，以及瑞典的分裂。

英国仍然在战争中，但由于法兰西帝国在1810年达到最大规模，所以英国在陆地上几乎没有取得任何成就。相反，英国专注于对欧洲的海上封锁。其实施这一封锁所做的努力导致了1812年至1814年的英美战争。美国航运在战争期间受到法国和英国的限制，并向双方提出抗议。一旦拿破仑的海军被有效瓦解，他就提出如果英国愿意，可以取消这些限制，但英国不愿意，因此美国的注意力集中在英国的限制上。美国将加拿大视为一个容易的目标，这将切断英国的海军军资和粮食供应，并确保美国对毛皮贸易的实际垄断地位。1812年年中，美国向英国宣战。入侵加拿大的企图被证明是失败的，虽然这对英国从西部到东部的供应链造成了破坏，但战争“并没有对欧洲的重大问题产生至关重要的影响……”[211]

---

〔211〕 Holland Rose, 1940, p. 119 – 220.

拿破仑最大的敌人是他的巨大野心。1812 年年中,拿破仑率领 60 万人的军队入侵俄国,他向莫斯科进发,但俄国皇帝拒绝投降,最终拿破仑开始了大撤退,在其撤退完成时,他的军队仅剩 10,000 人。奥地利和普鲁士重新加入对法国的战争。1813 年,法国在西班牙的势力被瓦解,同年晚些时候,法国在盟军手中遭遇了进一步的失败。到 1813 年 3 月,盟军已进入巴黎,拿破仑不久即退位,君主制得以恢复。1814 年的《巴黎条约》达成了所谓的和平。随后,英国与美国的和平在 1814 年的《根特条约》中得以实现。拿破仑被流放,但其在 427
1815 年回到法国,并在接近巴黎时集结了一支军队,几个月后,拿破仑在滑铁卢战役中被击败。在这次失败后,《巴黎条约》于 1815 年得到确认。

本节分为三小节。第一小节探讨了 1803 年敌对行动重新开始后英国直接税的发展,本小节讨论了来源地所得税的扣除、1816 年的期满以及至 1820 年取代它的税收。第二小节探讨了 1803 年至 1820 年殖民地直接税的发展。第三小节简要介绍了同期美国及其各州直接税的发展情况。

(一)来源地所得税的扣除

随着对法战争的重启,阿丁顿于 1803 年重新征收所得税,并因此将其更名为"财产税",同时将税率减半。[212] 新税在许多方面与 1799 年的所得税不同。本小节首先讨论了 1803 年所得税的结构和税基,其次参考导论中提出的四个问题对其进行分析。最后讨论了

---

〔212〕《一项授权国王陛下的,直到批准最终和平条约后的下一个 5 月 6 日,对财产、职业、贸易和职位产生的利润进行征税的法案》(乔治三世 43 年,第 122 章)(1803 年)(英国)。

1816 年所得税失效前对 1803 年法律的修订,以及在所得税失效后至 1820 年取代它的税收。

1. 税基规则的结构和内容

1803 年所得税法在许多方面对皮特的所得税进行了一次根本性的修改,并以纳入源头扣除机制而闻名。皮特的税目已被合理化为 5 个附表,这被认为是“五种独立且不同的税目”。[213] 其想法是避免不受欢迎和无效的总收入报表,并将该法案的各种附表分开管理。索斯深入研究了这个问题,并建议:

> 然而,就其基本方法而言,1803 年的所得税遵循了土地税的做法,确定了某些类型的财产并对其分别征税。
>
> 428 1803 年所得税中的附表与土地税中应征收的财产类别相当。附表 A 通常对应土地税类别中的“土地、房产和世袭财产”,附表 E 对应土地税类别中的“盈利性公职和就业”和“公共养老金、年金和薪俸”。附表 D 大致对应土地税类别中的“个人财产”(现金、债务、货物、器具、商品等),附表和类别都针对商人阶层。与土地税一样,每个人都在每个附表中单独评估,而且不需要确定总收入(根据所得税,要求免税或减税除外)……[214]

事实上,阿丁顿税著名的源头扣除机制显然是建立在土地税中

---

〔213〕 Hope Jones,1939,p. 6.

〔214〕 Soos,1997,p. 155. 索斯在第 180 页继续指出,“这些规定在实质上或措辞上或两者上都非常相似,以表明 1803 年所得税的起草者在制定新立法时严重依赖土地税”。

的类似规定之上的。[215] 如原著第 414 页所述，甚至在所得税通过之前，官方就已经考虑在所得税背景下进行源头扣除了。在皮特的所得税实施期间，这一问题得到了进一步考虑。在皮特的文件中，有一项 1800 年 4 月 22 日的提案，题为"在不暴露私人债务的情况下更有效地确保所得税的方案"[216]。该提案建议将拒绝扣除利息作为从源头对利息征税的一种方式。其对股息征税也提出了同样的建议，即拒绝扣除。该提案实际上提出了一种基于凭证制度的可偿付的税收抵免。这正是 1803 年对股息和利息采用的制度（下文进一步讨论）。

在其他方面，1803 年的所得税效仿 1799 年所得税，[217] 在税率和减免方面尤其如此。这些规定载于 1803 年所得税第 193 条，这种形式的分类使源头扣除制度更加复杂。通过凭证制度，可以就源头扣 429
除的税款申请豁免和减免，并申请偿付。[218]

（1）源于土地的收入：附表 A 和附表 B

关于土地收入，1799 年所得税中扩大三部联合评估税税目的趋势得到扭转，14 种税目变成了两个附表。[219] 附表 A 向土地所有人征税，确定纳税主体的表述显然来自土地税，而不是 1799 年的所得税。然而，与 1799 年的所得税一样，1803 年的所得税征收的是"年价值"，即市场价值租金。因此，在英国传统中，该税是对房主自用财

〔215〕 Farnsworth，1951，p. 43 和 Soos，1997，p. 181。

〔216〕 PRO 30/8/273，p. 143. 很难破译作者，但可能是"R. Bradon"或"Brandon"。

〔217〕 确实，阿丁顿在他的预算演讲中提到了威廉和安妮时代的税收，即 17 世纪的最后 10 年和 18 世纪的第一个 10 年（原著第 181 ~ 195 页讨论）；Cobbett，1812 – 1820，Vol. 36，Col. 1600；但在议会辩论中几乎没有透露阿丁顿可能没有从斯密的《国富论》、下议院关于 1799 年所得税或土地税本身的讨论中得到启示。

〔218〕 乔治三世 43 年，第 122 章，第 199 节，以及更重要的第 200 节。

〔219〕 乔治三世 43 年，第 122 章，第 31 节。

产的名义收入征收。税费应由占用人支付，因此，与土地税一样，在土地被出租的情况下，附表 A 纳入了源头扣除。然而，估值和扣除的规则似乎主要取自 1799 年的所得税。

附表 B 再次根据“年价值”对占用土地和房屋的收入征税。这基本上是针对农民的附加税（预计不会从房屋获得收入的租户大部分被排除在外，附表 A 的征税被认为是足够的）。如同三部联合评估税和 1799 年所得税，该税仍然主要基于租金价值，而不是基于租户的实际收入征收。

作为一项税收保护措施，土地的估值不得低于其适用于济贫税的价值。事实上，在大多数情况下，用于估值的是济贫税。这强调了此时济贫税的重要性。在 18 世纪，济贫税的重要性持续增长。到 1800 年，根据济贫税重新分配的资金相当于中央政府直接税和消费税收入的 21%。[220] 它还显示了最初的每月评估和最终的土地税的特点，即为地方目的进行委托评估。教区也被要求对教区内的拖欠税款人承担一般责任。虽然不同于土地税的配额制，但有相似之处。[221]

430 （2）源于基金的收入：附表 C

阿丁顿最初计划从源头扣除国债应付利息，然而，皮特反对这种扣除，认为这实际上违反了资金发行的条款，并认为纳税人应该申报他们源于此的收入。[222] 因此，在 1803 年的所得税中，国债的收入有

---

〔220〕 Slack，1995，p. 26.

〔221〕 乔治三世 43 年，第 122 章，第 50 节和第 51 节。也见 Soos，1997，p. 159。

〔222〕 Farnsworth，1951，p. 48，p. 66 – 67；Dowell，1965，Vol. 3，p. 99 – 100.

自身的附表，不需要从源头扣除。[223] 非居民外国人免于征收。[224]

(3)源于财产、商业和就业的收入：附表 D

附表 D 涉及许多收入来源，其只是粗略地纳入了 1799 年所得税第 15 种至第 18 种税目的规则和剩余类别。[225] 它对“任何财产……或任何行业、贸易、雇佣和事业……”中获取的“年度利润或获利”征税。1799 年所得税的相应税目中并没有使用“年度”一词，似乎是为了与前三个附表中的“年度价值”或“年度金额”保持一致而加入的。该附表随后被分为 6 种税目，大致对应刚才提到的 1799 年法案中的四种税目和剩余类别。

1799 年法案中的 15 种税目被分为 1803 年法案中的税目Ⅰ和税目Ⅱ。税目Ⅰ只涉及贸易和制造业。回想一下，1799 年法案包含了一些关于贸易和制造业的具体规则，很显然这些已被决定作为一个单独的税目。税目Ⅰ中的利润或获利将以 3 年的平均数为基础计算，其措辞与 1799 年的类似。有趣的是，除非支付给外国人，否则不允许扣除已支付的利息。这是源头扣除机制的一部分，但收款人仍会获得对所收利息间接支付的税款的抵免。这效仿了上文讨论的 1800 年 4 月 22 日的提案，并进一步参见下文。然而，这种方法并不新颖，其在 1688 年的补助金中已经被使用过了(在原著第 183 页讨论)。

税目Ⅱ适用于“行业、雇佣或事业的……利润、获利和薪酬……”自 1696 年第一次征收“土地税”(见原著第 187 页)以来，“薪酬”一

---

〔223〕 乔治三世 43 年，第 122 章，第 66 节。

〔224〕 乔治三世 43 年，第 122 章，第 71 节。

〔225〕 乔治三世 43 年，第 122 章，第 84 节。

431 词一直被用于直接税法中。这里适用上一年的税基(也许是先前1799年所得税第15种税目被分割的另一个原因)。

税目Ⅲ涉及“年度价值不确定的财产”,涵盖矿山、运河、码头等活动。税目Ⅳ和税目Ⅴ涉及外国收入,将在原著第434页进一步讨论。剩下的是税目Ⅵ,涉及“任何不属于上述任何规则或附表的任何年度利润或获利……”这显然是基于1799年法律的剩余类别。1799年所得税的第16种税目所涵盖的消极收入没有在1803年法案的附表中出现。

1803年的所得税法第208条明确规定对“年金、货币年息或其他年度支付”征税,并根据附表D的规定对其进行评估。此项征收不适用于从利润中支付的情况。此类金额的付款人有权从应付款项中扣除税款,产生一种类似公司股息的源头扣除,原著第432～433页对此作出了说明。

附表D包括不易从源头扣除的收入,因此保留了一般收入申报表。正如预期的那样,事实证明,商业业务收入难以评估。正如奥布莱恩所言:

> 在评估众多个人和小型企业单位的收入时,政府无疑更加依赖相关人员的诚信。政府的行政困难被利用,但究竟有多少未申报的收入流失,这是一个值得猜疑的问题。[226]

---

〔226〕 O'Brien,1959,p.261.

拒绝利息扣除有助于对贸易收入征税，但不能完全解决根本问题。

(4)公职和雇佣：附表 E

附表 E 适用于公职人员和雇员的薪金、工资和各种其他款项。这在很大程度上借鉴了土地税，并再次提供了一个现成的机制以确保从源头扣缴。[227]

2. 四个问题 432

关于导论中提出的四个问题，1803 年法律中关于资本—收益区分的进展很少。法律仍然使用“源自”一词，特别是在附表 D 中。如上所述，它还在利润或获利、收入和各种付款的背景下使用“年度”一词。此外，附表 A、附表 B、附表 C 和附表 E 的大部分内容无法捕捉资本获利，还重复了限制扣除的规定，包括拒绝扣除“用于或拟用作资本的款项，或用于改善为……贸易或制造业目的而占用的房屋的款项”[228]。出于三部联合评估税和 1799 年所得税所讨论的原因，该法律显然无意延伸至资本获利和损失。

至于收入分类税制，正如在三部联合评估税和 1799 年所得税中所讨论的那样，作为一个历史问题，这是不可避免的。此外，1803 年法律对土地税的强大依赖也进一步强化了这一点，而土地税和它的前身一样，也采用了附表方法。如果说有什么不同，1803 年的所得税比三部联合评估税和 1799 年的所得税更明细，因为各种附表下的税目变得更加独立。

源头扣除机制也是为公司设立的，并且与利息扣除机制一样，效

[227] 乔治三世 43 年，第 122 章，第 175 节。

[228] 乔治三世 43 年，第 122 章，第 213 节。

仿了1800年4月22日的提案(原著第428页讨论)。1803年的所得税法第127条明确要求在估算公司利润时不扣除股息，即与1799年法律相反。它要求任何"法人、兄弟会、联谊会、公司或社团……"提供：

> 根据本法的指示，以及上述估算方式的声明计算的……应付税款的报表；这种估算应根据年度利润和获利的金额进行……在股息支付给其他任何……对此类利润或获利拥有任何股份、权利或所有权的人以及所有其他此类人员之前……应允许从该股息中按比例扣除应收取的税款……

433 公司的这种源泉扣缴原则似乎是从土地税的一项规定中发展而来的。土地税规定要求某些自来水厂、照明和火灾保险公司以及国王印刷厂就其股票价值纳税。然后他们被允许从"他们的下一次股息"中扣除税款。[229] 土地税规则源于1678年人头税中纳入的对"东印度和几内亚公司"的规定。

正如1799年所得税下的股息扣除制度一样，源泉扣除机制的使用有效地缓解了公司收入的经济双重征税。一个复杂的问题是，按5%的税率从源头扣除，与所得税中的免税和减税制度之间的相互作用。与其他形式的源头扣除一样，1803年的所得税法第199条和第200条(原著第428～429页提到)的凭证制度涵盖了这

---

[229] 例如，《一项通过在英国征收的土地税向陛下提供补助金，用于支付1798年的服务费的法案》(乔治三世38年，第5章)(1798年)(英国)第7节。

一点。因此，如果收款人要求免税或减税，可以返还公司已支付并从其股息中扣除的税款。这是转税制度(imputation system)的早期形式。

与 1799 年法案不同，管辖权规则实际上分散在 1803 年法案的各附表中。附表 A 和附表 B 只征收位于英国的土地，这是补助金、每月评估以及最直接的土地税下的传统规则。附表 C 仅征收来自英国国债的收入，附表 E 征收来自英国公职的收入。1799 年所得税法的管辖权规则实际上已移至附表 D。在附表 D 中，这些规则在很大程度上效仿了 1799 年所得税法的一般规则。然而，非居民外国人已被明确包含在来源征税的范围中。

在某些方面，1803 年的来源规则比 1799 年的规则更为成熟。附表 D 下的税款是针对以下利润或获利征收的：

> 在英国的任何财产，或在英国从事的任何行业、贸易、雇佣或事业……

通过使用“在英国从事”这一规则，1803 年的所得税法填补了 1799 年法案中有关来源规则的空白。至少从 1667 年的人头税开始，国内就使用了类似的规则，它要求某些官员“在执行上述职务的地 434
方”纳税(见原著第 139 页)。土地税要求因职位或雇佣被评估的人“在行使该职务或雇佣的地方”纳税。尽管在稍微不同的背景下使用，但这些规则似乎是附表 D 来源规则的起源。

如上所述，附表 D 的税目Ⅳ和税目Ⅴ重复了 1799 年所得税的第 17 种和第 18 种税目。它们还特别提到了爱尔兰和“在美洲的英国种植园”，因此似乎解释了1799年法律第102条和第103条的部分规定。然而，税目Ⅳ明确了仅对“在英国收到的”外国证券的收入征税。此外，税目Ⅴ进一步详细说明了汇付基础，包括在英国的应付款项、输入英国的财产和在英国收到的款项，保留了关于临时居留和居住6个月后被视为居民的规则。[230]

3. 1803年之后，失效和超越

1803年的所得税取得了立竿见影的成功，尽管征收的税率仅为1799年所得税的一半，但其第一年的所得税净额几乎与1799年相同。[231] 到1805年，皮特重新掌权，所得税税率提高到6.5%。[232] 所得税法于同年重新修订。[233] 该法纳入了一系列变化，包括某些与土地有关的业务，如矿山、采石场、运河、码头等，从附表D移至附表A。附表D的税目Ⅰ扩展到不仅包括贸易和制造业，还包括任何其他“贸易性质中的生意或企业”。税目Ⅲ涵盖非年度利息。

1805年年末，拿破仑在奥地利和俄国遭遇了重大失败，皮特于1806年年初去世。格伦威尔勋爵组建了一个联合政府，以取代皮特

435 的联合政府，由佩蒂(Petty)勋爵担任财政大臣。在1806年绝望的日子里，新政府将所得税提高到10%，并限制或废除了各种形式的免税

〔230〕 乔治三世43年，第122章，第85~87节。

〔231〕 Seligman, 1914, p. 98.

〔232〕 《一项授权英国国王陛下额外征收，就财产、专业、行业和职位产生的利润征收的评估金额的法案》(乔治三世45年，第15章)(1805年)(英国)。

〔233〕 《一项废除在现任陛下第43年制定的法案的某些部分，该法案授予对财产、职业、行业和职位产生的利润的贡献；并巩固和更有效地征收上述税的规定的法案》(乔治三世45年，第49章)(1805年)(英国)。

或补助。法律再次被整合,以纳入这些变化。[234] 就当时而言,1806 年的法律与 1803 年的法律基本相同,但是 1806 年的法律将源头扣除机制扩展到了附表 C,其效果是进一步提高了每一个百分点的税收收益。[235] 自 1799 年以来,纳税人增加了两倍。[236]

1806 年的法律在战争期间仍然有效。1813 年所得税的总收入超过了 1799 年皮特的所得税总额的 250%,即 15,800,000 英镑,相比之下 1799 年为 6,050,000 英镑。而 1806 年至 1815 年,附表 A 的收入最高,约占总收入的 35%。其次是附表 D,约占 25%,附表 C(随着战争债务而不断增加)约占 18%,附表 B 约占 15%,而远远落后的是附表 E,约占 7%。[237]

正如 1806 年所得税的名称所表明的那样,所得税将在 1815 年和平条约最终签订后的 4 月到期。当时的财政大臣范西塔特(Vansittart)作出了一些努力,以降低税率维持征收。但公众要求政府遵守承诺,即所得税是一项战时措施,应在 1816 年失效。该税种的失效使财政大臣的总收入出现了约 20% 的缺口。财政大臣转而征收间接税以尽量填补部分缺口。在 1820 年之前,直接税在英国没有进一步的发展。[238]

---

〔234〕《一项授权国王陛下,在当前战争期间,直到批准最终和平条约后的次年 4 月 6 日,在英国进一步增加额外的税费和义务(关于利润的税费和义务)财产、职业、贸易和职位;废除在现任陛下第 45 年通过的法案,废除在现任陛下第 43 年制定的法案的某些部分,授权对财产、职业和职位产生的利润的贡献;并巩固和更有效地征收上述税收的规定的法案》(乔治三世 46 年,第 65 章)(1806 年)(英国)。

〔235〕 Dowell,1965,Vol. 3,p. 102 – 105 和 Seligman,1914,p. 101 – 106。

〔236〕 Farnsworth,1951,p. 94.

〔237〕 Hope Jones,1939,p. 78;O'Brien,1959,p. 262 涵盖了 1803 ~ 1814 年。

〔238〕 Dowell,1965,Vol. 2,p. 257 – 258,p. 262 – 268.

436 **(二)殖民地**

随着 1803 年战争的恢复，英军迅速收复了一些殖民地。1803 年，这些殖民地包括法国殖民地圣卢西亚和多巴哥以及荷兰定居地埃塞奎博、德梅拉拉和伯比斯河。法国海军在 1805 年和 1806 年入侵了西印度群岛，但“到 1810 年年底，除了时下与英国结盟的西班牙殖民地外，西印度群岛的所有欧洲殖民地都在英国手中”。英国人还于 1806 年占领了根据 1802 年《亚眠条约》归还给荷兰的开普敦殖民地，并于 1810 年占领了毛里求斯，还有许多其他并不相关的战果。[239] 根据 1814 年《巴黎条约》，英国归还了大部分夺取的殖民地，除了法国割让的圣卢西亚、多巴哥和毛里求斯以及荷兰割让的埃塞奎博、德梅拉拉、伯比斯河和开普敦殖民地。[240]

本小节考察了 1803 年至 1820 年殖民地直接税的发展。首先是西印度群岛，其次是加拿大殖民地，最后是其余一些殖民地。

1. 西印度群岛

1803 年至 1820 年，巴巴多斯的直接税没有任何发展。巴巴多斯继续欢迎总督，在其执政期间授权对奴隶、某些磨坊、窑炉和马车征收一般的混合税，并根据教区登记册对城镇居民的房屋、贸易和个人
437 财产征收额外费用。[241] 此外，政府的额外成本不时通过在同一税基

---

[239] Holland Rose，1940，p. 106.

[240] Burns，1954，p. 587 – 588、604 – 608.

[241] 例如，《一项为了更好地支持巴斯骑士团最尊贵的骑士乔治·贝克维斯爵士阁下、陛下的总督和本岛总督，在他管理该岛政府期间的法案》（1810 年 8 月 14 日）（巴巴多斯），以及《一项以更好地支持巴斯最光荣的军事勋章和葡萄牙皇家军事勋章的大十字勋章斯台普顿勋爵康贝米尔阁下和宝剑军事勋章陛下的总督和本岛总督，在他管理本岛政府期间的法案》（1817 年 6 月 17 日）（巴巴多斯）；CO 30/18，p. 127；CO 30/20，p. 62。

上增加税收来满足。[242] 在安提瓜,除了根据 1740 年的《缺额法》征收的资金,直接税在此期间似乎已全部到期。1817 年,它征收了与 1795 年类似的税,因此涉及对奴隶的征税,以及对城镇内改良土地的年租金和城镇外每英亩土地的征税。[243] 1818 年,安提瓜实施了一个简单的奴隶税。[244]

圣基茨和尼维斯是受到法国入侵的殖民地之一,它们在 1805 年各自向法国海军支付了一笔赎金,以免于被劫掠。[245] 1808 年,圣基茨除了对糖和盐征税外,还征收了两年的所得税(按照 1795 年的法律,见原著第 373 页),[246] 直到 1820 年才有进一步的征税记录,但那一年的征税仍与 1795 年基本相同。[247] 相比之下,尼维斯持续征收

---

[242] 例如,《一项针对本岛居民征收额外税款以应对本年度的法案》(1805 年 6 月 18 日)(巴巴多斯)和《一项针对本岛居民征收额外税款以应对本年度的当前费用的法案》(1818 年 7 月 21 日)(巴巴多斯);CO 30/17,p. 177;CO 30/20,p. 116。

[243] 《一项对支付该岛公共债务和费用征税的法案》(1817 年 11 月 14 日)(安提瓜);CO 8/23,p. 107。

[244] 《一项筹集资金用于支付本岛公共债务和费用的法案》(1819 年 2 月 5 日)(安提瓜);CO 8/23,p. 136。

[245] Burns,1954,p. 584.

[246] 《一项针对本岛内生产的所有糖和收入以及本岛内出售和出口的所有盐以及从该岛出口的所有酸橙柠檬汁和橙汁征税,偿还本岛的公共债务的法案》(1808 年 5 月 10 日)(圣基茨);CO 240/15,p. 49。

[247] 《一项为该岛历代总督筹集足够资金的法案》(1820 年 2 月 7 日)(圣基茨);CO 240/16,p. 164。法律继续附有一个附表,其中列出了不同人的分配收入,所得税的核心规定是:

> 第 3 节:"如果当局进一步颁布上述规定,每个人在此征税或评定其收入(不包含此类种植园所生产的糖)应达到每年 200 英镑的货币,应支付……从 1818 年 8 月的第一天到 1819 年 8 月的第一天,他或她的每 100 英镑收入支付 45 先令的货币。"
>
> 第 5 节:"如果当局进一步颁布上述规定,任何未被本法评定的人,其收入应达到 200 英镑的现金,应支付……按上述期间每 100 镑收入 45 先令的税率,该收入应由财政部长确定和评定,并按上述方式收回。"

438 奴隶税以支持总督，并于1816年更新，以欢迎新总督。[248] 同年，它对奴隶和城镇中某些改良土地的年度价值征收常规税。[249] 这些类型的征收一直持续到1820年。有趣的是，在1821年，尼维斯以所得税补充了这种针对奴隶和土地的税收，具体条款如下：

> 以及对在本岛拥有财产的人的所有收入，或由本人或代理人在本岛从事的任何财产或津贴、行业、职位、雇佣、贸易或事业产生的所有收入，而不是由任何糖种植园的所有权或租金产生的收入，按以下税率征税……[250]

对于收入超过200英镑的人，税率为3%。专员将被任命来"评估"个人的收入。纳税人将接受检查并宣誓回答他们的收入数额。似乎英国所得税和邻国圣基茨的所得税影响了这项税收，尽管其措辞并不完全效仿二者。

牙买加在1806年迎来了一位新的总督，并推行了多项税收。其

---

[248] 《一项筹集资金以支持托马斯·罗宾先生阁下，以及对黑人和其他奴隶征收税收或人头税的法案》(1816年9月14日)(尼维斯)；CO 185/9，p. 11。

[249] 《一项通过对属于尼维斯岛居民和种植园的黑人和其他奴隶的每人征收每年5先令的征税或税款，向陛下的继承人和继任者提供补助金，以及对几个城镇的所有房屋、仓库、商店和公寓的年价值上以百英镑计算现金3英镑的金额的法案》(1816年9月14日)(尼维斯)；CO 185/9，p. 13。

[250] 《一项通过对不属于任何甘蔗种植园的所有房屋和其他物业的年租金、居民所有或拥有的或属于尼维斯岛的甘蔗种植园，或非尼维斯岛居民的黑人和其他奴隶的年收入征收现金或税收，向国王陛下的继承人授予补助金，用于满足对公众的要求的法案》(1821年9月1日)(尼维斯)；CO 185/9，p. 77。

中包括按照1796年征收方式征收的土地税。[251] 它还重新实施了其《缺额法》[252],并对奴隶、牲畜和马车,根据教区名册的行业,特定职 439
位和城镇中某些房屋、码头和仓库的年价值征收常规税。[253] 在1820年之前,这些税被定期重新征收,并稍作调整。[254]

英国继续在伯利兹驻军,但直到1840年才正式建立殖民地。在本章所述期间,伯纳比法律(见原著第311页)仍然是"唯一可用的书面权威……"[255]公共会议继续征税,其中包括吨位税和"临时"人员的销售税,但进口税的范围普遍扩大。[256] 1805年,伯利兹对授予奴隶自由征收25英镑的税,但在1808年废除了该税。[257] 1813年,伯利兹曾试图对遗产和财产管理征税,并征收人头税。人头税是一个统一的税率,但在男性和女性以及白人、有色人种、黑人和奴隶之间

---

[251] 《一项筹集本岛土地税并将其应用于公共服务的法案》(1806年11月14日)(牙买加);CO 139/53,p.26。

[252] 《一项要求该岛的几个居民为自己提供足够数量的白人,或在他们不足时支付一定数量的钱的法案》(1819年12月18日)(牙买加);CO 139/53,p.46。

[253] 《一项征收人头税,针对贸易、超级货物和船长以及职位和房屋,以及某些轮式运输车征税,并将其应用于多种用途的法案》(1806年12月19日)(牙买加);CO 139/53,p.55。

[254] 例如,《一项要求该岛的几个居民根据他们将拥有的奴隶数量保持一定数量的白人在民兵中服役,并使自由条件下的有色人种和黑人能够弥补他们的缺额,拥有奴隶和为彼此的奴隶或支付一定数额的钱以防他们缺额的法案》(1818年12月19日)(牙买加),《一项征收本岛土地税并将其应用于公共服务的法案》(1819年12月18日)(牙买加),以及《一项用于征收人头税,并对超级货物和船长、职位和房屋以及某些轮式车辆的贸易征收税款,并将其应用于多种用途的法案》(1819年12月18日)(牙买加);CO 139/63,p.134,p.214,p.232。

[255] Burns,1954,p.503.

[256] 例如1805年11月19日、1806年2月25日和1812年7月7日的决议;British Honduras,1931－1935,Vol.2,p.86,p.92,p.154。

[257] 1805年10月29日和1808年6月28日的决议;British Honduras,1931－1935,Vol.2,p.84,p.119。

有区别，白人男性支付的税率最高。[258] 这些新税和 1812 年征收的一些额外的间接税几乎立即被废除了。[259] 这使公共财政处于岌岌可危的状态。虽然伯利兹没有总督，但这种情况促使其监管人(superintendent)在 1815 年 1 月 6 日的公共会议上发表讲话，敦促其重新考虑并支持征收人头税的优点。结果，1812 年的额外征税得以
440 恢复，人头税重新实施两年。[260] 当时伯利兹定居点的人口仍然很少，总共不到 4000 人，其中大部分是奴隶，只有 150 名白人定居者。[261] 到 1820 年，伯利兹的税收制度几乎没有变化。

巴哈马的直接税制度也几乎没有变化，它继续依赖对奴隶贩子和自由有色人种的人头税，以及对马车征税，当时还有对马和台球桌的许可征税。[262] 直接税以大致相同的方式持续存在到 1820 年，尽管到 1815 年，人头税似乎已经普遍化，并且对狗征税。[263]

格林纳达的直接税制度也继续存在，但发展很少。1809 年，格林纳达对岛上的农产品、房屋和某些建筑物(不附属于种植园)、奴隶(不附属于种植园)、每头马匹征税，对酒征收特定的税。[264] 经过细

---

[258] 1813 年 1 月 6 日的决议；British Honduras，1931 – 1935，Vol. 2，p. 162。

[259] 1813 年 2 月 23 日和 1813 年 10 月 26 日的决议；British Honduras，1931 – 1935，Vol. 2，p. 164，p. 165。

[260] 1813 年 1 月 6 日的决议；British Honduras，1931 – 1935，Vol. 2，p. 177。

[261] British Honduras，1931 – 1935，Vol. 2，p. 188.

[262] 例如，《关于征收和规定其中提及的某些税费、评估和税收、改变评估模式以及用于其中提及的其他目的的法案》(1806 年 12 月 22 日)(巴哈马)；CO 25/13，p. 33。

[263] 《一项关于征收和规定其中提及的某些税费、评估和税款以及用于其他目的的法案》(1815 年 12 月 29 日)(巴哈马)；CO 25/16，p. 99。

[264] 《一项通过对格林纳达居民及其属地居民征收税款，向国王陛下提供补助金，以及对进口马德拉葡萄酒和外国烈酒征收税款，以用于偿还公共债务，以及这些岛屿的当前及附带费用的法案》(1809 年 6 月 21 日)(格林纳达)；CO 103/10，p. 262。

微修正后，该制度一直持续到 1820 年。[265] 相比之下，在 1804 年，圣文森特将其根据收入分类的人头税转换为比例所得税，但仍以"年总收入"为基础。[266] 圣文森特废除了针对特定等级内收入的固定税，人头税法第 3 条征收条款简要规定：

> 所有白人和自由人……利用或从事任何年总收入为 300 英镑或以上的雇佣、商贸、事业或行业……应根据本法指定的评估员评定的金额，对此类年总收入缴纳 2% 的人头 441
> 税……

本部分所涵盖时期内，最后一次征收的此类税似乎是 1811 年。[267] 该法律继续对奴隶、某些酒的进口、城镇房屋和花园地块的年价值或租金征税，对雇佣奴隶劳动获得的金钱征税，以及对未改良的地块征税。比例所得税的形式大致与 1804 年相同。圣文森特在 1820 年之前继续实施其 1767 年的《缺额法》。

多米尼加于 1805 年被法国人洗劫，[268] 并于 1806 年按照惯例征收直接税。[269] 这涉及奴隶税，对各种贸易、行业和人头征收的固定

---

〔265〕 例如，《一项通过对格林纳达及其属地居民征税，向国王陛下提供补助金和对进口马德拉西西里特内里费岛和西班牙葡萄酒征税，以用于偿还公共债务，以及这些岛屿的当前及附带费用的法案》（1819 年 8 月 28 日）（格林纳达）；CO 103/11，p. 206。

〔266〕 《为支付公共债务和费用制定税收，并特别适用于该法案》（1804 年 3 月 13 日）（圣文森特）；CO 262/8，p. 89。

〔267〕 《为支付公共债务和费用制定税收，并特别适用于该法案》（1811 年 4 月 25 日）（圣文森特）；CO 262/11，p. 11。

〔268〕 Burns，1954，p. 584.

〔269〕 《一项筹集基金，用于支付公民政府偿还殖民地债务的费用和拨款该基金，以及用于其他目的的法案》（1806 年 2 月 25 日）（多米尼克）；CO 73/11，p. 70。

金额税，对罗索的房屋租金征税，对运输工具征税和对酒馆的额外征税。类似的征收一直持续到1817年，就在英国所得税到期后，多米尼克在所得税方面的征收得到了加强，[270]其对进口的酒和茶，不附属于种植园或出口的奴隶，当地产品和运输工具征税。此外还有：

> 对在本岛从事神学、法学或医学三种职业中任何一种所获得的所有收入，从公职的薪酬中获得的，从经理、监督员或职员的薪水中获得的，从贸易或商业的佣金、费用、工资或收益中获得的，从拍卖师、律师或遗产代理人中获得的所有收入，按以下税率征税……

接下来有10个等级：第一个等级的收入在200英镑到300英镑，支付固定金额10英镑；最高等级的收入为4000英镑及以上，支付固定金额300英镑。这种等级方式的使用类似于格林纳达最初在1778年采用的方法，此方法后来又在1784年被圣文森特采用（但在
442 1804年放弃了，改为按比例征税）。法律继续规定，“上述比例应根据所有上述人员的总收入扣除职员雇佣、商店或办公室的租金后的计算……”纳税人必须“亲自或其代表或合伙人……在财务主管或其代理人面前……真实准确地申报其在上述时间之前12个月的收入……”纳税人须就该收入宣誓。

多米尼克迅速从这种分类人头税转变为累进所得税。1818年，

---

〔270〕《一项筹集基金，用于支付公民政府偿还殖民地债务和拨款该基金的费用，以及用于其他目的的法案》（1817年6月2日）（多米尼克）；CO 73/12，p.108。

它征收了类似的税，[271]但当时的所得税是按以下比例征收的（使用基本相同的措辞），分为以下等级：

收入在200英镑到500英镑的为2%，
收入在500英镑到1000英镑的为3%，
收入在1000英镑到2000英镑的为4%，
收入在2000英镑到3000英镑的为5%，
收入在3000英镑到4000英镑的为6%，以及
收入超过4000英镑的为7%。

多米尼加一直坚持征收所得税直到1820年，尽管税率和等级量有所减少，但税收仍然是分级累进的，税基也略有扩大。[272]

1803年，圣卢西亚被重新占领，并成立了英国政府。圣卢西亚 443
的早期税收制度并不明确，但至少涉及间接税和对出口产品征收

[271] 《一项筹集基金，用于支付公民政府偿还殖民地债务和拨款该基金的费用，以及用于其他目的的法案》（1818年4月22日）（多米尼克）；CO 73/12，p. 153。

[272] 《一项筹集基金，用于支付公民政府偿还殖民地债务和拨款的费用的法案》（1820年8月19日）（多米尼克）；CO 73/13，p. 45。

第7条规定，"对某些公职人员在本岛从事三种学术专业（神学、法学或物理学）中的任何一种所获得的收入征税……对作为律师、保理拍卖师和房地产代理人的佣金征税，并对公职人员产生的所有薪酬征税，对作为经理的工资征税，对主要商人和店主征税，也就是说，收入在300英镑到500英镑之间的，以及收入在500英镑以上的，应按上述9月1日之前12个月的上述总收入计算（扣除职位雇佣金和办公室租金），按3%……"

第8条规定，"所有商人须就其自1819年9月1日至1820年9月2日在本港所得的总收入，在扣除职位雇佣金和商店租金后，缴付2.5%的税款和义务，而他们及他们每一人须于上述10月1日，代表其本人及代表缺席的一名或多于一名合伙人出席会议并对所得收入金额宣誓并缴纳税款"。

4.5%的有利于王室的关税。[273] 似乎直到1816年(在圣卢西亚割让给英国之后),法国的政府形式才被废除,行政和立法职能转移到枢密院。一个更典型的立法委员会直到1832年才成立。[274] 到1820年,圣卢西亚的直接税制度包括对奴隶征税(对家庭佣工征收更高的税率)以及对"卡斯特里和苏弗里尔镇所有房屋、商店和地块的租金征收5%的房屋税……"[275]。

1803年,英国重新征服多巴哥后,第一个直接税是简单的人头税。[276] 这种税制与简单的奴隶税交替使用直到1820年。[277] 根据1802年的《亚眠条约》,西班牙将附近的特立尼达割让,但多年来,英国居民只占白人人口的一小部分,而且,分别到1813年和1814年,立法机关和法院的会议记录才使用英语。[278] 在英国管理的早期,先
444 前的间接税制度得以延续。[279] 此外,一些公共工程的资金来自对黑

---

[273] 1803年10月27日的公告将4.5%引入圣卢西亚;CO 253/3(无页码)。稍后在同一份文件中对提议税收的产生进行了估计,其中包括进出境货物税、酒类许可证、台球桌许可证、小贩和小贩许可证以及解放奴隶税。

[274] Burns,1954,p.646.

[275] 《确定1820年公共服务税收的法令》(1820年1月11日)(圣卢西亚);CO 255/1,p.16。

[276] 《一项以确定该岛的债务,筹集一笔款项以支付该等款项,以及为殖民地服务所需的所有其他费用,并拨出目前在财政部长手中的任何此类款项,以及其他可能落入他手中的其他款项的法案》(1804年3月22日)(多巴哥);CO 287/3,p.54。

[277] 《一项以确定殖民地的债务,筹集一笔款项以支付该债务,并支付所有其他可能为殖民地服务所必需的费用,并为此目的将任何款项拨归财政部长的手中的法案》(1810年9月8日)(多巴哥),该款项是一种人头税,以及《一项确定殖民地债务,并筹集一笔款项以支付该债务,以及支付所有其他为殖民地服务可能需要的费用;并为该目的而拨出剩余在财政部长手中的任何款项,这些款项未以其他方式特别拨出或本岛的法案》(1820年1月24日)(多巴哥),这是奴隶税;CO 287/3,p.291,p.287,p.285。

[278] Burns,1954,p.606.

[279] 例如1805年4月23日理事会会议记录中的讨论;CO 298/2,p.60。

人劳工的征税,〔280〕到1808年,这似乎已发展为奴隶税。〔281〕这一制度一直持续到1820年,尽管在1814年和1815年似乎有对房屋征税。〔282〕

荷兰殖民地德梅拉拉、埃塞奎博和伯比斯河于1803年被英国重新征服,并于1814年被荷兰人割让。德梅拉拉和埃塞奎博于1784年合并,但直到1831年,这三个殖民地才统一为英属圭亚那的殖民地。〔283〕在英国统治的早期,这些殖民地的直接税收制度有些粗略。1810年,伯比斯似乎征收了人头税(如果与德梅拉拉和埃塞奎博的人头税类似,则可能是根据收入分级的),并单独征收了奴隶税。〔284〕记录表明,1814年的税收制度与此相似。〔285〕同样,早在1805年,德梅拉拉和埃塞奎博就有奴隶税和(大概)人头税(可能基于收入)的记录。〔286〕1807年的记录揭示了奴隶税,以及"与法院关于1806年税

〔280〕 例如,在1803年7月9日的理事会会议上,下令对提供公共工程的黑人劳工征税。种植园被要求提供一定比例的黑人,"当奴隶在种植园中不超过10人时,不需要任何费用,但如果奴隶数量在10到36人之间,则所有人应按每名黑人1美元的税率支付现金……"CO 298/1,p.6。

〔281〕 1808年4月20日的理事会会议记录包括以下内容:"决定公共服务部门宜立即对每个奴隶征收上述每人4/6的税款……"CO 298/3,p.174。

〔282〕 这一时期的殖民地账目在CO 300/17中复制,其中列出了从这些税收和间接税中收取的收入。

〔283〕 Burns,1954,p.644.

〔284〕 从1810年3月15日的政策和刑事司法法院的会议记录中可以明显看出,其中揭示了征收"人头税"和"种植园资金"以及一些间接税;CO 114/1。1810年10月2日的会议记录表明,种植园的资金是根据种植园雇用的奴隶数量征收的,这些款项必须定期退还。这份会议记录还确定了当年的人均税收。

〔285〕 政策和刑事法院1814年1月11日的会议纪要;CO 114/2。

〔286〕 政策和刑事法院1805年11月27日的会议纪要规定:"决定对所有奴隶征收4荷兰盾10斯蒂夫(荷兰旧货币单位)的殖民税,并按比例对收入征税。"CO 114/6。

收的决议中所载的相同等级和分类相一致的收入税率……”[287]

445 1808年的记录清楚地表明，“所得税”是一种按收入分级的人头税，[288]那一年的税收包括奴隶税和以下税种：

> 第二，根据以下分类，对1808年从这些殖民地获得的任何其他来源的所有收入征税，除了从政府获得的军事岗位的固定薪金，或来自土地和庄园的耕种……

“所得税”共28个收入级别，从最低的2000荷兰盾到3000荷兰盾，再到最高的140,000荷兰盾到150,000荷兰盾。每一级别都应缴纳固定金额的税款。同样，这种税收最明显的先例似乎是1778年在多米尼克和1784年在圣文森特征收的税。该税在1815年仍然征收，但尚不清楚它是否一直征收到1820年。[289]

2. 加拿大

1803年至1820年，除爱德华王子岛外，其他沿海属地（新斯科舍、新不伦瑞克和布雷顿角）的直接征税没有任何发展。1808年，用于补充赋役的土地税继续进行了一些调整。[290] 1809年，为了建造政

---

[287] 政策和刑事法院1807年12月7日的会议纪要；CO 114/7。

[288] 政策和刑事法院1808年11月2日的会议纪要；CO 114/6。

[289] 政策和刑事法院1815年2月1日的会议纪要；CO 114/8。

[290] 《一项修改和修正在国王陛下统治第30年制定和通过的法案，要求本岛的地块或乡镇或部分地块或乡镇的各自所有者，以及对该岛的定居或改善没有任何贡献且其土地处于荒废和未开垦状态的人，支付他们的费用修建和维修上述岛屿的法案》（第165号）（1808年4月8日）（爱德华王子岛）；CO 228/3，p. 95。

府大楼,又进一步征收了土地税。[291] 每 100 英亩土地征收 2 先令,牧场亦然。在 1820 年之前,没有进一步的发展。同样,魁北克的直接税在 1820 年之前也没有进一步的发展。[292]

相比之下,上加拿大的直接评估税持续发展。1803 年,该法律得到整合,对应税财产进行了更详细的阐述。[293] 每个人应支付的税费还是以配额制度为基础。该法律还包含纳税申报表,就像美国许多州一样。在 1819 年进一步整合之前,还有一些较小的修正。[294][295] 该税继续针对不动产和个人财产,但税率区间已被取消。该法律列出了应课税财产的种类,并指明了估值方法。土地按每英亩或城镇地块的固定价格估价,建筑物根据其类型,马和牛根据头数,马车也要纳税。 446

3. 其他殖民地

1800 年,新斯科舍黑人的到来促进了塞拉利昂人口的增加。其中很大一部分是牙买加黑人奴隶,他们在 1795 年牙买加起义后,于 1796 年被驱逐到新斯科舍。[296] 塞拉利昂于 1808 年被移交给王室,

---

[291] 《一项筹集 1600 英镑,用于在夏洛特镇为大议会、最高法院及其办公室和其他公共办公室建造建筑物,以及在该岛建造两个目标,即一个在王子县,一个在国王县的法案》(第 177 号)(1809 年 5 月 10 日)(爱德华王子岛);CO 288/3,p. 130。

[292] Vineberg,1912,p. 34.

[293] 《一项具体规定不动产和个人财产,在其持续期间应接受评估和费率,并确定对此类财产的每个细节进行评级和评估的若干估值的法案》(1803 年 3 月 5 日)(上加拿大);CO 44/41,p. 41。

[294] Vineberg,1912,p. 33、34.

[295] 《一项废除现行的几项法律,涉及在本属地征收和征收税率和评估,并进一步规定对整个属地的土地和其他应课税财产进行更平等和普遍的评估的法案》(1819 年 7 月 12 日)(上加拿大)。

[296] Burns,1954,p. 555.

塞拉利昂公司最终被清算。[297] 尽管 1795 年为了修建公路征用劳动力的法律(见原著第 380 页)反映在 1812 年的法律中,但殖民地的税收制度仍主要以间接税为基础。[298] 冈比亚或黄金海岸没有进一步
447 的发展,这些地区仍由非洲贸易公司管理(见原著第 318 页)。到了 1820 年,该公司仍然依靠英国议会的拨款。[299]

在印度,与此时相关的发展很少。英国东印度公司继续管理其各种土地收入权(见原著第 315 ~ 316 页)。然而,议会对该公司的监管有所加强。1813 年,它被命令将其行政账目与商业账目分开维护。[300] 巴内杰瑞(Banerjea)指出,“在公司统治的整个时期,土地收入占印度国家收入的大部分”[301]。

如原著第 370 页所述,东印度公司的军队于 1796 年征服了锡兰,马德拉斯(印度)总统的官员开始负责其行政管理,与印度一样,管理主要涉及税收。经过一段时期的起义和冲突,1801 年建立了一个王室政府。从这一时期到 1820 年,锡兰的直接税制有些粗略,它似乎涉及古老的僧伽罗土地税收制度,尽管与印度的制度有些不同

---

〔297〕《一项将归属于塞拉利昂公司的某些财产和权利转让给国王陛下并缩短该公司存续期;以及防止在塞拉利昂殖民地内买卖奴隶的任何交易或贩运的法案》(乔治三世 47 年,第 44 章,第 2 节)(1808 年)(英国)。另外见 Martin,1927,p. 141。

〔298〕《一项修改和解释〈为了建造和维护这个殖民地的公路法案〉的法案》(1812 年 9 月 12 日)(塞拉利昂);CO 269/1,第 5 号(没有页码)。

〔299〕 Martin,1927,p. 17. 该公司于 1821 年终止,公司的“要塞、个人财产和房地产”归王室;Martin,1927,p. 166。

〔300〕《一项关于在东印度公司继续拥有英国在印度的领土以及某些专属特权;为上述领土的政府制定进一步的条例,并在该领土内更好地进行司法行政;以及在上述公司章程的限制范围内,对进出该地区的贸易进行监管的法案》(乔治三世 53 年,第 155 章)(1813 年)(英国)第 64 节。也见 Banerjea,1928,p. 6。

〔301〕 Banerjea,1928,p. 126.

（该公司试图强加印度的制度是早期起义的原因之一）。该制度似乎具有近乎封建的性质，涉及以土地的持有换取服务。[302] 同样，进出口关税显然是在早期阶段征收的，并且是 19 世纪前 20 年税收制度的支柱。[303]

1806 年，英国人再次占领开普敦殖民地，荷兰人根据 1814 年的《巴黎条约》将其割让，但直到 1820 年，这里才发生了严重的英国殖民化。[304] 1806 年，英国人从荷兰人那里继承了一套相对复杂的税收制度，其中包括"对耕地的产品和牧场上的牲畜……征收的什一税"，[305] 以及某些间接税。土地上也有各种征收，英国人在 1813 年将这些征收转变为普遍的土地占有制度和免役税制度。[306] 此外，开普敦和各地区的地方征收了一系列税款，[307] 特别是这些税款通常包括"自古以来征收"的"人头金"或人头税，原则上是"按每个人的财 448

[302] Harlow，1940，p. 166 – 171. 也见 Mendis，1956，Vol. 1，p. 77 – 120；Mendis，1956，Vol. 2，p. 277。复制了 1801 年 9 月 3 日的公告。似乎在这一天，英国人将土地用于服务的封建制度改为"支付十分之一的产品"或"四分之一"的制度，具体取决于土地的类型。农产品每年都要上缴给政府。它主要针对粮食种植。

[303] 1814 年 2 月 9 日第 647 号锡兰政府公报中《关于合并在锡兰岛征收的若干进出口关税的条例》（1813 年第 10 号条例）（锡兰）的条例；CO 58/1。另外见 1819 年 12 月 30 日锡兰岛 1815 年和 1816 年净收入和支出摘要；United Kingdom，1801 – ，1819 – 1820，第 4 卷，第 56 页）。该报告表明，此时直接征税仅占所有收入的 10% 多一点。

[304] Harlow，1963，p. 211.

[305] 调查专员向厄尔·巴瑟斯特提交的关于 1826 年 9 月 6 日的财政调查报告，在 Cape Colony，1897 – 1905，Vol. 27，p. 397、404 中。这份报告对 17 世纪后期开普敦殖民地的税收发展历史很有帮助。

[306] Plant，1963，p. 791 – 792 以及 1813 年 8 月 6 日的公告，在 Cape Colony，1897 – 1905，Vol. 9，p. 204 中。

[307] 约翰·特鲁特爵士关于约翰·弗朗西斯·克拉多克爵士于 1813 年 5 月 26 日的备忘录中的报告和意见，该备忘录涉及居民和殖民地各个乡村地区所支付的税款，在 Cape Colony，1897 – 1905，Vol. 9，p. 368 中。

产和收入的比例”评估的，但实际上由“官员或委员会自行决定……”[308]这种地方直接税的不确定性和潜在滥用导致了1814年英国的改革。

这项改革至少在形式上将人头税变成了英国式的所得税。鉴于此时英国所得税的成功，这或许并不令人惊讶。1814年4月1日的一项公告表示，作为这一变化的驱动力，即“在整个殖民地，应根据统一、公开和众所周知的原则进行评估……”[309]在各区，人头税将转化为基于人头的统一税率税。然而，关于开普敦，公告规定：

> 普通评估，不是根据每个人的表面财富和收入对每个人征税的一般方式，应仅根据他的收入征税，无论是来自职
> 449 位、行业、贸易、商业、奴隶雇佣还是其他终身或临时权益，或来自永久和可流转的房屋、抵押、债务等。

这种税收的形式似乎很可能是直接受到英国所得税的影响，特别是临时收入和可转移收入之间的区别在许多方面反映了英国所得税的附表D与其他附表之间的差异。因此，开普敦提供了另一个例子，即欧洲人头税至少在形式上被转换为一种更容易被识别为所得税的税种。开普敦例子的不同之处在于，这一过程的证据是明确的。开普敦的所得税一直持续到1820年。

---

〔308〕 在Cape Colony，1897－1905，Vol. 9，p. 375－376中。在一些较小的地区，人头税似乎是按每次人头调查的统一税率征收的。

〔309〕 《约翰·克拉多克爵士的公告》（1814年4月1日）（开普敦殖民地）；Cape Colony，1897－1905，Vol. 9，p. 454。

1810 年英国从法国人手中夺取该岛时,毛里求斯也征收了人头税。与开普敦的荷兰人头税不同,毛里求斯的法国人头税似乎一直持续到 1820 年。[310]

从 1788 年开始,英国人在澳大利亚(新南威尔士)的定居点被作为罪犯收容所,一个关押英国罪犯的地方。[311] 到 1820 年之前,总督一直享有独裁统治,在此期间,总督对某些进口商品征收关税。[312] 总督征收这些关税的权力引发了一个宪法问题,因此英国在 1819 年立法授权征收这些关税。[313] 1820 年之前,澳大利亚的直接税没有发展。[314]

(三)美国

从 1803 年到 1812 年与英国的战争,美国联邦层级的直接税收几乎没有发展(见原著第 426 页)。美国主要通过借入资金为这场战争筹集经费,在筹集贷款资金方面存在一些困难(中央银行的章程于
1811 年失效),因此联邦政府转而采用发行国库券的惯用手段,“这 450
些国库券与独立战争中的‘大陆债券’只是略有不同”。战争期间,国会确实颁布了新的税收法律,但这些主要是间接税。[315]

1813 年战争的高峰时期(以及美国金融危机最严重的时期)是

---

[310] 1819 年 12 月 30 日,毛里求斯岛 1816 年和 1817 年净收入和支出摘要;United Kingdom,1801 - ,1819 - 1820,Vol. 4,No. 57。此时,人头税似乎占所有收入的 20%。

[311] 此时塔斯马尼亚是新南威尔士的属地。

[312] Mills,1925,p. 27.

[313] 《一项停止对任何州长或其他有关在新南威尔士实施和征税的人提起诉讼;继续履行某些职责,直至 1821 年 1 月 1 日;并授权上述总督对在上述殖民地制造的烈酒征税的法案》(乔治三世 59 年,第 114 章)(1819 年)(英国)。

[314] Harris,2002,p. 13 - 14 以及其中引用的参考文献。

[315] Stabile and Cantor,1991,p. 33.

个例外，与1798年一样，当时有一部评估税法和一部单独的征收法(charging law)，两者在很大程度上都效仿了早期的法律。评估税法规定了直接税是“根据所有土地、地块的改良、住宅和奴隶的价值进行评估和征收的……”[316] 同样，税收的来源依据是明确的，评估员被要求列出这些“位于征收区内”的应税项目。[317] 征收法试图筹集3,000,000美元。[318] 按照通常的方式，由各州分摊。一项规定是，如果州在1814年2月10日之前支付配额，则给予15%的折扣，如果在1814年5月1日之前支付配额，则给予10%的折扣。[319] 同样，这是一次性征收，而不是定期征收。

1815年初，随着与英国的战争进入最后的高潮，联邦政府将1813年的征收增加了一倍，新征收6,000,000美元，但要“每年支付”。[320] 1815年这项新的征收法整合了评估税和征收条款，尽管其基本遵循了早期的征税形式。这一年度直接税在战后几年被废除，[321] 至1820年前，联邦直接税没有再出现。

1803年至1820年，美国各州的直接税几乎没有发展。[322] 但是，

---

[316] 《直接税和国内税评估和征收法案》(1813年7月22日)(美国)第5节；United States, 1856 - 1864, Vol. 3, p. 22。

[317] 同本章注释316，第6节。

[318] 《在美国境内设立和征收直接税的法案》(1813年8月2日)(美国)；United States, 1856 - 1864, Vol. 3, p. 53。

[319] 同注释318，第7节。

[320] 《一项通过对美国征收直接税，为支付政府开支和维护公共信贷提供额外收入，并规定对其进行评估和征收的法案》(1815年1月9日)(美国)；United States, 1856 - 1864, Vol. 3, p. 164。

[321] 《废除内部征收的法案》(1817年12月23日)(美国)；United States, 1856 - 1864, Vol. 3, p. 401。

[322] 这个讨论没有考虑到1792年至1820年加入美国的9个州，即肯塔基州、田纳西州、俄亥俄州、路易斯安那州、印第安纳州、密西西比州、伊利诺伊州、亚拉巴马州和缅因州。

简要回顾将有助于完成这项研究。在新英格兰，马萨诸塞的制度继 451
续征收固定数额的税，包括固定人头税和对估值清单征收的剩余税。这份清单包括公正估值的州内房地产，州内的其他财产，包括“商品、货物和销售物，或任何其他贸易存货……以及这些居民从任何行业、手工业、贸易或雇佣中获得的收入金额……”[323]。

康涅狄格的类似税收（但包括对某些行业和贸易的固定税收）在 1796 年的法律（见原著第 368 页）下继续施行，每年通过决议确定税收。[324] 有趣的是，到 1819 年，奥利弗·沃尔科特成了康涅狄格的州长，他曾于 1796 年起草了《美国财政部州税报告》（见原著第 367 页）。1819 年春天，他为康涅狄格立法机关完成了一份关于其直接税制度的报告。[325] 沃尔科特的报告建议继续对人头、贸易、医生、律师和旅馆老板征税，他的建议在 1819 年的新评估税法中得到了广泛采纳。[326] 1819 年评估税法的第 2 条对不动产按其价值的 3% 进行评估征税，对个人财产按其价值的 6% 进行评估征税，并实行统一的固定税率人头税。第 4 条规定：

> 律师、医生、各种贸易商、机械师、酒馆老板、经纪人和酿酒师，应根据其业务、职业或专业的价值和收入，由评估员酌情进行评估，并列入其居住的城镇名单。

---

[323] 《一项分摊和评估 1, 033, 000, 302 美元税款的法案》（1819 年 2 月 18 日）（马萨诸塞）第 2 节；American Antiquarian Society, 1990 – , No. 48630。

[324] Kinsman, 1903, p. 28.

[325] Wolcott（1819 年）。沃尔科特在他的报告中概述了 1817 年康涅狄格“总清单”，即税基。此时，“贸易、职业、机械和成本评估”中提高的税款约占总税款的 5%。

[326] 《税收评估法》（1819 年）（康涅狄格）；Connecticut, 1826, Ch. 1, 第 102 页标题。这项法律是在康涅狄格州通过新宪法的同时通过的。对比 Seligman, 1914, p. 389。

虽然与康涅狄格过去的评估税相比，措辞有所变化，但其效果似乎与之前的法律大体相似，特别是这显然仍然涉及对收入的客观评估，而不是实际评估。

452 在罗得岛，财产税一直持续到1820年年底，但人头税似乎已经取消。[327] 同样，在新罕布什尔，1789年的基本评估税法（见原著第329页）在经过修正后一直持续到1819年。因此，税收涉及对财产的征税，但与罗得岛不同，补充人头税（但不是才能税）仍继续存在。人头税的重要性随着时间的推移而下降。[328] 每年都有一个短期征收法，[329] 总金额根据分摊法在城镇和地方之间分摊。[330] 城镇和地方的税款征收将根据评估税法进行。相比之下，佛蒙特继续采用其1797年的评估税法，[331] 因此独立战争前康涅狄格的做法，包括"按获利比例"对某些行业和企业征税，一直持续到1820年。

至于中部的州，纽约继续对"该州内的不动产和个人财产的估值

---

〔327〕《一项授权和分摊10,000美元税的法案》（1818年6月）（罗得岛）；American Antiquarian Society，1990－，No. 45530；按照通常的方式，该税针对"本州居民的应课税财产，以及位于其中的其他人应课税财产……"税款分摊给城镇和地方。此时，罗得岛似乎仍在根据1795年的评估的征税财产运行（见原著第368页）。

〔328〕 Robinson，1902，p. 87－88.

〔329〕 例如，《一项为支持政府而征税的法案》（1819年3月4日）（新罕布什尔）；American Antiquarian Society，1990－，No. 49461。税款将"按照同意最后的比例法案"分摊到城镇、教区和地区，即下一个注释中提到的法案。

〔330〕 例如，《一项法案，制定并确立本州内几个城镇和地方公共税评估新比例，并授权财政部长签发征收该等公共税的许可证》（1816年12月21日）（新罕布什尔）；American Antiquarian Society，1990－，No. 41580。

〔331〕 Kinsman，1903，p. 10.

征税……"[332] 一项单独的法律规定了评估的方式。[333] 到 1820 年，新泽西的直接税制度也没有什么变化。它仍然向各县分摊固定金额的税收，税基与原著第 368 ~ 369 页所述相比几乎没有变化。[334] 因此，新泽西制度仍然包括"考虑到年租金"的房屋和小地块的估值，对商 453
人、店主和贸易商的评估被限制在 10 美元以内。因此，才能税的残余部分得以保留。宾夕法尼亚似乎一直到 1820 年都没有中央征税。[335] 1799 年关于县税的法律（见原著第 425 页）似乎一直适用到 1820 年，由于其包含了对行业和贸易的利润征税，所以才能税在这一程度上得以保留。特拉华继续对"本州的不动产和个人财产……征税"[336]。在这里似乎也保留了才能税的残余部分，至少在根据利润评估制造商和商人的库存、货物、商品和销售物品的范围内。

至于南部各州，弗吉尼亚的直接税制度涉及对各种财产的征税，与原著第 369 页所述的相比，到 1820 年几乎没有变化。[337] 马里兰仍然没有征收中央直接税。但仍需根据原著第 334 ~ 335 页讨论的 1785

---

[332] 例如，《一项旨在改善资金状况并规定赎回该州资金债务的法案》（1818 年 4 月 21 日）（纽约）第 7 节；American Antiquarian Society，1990 – ，No. 45045。

[333] 例如，《一项评估和征收税收的法案》（1813 年 4 月 5 日）（纽约）；American Antiquarian Society，1990 – ，No. 45045；这似乎是 1820 年的评估法。

[334] 例如，《一项筹集 1819 年政府费用 30，000 美元的法案》（1819 年 2 月 10 日）（新泽西）；American Antiquarian Society，1990 – ，No. 48866。

[335] 例如，《有关 1817 年宾夕法尼亚州联邦财政报告》（1817 年 12 月 19 日）；American Antiquarian Society，1990 – ，No. 41761。这份报告显示没有直接税收。

[336] 例如，《一项支持 1816 年政府的法案》（1816 年 2 月）（特拉华）；American Antiquarian Society，1990 – ，No. 37425。

[337] 例如，《一项为支持政府而征税的法案》（1819 年 3 月 4 日）（弗吉尼亚）；American Antiquarian Society，1990 – ，No. 49995。

年评估税法征收县税。[338] 原著第369页所述的北卡罗来纳的直接税收制度一直延续到19世纪。[339] 到1818年，尽管对台球桌、银行和某些外国商品的经销商征税，但变化不大。[340] 1818年的法律要求，出于州税目的的土地估价至少要与用于联邦直接税目的的估价一样。在南卡罗来纳，直接税制度在1820年前也几乎没有变化。[341]
454 因此，在这种情况下，才能税以对"所有贸易存货、代理厂商、雇佣、才能和行业……"征税的形式幸存下来。与原著第370页所述的相比，佐治亚的直接税制在1820年前也基本保持不变。1804年的基本法[342]被反复提及，至少是间接的，直到本研究涵盖的时期结束。[343]

四、总结

本章重点讨论了法国大革命和拿破仑战争期间英国所得税在三大时期的发展和实施：实施前的直接积累；税收的初步实施和结算；

---

〔338〕 例如，《在该州（马里兰）的几个县对真实财产和个人财产的估值法案》（1812年11月）（马里兰）；American Antiquarian Society，1990 - ，No. 29062。

〔339〕 例如，《一项为支付民事债务和1802年政府或有费用而筹集收入的法案》（1801年11月）（北卡罗来纳）；American Antiquarian Society，1990 - ，No. 1062。

〔340〕 《一项为支付民事债务和1819年政府的特遣队费用而筹集收入的法案》（1818）（北卡罗来纳）；American Antiquarian Society，1990 - ，No. 48946。

〔341〕 例如，《一项法案，为1818年筹集物资，及其中提到的其他目的》（1819年12月18日）（南卡罗来纳）；American Antiquarian Society，1990 - ，No. 49461。

〔342〕 《一项为支持1805年政府而征税的法案》（1804年12月）（佐治亚）；American Antiquarian Society，1990 - ，No. 8512。

〔343〕 例如，《一项为支持政府而在政治年份征税的法案》（1817年12月9日）（佐治亚）；American Antiquarian Society，1990 - ，No. 40904。

失效和直接后果。本章还跟踪了这些时期英国殖民地和美国的直接税的发展，以便确定和分析任何交叉影响。正如结论中所讨论的，这种交叉影响不是直接的，但有理由相信，考虑到前 200 年贸易和商业的增长以及战争带来的财政压力，像所得税这样的综合税种是不可避免的。

本章始于 1793 年英国加入法国大革命战争。到 1797 年，直接税的发展几乎没有什么进展，只是增加了一些评估税。美国的发展甚至更少，因为它不是战争的当事方。美国各州的直接税制度与 18 世纪 80 年代基本相同，联邦政府在此期间没有进入直接税领域。

相比之下，殖民地有一些值得注意的发展。新斯科舍在 1795 年停止征收分类人头税，但在沿海属地几乎没有其他发展。1793 年，就在新斯科舍废除其分类人头税之前，上加拿大引入了这种税。然而，上加拿大的税收形式与新斯科舍的非常不同，它是基于一个人的财产价值而不是他们的职业。有趣的是，当时西印度殖民地的一些 455
分类人头税也出现了类似的分歧。

法国大革命战争对西印度群岛老牌英国殖民地的直接税制度影响不大。巴巴多斯的制度没有发展，安提瓜将其税基减少到只涵盖奴隶和土地，类似于 18 世纪 80 年代圣基茨和尼维斯的制度。但在 18 世纪 90 年代，尼维斯似乎只依靠其奴隶税。相比之下，圣基茨在 1795 年有了一个有趣的发展。在那一年，圣基茨放弃了以前的制度，引入了一种类似于所得税的税种。圣基茨对种植园按生产的糖量进行征收，但还有一个依据“年收入”进行的剩余征收。该税法的一个附表列出了所列人员的推定收入，但对其他人有一个剩余评估，这可以通过宣誓来提异议。

牙买加继续征收其通常的直接税，但在1797年，它对每英亩土地征收一种简单的税，这种做法不定期地持续下去。与安提瓜一样，巴哈马在18世纪90年代初期经历了一段直接税制度的合理化时期，到1797年基本上只剩下了人头税和间接税。格林纳达征收奴隶税，但圣文森特继续征收混合直接税，包括根据收入征收的人头税。这种税现在被称为“年总收入”，但纳税人仍被征收固定金额，具体取决于他们所处的收入等级。在多米尼克，分类人头税在1793年至1797年经历了一些合理化调整，但实质并未改变。多巴哥于1793年从法国人手中回归，并于1794年对当地农产品、奴隶和城镇改良房地产的租金价值等征税。

表5简要介绍了1795年左右英国及其殖民地还有美国的直接税制度，当时正值英国所得税实施之前。该表有许多值得注意的特点。该表是本书的表格中最长的一个。这是对获得的殖民地的记录，特别是因七年战争而取得的，但具有误导性，因为它依然包括失去的美洲殖民地。该表可能更长，因为它表明了当时欧洲战争对美国直接税制度的影响相对较小。纽约、宾夕法尼亚、马里兰、新斯科舍、新不伦瑞克、爱德华王子岛、布雷顿角、上加拿大和下加拿大由于
464 缺乏州或属地一级的直接税而未被列入该名单。

表 5　1795 年左右英国及其殖民地和美国的直接税

约 1795 年	税基			税率		管辖权	
征税对象	每个项目的固定价值	资本价值(包括按回报估计的价值)	收入/利润/获利	固定税率	固定金额(除以配额)	来源税	居住地税
一般财产		马萨诸塞;康涅狄格;佛蒙特;罗得岛;新罕布什尔;新泽西;特拉华;巴巴多斯(城镇)		康涅狄格;佛蒙特	马萨诸塞;罗得岛;新罕布什尔;新泽西;特拉华;巴巴多斯	马萨诸塞;康涅狄格;佛蒙特;罗得岛;新罕布什尔;新泽西;特拉华;巴巴多斯(城镇)	
土地	英国评估税(房屋和窗户税);南卡罗来纳;北卡罗来纳;佐治亚;安提瓜;圣文森特	英国评估税(住宅税);弗吉尼亚;北卡罗来纳(房屋地段);佐治亚(房屋地段)	英国土地税;英国地方税费;安提瓜(城镇);牙买加(城镇);圣文森特(城镇);多米尼克(城镇);格林纳达(城镇)	英国评估税;弗吉尼亚;南卡罗来纳;北卡罗来纳;佐治亚;安提瓜;牙买加;圣文森特;多米尼克;格林纳达	英国土地税;英国地方税费	英国评估税;英国土地税;英国地方税费;弗吉尼亚;南卡罗来纳;北卡罗来纳;佐治亚;安提瓜;牙买加;圣文森特;多米尼克;格林纳达	

续表

约1795年	税基			税率		管辖权	
动产	英国评估税(马车、仆人、马匹);弗吉尼亚(马、牛、马车、台球桌);北卡罗来纳(马);佐治亚(马车、台球桌);巴巴多斯(磨坊、窑、车);牙买加(牛、马车);巴哈马(台球桌)	英国土地税(大部分是虚拟的);英国地方税费(如果有,仅限贸易库存);南卡罗来纳(贸易库存);佐治亚(贸易存货)	圣基茨(年产出)	英国评估税、英国土地税;弗吉尼亚;南卡罗来纳;北卡罗来纳;佐治亚;巴巴多斯;圣基茨;牙买加;巴哈马	英国地方税费	英国评估税;英国地方税费(仅限居民);弗吉尼亚;南卡罗来纳;北卡罗来纳;佐治亚;巴巴多斯;圣基茨;牙买加;巴哈马	英国土地税
无形资产		英国土地税(很大程度上拟制的债务)		英国土地税			英国土地税

续表

约1795年	税基			税率		管辖权	
个人一般情况	马萨诸塞（剩余人头税）；康涅狄格（剩余人头税）；佛蒙特（剩余人头税）；罗得岛；新罕布什尔；新泽西（剩余人头税）；特拉华（剩余人头税）；弗吉尼亚（奴隶）；北卡罗来纳；南卡罗来纳（奴隶和黑人）；格鲁吉亚（剩余人头税）；巴巴多斯（奴隶）；安提瓜（白仆短缺）（奴隶）；尼维斯（奴隶）	康涅狄格（分类工作和就业）；佐治亚（医生、律师、保理经纪人、销售人员）	马萨诸塞（职业、手工艺、贸易、雇佣）；佛蒙特（各种雇佣、职业和商业）；新泽西（南方人头税）；特拉华（剩余人头税）；弗吉尼亚（奴隶）；北卡罗来纳；南卡罗来纳（奴隶和黑人）；佐治亚（剩余人头税）；巴巴多斯（奴隶）；安提瓜（白人奴隶）；尼维斯（奴隶）；卡罗来纳（才能、职业、代理、就业、手工艺品）；圣基茨；圣文森特	马萨诸塞（剩余人头税）；康涅狄格；罗得岛；佛蒙特；弗吉尼亚；北卡罗来纳；佐治亚；巴巴多斯；安提瓜；尼维斯（奴隶）；圣基茨；牙买加；巴哈马；格林纳达；圣文森特；多米尼克；多巴哥	马萨诸塞；新罕布什尔；特拉华；新泽西；南卡罗来纳	南卡罗来纳	马萨诸塞；康涅狄格；佛蒙特；罗得岛；新罕布什尔；佐治亚；新泽西（推定）；特拉华；弗吉尼亚；北卡罗来纳、巴巴多斯；安提瓜；尼维斯（奴隶）；圣基茨（推定）；牙买加；巴哈马；格林纳达；圣文森特；多米尼克；多巴哥

续表

约1795年	税基			税率		管辖权	
	牙买加(白仆不足)(奴隶);巴哈马(白仆不足)(奴隶贩子、有色人种);格林纳达(奴隶);圣文森特(奴隶、有色人种)(白仆不足);多米尼克(奴隶)(按某些贸易、职业、就业分类);多巴哥(奴隶)(职位、雇佣)		英国土地税(公共);牙买加(推定)	英国土地税;牙买加		英国土地税;牙买加	

续表

约 1795 年	税基			税率		管辖权	
独立服务/职业							
商业/贸易	英国贸易许可	牙买加（贸易、就业和事业）		英国贸易许可；牙买加		英国贸易许可；牙买加	

与表 4 相比，表 5 中有许多明显的趋势。殖民地似乎越来越依赖对某些个人物品的客观征税，如马车和台球桌。这与英国的评估税一致，后者通常更早。此外，对贸易征税似乎也略有回升。与以往的政策相反，甚至英国也以贸易许可证制度的形式加入了它们。一个更强烈的趋势是对人头征税，最常见的是针对奴隶。这一趋势几乎在殖民地和美国普遍存在，相比之下，在英国则严重缺失。其中许多人头税涉及某种形式的差异化，这通常与贸易和行业的税收有关。但通常很少有殖民地的这种差异是由财富或收入造成的。由于当时的殖民地处于一个相对和平的时期，可能是税负足够低，以至于没有必要以公平为由进行任何实质性的区分。在这一时期，肯定也有根据收入对个人征税的例子，但在这个方向上没有强烈的趋势。最明显的例子是从法国人手中夺取的殖民地，这可能反映了早先征收的法国人头税。

本章的第二部分概述了当盟国与法国和解，致使英国独自与法国交战时，英国所处的困境。英国需要更多的收入来确保进一步的借贷，财政大臣威廉·皮特首先想到了评估税。三部联合评估税征收的税款是 1797 年评估税的三倍到五倍。然而，对一个人征收的金额受到该人“年收入”的限制。为了获得这一限制，纳税人必须申报其收入，为此三部联合评估税制定了相应规则。

皮特的同期声明表示，他试图通过三部联合评估税征纳的是财产或财富。在这种情况下，收入限额似乎针对的是收入与财产持有之间的概念联系，即财产的价值在很大程度上反映了它可能产生的收入。自中世纪以来，这种联系一直在英国的直接税中存在。然而，
465 皮特的剩余所得税意识到了劳动力（人力资本）重要性的上升，并试

图接近这种经济能力，特别是在贸易和自由职业中。对动产和人力资本（人头）征税在英国历史上一直存在问题，主要是因为需要定期评估。但动产、贸易和自由职业重要性的提升以及时代的紧迫性证明了皮特的措施不受欢迎。人们注意到，与美国才能税的概念类比，皮特的所得税试图在评估中引入一种在美国不存在的准确性要素。还有人指出，三部联合评估税中的消费税（评估税）和收入税（剩余所得税）之间的联系与斯密的著作相一致。

紧接着，本部分考虑了三部联合评估税的剩余所得税的形式和内容。"年收入"的先例被纳入考量，在英国历史上，这些包括土地税下的"年收入"和各种形式的补助金下的"年度价值"或"年价值"。1785 年的多米尼加人头税也提到了"年收入"，并参照这一收入对其他税收进行限制，包括要求收入申报，其方式与三部联合评估税法并无不同。三部联合评估税法中使用的税率等级与格林纳达和圣文森特人头税根据收入划分的税率等级之间也有一些相似之处。

三部联合评估税法的附表中规定了计算收入的规则。收入分为 9 种类型或情况。前 7 种情况是专门针对土地的，通常要求根据土地和改良土地的实际租金或（在所有权人持有的情况下）租赁价值来计算土地所有人的收入。奇怪的是，承租人（如农民）的土地收入也是根据已付租金计算的，而不是要求实际计算收到的金额。这种做法似乎没有明确的先例。在财产实际出租的情况下，附表提到了"收益"，因此纳入了收付实现制。该规则包含了一些扣除额，包括维修费用，这清楚地表明法律试图达到"净"收入而不是"总"收入，这与历史先例一致。

附表的第 8 种情况规定了一套相当局限的商业收入计算规则，

特别是它在计算时将来自“行业、贸易或事业”的收入等于从中获得
466 的“利润和获利”。这些都是参照评估年度内“获得或收到”的金额或 3 年的平均值来计算的。这项征收与 1696 年第一次土地税规定的对行业和贸易的征收的相似之处已被指出。有人提出，该税种下的扣除将受到“利润和获利”概念的限制，此时的会计实务也因此悬而未决。有人认为，当时大多数行业和企业在使用不统一的单式记账法来计算利润，并且没有一致地应用资本—收益的区分。

虽然资本—收益区分在这个时候可能还没有得到一致的应用，但关于它的文献数量越来越多，特别是在斯密的著作中。斯密对“流动资本”和“固定资本”的区分可能影响了三部联合评估税的剩余所得税的起草者。斯密还将固定资本称为“产出”利润，这可能反映在剩余所得税的“源自”基础上，因此也反映了资本—收益的区分。由于这些原因，有人认为资本获利并未被考虑在第 8 种情况的征收范围内。7 种土地收入情况的结构强化了这一点，它们似乎无法对资本获利征税。这也符合税收的核心概念，即对财产征税，以及将“年度”一词与“收入”结合使用。

三部联合评估税法的第 9 种情况是针对投资收入的。重要的是，它包括了“其他支付”的剩余类别，这很可能是受到了之前的投资支付类型的限制。附表中的计算规则通过一些扣除规则进行了完善。这些主要是针对个人的，重要的是，包括对利息和年金的一般扣除。

关于三部联合评估税法，本部分考虑了导论中提出的四个问题。资本获利和损失不被确认似乎主要是因为法律的目标是参照财产或财富的回报对财产或财富征税。这一点从自用财产名义收入的使用

中可以清楚地看出。这也符合临时税的性质，并且没有证据表明任何先前的直接税法曾试图对资本获利征税。而之所以附表制度被纳入，是因为自 14 世纪初以来几乎所有的直接税法都这样做了，并且其可能有助于计算和管理。三部联合评估税法没有对公司作出任何 467
特殊规定，尽管它们须缴纳评估税。与土地税和许多以前的直接税不同，三部联合评估税没有任何实质性的管辖规则。

然后，第二部分转而考虑三部联合评估税法的低收益，以及为何皮特在 1799 年放弃了它，转而支持一般所得税。正如萨宾（Sabine）所说的：

> 很明显，皮特在 1799 年征收的所得税绝不是与过去的理论和实践彻底决裂，而是在这两个方面的逐步发展，不可阻挡的战争压力迫使他最终作出从支出税到所得税的转变。但是，与历史变革一样，这种变化并不显著。新的所得税可以而且确实借鉴了以往直接税的机制和技术。[344]

1799 年所得税征收的税率与三部联合评估税法的剩余所得税一致，税基规则则代表了三部联合评估税附表中规则的发展。1799 年所得税的税基规则也基本被纳入法律的附表。它将税目分为 19 种类型或情况，与三部联合评估税大致相同，但也有一些分歧。前 14 种情况涉及土地，除了注意到复杂性和特殊性的普遍提升外，这里几乎没有与当时相关的发展。

---

〔344〕 Sabine, 1966, p. 25.

1799年所得税的第15种情况涉及贸易、行业和事业,但重要的是扩展到包括雇佣、职位、养老金和某些其他款项。评估的基础仍然是“利润或获利”。还有一项新的规则,即拒绝扣除“用于改善或作为资本”的款项。有人认为该规定针对的是资本支出,与不确认资本获利和损失的想法相一致。第16种情况涉及“特定的年度金额”的支付,特别是包括对某些投资的支付。1799年法律规定的第19类收入是一项涵盖“不属于上述任何规则的收入”的一般兜底性条款。

468 本部分通过参照导论中的四个问题来评估1799年的所得税。前两个问题的分析与三部联合评估税法相同。然而,对公司及其股东的征税有了实质性的发展。法律特别规定了对于分配给股东的股息,公司可以减少其利润。股东被要求将股息收入与其他收入一起申报。其结果是避免了对企业收入的经济性双重征税。

1799年所得税在管辖权问题上也有了更多的发展。英国公民被征收来自位于英国的财产的收入,无论他们是否是居民。所有居民应就其全球收入进行评估。在英国,这些来源和居住地的税基很常见,可以追溯到14世纪初期的补助金对临时居民和临时非居民有特殊规定。这些管辖规则分别由附表中的第17种和第18种情况补充,分别涵盖外国财产和外国证券。重要的是,第17种情况下的收入仅包括在英国“收到”的金额。这种汇付基础似乎是针对英国税收域外适用的实际情况和问题,特别是在殖民地。

1799年所得税的收益也很差,皮特被迫进一步增加间接税。阿丁顿于1801年成为财政大臣,1802年《亚眠条约》签订后,随着和平的到来,其废除了1799年的所得税。

接着,第二部分转而考虑殖民地的直接税发展。一般来说,1798

年至 1802 年，这些发展并不足道，特别是圣基茨继续对“年收入”征税，圣文森特继续对“年总收入”征税，但相比之下，多米尼加分级人头税对收入的响应较差。上加拿大的分类人头税向美国新英格兰各州的税制方向发展。它继续对财产征税，但只针对“应税”财产，并规定了各种客观估价规则，以确定评估金额。

第二部分简要介绍了美国的直接税发展。美国联邦政府于 1798 年首次对土地、房屋和奴隶征收直接税。这与 1796 年财政部长在报告中的建议一致。该税是一次性征收的。相比之下，1798 年至 1802 年，美国各州的直接税制度没有任何值得注意的发展，尽管在此期 469
间，至少纽约和宾夕法尼亚恢复了州一级的直接税。

本章的最后一个部分介绍了从 1803 年敌对行动和所得税的恢复到 1820 年的时期。1803 年的所得税是对 1799 年所得税的根本修订，与早期的努力相比，它吸收了许多来自英国集体经验的特征，尤其是土地税。新的所得税最著名的方面是纳入了源泉扣缴机制，考虑到英国在这一领域的经验，这一特征几乎莫名地被排除在 1799 年的法律之外。税收变得更加“明细化”，因为将税基划分为不同类型的收入实际上已经成为对不同类型的税收的划分。人们普遍认为，源泉扣缴和这种附表制度的结合，是税收迅速产生与 1799 年法律相同收益的原因，尽管它的税率只有 1799 年法律的一半。

1803 年所得税通过减少收入分类的数量扭转了 1799 年所得税的趋势，它们被归为 5 个广泛的附表。附表 A 和附表 B 分别处理来自土地所有权和土地占用的收入。这些附表的规则结合了 1799 年法律中的一些发展，但这些并不与当时的目的特别相关。值得一提的是，该法律中土地的年价值与用于济贫税目的的年价值相联系，从这个意义上来说，前者不能低于后者。这强化了济贫税在此时的重要性。附表 C 对来自英国政府债券的收入征税，但有一些豁免，包括对非居民外国人的豁免。

附表 D 专门用于价值不确定的收入，因此涵盖贸易、雇佣、某些投资的收入、海外收入，以及其他“年度利润或获利”这一剩余类别。1799 年的法律在税基方面有一些与此特别相关的发展。一个是在计算贸易或行业收入时不允许扣除利息、年金或其他年度支付。以这种方式对贸易商或专业人士征税构成源泉扣缴机制的一部分，而收款人只有在未从贸易商或专业人士处收到利息或其他款项时才会
470 被直接征税。作为补充，附表 E 对公职人员和雇员的薪酬征税，这在很大程度上借鉴了土地税。

本部分通过参照导论中提出的四个问题评估 1803 年的所得税。同样，没有关于排除资本获利和损失的评估，也没有将 1799 年所得税和三部联合评估税下的附表制度纳入其中。相比之下，公司税收制度发生了重大变化，纳入了著名的源泉扣缴机制。公司不再被允许扣除其股息，而是按其股息总额纳税。股息接受者不会被进一步征税，除非他们寻求免税和减税（累进税率）的好处。在这种情况下，他们有效支付了公司支付的税款，如果超出了他们的纳税义务，他们可以要求退还已支付的公司税款。

与 1799 年法案不同，但与土地税及其先例一样，1803 年所得税的管辖权规则在很大程度上分散在各附表中。前两个附表仅适用于在英国的土地。这与土地税是一致的，一般来说，英国的土地税可以追溯到 14 世纪初。同样，附表 C 和附表 E 仅适用于来自英国公共基金的付款。相比之下，附表 D 纳入了管辖规则，即自 15 世纪初以来

在补助金、协助金、授权款和土地税中对货物、动产和个人财产使用的管辖规则。此外,它分别纳入了 1799 年所得税中的外国证券收入和外国财产收入。来源规则在 1803 年的法律中更加明确,涵盖了在英国“从事”的贸易、行业、事业和雇佣,非居民外国人明确被包含在基于来源的税收中。在其他方面,管辖权规则沿用了 1799 年法律中的规定。

本部分接着介绍了 1803 年至 1820 年英国直接税的发展。其在 1805 年和 1806 年有重大发展,但当时并不相关。随着盟军在欧洲大陆的命运日渐暗淡,这两年的所得税税率都有所增加。在拿破仑战败之前的漫长岁月里,所得税仍然是英国税收制度的一个重要特征,到 1815 年时约占国家收入的 20% 。尽管有些犹豫,但根据其征收条款,所得税被允许于 1816 年到期。直到 1820 年,财政大臣一直努力 471
通过增加间接税来填补因所得税失效而留下的巨大缺口。

然后本部分转向介绍 1803 年至 1820 年殖民地直接税的发展。在西印度群岛,这些发展又是零星的。巴巴多斯的直接税收制度和安提瓜一样保持不变。圣基茨继续断断续续地征收其版本的所得税。尼维斯的制度在 1821 年之前几乎没有变化(主要依靠奴隶税),1821 年它也征收了所得税。牙买加继续保持其一贯的直接税制,包括按英亩对土地定期征税。巴哈马除了在 1815 年恢复一般人头税以外,几乎没有什么发展。

格林纳达的直接税制也没什么发展。1804 年,圣文森特将其按收入分级的人头税转换为按比例征收的所得税,但仍以“年总收入”为基础。起初,多米尼克也继续采用其通常的直接税制度。但在 1817 年,它加强了分类人头税的所得税方面。当时有一些按收入累进的等级,每个等级支付固定的金额。1818 年,多米尼克开始实行成熟的累进所得税,税率最高可达 7% 。多米尼克在 1820 年之前一直坚持征收所得税。

在拿破仑战争期间获得的西印度殖民地中,圣卢西亚以奴隶税的形式征收直接税,同时对城镇改良土地的租赁价值征税,该制度一直沿用到 1820 年。多巴哥依赖一般人头税和奴隶税。特立尼达也依赖奴隶税,但似乎也对房屋征税。相比之下,前荷兰殖民地德梅拉拉和埃塞奎博提供了根据收入分级的早期人头税的例子。这些税种似乎与格林纳达、圣文森特和多米尼加等其他被征服的西印度群岛殖民地征收的分类所得税相似。这些殖民地也征收奴隶税。

同样,加拿大殖民地几乎没有直接税的发展。一个值得注意的发展是爱德华王子岛在 1809 年引入了土地税。此外,上加拿大在 1803 年和 1819 年对其评估税法进行了整合。特别的是,后一次的整合取消了评估等级,留下了对特定不动产和个人财产的一般税率(根据客观评估规则)。

本章还简要介绍了西印度群岛和加拿大以外的殖民地。值得注意的是,尽管通常的赋役法规定了代偿,但在 1820 年之前,塞拉利昂
472 这一新兴殖民地并没有征收实质性的直接税。英国东印度公司继续管理印度部分地区的土地收入,尽管受到英国议会越来越多的监管。在东印度公司的短暂统治下,锡兰被创建为一个独立的殖民地,并继续采用其古老的土地税收制度(与印度不同),但在其他方面依赖间接税。开普敦殖民地也依赖间接税,尽管开普敦使用了一种本土形式的所得税,似乎受到英国法律的大致影响。最后,新南威尔士的罪犯殖民地在 1820 年之前一直处于总督的专制统治之下,总督依靠

1819年英国立法授权的间接税。

本章的最后一节指出，美国在1813年重新征收土地、房屋和奴隶税，以支付与英国的战争费用并确保其为战争目的发行的票据的价值，税基与1798年使用的基本相同。这与1798年的征收一样，是一次性征收，但1813年的税收在1815年翻了一番，并且每年征收一次。随着战争的结束，这种直接税于1817年被废除。在19世纪的前20年里，美国各州的直接税没有重大发展。才能税在马萨诸塞和南卡罗来纳相对完整地存活了下来。在康涅狄格也是如此，尽管该税种在1819年被重新制定。在佛蒙特，才能税也一直延续到1820年。[345]

所得税在英国的实施是100多年以来英国对直接税制度的首次重大改革。意料之中的是，它与100多年来英国本地安全首次受到严重威胁的时间不谋而合。这是整个英国历史上直接税发展的趋势，也难怪其尝试的征税形式与17世纪90年代大体相似。但是，尽管有这些原则上的相似之处，在这百年间，社会经济结构和行政实践都发生了重大变化。贸易、商业和自由职业重要性的提升意味着它们的经济权重可以与土地所有权相媲美（但没有超过）。此外，拿破 473
仑战争在许多方面是贸易战，特别是英国贸易商得以从英国海军确保的英国海上霸权中获利。

虽然17世纪90年代对贸易征税的努力在很大程度上失败了，但在拿破仑战争期间，它们的成功非常重要，几乎是必不可少的。这一次，英国政府没有放弃对贸易征税。它坚持不懈，首先通过皮特的

---

〔345〕 对比 Seligman，1914，p. 390－399。

努力，使三部联合评估税的所得税方面占主导地位，然后通过阿丁顿政府在 1803 年对所得税的重塑，确保了所得税的可行性和巨大成功，这种坚持和毅力在某些方面是不可避免的。自 17 世纪以来，尽管有些不精确，美洲殖民地就对贸易征税。此外，一些西印度群岛殖民地表明，对收入征收一般税是可行的。问题是管理，而不是概念上的可行性。行政管理问题作为一种必要的战时努力得到了克服。在下一部分的总结中，可以得出更广泛的结论。

结　论

1188 年,亨利二世在萨拉丁什一税下寻求“十分之一的租金和动产”。600 多年后,威廉·皮特为了(在评估中)“实现财产和收入完整的十分之一,搁置了三部联合评估”。这仅仅是巧合,还是这揭示了一个社会更深层次的东西,以及历史在证明直接税合理性方面的重要性?在皮特的努力过去 200 年后,我们可能很难相信几十年前征收的税收与我们目前的征税方式有关,更不用说数百年前的税收了。集体税收记忆缩短的原因是什么?这是社会复杂性增加的反映,还是经济学家在税收政策中的主导地位上升的反映? 474

也许从历史上看,律师在税收政策问题上的影响力更大,并且由于他们遵循先例,律师们有悠久的记忆力。这一点在 17 世纪 30 年代查理一世诉诸船舶令状时就很明显了,在亨利八世统治期间,律师在重大社会改革中发挥了不小的作用。皮特和他的政府几乎没有什么不同。皮特的文件中复制了议会名册的摘录,这些摘录可以追溯到都铎王朝时期及之后，例如，包括十五一税和什一税的摘录。[1]皮特时代的集体税收记忆很清楚威廉三世和玛丽二世时代更全面的直接税收。它在表面上仍然表现为土地税，这在斯密的著作中是明确的，并在与皮特的通信和议会的辩论中被多次提到。

那么，为什么历史如此重要呢？一个简单的答案似乎是因为基本的社会价值观随着时间的推移变化很小。亨利二世和皮特都寻求"完整的十分之一"的原因是社会认为这是一种分担共同负担的公平公正的方式。也许这项研究最令人惊讶的结果是英国直接税政策在
475 上个千年的基本一致性。即使有变化，也是很小的变化。尽管术语会随着时间而变化，但在当今的条件下，一致的政策是寻求按比例对一年中可用的净收入征税，对于低收入者，在较低端会有一定的累进。这就是所谓的"能力"，一个显然具有宗教或利他主义内涵和色彩的术语。

几个世纪以来，这个术语并不一致。萨拉丁什一税提到"租金"或"收益"和"动产"，十五一税和什一税指的则是"动产"。1379年和1380年的人头税指的是"财产"和"能力"。1404年补助金指的是"年价值"和"动产"，1450年和1512年的补助金的定义也是如此。地方税收强调"能力"，这在1601年及更早的《济贫法》中得到了再现。17世纪30年代关于船舶令状的王室指示提到了"能力"。1641年的分类和分级人头税指的是一个人"每年可以花多少钱"。从1645年到1691年的每月评估指的是"不动产和个人财产"的"年价值"。1660年的分类和分级人头税是指"每年"有特定金额的人。发

[1] PRO 30/8/274.

展为土地税的援助金指的是最受欢迎的“年价值”。1696 年的人头税既指“年价值”又指“年收入或利润”。1798 年的三部联合评估和 1799 年的所得税指的是“每年价值”和“每年收入”。

但从本质上讲,这些术语真的有什么不同吗?自封建时代以来,英国人就根据土地每年的产出来评估土地。即使直接对动产征税,这些通常也只是土地一年的产出。英国的直接税一直试图让人们按比例缴纳,根据他们的财富、每年的收入和能力。〔2〕早在 13 世纪,沃尔特就明确表示,维持资本在英国社会是一种“美德”。可自由支配的支出和潜在消费是能力的适当衡量标准。

在财政压力大、税收增加的时期,根据占主导地位的社会价值观 476
征税变得更加重要。在英国历史上,最全面的直接税形式总是伴随着战争、君主或政府的更迭,或者两者兼而有之。这场战斗与其说是在税收政策上,不如说是在税收管理上。君主或政府需要知道有哪些资源可以利用才能公平地征税,从而维持和控制地方秩序。这经常引发调查私人资产这一棘手问题,即主观评估。

在本书涵盖的大部分时间里,英国试图为当时的战争筹集资金,这导致了税收水平的剧烈波动。结果,直到 17 世纪,直接征税还是零星存在的。当王室政府确实借款时,它有一个不还钱的坏习惯,更不用说利息了,这模糊了税收和借款之间的区别。这意味着王室明显缺乏信誉。到了英国内战时期,情况开始发生变化,这时直接税基

---

〔2〕 Kennedy,1964,p. 48 在评估 17 世纪的征税时作出以下评论:上述说法并不质疑 17 世纪法案的意图是对收入征税;唯一悬而未决的问题是什么样的收入。是否只有财产收入才打算征税?很明显,事实并非如此。职位的收入、神职人员的什一税收入、教会的捐赠收入等定期征税,医生、律师等的收入以及仆人的工资定期征税。

本上是持续的。虽然复辟带来了零星直接税的回归，但光荣革命和大同盟战争以及西班牙王位继承战争带来了战争资助方式的根本变化。未来承诺征收特定税项的借款担保大幅增加了政府可以借款的金额，从而增加了可用于发动战争的资金。政府承诺严格支付政府借款的回报，从而提高了政府的信誉并增加了借款。

一旦政府信誉稳固，政府就可以通过降低官方利率来进一步提高借贷能力。结果是 18 世纪英国获得了前所未有的战争资金。税收制度没有必要扩大，原则上，税收制度在 18 世纪之交时缩小了，那时进一步的借款将足以支付战争的费用。经过将近 100 年的持续战争，英国才有效地将其全部收入来源从直接税中抵押出去。这就是皮特在引入三部联合评估税法时所面临的压力和紧迫性。

美洲殖民地不可避免地被卷入了 18 世纪的英国战争，但它们在借贷和直接税方面的经历有所不同。美洲殖民地的信用券是一种强
477 行向债权人借款的形式，它也可以作为一种货币。通常情况下，这些票据就像英国的借款一样，以直接税为担保。但这些税收往往不够（或根本不存在），债权人的借款回报也是如此。美洲殖民地通常没有按时偿还债务，但它们发现由此导致的货币贬值是支付战争费用的有效方式。贬值可以用来代替直接征税，或者至少让直接税更容易清理贬值的货币。

有效的借贷需要稳定的收入流。其结果之一是在 18 世纪对直接税制度进行了小幅修补，但几乎没有进行根本性的改革。在未来，大量抵押的税收是很难改革或被取代的。如果税收被证明不成功，那么大规模替代税收将带来重大风险。新税制失败的风险问题在英国历史上是显而易见的，在是否进行新评估的整个问题中也是固有

的。新评估的问题在于,不充分的风险落在了中央政府身上。早在1334年,英国就意识到它可以通过使用配额制度将这种风险转嫁给地方政府。但中央政府这样做也将增强地方政府的自治权,并移除中央政府本身对整个制度公平性的控制。

政府筹集战争资金的能力的增长与贸易公司成为为资本密集型商业企业筹集资金的工具的崛起是同时的。随着战争和贸易扩散到殖民地,人们很难将两者区分开来。贸易公司通过对外贸易的高回报保证了资源的集中。政府通过有更加稳定回报的借贷确保了资源的集体汇集,进而开展战争,通常是为了确保对外贸易。在许多方面,这些是典型土地投资的替代投资渠道。从历史上看,富人通过殖民地机制投资土地。政府股本和公司证券的上涨很快就反映在以股本和证券为标的的结算中。早在1678年,英国的直接税制度就已经承认了(并征税)这些替代投资,即政府借款和公司股份。

资助制度并不是殖民制度与英国同类制度唯一的相似之处,尽管形式有些扭曲。殖民地的政府结构在很大程度上效仿了英国的结 478
构。虽然存在地区差异,但总的来说,殖民地确实有类似于英国的县、区、城镇和教区。在早期的殖民地,无论是17世纪10年代的弗吉尼亚、17世纪20年代的新英格兰、17世纪50年代的新斯科舍,还是17世纪90年代的塞拉利昂,都存在与封建制度没有太大区别的社区制度。这一点在早期的集体土地使用中尤为如此,但也反映在建造和维护道路、桥梁、监狱、法院和其他基础设施的殖民地赋役法中。根据这些法规,通常会有代偿,并且与英国骑士费的联系是明确的。此外,在本书涉及的大部分时间里,殖民地的税收是以实物形式支付的,这又类似于封建关系下的租金以及最初在英国支付税收的形式。当然，在殖民地，这也与缺乏发行货币的权力有关。

其中一些资金和政府结构的发展可能不仅是交叉影响，还是社会发展的自然步骤。殖民地直接税制度也至少以类似于英国的方式发展起来。人们很容易推测，虽然存在区域性差异，但殖民地的基本社会价值观与英国基本相同，尤其是在新殖民地的早期（与被征服的殖民地相反）。这似乎很明显，但它反映在殖民地直接税法中了吗？早在1634年，马萨诸塞的直接税法就提到了“财产”和“能力”。这与英国《济贫法》和船舶令状的相似之处仅仅是巧合吗？1634年的马萨诸塞法律明确拒绝征收人头税，但到1646年，它明确纳入了剩余人头税，还提及“财产”“回报”和“收入”，后者很快被“获利”取代。人头税是否受到1641年英国人头税的影响？新英格兰的税制与当时的英国有很大不同吗？

有人认为，在其他殖民地，有足够的证据表明，根据“能力”，按财富分担直接税负担，表明殖民地的主流哲学和社会价值观确实非常相似，包括在直接税问题上。因此，在1650年的康涅狄格法典中提到了“能力”和“财产”，就像17世纪60年代首次适用的纽约法律一样，但即使是17世纪60年代西印度群岛的人头税和土地税也与当
479 时英国的直接税制度大体一致。此外，早在1686年的南卡罗来纳直接税法中就提到了“能力”，1709年在新泽西也有类似的提法。1692年的马萨诸塞法律提到了“收入”，其1738年的法律提到了“贸易、才能、商业或雇佣的收入或利润”。到1760年，巴哈马法律也明确提到了“才能”。1761年的巴巴多斯和1768年及1775年的新斯科舍还进一步提到了“能力”。从1763年格林纳达（可能受法国影响）开始，人头税根据“收入”分级，但其在18世纪80年代扩展到圣文森特

和多米尼加。在美国独立战争期间,弗吉尼亚、马里兰和北卡罗来纳开始征收基础广泛的财产税。18 世纪末 19 世纪初,圣基茨、德梅拉拉和埃塞奎博、开普敦及尼维斯的所得税也表明了这种趋势。

虽然广义上的直接税政策在英国和殖民地可能基本相同,但法律和行政管理的细节不尽相同。15 世纪的英国法律已经比殖民地和美国到 18 世纪末及之后的任何法律都要长。考虑到相对人口和社会发展水平,这也许不足为奇。这种差异的一个重要部分与本书所涵盖时期英国土地所有权制度的复杂性有关,包括其封建土地占有、用益和信托。这些概念和复杂性通常不会在殖民地复制,至少不会复制到相同的程度。对于那些在其法律中采用各种英语概念和术语,并试图应用英国先例来解释这些概念的国家来说,这就是一个困难。通常情况下,只有考虑到采用英语概念的社会背景,才能更深入地理解英语概念,而在采用英语概念的国家,这种社会背景并不存在,也永远不会存在。

公司就是一个例子。在本书涵盖的整个期间内,公司都存在于英国。它们有固定的办公场所和组织,尤其是宗教组织。但到了 14 世纪,主要出于贸易目的,这种情况已扩展到合并的自治市镇,16 世纪出现了第一批以贸易公司的形式成立的商人团体。随着英国贸易在 17 世纪和 18 世纪的发展,贸易公司的数量大幅增长。相比之下,
至少在美国独立之前,在本书涵盖的时期内,殖民地的公司几乎没 480
有。相反,英国人寻求贸易的工具往往是以殖民地政府的形式。在殖民地,英国人在贸易中进行集体投资的工具常常成为向人民授予代议政府的工具。

英国历史确实提供了一个引人注目的例子,这与今天仍然高度

相关，那就是利用公司作为避税地。在英国，这种使用可以追溯到 1279 年《摩尔特曼法令》颁布之前的那个世纪。拟制实体一直是并且将永远是直接税制度的一个问题。历史的教训是，当税收或其他法律对一个本质上与个人身份有关的问题规定了重大税收后果时，拟制实体是最成问题的。在《摩尔特曼法令》时代，这种情况主要包括无法让财产按遗嘱传递，以及个人死亡所附带的经济责任。

英国的历史还表明，公司的这些问题不仅限于创建拟制实体本身。类似的问题出现在法律允许一个人借用另一个人的身份而不是创建一个拟制实体的情况下。这是用益制度的基本特征，并解释了为什么用益制度的适用在很大程度上绕过了《摩尔特曼法令》所施加的限制。英国直接税法试图调整、处理这些问题，早在 1435 年，英国直接税法就明确提到了用益制度，并在 1450 年之后不久就明确提到了公司和监护人。正如《摩尔特曼法令》试图处理公司一样，1536 年的用益制度试图处理用益。正如用益制度被采用，至少部分是为了处理《摩尔特曼法令》，信托也被采用，至少部分是为了处理用益法规。重要的是，与今天的拟制实体一样，公司、用益和信托主要是为非税收目的而开发的，但很容易被用作避税工具。

这些公司、用益和信托主要用于土地持有目的，土地持有是英语概念和术语，只能在其原始英语语境中得到充分理解的主要例子。在本书涵盖的几乎整个时期内，土地占有是英格兰直接征税的引擎。这是封建制度的本质，将人与土地联系在一起。在某种程度上，封建制度是一种直接的税收制度。封建制度将土地和人联系在一起（通常是将土地的使用权赋予个人终身享有），而直接税法仍在试图将两者分开。本书的表格的结构试图区分财产税和个人税，这是对物税

和个人税之间的典型区别。这似乎是可能的,也似乎是合乎逻辑的, 481
但历史证明,要准确地作出这种区分是很困难的。

为了突出区分对物税和个人税的困难,同时考虑与之相关的管辖权问题是有用的。在以土地为中心的税收制度中,税收不可避免地要针对管辖范围内的土地,这是封建关系中固有的管辖权规则,并在英国所得税的附表A中得以保留。虽然封建关系很牢固,但无论意图是对人还是土地征税,两者都有内在的联系。但如果目的是对个人征税,那么以土地为例,采用要求个人在场的管辖权规则似乎是合乎逻辑的,因此早在1379年,英国的人头税就以居住地或住所地为基础。一旦封建关系破裂,个人迁移或居住在与其土地不同的地方,问题就出现了。此外,如果政府试图对土地产品而不是土地本身征税,就会出现问题。土地不能移动,产品可以。产品应该在其所在地或所有者所在地征税吗?

一旦制造业和贸易发展起来,除了土地以外的资产还可以生产其他资产,这就带来了进一步的困难。和其他资产一样,个人也是生产性资产。在这里,在存在奴隶和其他仆人的背景下,这个问题又回到了原点。对物税和个人税之间的区分及其管辖含义,只有在个人和资产之间存在明显区分的情况下才是切实可行的。不自由的人、封建时代的维兰(农奴)和殖民地的类似群体、黑人奴隶,是他们的领主为了税收制度的目的而拥有的个人财产,还是他们本身就是人?不应由于其政治敏感性,就回避如此重要的概念问题。

鉴于历史情况和现代理念,本书中的表格已将人头税包括在个人税目下,即使该税专门针对奴隶。这是一种武断的分配。很明显,不自由的人是他们的领主的资产,是个人资产,即使不是在法律上,那也是事实上的。在殖民地的直接税中，奴隶经常与各种形式的牛并列，并且像牛一样，按每头以固定的数额评估。在自由人缴纳人头税的情况下，他们通常以相同的方式估值。这是新英格兰的普遍做法，康涅狄格就是一个典型的例子。

482 正如牛可能会根据其年龄和类型以不同的税率被评估并设置在评估列表中一样，个人(基本上是自由人)也是如此。分配给个人的价值与分配给牛的价值合并，加上农产品和非生活资产，构成应纳税总额。一般人头税和奴隶税之间的联系也在西印度群岛得到了证明，从 17 世纪 70 年代和 17 世纪 80 年代开始的奴隶税源于更一般的人头税。

因此，试图区分对物税和个人税时存在一个根本问题。就像直接税和间接税之间的不精确区别一样，对物税和个人税之间的区别实质上是一个税收归属问题。对奴隶征税的目的显然是向奴隶所属的人征税。那么，当亨利八世在 1512 年对仆人征税并要求仆人的主人缴纳税款时，尽管是从他们的工资中扣除，但税收真的有任何实质性差异吗？答案一定与亨利的税收是否可以由仆人转嫁有关。

英国人一贯厌恶对人头和仆人征税。如果像封建时代那样，劳动与土地有效地联系在一起，那将是不必要的。当 14 世纪中叶黑死病之后劳动力市场开放时，劳动力变得更具有流动性，与土地的联系也松弛了。14 世纪 70 年代和 14 世纪 80 年代的人头税代表了对这种流动性征税的尝试，但它是短暂的。1450 年曾有过在补助金中明确对工资征税的尝试，但这在 1472 年的下一次补助金中取消了。1450 年的税收在制定管辖权规则时也很关键，因为它合并了根据其所在地对土地征税和根据其居住地对工资收入者征税。1489 年，当第二税目(工资)被货物和动产取代时,管辖权规则保持不变,即所有者的住所地。1497 年的补助金开始出现对货物和动产的管辖权规则的例外情况。

亨利八世还试图在 1512 年的人头税下对仆人的工资征税,这种做法持续了 10 年,但在 1523 年之后,工资从明示征收中扣除,并于 1545 年被明确豁免。1512 年的税收与典型的人头税一样,是基于个人与司法管辖区的联系征收,在这种情况下是存在的。直接税在 1515 年回到更典型的补助金形式导致了进一步的管辖权发展。居民的货物和动产在任何地方都被征税,非居民的货物和动产如果位 483
于该领域内,则要征税。查理一世在 1641 年再次尝试征收人头税,但当英国内战期间议会夺取控制权后,这种做法并没有继续下去。查理二世在 1660 年、1667 年和 1678 年对人头征税更为坚持,后两次征税明确涵盖工资。1667 年,由于对劳动征税,管辖权规则再次得到发展,1667 年,官员在其职位被“执行”的地方征税。

威廉三世还试图根据 1688 年和 1696 年的人头税对工资征税。后者是皮特 1799 年所得税最明显的先例,值得注意的是,1798 年的三部联合评估不包括雇佣,但通过修正,1799 年的所得税做到了。当对劳动力征税作出重大努力时,管辖权规则再一次经历了实质性的发展。1799 年的所得税纳入了在之前任何直接税中最全面的管辖权规则,这些规则构成了今天使用的规则的基础。因此,从英国的历史经验来看,就税收管辖权而言,对物税与个人税之间联系的重要性似乎很明显。这两种税种之间没有明显的区别,这从殖民地的奴隶税和英国在这方面混乱的历史发展中可以看出。

如果可以在对物税和个人税之间作出明确的区分,那么这一区别应该在土地税和人头税或仆人工资税之间最为明显。最模糊的是财产（资本）和劳动力在贸易或商业中相结合的部分。直到17世纪90年代，几乎没有立法证据表明英国试图通过直接税对贸易征税。这并不意味着贸易没有被征税，它确实被征税了。但是当它被征税时，它通常是在动产或个人财产税目下被征税的。它也将根据地方税收征税，特别是通过“能力”的概念。有证据表明，贸易是根据《济贫法》征税的。在实践中，英国在这方面的税收可能与殖民地早期的“才能”或“能力”税没有太大区别。

然而，在英国，对于个人财产和其他贸易，有一个不征税的习惯。这是都铎王朝十五一税和什一税的补助金的经验，甚至是1691年之后取消每月评估的原因。英国试图在1696年的援助金下明确对贸易和行业征税，但这又是短暂的。在这里，至少在立法形式上，殖民地更加持久。新英格兰和美洲中部殖民地直接税法律通常包含特定
484 项目或贸易的明确估价规则。南卡罗来纳、西印度殖民地对贸易商征税的意图更加明确，这在1686年（南卡罗来纳）、1688年（尼维斯）、1691年（巴巴多斯）、1695年（牙买加）、1702年（安提瓜）和1704年（圣基茨）的税法中都有所体现。

对贸易征税引起了在土地和纯劳动力背景下不存在的特殊估价问题。在对仆人征税的地方，通常是对他们的工资征税。在土地被征税的地方，在英国，它在历史上是根据其“年价值”来估价的。1188年的萨拉丁什一税曾试图对“租金”征税，但从1404年到所得税的出现，英国直接税法律都提到了“年价值”。这是一项客观评估而非主观评估，涉及对名义收入而非实际收入的征税。多年来，这种区别因能够评估土地或动产的年度价值（通常是土地的产出，因此更像实际

收入)而得到改善,征收了更高的费用。任何一种评估都可以基于所看到的土地或动产,如果纳税人设法隐藏动产,他们仍将对土地的名义收入征税。

但对于贸易不能如此。在这方面,至少在原则上,也可能对贸易收入进行名义或实际征税。但是,很难通过可以看到的东西来评估一项贸易,因此,对贸易的客观评估存在武断和容易被滥用的风险。这是殖民地对才能征税的一个臭名昭著的问题,就像英国的动产一样,与土地税相比,从才能那里征收的税款通常少得不成比例。如果在殖民地的产出品类型有限且劳动密集的情况下,奴隶税或仆人税可以作为一个体面的替代,假定主人会让仆人以一种有效的方式工作,这样,平均而言,可以假定每个仆人创造了特定的价值。

会计实务发展缓慢阻碍了对贸易的主观评估。即使在本书涵盖的时间段结束时,也必须质疑相当大的企业中的大多数是否保留了足够的记录,以便合理准确和一致地来确定它们的利润。在确实存在账簿的地方,这种做法也更具有多样性而非统一性。在 19 世纪初引入英国所得税时,美国各州通常不依赖账簿来确定贸易税收,这通 485
常仍然是一个客观的评估。必须思考的是英国所得税在实践中到底有多大的不同。三部联合评估下的收入基本上是“估计”的。即使在 1799 年所得税试图变得更加精确,纳税申报表也不是很具体,税务机关认为它没有足够的调查权。税务管理部门的当代证据表明,至少就小企业而言,对贸易商的评估在很大程度上是客观的。

收入的客观评估和主观评估之间的主要区别之一是时间。客观评估可以在给定的时间点进行。结果是,客观评估本质上是一种财富税,前提是人们承认个人也是资产,因此财富税也对人力资本征税，即纳入分类人头税。相比之下，对收入的主观或实际评估必然是在一段时间内进行的。它衡量的不是资产（包括个人）可能产生什么，而是他们实际产生了什么。只有在评估是主观的情况下，才可能对资本利得征税。

但即使在可以进行主观征税的情况下，所得税也并不规定必须对资本利得征税。在英国历史的背景下，从所得税中排除资本利得具有重要意义。英国社会的一个基本历史特征是注重物质资本，而不是金融资本。资本利得将被纳入采用金融资本基础的所得税中。但在封建时代，重点是土地持有，个人与土地的捆绑导致所得税明显强调资产、土地及其维持。这种对物质资本的关注以及在一段时间内（通常是一生）将土地与个人捆绑在一起的做法，本质上包含了资本与收益的区别。这在针对损耗的普通法诉讼中最为明显。随着时间的推移，英国的土地占有形式发生了变化，从封建起源到通过用益的方式持有，再到信托和家族授产。但对实物资产的关注并没有改变，资本—收益的区别在本书涵盖的整个时期内以大致相同的方式继续存在。

如上所述，在基于客观评估的所得税下，不可能对资本利得征税。因此，排除资本利得的主观所得税与客观所得税更加一致，并且更容易将两者纳入同一法律。这是早期补助金的本质，根据土地的
486 年价值征税，或者通过对动产征税，实际上是对土地的产出征税。1799 年的所得税同样纳入了客观评估（土地所有权和占用）的各个方面，以及其他方面明显的主观评估、公职人员的工资、公共债务的利息，以及至少在形式上的商业收入。在这种情况下，以及由于第五章中解释的许多其他原因，1799 年的所得税显然无意对资本利得征

税,这意味着需要某种形式的资本/收益区别。[3]

到 19 世纪末,会计还没有发展到足以纳入一套全面的规则来区分资本和收益的程度。在这方面有过一些尝试,它们主要来自两个相互关联的来源。贸易公司的增加见证了资本维持原则的萌芽发展,即股息只能从利润中支付。但随着集体投资的增加,企业账目通常显示了资本—收益账目的开端。在政府股本发展的同时,贸易公司也看到了以股本形式投资的发展。当时,信托是持有土地的主要工具,而土地此前是一种近乎排他性的投资形式。信托进行了调整,以满足持有这些新形式投资的需要。毫不奇怪,土地持有中的资本/收益区别适应了这些新的投资形式。

会计源于土地持有和代表其委托人收取和支付款项的管理人,账目的法律诉讼强化了这一点。商人之间也实行会计制度。很明显,这也将在商人公司开始形成时延伸到那里。这提供了土地持有与用于持有土地的工具,以及贸易和用于贸易的工具之间的另一个联系。在英国历史上,贸易和土地占有之间的这种联系对于理解资本—收益的区别非常重要,而不是信托规则本身。在 1820 年之前,没有证据表明信托法对税法目的的收入确定具有直接影响。无论如 487
何,后来变得相关的信托法规则在起源上并不是信托法规则。损耗、账目和分摊是衡平法完全仿效普通法的领域。

这项研究在很大程度上是结构严谨的。它首先提出了四个明显不相干的问题。但最后,显然这四个问题并不像看起来那么明显不

〔3〕 这并不是说在寻求对资本利得征税的所得税下不需要区分资本和收益。资本与收益的区别本质上是一个时间问题,因此是主观的定期所得税中所固有的。显然,为了在所得税中作出这种区分,英国将修改其他法律领域已经存在的规则。

相干。在历史的背景下,它们必然一起运行。资本—收益的区别是英国封建社会所固有的本质,特别是土地持有。在英国历史上的不同时期,各种各样的工具被用于持有土地,包括公司、用益和信托。会计是管理的一项基本要求,不仅涉及土地持有,也适用于商业利益。公司被用作集体投资工具,并在新大陆被用作政府工具。为筹集资金以确保新大陆的贸易而发行的公司和政府股本是一种新的投资形式,导致了资本—收益区别的进一步发展,因为信托被用作持有这些新投资的工具。

随着封建主义的瓦解,个人从土地上解放出来,这给以对物税和个人税之间的区别为核心的税收制度带来了难题。这种区别产生了管辖权规则,当贸易扩展到海外时将使用这些规则。殖民地使用的奴隶劳动及其税收从根本上质疑了区分对物税和个人税的适当性。殖民地奴隶与封建时代的不自由维兰之间有明显的相似之处。封建时代的不自由人提供了资本—收益区分重叠的一个例子。土地持有人对不自由的农奴佃户态度恶劣,并导致他们逃跑,就可能会因损耗而被提起诉讼。将仆人视为资产在如今仍然具有相关性,特别是在服务业,员工通常被视为企业的重要资产。

所有这一切都由附表制度控制。从早期的补助金一直到1799年的所得税,它被用来为客观或主观评估提供不同的规则。它还被用于补充和扩充基本规则,以使税收更加全面。因此,在都铎王朝时期,仆人的税收被作为一个单独的税目加入进来。这种方法从复辟时期就被广泛使用,并在17世纪90年代的危机时期达到顶峰,因为对综合税收的需求达到顶峰,然后才因融资制度的出现而得到缓解。
488 无论如何,在某些方面,附表只是意味着你有一个结构、一个计划,并且计划的一部分可以独立运作。对于当时的混乱局面,历史上有一个教训,那就是所得税。

那么,1799 年的所得税与以前的税收类型有多大不同呢?很明显,它的基本政策与几个世纪以来直接税的基本政策并没有太大的区别。事实上,1799 年法律的每一个方面、每一种情况,以及 1803 年法律的每一个附表都经过了尝试。在筹资制度出现之前,它们已经有 100 多年没有被同时尝试过。贸易税是个例外,但有证据表明这在任何情况下都没有成功。拿破仑战争的所得税被视为一项重大发展,一项重大成功,但它是在什么背景下发生的?正如其他人之前指出的那样,主要的成功是在行政方面。[4]

在历史上的其他时期,英国中央政府曾尝试过基于主观评估的综合税收,但最终被放弃。每次中央政府都面临着确保准确和持续评估的问题。地方抱怨中央当局的调查,并试图保留地方自治权,以便相互分摊费用。这发生在 1334 年,十五一税和什一税确定为配额制度,16 世纪 50 年代补助金的类似间接确定,17 世纪 30 年代用于船舶令状的配额制度,1642 年补助金的明示配额制度,1650 年起的月度评估中地方有权自行确定税基,1697 年,在又一次兴起直接评估后,又恢复了配额制度,这为直到 18 世纪末的土地税配额制度铺平了道路。

配额制度可能导致各地的评估不平衡,这反过来可能导致不公平和滥用指控。在 17 世纪和 18 世纪,这导致直接税税基向客观税

〔4〕“(1640 ~ 1698 年)的直接税与 19 世纪的所得税之间的本质区别不是意图,而是执行。前者未能设计出相当有效的方法来执行法案的规定,而后者取得了成功……”Kennedy, 1964, p. 47 – 48.

基倾斜，可能接近可接受的公平税基。因此，几个世纪以来，直接税形式的变化更多地与社会发展的变化、可用的客观手段的类型以及
489 施加新的探究性评估的政治权力有关，而不是与税收目标或原则的任何变化有关。从西印度和美洲南部殖民地的人头税中就可以清楚地看到这一点，在它们的背景下，税收可能不像其形式上看起来那样不公平。

人们很容易批评三部联合评估和1799年的所得税，并称之为税收方面的失败，至少与1803年的所得税相比是这样的。但也许它们是达到1803年所得税形式的必要步骤，这一形式在一个多世纪以来被证明具有很强的韧性。在政治上，皮特可能无法在1798年对个人的私人收入进行全面调查，但他所做的是个人收入申报，以减少他们的三部联合评估。这使得1799年搁置评估税在政治上更容易被接受，并将重点放在每个人的收入申报上，尽管这是一种较弱的申报形式。诚然，根据1803年的法律，一个人的所有收入可能不会向一个人申报，但这也是申请减税的要求，而且随着所得税的征收，调查权力也得到了强化。

1799年的所得税评估与以往历史直接评估的不同之处在于不放弃的政治决心，而皮特此时在政治舞台上的实力和统治地位无疑发挥了重要作用。税收管理部门有时间将这一制度固定下来，并设法使其发挥作用。从客观评估到主观评估的转变似乎是渐进的，而不是1798年或1799年的大爆炸。这似乎最有可能发生在贸易方面。会计制度可能还没有发展到足以使贸易税成为一件容易的事情。从17世纪90年代开始，特别是在战争期间，贸易有了长足的发展，到19世纪初，英国可以通过对贸易利润征税来筹集足够的收入，

以证明这一努力的合理性,并且不会放弃。毫无疑问,只要根据贸易利润征收大量税款,就会大大推动规则制定以准确衡量这些利润,特别是在税务机关拥有调查权的情况下。到 1816 年所得税到期时,这一发展尚未完成,但所得税似乎有助于会计的发展。

配额制度与中央直接评估制度的附加赛是区域自治与一般公平的附加赛。在本书涵盖的时间段内,一个趋势是税收自主权逐渐从 490
英国地方转移到英国中央政府。1799 年的所得税标志着中央政府在这场斗争中的重大胜利。但 1799 年的所得税只是一个漫长过程中的一部分,包括 1543 年将威尔士和 1707 年将苏格兰纳入直接税领域。济贫税取得了进一步的胜利,特别是当它将 1662 年的治安官税费和 1739 年的县税费纳入税基时。与 1799 年的所得税一样,这些措施并没有完全取消地方自治,但代表了限制这种自治的趋势。这个过程必然会以全球化的形式继续下去。在英国历史的背景下,中央征收直接税的权力的运动似乎表明了该权力在诸如欧盟等区域集团的背景下将走向何方。

从学术上讲,公平以一贯的直接评估的形式战胜了区域自治,这似乎是令人高兴的。当个人更多地认同他们的中央政府而不是他们的地方时,很容易作出这样的评估。美国独立战争强调了身份在直接征税问题上的重要性。商业和贸易的全球化自然会指向税收进一步集中的方向,但在现阶段尚不清楚这是否会发生。未来国际直接税面临的主要斗争不是经济方面的。主要战斗与历史上的相同,它们的中心是识别具有特定地区、文化和社会价值观的个人,从而确定他们的纳税意愿。希望这本书有助于我们“记住”税收制度从何而来,并有效地分析它们的去向。

附　录

英国和联合王国君主的统治

诺曼王朝	
威廉一世	1066 ~ 1087 年
威廉二世	1087 ~ 1100 年
亨利一世	1100 ~ 1135 年
斯蒂芬	1135 ~ 1154 年
金雀花王朝	
亨利二世	1154 ~ 1189 年
理查德一世	1189 ~ 1199 年
约翰	1199 ~ 1216 年
亨利三世	1216 ~ 1272 年
爱德华一世	1272 ~ 1307 年
爱德华二世	1307 ~ 1327 年
爱德华三世	1327 ~ 1377 年
理查德二世	1377 ~ 1399 年

兰开斯特王朝

亨利四世	1399～1413 年
亨利五世	1413～1422 年
亨利六世	1422～1461 年

约克王朝

爱德华四世	1461～1483 年
爱德华五世	1483 年
理查德三世	1483～1485 年

都铎王朝

亨利七世	1485～1509 年
亨利八世	1509～1547 年
爱德华六世	1547～1553 年
玛丽	1553～1558 年
伊丽莎白一世	1558～1603 年

斯图亚特王朝

詹姆斯一世	1603～1625 年
查理一世	1625～1649 年

克伦威尔空位期

英国联邦时期	1649～1653 年
奥利弗·克伦威尔，保护者	1653～1658 年
理查德·克伦威尔，保护者	1658～1659 年

斯图亚特王朝（复辟）

查理二世	1660～1685 年
詹姆斯二世	1685～1688 年

威廉三世	1689～1702 年
和玛丽二世	1689～1694 年
安妮	1702～1714 年

汉诺威王朝

乔治一世	1714～1727 年
乔治二世	1727～1760 年
乔治三世	1760～1820 年

货币

便士(d)	基本货币单位
先令(s)	12 便士 =1 先令
马克	160 便士 =1 马克
镑(£)	240 便士 =20 先令 =1 镑

References

American Antiquarian Society (1956 –) *Early American Imprints, 1639 – 1800*, Opaque Microcopy, C. K. Shipton (ed.) (New York: Readex Microprint Corporation).

(1990 –) *Early American Imprints, 1801 – 1819*, Second Series, Opaque Microcopy (New York: Readex Microprint Corporation).

Anderson, W. G. (1983) *The Price of Liberty: The Public Debt of the American Revolution* (Charlottesville: University Press of Virginia).

Andrews, C. M. (1929) 'The Acts of Trade' and 'The government of the Empire, 1660 – 1763', in Holland Rose *et al.* (eds.), Vol. I, p. 268 – 299 and 405 – 436, respectively.

Andros, E. (1868 – 1874) *The Andros Tracts*, 3 vols. (Boston, MA: Prince Society).

Ashe, S. A. (1925) *History of North Carolina*, 2 vols. (Greensboro: Van Noppen) reprinted (1971) (Spartanburg: The Reprint Company).

Avery-Jones, J. F. (2004) 'Taxing foreign income from Pitt to the tax law rewrite-the decline of the remittance basis', in Tiley (2004), p. 15 – 56.

Baker, J. H. (ed.) (1978) *Legal Records and the Historian*, Royal Historical Society Studies in History (London: Royal Historical Society).

(2002) *An Introduction to English Legal History*, 4th edition (London: Butterworths).

Banerjea, P. (1928) *Indian Finance in the Days of the Company* (London: MacMillan and Co).

Barbados (1654) *Acts and statutes of the island of Barbados made and enacted since the reducement of the same, unto the authority of the Common-wealth of England/and set forth the seventh day of September, in the year of our Lord God 1652, by the Honourable governour of the said island, the worshipfull the council, and gentlemen of the assembly; together with charter of the said island, or articles made on the surrender, and rendition of the same; published for the publick good* (London: William Bentley).

Baxter, W. T. (1980) 'The account charge and discharge', *Accounting Historians Journal*, Spring, p. 69.

Becker, R. A. (1980) *Revolution, Reform, and the Politics of American Taxation, 1763 – 1783* (Baton Rouge: Louisiana State University Press).

Beckles, H. (1998) 'The "hub of empire": the Caribbean and Britain in the seventeenth century', in Louis (ed.), p. 218 – 240.

Biancalana, J. (1998) 'Medieval uses', in Helmholz and Zimmermann (eds.) (1998), p. 111 – 152.

Bourinot, J. G. (1888) *Manuel of the Constitutional History of Canada* (Montreal: Dawson Bros.)

(1900) *Builders of Nova Scotia: A Historical Review* (Toronto: Copp-Clark Co.).

Brock, L. V. (1975) *The Currency of the American Colonies 1700 – 1764: A Study in Colonial Finance and Imperial Relations* (New York: Arno Press).

British Honduras (1931 – 1935) *Archives of British Honduras*, 3 vols., J. A. Burdon (ed.) (London: Sifton, Praed and Co.).

Burns, A. (1954) *History of the British West Indies* (London: George Allen & Unwin Ltd).

Burns, L. and Krever, R. (1998) 'Individual income tax', in Thuronyi (1998), p. 495 – 563.

Cannan, E. (1896) *History of Local Rates in England* (London: Longmans, Green, and Co.).

Cape Colony (1897 – 1905) *Records of the Cape Colony: from February 1793 to April 1831*, 36 vols., G. M. Theal (ed.) (London: William Clowes and Sons).

Chalmers, R. (1893) *History of Currency in the British Colonies* (London: HMSO).

Cobbett, W. (1812 – 1820) *The Parliamentary History of England, from the Earliest Period to the Year 1803*, Vols. XIII –

XXXVI (London: Longman & Co.).

Coke, E. (1628) *The first part of the Institutes of the lawes of England. Or, A commentarie vpon Littleton* (London: Societie of Stationers).

Colonial Society of Pennsylvania (1904) *Records of the Court of New Castle on Delaware 1676 – 1681* (Philadelphia: The Society).

Connecticut (1826) *The Public Statute Laws of the State of Connecticut, as revised and enacted by the General Assembly, in May, 1821* (Hartford: H. Huntington Jr).

Connecticut (1850 – 1890) *The Public Records of the Colony of Connecticut*, 15 vols., J. H. Trumbull and C. J. Hoadly (eds.) (Hartford: F. A. Brown).

Connecticut (1857 – 1858) *Records of the Colony and Plantation of New Haven*, C. J. Hoadly (ed.) (Hartford: Tiffany & Co).

Coupland, R. (1940) 'The abolition of the slave trade', in Holland Rose *et al.* (eds.), Vol. II, p. 188 – 216.

Daugherty, M. M. (1938) *Early Colonial Taxation in Delaware* (Wilmington: Delaware Tercentenary Commission).

Daunton, M. D. (2001) *Trusting Leviathan: The Politics of Taxation in Britain, 1799 – 1914* (Cambridge: Cambridge University Press).

Douglas, C. H. (1892) 'The financial history of Massachusetts: from the organization of the Massachusetts Bay Company to the American Revolution', in *Columbia University: Studies in History*,

Economics and Public Law, vol. I, No. 4 (New York: Columbia College).

Douglas, D. C. and Greenway, G. W. (eds.) (1953) *English Historical Documents 1042 – 1189* (London: Eyre & Spottiswoode).

Dowell, S. (1965) *The History of Taxation and Taxes in England: From the Earliest Times to the Present Day*, 3rd edition, Vols. I – IV (London: Frank Cass & Co.).

Dunn, R. S. (1973) *Sugar and Slaves: The Rise of the Planter Class in the English West Indies, 1624 – 1713* (London: Jonathan Cape).

(1998) 'The Glorious Revolution and America', in Louis (ed.) (1998), p. 445 – 466.

Edwards, J. R. (ed.) (2000) *The History of Accounting: Critical Perspectives on Business and Management*, 4 vols. (London: Routledge).

Edwards, J. R. (2000a) 'Financial accounting practice 1600 – 1970: continuity and change', in Edwards (ed.) (2000), Vol. II, p. 342 – 378.

Edwards, J. R. (2000b) 'The development of industrial cost and management accounting before 1850: a survey of the evidence', in Edwards (ed.) (2000), Vol. III, 48 – 71.

Edwards, J. R. and Boyns, T. (1992) 'Industrial organization and accounting innovation: Charcoal ironmaking in England 1690 – 1783', *Management Accounting Research*, 1992, No. 3, p. 151.

Elton, G. R. (1974) 'An early Tudor poor law', in *Studies in Tudor and Stuart Politics and Government: Papers and Reviews 1946 – 1972*, Vol. II, p. 137 – 154.

Farnsworth, A. (1951) *Addington: Author of the Modern Income Tax* (London: Stevens & Sons).

Ferguson, J. (1961) *The Power of the Purse* (Virginia: University of North Carolina Press).

Finch, H. (1673 – 1682) 'Prolegomena of Chancery and Equity', in Yale (ed.) (1965), Part II, p. 177 – 356.

Fisher, I. (1906) *Nature of Capital and Income* (New York: Macmillan).

Flinn, M. W. (1984) *The History of the British Coal Industry: 1700 – 1830: The Industrial Revolution*, Vol. II (Oxford: Clarendon Press).

Frecknall Hughes, J. and Oats, L. (2004) 'John Lackland: a fiscal re-evaluation', in Tiley (2004), p. 201 – 226.

Fry, W. H. (1908) *New Hampshire as a Royal Province* (New York: Columbia University).

Georgia (1904 –) *Colonial Records of Georgia*, 39 vols., A. D. Chandler (ed.) (Atlanta: L. L. Knight).

Glasscock, R. E. (1975) *The Lay Subsidy of 1334*, Records of Social and Economic History, New Series, II (London: Oxford University Press).

Glynn, J. J. (1994) 'The development of British railway

accounting: 1800 – 1911', in Parker and Yamey (eds.) (1994), p. 327 – 342.

Gray, H. L. (1934) 'Incomes from land in England in 1436', *English Historical Review*, Vol. XLIV, p. 607 – 639.

Hair, P. E. and Law, R. (1998) 'The English in Western Africa to 1700', in Louis (ed.) (1998), p. 241 – 263.

Hall, R. (ed.) (1764) *Acts, Passed in the Island of Barbados. From 1643, to 1762, inclusive* (London: Richard Hall).

Harlow, V. T. (1926) *A History of Barbados: 1625 – 1685* (Oxford: Oxford University Press).

Harlow, V. T. (1940) 'The new imperial system, 1783 – 1815', in Holland Rose *et al.* (eds.), Vol. II, p. 129 – 187.

Harlow, V. T. (1963) 'Cape Colony, 1806 – 1822', in Holland Rose *et al.* (eds.) 2nd edition, Vol. VIII, p. 199 – 238.

Harris, P. A. (1996) *Corporate/Shareholder Income Taxation and Allocating Taxing Rights Between Countries: A Comparison of Imputation Systems* (Amsterdam: IBFD).

Harris, P. A. (2002) *Metamorphosis of the Australasian Income Tax: 1866 – 1922*, Australian Tax Research Foundation Research Study No. 37 (Sydney: ATRF).

Hart, M. C. (1993) *The making of a bourgeois state: War, politics and finance during the Dutch revolt* (Manchester: Manchester University Press).

Harvey, P. D. A. (1994) 'Manorial accounts', in Parker and

Yamey (eds.) (1994), p. 91 - 115.

Hatcher, J. (1993) *The History of the British Coal Industry Before 1700: Towards the Age of Coal*, Vol. I (Oxford: Clarendon Press).

Headlam, C. (1929a) 'The development of the colonies under the first Georges, 1714 - 1755', in Holland Rose *et al.* (eds.), Vol. I, p. 377 - 404.

Headlam, C. (1929b) 'The War of the American Revolution, 1775 - 1782', in Holland Rose *et al.* (eds.), Vol. I, p. 717 - 760.

Headlam, C. (1929c) 'The American Revolution and British politics, 1776 - 1783', in Holland Rose *et al.* (eds.), Vol. I, p. 761 - 783.

Helmholz, R. (1998) 'Trusts in the English ecclesiastical courts 1300 - 1640', in Helmholz and Zimmermann (eds.) (1998), p. 153 - 172.

Helmholz, R. and Zimmerman, R. (eds.) (1998) *Itinera Fiduciae: Trust and Treuhand in Historical Perspective*, Comparative Studies in Continental and Anglo-American Legal History, No. 19 (Berlin: Duncker & Humblot).

Herman, S. (1998) 'The canonical conception of the trust', in Helmholz and Zimmerman (eds.) (1998), p. 85 - 110.

Holland Rose, J. (1940) 'The conflict with revolutionary France, 1793 - 1802' and 'The struggle with Napoleon, 1803 - 1815', in Holland Rose *et al.* (eds.), Vol. II, p. 36 - 82 and p. 83 - 128, respectively.

Holland Rose, J. , Newton, A. P. and Benians, E. A. (eds.), *The Cambridge History of the British Empire*, 8 vols. (Cambridge: Cambridge University Press).

Hope-Jones, A. (1939) *Income Tax in the Napoleonic Wars* (Cambridge: Cambridge University Press).

Jones, F. R. (1896) 'History of taxation in Connecticut: 1636 – 1776', in *Johns Hopkins University Studies in Historical and Political Science*, 14th Series, No. 8.

Jones, N. (1997) 'Uses, trusts, and a path to privity', *Cambridge Law Journal*, Vol. 56, p. 175.

(1998) 'Trusts in England after the Statute of Uses: a view from the 16th century', in Helmholz and Zimmermann (eds.) (1998), p. 173 – 206.

Jones, R. H. (1994) 'Accounting in English local government from the middle ages to c. 1835', in Parker and Yamey (eds.) (1994), p. 377 – 406.

Jurkowski, M. , C. L. Smith and D. Crook (1998) *Lay Taxes in England and Wales 1188 – 1688* (Richmond: PRO Publications).

Keith, A. B. (1912) *Responsible Government in the Dominions* (Oxford: Clarendon).

Kennedy, W. (1964) *English Taxation, 1640 – 1799*, New Impression (London: Frank Cass & Co).

Kinsman, D. O. (1903) 'The income tax in the Commonwealths of the United States', in *Publications of the American Economic*

Association, 3rd Series, Vol. IV, No. 4 (New York: Macmillan Company).

Kwass, M. (2000) *Privilege and the Politics of Taxation in Eighteenth-Century France* (Cambridge: Cambridge University Press).

Lee, T. A. (1994) 'The early debate on financial and physical capital', in Parker and Yamey (eds.) (1994), p. 493 – 520.

Leonard, E. M. (1965) *The Early History of English Poor Relief* (London: Frank Cass & Co).

Littleton, A. C. (1966) *Accounting Evolution to 1900*, 2nd edition (New York: Russell & Russell).

Louis, W. R. (ed.) (1998) *The Origins of Empire: British Overseas Enterprise to the Close of the Seventeenth Century*, Vol. I of The Oxford History of the British Empire (Oxford: Oxford University Press).

McArthur, D. A. (1930) 'British North America under representative government, 1791 – 1812', in Holland Rose *et al.* (eds.), Vol. VI, p. 203 – 217.

McKay, G. L. (1944) *Early American Currency: Some Notes on the Development of Paper Money in the New England Colonies*, Numismatic Notes and Monographs, No. 104 (New York: American Numismatic Society).

Macnair, M. (1998) 'The conceptual basis of trusts in the 17th and 18th centuries', in Helmholz and Zimmermann (eds.) (1998), p. 207 – 236.

Maitland, F. (1900) 'The corporation sole', *Law Quarterly Review*, Vol. XVI, p. 335.

Marshall, P. J. (1998) 'The English in Asia to 1700', in Louis (ed.) (1998), p. 264 – 285.

Martin, E. C. (1927) *The British West African Settlements 1750 – 1821: A Study in Local Administration*, Imperial Studies, No. 2 (London: Longmans, Green and Co.).

(1929) 'The English slave trade and the African settlements', in Holland Rose *et al.* (eds.), Vol. I, p. 437 – 459.

Maryland Historical Society (1883 – 1972) *Archives of Maryland*, 72 vols. (Baltimore: Maryland Historical Society).

Massachusetts (1853 – 1854) *Records of the Governor and Company of the Massachusetts Bay in New England* (1628 – 1686), 5 vols., N. B. Shurtleff (ed.) (Boston: W. White).

Massachusetts (1855 – 1861) *Records of the Colony of New Plymouth, in New England*, 12 vols., N. B. Shurtleff and D. Pulsifor (eds.) (Boston: W. White).

Mendis G. C. (ed.) (1956) *The Colebrooke-Cameron papers: documents on British colonial policy in Ceylon, 1796 – 1833*, 2 vols. (London: Oxford University Press).

Miller, H. (1955) 'Subsidy assessments of the peerage in the sixteenth century', *Bulletin of the Institute of Historical Research*, Vol. XXVIII, p. 15.

Mitchell, S. K. (1951) *Taxation in Medieval England* (New

Haven: Yale University Press).

Murray, W. C. (1907) 'Local government in the Maritime Provinces', in Wickett (ed.) (1907), p. 221 - 268.

Myers, A. R. (1969) *English Historical Documents 1327 - 1485*, Vol. IV (London: Eyre & Spottiswoode).

New Hampshire (1867 - 1915) *Provincial (State) Papers: Documents and records relating to the Province (State) of New Hampshire from the earliest period of its settlement*, 33 vols. (Concord: State Printer).

New Jersey (1758) *The Grants, Concessions, and Original Constitutions of the Province of New-Jersey; The Acts Passed during the Proprietary Government, and other Transactions before the Surrender thereof to Queen Anne*, A. Leaming and J. Spicer (eds.) in American Antiquarian Society (1956 -), No. 8205.

New York (1856 - 1861) *Documents relative to the colonial history of the state of New-York*, 15 vols., J. R. Brodhead and E. B. O'Callaghan (eds.) (Albany: Weed, Parsons).

New York (1894) *The Colonial Laws of New York from the year 1664 to the Revolution*, 5 vols. (Albany: J. B. Lyon).

Newton, A. P. (1929) 'The great emigration, 1618 - 1648', in Holland Rose *et al.* (eds.), Vol. I, p. 136 - 182.

Noke, C. (2000) 'Accounting for bailiffship in thirteenth century England', in Edwards (ed.) (2000), Vol. II, p. 98 - 123.

North Carolina (1886 - 1905) *The Colonial State Records of North*

Carolina, 30 vols. , W. L. Saunders (ed.) (Raleigh: Goldsboro).

Nova Scotia (1908) *Original Minutes of His Majesty's Council at Annapolis Royal, 1720 – 1739*, Nova Scotia Archives, Series 3, A. M. MacMechan (ed.) (Halifax: Nova Scotia Archives).

O'Brien, P. K. (1959) 'British incomes and property in the early nineteenth century', *Economic History Review*, Vol. XII, p. 255.

Oschinsky, D. (ed.) (1971) *Walter of Henley, and other treatises on estate management and accounting* (Oxford: Clarendon Press).

Parker, C. (1928) *The History of Taxation in North Carolina During the Colonial Period: 1663 – 1776* (New York: Columbia University Press).

Parker, M. E. E. (ed.) (1968) *North Carolina High-Court Records 1670 – 1696* (Raleigh: North Carolina State University Print Shop).

Parker, R. H. and Yamey, B. S. (eds.) (1994) *Accounting History: Some British Contributions* (Oxford: Clarendon Press).

Parsons, R. W. (1985) *Income Taxation in Australia: Principles of Income, Deductibility and Tax Accounting* (Sydney: The Law Book Company).

Patterson, G. C. (1920) 'Land settlement in Upper Canada 1783 – 1840', *16th Report of the Department of Archives for the Province of Ontario* (Toronto: King's Printer).

Pennsylvania (1879) *Charter to William Penn and Laws of the*

Province of Pennsylvania passed between 1682 and 1700 (Harrisburg: L. S. Hart).

Phillips, H. (1972) *Historical Sketches of the Paper Currency of the American Colonies* (Clifton: Augustus M. Kelley).

Phillips, O. H., Jackson, P. and Leopold, P. (2001) *Constitutional and Administrative Law* (London: Sweet & Maxwell).

Pitt, W. (1808) *The Speeches of the Right Honourable William Pitt in the House of Commons*, 2nd edition, 3 vols. (London: Longman & Co).

Plant, A. (1963) 'Economic development, 1795 - 1921', in Holland Rose *et al.* (eds.) 2nd edition, Vol. VIII, p. 788 - 836.

Postles, D. (1994) 'The perception of profit before the leasing of demesnes', in Parker and Yamey (eds.) (1994), p. 116 - 138.

Pratt, J. T. (1827) *The Laws relating to the Poor: including the collections originally made by E. Bott and afterwards edited by F. Const*, 6th edition, 2 vols. (London: Butterworth and Son).

Pugh, T. B. and Ross, C. D. (1953) 'The English baronage and the income tax of 1436', *Bulletin of the Institute of Historical Research*, Vol. XXVI, p. 1 - 28.

Raban, S. (1982) *Mortmain Legislation and the English Church 1279 - 1500*, Cambridge Studies in Medieval Life and Thought (Cambridge: Cambridge University Press).

Reese, T. R. (1963) *Colonial Georgia: A Study in British Imperial Policy in the Eighteenth Century* (Atlanta: University of

Georgia Press).

Rhode Island (1856 – 1865) *Records of the Colony of Rhode Island and Providence Plantations, in New England*, 10 vols., J. R. Bartlett (ed.) (Providence; State Printer).

Ripley, W. Z. (1893) 'The financial history of Virginia: 1609 – 1776', in *Columbia University: Studies in History, Economics and Public Law*, Vol. IV, No. 1 (New York: Columbia College).

Robinson, M. H. (1902) 'A history of taxation in New Hampshire', in *Publications of the American Economic Association*, 3rd Series, Vol. III, No. 3 (New York: Macmillan Co).

Rothwell, H. (ed.) (1975) *English Historical Documents 1189 – 1327*, Vol. III (London: Eyre and Spottiswoode).

Rushworth, J. (1721) *Historical collections: of private passages of state, weighty matters in law, remarkable proceedings in five Parliaments: beginning the sixteenth year of King James, anno 1618, and ending the fifth year of King Charls, anno 1629/digested in order of time and now published by John Rushworth*, 8 vols. (London: D. Browne, J. Walthoe, J. Knapton *et al.*).

Sabine, B. E. V. (1966) *A History of Income Tax* (London: George Allen & Unwin).

Saunders, J. B. (1997) *Mozley & Whiteley's Law Dictionary*, 9th edition (London: Butterworths).

Schofield, R. (1988) 'Taxation and the political limits of the Tudor state', in C. Cross, D. Loades and J. J. Scarisbrick (eds.)

(1998), *Law and Government under the Tudors* (Cambridge: Cambridge University Press), p. 227 – 256.

(2004) *Taxation under the early Tudors, 1485 – 1547* (Oxford: Blackwell).

Schwab, J. C. (1890) 'History of the New York property tax', in *Publications of the American Economic Association*, 1st Series, Vol. V, No. 5 (Baltimore: American Economic Association).

Scorgie, M. E. (2000) 'Progenitors of modern management accounting concepts and mensurations in pre-industrial England', in Edwards (ed.) (2000), Vol. III, p. 1 – 30.

Seligman, E. R. A. (1895) *Essays in Taxation* (New York: MacMillan and Co).

(1914) *The Income Tax, A Study of the History, Theory, and Practice of Income Taxation at Home and Abroad* (New York: MacMillan Company).

Simmons, R. C. (1976) *The American Colonies, From Settlement to Independence* (Harlow: Longman).

Simons, H. C. (1938) *Personal Income Taxation: The Definition of Income as a Problem of Fiscal Policy* (Chicago: University of Chicago Press).

Simpson, A. W. B. (1986) *History of the Land Law*, 2nd edition (Oxford: Clarendon Press).

Slack, P. (1995) *The English Poor Law, 1531 – 1782* (Cambridge: Cambridge University Press).

Smith, A. S. (1776) *An Inquiry into the Nature and Causes of the Wealth of Nations*, Vol. XXXVI of M. J. Adler (ed.) (1990), Great Books of the Western World, 2nd edition (Chicago: Encyclopedia Britannica Inc.).

Smith, W. R. (1903) *South Carolina as a Royal Province 1719 – 1776* (New York: MacMillan Company).

Soos, P. E. (1997) *The Origins of Taxation at Source in England* (Amsterdam: IBFD).

South Carolina (1836 – 1841) *The Statutes at Large of South Carolina*, 10 vols., T. Cooper and D. J. McCord (eds.) (Columbia: A. S. Johnston).

Stablie, D. R. and Cantor, J. A. (1991) *The Public Debt of the United States: An Historical Perspective, 1775 – 1990* (Connecticut: Greenwood Publishing).

Stenton, D. M. (ed.) (1927) *The Great Roll of the Pipe for the Fifth Year of the Reign of King Richard the First Michaelmas 1193*, New Series, Vol. III (London: Ruddock & Sons).

Strachan, W. (1937) *The Law of Trust Accounts*, 2nd edition (London: Sweet & Maxwell).

Thomason Tracts 1640 – 1661 (1981) (Ann Arbor: University Microfilm International).

Thuronyi, V. (ed.) (1998) *Tax Law Design and Drafting*, Vol. II (Washington D. C.: IMF).

Tiley, J. (ed.) (2004) *Studies in the History of Tax Law*

(Oxford: Hart Publishing).

Trattner, W. I. (1974) *From Poor Law to Welfare State: A History of Social Welfare in America* (New York: Macmillan Publishing Co.).

United Kingdom (1801 –) *Parliamentary Papers* (Blue Books) (London: HMSO).

United Kingdom (1810 – 1828) *Statutes of the Realm*, 11 vols. (London: HMSO).

United Kingdom (1832) *Rotuli Parliamentorum*, 7 vols. (London: HMSO).

United Kingdom (1843) *Report of the Poor Law Commissioners on Local Taxation*, 8 vols. (London: HMSO).

United Kingdom (1891 –) *Calendar of the Patent Rolls 1334 – 1338* (London: HMSO).

United Kingdom (1911) *Acts and Ordinances of the Interregnum, 1642 – 1660*, Firth, C. H. and Rait, R. S. (eds.), 2 vols. (London: HMSO).

United Kingdom (1911 – 1962) *Calendar of Fine Rolls* (London: HMSO).

United States (1796) 'Direct taxes', O. Wolcott in (1832 – 1861) *Documents, Legislative and Executive, of the Congress of the United States*, Finance, Vol. I, p. 414 – 464 (Washington: Gales and Seaton).

United States (1856 – 1864) *The Public Statutes at Large of the*

United States of America, R. Peters, G. Minot and G. P. Sanger (eds.), 13 vols. (Boston).

Vermont (1779) *Acts and Laws of the State of Vermont in America* (Vermont: Judah-Padock and Alden Spooner) in American Antiquarian Society (1956 –) No. 16649.

Vineberg, S. (1912) 'Provincial and local taxation in Canada', in *Columbia University: Studies in History, Economics and Public Law*, Vol. LII, No. 1 (New York: Longmans, Green & Co).

Virginia (1809 – 1823) *The Statutes at Large: being a collection of all the Laws of Virginia from the first session of the Legislature in the year 1619*, 18 vols., W. W. Henning (ed.) (Richmond: Samuel Pleasants) and Sheppard, S. (ed.) (1970) reprint, 3 vols. (New York).

Walker, S. S. (1978) 'The action of waste in the early common law', in Baker (ed.) (1978), p. 185 – 206.

Ward, W. R. (1953) *The English Land Tax in the Eighteenth Century* (London: Oxford University Press).

Wickett, S. M. (1907) (ed.), *Municipal Government in Canada*, University of Toronto Studies in History and Economics, Vol. II (Toronto: University of Toronto).

Williamson, J. A. (1929) 'The beginnings of an imperial policy, 1649 – 1660' and 'The Colonies After the Restoration, 1660 – 1713', in Holland Rose *et al.* (eds.), Vol. I, p. 207 – 238 and p. 239 – 267, respectively.

Wolcott, O. (1819) *Reflections on the subject of taxation and a Sketch of a Bill*, May 1819, in American Antiquarian Society (1990 –) No. 47704.

Wood (1893 – 1894) 'History of taxation in Vermont', in *Columbia University: Studies in History, Economics and Public Law*, Vol. IV, No. 3 (New York: Columbia College).

Yale, D. E. C. (ed.) (1965) *Lord Nottinghams's 'Manual of Chancery Practice' and 'Prolegomena of Chancery and Equity'*, Cambridge Studies in English Legal History (Cambridge: Cambridge University Press).

Yamey, B. S. (1977) 'Some topics in the history of financial accounting in England, 1500 – 1900', in W. T. Baxter and S. Davidson (eds.), *Studies in Accounting* (London: ICAEW), p. 11 – 34.

(2000) 'Accounting and the rise of capitalism: further notes on a theme by Sombart', in Edwards (ed.) (2000), Vol. II, p. 124 – 144.

Online Resources

Simpson, J., E. Weiner, M. Proffitt *et al.* (eds.) (2004) (online), *Oxford English Dictionary Online* (2004) (Oxford: Oxford University Press), <http://dictionary.oed.com/>.

UK Public Records Office-Departments

C-Records created, acquired, and inherited by Chancery, and also of the Wardrobe, Royal Household, Exchequer and various commissions.

33 Chancery: Entry Books of Decrees and Orders 1544 – 1875.

66 Chancery and Supreme Court of Judicature: Patent Rolls 1201 – 2004.

78 Chancery and Supreme Court of Judicature, Chancery Division: Six Clerks Office and successors: Decree Rolls 1534 – 1903.

CO-Records of the Colonial Office, Commonwealth and Foreign and Commonwealth Offices, Empire Marketing Board, and related bodies 1570 – 1990.

PRO-Domestic Records of the Public Record Office, Gifts, Deposits, Notes and Transcripts 974 – 2003.

30/8 William Pitt, 1st Earl of Chatham: Papers, George II-George III.

索　引

（除非另有说明，否则指的是英格兰/英国）

图书在版编目（CIP）数据

普通法司法管辖区所得税：从起源到1820年：上下册／(英)彼得·哈里斯著；任超等译. -- 北京：法律出版社，2025. -- ISBN 978－7－5197－9923－6

Ⅰ. F810.422

中国国家版本馆CIP数据核字第2025TU1773号

普通法司法管辖区所得税:从起源到1820年（上下册）
PUTONGFA SIFA GUANXIAQU SUODESHUI: CONG QIYUAN DAO 1820 NIAN (SHANGXIA CE)

[英]彼得·哈里斯 著
任 超 等译

策划编辑 沈小英
责任编辑 陈 妮 张思婕
装帧设计 李 瞻

出版发行 法律出版社
编辑统筹 法治与经济出版分社
责任校对 李慧艳 王 皓
责任印制 吕亚莉
经　　销 新华书店

开本 A5
印张 22.25　　**字数** 539千
版本 2025年4月第1版
印次 2025年4月第1次印刷
印刷 北京中科印刷有限公司

地址：北京市丰台区莲花池西里7号(100073)
网址：www.lawpress.com.cn
投稿邮箱：info@lawpress.com.cn
举报盗版邮箱：jbwq@lawpress.com.cn

销售电话：010－83938349
客服电话：010－83938350
咨询电话：010－63939796

书号：ISBN 978－7－5197－9923－6
定价(上下册)：198.00元

凡购买本社图书，如有印装错误，我社负责退换。电话：010－83938349